개혁정통신앙에서 본 나사렛 예수:
제1권 역사적 예수 논구와 방법론적 성찰

개혁정통신앙에서 본 나사렛 예수:
제1권 역사적 예수 논구와 방법론적 성찰

발행	2017년 3월 30일
지은이	김영한
발행인	윤상문
편집부장	권지현, 김현아
코디네이터	박현수
디자인실장	여수정
디자인	표소영, 박진경
발행처	킹덤북스
등록	제2009-29호(2009년 10월 19일)
주소	경기도 용인시 기흥구 동백동 622-2
문의	전화 031-275-0196 팩스 031-275-0296

ISBN 979-11-5886-095-0 (03230)

Copyright ⓒ 2017 김영한
이 책은 저작권법에 따라 보호받는 저작물이므로 무단전재와 복제를 금지하며,
이 책의 내용의 전부 또는 일부를 이용하려면 반드시 저작권자와 킹덤북스의
서면 동의를 받아야 합니다.

※ 잘못된 책은 구입하신 곳에서 교환하여 드립니다.
※ 책 가격은 표지 뒷면에 있습니다.

킹덤북스(Kingdom Books)는 문서사역을 통해 하나님의 나라를 확장하고, 한국 교회와 세계 교회를 섬기고자 설립된 출판사입니다.

나사렛 예수

개혁정통신앙에서 본

제1권

역사적 예수 논구와 방법론적 성찰

김영한 지음

"예수 그리스도는 어제나 오늘이나 영원토록 동일하시니라"(히 13:8)

Jesus of Nazareth in Reformed-Orthodox Faith

킹덤북스
Kingdom Books

머리말

I. 저자의 집필 동기: 개혁정통신앙에서 본 역사적 예수상 추구

기독교는 역사적 종교다. 기독교 신앙은 인간의 종교적 상상력이나 허구나 신화에서 비롯된 것이 아니라 구체적인 인간의 삶이 경험하는 역사적 사실에 근거하기 때문이다. 기독교가 믿는 신앙의 대상인 역사적 예수의 실재성이란 기독교 신앙이 서고 넘어지는 중요한 사항(articulus stantis et candentis christianae fidei)이다. 동시에 기독교는 초역사적 종교다. 기독교 신앙은 우리들이 경험하는 역사적 사건 가운데 초월적으로 간섭하시는 하나님의 구속계시 사건에 기초하기 때문이다. 기독교 신앙은 역사적 예수(historical Jesus)가 단지 인간임을 넘어서서 인간 역사에 들어오신 하나님의 아들이라는 독특한 사실에 기인해 있다.

기독교 신앙은 서구의 계몽주의 사상의 도래 이후 그리스도 교회의 정통신앙에 대한 이성주의적 도전 내지 신비주의적 왜곡에 도전을 받아왔다. 19세기에 일어난 자유주의자들의 역사적 예수에 대한 "제1의 탐구"는 정통신앙에 도전하여 전통적 예수상이 신화에 의하여 채색된 것으로 간주하였다. 1906년 슈바이처(Albert Schweitzer)의 역사적 예수 탐구의 파산선고 이후 불트만(Rudolf Karl Bultmann) 학파에 이르기까지 역사적 예수에 대한 "무(無)탐구"(no quest)가 이루어졌다. 1953년에서 1970년대까지 독일을 중심한 후기 불트만 학자들은 역사적 예수의 복권을 위하여 노력하면서 "제2의 탐구"를 수행하였다. 1980년대 이래(以來) 유대교에 대한 고고학적 자료들에 근거하여 역사적 예수를 유대교 전통에서 연구하는 시도가 주로 이루어지면서 "제3의 탐구"가 수행되었다. 그 가운데 미국을 중심으로 "예수 세미나"(The Jesus Seminar) 학자들의 탐구가 시도되었다. 그리하여 19세기를 "옛 탐구"(제1의 탐구), 20세기 초에서 중반기까지를 "무탐구," 1953년에서 1970년대를 "새 탐구"(제2의 탐구), 그리고 1980년대 이후 오늘에 이르는 탐구를 "제3의 탐구" 시기로 구분한다. "제3의 탐구"도 학자들에 따라서 다양한 시도가 이루어졌고 그 가운데 자유주의 탐구가 "예수 세미나"다. 그러나 "예수 세미나" 학자들은 영지주의 문서를 사복음서에 추가하여 역사적 예수를 자신들의 세계상이 투영된 영지적 현인(賢人)의 모습으로 왜곡시킴으로써 옛 탐구의 예수상과 크게 다를 바 없는 예수상을 그렸으나, 이에 반하여 복음주의적 학자들은 "제1 탐구," "무(無)탐구," "제2 탐구"가 상실한 역사적 예수의 매우 구체적인 모습을 드러내는 데 성공했다.

더욱이 21세기에 들어와 사이비 학자들이 내놓은 대중적인 예수 관련 서적들에는 도발적인 논의와 음모설이 제기되었다. 인터넷으로 인해 하나의 지구촌이 된 오늘날 이러한 도전은 단지 미국이나 유럽에 머물지 않고 바로 한국사회에도 그 영향을 미쳤다. 미국에서 2000년 출판된 서적 『예수는 신화다』(The Jesus Mysteries)가 동아일보사에 의해 2002년 번역 출판됨에 따라 한국사회에 많은 문제들이 야기되었다.

본 저서는 SBS 방송에서 방영된 "신의 길, 인간의 길"이란 다큐멘터리와 이것이 기초한 『예수는 신화다』에 관하여 비판하는 변증적인 글을 저자가 「크리스천 투데이」 인터넷 및 종이신문에 2008년 7월부터 매주 한 차례씩 연재한 내용인데, 연재가 끝난 이후 출판을 위하여 저자가 방법론적 성찰 등을 새롭게 첨가하면서 내용적인 부분에 있어서도 아주 새롭게 집필하였다.

2008년 7월 SBS에서 "신의 길, 인간의 길"이란 제목으로 4차례 방영된 이 다큐멘터리는 역사적 예수를 하나의 신화적 인물로 간주하여 한국 기독교와 사회에 적지 않은 해악을 끼쳤다. 이 방송은 영지주의 학자 디모시 프리크(Timothy Freke)와 피터 갠디(Peter Gandy)가 저술한 영문책(The Jesus Mysteries, 2000)을 2002년 6월 동아일보사가 번역 출판한 『예수는 신화다』라는 책에 근거하여 이것을 영상으로 그럴듯하게 편집 제작한 것이다.

다큐멘터리 "신의 길, 인간의 길"과 이 다큐멘터리의 근거가 된 디모시 프리크와 피터 갠디의 저서 『예수는 신화다』는 예수에 대해 우리가 일반적으로 접근하고 있는 역사적이고 객관적인 접근 태도로 예수를 바라보려 하지 않고, 의도적으로 기독교를 폄하하려는 왜곡된 태도로 예수를 설명하고 있었다. 이 방송은 예수를 폄하하면서 오히려 무함마드를 부각시키려는 의도가 짙게 깔려 있었으며, 이로 인해 오일머니의 지원을 받았다는 의혹이 제기되었다. 그리하여 CBS

와 CTS 기독교 TV 방송국과 국민일보를 비롯한 기독교 언론기관 등은 이에 대하여 집중적인 비판 대담이나 논평을 실었으며, 기독교계의 거센 항의를 받은 동아일보사는 이 논란의 중심에 있는 책을 더 이상 출판하지 않기로 합의하였다. 그러나 이러한 조처들이 문제의 본질을 명쾌하게 해결한 것은 아니었으며, 단지 표면적으로 보이는 문제를 수면 아래로 가라앉도록 한 것에 불과했다. 그러므로 근본적인 문제의 해결은 이 분야에 정통한 학자들의 몫으로 돌아왔다.

저자도 당시 SBS 방송에서 방영된 다큐멘터리의 내용을 보면서 신앙적 자존감에 상처를 입은 많은 시청자 중에 한 사람이었다. 이에 저자는 인격적으로 아는 역사적 예수에 관하여 글을 써야겠다는 결정을 하게 되었다. 특히 젊은 크리스천과 지성인들을 대상으로 "신의 길, 인간의 길", 『예수는 신화다』, 『다빈치 코드』 등에 대하여 비판하는 변증적인 글을 써왔다. 여섯 차례에 걸친 비판의 글 연재를 마친 후에 대안을 제시해야 한다는 생각이 들었다. 이제는 "나사렛 예수의 역사성과 진실"에 대한 보다 구체적인 증거를 제시하는 것이 SBS 다큐멘터리의 왜곡된 방영으로 상처를 입었거나 신앙에 혼란을 초래한 분들(특히 젊은이들)에게 치유가 된다는 생각이 들었다. 도마복음 등 영지주의 문서들이나 이에 의거하여 지어낸 허구(虛構)적 소설 『다빈치 코드』에 나타난 왜곡된 예수상의 허구를 지적하고 역사적 예수의 진실을 밝히고자 시도하였다. 그리하여 이제는 적극적으로 나사렛 예수의 역사성과 진실에 관하여 역사적인 자료에 기반한 증거를 제시하고자 하였다.

　본 저서는 역사적 예수(Historical Jesus)를 사실(史實)적 혹은 고고학(考古學)적으로 입증된 객관적 근거에 의해서 증명하고자 하는 의도는 아니다. 그러한 시도는 불가능하다고 본다. 나사렛 예수는 오늘도 살아계시는 인격(The even today living Person)으로서 고고학적 유물로서 존재하시는 인물이 아니라 역사 안에서 그의 교회의 예배와 말씀의 증언을 통해서 오늘도 그분이 보내신 성령의 현존 안에서(in the presence of the Holy Spirit) 그를 믿는 신자들의 마음과 신자 공동체의 사귐(communio sanctorum) 안에서 인격적으로 다가오시는 살아계시는 하나님이시요 그리스도이시기 때문이다. 그럼에도 불구하고 나사렛 예수에 대한 연구가 가능한 것은 그분은 2000년 전 하나의 역사적 인물로서 인간 역사 속에 들어오신 하나님의 성육신하신 존재(The Being of God incarnate)로서 그의 사역에 관하여 기록한 사복음서와 공교회적 문서와 비기독교적 역사적 문서 안에서 추적될 수 있기 때문이다.

　저자는 나사렛 예수를 연구하는 데 있어서 성경(사복음서와 신약 서신들과 구약정경)과 일반 역사적 문서들의 맥락 속에서 그와의 인격적 관계 속에서 오늘도 우리와 신앙 안에서 교통하시는 인격으로서의 나사렛 예수를 조명하고자 노력하였다. 이런 점에 있어서 본서는 19세기 자유주의적 "제1의 탐구"나 20세기 전반기의 역사적 회의주의에 근거한 "무탐구"나 20세기 중반기의 "제2의 탐구"와 20세기 후반기의 "제3의 탐구" 중 한 흐름인 신자유주의적 "예수 세미나"의 영지주의적 탐구와 비판적으로 대결하면서 복음주의적 성향의 "제3의 탐구"가 추구하는 성경과 역사적 주류 교회의 정통신앙을 확인해주고 강화시키는 역사적 예수의 상을 드러내려고 시도하였다.

본 저서는 일반 지식인들에게 "나사렛 예수의 실재성과 진실"을 제시하고자 하는 의도로 쓰여진 글의 축적에서 나왔고 출판을 위하여 오늘날 현대 신약학의 성과를 비판적으로 성찰하면서 조직신학과 기독교 철학의 입장에서 정통신앙에서 본 역사적 예수상을 드러내고자 하였다. 저자는 전공분야가 신약학이 아니라 조직신학과 기독교 철학이기 때문에 이 주제에 관한 주도적인 성찰도 신약학적인 접근이 아니라 신구약 성경학자들의 연구 업적에 철저히 근거하면서도 현상학적이고 종교사적이며 조직신학적 측면에서 접근한 것이라는 것을 밝혀둔다. 이 저서가 이 역사적 예수에 대해 알기를 원하는 지성인들과 신앙인들에게 자그만 도움이 되기를 바란다.

그러나 동시에 본 연구서는 성경과 역사적 자료에 근거한 연구이기 때문에 미국의 복음주의 신약학자 크레이그 에반스(Craig A. Evans)가 그의 저서 『만들어진 예수』(*Fabricating Jesus: How Modern Scholars Distort Gospels*, 성기문 역, 만들어진 예수, 새물결플러스, 28)에서 밝히고 있는 바와 같이 자유주의적으로 성경에서 일탈한 이론과 신앙에 대한 비판에 그치지 않고 단순히 맹목적이고 교권적으로 폐쇄된 근본주의 신앙에 대한 비판이기도 하다는 점을 밝히고 싶다. 기독교 신앙은 오로지 성경(sola scriptura)에 근거하기 때문에 성경규범적인(Scripture-normative) 입장과 일반은총(common grace)을 존중하는 보편적인 인문학적 양식(良識)(universal humanistic common sense)에 근거하지 않는, 교권 장벽으로 폐쇄된 역사적 예수에 관한 보수전통의 독선적(獨善的)인 주장은 모두 비판적으로 음미되고 새롭게 성찰되어야 한다고 본다.

인간의 연구는 망망대해 위에 여행하는 조그만 배에서 지식에 목말라 하는 여행객이 심오한 바닷물을 하나의 지식의 바구니에 담는 것에 불과하다. 저자는 자신의 연구서가 절대적이라고 생각하지 않으며, 개혁교회의 정통신앙을 귀한 보화로 생각하는 학자의 한 사람으로서 개혁교회의 정통신앙을 추구하는 그리스도인 지성인들의 역사적 예수 이해를 위한 하나의 학문적인 지식을 개진(開陳)하고자 하였다. 이 연구서는 완벽할 수 없으며 보완하고 새롭게 성찰하고 보완해야 할 여지(餘地)가 많다는 것을 시인한다. 이것이 바로 해석학적 실재론적 입장이다.

II. 3권(券) 6부(部) 내용의 개관:
    제1권: 『역사적 예수 논구와 방법론적 성찰』(제1부-제2부),
    제2권: 『나사렛 예수의 생애와 가르침』(제3부-제4부),
    제3권: 『예수 그리스도의 현재와 미래』(제5부-제6부).

본 저서는 세 권 여섯 부분(6부)으로 나누어진다.

제1권『역사적 예수 논구와 방법론적 성찰』은 역사적 예수 논구에 대한 방법론적 성찰(제1부), 역사적 예수 제1, 제2, 제3 논구에 대한 비판적 성찰(제2부)을 다룬다.

제2권『나사렛 예수의 생애와 가르침』에서는 갈릴리의 예수(제3부), 예루살렘의 예수(제4부)를 다룬다.

제3권『예수 그리스도의 현재와 미래』는 교회에 현존하신 예수: 역사적 예수와 기록론적 칭호(제5부), 오시는 예수 그리스도: 구속의 완성자(제6부)를 다룬다.

제1권은 역사적 예수 논구와 방법론적 성찰을 다루었다.

제1부와 제2부는 역사적 예수 논구에 대한 예비적인 방법적인 성찰로서 역사적 예수에 대한 학문적인 접근을 시도하고자 하는 젊은 학도들, 특히 개혁교회의 정통신앙에 정위된 신학도들이 읽으면 방법적인 성찰에 있어서 도움이 될 중요한 부분이다.

제1부에서는 역사적 예수 논구에 대한 방법론적 성찰을 다루었다. 여기서는 역사적 예수 논구의 기초가 되는 자료들의 선택에 대한 비판적 성찰을 다루었다.『예수는 신화다』(2000, 2002),『다빈치 코드』(2003, 2008), SBS 다큐멘터리 "신의 길, 인간의 길"(2008) 등은 정경 사복음서가 아니라 영지주의 문서들에 기초하여 역사적 예수를 그려 냄으로써 역사적 교회와 일반 시민들에게도 상당한 혼란을 가져다주었다. 영지주의적 세계관에 매력을 가지는 자들, 예컨대 "예수 세미

나" 학자들은 영지주의 문서인 도마복음을 절대시하고 다른 사복음서까지도 이 도마복음의 틀 안에서 해석하고자 한다. "예수 세미나" 학자들은 도마복음서를 사복음서와 함께 넣어서 오복음서를 편집해 놓았다. 그러나 도마복음의 영지주의 세계관은 적그리스도의 세계관으로서 사복음서 저자들의 교회 중심적 세계관과는 대립된다. 인간의 성찰은 아무리 객관적으로 보려고 해도 자신이 적합하다고 선택한 자료들에 의하여 영향을 받고 그렇게 탐구해나가고 결론에 도달한다. 저자의 논구는 역사적 예수에 대한 역사적 자료로서 나그함마디(Nag Hammadi) 문서를 채택하는 것을 방법론적으로 거부한다. 그 대신 저자는 1세기 유대교 문서들의 증언, 2세기 그리스-로마 문서들, 그리고 사복음서와 사도들의 서신들을 택하였다. 이는 지금까지 역사적으로 정통 기독교가 역사적 예수에 접근한 가장 신뢰적인 길이라고 보기 때문이다.

제2부에서는 역사적 예수 제1, 제2, 제3 탐구에 대한 비판적 성찰을 다루었다. 역사적 비평을 시작한 19세기 자유주의 신학자들의 제1 탐구와 20세기에 들어와 파산선고를 선언하고 20세기 중반에 이르기까지 역사적 예수에 관한 불가지론을 주장한 무탐구, 20세기 중반기에 이르러 역사적 예수의 재발견을 시도한 재탐구과 20세기 후반기에 이르러 시작한 역사적 예수를 유대교 전통에서 이해하기 시작한 제3의 탐구에 대한 흐름을 비판적으로 성찰하였다. 저자는 역사적 예수에 접근하는 가장 중요한 방법을 제시하고자 하였다. 역사

적 예수를 알려고 하는 자는 순수하게 중립적으로 추구하지 않는다는 것이다. 누구나(저자의 입장도 포함된다) 자기의 삶의 경험에서 이해하는 세계관적인 전제에서 역사적 예수를 보며, 이에 맞추어서 자료들을 취사선택한다는 것이다. 따라서 본 저서에는 저자의 세계관적인 전제가 나타나 있으며 학문적인 관점에서 저자가 가진 역사적 예수에 대한 신앙이 표현되어 있다. 학문과 신앙은 분리되는 것이 아니라 긴밀히 연관되어 있다.

앞으로 나올 제2권 『나사렛 예수의 생애와 가르침』에서는 갈릴리의 예수(제3부)와 예루살렘의 예수(제4부)의 사역을 중심으로 역사적 인물 나사렛 예수의 생애와 가르침을 조명할 것이다. 제3부에서는 갈릴리의 예수를 다룰 것이다. 여기서는 나사렛 예수가 갈릴리 지역을 중심으로 행하신 권능적 사역(신체와 정신의 병을 고치시고, 귀신을 추방하시고, 각종 기적을 행하심)과 권능적 설교와 가르침(하나님 나라의 복음과 윤리)을 다룰 것이다. 나사렛 예수는 설교자요 지혜로운 선생이었다. 또한 성령 사역자였고, 귀신추방자였다. 그런 의미에서 그는 단지 예언자를 넘어서는 하나님의 아들이었다. 그는 하나님 아들로서 모세나 예언자들을 추월(追越)하는 메시아 의식을 가지셨으나 그것을 의도적으로 은폐하셨다. 그는 유대교를 부정하지 않고 그 정신을 계승하면서 그 정신(의와 인과 신)을 완성하고자 하였다. 그는 율법을 폐지하지 않고 오히려 은혜의 복음 안에서 성취하였다. 그는 모든 의문(儀文)의 종교를 부정하고 그의 인격과 사역 안에 도래한 하나님 은혜의 나라를 선포하고 증거하였다. 이런 의미에서 그는 진정한 개혁가(포스트모더니스트)였다. 그는 영광의 메시아가 아닌 고난의 종이었다. 이것이 바로 그가 지닌 메시아 정체성이었다. 이것은 그가 가진 메시아의 비밀이었다.

제4부에서는 예루살렘의 예수를 다룰 것이다. 여기서는 나사렛 예수가 예루살렘으로 올라가 십자가에 못 박히는 그의 고난의 종 사역의 핵심을 다룰 것이다. 그가 예루살렘에 올라간 것은 메시아적 사명을 실행하고자 한 것이다. 그는 당시 예루살렘으로 올라감으로써 유대 종교 지배 세력과 식민지 총독부가 있는 정치 사회적 국면 속으로 들어갔다. 그것은 성전 정화 행위와 자신을 하나님과 동등시하는 메시아적 언어와 행동으로 나타났다. 그리하여 그는 민중의 선동자, 유대인의 왕이라는 죄목으로 처형되기에 이르렀다. 그러나 그는 정치사회적 혁명가가 아니었고 종교와 세계를 보는 가치와 관점을 전적으로 변혁시키는 내면적 정신적 혁명가였다. 예수가 지신 십자가는 희생제사의 종언이었다. 예수는 희생양 메카니즘(scapegoat mechanism)의 종결자였으며 종교들의 신들의 폭력적인 성스러움의 종언을 가져오는 종교다원주의에 황혼을 초래했다.

앞으로 나오게 될 최종서 제3권 『예수 그리스도의 현재와 미래』은 예수 그리스도의 현재와 미래를 다룰 것이다.

제5부에서는 교회에 현존하는 예수를 다룰 것이다. 역사적 예수는 죽음 가운데서 부활하신 자로서 제자들에게 나타났고, 그의 부활

을 믿는 제자들을 중심으로 예루살렘과 안디옥에 초대교회가 설립되었다. 그는 "주"(Κύριος, the Kyrios), "구주"(σωτήρ, the Savior), "그리스도"(Χριστός, Christos), "하나님의 아들"(ὁ υἱὸς τοῦ θεοῦ, ho huios tou theou, The Son of God), "오실 자"(The coming One), "하나님"(Θεός, God)으로 그의 현존을 고백하는 방식인 기독론적 칭호로서 초대교회에 인격적으로 현존하였다. 기독론적 칭호는 역사적 예수에 대한 가식적인 종교적 수사어가 아닌 성자(聖子)로서의 존귀하신 자가 인간의 구속을 위하여 고난의 종으로 자신을 낮춘 케노시스적 삶에 대한 진정한 존경이요 신앙고백이었다. 기독록적 칭호는 부활절 이전 갈릴리에서 그의 메시아적 권능 사역("인자," "하나님의 아들," "하나님의 거룩한 자," "메시아" 등)에서부터 형성되어 오다가 그의 부활을 기점으로 명료하게 초대교회 안에서 고백되고 형성되었던 것들이다. 기독론적 칭호는 초대교회가 창안해 낸 것이 아니라 이미 전부터 전해 내려왔던 것을 그의 십자가와 부활사건에 직면하여 초대교회 신앙공동체가 그들의 신앙생활 속에서 헌신하는 마음에서 실존적으로 표현한 것들이다.

제6부에서 오시는 예수 그리스도(The coming Jesus Christ)를 다룰 것이다. 나사렛 예수는 역사적 예수로서 과거의 인물로 머물지 않으시고, 인간 역사 안으로 오시는 분이시다. 오시는 분으로서 그는 살아계시는 분으로서 현재(現在)하시며, 역사의 과정을 주장하시며, 역사의 미래를 주관하시는 통치자이시다. 오시는 구주로서 예수는 그

를 인격적으로 영접한 신자들 마음속에 현재하시며, 그들의 주가 되신다. 그리고 이들의 공동체를 통하여 역사와 사회 속에서 그의 메시아적 나라를 파편적으로 실현하도록 하신다. 이것은 오시는 하나님 나라에 대한 선수금이다. 그리고 그가 정하신 다가오는 종말의 때에 하나님 나라를 완성하실 것이다. 그리하여 다니엘이 예언(단 2:44; 단 7:13-14)한 바와 같이 온 천지에 예수 그리스도의 나라가 실현될 것이다.

III. 나사렛 예수는 하나님의 비밀의 경륜으로서 역사와 우주의 의미와 목적의 열쇠

본서는 역사적 예수에 대한 지식들을 제시하고자 한 것이 아니다. 오늘날 서적가에 범람하는 역사적 예수에 대한 지식의 홍수 속에서 참된 역사적 예수에 대한 믿음과 그에게로 나아가는 올바른 방법적인 성찰과 이에 기반한 역사적 정통 기독교의 역사적 예수상을 제시하고자 하였다.

저자는 제1권 제1부 〈역사적 예수 논구에 대한 방법론적 성찰〉에서는 오늘날 예수에 대하여 대중적이고 도발적인 논의와 음모설을 제기한 사이비 학자들의 역사적 예수에 대한 세계관적 전제에 대하여 비판적으로 논구하였다. 이들은 영지주의적 문서를 빌려서 정통교회의 예수를 왜곡하였다. 제2부 〈역사적 예수 제1, 제2, 제3 논구에 대한 비판적 성찰〉에서 19세기에서 21세기에 이르기까지 역사적 예수를 논구한 학자들의 논구의 과정을 비판적으로 성찰하였다. 19세기 라이마루스에서 "예수 세미나" 학자 펑크에 이르기까지 비평학자들은 역사적 예수에 대한 자기들의 이념을 투영시켜 자기들의 원하는 이념적 예수상을 만들어내었다. 저자가 시도하는 역사적 예수에 대한 복음주의적 입장(역사적 정통교회의 신앙에 충실한 사유)을 학문적으로 변증하고자 하였다.

제2권 제3부 〈갈릴리의 예수〉, 제4부 〈예루살렘의 예수〉에서는 나사렛 예수의 가르침과 사역에 관하여 역사적 행적을 그분에 대한 인격적 신앙의 관점에서 드러낼 것이다. 사복음서 기자들은 단지 초대교회의 신앙의 고백으로 시중에 유포된 예수전승을 단지 케리그마로 편집한 것이 아니다. 마태나 요한의 경우는 예수와 3년간 동행한 그의 제자로서 그의 설교와 사역을 직접적으로 경험한 제자였으며, 마가와 누가 역시 바울과 수제자인 베드로를 통하여 예수에 관한 구두전승을 인격적이고 체험적으로 전해 들었던 생생한 2세대 구두 및 문서적 전승 수용자들이었다.

제3권 『예수 그리스도의 현재와 미래』는 제5부에서 교회에 현존하시는 예수 그리스도, 제6부에서 오시는 예수 그리스도를 다룰 것이다. 제5부 〈교회에 현존하시는 예수 그리스도〉에서는 부활하신 예수 그리스도에 대한 초대교회의 신앙고백(케리그마)을 구약성경과 신약

성경의 맥락에서 그 전개과정을 그려낼 것이다. 그리고 제6부 〈오시는 예수 그리스도〉에서는 다시 오셔서 역사를 구속하시고 우리의 믿음과 소망과 사랑과 구원을 완성하시는 역사적 예수를 다룰 것이다.

역사적 예수란 박물관에 유물처럼 우리의 발견을 기다리는 고고학적 인물이 아니라 살아계시는 인격으로서 오늘도 인류 역사에서 선교를 통하여 사역하고 계시며, 역사적 정통교회의 신앙과 경배 속에서 살아계시며, 그를 믿는 신자들의 삶 속에서 인격적으로 살아계시며, 그들에게 응답하시고 교제하시는 인격이시라는 것이다. 현재 계시는 예수 그리스도를 알지 못하면 2000년 전의 역사적 예수도 제대로 알 수 없다. 과거에 계셨던 분은 지금도 계시고 앞으로 오시는 분이시기 때문이다.

나사렛 예수는 영원 전에 감추어진 하나님의 비밀의 경륜(롬 16:25)이시며, 만세와 만대로부터 감추어진 비밀의 영광(골 1:25)이시다. 그는 인류 역사와 우주의 비밀을 밝히는 열쇠이시다. 그는 영원 전에 하나님과 함께 계셨고, 인간의 모습으로 신체를 입으시고 역사 속에 들어오셨으며, 십자가에서 죽으시고 부활하신 하나님으로서 이 시간 각종 어려운 일과 고통과 죽음을 두려워하고 있는 나에게 다가오셔서 위로를 주시는 분이시다. "두려워하지 말라 나는 처음이요 마지막이니 곧 살아 있는 자라 내가 전에 죽었었노라 볼지어다 이제 세세토록 살아 있어 사망과 음부의 열쇠를 가졌노니"(계 1:17b-18). 그러므로 그는 성령 안에서, 그리고 그가 주신 성경 안에서 살아계시는 분이시다.

 예수 그리스도는 역사와 우주의 처음이요 마지막으로서 역사 과정 속에 들어오셔서 십자가에 달려 죽으시고 유일하게 부활하신 분으로서 역사와 우주의 과정을 죽음과 방황의 길에서 생명과 창조 본연의 길로 되돌려 놓으신 하나님이시다. 그리하여 나사렛 예수는 이제 세세토록 살아계신 자다. 그는 전에는 죽으셨으나 다시 살아나신 전능하신 하나님이시다. 그러므로 그는 죽음을 죽이시고, 사탄을 격파하시고, 지옥을 그의 권세 아래 두신 사망과 음부의 열쇠를 가지신 자다. 그는 만유회복설에서 주창되는 바와 같이 지옥을 해체한 분이 아니라 지옥을 그의 주권 아래 지배하신 분이시다. 그분은 그를 믿는 선택된 자들을 천국의 길로 인도하시는 하나님 나라의 주인이시다. 그는 성부로부터 영원히 나신 자이시며, 성령을 주신 삼위일체 하나님이시요, 성자(聖子, the Son)이시기 때문이다.

 본 저서에는 나사렛 예수에 대한 저자의 신앙관이 나타나 있다. 그리하여 역사적 예수에 대한 논구는 단지 과거에 대한 자료 추적에서 끝나는 것이 아니라 신앙하는 자의 현재적 삶 속에서 나사렛 예수 그리스도와의 인격적인 관계 속에서 추구되어 간다는 것을 제시하고 있다. 저자는 학문적으로 너무나 부족함을 느끼고 있다. 그러므로 본 저서는 하나의 완전한 완성품이라 말할 수 없으며, 다만 역사적 예수에 대한 신앙적 탐구의 지극히 작은 연구서임을 밝혀둔다. 저자와 뜻을 같이하는 동료들과 후학들이 이 저서의 정신을 토대로 역사적 정통신앙에 입각한 보다 학문적으로 깊이 있고, 설득력 있는 그리스도상을 제시해주기를 바란다.

2017년 1월 서울 우면산 기슭 서재에서 저자

차례

머리말 5

제1부
역사적 예수 논구에 대한 방법론적 성찰

제1장 역사적 예수에 대한 바른 이해: 방법론적 성찰 35

I. 나사렛 예수의 두 가지 측면
  1. 역사적 예수
  2. 신앙의 그리스도

II. 역사적 예수에 대한 이해의 조건과 한계
  1. 인식의 관점(신앙)의 중요성: 역사적 시각과 신앙적 시각의 균형
  2. 역사적 예수는 바로 신앙의 그리스도

III. 성령론적 이해: 해석의 영인 성령
  1. 구속사의 현장을 외면하는 유대인들
  2. 영지주의 문서로 역사적 예수를 왜곡하는 종교인들

IV. 나사렛 예수는 신화적 인물 오시리스-디오니수스가 아닌 역사적 인물: 『예수는 신화다』에 대한 다섯 가지 비판
  1. 복음서의 나사렛 예수(하나님의 아들)는 오시리스 신화의 신인(神人) 오시리스-디오니수스와 본질적으로 다르다.
  2. 역사적 인물 나사렛 예수에 관한 기록인 사복음서는 이미 1세기에 쓰여진 것이다.
  3. 예수의 부활은 죽은 자의 부활이며, 신화적 존재의 주기적 재생이 아니다.
  4. 르네 지라르의 희생양 이론에서 나타난 신화의 종결로서의 예수 십자가 희생
  5. 영지주의 기독교는 진정한 기독교가 아니라, 영지(gnosis)라는 가르침에 입각하여 역사적 기독교를 왜곡한 전혀 다른 이단(異端) 종교다.
  6. 역사적 기독교 신앙은 영지주의자들의 은밀한 영지가 아니라 공개적으로 선포된 사도전승이다.

제2장 초기(1-2세기) 비기독교적 자료가 증언하는 나사렛 예수   73

I. '예수'라는 이름의 기원과 의미

II. 초기 비기독교 문서들
- 1. 요세푸스의 저술: 『유대고대사』와 『유대 전쟁사』
- 2. 마라 바 사라피온 서신
- 3. 바벨론 유대교 법전 탈무드의 랍비 자료

III. 1세기 유대교 문서들의 증언
- 1. 『유대고대사』 제18권의 "플로비우스의 증언"
- 2. 『유대고대사』 책 뒷부분

IV. 2세기 그리스-로마 문서들의 증언
- 1. 『비투니아에서 온 편지』
- 2. 타키투스의 『연대기』
- 3. 『수에토니우스 문서』

V. 나사렛 예수의 역사적 사실성
- 1. 나사렛 예수는 명확히 역사적이다.
- 2. 나사렛 예수는 당시 유대교와 이방 종교의 다신(多神) 사회에서 비방을 받았다.
- 3. 나사렛 예수의 진정한 모습은 그를 추종한 제자들과 복음서 저자들에 의하여 드러난다.

제3장 나사렛 예수에 대한 신약성경 문서들의 증거자료와 해석 방법   89

I. 신약성경 문서들

II. 바울서신들

III. 사복음서의 위치

IV. 역사적 예수에 대한 요한복음의 가치
- 1. 요한복음의 사상적 기원: 헹엘에 의한 불트만의 영지주의 문서론 반박
- 2. 초대교회 주교 파피아스의 증언
- 3. 요한복음의 역사적 가치

V. 복음서 저자들의 특징

VI. 역사적 예수의 독특성을 찾는 진정성 기준

VII. 정경적 성경 해석과 성령론적 접근: 정경적 해석학적 성령론적 성경 읽기
   1. 정경 비판적 해석
   2. 성령의 조명은 성경본문을 현재화
   3. 거룩한 독서를 실천
   4. 신앙의 유비로서 역사의 예수와 신앙의 그리스도를 연결

제4장 예수 시대의 배경 자료들에 나타난 역사적 예수상   125

I. 사해사본(쿰란문서)

II. 미지 복음서 단편(에거튼 복음)

III. 베드로복음(아크미른 단편)
   1. 역사적 기원
   2. 베드로 이름을 차용한 위경
   3. 내용: 예수의 수난, 처형, 부활과 현현
   4. 베드로복음(아크미른 단편)의 의의

IV. 비밀 마가복음

V. 나그함마디 문서
   1. 도마복음은 영지주의적 문서
   2. 유다복음, 빌립복음, 마리아복음도 영지주의 문서

제5장 『다빈치 코드』의 역사적 예수 진실 왜곡   165

I. 기독교 역사적 기원 왜곡: 이단 아리우스파 주장 두둔

II. 2세기 교부 이레네우스의 신앙의 규칙: 아리우스파를 이단으로 정죄

III. 니케아 회의에 대한 왜곡: 성경의 역사적 신빙성 무시

1. 니케아 회의는 초기 기독교 공의회의 시작
  2. 니케아 회의 이후에도 5차례 공의회를 통하여 그리스도 교리가 재논의 되고 확증됨

IV. 예수와 마리아의 결혼설은 날조

V. 프랑스 메로빙거 왕조가 막달라 마리아의 혈족이라는 주장은 날조

VI. 예수 결혼설의 문서적 근거는 영지주의 문서

제6장 도마복음은 역사적 예수를 영지주의적 현인으로 왜곡 : 방법론적 성찰   189

I. 도마복음의 역사적 기원
  1. A.D. 150-200년경 도마의 이름을 도용한 영지주의 무리들이 기록한 문서
  2. 2세기 말 영지주의가 했던 알레고리 방식으로 해석한 신약과 위경 자료들의 콜라주

II. 주요 내용
  1. 평행구절의 예: 눈 속에 있는 들보
  2. 생애 없는 어록집: 믿음 아닌 깨달음을 전파한 영지적 현인 예수
  3. 이단적 내용: 내적 깨우침에 대한 가르침

III. 복음서의 예수(고난의 종)와는 다른 예수(내적 깨우침의 예수)
  1. 비밀 말씀을 가르치는 교사나 인간을 깨달음에로 인도하는 안내자
  2. '하나님 나라'를 현재적 실재로 믿는 믿음이 아니라 지식으로 추구

IV. 역사적 예수를 영지주의적 깨우침의 현인으로 왜곡
  1. 초월의 하나님이 아닌 내 안의 하나님
  2. 성육신이 없는 예수는 가현적 예수요 적그리스도
  3. 하나님 말씀 경청의 복음을 인간 본성 해석의 복음으로 변질시킴

V. 해석학적 성찰: 이신칭의를 기준으로 하느냐, 아니면 영지주의를 기준으로 하느냐?
  1. 예수 말씀의 왜곡
  2. 범신론적 명제를 말하고 있다.
  3. 인간을 신적 존재로 왜곡
  4. 믿음과 헌신의 복음을 지식과 각성의 종교로 왜곡
  5. 역사적 종말론 부정: 현재적 종말론
  6. 지상 나라를 하나님 나라와 동일시

제2부 역사적 예수 제1, 제2, 제3 논구에 대한 비판적 성찰

제7장 역사적 예수에 대한 제1, 무, 제2, 제3 탐구
  : 방법론적 성찰 227

I. 역사적 예수 논구의 방법

II. 계몽주의 전제에 의한 탐구가 가져온 실패: 제1(옛) 탐구, 무탐구, 제2(새) 탐구, "예수 세미나"(제3 탐구 중 자유주의 논구)가 초래한 역사적 예수의 허구적 구성

III. 제1의(옛) 탐구: 라이마루스에서 바이스까지(1778-1906) 19세기 자유주의 신학자들에 의한 역사와 신앙의 분리
  1. 헤르만 라이마루스
  2. 하인리히 파울루스
  3. 다비드 스트라우스
  4. 브루노 바우어
  5. 에른스트 르낭
  6. 빌헤름 부셋
  7. 빌헤름 브레데
  8. 아돌프 폰 하르낙
  9. 알브레히트 리츨
  10. 요한네스 바이스

IV. "무탐구": 슈바이처에서 불트만 학파까지(1906-1953)
  1. 알버트 슈바이처
  2. 불트만과 불트만 학파(1920-1950년대)
  3. 역사적 예수에 대한 긍정적 견해

V. 제2의 탐구(1953-1970년대): 후기 불트만 학파의 역사적 예수를 찾기 위한 새로운 시도
  1. 케리그마와 역사의 연속성 추구
  2. 진정성 문제
  3. 역사적 유비의 자율성 사고: 불트만의 전제에서 벗어나지 못함

VI. 괴팅엔 학파와 튀빙엔 학파, 조직신학자들에 의한 역사적 예수 복권의 새로운 시도
   1. 괴팅엔 학파(예레미아스)와 튀빙엔 학파의 역사적 예수론
   2. 조직신학자들(틸리케, 판넨베르그, 몰트만)의 역사적 예수론

VII. 제3의 탐구(1980 – 현재)
   1. 제3 탐구의 특징: 유대인으로서 역사적 예수
   2. 제3 탐구의 공통 요소와 방법론적 특징

제8장 역사적 예수에 대한 제3 관점의 탐구
   : 방법론적 성찰   339
   – 샌더스, 던, 라이트 등의 제3의 관점 –

I. 샌더스의 탐구
   1. 언약적 율법주의
   2. 유대교 속의 예수
   3. 역사적 예수의 재구성: 여덟 가지 사실, 예수의 가르침과 사역
   4. 1세기 유대교는 율법종교가 아니다: 바울의 이신칭의 구원론에 문제 제기
   5. 비판적 성찰

II. 제임스 던의 탐구
   1. 제1, 무, 제2, "예수 세미나" 탐구의 세 가지 왜곡된 전제
   2. 역사적 예수 탐구에 대한 세 가지 새로운 제안

III. 라이트의 탐구
   1. 역사적 회의주의 극복
   2. 역사적 정통주의 예수상
   3. 역사적 예수의 메시아 됨과 메시야 사역 인정
   4. 이신칭의 가르침 해석에 대한 교회론적이고 선교론적 해석

제9장 "예수 세미나"의 역사적 예수 탐구
: 방법론적 성찰   391
- 1980년대의 "예수 세미나" 학자들의 상상력에 의한 접근:
탐구자의 상상력에 의해 "만들어진 예수"(fabricated Jesus) -

I. 이데올로기 편향적 연구
1. 펑크의 접근 "떠돌이 현인" 예수
2. 크로산의 접근: "유대 견유학파 현인"
3. 보그의 접근: "사회 예언가", "전복적 지혜 교사" 예수

II. "예수 세미나"의 방법론적 문제: 경전과 비경전 경계를 허묾
1. 도마복음을 사복음서에 추구하여 오복음서 제시
2. 임의적인 예수 말씀 평가의 당혹스러운 결과: 종말론적 예언자로서의 예수 메시지 완전 배제
3. 존 마이어의 접근: "예수 세미나의 이데올로기 편향적 탐구" 극복 시도

III. 지라르 학파의 "예수 세미나" 비판: 복음서에 대한 미메시스적 독법
1. 베일리와 윌리엄스의 "예수 세미나" 비판
2. 해머턴-켈리의 미메시스적 독법: 미메시스적 현실주의
3. 지라르의 미메시스 이론이 발견한 유대: 기독교 계시의 독특성

제10장 역사적 예수에 대한 제3 탐구: 방법론적 성찰   433
- 타이센, 존슨, 복의 입장 -

I. 타이센의 사회학적 접근
1. 제3의 탐구를 더 포괄적이고 연대기적인 방식으로 수행
2. 예수, 묵시록적 사회변혁의 선지자

II. 존슨의 탐구: 내러티브 비평
1. 역사비판학 비판
2. 역사기술학
3. 역사기술학의 유익과 한계
4. 복음서 내러티브에 대한 문학비평: 내러티브 비평
5. 문학비평과 역사비평은 대립적이 아니라 상관관계적으로 가야 한다.

III. 복(Bock)의 탐구: 복음주의적 접근

1. 역사적 예수의 영향력의 중요성: 진정성 기준의 한계
  2. 일반 역사적 자료에 의한 역사적 예수 존재 입증
  3. 역사적 예수의 사역 골격을 보여주는 핵심 주제들
  4. 예수의 메시아 주장과 결정적 사건

제11장 역사적 예수에 대한 다맥락적 탐구: 제4의 탐구(?)　485
― 다섯 면의 다맥락성의 총체적 접근 ―

I. 역사적 예수에 대한 제4 탐구(?)
II. 다맥락적 사고에 대한 방법론적 성찰
  1. 삶의 다맥락성
  2. 인식과 관심의 연관성
III. 역사적 예수에 대한 총체적 접근으로서 제4 탐구
IV. 역사적 예수에 대한 다맥락적 탐구
  1. 제1 다맥락성(상징정치적 측면)
  2. 제2 다맥락성(성경적 증언들)
  3. 제3 다맥락성(구약적 전통)
  4. 제4 다맥락성(지금까지, 그리고 현재적으로 영향을 끼치는 전 세계적 수용사)
  5. 제5 다맥락성(나사렛 예수 안에 거하신 충만한 성령): 역사적 예수론은 기독론 과제의 하나: 영적 과제
  6. 역사적 예수에 대한 다맥락적 탐구의 특징

제12장 이슬란의 나사렛 예수 전기: 방법론적 성찰　507
― 역사적 예수를 정치 혁명가로 왜곡 ―

I. 이슬람 교도 이슬란이 그려낸 역사적 예수 전기란 빈농 출신의 정치 혁명가 일대기
  1. 실증적 사건들을 문학적 상상력으로 치장하는 탁월한 스토리텔링 기법
  2. 역사실증적 자료들을 문학적 결합으로 만들어낸 정치적 혁명가 예수상
II. 방법론적 오류: 신앙의 그리스도와 역사적 예수의 분리

1. 역사의 예수를 복음서의 예수와 분리
  2. "젤롯"의 시각으로 교회적인 예수의 이미지를 변형

III. 신약성경의 고유한 텍스트 세계를 인정하지 아니함
  1. 실증주의적 역사 개념
  2. 복음서 기록에 대한 왜곡의 세 가지 실례
  3. 복음서의 기록과 전혀 상반되는 아슬란의 해석

IV. 역사적 예수를 정치 이데올로기적으로 해석
  1. 아슬란의 왜곡: 사복음서는 로마의 지적 엘리트층을 위하여 예수의 혁명가적 흔적을 제거
  2. 정치혁명가적 가설을 복음서 해석에 투영, 날조
  3. 두 가지 반론

V. 혁명가 예수는 복음서의 예수상과 전혀 다른, 낯선, 날조된 인물
  1. 복음서 기자와 전혀 다른 인물: 정치적 혁명가로 날조
  2. 예수상에 투영된 아슬란의 은폐한 욕망
  3. 역사적 예수의 십자가 죽으심과 부활은 구약이 예언한 사건

제13장 역사적 예수 논구의 올바른 방법론　　　549
I. 역사적 예수는 기독교 신앙의 근거: 역사적 회의주의의 극복
  1. 역사적 예수 연구에 대한 회의주의
  2. 회의주의 극복: 역사 없는 신앙은 공중누각
  3. 역사적 예수의 용어 정의: 역사적 예수는 학문적 도구의 대상 아닌 신앙의 대상
  4. 성령론적 접근: 역사적 지식의 신앙적 활성화는 성령의 역할

II. 역사적 예수 논구의 올바른 방법론: 역사와 신앙은 상관관계적이며, 분리되어서는 안 된다.
  1. 캘러의 사실적 예수와 케리그마적 그리스도와의 구분
  2. 역사적 예수는 케리그마적 그리스도의 근거로서 결코 후자에 융합될 수 없다.
  3. 복음서 저자들의 기록은 역사적 예수에 접근하는 유일한 자료
  4. 사회정치적 관점과 묵시록적 관점은 균형 있게 보아야 한다.
  5. 신앙 없는 역사적 예수 논구는 무의미
  6. 양식비평 등 역사적 비판도 성령론적 성찰 안에서 긍정적으로 사용될 수 있다.

제14장 해석학적 실재론으로서 성경적·성령론적 실재론　583

I. "예수 세미나"의 잘못된 전제: 역사의 예수는 신앙의 그리스도와 분리된다.

II. 역사적 예수는 기독교 신앙의 근거: 학문적 회의주의에 빠져서는 안 된다.

III. 오복음서는 역사적 예수를 이단적 영지주의의 현인으로 왜곡한다.
　　1. 오복음서의 편집 의도는 역사적 교회의 정통신앙을 파괴함
　　2. 오복음서는 사복음서를 전통 파괴적으로 왜곡 번역
　　3. 예수 말씀 진정성에 대한 인기투표
　　4. 영지주의 문서를 정경으로 왜곡 격상
　　5. 역사적 예수를 비종말론적 인물로 규정

IV. 겸허한 역사비평적 탐구는 역사적 예수의 모습에 접근한다.
　　1. 역사적 교회 전승에 대한 열린 겸허한 논구 태도
　　2. 겸허한 역사적 탐구의 네 가지 방향

V. 권위 존중의 실재주의

VI. 해석학적 실재론으로서의 성경적·성령론적 실재론
　　1. 해석학적 실재론은 역사적 실증주의가 아니다.
　　2. 해석학적 실재론은 성경에 대한 해석학적 성찰(네 가지 요소)을 핵심으로 한다.
　　3. 복음서 내러티브는 이러한 해석학적 실재론적 성경 읽기의 구체적인 방식이다.
　　4. 성령론적 성찰은 복음적 내러티브를 역동화시킨다.

참고문헌　620

제1부

역사적 예수 논구에 대한 방법론적 성찰

제 1 장

역사적 예수에 대한 바른 이해
: 방법론적 성찰

Jesus of Nazareth in Reformed Orthodox Faith

:: 제1장 역사적 예수에 대한 바른 이해: 방법론적 성찰

나사렛 예수는 기독교를 탄생하게 한 역사적 실제 인물이다. 지상에서 그분의 역사적인 삶, 말하자면, 처녀 출생, 자라나심, 복음전파와 가르침, 수많은 병자들의 치유 등 소외된 자들과 함께하고 저들에게 소망과 새 삶을 주었던 메시아적 삶, 십자가 죽으심과 부활 · 승천 없이는 오늘날의 기독교는 있을 수 없다. 역사적 예수의 인격적 실재 없는 기독교 신앙과 교회의 신앙고백이란 환상 속의 종교요, 영지주의 종교로서 역사적 기독교와는 아무런 상관이 없기 때문이다.

나사렛 예수의 생애와 가르침에 대한 바른 이해가 요청된다. 역사적 예수에 대한 연구에 있어서 가장 중요한 것은 방법론적 성찰이다. 어떠한 역사적 자료로써 접근하느냐 하는 것이다. 자료가 잘못되면 그 결과는 잘못될 수밖에 없다. 현재까지 가장 신빙성 있는 자료는 사복음서를 들 수 있다. 그런데 이와는 전혀 다르고 모순되는 다른 자료로는 당시 공교회에서 이단적인 것으로 폐기된 나그함마디 문서(the Nag Hammadi Codices)에 있는 도마복음서(Gospel of Thomas), 유다복음서, 빌립복음서, 마리아복음서 등의 자료들이 있다. 역사적 예수를 연구하는 자들에게 이 자료들 중에 어느 자료를 선택할 것인가 결단해야 한다. 저자는 역사적 기독교에 가장 신빙성 있는 것으로 전해지고 있는 사복음서와 이를 보완해주는 일반 역사적 자료들을 중심으로 논구하고자 한다.

I. 나사렛 예수의 두 가지 측면

나사렛 예수라는 역사적 인물은 두 가지 측면을 지니고 있다. 하나는 역사적인 측면의 실재, 다른 하나는 신앙의 측면에서 드러나는 실재이다. 역사적 측면에서 보여지는 나사렛 예수를 우리는 역사적 예수라고 일컫는다. 이것은 알버트 슈바이처(Albert Schweitzer)를 비롯한 19세기 신약학자들이 탐구하기를 시도했던 대상이었다. 반면 신앙의 측면에서 보여지는 나사렛 예수는 신앙의 그리스도라고 불린다. 이것은 예수를 따르고 그에 대한 신앙을 가지고 그를 구주로 고백했던 초대교회가 가졌던 것이고, 오늘날 그리스도 교회가 고백하는 예수상이다. 역사적 예수(the Historical Jesus)가 과거 2000년 전에 계셨던 과거의 인물을 말한다면, 신앙의 그리스도(the Christ of Faith)는 초대교회와 그를 믿는 교회의 모든 신자들이 믿는 신앙의 대상이신 현재의 인격을 말한다. 다시 말해, 역사적 예수는 과거에 살았고 역사에 영향을 끼친 인물이었던 예수를 말하는 것이라면, 신앙의 그리스도는 오늘날 그리스도 교회와 신자들에게 신앙고백의 대상으로 영향을 끼치는 살아 있는 예수를 말한다. 그리고 역사의 미래에서 앞으로 오실 주(Κύριος, 主, Lord)로서의 예수 그리스도이다.

1. 역사적 예수

역사적 예수는 주후 30년 경에 하나님 나라에 대한 복음전파와 더불어 공적 생애를 시작하였다. 그는 3년간의 복음사역을 하던 중 예루살렘에 올라가, 당시 유대교 지도자와 로마총독에 의하여 십자가에서 처형되었다. 유대교 지도자는 그를 모세의 율법을 훼손하고 자신을 "하나님의 아들"(ὁ υἱὸς τοῦ θεοῦ, ho huios tou theou, the Son of God) 이라고 칭한다 하여 신성모독 죄로 고발하였다. 그리고 로마총독 빌라도는 병자를 고치고 기적을 행함으로써 수천 명의 무리들이 따르는 그를 치안 소란범으로 간주하였다. 빌라도 총독은 특히 자신을 "유대인의 왕"이라고 칭한 예수를 당시 로마 황제의 통치를 부정하는 반체제 인물로 몰아 그를 십자가에 못 박아 처형하였다. 일반 역사의 자료들은 여기까지만 확실하다. 그 이상에 관해서는 말하지 않는다.

그런데 복음서는 우리에게 그 실제적인 진실을 알려준다. 복음서를 기록한 저자들은 이 역사적 예수의 진실이 바로 역사의 의미요 목적이라고 생각했기 때문이다. 따라서 복음서 저자들은 자료들을 모아서 편집하여 사복음서를 저술한 것이다. 마태, 마가, 누가, 요한은 역사적 예수의 진정한 역사성과 진실을 우리들에게 알려준 자들이다. 사복음서는 다음 같이 증언한다: 역사적 예수는 유대 베들레헴에서 태어나시고 나사렛에서 자라나시고 갈릴리에서 시작하여 3년 동안 하나님 나라 복음을 선포하시고 가르치시고 각종 초자연적 치유

사역을 행하시다, 십자가에 달리시고 죽어 장사된 후 제3일에 살아나셨다. 그리고 그 역사적 흔적으로 빈 무덤이 있다. 유대교를 비롯한 당시의 관원들은 이 사실을 은폐하기 위하여 예수의 제자들이 그들의 스승의 시체를 훔쳐갔다고 소문을 내었다(마 28:13). 그러나 예수는 승천하셨고 하나님 우편에서 왕으로서 세상을 통치하시고 앞으로 재림하실 것이다.

사복음서에서 말하는 역사적 예수는 현대 역사비판학(historical criticism)에서 말하는 "역사적 예수"와는 다른 인물이다. 19세기 라이마루스(Hermann S. Reimarus), 르낭(Joseph E. Renan), 슈트라우스(David F. Strauss) 같은 자유주의 계몽신학자들은 신약성경에 나타난 예수는 전부 믿을 수 없고 신학화 되어 있다고 보았다. 따라서 이들이 신앙의 각색 없이 실제로 살았던 예수를 찾자고 해서 이름 붙인 것이 "역사적 예수"(the Historical Jesus) 개념이었다. 이것은 실증주의적으로 파악된 학문적으로 재단(裁斷)된 예수였다. 그러나 이러한 "역사적 예수"를 찾는 운동은 실패로 돌아갔고, 오늘날에는 미국 캘리포니아 웨스터 연구소(Westar Institute)의 지원을 받아 로버트 펑크(Robert Funk)와 존 도미니크 크로산(John Dominique Crossan)에 의해 1985년에 시작된 "예수 세미나"(Jesus Seminar)에서 주장되기도 한 실증주의적 역사 사고의 유물이다.

그들은 19세기 랑케(Leopold von Ranke, 1795-1886)의 "있었던 그대로의 과거"(wie es eigentlich gewesen ist) 개념을 사용하는데 이런 역사개념은 오늘날 역사학에서조차 폐기된 용어이다. 저자가 이 저서에서 사용하는 역사적 예수는 실증주의적 역사의 인물이 아니라 신앙과 초월을 향하여 열려있는 실제로 있었던 역사적 인물이다. 역사적 예수에 관한 믿을만한 자료들은 사복음서와 사도들의 서신들이 보여주는 것 외에 없다. 그것이 참된 역사적 예수의 모습이다.

2. 신앙의 그리스도

신앙의 눈을 가진 사람은 역사적 예수를 "하나님의 아들," "메시아," "그리스도," "세상 죄를 지고 가는 하나님의 어린 양," "태초의 말씀"으로 본다. 베드로, 야고보, 요한 등 예수의 12제자들은 "랍비"(나의 선생님)라고 부르면서 예수를 따랐다. 예수는 당시 변두리요 소외지역이었던 갈릴리에서 그의 복음사역을 시작하시면서 하나님 나라에 관하여 설교하셨다. 그리고 수많은 앉은뱅이와 귀머거리 등 불치병자들을 보시고 그들을 불쌍히 여기시고 그들을 고쳐주셨다. 이스라엘의 최북단 헤르몬 산의 도시 가이사랴 빌립보(Caesarea Philippi)[1]에서 예수는 제자들에게 "너희는 나를 누구라고 하느냐?"고 물으셨다. 이에 그의 수제자인 베드르가 예수님에 대하여 신앙고백을 한다: "주는 그리스도시요 살아계신 하나님의 아들입니다"(눅 9:20). 예수는 이 베드

---

1 이스라엘의 최북단 헤르몬 산의 발치에 자리 잡고 있는 가이사랴 빌립보는 구약성경에서는 언급된 바 없으며, 헤롯 대왕이 BC 20년 로마 황제 아우구스도(Augustus)로부터 선물로 얻은 도시로, 헬라시대에는 만신전(Pantheon)이 있었다. 헤롯 대왕이 죽은 후 그의 아들 헤롯 빌립은 이곳을 자기의 수도로 정하면서 로마의 황제 이름과 자신의 이름을 더한 '가이사랴 빌립보'(Caesarea Philippi)라 칭하였다. 헤르몬 산으로부터 흘러내려오는 풍부한 물이 이 도시를 적셔줄 뿐만 아니라 요단강을 통하여 갈릴리 호수로 모이게 된다. 예수께서 이곳을 방문하였을 때에 "사람들이 인자를 누구라 하느냐 너희는 나를 누구라 하느냐?"고 물으셨을 때에 베드로는 "주는 그리스도시요, 살아 계신 하나님의 아들이시니이다"라는 위대한 신앙을 고백한 곳으로 알려져 있다(마 16:13-20, 막 8:27-30). 예수는 베드로에게 "너는 베드로라 내가 이 반석 위에 내 교회를 세우니"(마 16:18)라고 하셨다. 가이사랴 빌립보는 나사렛 예수의 정체성이 공적으로 드러난 지역으로 역사적 예수 연구에 있어서 중요한 역사적 처소다.

로의 고백을 시인하시고, 그가 메시아인 것을 드러내지 말라고 말하신다.

이것이 "메시아의 비밀"(Messianic secret)이다. 예수가 베드로에게 자신이 메시아임을 드러내지 말 것을 요구한 것은 자유주의 해석가들이 말하는 메시아적 자의식 결여[2]의 증거로 볼 수 없으며, 이는 천국의 비밀이며 십자가의 비밀인 것이다. 하나님 나라는 세상적으로 지혜롭고 슬기로운 자에게 숨겨지고 어린아이들처럼 순수하고 천진난만한 자에게 드러나는 것이기 때문이다. 즉, 천국은 마음이 교만한 자들의 것이 아니라 마음이 가난한 자들의 것이다.

베드로는 예수가 십자가에 달려 죽으실 것을 만류한다. 여기서 우리는 베드로의 미성숙한 신앙을 보게 된다. 베드로는 예수에 대한 신앙고백을 했으나 예수를 다윗의 왕권을 지니고 로마 점령군을 몰아내는, 즉 다윗 왕국을 재건할 영광의 메시아로만 이해했다. 이에 대하여 예수는 자신은 다윗의 왕권을 가지고 오는 영광의 메시아가 아니며, 오히려 예루살렘에 올라가 종교지도자인 제사장들과 서기관들에 의하여 고발을 당하여 십자가에서 죽고 다시 살아나야 할 것을 말씀하신다. 예수는 십자가를 지시는 고난의 메시아(the suffering Messiah)였다. 이 고난의 메시아는 당시 유대인들에게나 종교지도자들에게 이해될 수 없는 것이었다.

이것이 메시아의 비밀이다. 제자들이나 유대인들은 예수가 십자가에 달리시고 죽음으로써 그의 하나님 나라의 복음은 끝난 것이라 생

---

2   Albert Schweitzer, *Von Reimarus zu Wrede(1906)*, 영역, *The Quest of Historical Jesus(1910)*, New York: The Macmillian Co., 1964. 398.

각했다. 그런데 예수의 십자가 죽음은 끝이 아니라 시작이었다. 예수는 돌무덤에 장사된 지 3일 만에 부활하시고 40일간 제자들 가운데 나타나신다. 예수는 감람산에서 제자들이 보는 가운데 승천하셨다(행 1:9-11). 그리고 그는 하나님 우편에 앉아서 세계를 통치하시고, 그의 이름을 믿는 자들에게 죄 사함을 주신다. 예수는 마지막 종말 때 재림하시고, 산 자와 죽은 자를 심판하실 것이다. 그리고 이 땅 위에 영원한 하나님 나라를 세우실 것이다. 그리스도 교회와 신자들은 그분이 재림하기를 기다린다. 이것이 바로 신앙의 그리스도이다.

II. 역사적 예수에 대한 이해의 조건과 한계

그럼에도 불구하고 역사적 인물에 관한 진정한 이해란 객관적인 자료의 조사만으로는 진정한 인물의 실제 모습에 도달할 수 없다. 단순한 자료의 분석뿐만 아니라 역사적 인물과의 인격적인 교감이 있어야 한다. 그러므로 독일의 삶의 해석학자 빌헬름 딜타이(Wilhelm Dilthey)는 설명과 이해를 구분하였다. 설명(Erklären)이란 자료를 가지고 외면적으로 역사적 사실에 접근하는 것이다. 설명을 통해서는 역사적 사실의 외면성에만 접근할 수 있다. 그러나 역사적 사실의 내면성에 도달하기 위해서는 이해를 통하여야 한다. 이해(Verstehen)란 체험적인 연관을 형성함으로써, 즉 체험(Erleben, lived experience)을 통해서 역사적 인물과 사실에 대한 접근을 가능하게 한다.[3] 즉, 우리는 이해를 통해서 역사적 사실의 보다 깊은 내면적 연관성에 접근할 수 있게 된다.[4] 하나의 역사적 인물을 이해한다는 것은 역사적 사실을 이해하는 것보다 더 인격적인 교감이 필요하다. 한 인물을 이해하는 가장 이상적인 방법은 그 인물과 같이 생활하는 것이다. 우리는 이러한 공동생활을 통하여 표정을 보고 느끼고 말을 경청하고 질문을 통하여 대화함으로써 하나의 인지적 차원뿐만 아니라 심정적 차원에서 한 인물을 이해하기에 이른다. 역사적 예수를 이해한다는 것은 단지 역사적 자료만으로 한계가 있으며 자료를 검토하는 데도 다음 두 가지 조건이 갖추어져야 한다.

첫째, 그 자료가 신빙성 있는 자료여야 한다. 역사적 예수의 삶과 가르침을 영지주의로 왜곡한 나그함마디 문서(도마복음, 빌립복음, 마리아복음 등)는 올바른 성경적 예수를 이해하는 데 방해물이 될 뿐 아니라 진정한 역사적 예수의 모습을 영지(靈知)의 인물로 왜곡시킨다. 이미 사도 요한은 1세기에 나타난 영지주의자들에 대하여 적그리스도라는 호칭을 하고 있는 점을 유의해야 한다: "사랑하는 자들아 영을 다 믿지 말고 오직 영들이 하나님께 속하였나 분별하라 많은 거짓 선지자가 세상에 나왔음이라. 이로써 너희가 하나님의 영을 알지니 곧 예수 그리스도께서 육체로 오신 것을 시인하는 영마다 하나님께 속한 것이요, 예수를 시인하지 아니하는 영마다 하나님께 속한 것이 아

---

3 김영한, 『쉴라이에르마허에서 리꾀르까지: 현대철학적 해석학의 흐름』, 숭실대 출판부, 2010, 163.
4 김영한, "딜타이의 삶 해석학," in: 『철학논총』, 제 41집, 제 3권 새한철학회, 2005, 3-26:

니니 이것이 곧 적그리스도의 영이니라 오리라 한 말을 너희가 들었 거니와 지금 벌써 세상에 있느니라"(요일 4:1-3). 우리는 역사적 예수 의 사랑받은 제자요 그의 증인인 사도 요한의 증언을 가장 무게 있게 받아야 한다: "태초부터 있는 생명의 말씀에 관하여는 우리가 들은 바 요 눈으로 본 바요 자세히 보고 우리의 손으로 만진 바라. 이 생명이 나타내신 바 된지라 이 영원한 생명을 우리가 보았고 증언하여 너희 에게 전하노니 이는 아버지와 함께 계시다가 우리에게 나타내신 바 된 이시니라"(요일 1:1-2). 오늘날 역사적 예수를 가장 신빙성 있게 전 해주는 자료는 사복음서와 사도들의 서신들이다.

둘째, 자료가 제시하는 증언에 대하여 신뢰를 가진 성찰, 말하자 면 신앙적 성찰이어야 한다. 복음서를 이해하는 데 있어서도 단지 역사적 지성적 이해만으로는 역사적 예수의 진정한 모습에 도달하 지 못한다. 역사적 예수는 하나님의 아들이요, 신성과 인성을 갖추신 그분의 본성이 유일하고 독특하기 때문에 단지 역사적인 측면에서 만 접근해서는 그분이 지닌 초역사적 측면을 놓치기 때문이다. 19세 기 서구의 하르낙(Adolf von Harnack), 리츨(Albrecht Ritschl), 헤르만 (Wilhelm Hermann), 슈바이처를 비롯한 자유주의 신학자들의 예수론 은 바로 예수를 문화적인 측면에서만 이해하고자 했기 때문에 이들 에게 역사적 예수는 하나의 인간적인 모습, 종교적이고, 윤리적이고, 묵시록적 세계관의 인물로 나타났다.

고고학적 연구만으로는 우리는 단지 외형적으로만 예수의 역사성 의 근거를 발견할 수 있을 뿐이다. 그러나 나사렛 예수에 대한 신앙을 가지는 것은 별개다. 예수 인격에 대한 신앙이란 예수 그리스도를 개 인적으로 인격적 존재로 만남으로써 이루어진다.

4세기 지성인 어거스틴(Aurelius Augustine)은 마니교에 심취하여 영적으로 방황하다가 밀라노의 감독인 암로시우스의 설교를 듣고 기독교로 개종하였다. 그 당시 어거스틴은 밀라노의 정원에서 영적 고민에 사로잡혀 있다가 "가져가서 읽어라"라는 아이들의 동요에 불현듯 자리에서 일어난다. 그는 자기 서재에 들어가 읽고 있던 바울의 로마서에 있는 다음 구절: "낮에와 같이 단정히 행하고 방탕하거나 술 취하지 말며 음란하거나 호색하지 말며 다투거나 시기하지 말고, 오직 주 예수 그리스도로 옷 입고 정욕을 위하여 육신의 일을 도모하지 말라"(롬 13:13-14)을 읽고, 깊은 내면의 변화를 체험하기에 이른다. 어거스틴의 회심은 그가 읽고 있던 신약성경에 대한 인격적 신뢰가 있었기 때문에 그 바울의 권면은 하나님의 말씀으로 내면으로 방황하고 있었던 그에게 삶의 전환을 주는 변혁의 동력이 되었던 것이다.

　예수에 대한 역사적 연구는 중요하다. 그러나 역사적 연구만으로는 신앙의 그리스도를 만날 수 없다. 여기에는 신앙적 결단이 필요하다. 이것이 바로 역사적 예수에 관해 질문하면서 신앙의 그리스도를 말하게 되는 이유다.[5] 신앙의 그리스도를 만남으로써 비로소 우리는 나사렛 예수가 하나님의 성육신 사건이요, 스위스의 신약학자 오스카 쿨만(Oscar Cullmann)이 말한 바와 같이 시간의 중심이요, 세계사의 정점이라는 것을 깨닫기에 이르기 때문이다: "두 가지(저자 주(註): 수렴과 확산)는 선적 시간(linear time)을 성경적 사유(思惟)의 시간 틀(framework)로 전제한다. 덧붙여서, 신적 시간의 관점에서 이것들에

5　Peter Stuhlmacher, *Jesus von Nazareth Christus des Glaubens*, Stuttgart: Calwer Verlag, 1988, 9-10.

접근하면, 이것들이 신약성경에서 나타내고자 하는 뜻이 무엇인지를 우리는 매우 잘 이해할 수 있다."[6]

1. 인식의 관점(신앙)의 중요성: 역사적 시각과 신앙적 시각의 균형

역사적 예수를 탐구하는 데 있어서 탐구자의 태도, 즉 인식의 관심은 중요하다. 이 태도는 탐구하는 자의 인식에 영향을 끼치기 때문이다. 동일한 예수 부활사건에 관해서도 초대교회 유대종교 지도자들은 예수의 제자들이 환상을 보았다거나 빈 무덤에 관해서는 제자들이 스승의 시체를 훔쳐갔다는 식으로 자신들이 가진 고정관념에 따라서 사실을 왜곡하였다. 청년 사울조차도 다메섹 도상에서 부활하신 예수를 만나는 영적 체험 이전에는 예수를 유대의 율법을 무너뜨리는 하나의 신흥종교의 교주로 보았다. 그러나 1세기 기독교를 박해하던 바울은 다메섹 도상에서 부활하신 예수 그리스도를 만나서 "사울아 사울아 왜 네가 어찌하여 나를 박해하느냐… 나는 네가 박해하는 예수라"(행 9:4-5)라는 천래의 음성을 듣는다. 그는 신비로운 영적 환상을 보고 타고 있던 말에서 떨어져 며칠 동안 앞을 보지 못하는 신체적 충격 속에 빠진다. 바울은 하나님의 사람 아나니아를 만나 안수를 받고 앞 못 보는 눈을 치유 받아 새로운 삶을 시작한다. 이러한 영적 체험을 계기로 그는 역사적 예수를 그리스도(Χριστός, Christos, Christ)

---

6 O. Cullmann, *Christus und die Zeit*, Zollikon-Zürich, 1945, trans. by Flyod V. Filson, *Christ and Time. The Primitive Christian Conception of Time and History*, Philadelphia: The Westminster Press, 1949, 9; 김근수 역, 『그리스와 시간』, 솔로몬, 1986. 27.

로 영접하고 예수가 그리스도라는 사실을 증거하기 위하여 그의 생애를 헌신하고 마지막에는 그의 생명을 내어놓는 순교에까지 이른다.

인식의 관심이란 탐구하는 자의 태도이며 이것은 바로 신앙과 연결된다. 신앙 없이 아무리 역사적 자료를 들여다보아도 예수가 "현자", "기적을 행하는 자", "반체제 인물", "열락을 좋아하는 자" 등의 자유주의 신학자들의 평가에 머무르게 된다. 그러므로 이러한 관점에서는 예수가 "메시아" "하나님의 아들", "구세주" "그리스도"라는 인식에 도달할 수 없다. 이러한 인식은 신앙에 의해서 가능하다. 우리는 신앙을 떠나서는 단지 육신을 쓰고 나타나신 역사적 예수를 알 수 없다. 19세기와 20세기의 역사적 예수에 대한 탐구가 결국 실패로 끝난 이유는 신앙적 접근 없이 단지 역사비판적 과학적인 시각으로 접근했기 때문이다. 그리하여 이들 학자들에게 들어오는 것은 당시 시대 문화에 생소한 반응을 보인 묵시론적 시대 착란증에 걸린 예수(알버트 슈바이쳐), 자연을 사랑하고 인간을 사랑한 휴머니스트(에른스트 르낭), 복음서의 예수는 초대교회 신앙고백의 산물(불트만과 그의 학파), 갈릴리의 현인("예수 세미나") 등이었다.

역사적인 시각과 신앙적 시각의 균형을 이루어야 한다.[7] 그러할 때 우리는 역사적 예수의 진정한 모습을 발견할 수 있다. 신앙의 눈은 반대로 역사적 논구를 등한시해서는 안 된다. 역사적 논구에 들어오지 않는 예수는 육신을 쓰고 이 세상에 오신 역사적 예수가 아닌 신비

---

[7] 김중은도 이런 맥락에서 다음 같이 피력한다: "성경에서는 사건의 사실 역사성과 신학적 의미가 결코 분리될 수 없다. 왜냐하면 사건 없는 해석은 공허하고 해석 없는 사건은 맹목적이기 때문이다." (김중은, "성탄절과 동정녀의 탄생의 의미," 『옛 것과 새 것』, 영지 김중은 구약학 공부문집 제2권, 한국 성서학연구소, 2013, 410.

스러운 영의 예수, 영지주의적 예수이다. 이러한 예수가 바로 이단이라는 사실을 초대교회 예수의 제자 사도 요한은 경고한 것이다(요일 4:2-3).

2. 역사적 예수는 바로 신앙의 그리스도

역사적 예수와 신앙의 그리스도는 서로 다른 인물이 아니다. 역사적 예수는 중동 팔레스타인 유대 나라라는 하나의 역사적인 시간과 공간 속에 오셔서 사신 역사적인 인물인 나사렛 예수를 가리킨다. 이에 반하여 신앙의 그리스도(Christus des Glaubens)는 그의 가르침과 사역을 목격하고 믿고 추종한 제자들과 교회가 신앙 안에서 그를 체험하고 이해했던 나사렛 예수의 진정한 모습을 가리키는 것이다. 나사렛 예수에 관하여 단지 역사적 문서만을 가지고 그를 연구한다면, 별 신통한 결론이 나올 수 없다. 19세기의 신약학자인 슈바이처는 그를 묵시록적 세계종말의 세계관에 지배되어, 그 시대와는 격리된, 성격이 우울한 인물로 묘사했다.[8] 이와는 반대로 프랑스의 인문주의자 르낭은 나사렛 예수를 "공중의 나는 새를 보라, 들에 피는 백화꽃를 보라" 등 자연을 사랑하고 삶을 사랑한 달콤한 인간애주의자(der süße Humanist)로 묘사하였다.

20세기에 들어와 독일의 신약학자 불트만은 역사적 예수와 신앙의 그리스도를 분리하였다: "주(Κύριος, kyrios, the Lord)는 역사

---

8 김영한, 『바르트에서 몰트만까지』, 개정 증보판, 대한기독교서회, 2003, 302-324.

적 예수가 아니라 예수 그리스도요, 선포된 분이다." 이에 대하여 역사적 예수의 신앙적 근거를 찾고자 한 불트만의 제자들은 스승에 대하여 반기를 들었다. 역사적 예수와 신앙의 그리스도가 별개의 인물이라면 독일의 신약학자 캐제만(Ernst Käsemann), 본캄(Günther Bornkamm) 등이 말하는 바와 같이 기독교 신앙은 역사 없는 공중누각에 서게 된다. 그리하여 불트만의 제자들은 역사적 예수와 신앙의 그리스도 사이의 연속성을 주장하기에 이르렀다. 이미 독일 조직신학자 마르틴 캘러(Martin Kähler)는 1982년 "소위 역사적 예수는 선포된 그리스도다"(der sogenannte historische Jesus ist der verkündigte Christus)라고 말하였다. 오늘날 영국의 신약학자 브루스(Frederick F. Bruce), 라이트(Nicholas T. Wright), 독일 신약학자 헹엘(Martin Hengel), 베츠(Otto Betz), 페터 스툴마허(Peter Stuhlmacher), 미하엘 벨커(Michael Welker) 등은 역사적 예수와 신앙의 그리스도는 동일하다는 것을 말하고 있다.

III. 성령론적 이해: 해석의 영인 성령

역사적 예수에 대한 신앙의 이해란 성령의 조명을 받는 이해이다. 사도 요한은 예수께서 다른 보혜사인 진리의 성령을 보내주신다는 예수의 약속 말씀을 기록하고 있다: "내가 아버지께 구하겠으니 그가 또 다른 보혜사를 너희에게 주사 영원토록 너희와 함께 있게 하리니, 그는 진리의 영이라 세상은 능히 그를 받지 못하나니 이는 그를 보지도 못하고 알지도 못함이라 그러나 너희는 그를 아나니 그는 너희와 함께 거하심이요 또 너희 속에 계시겠음이라"(요 14:16-17). 진리의 영은 신자로 하여금 진리이신 역사적 예수를 알도록 인도하신다. 예수는 다음 같이 말씀하신다: "보혜사 곧 아버지께서 내 이름으로 보내실 성령 그가 너희에게 모든 것을 가르치고 내가 너희에게 말한 모든 것을 생각나게 하리라"(요 14:26). 성령께서 신자의 마음에 내주하시면서 진리, 특히 예수께서 가르치신 모든 것을 알게 해주신다는 것이다.

그러므로 성령은 진리의 영이시요 해석의 영이시다. 성령은 제자들이 오순절 날 경험한 바와 같이 신앙적 황홀경에 빠지게만 하는 영이 아니다. 성령은 예수께서 지상 역사에서 가르치신 사역과 말씀의 의미를 해석해 주시는 영이다. 역사적 예수는 지상의 구속사역을 끝내시고 지상에서 떠나 계실 때 그분이 보내신 성령이 신자의 마음속에, 공동체 안에 계셔서 우리들로 하여금 예수님의 말씀을 생각나게 해주신다: "그러나 진리의 성령이 오시면 그가 너희를 모든 진리 가운데로 인도하시리니 그가 스스로 말하지 않고 오직 들은 것을 말하며 장래 일을 너희에게 알리시리라. 그가 내 영광을 나타내리니 내 것을 가지고 너희에게 알리시겠음이라"(요 16:13-14). 성령은 지난날의 사건을 현재화하심으로써 예수 그리스도의 영광을 드러내며 예수 그리스도의 진리를 알려주신다. 교부들은 거룩한 독서(lectio divina)를 통해서 이러한 성령의 가르침을 실천했던 것이다. 이러한 역사적 예수에 대한 신앙적 성찰이 바로 역사적 예수에 대해 인격적으로 그를 성찰하는 성령론적 이해이다.

1. 구속사의 현장을 외면하는 유대인들

오늘날 예수가 사역하셨던 이스라엘의 갈릴리 호수 북쪽 끝에 있으며, 갈릴리의 번창한 마을(마 11:23; 눅 10:15), 가버나움(Capernaum)에 가보면 그가 설교하셨던 회당, 그리고 많은 병자들을 고치시던 현장을 확인할 수 있다. 가버나움은 고대부터 이집트에서 지중해 해변 길을 거쳐 갈릴리 바다를 끼고 골란고원 쪽을 거쳐 다메섹으로 올라가는 남북을 연결하는 중요한 도로였던 '해안 길'(Via Maris, 사 9:1)의 길목에 있다. 그 해안 길은 주로 대상로나 군대 이동 통로로 활용되었다. 그리고 예수 당시의 가버나움은 헤롯 빌립과 헤롯 안티파스가 다스리던 땅의 경계지역 길목으로서 국경을 지나는 많은 이방인들로부터 세금을 징수하던 곳이기도 했다. 지금도 그 세관유적과 5세기경에 세워진 회당 유적이 남아 있는데, 갈릴리에서 가장 큰 2층 회당으로 1층은 남성, 2층은 여성 예배 처소였다고 한다. 앞쪽에는 베드로 장모의 집터에 세워졌던 초기 가정교회의 유적이 남아있다. 그리고 예수님 당시 갈릴리 바다에는 10곳의 포구가 있었는데 그중 가버나움이 가장 번성한 포구였다고 한다. 그리고 당시 이 지역은 스불론과 납달리 지경으로 이방인들과 유대 두 지파가 섞여서 살았던 곳으로 이방 문화와 이방 세력이 더 강했던 지역으로 복음을 전하기에 유익했던 지역이었다.

예수는 공생애 초기에 가버나움을 '본 동네'라고 부를 만큼 전도에 집중하셨던 곳이다(마 9:1; 막 2:1). 예수는 그곳에서 어부 출신의 제자들(베드로, 안드레, 야고보, 요한)을 '사람 낚는 어부'로 부르셨으며(마 4:12-22), 이곳 세관에서 일하던 세리 마태가 예수의 제자로 부름을 받기도 했다(마 9:9). 가버나움에는 로마 군대가 주둔하고 있었는데, 그곳에서 근무하던 로마의 군대 백부장이 예수를 만나 믿음으로 그 하인의 병을 고친 일도 있었다(마 8:5-13; 눅 7:1-10). 예수는 이 곳에서 가난한 자, 약한 자를 위하여 수많은 기적을 베풀었다. 문둥병을 치료하고 중풍환자(막 2:1-12)를 낫게 하였다.[9]

예수는 그의 수제자인 베드로의 장모의 열병을 고쳐주었고(마 8:14-17; 막 1:29-31), 마을의 가장 큰 회당 주인의 딸을 죽음에서 다시 살리셨다. 또한 귀신들린 자로부터 귀신을 쫓아내시고(막 1:21-28; 눅 4:31-37), 장님을 눈뜨게 하며 손이 오그라든 사람을 멀쩡하게 하였다. 예수께서 가버나움, 고라신, 벳세다 등에서 가장 많은 이적과 가르침을 베푸셨지만 회개하지 않았기 때문에(마 11:20-23) 두로와 시돈, 소돔성보다 더 엄한 심판을 받을 것이라고 예언하였다. 이곳들은 예언한대로 산 좋고, 물 좋고, 경치 좋은 곳이었지만 6세기에 퇴락해서, 지금의 가버나움은 갈릴리 호숫가 종려나무들 속에 폐허 더미로 유적만 남아 있을 뿐이다. 가버나움은 '나훔의 마을'이란 뜻으로 현재 '텔 훔'(Tell Hum)이라는 유적지로 알려져 있다.

오늘날 가버나움에는 교회가 서 있으나 그 본래의 집터는 확인할 수 있다. 그리고 세계 각지로부터 온 수많은 기독교인들이 예수의 제2의 고향으로 불리는 이곳 구속사의 현장을 방문하고 기도하고 예배를 드린다. 그러나 오늘날 예수를 믿는 유대인들은 전 인구의 2% 정도밖에 되지 않는다. 이들은 역사적 예수의 사역의 현장 속에서 살아

---

9   Enrico Galbiati, *The Gospel of Jesus*, 1992; 나채훈 역, 『예수 사역의 발자취』, 성지, 1994.107-123.

왔으면서도 역사적 예수를 인격적인 구주로 영접하지 않는다. 그 이유는 이들이 믿음의 눈으로 예수를 바라보지 않기 때문이다. 오늘날 예루살렘의 무너진 성전 자리인 통곡의 벽에서는 세계 각지에서 모여든 유대인들이 토라(Thora)를 읽으면서 기도를 하고 자신의 소원을 적은 쪽지를 성벽 사이에 있는 틈에다 집어넣는다. 이들은 이미 2000년 전에 오신, 십자가에 달리신 예수를 믿는 것이 아니라 다윗 왕권을 가지고 오실 예수 메시아를 기대하고 있다. 이러한 유대인의 열심은 잘못된 것이다. 신앙적 헌신이 없는 역사적 예수에 대한 지식이나 탐구는 우리를 그분에 대한 구주로의 신앙으로 인도하지 않는다.

2. 영지주의 문서로 역사적 예수를 왜곡하는 종교인들

역사적 예수를 이해하는 데 있어서 방법론적 성찰이 결정적이라고 할 수 있다. 초대교회가 영지주의 문서라고 정경에서 배제하고 폐기했던 이단문서들이 2000년이 지난 오늘날 진귀한 고문서로 둔갑하여 역사적 예수 모습을 복권하는 데 중요한 가이드라인을 제시한다고 주장하는 종교인들이 나타났다. 이들이 바로 영국의 영지주의 연구자들인 프리크(Timothy Freke)와 갠디(Peter Gandy), 『다빈치 코드』를 쓴 댄 브라운(Dan Brown), 그리고 미국 캘리포니아 웨스타 연구소 "예수 세미나"(Jesus Seminar)를 주도하는 학자들이다. 영지주의 문서의 영향을 받은 자유주의자들이나 혼합주의자들은 도발적인 논의와 음모설을 제기하였다. 이들은 예수가 십자가 위에서 죽지 않았고, 막달라 마리아와 결혼을 해서 자녀를 두고, 행복하게 살았다는 주장[10]을 펴고 있으며, 예수의 묘지(뼈)를 발견했다[11]거나, 예수가 인도로 이주하여 고대 아시아 종교를 배웠으며 불교의 선승(禪僧)의 모습으로 변해서 자신의 문화권으로 되돌아 왔다는 주장[12]을 서슴지 않고 있다.

이들은 역사적 교회가 정경으로 결정한 사복음서를 역사적 예수를 이해하는 기준으로 삼지 않고 초대교회가 이단으로 취급한 영지주의 문서, 특히 도마복음 등을 중심으로 이해하기 때문에 요한계시록이 경고하듯이 사복음서에 도마복음을 더 붙이는 해석을 하고 있다. 도마복음이 그리는 예수는 사복음서의 예수와 본질적으로 다르다. 사복음서는 십자가에 못 박히고 부활한 하나님 아들의 모습을 그리지만, 도마복음은 예수의 삶을 다루지 않고 예수의 가르침, 즉 예수의 어록만을 담고 있다.

도마복음은 다음과 같은 말로 시작된다: "이것은 살아있는 예수께서 했던 비밀의 말씀이며, 그것을 디두모스 유다 도마가 기록한 것이다. 그가 말씀하셨다 '누구든지 이 말들의 뜻을 밝히는 자는 죽음을 맛보지 않을 것이다.'"(도마복음 1절) 이 문장에서 "말들의 뜻을 밝히는 자는 죽음을 맛보지 않을 것이다"는 내용은 영지주의적이다. 이는 요

---

10 Michael Baigent, *The Jesus Papers: Exposing the Greatest Cover-up in History* (San Francisco: HarperSanFrancisco, 2006). 예영수, 『예수를 결혼시킨 다빈치 코드』, 코리아엠마오, 2008, 105-117.

11 Simcha Jacobovici and Chareles Pellegrino, *The Jesus Family Tomb: The Discovery That Will Change History Forever* (London: HarperElement, 2007).

12 Holger Kersten, *Jesus Lived in India: His Unknown Life Before and After the Crucifixion* (Rockport, Mass.: Element, 1994). 크로산은 "예수의 격언과 비유 사용은 전통적인 히브리 지혜보다 선불교에 가깝다는 점이 강조되어야 한다"고 주장한다(John Dominic Crossan, In Parable: The Challenge of the Historical Jesus, San Francisco: Harper & Row, 1985, 77)

한복음에 의하면 "나를 믿는 자는 죽어도 살겠고, 무릇 살아서 나를 믿는 자는 영원히 죽지 아니하리니"(요 11:25-26)라는 내용을 왜곡한 것이다. 이처럼 도마복음 안에는 이러한 영지주의적인 내용이 많이 포함되어 있다. 대표적인 것이 다음과 같은 구절이다: "너희가 자신을 안즉 알려진 바 될 것이요 너희가 살아계신 아버지의 자녀임을 깨달으리라. 그러나 만약 너희가 자신을 모른다면 빈곤 가운데 사는 것이며 또 너희는 빈곤이니라."(도마복음 3절) 이 내용은 내부로부터의 자각을 주장하는 영지주의적인 구절이다.

이 어록은 예수를 새로운 영지(gnosis)를 가져온 자로 소개한다. 그리고 이 어록은 하나님 나라가 하늘에서 우리에게 다가오는 것이 아니라, 우리 마음의 새로운 자각 속에 신성이 있고 인간이 신이 될 수 있다고 가르치고 있다.[13] 그러나 요한복음의 예수는 제자들에게 결코 자신을 알라고 하지 않으시고 "너희는 마음에 근심하지 말라 하나님을 믿으니 또 나를 믿으라"(요 14:1)고 가르치셨다. 이렇듯 도마복음서의 메시지는 사복음서가 말씀하고 있는 메시지와는 전혀 다르다는 것을 알 수 있다. 도마복음서에서의 역사적 예수는 인류의 구세주가 아니라 영지를 가져다준 현인(賢人)으로 왜곡되어 나타나는 것이다.

도마복음은 나그함마디 문서 가운데 여러 가짜 복음서들과 함께 발견되었다. 1945년 12월, 어느 날 무함마드 알리라는 이집트 농부

---

13 한학자 도올 김용옥과 비교종교학자 오강남, 인도의 오쇼 라즈니쉬 등은 도마복음에 의거하여 역사적 예수를 왜곡하고 있다. 이들은 예수 세미나 학자들을 따라서 도마복음을 제5 복음서라고 부르고 있다. 그러나 이것은 사복음서에 "또 다른 복음"을 보태는 것이니 정통신앙의 관점에서는 이단적이라고 말할 수 있다. 바울이 갈라디아 교회에 말한 것처럼 "다른 복음은 없나니 다만 어떤 사람들이 너희를 교란하여 그리스도의 복음을 변하게 하려 함이라"(갈 1:7).

가 다른 몇 사람과 함께 카이로에서 남쪽으로 약 500km 떨어진 나일 강 상류 나그함마디라는 곳 부근 산기슭에서 밭에다 뿌릴 퇴비를 채취하려고 땅을 파다가 땅 속에 토기 항아리가 있는 것을 발견했다. 이 항아리 속에는 가죽으로 묶인 13뭉치의 파피루스 종이 문서가 들어 있었다. 이 문서 안에는 도마복음, 빌립복음, 진리복음, 이집트 복음, 요한의 비밀서 등이 있었다. 따라서 이러한 문서들을 이 문서가 발견된 지역 이름을 따서 나그함마디 문서라고 한다.

   4세기 니케아 종교회의 후 정통신앙의 교부 아타나시우스(Athanasius)는 그리스도교 문헌들 중 자신의 신학적 기준에 따라 '이단적'이라고 여겨지는 책들을 모두 파기 처분하라는 명령을 내렸다. 이때 이집트에 있던 기독교 최초의 수도원 파코미우스의 수도승들이 나그함마디 문서를 도서관에서 몰래 빼내 항아리에 넣어 밀봉한 다음, 나중에 찾기 쉽도록 산기슭 큰 바위 밑에 있는 땅 속에 숨겨놓았다. 이집트 나일 강 지역 나그함마디에서 발견된 문서들은 이렇게 땅 속에 숨겨진 책들일 것이라 추정되고 있다.

IV. 나사렛 예수는 신화적 인물 오시리스-디오니수스가 아닌 역사적 인물: 『예수는 신화다』에 대한 다섯 가지 비판

2008년에는 『예수는 신화다』(The Jesus Mysteries)라는 책이 우리 사회와 교계에 논란을 불러일으켰다. 이 책의 공동저자 디모시 프리크와 피터 갠디는 영지주의 학자들로서 신약의 복음서가 증거하고 있는 나사렛 예수를 이방 종교의 신화에서 각색한 것으로 주장하였다.[14] 이들은 영지주의 기독교가 본래적 기독교인데, 역사적 기독교가 교권(敎權)을 갖고 본래의 예수 사상을 왜곡하였다고 주장한다. 그러나 이는 전혀 사실과 다르다. 영지주의 문서들은 2세기 말의 문서들로서 1세기 중반 이후에 쓰여진 사복음서보다 최소 70년 이후에 나온 문서들이다. 따라서 이것들 대부분은 사복음서를 베껴 쓰거나 왜곡했던 문서들이다. 이에 정통교회 교부들은 이러한 원래 복음서들의 내용을 왜곡하고 혼란에 빠뜨리는 영지주의 문서들을 폐기시킨 것이다.

 사도 요한은 그의 시대에 영지주의 기독교의 출현을 경고하였다. 이 영지주의 기독교는 사도 요한이 증거했던 육신을 입고 오신 역사적 예수를 부인하고 영의 그리스도를 강조하고 육신의 그리스도로부터 분리시켰다. 이들은 플라톤(Plato)의 이원론 철학의 영향을 받아 정신과 물질을 분리하였다. 그리하여 정신은 선한 것이고 육신을 포함하여 물질은 나쁜 것으로 간주하고 종교적으로 쓸모없는 것으로 보았다. 사도 요한은 이러한 영지주의 기독교는 "적그리스도의 영"이라고 단호하게 말하고 있다: "이로써 너희가 하나님의 영을 알지니 곧 예수 그리스도께서 육체로 오신 것을 시인하는 영마다 하나님께 속한 것이요, 예수를 시인하지 아니하는 영마다 하나님께 속한 것이 아니니 이것이 곧 적그리스도의 영이니라 오리라 한 말을 너희가 들었

---

14 허호익, "SBS 방송 모티브 된 『예수는 신화다』에 대한 반박," 크리스천 투데이, 입력: 2008.07.01 06:59; 『예수 그리스도 1』: 역사적 예수와 신앙의 그리스도 바로 보기, 시리즈, 동연출판사, 2010.

거니와 지금 벌써 세상에 있느니라"(요일 4:2-3).

『예수는 신화다』에서 저자들은 나사렛 예수가 역사적 인물이 아니라 이방 종교의 신화 디오니수스를 각색한 것이라는 허황된 주장을 펴고 있다. 이에 대해 저자는 다음 같이 비판적 입장을 개진하고자 한다.

1. 복음서의 나사렛 예수(하나님의 아들)는 오시리스 신화의 신인(神人) 오시리스-디오니수스와 본질적으로 다르다

『예수는 신화다』는 "'원래적 예수'(Original Jesus)란 '이방 신'(a Pagan God)이었다"라고 주장하고 있다.15 이 책은 서기 3세기의 부적 그림을 제시하면서, "십자가에 못 박힌 사람은 예수가 아니라 이교도 신인인 오시리스-디오니수스였다"고 주장한다. 공동저자 프리크와 갠디는 이 책의 결론에서 "기독교란 새로운 계시가 아니라 다른 이름에 의한 이방 종교의 연속"이라고 주장하였다. 이들은 예수에 대한 복음서의 이야기란 역사적 메시아의 전기(傳記)가 아니라 고대 지중해 지역에 수세기 동안 퍼져있었던 신인(神人) 오시리스-디오니수스(Godman Osiris-Dionysus) 이방 신화를 유대교적으로 각색한 것이라고 본다. 이들은 "영지주의 기독교가 본래의 기독교였다." 그런데, "제도적 문자주의적 기독교가 교권을 잡고 영지주의 기독교를 이단으로 정죄하였다"고 터무니없는 주장을 하고 있다.

이들은 예수의 생애와 고대 이집트의 신화적인 인물 오시리스

---

15 Timothy Freke & Peter Gandy, *The Jesus Mysteries*, Three Rivers Press 1999, 340.

(Osiris)의 생애가 여러 면에서 유사하다는 이유[16]를 들어 예수를 오시리스와 같은 신화적인 인물이라고 주장한다. 그러나 이러한 주장은 형태적 유사성만 부각하여 본질적인 상이성을 완전히 무시하는 궤변에 불과하다. 이러한 궤변은 예수의 역사적 생애를 왜곡하려는 의도와 오시리스 신화의 본질에 관한 무지에서 비롯된 것이다. 죽은 신을 애도하고 그 재생을 기원하는 오시리스 신앙은 농경문화와 결합되어 해마다 춘분이 되면 겨울에 죽었던 식물들이 되살아나는 것과 관련시키는 재생(再生) 의식(儀式)으로 지켜졌다. 이러한 자연종교의 재생 신앙은 영적 각성이라는 의미에서 밀교(mysteria religion)인 영지주의(gnoticism)에 의해 영지적 재생 신앙으로 재해석되어 널리 유포되었다.

그러나 영국의 복음주의 종교철학자요 신학자인 로날드 내쉬(Ronald Nash)가 명료하게 피력하는 것 같이 나사렛 예수의 십자가 사건은 오시리스 재생 신화와 비교해 보면 다음과 같은 분명한 차이점이 드러난다. 예수의 십자가 죽음은 ㉠ 다른 사람을 대신해서 죽는다. ㉡ 자신에게 속한 사람들을 위해 죽는다. ㉢ 단 한번의 죽음이지 반복된 죽음이 아니다. ㉣ 역사적 실제 사건으로 처형당해 죽는다. ㉤ 자발적인 죽음이었다. ㉥ 패배가 아니라 승리였다.[17] 이 6가지 점에 있어서 예수 십자가 사건은 오시리스 재생 신화와 전적으로 다르다.

따라서 1세기의 유대 땅 역사적 인물 나사렛 예수와 B.C. 4500년

---

16 Timothy Freke & Peter Gandy, *The Jesus Mysteries*, 송영조 역. 『예수는 신화다』, 동아일보사, 2002. 26, 115-118.

17 Ronald Nash, *The Gospel and the Greeks: Did the New Testament Borrow from Pagan Thought?* Publisher: P & R Publishing; 2 edition, 2003.

경의 이집트의 신화적 인물 오시리스를 동일한 신화적인 인물로 여기는 것은 복음서와 고대 역사가들의 나사렛 예수에 대한 기록이 오시리스 신화와는 전적 다름을 간과하는 것이다.

2. 역사적 인물 나사렛 예수에 관한 기록인 사복음서는 이미 1세기에 쓰여진 것이다

프리크와 갠디는 역사적 기독교란 '거대한 음모의 결과'였다고 주장한다. 콘스탄틴(Constantinus, 272-337) 황제에 의해 기독교가 지배자의 종교로 공인 되자 3세기의 유세비우스(Eusebius, 260-339)라는 역사가를 시켜서 오시리스 신화의 가공적인 인물을 예수라는 역사적 인물로 각색하였다고 주장한다. 이는 영지주의자들의 허황한 주장일 뿐이다. 3세기의 기독교가 1세기 신화적 인물인 오시리스-디오니수스(Osiris-Dionysus)를 역사적 인물로 각색한 것이 아니다.

나사렛 예수는 오시리스 신화처럼 가현적인(doceo) 인간이 아니라 실제 인물이었다. 기독교가 고백하는 역사적 예수는 오시리스처럼 해마다 반복하여 재생하는 존재가 아니라, 죽은 자 가운데서 단 한 번 부활하신 분이다. 따라서 3세기의 기독교 역사가 유세비우스가 신화적 인물을 역사적 인물 예수로 각색했다는 주장은 그들의 기괴한 주장의 극치를 이룬다. 유세비우스보다 200년 전에 이미 복음서 저자들(마태, 마가, 누가, 요한)에 의하여 예수는 역사적 인물로 기록되었기 때문이다.

오늘날 "예수 세미나" 회원인 포스트모던 신약학자 프라이스(Robert M. Price)도 그의 논문 "소실점에 선 예수"에서 이들과 같은 맥락에서 예수가 없었다 해도 사람들이 필요에 의해 예수를 만들어 냈을 것으로 설명하고 설령 예수가 실재했다 하더라도 예수를 신격화하는 이야기는 고대의 수많은 종교적 희망의 표현("죽었다가 살아나는 신들" 이야기) 가운데 하나일 뿐이라고 설명한다.[18] 이런 견해의 배경이 되는 프라이스의 실재관은 매우 배타적이고 선별적인 계몽주의적 사고방식을 반영하고 있다. 그러나 복음서의 예수 이야기는 그러한 사고방식에 기인한 것이 아니라 역사적으로 예수를 만나 영향을 받고 새 삶과 실존과 세계관을 가진 제자들과 신자들의 사실적인 체험에 근거하고 있다. 1세기 기독교 문서인 사복음서, 유다서와 디다케와 비종교적 문서들인 요세푸스(Flavius Josephus, 37-c.100)의 저서 『유대고대사』(Jewish Antiquities)[19]는 나사렛 예수를 신화와 연결시키는 시도를 단호히 거부하고, 예수의 역사적 실재성을 증언하고 있다.

3. 예수의 부활은 죽은 자의 부활이며, 신화적 존재의 주기적 재생이 아니다

프리크와 갠디는 1946년 나그함마디에서 발굴된 영지주의자들의 문서들을 인용하면서 예수는 고통을 겪지도, 피를 흘리지도, 죽지도 않았으며, 따라서 "죽음으로부터 부활한 것"이 아니라고 적고 있다. 이

---

18 Darrell L. Bock, "로버트 프라이스, 소실점에 선 예수에 대한 논평," *The Historical Jesus, Five Views*. Beilby, James K. /Eddy, Paul Rhodes(ed.), 2009, InterVarsity Press, 2009, 손혜숙 역. 『역사적 예수 논쟁』. 새물결플러스, 2014. 79-119.

19 Flavius Josephus, *Jewish Antiquities*. Thackeray, H. St J. (Translator), Harvard University Press 1930, 20: 200.

들은 특히 영지주의 문서인 '빌립복음'에 기록된 "먼저 죽고 난 다음에 다시 살아난다고 말하는 사람들은 틀렸다… 죽고 나서 부활하는 것이 아니라, 그들이 살아있는 동안 부활해야만 한다"는 영적 부활론을 기독교의 본래적인 가르침이라고 주장한다. 이들에 의하면 이러한 영적 각성을 통한 영적 재생은 밀교(密敎) 신앙의 핵심이며, 득도(得道)나 해탈과 같은 선불교적 특징과 유사성이 있기 때문에 동서양의 가장 보편적인 신앙이라는 것이다.

그러나 예수의 부활은 자연종교의 재생신화(再生神話)처럼 주기적으로 반복되는 것이 아니다. 예수의 부활은 유일하신 하나님 아들의 부활로서 역사적으로 되풀이될 수 없는 유일회적 사건이다. 그리고 이 부활은 유사(類似) 신체적인 영적 부활이 아니라 신체적인 부활이다. 예수의 부활은 몸의 부활로서 썩을 것이 썩지 않을 것으로 변화되는 기적의 사건이다. 이 일은 전능하신 창조주 하나님만이 하실 수 있는 사건이다. 오스트리아 인스부르크 대학에서 가르쳤던 칼 라너(Karl Rahner)의 후임으로 온 스위스 출신의 교의학자 슈바거(Raymund Schwager)의 비판적 성찰에 의하면 오시리스는 무엇보다도 "무덤의 신"이요 죽은 자의 신(Totengott)이다. 슈바거에 의하면 이집트의 이시스-오시리스-신화는 살해된 신에 대한 고대의 신화가 발전된 형태다.

4. 르네 지라르의 희생양 이론에서 나타난 신화의 종결로서의 예수 십자가 희생

프랑스 출신 미국 종교인류학자 르네 지라르(René Girard)는 희생양(scapegoat) 이론에서 종교 신화 속에 구조적으로 나타나고 있는 집단적인 폭력에 의해 살해된 희생양에 대한 은폐와 신성화를 해독(解讀)해 내었다. 고대 이집트의 경우에는 무덤, 미이라(Mumie), 피라미드, 그리고 거대한 왕들의 무덤들이 특히 발전했다. 지하세계의 신인 오시리스가 큰 역할을 수행하는 이집트 전체의 문화와 종교는 이렇게 무덤들 위에 세워졌다.[20] 이집트 신화와 문화에서는 무덤이 중심에 서 있지만, 복음서와 기독교에서는 열려진 빈 무덤이 중심에 자리 잡고 있다. 폭력적인 성스러움(le sacré)이 생산하는 종교는 무덤의 종교요 그들의 신들은 희생양 메커니즘(scapegoat mechanism)의 주기적 영원회귀의 수레바퀴에 갇힌 신들이었다. 이집트의 종교는 재(滓, ashes)로부터 지속적으로 탄생과 죽음을 반복하는 불사조에 주목했다. 그러나 예수 그리스도의 부활은 디오니소스적 영원회귀를 종식(終熄)시키는 사건으로서, 불사조의 부활과 비교될 수 있는 것이 아니다. 지라르에 의하면, 고대의 시스템들은 폭력적 상호성을 단 한번에 영원히 제거하는 데 있어서 무능했기에 주기적으로 "재로부터 다시금 태어나야만 했다." 지라르에 따르면 우리는 이 영원회귀에 관한 사실을 그리스와 인도 종교들의 날카로운 직관력을 통해서 이 사실을 잘 알 수 있다. 그러나 성경적이고 기독교적 전통은 다른 종교 전통과는 "급진적으로 달라서" "종교들의 영원회귀"를 종식시켰다.

구약의 희생제사는 근본적으로 그 내용과 신학적 의미, 그리고 목적이 이방 종교의 희생제사와 다르다. 그렇다면 구약의 희생제의를 디오니소스적인 폭력적 희생양 메커니즘으로 분류하는 것은 근본적

---

20 정일권, 『십자가의 인류학』, (대전: 대장간, 2015), 148.

으로 잘못된 것이다. 형식적이고 구조적으로는 인신(人身)제사와 동물(動物)제사는 문화 초월적으로(transcultural) 인류 모든 문화에 존재해 왔지만, 구약의 희생제의는 역설적이게도 희생제의이기는 하지만, 인류의 희생제의의 계몽과 구원을 위한 계시의 전단계로서 작용하고 있다. 희생양이라는 개념 자체가 구약 레위기에서 나왔다. 구약의 레위기가 없었다면, 그리고 최종적으로는 하나님의 어린 양 예수 그리스도의 마지막 희생양이 없었다면, 인류는 여전히 희생제사를 그 의미와 목적을 질문하지 못한 채 무의식적으로 반복했을 것이다. 레위기도 비록 거기에 전단계와 예표라는 미완성적 차원이 있다손 치더라도 이미 희생양 메커니즘에 대한 비판적 계몽과 계시의 역사를 보여주고 있다. 희생양 메커니즘에 대한 비판적 에피스테메를 이미 내포하고 있는 희생양이라는 개념 자체는 성경적 유산, 특히 구약 레위기의 유산이다.

지라르는 『문화의 기원』((Les)orgines de la culture)에서 다음과 같이 피력한다: "구약의 기록들은 언제나 제의와 희생에서 원초적인 폭력의 요소를 들추어내려 한다는 것이다. 우리가 구약에서 환각제와 같은 통음난무와 무차별화의 요인에 대한 당당한 비판을 볼 수 있는 것도 이 때문이다. 최초의 살해와 같은 황홀한 폭력을 다시 행할 수 있게 해주기 때문에 약물은 예부터 제의에서 중요한 구실을 했으며, 실제로 많은 고대 문화들은 약물을 사용했다. 구약에도 제의로서의 희생이 나오지만, 통음난무적인 요소는 철저히 배제되어 있다."[21] 물론

---

21 R. Girard, (Les) Orgines de la Culture, 김진식 역 『문화의 기원』, 기파랑, 2006, 211.

이 희생양 개념은 하나님의 어린 양 예수 그리스도를 예표하고 그에게 절정에 이르고 수렴된다.

십자가에 달리신 자의 수난에서는 처형의 신성화(Sakralisierung der Hinrichtung)가 발생하지 않았다.[22] 성경적이고 기독교적 전통은 최초로 군중의 지배권을 전복시키고 다른 각도에서 폭력적 만장일치를 보았으며 상호성의 원칙을 정확하게 보여주었다.[23] 그렇기에 라이문트 슈바거는 예수의 죽음, 장례, 그리고 부활에 대한 성경적 증언은 이집트 신화와 같은 고대 신화의 또 다른 버전은 아니라도 주장한다.[24] 유대-기독교적 계시에도 구조적으로 신화의 테마와 유사한 것이 존재하지만, 복음서는 신화를 전복시킨다는 것이다. 예수 이전에 이미 이스라엘의 예언자들은 주변 민족들의 신화들을 날카롭게 거부했다. 이 정신 속에서 예수는 신화적 왕이 아니라, 구체적이고 역사적인 인물로서 등장해서 죽은 자들의 하나님이 아니라, 산 자들의 하나님을 선포했다.[25]

지라르는 예수는 지금까지의 전체 종교와 문화 역사의 지하를 폭로했다고 말한다.[26] 아벨의 피 이후로 인류를 지배해왔던 폭력이 예수에게도 가해졌다. 예수는 살해된 자로서 그 이전의 수많은 희생양들

---

22 정일권, 『십자가의 인류학』, 81, 149.
23 Girard and Chantre, *Battling to the End*, 63-64.
24 정일권, 『십자가의 인류학』, 148.
25 R. Schwager, "Die Heutige Theologie und das Leere Grab Jesu." 이 논문은 오스트리아 인스부르크 대학 신학부 자료실에 온라인으로 올려져 있다: http://www.uibk.ac.at/theol/leseraum/texte/54.html
26 R. Girard, "Les Malédictions contre les Pharisiens et la Révélation Evangélique", in *Bulletin du Centre Prostestant d'Etudes* 27:3 (1975), 5-29.

처럼 무덤에 묻혔다. 하지만 부활절 신앙은 은폐된 무덤 위에 세워지지 않았다. 예수는 열려진 무덤에서 나왔다. 열려진 무덤에 대한 성경적 진실은 순전히 구조적으로 보아도 이집트 신화와 매우 큰 차이를 보인다. 이집트 신화에 의하면 이시스(Isis)는 오시리스(Osiris)의 상자를 열어야만 했다. 살해되고 죽은 자들 가운데서 일으킴을 받은 예수는 이집트 신화의 경우처럼 복수자와 구원자로서 등장하는 호루스(Horus) 같은 존재를 필요로 하지 않았다. 예수 그리스도 자신이 죽음에 대한 승리자로 자신을 배반하고 떠나간 제자들에게 나타났다(막 16:14). 예수는 복수를 가지고 나타난 것이 아니라, 새로운 생명 가운데 평화와 용서의 소식을 가지고 나타났다(마 28:16-20). 그는 제자들에게 명하신다. "너희는 온 천하에 다니며 만민에게 복음을 전파하라"(막 16:15). 슈바거에 의하면 이집트 신화는 폭력과 무덤의 세계에 완전히 침잠되어 있고, 이시스와 오시리스도 그 폭력과 죽음의 세계에 갇혀있다. 그러나 예수는 열려진 무덤으로부터 나왔다. 예수의 부활로 인해서 신화들, 종교들, 그리고 문화들의 지하적인 세계가 열려지게 되었다(마 27:53). 슈바거에 의하면 하나님에 의해 열려진 예수의 무덤은 미이라들, 피라미드적인 왕들의 무덤들과 지하적인 신비종파(Mysterienkulte)의 은폐된 세계에 대항하는 "위대한 반대표시(Gegenzeichen)"다.[27] 복음은 종교적 폭력의 폭로이며, 신화의 죽음이다.

---

27 정일권, 『십자가의 인류학』, 150.

5. 영지주의 기독교는 진정한 기독교가 아니라, 영지(gnosis)라는 가르침에 입각하여 역사적 기독교를 왜곡한 전혀 다른 이단(異端) 종교다.

프리크와 갠디가 말하는 '미스테리아 종교 신앙'이 고대 유럽의 민중들 사이에 널리 퍼진 것은 사실이다. 이러한 밀교(密敎) 신앙은 영지주의자들에게 큰 영향을 주어 역사적 예수의 죽음과 부활에 대한 기독교 신앙을 밀교 신앙과 혼합하여 영지주의 기독교가 등장한 것이다. 당시 교회에서 '가현설'(docetism)이라 불렸던 영지주의 이단은 예수의 육체가 인간들의 육체처럼 보이지만 실제(實際)는 아니라고 하였다. 인격적인 성육신을 거부하는 이들 영지주의자들의 가현주의적 기독론에 대하여 초대교회 교부 이레네우스(Irenaeus)는 "만일 그가 참으로 사람이 되지 아니하였다면 그의 피로써 우리를 참으로 구원하지 아니하셨을 것"이라고 비판하면서 성육신의 역사성을 주장하였다.

영지주의자들이 역사적 기독교를 영지주의적 종교로 왜곡한 것이지, 역사적 기독교가 영지주의의 오시리스 신화가 말하는 가공적인 인물인 오시리스-디오니수스를 문자적으로 역사적 인물로 왜곡한 것이 아니다. 2세기 후반의 기록으로 보이는 영지주의 문서인 '도마복음'의 25절의 "형제를 여러분의 영혼처럼 사랑하라"라는 영지주의적 예수 어록은 이보다 1세기 후반에 복음서에 기록된 "네 이웃을 네 몸(육체)과 같이 사랑하라"(마태복음 19장 19절 병행)는 역사적 예수의 말씀을 왜곡시킨 것이다. 이들 영지주의자들은 육체로 말미암아 고통과 죽음이 유래된 것으로 보기 때문에 하나님이 부모를 통해서 주신 신체를 영혼과 함께 사랑하라는 역사적 예수의 가르침을 육체는 죄로 오염되어 있으니 영혼으로 도피하여 구원받으라는 영지주의적 가르침으로 왜곡한 것이다.

심지어 일부 영지주의자들은 예수가 십자가에 달려서 외친 "엘리 엘리 라마사박다니(나의 하나님, 나의 하나님, 어찌하여 나를 버리셨나이까)"라는 구절을 영지주의적으로 해석한다. 아람어 엘(El)은 보통명사로서 신(神)이라는 뜻일 뿐만 아니라 영(靈)을 뜻한다고 보았다. 영지주의자들은 예수의 영(靈)이 인간의 육체를 빌어 마치 유령처럼 이 땅에 나타났다가, 예수가 십자가에 달렸을 때 인간의 육체적 가면을 벗어버리고 다시금 영적 존재로 되돌아가려고 하자, 예수의 가현적인 육신이 "나의 영이시여, 나의 영이시여 어찌하여 나(육체)를 버리셨나이까?"라고 외친 것이라고 해석한다. 그러므로 예수에 대한 이들의 끊임없는 왜곡된 주장에 대항하기 위해 초대교부들은 영지주의의 해악을 밝히고 그들의 주장을 반박하는 글을 많이 남긴 것이다.[28]

이들 영지주의자들은 하나님이 자신을 육신과 피를 가진 나사렛 예수 안에서 인간이 되셨다는 사실을 받아들이지 않았다. 진정한 그리스도는 순수 영적 존재라고 주장하였다. 영지주의의 주장은 신적 본질의 이념이 아바타(avatar, 화신, 化身)를 통해서 계시되고 있다는 오늘날 힌두교의 가르침과 유사한 것이다. 따라서 초대교회는 이러한 주장을 하는 종파의 영은 적그리스도의 영이라고 경고하고 있다: "예

---

28 허호익, SBS 방송 모티브 된 「예수는 신화다」에 대한 반박, 크리스천 투데이, 입력: 2008.07.01. 06:59; '기독교의 역사성' 영지주의가 훼손 국민일보| 기사입력 2002-10-18 14:57| 최종수정 2002.10.18 14:57.

수 그리스도가 육신으로 온 것을 부인하는 영마다 적그리스도의 영 (τὸ πνεῦμα τοῦ ἀντιχρίστου to pneuma tou antichristou)이다"(요일 4:2-3)고 말하고 있다. 이러한 영지주의의 주장에 대하여 사도 요한은 "나사렛 예수 안에서 태초부터 계신 말씀, 하나님이 육신이 되셨다"(요 1:14)고 증언하고 있다.

6. 역사적 기독교 신앙은 영지주의자들의 은밀한 영지가 아니라 공개적으로 선포된 사도전승이다.

영지주의자들이 주장하는 신앙의 핵심은 영육이원론이다. 인간은 육체를 가지고 있기 때문에 온갖 고난을 당하고 마침내 죽음을 맞이하게 된다는 것이다. 따라서 인간은 육신의 감옥 속에 갇힌 영혼을 해방시킴으로써 구원에 이른다고 하였다. 구원의 구체적인 방식이 비밀스러운 영적 지식(gnosis)을 깨닫는 것이다. 이 영적 지혜는 소수의 선택된 영지주의자들에 의해 비밀스럽게 전승된다. 이러한 미스테리아 신앙은 밀교(密敎, Esoterism)[29]의 전형적인 형태이다.

180년경 리용의 주교 이레네우스는 『이단반박』(*Adversus haereses*)[30]이라는 방대한 저술을 통해 영지주의를 반박하면서 예

---

29 밀교(Esotericism)라는 낱말은 비밀한 교의를 가진 것, 지식을 소수로 이루어진 그룹에게만 제한하는 것, 또는 특별하고 흔치 않은 특성을 가진 사항들에 대한 관심을 의미한다. 밀교와 대조적인 종교는 현교(顯敎, Exotericism)로, 외적인 또는 드러난 견해, 믿음 또는 가르침을 뜻한다. 동양의 밀교로는 불교의 밀교와 힌두교의 우파니샤드 등이 있다. 서양의 밀교로는 점성술, 연금술 등이 있다.

30 Henry Bettenson, *The Early Christian Fathers: A Selection from the Writings of the Fathers from St. Clement of Rome to St. Athanasius*, Oxford University Press, USA

수 그리스도의 복음은 '공개적인 사도전승'이지만, 영지주의의 영지 (gnosis)는 '은밀한 비밀전승'이라는 점에서 결정적인 차이가 있다고 주장하였다. 영지주의는 그 은밀한 비공개성 때문에 황당무계한 신앙을 저마다 제멋대로 전수하였고, 이러한 모순된 신앙에 대한 객관적·이성적 비판과 검증의 과정을 거치지 못했기 때문에 역사에서 사라진 것이다.

오늘날 우리는 역사적으로, 전승적으로 사복음서를 통하여 역사적 예수의 모습을 바르게 알 수 있다. 자유주의 신학자들이 추구했던 역사적으로 순수 객관적인 사실로서 "역사적 예수"는 존재하지 않는다. 그런 순수 객관적인 예수는 하나의 실증주의적 인물일 뿐이다. 사실적으로, 역사적으로 살았던 예수는 갈릴리 방언(아람어)[31]을 쓰시며 목수의 아들로 자라난 농촌 출신인 갈릴리 사람이었다. 그는 단지 인간이나 신이거나 또는 중립적인 반신반인(半神半人)도 아니었다. 그는 박물관에 박제된 문서나 유품 속에 갇혀있는 존재가 아니라 우리에게 복음서의 메시지를 통하여 그리고 교회를 통하여 역사하시는 성

(September 15, 1969), 박경수 역, 『초기 기독교교부』, 서울: 크리스챤 다이제스트, 1997.

31 예수는 당시 팔레스타인에서 사용하던 언어, 아람어를 사용하셨다. 예수가 쓰신 "달리다굼"(내가 네게 말하노니 소녀야 일어나라, 막 5:41), "에바다"(열려라, 막 7:34), "엘리 엘리 라마 사박다니"(나의 하나님, 나의 하나님 어찌하여 나를 버리셨나이까, 마 27:46; 막 15:34), '아바'(아버지에 대한 친근한 호칭, 막14:36) 등이 아람어다. 히브리인들은 포로 생활을 많이 한 터라 아람어가 팔레스타인 지역에서 널리 사용되어졌다. 아람어는 원래 유목민의 언어였으나 이 유목민이 메소보다미아와 수리아 지역을 점령하고 왕국을 건설하면서 언어를 유포시킴으로써 고대 중근동의 국제 통용어로 자리매김한다. 아람(수리아)이 B.C. 8세기경 앗수르에 정복되었음에도 아람어는 소멸되지 않고 앗수르를 비롯한 주변국과 이후 제국들(바벨론과 바사 등)의 외교 언어로 사용되었다(왕하 18:26; 사 36:11). 예수가 사용한 언어 자체도 그가 로마 시대에 팔레스타인이라는 지역에서 주후 1세기에 살았다는 역사적 실재성을 알려준다.

령으로 인격적으로 다가오기 때문에 실증주의적 학문의 논구 대상이 될 수 없다.

　예수는 처음부터 우리의 구세주로 탄생했으며, 그분은 본성적으로 메시아적 삶을 살았다. 나사렛 예수는 하나님의 아들로서 이 세상에 오셔서, 세상의 죄를 짊어지고 십자가에 달려 돌아가시고 장사된 지 3일 만에 부활하시어 죄와 사망의 권세를 깨뜨리시고 온 인류에게 영원한 구세주가 되셨다. 예수는 본성적으로 참 하나님(vere deus)이요 참 인간(vere homo)이었다. 사복음서 저자들은 예수를 다음과 같이 소개하고 있다: "아브라함과 다윗의 자손 예수 그리스도의 계보라"(마 1:1). "하나님의 아들 예수 그리스도의 복음의 시작이라"(막 1:1). "보라 네가 잉태하여 아들을 낳으리니 그 이름을 예수라 하라. 그가 큰 자가 되고 지극히 높으신 이의 아들이라 일컬어질 것이요 주 하나님께서 그 조상 다윗의 왕위를 그에게 주시리니, 영원히 야곱의 집을 왕으로 다스리실 것이며 그 나라가 무궁하리라"(눅 1:31-33). "태초에 말씀이 계시니라 이 말씀이 하나님과 함께 계셨으니 이 말씀은 곧 하나님이시니라"(요 1:1). "말씀이 육신이 되어 우리 가운데 거하시매 우리가 그의 영광을 보니 아버지의 독생자의 영광이요 은혜와 진리가 충만하더라"(요 1:14). 나사렛 예수는 오늘도 그분이 보내신 성령을 통하여 우리 가운데 계신다. 오늘날 우리는 그분의 말씀을 통하여, 그리고 성령의 부으심을 통하여 그분과 교통할 수 있다. 예수 그리스도는 어제나 오늘이나 영원토록 동일하시다(히 13:8).

제 2 장

초기(1-2세기) 비기독교적 자료가 증언하는 나사렛 예수

Jesus of Nazareth in Reformed Orthodox Faith

:: 제2장 초기(1-2세기) 비기독교적 자료가 증언하는 나사렛 예수

역사적 예수에 대한 바른 신앙은 이성적 논증에서 오는 것은 아니다. 신앙은 칼빈(Jean Calvin)이 말한 바와 같이 성령의 내적 증언(testimonium interum spiritus sancti)에서 오는 것이다. 그러나 올바른 신앙은 이성적 증거를 무시하거나 맹신하지 않는다. 올바른 신앙은 맹목적인 신앙이 아니다. 올바른 신앙은 역사적이고 이성적인 증거를 요구한다. 어거스틴이 말한 대로 "우리는 사유하기 위하여 믿는다"(credo ut intelligam). 나사렛 예수의 진실이란 그가 그리스도요 "어제나 오늘이나 영원토록 불변하시고 살아계신 구세주"라는 사실이다. 이제 저자는 이러한 나사렛 예수의 사실성과 진리에 관하여 역사적 기독교가 제공하는 역사적 자료와 사복음서를 중심으로 논구하고자 한다.

I. '예수'라는 이름의 기원과 의미

예수(Jesus)라는 이름은 히브리서에서 유래되었는데, 히브리어의 본래 이름은 Jeshua(예수아), Joshua(요수아), Jehoshua(예호수아)이다. 이 이름의 뜻은 '야웨는 구원자시다' 혹은 짧게 '하나님의 구원'이라는 의미로, 어원은 '도와준다', '구원한다'는 뜻을 내포하고 있다[32]. 히브리어 본래 발음은 '요수아'(Joshua)에 가까운데 헬레니즘 문화권으로 넘어가면서 '이예수스'(Ἰησοῦς)가 됐다[33]. '하나님께서 구원하신다'는 뜻을 가진 '요수아'는 유대인에게 흔한 이름이었기 때문에 구별을 위해 예수의 출신지인 '나사렛'(Nazareth)을 붙여서 나사렛 예수(Ἰησοῦ Χριστοῦ τοῦ Ναζωραίου)라 불렀다. 헬레니즘 세계에서는 히브리어 '메시아'(משיח, mashiah)의 헬라어 번역어인 '크리스토스'(Χριστός)를 붙여서 '이예수스 크리스토스'(Ἰησοῦς Χριστός, 예수 그리스도)가 사용됐다.

마태복음 1장 21절, 누가복음 2장 21절에 천사가 나타나서 "자기 백성을 죄에서 구원하실 이"이기 때문에 이름을 '예수'라고 지으라고 하였다. 여기서 '예수'라는 이름은 유대인들 사이에 가장 많은 이름이며 가장 익숙한 이름이다. 이렇게 예수라고 이름 지을 것을 요구한 것

---

32 Ererett F. Harrison, "Jesus," in. Ererett F. Harrison(ed.), Baker Dictionary of Theology, Grand Rapids, Michigan:Baker Book House; 신성국 책임번역, 『Baker's 신학사전』, 1986, 586-587.

33 Kallistos Wave, "Name of Jesus," in: Gordon S. Wakefield, A Dictionary of Christian Spirituality, SCM press, 1983, 222-3; Allen C. Myers(rev. ed.), "Jesus Chist," in: The Eerdmans Bible Dictionary, Grand Rapids, Michigan: W. B. Eerdmans Company, 1987, 573.

은 다음 3가지 의미를 함축하고 있다. 첫째, 유대인의 관습대로 한다면 이름을 지어주는 것은 법률상으로 그의 아버지임을 나타내는 것이다. 따라서 예수는 하나님의 아들임을 나타낸다. 둘째, 이 아기는 하나님이 자기 백성에게 허락하신 구원의 긴 역사에서 마지막 매듭을 짓는 존재로 태어난다는 의미이다. 셋째, 유대인들에게 미리 예언되고 유대인들이 기다려 온 구세주이다. 그래서 굶주림, 압박이나 원수들의 조롱에서 구원하실 분이며 저들의 피에서부터 구원하실 분이라는 의미이다. 이로써 구원이란 깨어진 하나님과의 관계를 예수로 말미암아 회복된다는 것을 말하고 있다. 이에 따라 필로(Philo)는 예수를 '주의 구원'으로 표현했고, 유세비우스는 '주의 구원을 가져오는 자'로, 예루살렘의 성(聖) 시릴(Cyrilus)은 '구원자'로 해석하였다

II. 초기 비기독교 문서들

1. 요세푸스의 저술: 『유대고대사』와 『유대전쟁사』

예수는 신약성경 외에도 7종의 비(非)기독교 문헌에 등장한다. 성경 및 고대 기독교 학자들의 연구에 의하면 1-2세기 기독교 밖의 자료는 역사적 예수가 실제로 살았다는 데 대해 결단코 의심하지 않았다. 비기독교 자료 중에는 유대인 역사가 요세푸스의 저서 『유대고대사』와 『유대전쟁사』가 예수가 살았던 1세기 팔레스타인의 정황을 재구성하는 데 다른 어떤 자료들보다 더 중요하다.[34] 이 자료들은 예수 죽음 후 수십 년이 지난 주후 60년경에 쓰여진 것이다.

 요세푸스의 원래 이름은 요셉 바르 마티아스(Joseph Bar Mattias)로서 본디오 빌라도가 유다와 사마리아의 총독에서 물러났던 주후 37년에 명문 제사장 가문에서 태어났다. 그는 로마에서 교육을 받고 주후 20년경 예루살렘으로 돌아왔다. 그는 당시 유대의 불안한 정치적 상황을 정확히 인식했다. 그는 로마 유학을 통해서 로마의 막강한 제도와 군사력을 경험했기 때문에 자기 민족 유대인들이 로마에 저항해 반역하지 않기를 바랐다. 그러나 결국 반란이 일어나자 정작 그는 갈릴리 지역의 유대인 저항군들의 지휘를 맡았다. 이것은 요세푸스의 기회주의적인 면모를 보여주는 실례다.[35] 반란에서 패배한 요세푸

---

[34] William Whiston, trans. *The Works of Josephus*, Complete and Unabridged (Peabody, Mss.: Hendrikson, 1987).

[35] Steve Mason, *Josephus and the New Testament* (Peabody, Mass.: Hendrickson, 1992);

스는 숨어 지내다가 베스파시안(Titus F. Vespasianus)이 로마 황제로 등극할 것을 예언함으로써 목숨을 구한다. 주후 68년에 네로 황제가 죽고 후계자들로 칭했던 세 명의 인물들(갈바, 오토, 비텔리우스)이 정권을 획득하는 데 실패하자 베스파시안이 69년에 로마 황제로 등극하였다. 이렇게 하여 요세푸스의 예언은 성취되었다.

베스파시안의 황제 등극 직후 요세푸스는 풀려 나와 베스파시안의 아들 디투스(Ditus)를 도와 유대 반란을 종결시키는 일을 맡았다. 성공적으로 임무를 처리한 후 요세푸스는 티투스와 함께 로마로 돌아와 플라비우스(Flavius)라는 황실의 양자로 입양된다. 이때부터 자신의 성(性)을 요세푸스라는 라틴식으로 바꾸고 로마 귀족과 결혼해 로마에 거주했다. 이후 그는 "반란의 민족"이라는 비난을 들었던 유대 민족과 역사의 격변기에 자신이 맡은 역할에 대해 변호하고 로마인들, 특히 그의 후원자들인 플라비우스 집안의 공덕을 칭송하는 역사서들을 집필한다.[36] 이 저서들 가운데 오늘날까지 남아있는 것이 『유대전쟁사』(7권), 『유대고대사』(20권), 『아피온 반박문』, 『플라비우스 요세푸스의 생애』 등이다. "플라비우스의 증언"(Testamonium Flavianum)으로 알려진 『유대고대사』 원문 구절[37]에는 '추종자들에 의해 메시아로 받들어진 예수라는 마술쟁이'가 나오고, 유대인 기도문

Clean L. Rogers Jr., *The Topical Josephus* (Grand Rapids: Zondervan, 1992).

36 Craig A. Evans, *Fabricating Jesus. How Modern Scholars Distort the Gospels*. InterVarsity Press, 2006, 성기문 역. 『만들어진 예수』. 새물결 플러스, 2011. 214-125.

37 Flavius Josephus, *Jewish Antiquities*, Thackeray, H. St J. (Translator), Harvard University Press, 1930, 18:3.3; 20:9.1; 신약학자 존 마이어가 요세푸스 원문 재구성을 했으며(John P. Meier, *A Marginal Jew*, 1:61), 에디와 모이드가 이 재구성의 진정성에 대해 최근 방어하였다 (Eddy & Boyd, *Jesus Legend*, 190-99).

인 '바빌론 탈무드'의 이단 배척 조항에는 서기 85년에 '나사렛 도당들'이 추가됐다.

2. 마라 바 사라피온 서신

시리아의 스토아 철학자 사라피온(Mara Bar Sarapion)은 73년 직후 아들에게 보내는 서신에서 예수의 처형과 그것과 연관된 유대인들의 민족적 재난을 언급한다: "유대인들이 현명한 왕을 처형하고 그 때부터 그 나라를 빼앗겼으니 그들에게 무슨 유익이 있겠느냐?"[38] 그의 서신에서 "현명한 왕의 처형"이란 나사렛 예수의 십자가 처형"을 말하는 것으로 학자들은 해석한다.[39] 마라 바 사라피온 서신(Mara Bar Sarapion letter)은 예수의 십자가 처형을 언급한 초기 비기독교적 자료다.

3. 바벨론 유대교 법전 탈무드의 랍비 자료

바벨론 유대교 법전 탈무드(Talmud)에 남은 랍비 자료는 예수에 관하여 매우 드물게나마 언급하고 있다: 예수가 "마술을 행하고 이스라엘

---

[38] Mara Bar Sarapion Letter, A.D. 73; Robert E. Van Voorst, *Jesus outside the New Testament: an Introduction to the Ancient Evidence*, 2000, 53-55.

[39] Andreas J. Köstenberger, L. Scott Kellum(ed.), *The Cradle, the Cross, and the Crown: An Introduction to the New Testament*, 2009, 110; Ute Possekel, *Evidence of Greek Philosophical Concepts in the Writings of Ephrem the Syrian*, 1999, 29-30; Bruce Chilton, Craig A. Evans(ed.), *Studying the Historical Jesus: Evaluations of the State of Current Research*, 1998, 455-457.

을 그릇된 길로 인도하여 불충한 자들로 만들었다." 탈무드는 대부분 부정적으로 예수를 "사생아(私生兒)," "기적을 일으키는 자," "요술쟁이," "거짓교사"로 비난하고 있으며, "유월절 전날 밤"에 나무에 매달아 처형되었다. 그리고 그에게는 마타이(마태), 니카이(니고데모), 네제르, 부니, 토다(다대오) 등 다섯 명의 제자들이 있었다고 언급하고 있다. 후기 유대인 자료들 역시 역사적 예수의 존재를 전제한다.[40] 예수 운동을 반대한 유대인들이 역사적 예수의 존재 자체를 부인했다는 증거는 없다.

이 문서들은 역사적 예수에 관하여 사실적으로 언급하고 있다. 이들 문서들은 종교적인 문서가 아니라 일반 세속적인 문서들이다. 이러한 초기 문서들은 우리의 삼국사기, 고려사, 조선왕조실록 등과 같이 그 시대에 일어난 사실에 관하여 보도하고 있다.

III. 1세기 유대교 문서들의 증언

1. 『유대고대사』 제18권의 "플로비우스의 증언"

60년경에 집필이 시작되어 93년에 완성된 대저작 『유대고대사』에서 귀족 바리새파에 속한 유대교 역사가 요세푸스는 빌라도의 팔레스타

40　b. Sanhedrin, 43a, 107b. Document of the early 2century.

인 통치를 다루는 맥락에서 나사렛 예수에 관하여 언급하고 있다.[41] 요세푸스의 대저작의 제18권에는 유명한 "플로비우스의 증언"이 있는데 이 증언은 나사렛 예수에 대한 가장 충격적이고 의미 있는 자료다: "이때 예수가 살았는데, 참으로 그를 사람이라고 불러야 한다면, 그는 현인(賢人)이었다. 그는 진리를 기쁘게 받아들이는 사람들의 선생이었다. 그는 많은 유대인과 많은 헬라인들을 추종자로 얻었다. 그는 메시아였다. 빌라도가 그에게 십자가형을 언도했을 때, 지도적인 입장에 있던 사람들은 그를 비난했고, 그를 사랑했던 자들은 그에 대한 사랑을 멈추지 않았다. 그가 3일 만에 다시 살아나서 그들에게 나타났으며, 거룩한 예언자들이 이것을 이미 예언했으며, 그와 관련된 놀라운 일들이 많이 일어났다. 지금까지 이 사람을 따라 생긴 그리스도파들은 여전히 활동하고 있다."[42]

요세푸스는 여기서 객관적인 역사가로서 예수를 "지혜로운 교사", "기적을 행하는 자"로 묘사하고 있다. 그리고 그는 예수가 자신을 "메시아"라고 주장함으로써 유대인 지도자들의 반대로 유대의 총독 본디오 빌라도에 의하여 사형 선고받아("빌라도가 우리 지도자들이 제안한 대로 예수에게 십자가형을 언도했을 때") 당시의 극형의 상징인 "십자가에 달렸다"고 증언하고 있다. 그리고 예수의 죽음이 새로운 회심자의 출현을 멈추게 하지 않았고, 그리스도인이라 불리는 무리가 사라지지

---

41 현존하는 본문은 그리스도인 필사가에 의해 부분적으로 수정된 것이기는 하지만, 그 본문의 핵심적인 내용은 요세푸스 자신의 글이라는 점을 대부분의 학자들이 인정한다.(Darrell L. Bock, "역사적 예수. 복음주의 관점", in: 『역사적 예수 논쟁』. 예수의 역사성에 대한 다섯 가지 신학적 관점, 손혜숙 옮김, 새물결플러스, 2014, 372.

42 Flavius Josephus, *Jewish Antiquities*, 18:63-64.

않았다고 언급한다.

2. 『유대고대사』 책 뒷부분

『유대고대사』 책 뒷부분에서 요세푸스는 율법을 위반한 이유로 대제사장 아나누스와 산헤드린에 의해 62년 투석형으로 죽임을 당한 야고보에 대해 언급하면서 그를 소위 그리스도라 불리는 인물의 형제라고 말하고 있다(93년 저술): "그(아나누스)는 산헤드린 재판을 주재하고 그들 앞에 '그리스도'라 불리는 예수의 형제인 야고보와 다른 형제들을 재판정 앞에 세웠다. 그는 그들이 율법을 위반했다고 정죄하면서 그들을 돌로 쳐 죽이라고 판결했다. 그러나 가장 공평하고 율법에 대하여 엄격하다고 여겨졌던 그 도시 사람들은 이 일을 불쾌하게 여겼으며, 비밀리에 왕에게 사람을 보내어 아나누스가 그러한 행동을 더 이상 하지 못하도록 촉구했다."[43] 이로 미루어 볼 때 요세푸스가 이미 예수 그리스도라는 인물의 실존을 인정하는 것으로 볼 수 있다.[44]

---

[43] Flavius Josephus, *Jewish Antiquities*, 20:200-201.

[44] 요세푸스는 '그리스도의 부활과 현현' 등에 대해 친절히 제시하고 있어 기독교에 대한 호의적 태도로 인해 그의 기록의 진정성에 대하여 많은 논란이 있는 것은 사실이다.

IV. 2세기 그리스-로마 문서들의 증언

1. 『비투니아에서 온 편지』

112년에 쓰여진 『비투니아에서 온 편지』(Letter from Bithynia)에서 당시 비투니아 총독인 로마의 젊은 귀족 플리니우스(Plinius, 61-113)는 트라얀(Trajan) 황제에게 기독교인들의 실태를 언급하고 있다: "이들의 오류와 잘못이란 동트기 전에 모이는 고정된 날에 대한 관습과 그리스도에 대한 단어의 형식을 신(神)으로 교대로 외우는 관습이었습니다. 이들은 맹세에 구속되어 있었으며 도둑질이나 강도짓이나 강간에 연루되지 않았고, 이들은 말씀을 어기지 않았고, 요청할 때 증거를 거부하지 않았습니다. 이들의 관습은 이것이 행해지고 난 후 헤어지고 다시 모였는데 그것은 일상적인 해 없는 음식을 먹는 것이었습니다."[45]

그는 이 편지(Letter from Bithynia)에서 로마 황제의 상(像)에 존경을 표하기를 거부하는 기독교인들을 어떻게 다루어야 할지에 대해 물으며, 기독교인들은 그리스도를 마치 신(神)인 것처럼 그에게 바치는 찬송시를 흔히 불렀다고 전하고 있다. 여기서 플리니우스는 "예수가 세상에 살았고 초대교회 신자들에 의하여 신성(하나님의 아들, 인자 등)으로 불리었던 인물이었다"[46]고 증언하고 있다. 『비투니아에서 온

---

45 C. Plinius, Epistles 10:96.
46 C. Plinius, Epistles 10:96.

편지』라고 불리는 플리니우스(C. Plinius Caecilius Secundus)의 서신은 오늘날까지 남아있는 나사렛 예수에 관한 가장 오래된 자료다. 이 자료를 통해서 우리는 1세기의 기독교인들이 믿었고 생활했던 것을 비기독교적 원천에서 알 수 있다.

2. 타키투스의 『연대기』

로마 역사가 타키투스(Tacitus, 55-120)는 『연대기』(*Annals*)에서 64년 일어난 로마의 대화재를 다루면서 "크레스챤들"(Chrestianer), 곧 그리스도인이란 이름을 이 종파의 창설자 그리스도에게 소급시키고 있다. 그는 예수가 로마 황제 티베리우스(Diberius) 치하에서 유대 총독 빌라도의 명령에 의하여 십자가에 처형되었다고 말한다: "이 명칭은 티베리우스 황제 치하의 행정관 본디오 빌라도에 의해 처형당한 그리스도에게서 나온 것이다. 이 부패한 미신은 잠깐 동안 억눌려 있었지만 나중에 다시 그 모습을 드러냈으니, 그 신앙이 처음 발생한 유대 지역뿐만 아니라 전 세계의 혐오스러운 것과 흉악한 것들이 밀려들어와 횡행하고 있는 로마에도 세력을 뻗었다."[47]

3. 『클라우디우스 생애』

『연대기』보다 5년 늦게 출판된 로마 역사가 수에토니우스(Suetonius,

---

[47] Tacitus, *Annals* 15:44, 2-5. 이 인용 본문에 대해서 대부분의 해석가들은 크레스투스(Chrestus)는 그리스도(Christ)의 오(誤)표기로 간주한다.

69-140)의 저작 『클라디우스 생애』에서는 클라디우스 황제(Kaiser Claudius, 41-54)가 "크레스투스(Chrestus)의 선동"에 의하여 지속적인 소란을 일으킨 유대인들을 로마에서 추방했다고 기록하고 있다: "클라우디우스는 유대인들을 로마에서 축출했다. 왜냐하면 유대인들의 크레스투스의 선동에 이끌려 끊임없이 폭동을 일으켰기 때문이다."[48] 대부분의 해석가들은 본문에서 크레스투스(Chrestus)라는 용어를 그리스도(Christus)를 잘못 표기한 것으로 간주한다. 따라서 여기서 "크레스투스"는 그리스도를 가리키는 용어이다. 수에토니우스는 예수를 기독교의 창시자가 아니라 반체제적 유대인들 모임의 지도자로 묘사하고 있다. 수에토니우스의 문서는 기독교와 유대교의 대립에 의하여 일어난 소요에 관하여 보고하고 있으나 이 소요의 사실적 진상에 대해서는 언급하고 있지 않다. 이처럼 예수가 속한 로마의 자료가 공히 역사적 예수의 존재를 증언하고 있는 것이다.

V. 나사렛 예수의 역사적 사실성

이상의 초기 비기독교 문서들에 대한 고찰에서 우리는 다음과 같은 사실을 확정할 수 있다.

---

[48] Suetonius' Documents, A.D. 70-130. (Suetonius, Life of Claudius, 25:4); 박태식, "십자가 못 박힌 예수… 황제를 사칭한 罪," 이선민 기자, 입력: 2013.12.25. 07:40, 조선일보, 2013.12.25. A19.

1. 나사렛 예수는 명확히 역사적이다.

1세기경 비기독교 문서들은 나사렛 예수를 역사적 사실로 언급하고 있다. 단지 이 문서들에서 저자들은 예수라는 역사적 인물에 대하여 거의 부정적이고 비판적으로 서술하고 있다. 그 이유는 당시 다신론적인 이방 종교가 지배하는 이교도 사회에서 로마 황제에게 참배를 거부하고 박해를 받은 기독교에게 좋은 평판이 주어질 수 없었기 때문이라고 보아진다. 이로 보아 우리는 나사렛 예수가 프리크와 갠디가 공저한 『예수는 신화다』의 왜곡처럼 나사렛 예수가 역사성이 없는 가공적 인물[49]이 아니라, 구체적인 역사적으로 실재한 인물이라는 사실을 확정할 수 있다.

2. 나사렛 예수는 당시 유대교와 이방 종교의 다신(多神) 사회에서 비방을 받았다.

이들 비기독교 문서들에서 나타나는 예수에 대한 비방적 언사는 복음서가 나사렛 예수에 대하여 쓰는 긍정적인 서술과는 평행적으로 나타나는 부정적 서술이다. 몇 가지 예를 든다면, 복음서에서 말하고 있는 예수의 동정녀로부터의 탄생에 대해 이들 비기독교 문서들에서는 "사생아"로 단정하고 있고, 예수께서 소경과 귀머거리, 앉은뱅이, 문둥병자 등 불치병자들을 고친 것을 두고 "마술을 행한 자"라고 말

---

49   Timothy Fleke & Peter Gandy, *The Jesus Mysteries*, HarperCollins, 2000, 송영조 역, 『예수는 신화다』, 동아일보사, 2001, 39-41.

하고 있으며, 사복음서가 기록한 "예수께서 물을 포도주로 만들고, 바다 위를 걸은 사건"을 두고 "요술쟁이"로 비난하고 있다. 이 뿐만 아니라, 예수가 모세의 율법을 부정하면서 "나는 너희에게 말하노니"라는 권세 있는 가르침에 대해서도 "거짓교사"로 치부하며 비난하고 있다. 그럼에도 불구하고 사복음서 내용과 이들 비기독교 문서가 일치하는 내용이 있다. 그것은 예수가 십자가에 달려 죽었다는 사실이다. 즉, 이들 문서들은 예수가 "유월절 전야에 십자가에 달려 죽었다"는 기록에 있어서 사복음서와 일치하고 있다.

3. 나사렛 예수의 진정한 모습은 그를 추종한 제자들과 복음서 저자들에 의하여 드러난다.

주지한 바와 같이 이들 비기독교적 문서들은 예수의 역사적 사실성을 확정해 주는 좋은 자료가 될 수 있다. 그러나 그럼에도 불구하고 이 자료들은 예수가 과연 누구였던가 하는 근본적인 질문에는 답변을 해 줄 수가 없다. 이 답변은 예수의 제자들과 초대 기독교 신자들의 증언에서 찾아야 한다. 예수의 12제자들은 예수를 3년이나 따라 다니면서 그와 침식을 같이하고, 그의 가르침을 받고, 기적을 행하시던 삶의 현장에 함께 있었던 증인들이다. 그러므로 이들 12사도들과 사복음서 저자들은 나사렛 예수에 관하여 가장 생생한 증언을 해준다. 이들의 증언이야말로 예수 복음사역의 직접 목격자들로부터 나온 것이기에 예수에 대한 가장 확실한 모범답안이다. 그러므로 베드로, 바울, 요한 등 12사도들과 마가, 마태, 누가, 요한 등 복음서 저자들은 역사적 예수의 진실된 모습을 우리들에게 알려주는 원천이며 규범이 된다. 이들은 한결같이 나사렛 예수를 "하나님의 아들"(막 1:1; 눅 1:35), "인자"(마 24:30), "그리스도"(마 16:16), "이스라엘의 구속자"(눅 24:21), "주"(마 16:16), "하나님의 말씀"(요 1:1), "하나님"(요 1:1, 18)으로 증언하고 있다. 역사적 예수의 진정한 상은 신앙의 예수상과 긴밀한 관계 속에 있다.

제 3 장

나사렛 예수에 대한 신약성경 문서들의 증거자료와 해석 방법

Jesus of Nazareth in Reformed Orthodox Faith

:: 제3장 나사렛 예수에 대한 신약성경 문서들의 증거자료와 해석 방법

나사렛 예수에 관하여 가장 확실한 증거문서는 초대교회 당시 쓰여진 신약성서 문서들(사복음서와 사도들의 서신들)이다. 이 문서들은 우리에게 역사적 예수가 누구였다는 것을 가장 확실하고도 바르게 알려준다. 그리고 중요한 것은 이러한 문서들에 대한 해석 방법이다. 이러한 신약성경의 문서들을 어떻게 해석하느냐 하는 것은 복음서 저자들이 전해준 역사적 예수에 대한 올바르게 접근에 결정적 역할을 한다.

I. 신약성경 문서들

우리는 앞에서 초기(1-2세기) 비기독교적 문헌에 나타난 나사렛 예수에 대한 최초의 언급에 관하여 살펴보았다. 이 문서들은 예수가 역사적으로 살았고, 활동했으며, 십자가에 달려 죽었다는 사실을 전해준다. 그러나 예수가 과연 누구였으며, 그는 왜 십자가에 달려 죽어야만 했는가 하는 본질적인 물음에 대해서는 침묵한다. 이 문서들은 단지 역사적으로 나사렛 예수가 유대 율법을 모독했고, 군중들을 선동했으며, 십자가에 달려 죽었다는 드러나는 사실만을 말하고 있을 뿐이다. 따라서 진실의 내용을 알기 위해서는 우리는 초기 기독교 문서인 신약성경 문서들의 증언에 우리의 관심을 집중해야할 필요가 있다.

역사적인 나사렛 예수가 누구였는가를 것을 알기 위해서 우리는 가장 신빙성 있는 자료인 초대교회가 채택한 사복음서와 사도들의 서신들을 기초로 하여야 한다. 신약성경의 사복음서는 역사적 예수에 대한 초기 기독교 문서들의 증거자료들 가운데 일차적인 증거이다. 복음서 저자들인 마태와 요한은 예수를 따랐던 제자들로서 예수의 인격과 가르침을 가장 잘 알고 있었던 증언자들이다. 마가는 베드로의 통역자요, 누가는 바울의 선교 동행자였다. 이 둘은 사도들로부터 예수의 행적에 관한 생생한 증언을 접한 자들이다. 또한 서한들을 쓴 바울, 베드로, 요한, 야고보 등의 사도들도 모두 예수의 인격과 가르침의 일차적이고 생생한 증언자들이다. 이들 사도들의 서한들은 예수의 부활 이후에 사도들의 복음전파에 의하여 생겨난 초대교회의 신앙의 대상이 된 나사렛 예수, 곧 예수 그리스도에 대한 역사적 사실과 신앙고백을 내포하고 있다.

최초의 복음서는 65-70년 사이, 곧 예수의 지상생활이 끝난 시점에서 35년에서 40년 후에 기록되었다. 예수의 죽음 이후 수십 년 세월이 지난 후에야 복음서 저술이 이루어진 이유는 초대교회가 복음의 구술적 전파(oral preaching)에만 열중하여 붓을 들 겨를이 없었기 때문이다. 초대교회는 예수 그리스도의 십자가의 죽으심과 부활 승천이 너무나도 생생한 체험이었기 때문에 전혀 회상의 필요성을 느끼지 못했다. 그러나 시간이 점차 지나감에 따라 복음서 저자들과 사도들은 이 엄청난 구속(救贖)의 사실이 기억에서 사라질 것을 염려하게 되었고, 따라서 그것을 기록으로 남겨 문서화함으로써 자신들이 직접 목격하고 체험한 예수의 행적을 후세에 남기고자 하였다.

II. 바울서신들

최초의 신약문서들은 사도 바울의 초기 서신들이다. 바울 자신은 역사적 예수를 개인적으로 만나지 못했고, 알지도 못했다. 바울은 열성 있는 바리새인으로 예수를 믿는 기독교인들을 박해하기 위하여 다메섹으로 가던 중 그 도상(途上)에서 부활하신 예수를 만났다(행 9장). 이 영적 체험을 통해서 바울의 생애는 전혀 새로운 국면으로 전환하게 된다. 열성적인 율법 준행자였던 사울이 열렬한 복음전도자 바울로 완전히 변화한 것이다. 바울은 누가나 마가 등 역사적 예수와 긴밀히 연결되어 있는 복음서 저자들을 잘 알았다. 그는 예루살렘에 올라가 예수의 수제자인 베드로와 2주를 보내었고 예수의 동생인 야고보와도 만났다(갈 1:18-19). 따라서 바울은 복음서를 저술하지는 않았으나 필요시에 예수의 가르침과 행위에 대한 지식을 제시할 수 있었다. 바울의 서신들을 보면 바울은 그가 받았던 것을 신자들에게 전해준다(고전 15:3). 즉, 복음의 전승을 말하고 있다. 바울은 복음과 예수의 가르침이 복음서가 쓰여지기 전에는 구두로 전승된 것을 알려주고 있다.

III. 사복음서의 위치

사복음서는 역사적 예수가 누구라는 것을 우리들에게 알려주고 있다. 사복음서는 초기 기독교 시대의 수십 년간 로마 세계에서의 팔레스타인의 지위에 대하여 우리에게 알려준다. 예수 이야기와 사도들의 서신들은 초기 기독교의 주요인물들이 거의 유대인들이기 때문에 그 시대의 팔레스타인 유대교에 관한 지식을 제공한다. 마태는 그의 복음서에서 "아브라함과 다윗의 자손 예수 그리스도의 세계라"(마 1:1)는 문장으로 시작한다. 마태, 마가, 누가의 예수에 관한 이야기들은 서로 중복되는 많은 자료들을 가지고 있다. 그래서 우리는 평행적인 문단으로 비교하면서 읽을 수 있다. 그래서 이 세 복음서들을 공관복음서(synoptic Gospel)라고 한다. 마가복음은 마태복음과 누가복음의 자료로 사용되었고, 마태와 누가는 일반적으로 Q(Quellen, 자료)라고 불리는 예수 어록집(a collection of sayings of Jesus)을 가진 것으로 본다.[50] 이 어록집은 50년경 이방선교를 위한 지침서로서 편집되었을 것으로 본다.[51]

이러한 복음서 자료들에 대한 비평이 가장 발달한 영역이 학문적

---

50 Q에 관한 연구는 미국 클레몽 신학대 고대기독교 연구소의 제임스 로빈슨이 주도하는 International Q Project와 성서문학회(Society of Biblical Literature)가 주도하는 The Q Project에 의해 수행되고 있다. (소기천, 『예수말씀복음서 Q 개론』, (서울: 대한 기독교서회, 2004); 심경원, "Q 공동체의 상황과 지혜 기독론," 『개혁주의 이론과 실천』, 2013/제4호, 개혁주의이론실천신학회(샬롬나비)편, 215-242; James M. Robinson, *The Sayings Gospel Q*, (Leuven: Leuven University Press, 2005).

51 Q 가설의 취약점은 예수 수난과 부활에 관한 기사를 가지고 있지 않다는 것이다. 그리고 오늘날 우리는 Q에 상응하는 어떤 문서도 가지고 있지 않다는 사실이다. 따라서 Q는 가설에 머물 수밖에 없다.

으로는 성경학의 분야이다. 자유주의적 비평학은 이러한 문서들에 대하여 지나친 방법적인 회의주의에 기초함으로써 문서 자체가 우리들에게 말해주는 것 보다는 계몽주의적 의심 해석학의 영향을 받았다. 독일의 신약학자 불트만은 하이데거(Martin Heidegger)의 영향을 받아 이러한 문서들에 대한 실존주의적이고 현대적 해석에 지나치게 치중함으로써 부정적인 방향으로 성경 비판학을 사용하였다. 이에 반해 영국의 브루스나 독일의 베츠[52] 등은 성경에 대한 건전한 비평적인 관점을 사용함으로써 보다 신약문서에 대한 온건한 이해의 지평을 열었다.

편집비평이나 전승비평은 이러한 복음의 전승에 관하여 보다 바른 이해를 가져다준다. 편집비평은 복음서 저자들이 이 자료들을 어떻게 취급했나를 보여주는 것이다. 복음서 저자들은 단순히 오려내고 붙이기만 하는 기계적인 수집가들이 아니라 각 자료들을 자기들의 관점에서 평가하고 편집하는 책임적인 신앙적 지성인들이었다. 전승비판은 복음서 저자들이나 그들의 전임자들에 의하여 이 자료에 주어진 양식(樣式, form)을 얻기 전 구두 단계의 자료들의 전승을 추적하고 있다.

---

52   F. F. Bruce, *The Real Jesus*, (London, Sydney, Auckland, Toronto: Hodder & Stroughton, 1985), 17-22; Otto Betz, *Was Wissen Wir von Jesus?* Stuttgart, Berlin: Kreuz Verlag, 1967), 전경연 역, 『역사적 예수의 진실』, 한국신학대학출판부, 1978. 7-8.

IV. 역사적 예수에 대한 요한복음의 가치

1. 요한복음의 사상적 기원: 헹엘에 의한 불트만의 영지주의 문서론 반박

현대 역사비평학은 요한복음에 있어서 수난사와 몇 대목을 제외하고는 본문의 역사성을 전혀 인정하지 않고 후대에 신학적으로 재구성된 것으로 간주한다. 공관복음이 갈릴리를 배경으로 하여 예수의 비유(比喩)를 기록하고 있는 데 반해서, 요한복음은 예루살렘을 배경으로 하여 예수의 은유(隱喩)를 기록하고 있기 때문이다. 따라서 요한복음에 대해서는 역사적 예수를 확인하는 자료로는 전혀 가치가 없는 것으로 인정하고 저술 연대도 철저히 늦추어 잡으려 했다. 그러나 이 시도는 기원후 2세기 것으로 추정되는 파피루스 사본 단편이 이집트에서 발견됨으로써 요한복음이 1세기 말에 저술과 편집이 완료된 것으로 밝혀짐에 따라 포기되었다.[53]

불트만은 요한복음의 사상적 기원을 구약성경이나 유대교에서가 아니라 영지주의에서 찾고자 하였다: "구세주가 사람이 되셨다는 사상이 기독교에서 영지주의로 흘러들어간 것이 아니다. 그것은 본래 영지주의 사상이었다. 오히려 기독교야말로 이 사상을 아주 일찍

---

53 Ratzinger, Joseph. *Jesus von Nazareth 1. Von der Taufe bis zur Verklärung*. Libreria Editrice Vaticana 2007; 박상례 역. 『나자렛 예수 1: 예수의 세례에서 거룩한 변모까지』. 바오로딸 2007. 331.

이 넘겨받아 기독론에 효과적으로 활용했다."[54] 여기서 불트만은 결정적인 오류를 범하고 있다. 영지주의 문서 연대는 요한복음 연대보다 후에 발생했기 때문이다. 헹엘은 튀빙엔대 교수 취임 공개강연에서 발표하고 1975년에 증보판으로 출판한 『하나님의 아들』(Der Sohn Gottes)에서 "하나님의 아들이 세상에 보내졌다는 것을 신화에 지나지 않는다는 주장이야말로 학문을 가장한 신화 조작"이라고 지적하면서 "사실 영지주의 계통의 구세주 신화가 연대적으로 기독교 이전에 실존했다는 것을 입증할 수 있는 가능성은 없다"[55]고 잘라 말했다. 그는 "영지주의 자체가 하나의 사상운동으로서 나타난 것은 이르면 1세기 말이며, 2세기에 와서야 비로소 전성기를 맞게 되었다"[56]고 피력했다.

최근 연구에 의하면 제4 복음서인 요한복음은 이례적으로 정확한 장소와 시간에 대한 정보를 바탕으로 집필된 것이며, 예수 시대의 팔레스타인을 잘 아는 사람의 손에서만 나올 수 있는 저서라는 것이다. 그리고 제4 복음서는 전적으로 구약성경의 토라의 사고방식을 답습하고 있으며, 논증방식은 예수 시대의 유대교에 깊이 뿌리내리고 있다는 사실이 확인되었다.[57] 독일 튀빙엔의 복음주의 신약학자 헹엘은 불트만과는 달리 요한복음의 언어가 영지주의 언어가 아니라 유

---

54 R. Bultmann, *Das Evangelium des Johannes, Kritisch-Exegetischer Kommentar über das Neue Testament*, vol. 2, Vandenhoeck & Ruprecht, Göttingen 1941, 10 ff.

55 Martin Hengel, *Der Sohn Gottes. Die Entstehung der Christologie und die Jüdisch-Christliche Religionsgeschichte*, Tübingen: Mohr, 1975, 53.

56 Martin Hengel, *Der Sohn Gottes*. 54.

57 Joseph Ratzinger, 『나자렛 예수 1: 예수의 세례에서 거룩한 변모까지』. 333.

대 상류층의 언어라고 주장한다: "이 작품은 소박하면서도 유대교 신앙에 깊이 젖어있는 언어, 문어체가 아닌 코이네 헬라어로 쓰여졌는데, 이 언어는 예루살렘 인근의 중산층과 상류층도 사용했다. 그곳에서는 성경을 '거룩한 언어'로 읽고 기도하고 토론했다."[58] 헹엘은 헤롯 시대에 예루살렘에는 어느 정도 헬라문화에 젖어있던 고유한 유대인 상류계층이 형성되어 있었다고 추정한다.[59]

그는 유대인 제사장 계열 상류층을 확인해 주는 증거로서 예수가 체포되어 대제사장 앞으로 심문받으러 끌려가는 동안 예수를 따라간 베드로와 "또 다른 제자 한 사람"을 지적한다: "시몬 베드로와 또 다른 제자 한 사람이 예수를 따르니 이 제자는 대제사장과 아는 사람이라 예수와 함께 대제사장의 집 뜰에 들어가고, 베드로는 문 밖에 서 있는지라 대제사장을 아는 그 다른 제자가 나가서 문 지키는 여자에게 말하여 베드로를 데리고 들어오니"(요 18:15-16). 예수 체포 이후 사태가 어떻게 진전되는지 알기 위해서 여기서 언급된 "또 다른 제자 한 사람"은 그 대제사장 사람들과 평소에 아는 사이로서 베드로 데리고 들어갈 수 있었다. 이로 말미암아 베드로가 예수를 부인하게 되는 상황이 조성된 것은 역사의 아이러니가 아닐 수 없다. 당시 예수의 제자 집단은 대제사장 계통의 귀족층까지 확산되어 있었다. 그러므로 요한복음의 상당 부분이 유대인 상류계층의 언어로 쓰여졌을 수 있었

---

58 Martin Hengel, *Die Johanneische Frage. Ein Lösungsversuch*, Tübingen: Mohr, 1993, 286.

59 Martin Hengel, *Die Johanneische Frage. Ein Lösungsversuch*, 287.

다고 본다.[60]

2. 초대교회 주교 파피아스의 증언

팔레스타인 가이사랴 태생의 신학자요, 가이사랴 감독이며, 교회사의 아버지인 유세비우스는 200년경에 별세한 속(續)사도 교부인 히에라폴리스(Hierapolis)의 주교 파피아스(Papias, 60-130년경)의 5권 저서를 언급한다. 이 책에서 파피아스는 자신이 거룩한 사도들을 직접 사귀거나 본 적은 없지만 그 사도들과 가까이 지내던 사람들에게서 신앙의 가르침을 받았다고 한다. 그는 사도요 복음서 저자 요한과 장로 요한을 구별하고 있으며 사도 요한은 알지 못했으나 원로 요한은 직접 만났다고 한다.[61] 파피아스가 주는 정보는 요한복음의 역사적 가치를 평가하는 데 중요한 자료다. 그에 의하면 에베소서에 일종의 요한 학파가 존재했다는 결론에 이르게 된다.[62] 이 학파는 예수의 사랑받던 제자에게까지 소급되며, 장로 요한은 그 학파의 최고 권위자로서 인정받았다.

요한복음의 저자는 자신이 예수가 십자가에 처형되어 돌아가시고 그 옆구리에서 물과 피가 나오는 것을 눈으로 직접 보았다고 증거하고 있다: "이를 본 자가 증언하였으니 그 증언이 참이라 그가 자기의 말하는 것이 참인 줄 알고 너희로 믿게 하려 함이니라"(요 19:35). 장로

---

60 Joseph Ratzinger, 『나자렛 예수 1: 예수의 세례에서 거룩한 변모까지』, 334-5.
61 Eusebius, *Storia della Chiesa III*, 39.
62 Joseph Ratzinger, 『나자렛 예수 1: 예수의 세례에서 거룩한 변모까지』, 340.

요한은 사도 요한이 세상을 뜬 다음 그의 유산을 물려받은 사람으로 통했다. 요한이·삼서 각 1장 1절에 장로 요한이 나온다: "장로인 나는 택하심을 받은 부녀와 그의 자녀들에게 편지하노니 내가 참으로 사랑하는 자요 나뿐 아니라 진리를 아는 모든 자도 그리하는 것은"(요이 1:1); "장로인 나는 사랑하는 가이오 곧 내가 참으로 사랑하는 자에게 편지하노라"(요삼 1:1). 스툴마허(Peter Stuhlmacher)는 요한복음에 대하여 다음같이 결론짓는다: "복음서의 내용들은 예수께서 특별히 사랑하시던 제자들에게로 거슬러 올라간다. 그리고 장로 요한은 스스로를 그 사랑받던 제자의 전승자요, 대변자로 이해하고 있었다."[63] 스툴마허는 장로 요한을 사도 요한의 대변자요, 그의 사상의 전승자로 보고 있다.

저자는 장로 요한을 사도 요한과 동일한 인물이라고 볼 수 있다고 생각한다. 이는 당시 초대교회 공동체의 특징으로 볼 수 있다. 사도들이 연로(年老)했을 때 자신을 권위적으로 사도라고 부르기보다는 "장로"라고 동료들 가운데 연로한 자로 불렸다는 것이다. 이는 베드로전서에서도 나타난다: "너희 중 장로들에게 권하노니 나는 함께 장로 된 자요 그리스도의 고난의 증인이요 나타날 영광에 참여할 자니라"(벧전 5:1). 당시 소아시아 교회들은 장로들에 의하여 운영되었다(행 14:23; 행 20:17, 28). 베드로 서신에서 저자 사도 베드로는 자신을 정확하게 소개하고 있다. 그는 "함께 장로 된 자"라는 명칭으로써 자

---

63 Peter Stuhlmacher, *Biblische Theologie des Neuen Testaments, vol. II, Von der Paulusschule bis zur Johannesoffenbarung*, Vandenhoeck & Ruprecht, Göttingen, 1999, 206.

신을 장로의 대열에 가담시키며, 동시에 장로들을 자기편에 세운다.[64] 베드로는 사도들의 수장으로서 사도 바울처럼 자신의 사도권을 주장할 필요가 없을 만큼 초대교회 공동체에 널리 그 권위를 인정받았으므로 그는 보다 친근한 "장로"라는 명칭을 사용했던 것으로 추정할 수 있다. 그리스도의 고난의 증인이라는 표현은 베드로 자신이 그리스도 생애의 목격자요, 그의 십자가와 부활의 목격자임을 말한다.

3. 요한복음의 역사적 가치

1) 요한복음의 저자는 예수의 사랑하는 제자

독일 튀빙엔의 복음주의 신약학자 스툴마허는 다음과 같이 말한다: "짐작컨대 예수가 부활 이전에 베드로, 야고보, 요한 등 (그리고 12제자 전체까지 포함해서) 측근 제자들에게 행하던 가르침에는 고유한 특징이 있었고 요한 학파에서 그 사고방식과 교수방식을 그대로 계승했던 같다… 공관복음서의 전승이 사도들과 제자들이 선교를 하고 교회공동체를 가르칠 때 어떤 모양으로 예수에 대해 이야기 했는지 어느 정도 알 수 있게 해준다면 요한 계통의 그룹에서는 이런 가르침과 강론을 바탕으로 생각을 더욱 발전시키고 하나님이 '그 아들'을 통해 그 자신을 보여주신 계시의 신비를 깨우치려 연구하고 토론했다고 할 수 있다."[65]

---

64 베드로전서 5장 1절 해설, Stuttgarter Erkläungsbibel, Deutsche Bibelgesellschaft Stuttgart, 1992, 대한성서공회판, 해설 관주 독일성서 공회판, 1997, 557.
65 Peter Stuhlmacher, *Biblische Theologie des Neuen Testaments*, vol. II, Von der

더욱이 우리는 복음서에서 우리에게 계시해주시는 하나님의 말씀을 만나기 위해서는 요한복음의 메시지를 진지하게 공관복음과 동등하게 알고 경청해야 한다. 최근에는 요한복음의 역사성을 신빙성 있게 주장하는 학자들이 많아지고 있다. 그 이유는 무엇보다도 사복음서는 초대교회가 우리들에게 전해준 역사적 전승이라는 부인할 수 없는 사실 때문이다. 따라서 우리는 교회가 전해준 역사적 보고(寶庫)를 있는 그대로 받는 것이 모든 이성적 성찰을 넘어서서 계시적 전승을 바로 계승하는 것임을 인식해야 한다.

요한복음은 1세기 말의 특정한 한 공동체의 특수한 상황(Sitz im Leben)에서 생성·발전된 신학사상의 산물, 즉 교회공동체 저작이 아니라, 사도적 권위를 가진, 1세기 말의 보편적 교회 네트워크에서 공인된 사복음서 중의 하나였다.[66] 즉, 요한복음은 보편적 교회 네트워크 속에서의 성도의 교제권에서 벗어나 있던 쿰란 공동체나 영지주의 이단처럼 폐쇄적으로 존재했던 특이한 종교집단의 독특한 신학사상이 아니라는 입장이다. 요한복음은 소위 '요한 공동체' 내의 여러 편저자들에 의하여 여러 층에 걸쳐 복잡한 과정 속에서 전승·기록되어 최종본으로 완성된 것이 아니다. 요한복음은 '예수께서 사랑하신 제자'가 (동료 목격자들[67]을 포함하는) 대표 목격자로서 증언하고 저자

Paulusschule bis zur Johannesoffenbarung, 207.

66 Richard Bauckham, "For Whom Were the Gospels Written," in idem (ed.), *The Gospels for All Christians: Rethinking the Gospel Audiences* (Grand Rapids: Eerdmans, 1998), 9-48; R. Bauckham, *Jesus and the Eyewitnesses: The Gospels as Eyewitness Testimony* (Grand Rapids: Eerdmans, 2006), 358-411.

67 예컨대, 세례 요한, 안드레와 베드로, 빌립, 니고데모, 사마리아 여인, 나면서 맹인이었던 사람, 막달라 마리아 등.

(또는 실질적인 저자)로서 기록한 것(1:14; 15:27; 21:24; 참조: 요일 1:1-3; 눅 1:1-2)이다.[68] 특히 요한복음의 역사적 진실성 문제에 대해서 복음주의 신약학자 카슨(Don A. Carson)은 긍정적으로 다음과 같이 표명하고 있다: "우리가 예수께서 무엇을 말씀하셨는지를 묘사하고 있는 복음서 저자의 목소리에 귀 기울일 때, 우리는 예수님 자신의 목소리를 듣고 있는 것이다."[69]

사도 요한이 쓴 요한복음은 20장에서 끝난다. 요한복음의 마지막 구절은 다음 같이 기록되어 있다: "예수께서 제자들 앞에서 이 책에 기록되지 아니한 다른 표적도 많이 행하셨으나, 오직 이것을 기록함은 너희로 예수께서 하나님의 아들 그리스도이심을 믿게 하려 함이요 또 너희로 믿고 그 이름을 힘입어 생명을 얻게 하려 함이니라"(요 20:30-31). 이 구절은 요한복음의 기록 목적을 우리에게 분명하게 전달해주고 있다. 그것은 독자들이 "예수가 하나님의 아들 그리스도이심을 믿게 하려 함"이요, 독자들이 "예수를 믿고 그 이름을 힘입어 생명을 얻게 하려 함"이라는 것이다.

21장은 요한복음에 첨가된 부록이다. 사도 요한의 제자들이 그가 별세한 후에 부활하신 예수가 제자들에게 나타나신 부분을 이 장에

---

68   Richard Bauckham, *The Testimony of the Beloved Disciple: Narrative, History, and Theology in the Gospel of John* (Grand Rapids: Baker Academic, 2007), 113-23; idem, *Jesus and the Eyewitnesses: The Gospels as Eyewitness Testimony* (Grand Rapids: Eerdmans, 2006); M. Hengel, "Eye-witness Memory and the Writing of the Gospels," in M. Bockmuehl and D. A. Hagner (eds.), *The Written Gospel* (Cambridge: Cambridge Univ., 2007), 70-96.

69   D. A. Carson, *The Gospel according to John* (Grand Rapids: Eerdmans, 1991), 40-68; 특히 49.

첨가하였다. 요한의 제자들은 20절에 "예수의 사랑하는 그 제자"에 관한 일화를 기록하고 있다. 그는 "만찬석에서 예수의 품에 의지하여 주를 파는 자가 누구오니이까 묻던 자"(요 21:20)라고 증언되어 있다. 저자인 사도 요한은 생전에 예수께서 제자들 중에 배신자가 있을 것을 제자들에게 말하실 때에 "예수의 가슴에 그대로 의지하여 누웠던 예수의 사랑하는 제자"(요 13:23)로서 예수에게 "주여 누구이니이까"라고 질문하였던 자다. 베드로는 부활하신 예수에게 사도 요한의 미래가 어떻게 될 것인가를 질문한다. 이에 대하여 예수는 베드로에게 다음과 같이 대답하신다: "내가 올 때까지 그를 머물게 하고자 할지라도 네게 무슨 상관이냐 너는 나를 따르라"(요 21:22). 23절에 곧 이 말씀에 대한 해석이 따른다: "이 말씀이 형제들에게 나가서 그 제자는 죽지 아니하겠다 하였으나 예수의 말씀은 그가 죽지 않겠다 하신 것이 아니라 내가 올 때까지 그를 머물게 하고자 할지라도 네게 무슨 상관이냐 하신 것이러라"(요 21:23). 이 말씀대로 사도 요한은 요한계시록을 쓰기까지 살아남았으나 베드로는 후에 순교하였다. 그러나 23절은 예수가 사랑하신 제자 사도 요한이 그 사이에 세상을 떠난 것을 전제한다. 그러므로 요한복음 21장은 사도 요한의 제자들이 기록하여 첨가한 것이다. 다음의 구절이 이를 증언해준다: "이 일들을 증언하고 이 일들을 기록한 제자가 이 사람이라 우리는 그의 증언이 참된 줄 아노라"(요 21:24). 24절에 요한복음을 기록한 자가 "이 사람이라"고 증언하는 "우리"란 요한의 제자들이다. 그러므로 요한복음을 기록한 자는 최종적으로 주의 사랑하는 제자인 사도 요한에게 소급된다.[70] 저자가 이해하는 요한 공동체란 사도 요한의 신앙 전승을 공유하는 제자 공동체를 의미한다. 이러한 요한의 공동체는 공관복음서를 기록한 초대교회의 마태, 마가, 누가와 그와 신앙의 전승을 공유하는 초대교회 공동체를 의미한다.

복음주의 신약학자 오성종은 그가 2016년 4월 기독교학술원 연구 발표한 "요한의 영성: '영생'이신 예수 그리스도, 요 1:1-18과 14:1-6; 요일 1:1-4을 중심으로"에서 "20장 31절의 기록 목적은 요한복음의 중심주제가 제시되고 있고 여기에 요한복음을 해석하는 데 있어서 중요한 해석학적 열쇠가 놓여 있다"[71]고 밝혔다. 그의 이러한 해석은 본문에 적합한 해석이다. 요한복음 20장 31절을 헨드릭선(William Hendriksen)은 다음같이 번역한다: "이것은 예수가 하나님의 아들 그리스도임을 지속적으로 믿도록(may continue to believ) 하기 위해서, 그리고 믿는 너희가 그의 이름으로 영생을 지속적으로 가지도록(may continue to have) 하기 위하여 기록된 것이다."[72] 초대교회 당시, 영지주의자 세린투스(Cerinthus)는 초대교회 신자들이 그리스도의 신성을 믿는 것을 훼손하려고 시도했었으며, 이에 대한 대응방안으로 사도 요한은 신자들의 신앙을 강화할 목적으로 요한복음을

---

70 요한복음 21장 24절-25절 해설, Stuttgarter Erkläungsbibel, Deutsche Bibelgesellschaft Stuttgart, 1992, 대한성서공회판, 해설 관주 독일성서 공회판, 1997, 275.

71 오성종, "요한의 영성: '영생'이신 예수 그리스도, 요 1:1-18과 14:1-6; 요일 1:1-4을 중심으로", 기독교학술원 월례포럼 자료집. 2016. 04. 01.

72 William Hendriksen, NT Commentary: Exposition of the Gospel According to John (Grand Rapids: Baker, 1975), 466-467.

저술하기에 이른 것이다.[73]

2) 요한복음의 역사적 가치는 공관복음과 동일하게 중요하다.

그러므로 저자는 역사적 예수 탐구에 있어서 사복음서는 동등하게 사용해야 하며, 따라서 공관복음에 편중된 연구와 요한복음에 제한을 두는 연구는 바른 연구 방법이 아니므로 이러한 연구 방법은 지양되어야 한다고 생각한다. 불트만은 요한복음과 영지주의에 공통적으로 '하늘에서 보냄 받은 하나님의 아들 구속자'를 통한 인간구원 사상과 '하늘과 땅', '빛과 어둠', '진리와 거짓', '생명과 사망', '하나님과 마귀'와 같은 이원론적 세계관이 있다고 주장한다. 즉, 전형적인 종교사학파적 접근을 추구한 것이다. 불트만의 기본 전제는 이렇다: "팔레스타인 밖의 기독교는 혼합주의적인 과정의 소용돌이 속에 있었다. 진정한 기독교 정신은 다른 정신들과의 투쟁 속에 있었다. '정통신앙'은 처음부터 있었던 것이 아니라 뒤에 비로소 형성시켜 나가는 과정 중에 있었던 것이다."[74] 그래서 그는 요한복음이 한편으로는 영지주의에서 사용하는 개념과 용어를 가지고 기독교의 진리를 증언하면서, 또 한편으로는 그노시스(gnosis)의 잘못된 신앙과 교리적 오류를 반박하고 있는 신학적 논쟁서로 보았다. 요한일서에서 그러한 교리적 논쟁과 변증을 찾아볼 수 있을 것이다. 그러나 요한복음도 불트만 류(類)의 시각으로 보게 될 때, 결국에는 왜곡된 이해를 가지게 될 수밖에

---

73 William Hendriksen, *NT Commentary: Exposition of the Gospel According to John*, 467.
74 Bultmann, *Theologie des Neuen Testaments*, 175.

없는 것이다. 이러한 시각은 요한복음 문서의 기록 가치를 제대로 이해하지 못하는 데서 기인한다.

이 점에 있어서 복음주의 신약학자인 대럴 복(Darrell L. Bock)조차도 역사적 예수의 연구 자료로서 요한복음을 거의 사용하지 않는다. 그 이유는 그가 요한복음의 자료 80% 이상이 요한복음의 고유한 자료이기 때문에 진정성의 기준을 충족하기가 쉽지 않다고 보기 때문이다.[75] 그러나 이러한 복의 방법론적 양보는 역사적 예수의 진정성을 발견하는 데 있어서 스스로를 방법적인 제약에 묶어 버리는 결과를 초래하게 하는 것이다. 요한복음은 공관복음이 가지지 아니한 독특한 면, 즉, 예수가 지니는 신성을 드러내고 있기 때문에, 역사적 예수의 인성을 주로 강조한 공관복음이 놓치는 면을 보완해주는 중요한 역할을 담당해주고 있다.

3) 요한 공동체가 공교회로부터 분리된 종파라는 견해는 요한의 증언에 합치하지 않는다.

요한복음 연구학자 로버트 카이사르(Robert Kysar)는 자신의 저서 『요한복음서 연구-그 독자성을 중심으로』의 서문에서 요한복음을 이단 형태의 저술로 보고 다음과 같이 평가절하 하였다: "초기 기독교는 곧바로 자신의 기원을 한 가지의 관점에서 찾고자 하는 경향을 발전시켰다… 제4 복음서는 복음서들 중에 '독자적 길을 걸은 복음서'(a maverick)라고 할 수 있을 것이다… 제4 복음서가 초기 기독교 사상

---

75 Darrell L. Bock, "역사적 예수, 복음주의 관점," 371.

의 독특한 형태를 대표하고 있다는 것이다. 그것은 최소한 신약성서의 다른 문헌과 비교될 때 이단 형태의 기독교이다."[76] 감신대 교수 김득중도 『요한의 신학』에서 절반 정도의 분량을 할애하여 '요한 공동체' 문제를 취급하면서 요한 공동체를 "다른 교회들로부터 분리된 종파"(sect)라는 관점에서 요한복음을 다루었다.[77] 요한복음에 대한 이러한 역사비평적 견해에 대해 리처드 보캄(Richard Bauckham)은 비판적인 견해를 표명한다: "한때 순전히 요한복음의 전승들의 독립성이 문제였던 것이 이제는 전체의 다른 초기 기독교 운동으로부터 요한 공동체가 괴리되었었다는 문제가 불가피하게 대두되었다."[78]

요한복음의 독자 및 저자 문제에 있어서 공동체 저작설은 현재 신약학계에서 주류를 이루었다 싶은 실정이 되었다. 오늘날 인기 있는 요한 공동체 가설은 1세기 말에 랍비들의 공의회에서 기독교인 유대인들을 박해하고 회당에서 저주하고('birkat ha-minim') 추방하는 공식적인 법령을 제정해서 시행했다는 사실에 대한 확신에서 출발한다. 그러나 공식적인 랍비 유대교 당국에서 그러한 결정과 행동을 했는지에 대해서는 현재 회의적인 연구결과가 나온 상태다. 이에 카이사르도 자신의 과거의 견해를 취소한다는 언급도 한다. 그러면서도 출교 모티브에 근거한 자신의 공동체 저작가설을 고수한다.[79] 그러나

---

76 Robert Kysar, *John The Maverick Gospel*; 나채운 역, 『요한복음서 연구-그 독자성을 중심으로』, (성지, 1996), 14-16.
77 김득중, 『요한의 신학』, (컨콜디아, 1994), 151-53.
78 R. Bauckham, "For Whom Were the Gospels Written," in idem (ed.), *The Gospels for All Christians: Rethinking the Gospel Audiences* (Grand Rapids: Eerdmans, 1998), 148.
79 Robert Kysar, 『요한복음서 연구』, 49-62; 오성종, "요한의 영성: '영생'이신 예수 그리스도, 요

출교 모티브가 근거한 공동체 저작설은 요한복음 전체의 진술에 부합하지 않으며, 특히 요한복음 20장 30-31절의 저작 목적에 맞지 않는다.

오성종은 카이사르 및 비평학자들에게 다음과 같은 질문으로 되묻는다: "첫째, 요한복음에서 출교 모티브는 복음서 전체에서 근본적인 역할을 하는가? 분명 그렇지 않다. 초기부터 초대교회가 유대교 지도자들과 회당에서 박해를 받지 않았던 때가 있었는가?(참조: 살전 2:14-16; 고후 11:23-26; 행 4:1-22; 5:17-42; 6:9-15 등). 둘째, 공동체 교우들의 신앙을 격려하고 강화하려면 가르치고 설교하는 방식을 택하는 것이 당시에 당연한 방식이었을 텐데, 왜 '교회 내 문서'를 교우들을 위해 집필하는 방식을 택했을까? 더구나 상징적 표현들이 가득한 문서를 말이다. 셋째, 어떻게 괴리된 교회 공동체에서 나온 저서가 후에 글로벌 교회 네트워크에서 공인받는 복음서가 될 수 있었을까? 넷째, 그의 요한 공동체 정체성에 대한 인식은 요한복음 21장에서 묘사되고 있는 '사랑받은 제자'의 보편교회적 성격과 거리가 있지 않은가?"[80]

오성종이 제기한 이러한 네 가지 비판적 질문은 타당한 것이다. 초대교회는 초창기부터 유대교 지도자들에 의해 박해를 받았다. 공동체 신자들은 신앙을 강화하기 위해서 고립되지 않고 오히려 공인받은 교회의 네트워크 안에 머물러 있었다. 이들의 문서가 공인을 받은 것은 이미 이들이 초대교회 내에 충성스럽게 머물러 있었기 때문이

1:1-18과 14:1-6; 요일 1:1-4을 중심으로," 기독교학술원 월례포럼 자료집. 2016. 04. 01.
80 오성종, "요한의 영성: '영생'이신 예수 그리스도, 요 1:1-18과 14:1-6; 요일 1:1-4을 중심으로", 기독교학술원 월례포럼 자료집. 2016. 04. 01.

다. 요한복음의 정체성은 "예수의 사랑받는 제자"에게로 거슬러 올라간다.

요한복음의 집필 동기는 단지 예수가 일으킨 몇몇 표적들(물을 포도주로 만드심, 오병이어의 기적, 죽은 나사로를 살리심 등)을 기록하기 위한 것이 아니라, 이러한 표적들을 일으킨 예수의 부활이 그가 하나님의 아들이라는 표적 중의 표적(σημεῖον, semeion, sign)임을 증언하기 위한 것이었다(요 20:30-31). 다시 말해, 죽은 나사로의 살리심은 이어진 예수님의 부활 표적의 맛보기였으며, 진정한 표적의 절정은 바로 예수님의 부활 표적이라는 것이다.[81]

복음주의 신약학자 중 카슨과 그의 제자 쾨스텐버거(Andreas J. Köstenberger)는 요한복음을 집중 연구하고 관련 저술을 많이 내고 있다. 이들은 특히 20장 30-31절에서 밝히고 있는 요한복음 저술 목적에 합당한 유의를 하는 것이 중요함을 역설하였다. 카슨과 쾨스텐버거는 20장 31절의 "예수께서 하나님의 아들 그리스도이심을 믿게 하려 함이라"(πιστεύοντες)는 문장 원문에는 '예수' 앞에 정관사가 없고 대신에 '그리스도' 앞에 정관사(ὁ, the)가 있으므로 후자 부분이 주어가 되고 전자가 주격 보어가 되어야 한다고 주장한다.[82]

카슨과 쾨스텐버거는 요한복음이 '예수는 누구인가'를 가르치기 위한 책이 아니고, 메시아를 기다리는 유대인과 유대교로부터 개종한 자들에게 '메시아는 누구인가'라는 질문에 답하면서, 이들이 믿음

---

81 Brown, *The Gospel according to John*, 1058-59; G. R. Beasley-Murray, *John*, WBC 36 (Waco: Word Books, 1987), 387; Carson, *The Gospel according to John*, 483, 661.
82 Carson, *The Gospel according to John*, 90-91; Köstenberger, *John*, 582 footnote 5.

을 가지고 영생을 얻도록 하는 데에 목적을 두고서 쓴 복음 전도용 책자라고 본다. 복음서 중에서 교훈하며 강조하고자 하는 것은 보다 차원 높은 또 하나의 표적 곧 예수의 부활 표적이요, 이 표적을 통하여 진정한 하나님 아들인 예수에 대한 믿음을 가지게 되고 영생을 얻게 된다는 사실이다. 따라서 사도 요한과 그의 제자들이 가진 부활하신 예수전승 신앙의 공동체는 초대교회의 주류 신앙에서 분리된 종파가 아니라 마태, 마가, 누가와 그들의 신앙공동체와 동일한 신앙공동체이다.

4) 사도 요한이 받은 계시 사상: 헬라의 로고스 사상을 추월하는 성육신 사상

사도 요한은 갈릴리 어부 출신으로 젊은 시절에는 천둥의 아들(막 3:17)이라는 별명을 받을 만큼 성격이 급한 사람이었다. 그는 예수를 만나 제자로서 그를 따르면서 예수의 사랑받는 제자가 되었고, 그의 인격과 사상은 전적으로 변화되었다. 사도 요한은 예수를 만난 후에 중생의 도리를 깨닫게 되었고, 오병이어의 기적을 보면서 예수가 하늘에서 내려온 생명의 떡이라는 사실을 깨달았다. 그리고 예수가 태초의 하나님의 말씀이라는 사실을 깨달았다. 그는 하나님은 사랑이라는 역사적 예수가 가르쳐준 고유한 신관을 깨달은 깊은 신앙적 사상가라고 말할 수 있다. 그가 받은 계시 사상은 요한복음 1장과 요한일서 1장에 잘 나타나 있다.

사도 요한은 예수 그리스도를 태초에 계신 로고스(ὁ λόγος, ho logos, The Word)로 표현하고 있다. 이는 이미 헬라 사상에서 헤라클레이토스(Herakleitos, B.C. ?550-?480)가 유전하는 만물 가운데 변치 않는 우주의 이법(理法)을 로고스라고 표현한 바 있다. 헤라클레이토스에게 로고스는 하나의 정신적 이법이요, 만유에 불변하는 법칙이었다. 그러나 사도 요한은 로고스는 단지 만유의 이법이 아니라 만유의 창조자이요, 스스로 역사 속으로 들어온 성육신하신 하나님이심을 밝히고 있다: "말씀이 육신이 되어 우리 가운데 거하시매 우리가 그의 영광을 보니 아버지의 독생자의 영광이요 은혜와 진리가 충만하더라"(요 1:14). "본래 하나님을 본 사람이 없으되 아버지 품 속에 있는 독생하신 하나님이 나타내셨느니라"(요 1:18). 사도 요한은 로고스 개념을 "하나님(God)으로부터, 또 하나님과 함께 한 '말씀'(The Word)인 '아들'(The Son)에게 로고스라는 개념을 적용하고 있다. 이미 헤라클레이토스에 의해 사용된 로고스의 개념은 요한에 의하여 인격적인 "말씀"으로 재해석되었고, 하나님과 예수에게 동일하게 적용되고 있다.

또한 사도 요한은 이 로고스가 바로 사랑(ἀγάπη, agape, Liebe)이라고 말함으로써 플라톤(Plato, B.C. 428-348)이 말한 선의 이데아(die Idee des Guten)를 구체화하였다. 플라톤이 추구한 선의 이데아는 시간적으로 변하거나 일시적인 대상이 아닌 영원한 불변의 형상[83]으로서 인간이 이성을 가지고 에로스(eros)라는 진리에의 추구라는 열정을 통하여 추구하나 결코 도달할 수 없는 피안의 이상에 불과했다. 그러나 사도 요한이 증거한 하나님의 사랑은 단지 사랑의 이념이 아니라 인간의 신체를 입으시고 이 세상에 들어오셔서 십자가에 달리셔

---

83 Stanley J. Grenz, *The Moral Quest, Foundations of Christian Ethics*, Downers Grover, Ill, 1992; 신원하 옮김, 『기독교 윤리학의 토대와 흐름』, IVP, 2001, 76-79.

서 인류의 죄를 대속하셨다. 사랑의 이념이 아니라 자신을 인간을 위해 희생하심으로 인류를 위한 속량제물이 되셨다: "하나님이 세상을 이처럼 사랑하사 독생자를 주셨으니 이는 그를 믿는 자마다 멸망하지 않고 영생을 얻게 하려 하심이라"(요 3:16). 예수는 하나님의 정의를 실현하시기 위하여 자신의 생명을 속량제물로 드리심으로 성부 하나님에게 하나님의 공의를 실현하도록 하셨다: "이튿날 요한이 예수께서 자기에게 나아오심을 보고 이르되 보라 세상 죄를 지고 가는 하나님의 어린 양이로다"(요 1:29). "영생은 곧 유일하신 참 하나님과 그가 보내신 자 예수 그리스도를 아는 것이니이다"(요 17:3).

사도 요한이 발견한 나사렛 예수에게서 나타난 하나님의 사랑에 거함은 아리스토텔리스(Aristoteles, B.C. 384-323)가 제시한 인간의 목적으로서 행복, 인간의 합리성을 완전히 실현하는 삶[84]을 온전히 구현한다. 아리스토텔레스가 추구한 행복이란 인간이 이성의 합리성을 실현해 나가는 것이었다. 그러나 인간은 본성적 타락 때문에 정념에 빠져서 이성의 합리성이 추구하는 바를 어느 누구도 엄격히 실현하지 못했다.[85] 요한은 인간의 본성적 무지의 상태를 다음과 같이 표현한다: "빛이 어둠에 비치되 어둠이 깨닫지 못하더라"(요 1:5). 요한은 그리스도를 구주로 영접함으로 하나님으로부터 중생의 도리를 말한다: "영접하는 자 곧 그 이름을 믿는 자들에게는 하나님의 자녀가 되

---

84 Stanley J. Grenz, 『기독교 윤리학의 토대와 흐름』, IVP, 79-88.
85 바울은 인간의 본성적 타락을 다음과 같이 말하고 있다: "내가 행하는 것을 내가 알지 못하노니 곧 내가 원하는 것은 행하지 아니하고 도리어 미워하는 것을 행함이라"(롬 7:15). "내 지체 속에서 한 다른 법이 내 마음의 법과 싸워 내 지체 속에 있는 죄의 법으로 나를 사로잡는 것을 보는도다. 오호라 나는 곤고한 사람이로다 이 사망의 몸에서 누가 나를 건져내랴"(롬 7:23-24).

는 권세를 주셨으니, 이는 혈통으로나 육정으로나 사람의 뜻으로 나지 아니하고 오직 하나님께로부터 난 자들이니라"(요 1:12-13). 요한은 중생한 자를 이웃을 사랑하는 능력을 지닌 자로 말한다: "예수께서 그리스도이심을 믿는 자마다 하나님께로부터 난 자니 또한 낳으신 이를 사랑하는 자마다 그에게서 난 자를 사랑하느니라. 우리가 하나님을 사랑하고 그의 계명들을 지킬 때에 이로써 우리가 하나님의 자녀를 사랑하는 줄을 아느니라"(요일 5:1-2). 중생한 자는 하나님의 계명을 지킬 수 있다고 사도 요한은 증언한다. 사도 요한은 아들을 가진 자는 그 속에 영생을 소유한다고 증언한다: "또 증거는 이것이니 하나님이 우리에게 영생을 주신 것과 이 생명이 그의 아들 안에 있는 그것이니라. 아들이 있는 자에게는 생명이 있고 하나님의 아들이 없는 자에게는 생명이 없느니라"(요일 5:11-12).

V. 복음서 저자들의 특징

마가는 64년 7월 로마 대화재의 결과로 경고 없이 일어난 네로 황제의 박해 후유증 속에 있는 로마의 기독교 신자들을 위하여 그의 복음서를 집필하였다. 기독교인들은 박해로 인한 고통과 혼란 속에서 자신들의 정체성에 대한 재확인을 필요로 했다. 마가복음은 주님에 대한 기독교의 충성과 적대적인 세계에 대한 도전의 성격을 가졌다. 마가복음은 초대교회의 상황 속에서 그리스도를 위하여 고난을 당하는 것은 이상하거나 부자연스런 것이 아니라 기대되는 것이라고 주지시킨다. 마가는 젊은 나이에 베드로의 통역자로서 베드로의 전도여행에 동행하였고, 베드로로부터 예수에 관한 생생한 이야기를 들었다. 마가는 그의 복음서 시작에서 "하나님의 아들 예수 그리스도의 복음의 시작이라"(막 1:1)는 말로 나사렛 예수에 대한 자신의 신앙적 해석을 내놓고 있다. 마가는 예수가 반복적으로 자신의 고난의 필연성뿐만 아니라 제자들에게도 자기를 부인하고 십자가를 져야 할 것을 가르치는 분이었다(막 8:31; 9:31; 10:33-34)고 알려준다. 마가는 역사적 예수가 분명히 메시아 의식을 지녔음을 알려주고 있다.

마태는 초대교회 교사들의 사용을 위한 지침서의 성격으로 복음서를 썼다. 마태는 당시 점령국 로마에 민족과 양심을 판 세리 출신이면서 유대인이었다. 그러나 그는 나사렛 예수를 만난 이후, 삶의 변화를 경험하였고 그의 생애는 전환되었다(마 9:9). 마태는 모세의 율법에 정통하고 모세의 권위를 세우면서 구약의 메시아 예언이 나사렛 예수에게 성취되었음을 드러내고자 했다. 사도 이후 세대의 기독교인들은 마태복음에서 가르침의 지침을 찾았다. 마태복음의 독특성은 마음이 가난한 자가 천국을 소유하며, 원수를 사랑하라는 가르침이 중심인 예수의 산상설교(마 5장-7장)에 있다. 마태복음의 마지막 부분에는 "너희는 가서 모든 민족을 제자로 삼아 아버지와 아들과 성령의 이름으로 세례를 베풀고 내가 너희에게 분부한 모든 것을 가르쳐 지키게 하라"(마 28:19-20)는 세계 선교를 향한 예수의 명령이 있다.

누가는 유대인이 아닌 소아시아 빌립보 출신의 이방인이었다. 그는 그곳에서 바울의 전도를 받아 기독교로 개종하였다. 그는 의사로서 건강이 좋지 못한(고후 12:7) 바울의 선교 동행자로서 바울의 길동무의 역할을 하였다. 역사가로서 누가는 예수 복음의 시작과 전파에 관하여 신뢰할만한 올바른 설명을 제시하고자 하였다(눅 1:1). 누가는 의학적인 지식과 기술을 가졌기 때문에 예수의 병 고치는 일을 기록할 때에는 그 병명을 구체적으로 밝힘으로써(눅 5:12, 18; 6:6; 8:43) 예수의 기적이 사실이었음을 입증하고 있다.

누가는 바울의 이방 선교 목표에 상응하여 이방 세계에 복음을 전하기 위하여 두 권의 책을 저술하였는데, 그중 하나가 누가복음이고 다른 하나가 사도행전이다. 누가복음은 이방인을 위한 책으로 집필되었고, 이어서 예수 이야기가 점차 로마 세계에서 알려지게 되면서 예수가 사람들의 관심의 대상이 되자 기독교 기원의 역사를 편집할 필요성을 느꼈는데, 이러한 필요에 의해 저술한 것이 바로 사도행전(행 1:1; 4:14)이다. 사도행전은 초기 기독교 선교의 역사를 담고 있다.

요한은 1세기 후반기에 공관복음보다 다른 각도에서 복음서를 썼다. 그는 그리스도의 인격과 그의 사역의 보편성을 강조하였다. 그는 다른 복음서 저자들보다 영적이고 정신적인 깊이의 차원에서 복음서를 기록하고 있다. 따라서 요한복음은 영적이고 신학적 해석의 부분에 많은 할당을 하고 있다. 그는 나사렛 예수의 원천을 영원한 태초에서 설명한다: "태초에 말씀이 계시니라 말씀이 하나님과 함께 있었으니 이 말씀이 하나님이시니라"(요 1:1), "말씀이 육신이 되어 우리 가운데 거하시니"(요 1:14)에서 나사렛 예수 안에서 하나님이 인간이 되셨음을 증언하고 있다. 복음서 기록에 있어서 마가, 마태, 누가가 주로 예수의 사역을 갈릴리라는 지역을 중심으로 설명하는 데 반해서, 요한은 예루살렘과 그 주변을 중심으로 기록한다. 요한복음은 공관복음서와 같이 요르단 골짜기에서 세례자 요한의 선교에서 시작하여, 예루살렘에서 예수의 죽음으로 끝난다. 그리고 요한복음에서는 공관복음과 달리 베드로의 신앙고백이 바로 5,000명을 먹이는 오병이어(보리떡 5개와 물고기 2마리)의 기적 다음에 일어나는 것으로 기록되어 있다. 2세기 교부 알렉산드리아 클레멘트(Clement of Alexandria, 150-215)가 말한 바와 같이 "다른 세 복음서를 몸이라 비유한다면, 요한이 전한 복음서는 그 정신"이라고 할 수 있다.

요한문헌(요한복음과 요한일·이·삼서)에서 '영생'(ζωὴ αἰώνιος, aionios)과 '생명'(ζωή, zoe)은 같은 개념이다.[86] 하나님께서 하나님의 아들 예수 그리스도를 통하여 주시는 초자연적이고 신적인 생명으로서 생물학적인 인간의 '목숨'(ψυχή, psyche; שׁפנ, nephesh)[87]과 전적으로 차별화된다. 또 세대주의나 근본주의가 말하는 '죽어 천당에 가서 영원히 행복하게 사는 것'을 '영생'이라고 이해하여 널리 퍼져 있는 통속적인 타계적(他界的) 영생 개념은 불교(佛敎)나 무교(巫敎)에서 말하는 극락이나 저승에서의 영혼이 누리는 복락과 같은 것으로 비성경적이다. 사도 요한의 영성은 삼위일체 하나님과의 친밀함의 영성이다.[88] 신약의 '영생'(ζωὴ αἰώνιος)은 종말론적 개념인데, 공관복음에는 내세적 종말론적 개념으로 쓰여 그리스도의 재림 때 참여하게 되는 구원의 축복을 가리킨다. 요한복음과 요한일서에는 주로 현세적 종말론적 개념으로 쓰여 내주하시는 성령을 통하여 신자 안에 성부와 성자가 오시어 동거하시는 삶(ζωή)을 가리킨다.[89]

---

86 오성종, "요한의 영성: '영생'이신 예수 그리스도, 요 1:1-18과 14:1-6; 요일 1:1-4을 중심으로", 기독교학술원 월례포럼 자료집, 2016. 04. 01.

87 요 10:11, 15, 17; 12:25; 13:37, 38; 15:13.

88 이재훈, "생명, 사귐, 기쁨" 요한일서 1:1-4, 기독교학술원 월례포럼 자료집. 2016. 04. 01.

89 오성종, "요한의 영성: '영생'이신 예수 그리스도, 요 1:1-18과 14:1-6; 요일 1:1-4을 중심으로,"

VI. 역사적 예수의 독특성을 찾는 진정성 기준

제임스 던(James Dunn)이 천명하는 바와 같이 저자는 사복음서가 역사적 예수를 발견할 수 있는 유일한 역사적 자료라고 본다: "복음서의 예수란 예수전승의 초기 단계에 해당하는 영향을 끼친 예수이다. 이러한 영향은 많은 예수전승에 지속적인 양식을 부여하였는 데, 그러한 양식은 공관복음서들에 보존되어 있다… 우리가 찾고 있는 예수는 19세기의 자유주의나 20세기의 현대주의, 21세기의 포스트모더니즘의 관점에서 볼 때 중요하거나 중요하지 않은, 또는 의미심장하거나 무의미한 그런 예수가 아니다. 그러한 예수는 연구자들을 부지중에 무한퇴행 논증이라는 늪지대로 이끄는 도깨비불이다. 반면에 우리가 발견하고자 하는 예수는 중요했던 예수이다. 영향을 미친 예수이며, 기독교라는 물줄기가 샘솟는 기원이신 예수이다. 어부들과 세리들을 제자와 사도로 만드신 예수이다."[90]

우리는 사복음서들을 읽으면서 역사적 예수의 말씀과 행위를 찾음에 있어서 진정성 기준들(criteria of authenticity)을 적용할 수 있다. 진정성 기준이란 사복음서에서 역사적 예수가 참으로 말하고 행한 것을 찾아내는 것이다. 독일의 신약학자 케제만은 비유사성(dissimilarity) 기준을 제시한다. 예컨대, "내가 진실로 진실로 너희에

기독교학술원 월례포럼 자료집. 2016. 04. 01.

[90] James D. G. Dunn, *A New Perspective On Jesus: What The Quest For The Historical Jesus Missed*. Acadia Studies in Bible and Theology. Grand Rapids, Mich: Baker Academic, 2005; 신현우 역. 『역사적 예수에 대한 새 관점』. CLC. 2010. 40-41.

게 이르노니"라는 어구는 모세의 권위를 넘어서는 역사적 예수의 독특성으로 돌아간다. 이것은 당시 유대교와 초대교회에서 유래가 없는 예수의 말씀과 행위에 대하여 상대적으로 높은 진정성을 적용할 수 있다고 본다.

그러나 예수 자신이 유대인이었기 때문에 예수의 가르침과 사역에서 유대교와의 많은 접촉, 즉 유사성(similarity)을 발견할 수 있다. 초대교회는 예수를 그들의 구주요, 모범으로 보았기 때문에 예수가 선례(先例)로 제시하는 많은 특징들을 영구화시킨 것은 당연하다고 볼 수 있다. 그러므로 일관성(coherence) 기준도 예수의 가르침과 행위에 적용될 수 있다. 따라서 브루스는 다양한 증언(multiple attestation) 기준을 제시한다. 동일한 예수의 가르침과 행위가 두 가지 또는 더 많은 복음서 자료들에서 독자적으로 기록되었다면, 이 자료들의 역사적 진정성은 높아진다. 그렇다고 하여 예수의 말씀과 행위가 하나의 자료에서만 발견된다고 하여 그것의 진정성이 평가절하 될 수 없다. 산상설교(마 5-7장), 특히 8복 설교(마 5:1-12)는 마태복음에서만 발견된다. 하나의 자료에서만 발견되더라도 이는 역사적 예수의 설교라고 확정할 수 있다. 그 외에 당혹성(embarassment) 기준, 유사성과 비유사성의 이중(double) 기준, 역사적 타당성(historical plausibility), 특징적 예수(characteristic Jesus) 기준 등이 적용된다. 신약학자들이 제안한 다양한 진정성 기준들을 긍정적인 시각에서 사용하는 것은 사복음서를 해석학적인 실재론으로 읽는 데 도움이 된다.

VII. 정경적 성경 해석과 성령론적 접근: 정경적·해석학적·성령론적 성경 읽기

성경 해석에 있어서 성령론적 접근은 기도와 묵상 가운데서 성경의 각 책을 정경의 맥락에서 유기적, 혹은 전체적으로 이해하고자 한다. 그리하여 성경 각 권을 단편적으로 전체와 분리되어 있는 파편이 아니라, 구속사라는 하나님의 구원 섭리 안에서 읽는 개개인에게 하나님이 말씀하시는 책으로 보고자 한다. 성령론적 접근은 차일즈(Brevard S. Childs)가 제시한 정경적 성경 해석(canonical exegesis)[91]과 연결된다. 이러한 정경적·해석학적·성령론적 성경 읽기는 다음 네 가지의 구체적인 실천으로 진행한다.

1. 정경비판적 해석

첫째, 성령론적 접근은 정경비판적 해석과 불가분적으로 연결된다. 오늘날 "예수 세미나" 학자들이 도마복음을 사복음서와 동일한 가치로 보아 제5 복음서로 격상시킨 시도는 정경적 성경 해석에서 받아들일 수 없는 것이다. 이에 대해 제임스 던은 다음과 같이 말하고 있다: "예수를 다르게 볼 수 있게 하는 자료나 예수의 초기 영향에 관한 증언을 제공함에 있어서 공관복음서와 동일한 가치가 있는 자료가 우

---

91 Brevard S. Childs, *Biblical Theology in Crisis*, Philadelphia: The Westminster Press, 박문재 역, 성경신학의 위기, 크리스천 다이제스트, 1993, 37-54.

리에게 남아있지 않다."[92] 도마복음은 사복음서와 다른 예수의 가르침을 담고 있으며 영지주의 신앙에 영향을 받은 이단적 문서다.[93] 사도 요한은 영지주의의 영은 예수가 육체로 온 것을 시인하지 않는 적그리스도의 영이라고 하였다: "이로써 너희가 하나님의 영을 알지니 곧 예수 그리스도께서 육체로 오신 것을 시인하는 영마다 하나님께 속한 것이요, 예수를 시인하지 아니하는 영마다 하나님께 속한 것이 아니니 이것이 곧 적그리스도의 영이니라 오리라 한 말을 너희가 들었거니와 지금 벌써 세상에 있느니라"(요일 4:2-3). 오늘날 우리는 사도적 계시 외에 임의로 정경을 만들 수 없다. 이에 대하여 사도 요한은 계시록에서 자신의 사도적 계시에 더하거나 빼지 말아야 한다고 경고한다: "내가 이 두루마리의 예언의 말씀을 듣는 모든 사람에게 증언하노니 만일 누구든지 이것들 외에 더하면 하나님이 이 두루마리에 기록된 재앙들을 그에게 더하실 것이요, 만일 누구든지 이 두루마리의 예언의 말씀에서 제하여 버리면 하나님이 이 두루마리에 기록된 생명나무와 및 거룩한 성에 참여함을 제하여 버리시리라"(계 22:18-19).

2. 성령의 조명은 성경본문을 현재화

둘째, 성령의 현재화 능력은 읽는 독자에게 성경본문의 현재화로 이

---

92 Dunn, James D. G. *A New Perspective On Jesus*. 『역사적 예수에 대한 새 관점』. 39.
93 Dunn, James D. G. *A New Perspective On Jesus*. 『역사적 예수에 대한 새 관점』. 40.

끈다. 역사적 예수에 대한 비평적 접근은 오늘날 탐구자가 지난날의 문서와 전승 과정을 추후적 재구성에 주력하는 데, 이러한 방법으로는 온전한 역사적 명료성에 도달할 수 없다. 전승의 여러 층을 가려내고 거기서 역사적으로 신뢰할만한 것을 얻어내기 위한 역사비평은 전승사와 편집사를 둘러싼 문제로 늘 논란을 계속해야 하는 상황으로 끌려 들어갈 수밖에 없는 것이다.[94] 이것이 바로 역사 비평적 탐구의 한계성이다. 더욱이 역사적 비평의 한계란 성경을 단지 이미 지나간 과거의 문서로만 취급하도록 한다는 것이다. 역사비평의 장점은 성경본문들을 탄생케 한 당시의 사건 맥락을 찾아 나서게 하는 것이다. 지난 과거의 사건을 할 수 있는 대로 정확하게, 그때 일어났던 그대로 이해하려고 한다. 여기에 역사비평의 한계가 있다.

역사비평은 말씀을 과거에만 고정시켜서 본다. 그러므로 이러한 방법으로는 그 분문을 현재에 적용하고 그 의미를 오늘의 것으로 만들 수 없다. 이에 대한 보완으로서 성령론적 접근은 성령의 현재화 능력으로 이 한계를 풀어준다. 성령은 인격적인 영으로서 해석의 영이시다. 성령은 인격적인 조명을 통하여 독자의 영적 눈을 열어주신다. 그 사례가 부활하신 예수께서 엠마오 제자들에게 구약성경을 풀어주신 것에서 볼 수 있다: "이에 모세와 모든 선지자의 글로 시작하여 모든 성경에 쓴 바 자기에 관한 것을 자세히 설명하시니라"(눅 24:27). "그들의 눈이 밝아져 그인 줄 알아보더니 예수는 그들에게 보이지 아니하시는지라. 그들이 서로 말하되 길에서 우리에게 말씀하시고 우

---

94 Rudolf Schnackenburg, *Die Person Jesu Christi im Spiegel der Vier Evangelien*, 349.

리에게 성경을 풀어 주실 때에 우리 속에서 마음이 뜨겁지 아니하더냐"(눅 24:31-32). 부활하신 예수는 단지 신비적인 영으로 다가오시지 아니하시고 제자들에게 성경을 해석해 주셨다. 그러자 엠마오 제자들의 눈이 밝아졌다. 이는 성령의 조명이 있었다는 것이다. 성령의 조명은 퀘이커 교도처럼 신비로운 빛을 보는 것이 아니라, 말씀에 대한 바른 이해와 해석으로 야기되는 것이다. 성경은 문자적으로 읽어야 한다. 문자 하나하나에 마음을 집중하고 성령의 조명을 받아 기도하면서 읽어야 한다. 성경을 읽는 자의 마음이 뜨거워진다는 것은 성령의 조명에 의하여 영적 감동이 있다는 것이다.

3. 거룩한 독서를 실천

셋째, 성령론적 접근은 교부 전통의 "거룩한 독서"(lectio divina)를 따라서 성경 구절을 성경 전체의 맥락인 예수 그리스도 증거에서 이해하도록 한다. 단지 사복음서뿐만 아니라 신약성경이 예수 그리스도의 부활사건을 계기로 십자가에 달리신 예수가 구주요, 하나님의 아들이라는 복음을 증거하기 위하여 쓰여졌다. 그리고 예수는 구약성경 자체가 바로 자신을 증거하신 것이라고 말씀하셨다: "너희가 성경에서 영생을 얻는 줄 생각하고 성경을 연구하거니와 이 성경이 곧 내게 대하여 증언하는 것이니라"(요 5:19).

제임스 던이 제시하는 역사적 예수는 제자들과 초대교회에 의하여 "기억된 예수"(Jesus Remembered)다. 그가 제1, 무, 제2 탐구학자들의 회의주의 시각을 극복하면서 복음서 전승을 통하여 예수의 설교와 사역에 감동을 받아 신앙을 가진 최초의 제자들에 의하여 형성된 공동체의 집단 전승을 통하여 역사적 예수의 모습을 발견할 수 있다[95]는 긍정적 결론을 제시한 것은 제3 탐구의 공헌이라고 볼 수 있다. 물론 역사적 연구가 수행하는 "역사적 상상이 예수 자신(또는 '역사적 예수' 자체)을 복원하지는 못한다."[96] 이러한 역사적 기억(상상)을 역동화 하는 데 성령의 조명이 해석학적 기능을 수행하는 것이다. 하나님의 영은 제자들을 통해서 사복음서를 기록한 영이기 때문에 지난날의 상황을 오늘날 읽는 독자에게 해석학적으로 현재화시키는 것이다.

4. 신앙의 유비로서 역사의 예수와 신앙의 그리스도를 연결

넷째, 성령론적 접근은 교부들이 제시한 신앙의 유비(analogia fidei)를 수용하면서 믿음의 관점에서 성경을 하나님의 말씀으로 받아들이고, 경청하고, 순종하며 나에게 적용한다. 역사적 예수에 대한 제1, 제2, 제3 탐구("예수 세미나")처럼 역사의 예수와 신앙의 그리스도를 분리하지 않고 양자를 불가분적으로 연결시켜 이해를 시도한다. 신앙 없는 역사적 예수는 존재하지 않는다. 그러한 예수는 정통 기독교 신앙을 계승한 교회와 그리스도인들과는 아무런 관계가 없다. 극단적 역사비평이 성경을 단지 인간 저서의 단편들로 간주하는 데 반하여 성령론적 해석은 정경적 성경 해석을 핵심으로 받아들이면서 이에 기도와 묵상, 적용, 실천이라는 경건의 태도로써 실천한다.

---

[95] James D. G. Dunn, *A New Perspective On Jesus*, 『역사적 예수에 대한 새 관점』, 68.
[96] James D. G. Dunn, *A New Perspective On Jesus*, 『역사적 예수에 대한 새 관점』, 68.

성령론적 접근은 성경을 하나님의 말씀으로 받아들이고 단편적 이해를 전체의 구속사적인 맥락에서 유기적으로 해석한다. 성령론적 성찰은 단지 제임스 던이 말하는 바와 같이 우리가 "예수에 관한 최초의 제자들의 기억을 공연하고 기념하는 모임에 참여하는 것"[97]에 그치도록 하지 않는다. 역사적 예수는 우리가 그에 대하여 기록한 복음서의 말씀을 읽고 나눔을 통하여 우리의 영과 마음에 현재화하신다. 역사적 예수는 이제 부활하신 하나님으로서 그가 성령으로 조명하는 말씀의 살아계시고 혼과 관절을 찔러 쪼개는 활동을 통하여 우리의 영과 마음 안에서 그와 동행하는 우리의 매일의 삶 가운데, 그리고 그를 경배하고 선교하는 교회 안에 케리그마적 그리스도로서 현재하신다.

---

97 James D. G. Dunn, *A New Perspective On Jesus*, 『역사적 예수에 대한 새 관점』, 68.

제 4 장

예수 시대의 배경 자료들에 나타난 역사적 예수상

Jesus of Nazareth in Reformed Orthodox Faith

:: 제4장 예수 시대의 배경 자료들에 나타난 역사적 예수상

사복음서의 진정성을 확인하기 위해서는 고고학적 발견도 중요하다. 기독교는 역사적 종교이기 때문에 이스라엘의 역사에서, 그리고 초대교회의 역사 속에서 우리는 그 구체적인 역사적인 증거를 발견하게 된다. 영국의 신약학자 브루스(F. F. Bruce)와 독일의 신약학자 오토 베츠(Otto Betz)의 연구, 샌더스(E. P. Sanders), 제임스 던(James Dunn), 톰 라이트(N. T. Wright), 그리고 크레이그 에반스(Craig A, Evans)의 연구 등은 역사적 예수에 관한 최근의 고고학적 발견에 관하여 우리들에게 좋은 지식을 제공해주고 있다. 이들의 연구에 의존하여 저자는 중요하게 여겨지는 최근의 고고학적 발견을 비판적으로 소개하고자 한다,

I. 사해사본(쿰란문서)

첫째, 사해사본(the Dead Sea Scroll)이다. 사해의 서북쪽에 위치한 쿰란은 에세네 종파가 살았던 주거지역이다. 1947년에 이 지역 해변 11개 동굴에서 문서들이 우연히 발견되었다. 어느 베두인 목동이 양을 찾기 위해 들어갔다가 돌 항아리 안에 있는 파피루스 두루마리 뭉치를 발견한 것이다. 문서들이 발견된 동굴 주변은 쿰란 공동체의 유적지인 '키르벳 쿰란' 언덕이었다. 이 문서들이 발견된 유적지 일대가 사해 해변의 동굴에 위치해 있다고 하여 "사해사본"이라고 하고, 지역 이름을 따서 "쿰란문서"라고도 한다.[98] 이 문서들 중 1/4은 구약사본, 나머지는 구약주석, 신학서, 쿰란 공동체의 규정집, 위경(僞經) 등 900편에 가까운 다양한 문헌들이었다. 양피가죽이나 파피루스 위에 고대 히브리어, 아람어, 헬라어, 나바트어 등으로 적어 놓은 것들이다.

이 문서들은 B.C. 250년에서 A.D. 68년 사이에 제작된 것으로 확인됐다. 쿰란 공동체는 로마군의 예루살렘 성전 파괴(A.D. 70년)라는 위기 상황에서 성경사본들을 동굴에 숨겨놓고 사라진 것으로 추정된다. 여기서 발견된 성경은 현존하는 최고(最古)의 구약성경 사본으로, 이전까지 최고(最古)의 사본으로 알려져 있던 알렙포 사본(925년경)이나 레닌그라드 사본(1008년경)보다 무려 1000년 이상 거슬러 올라간다. 특히, 사본을 기록한 쿰란 공동체는 나사렛 예수의 생존 당시에 살았던 유대인 신앙공동체로, 쿰란 일대에서 여러 문서와 유물

---

98 김창선, 『쿰란문서와 유대교』, 중요 유대문헌을 중심으로 한 유대학 입문, 한국성서학연구소, 2007.

을 통해 유대인들의 종교사상과 생활방식, 풍습과 조직 등에 대해 많은 정보와 지식을 남겼다. 쿰란문서는 예수 선교사역 당시에 있었던 유대교의 종말신앙과 유대교 종교의식에 관한 정보를 제공해주고 있다. 쿰란문서는 역사적 예수 탐구를 그리스적 영향에 경도된 후기 불트만 학파의 제2 탐구의 일면성에서 나오게 하여 유대교적 맥락에서 재조명하는 역사적 예수에 대한 제3 탐구의 물꼬를 트게 했다고 말할 수 있다.[99]

쿰란문서는 유대 공동체, 특히 에세네파(Essene group)에 관한 정보를 알려준다. 일반적으로 성경학자들은 쿰란 공동체를 에세네 공동체 안에서 의견을 달리하는 한 분파로 본다. 이 종파는 국가적 주흐름에서 퇴각하여 근 2세기 동안(대략 B.C. 130-A.D. 70년) 광야에서 고립된 집단생활을 하였다. 쿰란 공동체(Qumran community)[100]는 철저한 금욕주의에 의한 생활을 하였으며 재산에 있어서도 공동 소유제를 유지하는 등 공동생활을 거룩한 삶의 방식으로 여겼다. 쿰란 공동체는 B.C. 2세기 중반부터 A.D. 1세기경 로마에 의해서 파괴될 때까지 존재했다. 쿰란 공동체는 구약성경의 율법을 철저히 지키고자 했지만, 예루살렘 성전의 제단에서 드려지는 희생제사는 거부하였다. 그들은 고유한 정결의식을 거행했으며 태양력을 사용하여 절기들을 제정하였다. 이들은 하나님이 세우실 새로운 시대를 준비하였다. 쿰

---

99 Bock, Darrell L. "역사적 예수. 복음주의 관점," in: Beilby, James K/ Eddy, Paul Rhodes (ed.), *The Historical Jesus. Five Views*. InterVarsity Press, 2009, 손혜숙 역. 『역사적 예수 논쟁』. 새물결플러스, 2014, 368-9.
100 김창선, 『쿰란문서와 유대교』, 제2장 고대 유대교의 문맥에서 본 쿰란 공동체 이해, 83-110.

란 공동체에서 생활한 사람들은 예수와 동시대인들이었다. 이들 쿰란문서들은 예수에 관해서 직접적 지식을 제공해 주지는 않는다. 그러나 그들로부터 모아진 지식, 즉 유대 신앙과 종교 실천에 관한 지식들은 우리들에게 역사적 예수 연구에 대한 배경 자료를 제시해준다. 쿰란 공동체가 가진 종말 사상과 메시아 대망 사상은 다가오는 나사렛 예수의 하나님 나라 사상과 메시아 사상의 배경을 제시해준다.

II. 미지 복음서 단편(에거튼 복음)

둘째, 미지 복음서 단편(fragments of an unknown Gospel)이다. 1935년에 영국 박물관이 『미지 복음서의 단편』이라는 제목의 책을 출판하였다. 이 책은 1934년 이집트에서 발견된 여러 개의 파피루스 단편의 텍스트를 제시해준다. 그래서 에거튼 복음(The Egerton Gospel)이라고 일컬어진다. 그러나 이것이 가진 분명한 역사적 중요성에도 불구하고 텍스트는 잘 알려져 있지 않으며, 단지 4개의 단편(파피루스 에거튼 2)일 뿐이다. 첫째와 둘째 단편은 요한복음과 공관복음에서 발견되는 이야기들과 병행하는 네 가지 이야기를 제공한다. 셋째 단편은 흩어진 몇 개의 단어들을 제공할 뿐이고, 넷째 단편은 해독이 가능한 한 개의 철자만을 제공한다.[101]

101　Craig A. Evans, *Fabricating Jesus*. 성기문 역. 『만들어진 예수』. 118.

뿐만 아니라 정경인 사복음서와의 명료한 관계를 지니고 있지도 않다. 그러나 이 단편은 실제로 위경 복음에서 온 것이 아니기 때문에 예수의 말씀과 행위를 제시해주고 있다는 데에 의의가 있다. 예컨대, 1) 요한복음 5:39-47, 그리고 10:31-39과 유사한 교법사와의 논쟁, 2) 마태복음 8:1-4, 마가복음 1:40-45, 누가복음 5:12-16, 그리고 17:11-14과 유사한 나병환자의 치유, 3) 마태복음 22:15-22, 마가복음 12:13-17, 누가복음 20:20-26과 유사한 납세에 관한 일화, 4) 요르단에서 뿌려지는 씨에 관한 예수의 외경적 설명 등이다.

이러한 예수의 말씀이나 행위는 주로 정경적 복음서에 기초하고 부분적으로는 비정경적 복음에 기초한다. 이것들이 속한 작업은 아마도 예수 사역에 대한 대중적인 재설명이었다. 이 단편은 전혀 이단적이거나 영지주의적인 내용을 담고 있지 않다. 구체적인 내용을 소개한다:

"1.1 예수가 율법학자들에게 말씀하셨다. 내가 아니라 부정을 행하고 율법을 배반하는 자를 모두 벌하여라… 어떻게 행하는지.

1.2 그리고 백성의 지도자들을 돌아보고 말씀하셨다. 너희는 성경에서 생명을 찾아 얻겠다는 생각으로 성경을 연구한다. 바로 그 성경이 나를 위해 증거한다.

1.3 내가 너희를 내 아버지께 고소하러 온 것이라 여기지 마라. 너희를 고소하는 이는 너희가 소망을 걸어온 모세다.

(…)

1.6 이제 그 증거한 내용들을 너희가 믿지 않은 것이 고소당한다.

1.7 사실 너희가 모세를 믿었다면 나를 믿을 것이다. 그가 나에 관해 너희 조상

들에게 기록해 두었기 때문이다.

(…)

3.4 그러자 예수가 그들의 마음을 아시고 그들을 엄히 꾸짖으시며 말씀하셨다.

3.5 너희는 어찌하여 너희 입으로는 나를 스승이라고 부르면서 내가 이는 말은 행하지 않느냐"[102]

이상에서 보면 에거튼 단편의 내용은 공관복음 내지 요한복음의 내용과 병행되는 것으로서 정경복음 내용의 중복 내지 설명으로 볼 수 있다. 따라서 영지주의 문서들처럼 정경복음서의 내용을 왜곡하지 않고 있다.

그러면서도 다음 이야기는 다른 외경에서처럼 원시적이고 가공한 이야기로 들린다.

"4.2 그들이 그분의 이상한 질문에 당황해 하고 있을 때 예수는 이리저리 거니시다가 요르단 강 입국에 서셔서는 오른손을 내밀어 강에 씨를 뿌리셨다.

4.3 그때에 강물이… 그리고 그분이… 하시어 그들 앞에서 열매를 맺게 하셨다."[103]

---

[102] H. Idris Bell and T. C. Skeat, *Fragments of an Unknown Gospel and Other Early Christian Papyri* (London: Brtish Museum, 1935), 8-15, 26; H. Idris Bell and T. C. Skeat, *The New Gospel Fragments* (London: British Museum, 1951), 29-33. ; Craig A. Evans, Fabricating Jesus, 『만들어진 예수』, 118-119에서 부분 재인용.

[103] H. Idris Bell and T.C. S Keat, Fragments of an Unkowwn Gospel & Other Early Chistiain Papyri, 8-15, 23; H. Idris Bell and T.C. S Keat, The New Gospel Fraggments, 29-33; Craig A. Evans, Fabricating Jesus, 『만들어진 예수』 120에서 부분 재인용.

크로산(John D. Crossan), 쾨스터(Helmut Koester), 그 밖의 다른 학자들은 "전경 밖의 복음서들에 나오는 많은 이야기들과 유사한 이 이야기는 에거튼 전승들이 원시적이며, 공관복음이 존재하기 전에 있었다는 가설을 주장하고 있다.[104] 그러나 고대 문서에 정통한 에반스는 이러한 주장에 반대하여 다음과 같이 결론을 내린다: "파피루스 에거튼 2(에거튼 복음)는 정경복음서가 의존했던 1세기의 원 자료보다 2세기의 공간복음과 요한복음의 요소들을 조합한 문서라는 사실을 증거한다."[105]

III. 베드로복음(아크미른 단편)

1. 역사적 기원

베드로복음(Gospel of Peter, 아크미른 단편(Akhmiron Fragment))은 초기 기독교에서 정경으로 수용되지 않았던 외경 복음서들 중의 하나이다. 안디옥 교회의 감독 세라피온(Serapion)의 증언에 의해 편지에

---

104 John Dominic Crossan, *Four Other Gospels* (Sonoma, Calif.:Polebridge, 1992), 183; Helmut Koester, *Ancient Christian Gospels* (Philadelphia: Trinity Press International, 1990), 207, 215; Joachim Jeremias, "Papyrus Egerton 2" in *the New Testament Apocrypha*, ed. Edgar Hennecke and Wilhelm Schneemelcher (London: SCM Press; Philadelphia: Westminster, 1963), 1:96.

105 Craig A. Evans, *Fabricating Jesus*. 성기문 역. 『만들어진 예수』. 126.

대한 존재가 알려지는 베드로복음은 2세기에 등장한 것이다.[106] 역사가 유세비우스에 의하면 고대 교회 장로들은 베드로전서는 정경으로 받아들였지만, 그 외에 베드로가 썼다고 하는 저작들, 즉 베드로후서, 베드로의 묵시록, 베드로복음, 그리고 베드로설교 등의 진정성은 거부되었다고 한다.[107] 유세비우스는 "이단들이 만들어낸 베드로, 도마(Thomas), 맛디아, 그리고 사도들의 이름을 가진 복음서를 포함한 저작들"에 관하여 언급한다.[108] 후에 유세비우스는 베드로복음을 한 번 더 언급하는데, 안디옥 감독 세라피온의 편지 일부를 인용한다: "내가 여러분을 방문했을 때 여러분 모두가 참 신앙을 견지했기에, 나는 그들이 베드로의 저작이라고 주장한 '복음서'를 철저하게 확인하지 않은 채 말했습니다… 나는 이 책을 철저히 살펴보았습니다. 그 책의 많은 부분이 구세주의 참 가르침과 일치하기는 하지만 일부가 거짓으로 추가되었다는 결론을 내렸습니다."[109]

19세기 말인 1886-1887년 겨울 이집트의 아크미론 지역을 발굴하던 중, 파피루스 책자 안에 사본이 기독교 수도사의 관(棺)에서 발견되었다. 이 사본에는 복음서의 단편(Akhmiron Fragment), 그리스어 에녹서의 단편들, 베드로의 묵시록을 포함해 사본의 뒤표지 안에 성 율리우스(Julius)의 순교에 대한 이야기가 포함되어 있었다. 이 복음서 단편은 발견된 지 5년이 지나 출판되었고, 이 문서의 교정된 판본이

106　Craig A. Evans, *Fabricating Jesus*. 성기문 역. 『만들어진 예수』. 110.
107　Eusebius, *Historia Ecclesiastica(The Church History)*, 3.3.1-4.
108　Eusebius, *Historia Ecclesiastica(The Church History)*, 3.25.6.
109　Eusebius, *Historia Ecclesiastica(The Church History)*, 6.12.3-6.

출판되었다.¹¹⁰ 본문이 1인칭("그러나 나, 시몬 베드로"(60절))으로 쓰여졌고 이 복음의 단편이 베드로의 묵시록과 함께 있었기 때문에 이 단편이 유세비유스가 언급한 베드로복음일 것이라는 주장이 받아들여졌다.¹¹¹

사본은 8-12세기의 것으로 추정된다. 내용은 예수의 수난극에 할애하고 있다. 예수의 수난극 중 재판의 마지막 부분에서 시작해, 처형과 매장, 부활의 장면이 있으며 갈릴리 호수에서 베드로 앞에 부활한 예수가 모습을 보이기 직전에 그 내용은 중단된다. 내용에 있어서 가현설적 성향이 있는 것처럼 보였고, 이것은 기독교 초기에 기록된 베드로복음의 일부가 아닐까 추정된다. 가현설 경향에 대해서는 유세비우스가 세라피온의 편지에서 인용하고 있다: "마르키온 이단은 자신들이 말하고 있는 것을 알지 못한다는 면에서 스스로 모순되는 것이 명백합니다. 다른 사람들은 이 복음서를 연구했습니다. 그들은 그 복음서를 만들었던 자들의 후계자들로서 우리가 가현설자들이라고 부르는 자들입니다. 이는 그 개념들이 그들이 가르침을 반영하기 때문입니다."¹¹²

원래의 베드로복음은 마태복음 등과 같이, 예수의 탄생으로부터

---

110 Hans von Schubert, *The Gospel of St. Peter* (Edinburgh: T & T Clark, 1893); J. Armitage Robinson and Motague Rhodes James, *The Gospel According to Peter, and the Revelation of Peter* (London: C. J. Clay, 1892).

111 Urban Bouriant, "Fragments du Texte Grec de Livre d'Enoch et de Quelques Ecrits Attribués à Saint Pierre," in *Mémoires Publiés par les Membres de la Mission Archélogique Française au Caire* 9.1 (Paris: Libraire de la Société Asiatique, 1892), 137-42.

112 Eusebius, *Historia Ecclesiastica(The Church History)*, 6.12.3-6; Craig A. Evans, Fabricating Jesus, 『만들어진 예수』 110에서 부분 재인용.

수난, 부활까지를 적은 복음서의 형태를 갖추고 있었다고 보이지만, 현재 알려진 것은 상기 사본에 있는 수난극 부분뿐이다.

2. 베드로 이름을 차용한 위경

베드로복음은 명시적으로 이 책이 사도 베드로의 작품이라고 주장한다. "그리고 내 동료와 나는 슬퍼했다; 우리는 자신을 숨겨 마음에 상처 받았다;"[113] "하지만 나 시몬 베드로와 내 동생 안드레는 우리의 그물을 들고 바다에 갔다;"[114] 그러나 학자들은 일반적으로 베드로복음이(실제로 글을 작성하지 않은 저자의 이름을 떠맡은) 위경이라는 데 동의한다.[115]

3. 내용: 예수의 수난, 처형, 부활과 현현

1) 예수의 재판과 처형

예수의 재판에는 빌라도, 헤롯, 대제사장 등의 일당이 모인다. 헤롯은 정경에서는 누가복음에서만 등장하지만(눅 23:6-12), 다른 정경복음에서는 예수는 대제사장 저택, 산헤드린이나 총독 관저 등에서 차례로 심문을 받는다(마 26:57-27:30; 막 15:1-20; 요 18:28-19:16).

빌라도는 먼저 손을 씻고 물러가, 헤롯이 판결을 내린다. 정경복음

---

113 Gospel of Peter, 7.
114 Gospel of Peter, 14.
115 Lee Strobel, *The Case for Christ* (Grand Rapids, Michigan: Zondervan, 1998), 27.

에 일치해서, 빌라도가 (마지못해) 최종적인 판결을 내린다. 다만, 마태복음에서는 빌라도도 손을 씻어, '이 사람의 피에 대해서, 나에게는 책임이 없다. 너희의 책임이다'라고 선언한다. 민중은 '그 피의 책임은 우리와 자손에게 있다'라고, 그 책임을 맡는다(마 21:24-25).

정경복음에 일치해서 기재되는 바라바의 사면의 일화는, 여기서는 등장하지 않는다. 예수를 십자가에 못 박는 것은 유대 민중이다. 정경복음에서는 빌라도가 예수를 십자가에 못 박히게 민중들에게 넘겨주고(요 19:16), 실제적으로 십자가에 못 박는 것은 로마 병사다(요 19:23). 이변(異變) 발생을 우려(憂慮)하여, 십자가에서 예수를 내리는 것도 민중이다. 아리마대 요셉이 무덤에 매장하는 것은 정경복음과 같다. 십자가에 달린 예수의 모습을 그리는 언어는 가현설적이다. "예수는 고통이 없는 듯 조용히 있었다"(베드로복음 4.10). "나의 권세여, 나의 권세여, 당신이 나를 버렸나이다"(베드로복음 5.19).

2) 예수 부활과 현현

천사의 모습이나 예수 부활의 모습을 최초로 보는 것은 무덤을 지키던 병사들과 유대 장로이다. 여성들은 그 나중에 하늘의 무덤을 발견한다. 마태복음에서는 천사가 무덤 입구의 돌을 옮기는 것을, 여성들과 병사가 동시에 보고 있다(마 28:1-4).

두 명의 천사에 의지한 (아마) 예수 그리스도가 무덤으로부터 나오며 나중에 십자가가 붙어 온다. 처음의 소리 '당신은 (저승에서) 자고 있는 사람들에게도 선교했습니까'에 십자가가 '네'라고 대답한다. 정경 사복음서에서는, 천사가 등장하지만, 무덤으로부터 나오는 십자가는 물론, 예수의 모습도 기록되지 않았다. 예수의 지옥에서의 복음전파는, 정경복음 중에는 '베드로전서'에서 접할 수 있을 뿐(벧전 3:19-20, 4:6). 마태복음에서는, 십자가상의 예수가 숨을 거두었을 때에 많은 죽은 성도들이 일어났다는 기술이 있다(마 27:52). 그러나 마태복음에서는 이들은 부활 때까지 무덤에서 대기하고 있다가 예수 부활 후에 무덤에서 나와서 거룩한 성에 들어가 많은 사람에게 보였다고 기록하고 있다(마 27:53). 발견된 사본은 그 후 기술(記述)이 부족하지만, 갈릴리 호수에서 베드로와 도마, 나다나엘과 세베대의 아들들과 다른 제자 둘이 함께 있는 것(요 21:2)으로 쓰여져 있으므로, 이후에 부활한 예수가 모습을 나타낸다고 생각된다. 이 부분은 '요한복음'에 상당한다(요 21:1-14).

저자는 베드로복음(아크미온 단편)의 수난과 부활 이야기 가운데 특별히 문제가 되는 부분만을 인용한다:

"10.39 그리고 그들이 본 것을 설명하고 있는데 또 무덤에서 세 사람이 나오는데 두 사람은 한 사람을 부축하고 십자가가 하나가 그 뒤를 따르고 있었다.

10.40 두 사람의 머리는 하늘까지 닿았는데 그들의 부축을 받고 있는 사람의 머리는 하늘을 넘었다.

10.40 그리고 그들은 하늘에서 나는 소리를 들었다. 너희는 잠들어 있는 자들에게 알렸느냐.

10.42 그러자 십자가에서 예라는 대답이 들렸다.

10.43 그래서 그들은 이런 일을 빌라도에게 보고하자고 서로 의논했다.

10.44 그런데 그들이 곰곰이 생각하고 있을 때 다시 하늘이 열리더니 한 사람이 내려와 무덤으로 들어가는 것이 보였다.

10.45 이런 광경을 보고 백부장과 주위에 있던 사람들은 밤중에 경비를 하고

있던 무덤을 그대로 두고 빌라도에게 달려가 그들이 본 일을 모두 설명했다. 그들은 크게 근심하며 그는 정말로 하나님의 아들이었다고 말했다"[116]

이 부분은 원시적인 언어를 사용함으로써 정경복음을 보완한다고 볼 수 없는 불가해한 모습으로 예수의 부활을 그려내고 있다.

4. 베드로복음(아크미른 단편)의 의의

외경 복음서로서는 나그함마디 문서에서 발견된 도마복음이 영지주의의 영향을 받은 기독교 초기의 문헌으로서 주목받고 있다. 이에 반해, 베드로복음은 적어도 발견된 부분을 보는 한, 정경 사복음서와 중복되는 기술(記述)이 대부분으로, 이들 사복음서를 참조해 쓰여진 것으로 간주되어 중요시되지 않았다.

그러나 1982년 론 카메론(Ron Cameron) 등은, 사복음서와는 독립한 자료인 '수난 이야기'를 상정해, 그것을 기초로 '베드로복음'이 쓰여졌다고 하는 설을 주창했다.[117] 크로산은 카메론의 '수난 이야기'를 '십자가복음'이라고 불러, 마가복음이나 Q자료와 함께, 다른 세 복음서(마태, 누가, 요한복음)가 쓰여지는 자료가 되었다고 주장하고 있다.[118] 크로산은 베드로복음이 복음서의 새로운 자료 가설을 제공하는 것과

---

116 Craig A. Evans, *Fabricating Jesus*, 『만들어진 예수』 114에서 부분 재인용.

117 Ron Cameron, ed. *The Other Gospels: Non-Canonical Texts* (Philadelphia: Westminster, 1982).

118 John Dominic Crossan, *Who Killed Jesus? Exposing the Roots of Anti-Semitism in the Gospel Story of the Death of Jesus* (SanFrancisco: HarperCollins, 1995). 147-159.

동시에, 예수의 죽음에 대한 로마제국과 (당시의) 유대교 (지도자)의 책임론의 원점을 아는 재료로도 될 수 있다고 추정한다.[119] 이에 반해 에반스는 아크미른 단편이 베드로복음이라는 것은 일개의 가정일 뿐이라고 일축한다.

저자는 에반스가 언급하는 바같이 세리피온 감독 혹은 2세기 말의 일부 다른 저술이 베드로복음을 언급한 것과는 관계없이 아크미른 단편을 2세기 문서와 연관 지을 수 있는 확고한 증거는 나오지 않았다고 본다. 그러므로 이러한 피상적 특징들을 지닌 후대 전승들을 일치시키려는 의도로서 이 단편을 역사적 예수를 연구하는 데 정경처럼 주도적으로 사용하는 것은 바람직하지 않다고 본다.[120]

IV. 비밀 마가복음

넷째, 비밀 마가복음(the Secret Mark Gospel)이다. 1958년 뉴욕 컬럼비아대 고대 종교학 교수 모턴 스미스(Morton Smith)가 예루살렘 남동쪽 12마일 지점에 있는 마르 사바(Mar Saba) 수도원의 도서관에서 1646년 암스테르담에서 인쇄된 책의 복사본을 발견하였다. 이 복사본은 A.D. 180년경에 번창했던 알렉산드리아의 클레멘트의 작품이

---

119 John Dominic Crossan, *The Cross That Spoke: The Origins of the Passion Narrative*. (San Francisco: Harper and Row, 1988). 404.
120 Craig A. Evans, *Fabricating Jesus*. 성기문 역. 『만들어진 예수』. 118.

기를 의도하는 서신의 부분을 그리스어로 쓴 것이다. 이것은 최종-문서(end-papers)에 관한 사본이다. 스미스는 비밀 마가복음을 담고 있는 클레멘트의 편지가 진본이라고 생각했으며, 일부 학자들은 비밀 마가복음이 공관복음 문제를 풀 수 있으며, 정경 마가복음보다 더 오래되고 더 원시적이라는 주장을 제기했다.[121]

그런데 문제는 최종-문서에 관한 텍스트를 쓴 자가 누구이든지간에 더 이상 존재하지 않는 원고로부터 베껴 썼다고 추정할 수 있다. 이 텍스트는 어느 누가 부인한다 해도 클레멘트의 참된 서신에 속하지 않는 것이다.[122] 에반스는 "클레멘트의 편지와 그 안에 있는 비밀 마가복음 인용구들이 속임수라는 사실"을 지적하고 있다.[123]

그러나 아주 흥미로운 것은 이것이 마가복음의 더 긴 편집서에 대한 참고의 역할을 한다는 것이다. 이 문서는 복음서 저자들이 알렉산드리아에서 믿음에 진보한 신자들을 위하여 제공한 것으로 보인다. 이 문서가 논쟁적이었던 이유는 정경 마가복음에서는 발견되지 않는

---

121 Morton Smith, *Clement of Alexandria and a Secret Gospel of Mark* (Cambridge, Mass.: Harvard University Press, 1973); Morton Smith, *The Secret Gospel: The Discovery and Interpretation of the Secret Gospel According to Mark* (New York: Harper & Row, 1973); F. F. Bruce, *The Secret Gospel of Mark, Ethel M. Wood Lecture* (London: Athlone, 1974); Marvin W. Meyer, *Secret Gospels: Essay on Thomas and the Secret Gospel of Mark* (Harrisburg, Penn.: Trinity Press International, 2003); Scott G. Brown, *Mark's Other Gospel: Rethinking Morton Smith's Controversial Discovery* (Waterloo, Ont.: Canadian Corporation for the Studies in Religion, 2005); C. A. Evans, *Fabricating Jesus*, 『만들어진 예수』, 348 참조.

122 모튼 스미스에 대한 탁월한 비평은 퀴스넬이 클레멘트의 편지의 진정서에 대한 곤란한 질문으로 제기되었다. (Quentin Quesnell, "The Mar Saba Clementine: A Question of Evidence," CBQ 37 (1975): 48-67.

123 Craig A. Evans, *Fabricating Jesus*. 성기문 역. 『만들어진 예수』. 130-131.

이야기를 말하기 때문이다.[124] 이 문서는 마가복음 10장 34절 후에 무덤에서 부자 젊은이를 일으키고 어느 밤에 하나님 나라의 비밀에 관하여 가르치는 예수의 이야기를 재생하고 있다. 이 이야기는 동성애적인 성향을 보인다.[125]

이 문서는 이후에 비밀 마가복음으로 알려지게 되었다. 이 이야기는 요한복음 11장에 나오는 죽은 나사로를 일으키심과 요한복음 3장 1-15절에서 밤에 예수를 방문하고 그에게 하나님 나라에 들어가는 가르침을 배우는 니고데모의 이야기와 유사성을 지니고 있다. 그런데 2005년 미국 배일러(Baylor) 대학교의 교수 스티븐 칼슨(Stephen Carlson)은 이 비밀 마가복음은 스미스에 의한 위조(Gospel hoax)였다고 발표한 바 있다.[126] 앞으로 진위에 대한 논란이 예상된다.

V. 나그함마디 문서

다섯째, 나그함마디 문서[127]이다. 이 문서는 1945년 이집트 나일강 상류 나그함마디 지역의 자발 알 타리프 절벽에서 발견되어 '나그함마

124　Craig A. Evans, *Fabricating Jesus*. 성기문 역. 『만들어진 예수』. 130.
125　Craig A. Evans, *Fabricating Jesus*. 성기문 역. 『만들어진 예수』. 130.
126　Stephen C. Carlson, The Gospel Hoax: Morton Smith's Invention of Secret Mark (Waco, Tex.: Baylor University Press, 2005).
127　F. F. Bruce, *Jesus & Christian Origins Outside the New Testament* (Grand Rapids, MICH: Hodder & Stroughton, 1982), 111.

디 문서'라고 부른다. 13개의 파피루스 묶음(코덱스, codex)으로 구성된 이 문서에는 도마복음을 비롯해 진리복음, 빌립복음, 마리아복음, 요한비서(秘書), 베드로행전 등 기독교에서 이단시해 온 영지주의 위경(僞經)들이 포함돼 있어 세상에 공개되는 데 적잖은 우여곡절을 겪었다.

이 문서는 4세기의 이집트 상류에 있는 기독교 도서관에 속하는 13개의 파피루스본에 묶여 있는 52개의 콥틱(Coptic)문서에 속하는 것들로서 대부분은 초기 그리스어 문서의 번역이며 원래의 언어는 예외 없이 상실되어 있다. 그러나 1977년에는 콥트어(그리스어 알파벳으로 표현된 고대 이집트어)로 기록된 나그함마디 문서 전체가 영역 출판돼 이제는 누구든지 볼 수 있다. 이 문서는 앞서 세 가지 문서들(쿰란문서, 미지 복음서 단편, 베드로복음, 비밀 마가복음)과는 전혀 다른 종류의 문서로 분류되는데, 그 이유는 영지주의적 시각에서 기독교를 해석하고 있기 때문이다. 그래서 영지주의 문서라고 부른다. 미국 에모리 대학교 신약학 교수 존슨(Luke T. Johnson)은 나그함마디 문서의 예수상은 예수의 인성을 신적 계시자의 성품 안에 흡수시켰다고 비판하고 있다: "나그함마디에서 발견된 영지주의 복음서들은 도움이 못되는데, 왜냐하면 그 복음서들에서 예수의 인성은 신적인 계시자로서의 성품에 가려서 실질적으로 자취를 감추어버렸기 때문이다."[128]

이들 문서 가운데 하나인 도마복음은 114개의 예수 어록을 지니고 있다. 이것들 중의 절반은 정경복음과 평행구를 가지고 있다. 다른

---

128   Luke D. Johnson, "인간 예수 배우기. 역사비평과 문학비평," 240.

것들은 충분히 일관성 기준을 충족시키고 있다. 이단문서라고 처음부터 끝까지 다른 것이 아니다. 많은 부분이 유사하면서 결정적으로 끝에 가서 왜곡하는 것이다. 이것은 몰몬경이 많은 부분 이사야의 예언서와 병행적인 내용을 제시하고 있으나 일정 부분에 있어서 결정적인 왜곡을 말하면서 야웨 신과는 다른 몰몬 신을 가르치고 있는 것과 같다.

2003년 미국의 소설가 댄 브라운(Daniel Brown)이 출판하여 종교적으로 논란을 일으킨 소설 『다빈치 코드』(The Da Vinci Code)에서는 사해사본이 예수의 선교를 매우 인간적인 용어로 서술한다는 것으로 되어 있으나, 이 사본에서 예수에 대해 직접 언급하는 부분은 없다. 『다빈치 코드』에서는 또 예수가 막달라 마리아와 결혼하고 둘 사이에 아이가 있었다고 말하나, 사해사본은 물론이고 고대 문헌 어디에도 예수가 막달라 마리아와 결혼을 하고 성적 관계를 가져 아이가 있었다는 증언은 없다. 이 소설에 나오는 예수의 결혼설 등은 대부분 전설이나 상상에 근거한 것이다.

『예수는 신화다』를 저술한 프리크와 갠디는 역사적 예수를 이 영지주의 문서들의 내용에 따라 재구성했다. 여기서 예수는 복음서에 나타난, 십자가를 지시고 죄인을 위하여 죽으시는 인자의 모습과는 전혀 다른 영지의 현인(賢人)으로 나타난다. 그러므로 3세기의 교부들, 저스틴(Justin Martyr), 오리게네스(Origenes), 이레네우스 등은 그 시대에 본격적으로 나타난 영지주의자들을 정통 기독교의 시각에서 이단으로 정죄했던 것이다. 나그함마디의 주된 문서 중의 하나인 '요한외경'(Apocryphon of John)의 그리스어로 된 원본은 초대교부 이레네우스가 『이단을 반박함』(Against Heresies)이란 책의 한 부분을 쓸 때에 자료로 삼았다.

1. 도마복음은 영지주의적 문서

나그함마디 문서에서 나온 일부 문서인 도마복음은 영지주의적 성격을 띠고 있다.[129] 발견 당시에는 상형 문자와 그리스 문자를 겸용한 콥트어로 씌어져 있었다. 도마복음은 사복음서와는 달리 예수의 삶에 대한 내용을 담지 않고 있으며, 예수의 가르침만을 다루고 있는 겨자씨의 비유 등의 일부 내용이 사복음서에도 나온다. 유사한 부분이 있지만 영지주의적인 내용이 많이 포함되어 있다. 그리하여 역사적 예수는 영지주의적 현인(賢人)으로 왜곡되어 있다. 대표적인 것은 다음 세 구절이다.

도마복음은 다음과 같은 말로 시작된다: "이것은 살아있는 예수께서 했던 비밀의 말씀이며, 그것을 디두모 유다 도마가 기록한 것이다. 그가 말씀하셨다. '누구든지 이 말들의 뜻을 밝히는 자는 죽음을 맛보지 않을 것이다.'"[130] 전형적인 영지주의적 구절이다. 영지주의는 비밀의 가르침을 중요시하고, 믿음이 아니라 신비로운 지식과 깨달음을 강조한다.

"예수가 말씀하시니라. 찾는 사람은 발견할 때까지 쉬지 말고 찾도

---

[129] F. F. Bruce, *Jesus & Christian Origins Outside the New Testament* (Grand Rapids, MICH: Hodder & Stroughton, 1982), Chapter Seven The Gospel of Thomas, 110-158.

[130] 옥시린쿠스 파피루스(Papirus Oxyrhynchus=P. Oxy.) 654=도마복음 서문과 말씀 1(C. A. Evans, 『만들어진 예수』, 87에서 부분 재인용.)

록 하라. 그가 발견하게 되면 번민하게 되고 번민하게 되면 놀라게 되고, 놀라게 되면 그는 다스리게 되고, 다스리게 되면 안식을 얻을 것이다."[131] 진리를 찾는 사람은 번민하게 된다고 말하고 있는데, 이는 정경복음의 가르침에 위배된다. 진리를 추구하면 번민과 놀라움이 아니라, 회개와 기쁨과 쉼을 발견하게 되고, 다스리는 것이 아니라 순종하고 믿음을 가지게 된다.

"예수께서 말씀하시니라. 만약 너희 인도자들이 너희에게 말하길, '보라 아버지의 나라가 하늘에 있노라'고 한다면 공중의 새들이 너희를 앞설 것이요, 만일 그들이 너희에게 말하길, '아버지의 나라가 바다에 있노라'고 한다면 물고기들이 너희를 앞설 것이라. 차라리 그 나라는 너희 안에 있으며 또 너희 바깥에 있느니라. 너희가 자신을 안즉 알려진 바 될 것이요 너희가 살아계신 아버지의 자녀임을 깨달으리라. 그러나 만약 너희가 자신을 모른다면 빈곤 가운데 사는 것이며 또 너희는 빈곤이니라."[132] 이 구절 역시 내부로부터의 자각을 주장하는 영지주의적인 내용이다. 이는 누가복음 17장 20-25절과 비슷하지만 영지주의적으로 왜곡하고 있다. 누가복음에는 예수님이 하나님 나라가 너희 안에 있다고 말하고 있으며, 인자의 십자가의 고난에 대하여 말하고 있다. 그러나 도마복음에는 이러한 내용을 말하고 있지 않으며, 단지 '저희가 자신을 안즉 하나님의 자녀임을 깨닫는다'는 영지주

---

131 옥시린쿠스 파피루스(Papirus Oxyrhynchus=P. Oxy.) 654=도마복음 서문과 말씀 2; C. A. Evans, 87-88.
132 옥시린쿠스 파피루스(Papirus Oxyrhynchus=P. Oxy.) 654=도마복음 말씀 3; C. A. Evans, 88.

의적 자각을 강조하고 있을 뿐이다. 십자가가 없는 지식의 자각은 선불교이지 복음은 아니다. 정경복음은 앎과 자각이 아니라 믿음과 순종을 강조하고 있으며, 믿지 아니할 때 불신앙과 불순종에 사로잡히게 된다고 가르치고 있다.

도마복음이 정경으로 채택되지 않고 사라진 이유는 도마복음이 영지주의 시각으로 정경적인 사복음서를 왜곡했기 때문이다. 이에 아타나시우스(Athanasius) 등 정통신앙의 교부들은 도마복음을 위조된 복음이라고 낙인찍었다. 즉, 도마복음은 정통 기독교로부터 이단문서라고 평가받아 가짜 문서로 간주되었던 것이다. 한국에서 도올 김용옥이 도마복음을 높이 평가하는 것은 종교적·철학적으로는 허용될 수 있을지 모르지만, 기독교적·신학적으로는 일고의 가치가 없는 이단적인 평론에 불과하다고 볼 수밖에 없다. 도마복음은 나사렛 예수에서 유래한 역사적 기독교와는 아무런 상관이 없는 허위문서이기 때문이다.

-『붓다의 제자가 된 예수』도 영지주의자의 산물

도마복음은 예수의 사상을 불교사상, 그 중에서도 법화경의 불성내재론(佛性內在論)과 흡사하다는 것으로 왜곡하고 있다. 인도의 명상가 라즈니쉬(Rajneesh Chandra Mohan Jain)는 도마복음이야말로 신약성경에 있는 그 어떤 복음서보다도 예수의 말을 가장 실제에 가깝게 기록한 것이라고 주장한다. 그는 예수가 기독교 역사의 중심을 이룬 33살 이전에 인도의 밀교(密教) 집단에서 제자로서 훈련을 받았을 것이며, 이때 인도 종교의 영향을 받았을 것이라고 추측한다. 이것이 최근에 나온 반기독교적 저서 『붓다의 제자 된 예수』의 배경이다. 최근에 영국 방송 협회(BBC, British Broadcasting Cororation)에서도 예수가 불교 승려(a Buddhist Monk)였다는 기록물(Documentary) 방영을 하여 물의를 일으켰다. 그러나 사복음서 어디서도 예수가 인도에 갔다는 기록이 없다. 게다가 이러한 불교적 해석은 사복음서의 예수 기록과는 전혀 배치된다. 예수는 인간이 신성을 지니고 있고 신성을 깨우치라고 가르친 적이 없고, 오로지 하나님 나라의 복음(막 1:14)을 증거하였다. 이 하나님 나라는 회개하고 복음을 믿는 자만이 들어간다(막 1:15)고 가르쳤다.

2. 유다복음, 빌립복음, 마리아복음도 영지주의 문서

1) 유다복음

(1) 역사적 기원: 2세기경 영지주의의 한 분파인 가인파가 쓴 것으로 추정

유다복음서는 1980년 경 이집트 중앙부 엘 미냐 근처에서 발견된 콥트어 영지주의 파피루스 코덱스에 들어있는 세 번째 문서이다. 이 문헌은 약 3-4세기경 기록된 것으로 추정된다. 이 파피루스 코덱스는 나그함마디 문서에 들어있는 2개의 문서 필사본을 포함하고 있는데 베드로가 빌립에게 보낸 편지(4권 1-2장), 그리고 야고보 묵시록 전서(5권 3장)가 바로 그것이다. 이것들은 모두 그리스어에서 번역된 것들이다. 유다복음서는 2세기 중반에 씌어졌을 것으로 생각된다.

도마복음과 같이 같은 영지주의 계열의 문서인 유다복음은 예수 그리스도와 가롯 유다 사이에서 이루어진 대화가 기록되어 있다고 알려진 영지주의 복음서들 중 하나이다. 유다복음은 "예수 그리스도의 종이며 야고보의 동생"인 유다가 기록한 유다서(유다의 편지)와 다르다. 유다서는 25절의 편지로서 당시 교회를 극도로 오염시키고 성도들을 미혹하였던 그리스도의 성육신을 부정하고 육체를 악한 것으로 간주함으로 방종을 일삼는 영지주의 이단에 대한 경계 및 경고를 다루고 있다. 특히 영지주의자들의 육체의 정욕에 따른 생활, 영적 권위의 무시, 원망, 불평 등 불경건한 삶을 지적하며, 성도들은 끝까지 신앙을 지키며 정결하게 살아야 할 것을 강조하고 있다.

유다복음의 본문은 모두 26쪽 분량이다. 이 문서는 가룟 유다 자신에 의해 쓰여진 것이 아니라, 2세기(130-170년) 무렵 영지주의의 한 분파인 가인파(Cainites)가 쓴 것으로 추정된다. 1978년경 이집트의 한 동굴에서 파피루스와 가죽 코덱스 사본이 발견되었다. 이 사본은 5년간 이집트 골동시장에서 배회하다 제임스 로빈슨의 전임자 스티븐 엠멜(Stephen Emmel)에 의하여 이 사본이 위조품이 아니라는 문서라는 결론에 도달했다.[133] 유다복음서의 원래 본문은 그리스어로 되어 있었으나, 4세기 무렵 이집트에서 사용하던 콥트어로 번역되어 파피루스로 기록된 것으로 추정된다. 이 사본 유다복음(차코스 코덱스 codex의 33-58쪽에서 발견된다. 차코스는 이집트 고대 유물 판매상 프리다 차코스의 성에서 따옴)은 2006년 4월 6일 내셔널 지오그래픽에 의해 일부 복원되어 영어, 프랑스어, 독일어 등 세계 주요 언어로 번역되어

133　*The Lost Gospel* (Washinton, D. C.: National Geographical Society, 2006); "The Judas Gospel," *National Geographic* 209, no. 9 (2006): 78-95.

책으로 출판되고 동시에 공개되었다.[134]

유다복음은 신약 위경 중의 하나로, 나그함마디 문서 계열로서 영지주의적인 시각으로 기술되어 있으며 가룟 유다가 예수를 배반한 것이 실제로는 예수의 명령이었다는 내용을 담고 있다. 유다복음은 영지주의 '셋'파에 속하는데 이들은 자신들이 아담의 셋째 아들로부터 유래했다고 주장한다. 유다복음 49쪽에 보면 '불멸하는 셋의 자손', 52쪽에는 '그리스도라 불리는 셋'이라고 나와 있다. 영지주의 셋파로 거슬러 올라가는 문헌들은 유사한 방식으로 기독교 세계에 그리스도를 셋의 임재로 제시한다.

(2) 가룟 유다의 배반을 합리화함

유다복음은 "예수 그리스도께서 가룟 유다와 나누신 계시에 대한 비밀스러운 이야기"[135]라는 말로 첫 장이 시작된다. 이 위경 복음서는 예수가 12사도들을 불러 천국의 비밀과 세계의 종말에 관해 언급한 것을 기록하는 도입 부분에서 가룟 유다가 다른 사도들에 비해 훨씬 더 우위에 있음을 기술하고 있다: "너는 그들 모두를 능가할 것이다. 왜냐하면 너는 네 주의 있는 남자를 희생제사로 드려야 하기 때문이다."[136] 다른 제자들이 유대적 방식으로 동물을 제물로 바치는 등 열등한 예배와 활동으로 시간을 낭비하는 반면에, 가룟 유다는 참된 의미

---

134 Rodolphe Kasser, Marvin Meyer, Gregor Wurst, *The Gospel of Judas*, (Washington, D.C.: National Geograhical Society, 2006).
135 차코스 코덱스, 33쪽 13행; C. A. Evans, 325.
136 차코스 코덱스, 56쪽 18-20행; C. A. Evans, 326.

의 희생제사, 즉 구원을 가져올 희생제사를 드린다. 가룟 유다는 예수의 신체를 희생제물로 삼아 예수가 그의 사명을 마칠 수 있도록 한다. 이런 방식으로 가룟 유다는 다른 제자들보다 뛰어난 제자가 된다.

가룟 유다 이야기는 대제사장들에게 예수를 넘겨주는 것으로 마무리한다: "대제사장들이 중얼거렸다. 왜냐하면 예수가 기도하기 위해 방으로 들어갔기 때문이다. 그러나 몇몇 율법학자들은 예수가 기도하고 있는 동안 그를 붙잡기 위해 예의주시하고 있었다. 왜냐하면 예수를 예언자로 생각하고 있는 백성들이 두려웠기 때문이다. 그들은 유다에게 다가와 말했다. 너는 여기서 무엇을 하고 있느냐? 너는 예수의 제자다. 유다는 그들이 원하는 대로 그들에게 대답했다. 그리고 유다는 약간의 돈을 받고 예수를 그들에게 넘겨주었다."[137]

여기에 예수의 심문과 처형, 죽음과 매장, 부활과 같은 이야기는 없다. 이야기대로 하면 가룟 유다는 예수가 인류의 구속사역을 완성할 수 있도록 도운 자가 된다. 가룟 유다는 악당에서 영웅으로, 배신자에서 성자로 그려진다. 이는 사탄의 전형적인 거짓증거 방식이다.

여기서 가룟 유다는 예수의 12제자 가운데 예수가 '육신을 벗어야 부활할 수 있음'을 유일하게 인식한 수제자로 그려지고 있다. 참고로 육신을 악한 것으로 보는 이원론적 시각은 당시 성행하던 '영지주의' 사상에 속하는 것이다. 또 이 책은 '가룟 유다의 예수 배반'이 사실은 예수가 인류 구원이라는 지상 과업을 완성하기 위해 가룟 유다와 미리 모의한 것으로 쓰고 있다. 가룟 유다의 배반이 없었다면 인간들의

---

137 차코스 코덱스, 58쪽, 9-26행; C. A. Evans, 326-327.

구원을 이루려는 하나님의 계획도 성취되지 않았을 것이라는 등 가룟 유다의 배반을 합리화하는 주장을 담고 있다.

특히 이 유다복음에서 눈에 띄는 것은 12사도를 향한 강한 부정과 성찬식에 대한 무시다. 이 위경 복음서에서 12제자는 예수의 가르침을 제대로 이해하지 못한 반면, 유독 가룟 유다만이 예수의 신비로운 가르침을 온전하게 알아들은 것으로 기술하고 있다. 그리고 예수가 제자들과 만나는 첫 장면에서 유월절 만찬의 감사기도를 조롱하고 있는 것으로 묘사하고 있다. 또 예수는 유대교 사제들이 종교라는 이름으로 많은 죄악을 자행하고 있다고 비판하는 것으로 기록하고 있다. 결국 제례(祭禮) 자체와 사제들의 제사행위 자체, 즉 성찬식이 불필요하다는 반성례전주의(anti-sacramentalism)적인 입장을 담고 있다.

유다복음에는 예수 부활의 대목이 없는데, 그 이유는 예수가 영지주의자들이 악한 것으로 여기던 육신에서 벗어나는 것으로 영생을 얻으므로, 굳이 무덤에서 되살아나 승천하는 과정이 불필요하다는 입장이 깔려 있는 것이다. 이런 주장들은 당시 영지주의(gnosticism) 주장과 일맥상통한다. 영지주의는 육체와 정신을 분리하는 이원론(dualism)으로, 인간이 어떤 직관(신비로운 지식)을 통해 육체를 벗어남으로써 신과 같은 영적인 존재가 될 수 있다고 믿는다. 따라서 구원을 위해서 부활이라는 것이 필요하지 않다. 예수는 구세주로서 하늘의 참된 지식을 전하려 이 세대에 왔으며 그 목적을 이루려면 거룩하고 위대한 세계로 가기 위해 육체적 모습을 벗어야 한다는 것이 기본 구조다. 따라서 가룟 유다의 예수 배반은 예수가 자신의 목적을 이룬 뒤 거룩하고 위대한 세계로 돌아가기 위해 반드시 필요한 과정으로 그려진 것이다.

(3) 기독교 근본진리를 왜곡한 영지주의 거짓 문서

유다복음은 서기 180년대에 주교 이레네우스(Irenaeus)가 『이단 논박』에서 가인 족속이 형제 아벨을 살해한 가인부터 예수를 적대자들에게 팔아넘긴 가룟 유다까지 성경에 등장하는 모든 악인들을 영웅으로 만들고 있다고 비난하고 있다: "다른 이들은 가인이 하늘로부터 권세를 얻었다고 다시 선언하며, 에서, 고라, 소돔인 같은 사람들이 그들과 연관되어 있다고 말한다. 그들은 자신들이 창조주의 심판을 받았지만 누구도 상처를 입지 않았다고 덧붙여 말한다. 왜냐하면 소피아는 그들에게서 자신의 것을 가져오는 습관이 있기 때문이다. 그들은 반역자 유다가 이것들에 철저하게 익숙해 있었고, 유다만이 다른 사람들이 알지 못하는 진리를 알고 있었기에 배반이라는 신비를 이루었고, 그로 인해서 그가 땅과 하늘의 모든 것들을 혼란에 빠뜨렸다고 주장한다. 그들은 이런 식으로 자신들이 유대복음이라고 명명한 거짓된 역사를 만든다."[138]

제2 논구에 속한 온건한 자유주의 신약학자요, 고대 문서의 대가인 제임스 로빈슨(James M. Robinson)조차도 유다복음이 역사적인 가룟 유다를 이해하는 데 아무런 가치가 없다고 본다.[139] 2006년 5월 한국을 방문한 제임스 로빈슨은 서울 동안교회에서 행한 "기독교적 관점에서 본 유다복음서"라는 강연에서 유다복음이 기독교 근본진리를

---

138 Irenaeus, *Adversus Ommnes Haereses* 1.31.1.
139 James M. Robinson, *From the Nag Hammadi Codices to Mary Gospel and the Gospel of Judas*, Institute for Antiquity and Christianity Occasional Papers 48 (Claremont, Calif.: Institute for Antiquity and Christianity, 2006); C. A. Evans, *Fabricating Jesus*, 『만들어진 예수』, 328.

왜곡한 영지주의 거짓 문서라고 비판하였다: "유다복음서는 영지주의의 준거 틀 안에서 이해돼야 한다. 유다복음서는 유다를 영지주의 구원 계획을 촉진시키는 데 반드시 있어야 할 사람으로 만든다. 배반자 유다를 향한 이 모든 신화는 영지주의와 콥트어를 전공하는 사람들이 주의 깊게 연구해야 할 필요가 있다. 그러나 이것이 유행을 타고 마치 A.D. 30년에 일어났던 일(예수 그리스도의 사건)을 바꿀 수 있는 것처럼 선정적으로 알려지는 것은 진지한 학자들에게는 가치가 없는 상업화에 불과할 뿐이다."[140]

2) 빌립복음

(1) 영지주의자들인 발렌티누스파가 빌립의 이름을 빌려서 쓴 위경(僞經)

빌립복음은 주후 150년경의 이른 시기에 먼저 그리스어와 시리어로 저술된 것으로 추정된다. 이 사본은 1945년에 발견되었고 나그함마디 문서의 사본 2에 콥트어로 남아 있다. 콥트어 본문은 3세기 후반에 쓰여진 그리스어 본문의 번역으로 추정된다. 인간의 곤경과 죽음 이후의 삶에 대한 영지주의적 진술의 맥락 안에서 성례의 의미와 가치에 관련한 진술의 편집물이다.

빌립복음은 사도행전에 기록된 에디오피아 국고를 맡은 내시에게 복음을 전한 빌립 집사(행 8:26 – 8:40)가 쓴 것이 아니라 영지주의자

---

[140] "유다복음서 기독교 근본 왜곡한 날조작"… 고대 문서 대가 제임스 로빈슨 교수, 기사입력 2006-05-21 17:14 | 최종수정 2006. 05. 21 17:14, 정리=박동수 편집위원 dspark@kmib.co.kr, 국민일보.

들인 발렌티누스(Valentinians)파가 빌립의 이름을 빌려서 쓴 위경(僞經)이다.

위경 저자가 가르친 영지(靈知), 곧 그노시스(gnosis)는 신의 플레로마(πλήρωμα, plērōma, 충만), 즉 빛의 세계로 되돌아가게 할 수 있는 수단이었다: "예수는 은밀히 그들 모두를 데려갔다. 그가 자신의 방식대로 자신을 드러내지 않으면서 사람들이 그를 볼 수 있는 방식으로 자신을 드러냈다. 그는 그를 모두에게 자신을 보이셨다. 그는 위대한 자들에게는 위대한 자로, 자신을 드러냈다. 작은 자들에게는 작은 자로 자신을 드러냈다. 그는 천사들에게는 천사로, 사람들에게는 사람으로 자신을 계시했다."[141] 빌립복음은 17개의 예수의 우연적 말씀들(occasional words)을 인용하고 있으며 그중 9개는 이미 정경복음서에 기록된 예수 말씀들의 인용과 해석이다. 나머지는 "그가 말씀하셨다. 주가 말씀하셨다. 또는 구세주가 말씀하셨다" 라는 공식으로 확인되는 새로운 말씀들로서 간결하여 이해하기 어렵고, 영지주의적 시각을 제시한다.

(2) 예수가 마리아에 "입맞춤" 본문에 대한 바른 해석

정경 사복음서에 기록된 헌신의 여성 막달라 마리아는 빌립복음에서는 마리아복음과 같이 제자들보다 예수의 인정과 사랑을 더 받는 제자로 묘사되고 있다. 그러니 예수와 마리아 사이의 관계가 연인이라는 소설적 환상을 통하여 나오게 되는 것이다. 그러나 우리가 본문을

---

[141] 빌립복음, 57쪽 28행-58쪽 3행(나그함마디 사본(NHC) 2.3); C. A. Evans, 162.

엄밀히 읽으면 이런 오해는 착각이라는 사실을 발견하게 된다.

빌립복음에 예수가 막달라 마리아를 다른 제자들보다 더 분명히 좋아했고 그녀의 입술에 입맞춤했다고 말하는 본문은 다음과 같다: "그리스도의 짝은 막달라 마리아였다. 그리스도는 모든 제자들보다 그녀를 사랑했다. 그리고 그녀의 [입술]에 입맞춤을 종종 하곤 했다. 그것으로 인해 제자들 중 나머지는 화가 나게 되었고, 불만을 표현했다. 그들은 그에게 '당신은 왜 그를 우리들보다 더 사랑하느냐'고 물었다. 구세주는 대답했고 그들에게 말씀하셨다. '왜 내가 너희를 그녀만큼 사랑하지 않는가? 눈먼 자가 보는 자와 함께 어둠에 있을 때 저들은 구별되지 않는다. 빛이 올 때 보는 자는 빛을 볼 것이며, 눈 먼 자는 어두움에 남게 될 것이다.'"[142]

여기서 "그녀의 [입술]에 입맞춤"과 관련하여 일부 학자들은 "입"이나 "입술"로의 복원을 제안하나 "머리", "뺨", "손" 같은 단어도 가능하다. 여하튼 복원된 본문의 맥락은 낭만적인 연정(戀情)을 말하고 있지 않다.[143] 예수가 잡히시던 날 밤 가룟 유다가 예수에게 자연스럽게 입맞춤했다는 것도 그 시대의 관습을 말하는 것이다. 고린도전서와 로마서에서 우리가 읽는 것처럼 예수와 그 제자 시대에는 입맞춤이란 존경을 의미했다: "모든 형제도 너희에게 문안하니 너희는 거룩하게 입맞춤으로 서로 문안하라"(고전 16:20). "너희가 거룩하게 입맞춤으로 서로 문안하라 그리스도의 모든 교회가 다 너희에게 문안하느

---

142 빌립복음, 63쪽 32-36행; C. A. Evans, 284.
143 Craig A. Evans, *Fabricating Jesus*, 성기문 역. 『만들어진 예수』, 284.

니라"(롬 16:16). 입맞춤이란 고대에 일반적으로 통용되었다. 거룩하게 입맞춤은 형제적 정다운 몸짓으로서 성도들 사이의 서로의 사랑을 표시하는 것이었으며, 고대 교회의 증거에 의하면 성만찬 앞의 예배에서 교환되었다(고전 16:20; 고후 13:12; 살전 5:26; 벧전 5:14).[144]

빌립복음이 제시하는 요점은 예수가 제자들보다는 막달라 마리아에게 더 많은 존경과 경의를 표현하고, 그리고 그녀에게만 비밀스러운 특별한 계시, 영지(靈智)를 제공하였다는 것이다. 그러므로 빌립복음이 예수와 마리아가 연인이었다고 말하려는 의도를 지녔다고 해석하는 것은 지나친 발상이다.[145]

빌립복음과 마리아복음의 본문을 왜곡함으로써 댄 브라운의 『다빈치 코드』, 『성혈과 성배』, 『사해사본의 속임수』 등 허구 소설들이 말하는 예수와 마리아 결혼설이 나오게 된다.[146] 여기에서는 막달라 마리아는 영지주의적 제자로서 그 모습이 바뀌어 있으며, 예수의 연정(戀情)을 받은 여성으로 묘사되고 있다. 이는 정경복음서에 모순된다. 도마복음은 예수가 오신 목적을 아담과 이브를 재결합시키기 위하여 왔다(70:12-17)고 말함으로써 혼례의 방(房)의 신비, 즉, 성례의 신비를 강조한다. 그러나 이러한 내용은 예수께서 인류의 죄를 대속하기 위해 오셨다는 정경복음서의 증언과는 다르다.

---

144 로마서 16장 3-16절 해설, Stuttgarter Erkläungsbibel, Deutsche Bibelgesellschaft Stuttgart, 1992, 대한성서공회판, 해설 관주 독일성서 공회판, 1997. 391.
145 Craig A. Evans, *Fabricating Jesus*. 성기문 역. 『만들어진 예수』, 285.
146 Dan Burstein(ed.), *Secret of Da Vinci Code*, 곽재은, 권영주 역, 『다빈치코드의 비밀』, 최고 전문가 46인이 밝히는 진실과 허구, 루비박스 출판사, 2005. 616.

3) 마리아복음

(1) 2세기 영지주의자들이 막달라 마리아 이름으로 쓴 위경

마리아복음은 도마복음, 빌립복음과 같이 나그함마디 문서 속에 같이 들어 있는 영지주의 문서다.[147] 이 문서는 2세기경 영지주의자들이 막달라 마리아 이름으로 콥트어(고대 이집트어)로 쓴 위경(僞經)으로서 1896년에 발견되었다. 마리아복음 사본은 라이란즈 파피루스 463(그리스어, 1938년 출간), 베를린 영지주의의 파피루스 8052,1(콥트어, 1955년 출간), 옥시린쿠스 파피루스(P. Oxy.) 3521(그리스어, 1983년 출산)에 보존되어 있다. 베를린의 영지주의 파피루스(Berlinensis Gnosticus)는 1896년에 발견되었다.

마리아복음은 교회체제, 여성의 역할, 다른 형태의 율법주의, 사도적 권위 등에 대한 2세기 교회의 여러 갈등을 반영하고 있다. 그리고 이 문서의 영지주의적 경향은 2세기 중반 이전의 정황을 전혀 반영하지 않고 있다. 한스-요세프 클라우크(Hans-Josef Klauck)는 일부 학자[카렌 킹(Karen L. King) 등]가 제안한 100-150년 사이 기록은 신빙성이 없고 이 복음의 논의 내용이 2세기 후반 기록을 지지한다고 본다.[148] 에반스가 지적하는 바와 같이[149] 이 마리아복음은 1세기의 역사적 예수와 막달라 마리아의 생애와 사역을 알려주는 아무런 새로운

---

147 장 이브 룰루, 마리아복음서, 박미영 역, 루비박스 출판사, 2006.

148 Karen L. King, *The Gospel of Mary of Magdala* (Sonoma, Calif.: Polebridge, 2003) 351; Hans-Josef Klauck, *Apocryphal Gospels* (London and New York: T & T Clark International, 2003), 160.

149 Craig A. Evans, *Fabricating Jesus*, 성기문 역, 『만들어진 예수』, 129.

자료를 제시해주지 않는다.

(2) 주님과 독대하며 영지를 계시하는 여인 막달라 마리아

마리아복음은 부활한 예수가 제자들과 대화를 하는 전형적인 영지주의 모습을 띠고 있다. "베드로가 마리아에게 말했다. '자매여, 우리는 예수께서 그 어떤 여인들보다도 당신을 더 사랑했다는 것을 알고 있답니다. 그러니 당신이 알고 기억하는 예수님의 말씀들 중에 우리가 모르고 있으며, 듣지 못했던 말씀이 있다면 말해 주세요.'"150 막달라 마리아는 예수의 환영(幻影)을 보고 또 영혼이 승천하면서 겪은 힘든 심문에 대한 계시를 이야기한다: "마리아가 대답했다. 당신들에게 감추었던 것과 내가 기억하는 것을 알려주겠습니다. 그리고 그녀는 그들에게 말하기 시작했다… 어느 날 내가 환상 가운데 주님을 볼 때, 나는 주여, 제가 오늘 당신을 보았나이다라고 말했고 그분은 너는… 행복하다고 답하셨습니다."151

이에 안드레와 베드로는 막달라 마리아의 이야기가 자기들의 경험과 다르다고 막달라 마리아를 불신한다. 이때 레위가 나타나 "주님이 마리아를 값지게 하셨으며, 주님이 그녀를 잘 아시고, 실제로 주님이 그녀를 더 사랑하셨다"는 사실을 환기시킨다: "… '때의 나머지에 나는 침묵하며 쉴 것입니다. 주님이 말했던 것이 이것이었습니다' 이를

---

150   막다라 마리아복음 제 5장, 영문원본 출처사이트
      http://www.gnosis.org/library/marygosp.htm
      http://www.thenazareneway.com/the_gospel_of_mary_magdalene.htm
      http://reluctant-messenger.com/gospel-magdalene.htm; C. A. Evans, 129.

151   막달라 마리아복음 4:10-7:2=P. Oxy. 3525; C. A. Evans, 127.

말하고 마리아는 침묵했다. 안드레가 말했다: '형제님, 이 말씀에 관해 너희는 어떻게 생각합니까? 나는 주님이 이것들을 말했다고 믿지 않습니다. 왜냐하면 그분의 생각과는 다른 것처럼 보이기 때문입니다.' 이 문제를 생각하면서 베드로는 말했다: '주님이 우리 모두가 들을 수 있도록 공개적으로 하지 않고 비밀리에 여인에게 말씀하시겠습니까. 주님은 그녀가 우리보다 더 가치가 있는 것을 말하시지 않으실 것입니다.' 그때 마리아는 울었다: '당신은 주님에 대해 내가 거짓말을 했다고 생각합니까?' 레위가 베드로에게 말한다: '베드로여, 당신 안에 아직도 진노가 있구려. 이제 그녀를 대신해 당신에게 질문하고자 합니다. 주님께서 그녀를 귀하게 여기시는데, 어찌하여 당신은 그녀를 경멸합니까? 이는 그녀를 아시는 그분이 그녀를 언제나 확실히 사랑하셨다는 것을 우리가 알기 때문입니다. 우리는 이 같은 일을 부끄러워하고 인간성을 회복해 우리가 받았던 명령을 행합시다. 주님의 말씀대로, 한계를 정하지 말고, 율법을 포기하지 말고 복음을 전합시다.' 이를 말한 후에 레위는 나가서 복음을 전하기 시작했다."[152]

이에 제자들이 막달라 마리아에게 승복하고 전도하기 위하여 흩어진다. 마리아복음에는 막달라 마리아가 다른 제자들보다 더 예수의 사랑을 받은 제자라는 사실이 부각되어 있다. 그리하여 막달라 마리아의 권위가 제자들의 권위보다 우위에 있다고 강조한다. 막달라 마리아는 주님과 독대하며 영지(gnosis)를 계시하는 일에 있어서 중요

---

152 막달라 마리아복음 9:29-10:14: 파피루스 라일란즈, http://www.gnosis.org/library/marygosp.htm; Craig A. Evans, *Fabricating Jesus*. 성기문 역, 『만들어진 예수』. 127-128에서 번역 인용.

한 역할을 하는 것으로 그려지고 있다. 막달라 마리아는 "그녀만이 알고 있는 주님의 말씀"을 받은 자이며, "자기만이 알고 제자들은 모르는 주님의 말씀"을 아는 자로 묘사되고 있다. 막달라 마리아는 베드로를 능가하여 예수의 수제자가 된다.

(3) 역사적 예수의 가르침을 "영지주의적 자각으로 인한 영생"으로 왜곡

이러한 막달라 마리아에 대한 이야기는 사복음서에 기록된 막달라 마리아 이야기와는 다르다. 사복음서에 기록된 막달라 마리아는 죄인이었던 여인이 회개하고 돌아와 받은 은혜에 감격하여 자신이 가진 향유가 든 옥합을 깨뜨려 예수의 발을 씻긴 여성이며, 부활의 첫 목격자이다.

마리아복음의 배경에는 기독교가 점차 제도화되는 것과 여인들의 역할이 제한되어가는 것에 반대하면서 여인들도 교사가 될 수 있다는 권리를 변호하려는 의도가 깔려 있다. 이 복음은 "한계를 정하고" "율법을 저버리려는" 자들을 반박하려는 것이다.[153] 막달라 마리아는 다른 제자들은 듣지 못한 가르침을 제자들에게 전해주도록 초청을 받는다: "베드로가 마리아에게 말한다: '자매여, 우리는 당신이 다른 여인들과는 달리 구속자의 많은 사랑을 받았다는 것을 알고 있습니다. 그러니 당신이 알고 있는 주님의 말씀을 우리가 듣지 못한 것을 말해주십시오.'"[154] 이후의 단락에서 막달라 마리아는 많은 영지주의

---

153 Craig A. Evans, *Fabricating Jesus*. 성기문 역. 『만들어진 예수』, 128.
154 막달라 마리아복음 6:1-2.

저작들의 경우와 유사한 개념들을 제자들에게 말한다. 그녀가 말을 마치자 베드로의 형제인 안드레는 마리아의 말을 믿지 못한다. 베드로가 이에 동의하여 마리아가 거짓말을 하고 있다고 말한다. 이러한 맥락에서 베드로는 "여자는 영생을 얻을 가치가 없으니 마리아가 우리를 떠나게 하라"는 선언이 나온다. 이에 예수는 "그녀와 모든 다른 여인들이 하늘나라로 들어갈 수 있도록 마리아를 남자로 바꿀 수 있는 능력이 있다"고 선언하시면서 베드로를 꾸짖는다.[155]

위의 마리아복음 본문 "당신이 다른 여인들과는 달리 구속자의 많은 사랑을 받았다"는 구절과 빌립복음의 본문 "그리스도는 모든 제자들보다 그녀를 더 사랑했고 그녀에 입맞춤하곤 했다"에 의거해서 예수와 마리아가 연인관계에 있었다는 주장은 전혀 본문에 맞지 않는 해석이다. 마리아복음과 빌립복음의 이 구절로부터 예수와 마리아가 연인이었다고 가정할만한 어떤 근거도 제시해주지 못한다.[156]

나그함마디에서 함께 발견된 문서들은 영지주의 계열의 문서들이다. 따라서 고고학적으로 발견된 모든 문서들이 의미 있는 것은 아니다. 그것들이 도리어 도마복음처럼 사복음서와 비슷한 내용을 가지면서도 역사적 예수의 가르침을 "영지주의적 자각으로 인한 영생"으로 왜곡한다면 그러한 문서들은 도움은커녕 오히려 장애물이 된다.

---

155   Bruce Chilton, *Mary Magdalena* (New York: Doubleday, 2005); Marvin W. Meyer, with Esther A. de Boer, *The Gospels of Mary* (San Francisco: harperColins, 2004); Holly E. Hearon, *The Mary Magdalena Tradition* (Collegeville, Minn.: Liturgical Press, 2004); Karen L. King, *The Gospel of Mary of Magdalena* (Sonoma, Calif.: Polebridge, 2003); Esther A. de Boer, *Mary Magdelene* (Harrisburg, Penn.: Trinity Press Internatioanl, 1997), 74-117; C.A. Evans, *Fabricating Jesus*, 『만들어진 예수』, 349-350 참조.

156   Craig A. Evans, *Fabricating Jesus*. 성기문 역. 『만들어진 예수』, 129.

이것들은 이미 초대교회 때 정죄를 받고 사라진 문서들이다. 앞으로도 새로운 문서들이 발굴될 수 있다. 발굴된 문서의 내용이 교회의 전통에 일치하느냐 그렇지 않느냐의 여부는 매우 중요하다. 영지주의 문서들은 초대교회가 이미 이단으로 정죄한 문서들이기 때문에, 역사적 예수를 이해하는 데 있어서 철저히 배제해야 할 것들이다.

다음과 같이 초대교회 문서들의 작성 시기를 일별하면 역사적 예수를 이해하는 데 도움이 될 수 있다. 학계의 인정을 받은 정경 이외의 문서에 대한 기록 연대는 다음과 같다: 마가복음(60-70년), 누가복음, 사도행전, 마태복음(75-80년), 요한복음(90-95년), 이집트들의 복음, 옥시린 파루스 840, 나사렛파의 복음, 에비온파의 복음(120년), 히브리인 복음(140년), 야고보의 외경, 파윰 단편, 옥시린 파피루스 1224(150년), 막달라 마리아복음(160년), 베드로복음(170년), 파피루스 에거튼 2(에거튼 복음), 도마복음(180년), 비밀 마가복음[157]의 순서로 기록되었다.

이 문서들 중에 영지주의에 영향을 받은 나그함마디 문서들(도마복음, 유다복음, 마리아복음, 빌립복음 등)은 사복음서를 왜곡하여 역사적 예수를 왜곡하는 문서들로서 역사적 예수 논구에 철저히 배제시켜야 한다. 그러나 사해사본 문서(쿰란문서), 미지 복음서 단편(에거튼 복음), 베드로복음(아크미른 단편), 비밀 마가복음 등은 우리들에게 외경적 가

---

157 J. K. Eliott, *The Apocryphal New Testament. A Collection of Apocryphal Christian Literature in an English Translation Based on M. R. James* (Oxford: Claredon Press, 1993); Wilhelm Schneemelcher, ed., *New Testament Apocrypha*, Vol. I, *Gospels and Related Writings*, rev. ed. (Cambrdige: James Clarke; Louville: Westminster/John Knox Press, 1991); Craig A. Evans, *Fabricating Jesus*. 성기문 역.『만들어진 예수』. 108.

치를 가지고 복음서에 대한 배경적 설명을 하는 데 도움이 된다. 그러나 정경 밖의 복음서들은 신약 사복음서가 제공하는 초기의 믿을 만한 전승을 전해주지 않는다. 단지 부차적으로 참고가 될 정도다. 그러나 이러한 새로운 고고학적 문서들이 지속적으로 발견된다는 것은 나사렛 예수의 이야기가 바로 1세기에 사실적으로 일어난 역사적 사건에 근거하고 있다는 사실을 뒷받침한다.

제 5 장

『다빈치 코드』의 역사적 예수 진실 왜곡

Jesus of Nazareth in Reformed Orthodox Faith

:: 제5장 『다빈치 코드』의 역사적 예수 진실 왜곡

오늘날 사이비 학자들이 내놓은 대중적인 예수 관련 서적들에는 도발적인 논의와 음모설이 끝없이 등장한다. 미국의 소설가 댄 브라운이 2003년에 쓴 미스터리 추리 소설 『다빈치 코드』는 2008년 한국어로도 번역되어 우리 사회에서도 역사적 예수에 대한 왜곡을 심하게 불러 일으켰다. 이 판타지 소설은 루브르 미술관에서 일어난 살인 사건을 계기로 레오나르도 다빈치(Leonardo da Vinci)의 그림 '최후의 만찬'과 '모나리자' 등에 숨겨진 암호를 풀면서 기독교를 둘러싼 비밀에 접근하는 과정을 그리고 있다. 스토리 전개 과정에서 예수의 신성을 부인하고, 예수가 마리아와 결혼하여 태어난 후예가 프랑스의 왕족이라는 등 역사적 예수를 심각하게 왜곡하고 있다. 프리크와 갠디가 역사적 예수를 역사적 실재가 없는 신화(myth)라고 왜곡하는 데 반하여, 댄 브라운은 예수는 역사적 인물로서 결혼했으며, 여성주의자(feminist)요 죽음을 면할 수 없었던 한 인간이며, 기독교가 예수에 대해 가르친 모든 것들(처녀 탄생, 성육신, 부활, 신성, 하나님의 아들 등)은 거짓[158]이라는 잘못된 주장을 펴고 있다.

I. 기독교 역사적 기원 왜곡: 이단 아리우스파 주장 두둔

『다빈치 코드』에 의하면 예수는 막달라 마리아와 결혼했다고 한다. 이들의 후손인 여자 아이가 프랑스 왕족과 결혼하여 오늘날까지 혈통이 이어지고 있으며, 비밀조직(시온 수도원)이 이 사실을 기록한 문서를 보관하고 있다고 한다. 이 소설은 성배 전설과 막달라 마리아에 대한 비밀을 폭로함으로써 역사적 기독교를 파멸하고자 하고 있다. 여기서 "성배(Holy Grail)의 비밀"이란 컵이 아니라 예수의 부인이며 후에 프랑크 메로빙거(Merovingian) 왕조의 선조(先祖)가 된 아이의 어머니인 막달라 마리아의 몸이라고 한다. 이 비밀이 교회를 무너뜨릴 것인데 레오나르도 다빈치가 이 비밀을 알고 있으며, 그의 그림에 암호화했기 때문에 소설의 이름이 『다빈치 코드』라는 것이다.

이 소설은 기독교의 역사적 기원과 신학적 발전이 왜곡되었다고 주장하고 있다. 그 이유는 오늘날의 터키의 니케아(Nicaea) 시에서 모인 325년의 주교 모임 때문이라는 것이다. 『다빈치 코드』의 주장에 의하면 자기들의 권력기반을 다지기 원했던 교회 지도자들이 니

---

158   Dan Brown, *The Da Vinci Code*, (New York: Doubleday, 2006), 안종설 역, 『다빈치 코드』, 문학수첩, 2008. 1권 356.

케아 회의에서 '신적인 그리스도'(a divine Christ)와 '무오한 성경'(an infallible Scripture) 교리를 만들어 내었는데, 이것은 니케아 이전의 기독교인들 사이에는 없었던 새로운 고안물(novelties)이었다는 것이다. 『다빈치 코드』는 콘스탄틴이 인간에 불과한 예수를 '신의 아들'로 만들어 예수의 신성을 투표에 붙여서 "근소한 차"로 하나님(신성을 지닌 자)으로 만들었다고 주장한다.[159]

댄 브라운은 티빙이라는 소설의 인물을 통하여 역사적 사실을 지능적으로 교묘하게 다음과 같이 왜곡한다: "내가 말하려는 것은, 그리스도에 대해서 아버지들이 우리에게 가르친 거의 모든 것이 가짜라는 거요."[160] "성경은 인간의 작품이란 말일세, 신의 작품이 아니고. 성경은 구름에서 기적적으로 떨어진 것이 아니야. 격동의 시기에 인간들이 만들어낸 역사적인 기록이지. 그리고 그것은 수없이 많은 번역본과 첨가, 개정 작업을 거치면서 진화해 온 것이라네."[161] "신의 아들이라는 예수의 위상 수립은 니케아 공의회에서 공식적으로 제기되고 '투표'에 부쳐진 거였다오."[162] "그 당시 여든 개 이상의 복음서들이 있었던 것으로 생각되고 있지. 하지만 오직 몇 개만이 신약성경 안에 포함되도록 뽑혔다네."[163]

『다빈치 코드』는 기독교 역사의 진로에 있어서 325년 니케아 회의

---

159 Dan Brown, 『다빈치 코드』, 1권 353-4.
160 Dan Brown, 『다빈치 코드』, 1권 360.
161 Dan Brown, 『다빈치 코드』, 1권 354.
162 Dan Brown, 『다빈치 코드』, 1권 357.
163 Dan Brown, 『다빈치 코드』, 1권 355.

에서 정죄된 아리우스의 주장이 옳다고 본다. 로마 황제 콘스탄틴이 세계 각지로부터 오늘날의 터키로 주교들을 소집했을 때 기독교는 신학적 교차로(a theological crossroads)에 있었다. 알렉산드리아 신학자 아리우스(Arius)에 주도된 아리우스파(the Arian)는 '예수는 주목할 만한 지도자였으나 육체에 나타난 하나님은 아니었다'고 주장하였다. 아리우스는 요한복음 14장 20절, '아버지는 나보다 크시다'라는 예수와 하나님의 차이를 드러내는 성경 구절을 제시하였다. 아리우스는 논증하기를 '나사렛 예수는 한 인간(a man)으로서 성부의 유일한 신성에 참여할 수 없다'고 주장하였다. 이처럼 『다빈치 코드』는 아리우스를 니케아 이전의 기독교에 대한 대표자로서 두둔하고 있다. 『다빈치 코드』는 니케아 회의의 아리우스를 두둔하면서 "역사에 있어서 그때까지 예수는 그의 추종자들에 의하여 유한한 선지자, 위대한 능력 있는 사람이었으나, 한 인간으로 보아졌다"[164]고 주장한다.

이러한 허황한 주장은 일부 기독교 신자의 신앙을 흔들어 놓았고, 믿지 않는 사람들에게 불신앙의 자극제가 되었다. 교회사를 들여다보면 아리우스조차도 예수가 신성을 지닌 것을 받아들였고 단지 예수가 한 때 피조물이었다는 것과 성부와 유사(類似) 본성(homoiousios)을 지닌 종속적 존재라는 사실을 주장하였던 것이다. 그러나 아리우스의 교리는 예수의 진정한 신성(divinity)을 부인하는 견해이기 때문에 아타나시우스의 견해, 예수의 본성은 성부와 동질(同質) 본성(homoousios)이라는 정통교리가 승리한 것이다. 이때 "상

---

[164] Dan Brown, 『다빈치 코드』, 1권 353.

대적으로 근소한 차이가 아니라 300여 명의 감독들이 참석한 가운데 300:2로 절대 압도적으로 정통교리가 승리한 것이다."[165]

II. 2세기 교부 이레네우스의 신앙의 규칙: 아리우스파를 이단으로 정죄

이러한 『다빈치 코드』의 주장은 역사적 진실의 왜곡이며, 전혀 사실과 다른 것이다. 실제로 초대 기독교인들은 부활사건 후 바로 십자가에 달리신 예수를 부활하신 구세주요, 그리스도요, 주(Kyrios)로 경배하였다. 오순절 날 베드로는 3,000명 앞에서 설교하면서 십자가에 못 박힌 예수가 주와 그리스도라는 사실을 증거하였다: "그런즉 이스라엘 온 집은 확실히 알지니 너희가 십자가에 못 박은 이 예수를 하나님이 주와 그리스도가 되게 하셨느니라"(행 2:36). 공교회가 표준적 교리를 채택하기 전에 교회 지도자들은 이 진리를 천명하는 신앙의 규칙이나 표준(the "Rule" or "Canon" of Faith)을 발전시켰다. 예컨대, 유명한 2세기 주교 이레네우스는 고린도전서 8장 6절에서 그 실마리를 택했다: "우리들에게는 한 분 하나님이 계시니 그로부터 만물이 나왔고 그를 위하여 살며 그리고 한 분 예수 그리스도가 계신다." 그래서 니케아 회의는 아리우스파(Arianism)의 주장을 이단적 교리라고 결정하였던 것이다.

---

165 Hank Hanegraaff & Paul L. Maier, *The Da Vinci Code: Fact or Fiction?* (Wheaton, IL.: Tyndale House Publishers, 2004), 8.

초대교회가 예수 그리스도에 대하여 신앙고백으로 사용한 '퀴리오스'(κύριος, Kyrios, 주)라는 용어는 본래 헬라인들에 의해 신성을 지칭하는 데 사용되었다. 어떤 때는 단순한 존칭으로 사용된 것도 사실이다. 구약의 헬라어 번역인 그리스도에 앞선 70인역에서 '퀴리오스'는 하나님에 대한 거룩한 이름인 '야웨'(יהוה, Jahweh)에 대해 선호하는 대체 용어가 되었다. 로마인들은 이 용어를 그들 황제의 신성을 지칭하는 것으로 사용하였다. 1세기의 유대 역사가 요세푸스에 의하면 유대인들은 이러한 이유로 인해 '퀴리오스'를 황제를 지칭하는 용어로 사용하기를 거절하였다고 한다. 하나님만이 '퀴리오스'이시기 때문이다. 초대교회 신자들 역시 '퀴리오스'라는 칭호를 로마 황제가 아닌 그리스도에게만 부쳤다. 기독교인들은 초기부터 '퀴리오스'(Kyrios) 명칭을 예수에게 적용하였다. 이들은 성경 자체뿐 아니라 가장 초기의 비정경 기독교 책인 100년대에 쓰여진 디타케(the Didache)에서도 이러한 형태로 사용하였다. 이 책에서는 가장 초기의 아람어를 사용하는 기독인들은 예수를 "하나님"(Θεός)으로 지칭하였다.

III. 니케아 회의에 대한 왜곡: 성경의 역사적 신빙성 무시

1. 니케아 회의는 초기 기독교 공의회의 시작

『다빈치 코드』는 니케아 공의회를 통하여 정경의 목록이 확정되고,

예수의 신성이 투표로 결정되었다고 주장한다.[166] 이 어처구니없는 주장은 어윈 루처(Erwin Lutzer)가 이미 『다빈치 코드 깨기』(The Da Vinci Code Deception)에서 반박한 바도 있지만[167] 전혀 근거 없는 주장이다. 325년에 있은 니케아 공의회의 주제는 '삼위일체'라는 매우 전문적인 신학의 분야였는데, 그것은 "아버지와 아들이 '완전히' 동질인가?"였다. 예수는 피조물이며, 성부에 대하여 종속적이며 유사(類似)하다(homoiousios)고 주장했던 알렉산드리아 출신의 아리우스(Arius)가 이단으로 정죄당하고, 예수가 성자요, 성부 하나님과 동질(homoousios)이라는 아타나시우스의 교리가 사도적 교리로 인정되었다. 더욱이 이 회의에서 교회의 관습이나 정경의 목록에 관한 논쟁은 일체 없었다.

신약성경은 하늘로부터 하루아침에 완성본으로 주어진 것이 아니라 200년 이상의 세월을 거치면서 형성되어 왔다. 성경의 정경화 과정 자체는 역사 속에 주어진 하나님의 뜻을 반영하는 것이다. 『다빈치 코드』가 간과하고 있는 것은 정경화의 과정이 니케아 공의회 이전에 이미 수세기 동안 진행되어 왔다는 사실이다. 『다빈치 코드』는 니케아 회의 전에 성경의 정경화 과정이 끝나고 기독교의 합법화도 313년에 이루어졌다는 사실을 놓치고 있다.

140년경 영지주의 지도자 마르시온(Marcion)이 구약성경과 유대교적인 신약저작들을 부인하자 공교회는 마르시온을 이단으로 정죄

---

166 Dan Brown, 『다빈치 코드』 1권 353-4.
167 Erwin Lutzer, The Da Vinci Code Deception, 2002, 이용복 역, 『다빈치 코드 깨기』, 규장, 2004.

하였다. 그 다음 190년경에 소아시아에 몬타누스(Montanus)가 나타나 새로운 계시를 주장하자, 공교회는 그를 이단으로 정죄하고 오늘날의 신약성경과 유사한 무라토리 정경(the Muratorian Canon)을 채택하였다. 무라토리 정경에는 히브리서, 야고보서, 베드로전·후서를 제외한 모든 성경들이 이미 정경목록에 포함되어 있었다. 367년 아타나시우스가 부활절 축제 편지에 신약 정경에 포함할 책들의 이름을 적은 편지를 보내었는데, 이것이 바로 오늘날 교회가 가지고 있는 신약 27권 정경이다. 니케아 회의는 아리우스의 이단적 주장 때문에 소집되었고, 4세기 니케아 회의 결정은 이미 2세기를 거치면서 정경으로 인정된 공교회의 교리와 정경목록의 기반 위에서 이루어진 것이었다. 그러므로 신약 27권 정경이 콘스탄틴의 니케아 회의에서 결정되었다는 『다빈치 코드』의 주장은 전혀 사실에 부합하지 않는다.

2. 니케아 회의 이후에도 5차례 공의회를 통하여 그리스도 교리가 재논의 되고 확증됨

예수의 신성에 관한 교리는 니케아 공의회에서 제3차 콘스탄티노플 공의회에 이르기까지 6대 공의회를 통하여 논의되고 확증되었다. 초기 기독교 7대 공의회는 삼위일체를 다룬 니케아 공의회(325년)와 콘스탄티노플 공의회(381년), 예수의 신성과 인성의 관계를 논한 기독론 문제를 다룬 에베소 공의회(431년)와 칼케돈 공의회(451년), 제2차 콘스탄티노플 공의회(553년)와 제3차 콘스탄티노플 공의회(680-681

년), 성상 문제를 다룬 제2차 니케아 공의회(787년)[168] 등이다. 개혁교회는 이들 중 니케아 · 콘스탄티노플 · 에베소 · 칼케돈 공의회를 지지하고 있다.

이 공의회들을 통해 비로소 정통과 이단이 결정됐다. 니케아 공의회에서는 예수가 피조물이라 주장한 아리우스가, 콘스탄티노플 공의회에서는 신성을 부인한 아리우스 일파와 인성을 부인한 아폴리나리우스주의(Apollinarianism)가 각각 이단으로 정죄되었다. 니케아 공의회가 그리스도의 완전한 신성을 확인했다면, 콘스탄틴노플 공의회는 그리스도의 완전한 인성을 확인하였다. 에베소 공의회에서는 예수 안에 신성과 인성이 존재함이 선언되었고, 칼케돈 공의회는 "한 인격 안에 두 본성이 존재한다"고 선언하였다. 칼케돈 공의회에서는 그리스도의 신성과 인성이 "혼합되지 않고(without Confusion), 변화되지 않는다"(without Change)는 공식으로 유티케스(Eutyches)의 본성 병합의 오류를 막았고, "분할되지 않고(without Division), 분리되지 않는다(without Seperation)"는 공식으로 네스토리우스(Nestorius)의 본성 분리의 오류를 막았다.[169] 제2 콘스탄티노플 공의회에서는 그리스도에게 신성이라는 단일한 본성만 있다고 주장한 단성론(monophysitism)이, 3차 콘스탄티노플 공의회에서는 신성한 의지밖에 없다고 주장한 단의론(monothelitism)이 정죄되면서 칼케돈 결정

---

168 제2차 니케아 공의회에서는 성상 파괴(icon-smashing)나 숭배(icon-worship)가 거부되고 성상의 유효한 사용이 공식 인정되었다.

169 김영재, 『기독교 신앙고백』, 영음사, 2011, 59-64; Richard J. Foster, *Streams of Living Water*, Harper San Francisco, 1998, 박조앤 역, 『생수의 강』, 두란노 1999, 389.

은 더욱 정련되었다.

초기 기독교 7대 공의회는 무려 462년간 진행된 동방과 서방의 연합 회의였고, 그 최대 목적은 당대 그리스도인들에게 적절하고 합당한 성경적 교리를 제공하는 것이었다. 아직까지 교회는 유아기 단계였고, 이단들이 교회를 위협했으며, 비성경적 사상들이 난무했기에 전체 교회들의 일치된 의견이 필요했기 때문이었다. 로마 황제 또한 제국의 평화를 위해서라도 공의회 개최가 필요했고, 이에 교회 안에서 발생된 신학적·실질적 문제들을 해결하기 위해 주로 황제들의 소집에 의해 감독들과 교회 지도자들이 모이게 되었다.

초기 기독교 7대 공의회가 가져다주는 신앙사적 의미는 다음 3가지로 특징지울 수 있다.[170]

첫째, '기독론의 정립'이다. 예수의 본성(nature)에 대한 문제는 초대 그리스도인들의 주된 관심사였다. 이는 단순히 예수가 지닌 신성과 인성의 문제일 뿐 아니라 예수와 하나님에 관한 문제이기도 했기 때문이다. 둘째, '새로운 신학 용어들의 발생'이다. 초대교회에서는 예수와 하나님을 표현하기에 적절한 용어들이 필요했다. 이에 초기 그리스도인들이 찾아낸 가장 적절하고도 적당한 용어들(homoousios, homoiousios 등)로 인해 보다 명확하게 정통과 이단의 구별이 가능해졌다. 특히 이는 오늘날까지도 그대로 적용되고 있다. 셋째, '구원에 대한 명백한 진리 제시'이다. 이 문제는 초기 전체 공의

---

170 Bengt Hägglund, *Geschichte der Theologie. In Abriß*, München: Chr. Kaiser, 1983, 81-85; 한철하, 『고대기독교사상』, 대한기독교서회, 1978, 242-250; 황명길, 『기독교 7대 공의회의 역사와 신학』, 고려신학교출판부, 2014. 제2장, 제10장.

회의 가장 중요한 신학적 이슈였다. 어쩌면 모든 공의회는 결국 구원에 대한 이야기였다. 궁극적 문제는 어떻게 하나님이 인간과 관계를 맺고 있는가 하는 것이다. 이는 항상 기독교 신학의 주요 관심사이자 공의회 시대 내내 중심 주제였다.

모든 공의회의 주체는 겉으로 드러나 보이기에는 황제와 교회 지도자들이었으나, 그 배후에는 성령이 주도하였다. 공의회에는 다양한 신학을 가진 교회 지도자들이 참석해, 때로는 치열한 공방전을 펼치거나 상대방에게 조금의 양보도 하지 않았지만, 이단에 대한 대처와 정통신앙에 대한 방어에는 일치를 보였다. 이는 전적인 성령의 역사하심과 통치하심이 있었기에 가능한 일이었다. 비록 소집권자는 황제였지만, 어떤 경우에도 정치적 모임이 아닌 교회적 모임을 유지했다는 것이다. 무려 462년간 진행된 동방과 서방의 연합 회의는 기독교 교리가 어느 시대 몇 사람의 조작으로 제정될 수 없다는 사실을 뒷받침해 주는 것이다. 그러므로 『다빈치 코드』 소설이 주장하는바 교회 권력자들에 의한 인위적인 각색이나 위조설은 전혀 설득력을 가지지 못한다.

IV. 예수와 마리아의 결혼설은 날조

『다빈치 코드』에 의하면 예수와 막달라 마리아는 부부 사이이고, 최후의 만찬에서 주의 사랑하는 제자는 사도 요한이 아니라 막달라 마리아이며, 그때 마리아는 이미 아기를 갖고 있었으며, 예수 사후(死後)

에 "사라"라는 딸이 태어나 프랑스로 옮겨가 메로빙거 왕조를 거쳐 신성 로마제국의 황제 혈통으로 이어졌으며,[171] 역사적 교회는 이러한 사실을 감추기 위해 관련 문서들을 찾아 없애려 했다는 것이다.

그의 주장을 정당화하기 위하여 댄 브라운은 일찍이 거짓으로 판결 받은 바 있는 빌립복음의 구절 "그리스도의 짝은 막달라 마리아였다. 그리스도는 모든 제자들보다 그녀를 사랑했다. 그리고 그녀의 입술에 자주 키스하곤 했다."[172]를 증거로 들면서 예수가 마리아를 인간적으로 사랑하였다고 주장한다. 그러나 댄 브라운은 역사적 교회에 의해 폐기된 '도마복음'에 있는 다음과 같은 구절은 놓치고 있다: "시몬 베드로가 그들에게 말하되, 마리아에게 우리 곁을 떠나게 하라. 이는 여자들이 생명을 받기에 합당치 않음이라. 예수께서 이르시되, 보라 내가 그 여자를 남자로 만들도록 인도하겠노라. 그리하면 그 여자도 남자들을 닮은 생령이 될 것이니 이는 자신을 남자로 만드는 모든 여자들이 하나님 나라에 들어갈 것 임이라"(도마복음 114절).[173] 이런

---

171 『다빈치 코드』 이외에도 『성혈과 성배』, 『성배와 잃어버린 장미』, 『다빈치 코드의 진실』, 『예수의 마지막 유혹』(니코스 카잔차키스 저) 등과 신약외경인 나그함마디 출토 『막달라 마리아복음』, 『빌립복음』, 『유다복음』 등에서도 유사한 내용이 일반적으로 제시되었다. 『성배와 잃어버린 장미: 다빈치 코드의 비밀』에서 저자 마가렛 스타버드는 예수와 막달라 마리아가 결혼했던 것이 틀림없으며, 성배는 예수의 후손을 잉태한 막달라 마리아이며 남프랑스로 피신했다고 쓰고 있다. 마가렛 스타버드 자신도 책 서문에서 예수와 막달라 마리아의 결혼설을 반박하기 위한 글을 쓰기 위해 준비하다가 자기 자신이 그 설을 믿게 되었다고 쓰고 있다. 문제가 된 책은 『성혈과 성배』이며, 이 책에 기반한 소설이 『다빈치 코드』다. 나그함마디 문서들, 즉 『도마복음』, 『빌립복음』, 『유다복음』, 『막달라 마리아복음』 등은 영지주의 문서로서 초대교회가 이단적인 것으로 결정하고 폐기한 문서들이다. (Dan Burstein(ed.), Secret of Da Vinci Code, 곽재은, 권영주 역, 『다빈치 코드의 비밀』, 최고 전문가 46인 밝히는 진실과 허구, 루비박스 출판사, 2005, 616.)

172 Dan Brown, 『다빈치 코드』, 2권 15.

173 Book of Thomas the Contender, 144: 9-10; James L. Garlow, The Davinci Code Breaker (Minneapolice, Minnesota: Bethany House, 2006, 87.

거짓 책들은 서로 간의 주장도 일치하지 않을 뿐더러 그 내용들이 영지주의 사상을 드러내기 때문에 정경에서 제외된 문서들이다.

'예수는 막달라 마리아와 결혼했으며 아이가 있었다'는 댄 브라운의 주장은 완전한 날조다. 고대 문서에 능통한 에반스는 이에 대해 다음과 같이 피력한다: "우리는 본래 본문이 무엇을 말했는지에 대해 알 수 없을 뿐 아니라 마리아복음과 빌립복음의 이 구절들로부터 예수와 마리아가 연인이었다고 가정할만한 어떤 근거도 찾을 수 없다."[174] 사복음서에는 예수가 결혼했다는 역사적인 증거는 전혀 없다. 거의 모든 신약학자들이 예수가 사역에 집중하기 위해 결혼하지 않기로 선택했다고 주장한다. 댄 브라운은 예수가 결혼하지 않았다는 것은 비유대적 주장이라고 말한다: "당시의 사회 규범은 유대인 남자가 결혼하지 않는 것을 금하고 있었소. 유대교 관습에 따르면 독신 생활은 비난받아 마땅한 짓이었고… ."[175]

예수 시대 당시에 유대인 랍비가 결혼을 옹호한 것은 사실이나 존경받는 유대교 단체인 쿰란 공동체의 에세네파는 독신을 옹호했다.[176] 예수는 "천국을 위하여 스스로 된 고자(鼓子)"도 있다고 가르쳤다(마 19:10-12). 가말리엘 문하에서 교육받은 바울은 고린도전서 7장에서 독신에 대해 이와 비슷한 의견을 옹호했고 자신도 독신(獨身)으로 살

174　Craig A. Evans, *Fabricating Jesus. How Modern Scholars Distort the Gospels*. InterVarsity Press, 2006, 성기문 역. 『만들어진 예수』. 새물결플러스, 2011. 129.
175　Dan Brown, 『다빈치 코드』, 2권 14-15.
176　요세푸스는 에세네파의 결혼금지 사실에 관하여 다음과 같이 기록하고 있다. "이들 에세네들은 향락을 악으로 거부하고, 금욕을 존중하고, 격정을 정복하는 것을 미덕으로 본다. 그들은 결혼을 경시하고 다른 사람의 자녀들을 키웠다…"(Josephus, *Jewish War* 2.8.2. 121-122).

았다. 어떤 사람은 사역에 더욱 자신을 드리기 위해 독신을 선택할 수 있었다. 광야의 선지자 세례자 요한은 결혼하지 않은 것으로 보인다. 사복음서는 예수가 독신이었음을 말해주고 있다. 예수가 언급한 "천국을 위하여 스스로 된 고자(鼓子)"란 하나님 나라를 위하여 결혼도 하지 않고 성관계도 금하며 독신으로 지내기로 선택한 사람을 가리킨다. 예수는 하나님 나라를 위하여 독신으로 지내는 모범을 보여주셨다. 그러므로 예수가 막달라 마리아와 결혼했다는 댄 브라운의 주장은 날조라고 말할 수 있다.

V. 프랑스 메로빙거 왕조가 막달라 마리아의 혈족이라는 주장은 날조

막달라 마리아에 대해 사복음서가 분명히 말하고 있는 것은, 그녀는 막달라 출신으로 일곱 귀신 들렸으나 예수에 의해 고침을 받았으며(눅 8:2), 다른 여인들과 함께 자기들의 소유로 예수님과 제자들을 섬겼다(눅 8:3). 그녀는 예수님을 끝까지 따른 여성으로 예수가 두 강도 사이에서 십자가형에 처해져 죽었을 때 그 곁에 있었던 사람들 중의 하나이며, 예수가 무덤에 묻히는 모습을 지켜보았다(요 19:25). 그녀는 아리마대 요셉이 예수의 시신을 무덤에 안치하는 것을 지켜보고(막 15:47), 안식일 다음날 예수의 시체에 바를 향유를 가지고 이른 아침에 예수의 무덤에 갔다가 예수의 부활의 첫 목격자가 되는 복을 누렸다(막 16:9; 요 20:1-17). 그녀는 예수의 부활을 보고 예수의 제자들에게 예수의 부활 소식을 즉시 알린 여인이었다(막 16:10-11; 요 20:18, 마 28:1-10).

댄 브라운이 '사실' 페이지에서 주장하는 대로 시온수도회(Priory of Sion)는 1099년 이후 '성배'에 관한 비밀을 지켜왔는가? 이것은 모두 사기다. 소설에서는 템플 기사단이 레오나르도 다빈치가 1510년에서 1519년까지 단장으로 있던 시온수도회의 역사를 보여주는, 오래 전 잃어버린, 성배의 진실을 알려주는 문서를 발견했다고 한다. 그런데 댄 브라운은 그의 소설을 1982년에 나온 책 『성혈과 성배』(The Holy Blood and the Holy Grail)에 의존하고 있다. 이 소설 역시 헨리 링컨(Henry Lincorn), 마이클 베이전트(Michael Baigent)과 리처드 레이(Richard Leigh)가 공동으로 쓴, 기독교의 기원과 예수 전설에 관련된 내용을 소재로 한 판타지 책이다.[177] 이 소설 역시 시온수도회와 템플

---

[177] 저자들은 기독교의 기원에 관한 여러 가지 가설을 설정하면서 프랑스 남부의 카타리파 전설, 렌느 샤토에서 발견된 문서, 미스테리아 이교들, 나그함마디에서 발견된 영지주의 복음서(gnostic gospels) 등 다양한 출처를 제시하고 있다. 저자들은 성경에서 왜곡된 막달라 마리아의 역할에 의문을 제기하고 예수 그리스도와 막달라 마리아의 결혼에 대한 주장을 제기하였다. 출판 당시에는 큰 반향을 일으켰지만, 사학계와 여러 전문가들의 반응은 거의 전 세계적으로 부정적이었다. 영국의 유명한 역사가 리차드 바버(Richard Barber)는 2004년에 펭귄사에서 출판된 『성배, 신화의 역사』에서 『성혈과 성배』가 미약한 증거와 뒤틀린 논리체계에 크게 의존하고 있다고 비평했다. 그와 마찬가지로 역사가 마리나 워너(Marina Warner) 역시 1982년 1월에 타임지와의 인터뷰에서 '예수가 자식을 낳았을 것이라는 주장 자체에는 나쁜 점이 없어도, 잘못된 정보와 미약한 논리체계를 바탕으로 그와 같은 주장을 하는 것은 나쁘다'며 『성혈과 성배』를 비판하였다. 1983년 국내에도 한국어판 번역본이 출간되었으나, 개신교, 천주교의 반발과 사회적 파장 등을 이유로 회수, 절판되었다. 그 뒤 다시 한국어판이 보급되었으며 2005년에 2005년 11월판이 출판사 자음과 모음에서 펴냈다. 2000년에는 예수 그리스도와 막달라 마리아의 성적 행위 묘사가 된 니코스 카잔차키스(Nikos Kazantzakis)의 소설 『그리스도 최후의 유혹』(The Last Temptation Of Christ, 1988)이 영화화된 『예수의 마지막 유혹』(The Last Temptation Of Jesus, 1988)이 1988년에 국내로 수입되었으나 교계의 거센 항의로 인해 2002년에야 개봉되었다. 이 영화에서 가장 논란이 되었던 것은 죽어가는 예수가 정신의 혼미 상태에서 보게 되는 환상을 묘사한 라스트 30분 간이다. 예수는 여기서 악마의 마지막 유혹에 넘어가, 십자가에서 내려와서 구세주로서의 자신의 역할을 스스로 비판하고 막달라 마리아와 결혼하여 평범한 삶을 선택하는 모습으로 그려지고 있다. 이것은 복음서에 대한 심각한 왜곡이다.

기사단의 목적이 예수의 혈통을 이은 메로빙거 왕조의 비밀을 보호하는 것이라 주장하여 화제가 됐다.

이 소설의 저자들은 1953년 사기죄로 징역살이를 했던 프랑스인 피에르 플랑타르(Pierre Plantard)가 조작하여 꾸며낸 문서에 의존하고 있다.[178] 1954년 플랑타르와 5명의 다른 남자들은 시온수도회라고 부르는 조그만 사교 클럽을 시작했다. 클럽의 주된 목적은 프랑스에서 저렴한 주택 공급을 옹호하는 것이었다. 그러나 1960년대와 1970년대에 플랑타르는 프랑스 왕조가 막달라 마리아의 혈족이라는 것을 '증명하는' 일련의 서류들을 위조했다.[179] 플랑타르는 그가 위조한 비밀문서에 시온수도회의 수많은 그랜드 마스터들을 거명하여 기록해 넣었는데 레오나르도 다빈치, 아이작 뉴턴(Sir Issac Newton), 빅토르 위그(Hugues de Saint Victor) 등이 포함되어 있다.[180] 1971년에 플랑타르 클럽의 회원 중 한 사람인 필립 드 체리지는 그 양피지들이 위조된 것임을 공개적으로 시인했다.

1993년에 『성혈과 성배』가 나온 지 11년 후 플랑타르는 법정 소송에서 '시온 수도회'에 대한 모든 것들이 조작(造作)되었음을 증언했다. 법원은 플랑타르의 집을 수색할 것을 명령했고, 플랑타르가 프랑

---

178 예영수, 『예수를 결혼시킨 다빈치 코드』, 코리아 엠마오, 2008, 137.
179 플랑타르의 주장이 근거하는 프랑스 국립도서관에 소장되어 있는 비밀문서(Les Dossiers Secrets)는 타자로 쳐서 인쇄되어 있었다. 그 서류들은 타자기가 발명되기 이전 날짜로 쓰여진 것인데, 타자로 쳐서 인쇄되었으니 허위로 된 서류임이 탄로 났다. 1967년 플랑타르는 이 비밀문서를 국립도서관에다 비밀리에 갖다 놓은 것이다. (Robin Griffith-Jones, Da Vinci Code and the Secrets of the Temple (Michigan: Grand Rapids, William B. Eerdmans Publishing Company, 2006), 16.
180 Dan Brown, 『다빈치 코드』, 1권 315.

스의 진정한 왕이었다는 것을 '증명하는' 다른 위조서류들을 발견했다. 판사는 플랑타르에게 엄중한 경고를 내렸고, 그를 아무런 해가 없는 허풍쟁이로 무시했다. 수많은 책들과 글들은 플랑타르의 사기성을 밝혀주었다.[181]

VI. 예수 결혼설의 문서적 근거는 영지주의 문서

『다빈치 코드』는 예수의 결혼설의 근거를 초대교회 당시 이미 이단적 문서로 정죄되어 폐기된 영지주의 문서에 의존하고 있다. 다음 두 인용 문장은 댄 브라운이 그의 판타지 소설에서 말하고 있는 내용이다: "역사가들에게 다행한 일은, 콘스탄틴 대제가 멸절하려고 했던 복음서들 중 일부가 가까스로 살아남았다는 사실이다. 후딘 사막에 있는 쿰란 근처 동굴에 숨겨진 사해의 두루마리가 1950년대에 발견되었어. 1945년에는 나그함마디에서 콥트어로 씌어진 콥트 두루마리가 발견되었고, 이 두루마리들은 진짜 성배 이야기뿐만 아니라, 매우 인간적인 용어로 그리스도의 행적을 얘기하고 있어요."[182] "'빌립복음은 시작하기에 항상 좋지.' 그리고 그리스도의 짝은 막달라 마리아였

---

181 아트 린슬리, "다빈치 코드 깨기," (『Knowing & Doing』 2004년 여름호, 빛과 소금 2004년 10월호). 린슬리는 C. S. Lewis Institute 상임연구원; 예영수, 『예수를 결혼시킨 다빈치 코드』, 2008, 137-143.
182 Dan Brown, 『다빈치 코드』, 1권 355-356.

다. 그리스도는 모든 제자들보다 그녀를 사랑했다. 그리고 그녀의 입술에 자주 키스하곤 했다. 나머지 제자들은 그것에 화를 냈고, 불만을 표시했다. 제자들은 그리스도에게 말했다. '왜 주님은 우리 모두보다 그녀를 더 사랑하시는 겁니까?….' '결혼에 대해서는 아무 얘기도 없어요….' '하지만 고대 시리아 언어인 아람어의 학자들은 '짝'이란 말이 당시에는 말 그대로 부부를 뜻하는 것이라고 아가씨에게 말해줄 거야.'"[183]

『다빈치 코드』는 마리아 결혼설과 관련하여 사이비 역사책인 『템플 기사단의 폭로』(The Templar Revelation)(부제: 그리스도의 진짜 정체에 대한 비밀 파수꾼들)에 의존하고 있다. 이 책의 공동 저자인 린 픽크넷(Lynn Picknett)와 크라이브 프린스(Clive Prince)는 『성혈과 성배』에 크게 의존하면서 막달라 마리아에 대한 새로운 판타지를 제공하였다.

이들은 9세기경 막달라 마리아에 관한 전설이 나타난 프랑스 남쪽 지방에 있는 막달라 마리아의 사당(祠堂)들을 돌아보면서 신약성경의 막달라 마리아를 이교도 오시리스(Osiris)의 부인이며 여신 이시스(Isis) 신화와 관련시키고 있다. 『다빈치 코드』는 "여신 이시스 시절부터 섹스 의식은 인간을 땅에서 천국으로 이어주는 유일한 다리로 인식되었다"고 본다.[184] 『다빈치 코드』에 의하면 이시스 섹스 의식(儀式)은 "역사적으로 여자와 남자가 성교를 통해 신을 경험하는 행위"이며,

---

183 Dan Brown, 『다빈치 코드』, 2권 15-16.
184 Dan Brown, 『다빈치 코드』, 2권 113.

"여성과의 육체 결합은 남자가 정신적으로 완벽해지고, 궁극적인 영적 직관을 얻을 수 있는 유일한 수단이었다."[185] 여신 이시스는 오늘날 이집트 남쪽에서 위치한 누비아(Nubia)에서 유래한 전설로서 비옥과 모성의 수호여신으로 여성의 원형이다.

이들은 베다니에서 예수가 마리아로 인해 기름 부음을 받게 되는 사건(요 12:1-11)을 여사제가 수행한 섹스 의식(儀式)을 통해서라고 해석한다. 베다니의 마리아가 막달라라고 본다.[186] "예수의 기름 부음은 이교도 의식이었다. 그 의식을 수행한 여인은 막달라 마리아로서 여사제였다. 이 새로운 각본대로라면, 예수의 중심 측근 내부에서의 막달라 마리아의 역할은 섹스 의식(性儀式)의 여성 창시자라는 것이다."[187] 이러한 영지주의 소설가들의 판타지에 의하여 신약성경의 신성한 막달라 마리아는 섹스 의식(sex ritual)의 여사제요, 예수와 결혼한 신부로 둔갑하는 왜곡이 일어나고 있다.

댄 브라운은 판타지 소설을 쓰는 데 있어서 이미 기독교 역사에 있어서 이단으로 폐기된 영지주의 문서에 의존하여 이것이 마치 사실인양 없는 사실을 조작하여 그의 소설을 써내려가고 있는 것이다. 영

---

185   Dan Brown, 『다빈치 코드』, 2권 112-113.
186   막달라 마리아는 나사로의 누이요 마르다의 동생인 마리아와는 다른 인물이다. 막달라 마리아는 막달라라는 마을 출신이기 때문에 막달라 마리아라고 한다. 그녀는 베다니의 나사로의 누이인 언니 마르다와 동생 마리아와는 다른 인물이다. (독일 성서공회판 성경전서, 요한복음 12장 1-11절 해설, 관주, 대한성서공회, 1997, 248). 베다니의 마리아가 비싼 향유를 예수의 발에 붓고 머리털로 닦았다(요 12:2,3). 그리고 바리새인 집에서 눈물로 예수의 발을 적시고 씻고 향유를 부은 죄있는 여인(창녀)(눅 7:37,38)은 막달라 마리아와는 다른 여인이다. 따라서 『다빈치 코드』의 막달라 마리아 해석은 역사적 공교회의 마리아 해석과 전혀 빗나가고 있다.
187   Lynn Picknett & Clive Prince, The Templar Revelation: Secret Guardians of the True Identity of Christ (New York: Touchstone Books, Simon & Schuster, 1998), 258.

지주의는 주전 4세기 헬라의 플라톤 철학, 헬라 신화 등에서 기원하여 기독교와 유대교를 혼합한 이단 사상으로 1세기 후반 초대교회 내에서 생겨났다. 20세기 중엽까지는 교부들이 언급한 반영지주의 글 외에는 거의 알려지지 않았으나 1945년 이집트 상류 나그함마디 사막에 콥트어로 된 13개의 가죽표지로 제본된 40개 이상의 파피루스가 발견되었다. 이를 나그함마디 문서들이라고 하는데, 이 문서들은 2세기 후반 경에 쓰여진 문서들로서 바울의 초기 서신들보다는 100년 뒤, 사도들이 쓴 사복음서보다도 70년 뒤에 쓰여진 문서들이며,[188] 이미 초대교회 이레네우스 등 교부들에 의하여 이단적인 것으로 폐기된 영지주의 문서들이다.

이들 영지주의 문서에는 지식의 주제는 인류학(anthropology)이며, 계시란 인간 자신에 관한 것이요, 구원은 인간 자신의 내부에서 발견되는 것[189]이라고 진술하고 있다. 즉, 영지주의 문서의 주제는 내적 자아이고, 영적 문제는 지식 결핍의 문제로 봄으로써, 중심 주제를 하나님으로 삼고, 인간의 영적 문제는 죄의 문제라는 사실을 명확히 드러내고 있는 사도들의 사복음서와는 완전히 배치되는 내용으로 일관하고 있다. 그러므로 앞서 이미 언급한 바와 같이 역사적 예수에 대한 연구에 있어서 방법론적 성찰은 매우 중요하다. 이러한 영지주의 문서를 따르게 될 때 사복음서와 역사적 기독교가 전해주는 예수와는 전혀 다른 예수를 그려낸다는 것이다.

---

188 Craig A. Evans, *Fabricating Jesus*. 성기문 역. 『만들어진 예수』. 92.
189 Elaine Pagels, *The Gnostic Gospels* (New York: Random House, 1979), xx.

1999년 영국의 영지주의 종교학자 프리크와 갠디가 쓴 『예수는 신화다』란 책이 출판되어 물의를 일으키고 사라졌다. 그러나 이어서 2003년에 『다빈치 코드』라는 소설형식으로 나온 이단사상의 출현은 역사상 날조 및 위장 이론들이 사라지지 않는다는 사실을 입증하는 것이다. 이 날조 이론들은 시대에 따라 다른 각기 다른 옷을 입고 나타날 뿐이다. 이런 유의 이단사상은 앞으로도 계속 또 다른 형식과 방식으로 나타날 것이다. 미혹의 명수인 사탄이 항상 미혹된 사람들을 도구로 사용하기 때문이다.

『다빈치 코드』의 예수 신성 조작설은 니케아 회의의 아리우스와 그의 추종자들, 그리고 역사를 통해 나타난 많은 이단들의 주장의 반복일 뿐이다. 이들의 주장은 사도들과 사도들이 세운 초대교회의 통일된 증언들에 배치된다. 초대교회 저자들은 한결같이 예수 그리스도가 하나님 자신이었다고 가르쳤다. 초대교회에 널리 퍼진 그리스도찬가(Christ Hymn)는 십자가에 달리시고 부활하신 예수를 하나님의 아들로 다음 같이 노래한다: "그는 근본 하나님의 본체시나 하나님과 동등됨을 취할 것으로 여기지 아니하시고, 오히려 자기를 비워 종의 형체를 가지사 사람들과 같이 되셨고, 사람의 모양으로 나타나사 자기를 낮추시고 죽기까지 복종하셨으니 곧 십자가에 죽으심이라. 이러므로 하나님이 그를 지극히 높여 모든 이름 위에 뛰어난 이름을 주사, 하늘에 있는 자들과 땅에 있는 자들과 땅 아래에 있는 자들로 모든 무릎을 예수의 이름에 꿇게 하시고, 모든 입으로 예수 그리스도를 주라 시인하여 하나님 아버지께 영광을 돌리게 하셨느니라"(빌 2:6-11).

니케아 회의가 예수를 신으로 만든 것이 아니라 이미 역사적으로 존재하고 영향력을 지니는 진리(십자가에 처형된 예수가 주와 그리스도다)를 공교회의 이름으로 확정한 것이다. 『다빈치 코드』는 사기 전과범 프랑타르(Pierre Plantard)가 조작한 문서에 의존해 판타지로 예수와 막달라 마리아의 결혼설을 꾸며 날조한 것이다. 이러한 허황된 조작이 하나님 아들로서 십자가에 달리시고 부활하신 나사렛 예수의 역사적 사실과 진리를 허위로 만들 수 없다. 예수 그리스도는 어제나 오늘이나 영원토록 동일하신 것처럼, 역사적 예수는 그리스도로서 어제나 오늘이나 영원토록 변함없이 살아계셔서 그를 구세주로 믿는 모든 신자들에게 인격적인 주요 하나님으로서 교통하신다.

제 6 장

도마복음은 역사적 예수를 영지주의적 현인으로 왜곡: 방법론적 성찰

Jesus of Nazareth in Reformed Orthodox Faith

:: 제6장 도마복음은 역사적 예수를 영지주의적 현인으로 왜곡: 방법론적 성찰

2013년 일부 언론과 대중적 인사들이 도마복음과 유다복음을 언급하면서 한국사회와 교계에 역사적 예수상에 대한 왜곡과 혼란을 일으켰다. 김용옥은 도마복음을 신약성경이 알려주지 못한 예수의 진면목을 알려주는 대단한 자료인 것처럼 주장했는데, 중앙일보는 전문가들의 검증도 없이 '도올의 도마복음'을 2년간 100회에 걸쳐 연재하였고, 조선일보는 유다복음이 드디어 '빛을 보게 되었다'는 식으로 긴 지면을 할애해 소개했다.[190] 또 오강남이 선불교의 스승으로 그려진 『또 다른 예수』를 출간하면서 공교회의 역사적 예수와는 전혀 다른 예수상을 퍼트리고 있다.[191] 이러한 가운데 복음주의 신약학자

---

190 김동건, [평신도를 위한 알기 쉬운 신학강좌-2. 성경·진리의 기준] ④성경은 무오한가 2013. 02. 28. 17:45, 국민일보, 쿠키뉴스.

191 도올 김용옥의 도마복음 해설 시리즈, 오강남이 지은 『종교, 그 심층을 보다』, 『또 다른 예수』 등 국내산 예수에 대한 소개서들은 예수의 어록으로 이루어진 도마복음의 텍스트를 역사적 예수에 대한 진정한 문서로 보고 역사적 예수를 선불교의 예수로 왜곡하고 있다. 도올은 도마복음을 신

소기천이 2016년 도마복음에 관련된 두 개의 논문을 발표하여 도마복음이 지닌 영지주의 성격을 세계관, 종말론, 인간론, 구원론, 기독론고 관련하여 명료하게 드러낸 것은 개혁정통신앙을 위한 공헌이다.[192] 역사적 예수를 바로 알기 위해서는 역사적 기독교가 인정한 문서와 영지주의적 문서를 명료히 구별해야 한다. 여기에 방법론적 성찰이 요청된다.

성경의 필사본이 발견되는 것은 역사적 인물인 예수를 이해하는 데 도움이 될 수 있다. 그러나 모든 고고학적 자료가 그러한 것은 아니다. 앞서 살펴보았듯, 나그함마디 문서들 같이 초대교회의 성경 내용과 모순되는 문서들은 역사적 예수의 모습을 왜곡시켜 나타냄으로써 역사적 예수에 대한 심각한 훼손을 가져오고 있다. 그것은 19세기의 여호와 증인의 예언이나, 몰몬교의 경전, 한국산 이단인 통일교의 원리강론 등이 역사적 기독교를 왜곡하는 것과 동일한 이치다. 나그함마디 문서들은 이미 당시에 공교회로부터 이단적 문서로 취급된 영지주의자들이 쓴 문서들이다.

약성서 복음서의 원형으로, 예수를 "니체보다도 더 본질적인 무신론자"이며 구약의 하나님과 결별을 선언하고 새로운 아버지의 나라를 선포했던 자로, 그리고 구원을 예수에 대한 믿음이 아니라 예수의 말씀에 대한 해석과 깨달음을 통해 이뤄지는 것으로 해설했다. 때문에 도올의 강의나 저술은 전통적 신앙을 가진 기독교인들에게 적지 않은 충격을 주었다. 이에 반해서 성경적 정통적 기독교 진리에 의하면 인간은 앎(깨달음)으로 구원을 얻는 것이 아니라 믿음으로 구원을 얻는 것이다.

192 소기천, "도마복음서"(The Gospel of Thmas)에 관한 연구," in: 「개혁주의 이론과 실천」, 개혁주의 이론실천학회 샬롬나비행동(편), 예수말씀연구소, 2016, 177-194; 소기천, "도마복음과 마태복음의 신학적인 주제 비교 연구," 「한국개혁신학의 진론」, 한국개혁신학회 창립 20주년 기념 특집호, 제50호(2016년 5월), 978-1000.

I. 도마복음의 역사적 기원

1. A.D. 150-200년경 도마의 이름을 도용한 영지주의 무리들이 기록한 문서

고대 그리스어 원문을 콥트어로 번역한 것으로 보이는 완전한 콥트어 판본들이 1945년 이집트 나일강 상류 나그함마디 야산 기슭에서 발견되었다. 이 판본들에는 도마복음, 빌립복음, 마리아복음, 유다복음, 진리복음, 이집트인복음, 요한의 비밀서 등이 있었다. 도마복음은 사복음서와는 달리 예수의 삶에 대한 내용을 담지 않고 있으며, 예수의 가르침만을 다루고 있는데, 겨자씨의 비유 등의 일부 내용이 사복음서에도 나온다. 도마복음은 기독교 신약 위경(僞經)의 하나로서, 서문에서 예수의 12사도 중 한 명인 디디모스 유다 도마가 썼다고 주장하고 있다. 그러나 이 문서는 예수의 제자 도마가 직접 쓴 것이 아니라 A.D. 150-200년경 도마의 이름을 도용(盜用)한 영지주의 무리들이 기록한 문서로 알려져 있다. 도마복음은 비슷한 이름의 문서인 도마행전(The Acts of Thomas), 유아기 도마복음(The Infancy Gospel of Thomas)과는 다른 책이다. 이 문서는 당시의 공교회에 의해 이미 이단적 문서로 낙인 받았다.

도마복음의 콥트어 판(版)이 발견된 이후에, 학자들은 이집트의 옥시린쿠스 파피루스(P. Oxy.)에서 1898년 발견된 그리스어 문서들 중에 도마복음의 그리스어 판이 존재했었다는 사실을 알게 되었다. 흔히 후자를 구별하여 그리스어 도마복음이라고 부른다. 후자는 200년경에 필사되었다고 추정되며, 콥트어 판은 340년경의 문서로 추정된

다. 많은 학자들은 도마복음 콥트어 판이 그리스어 판의 번역이라고 생각한다.[193]

첫 구절은 디디모스 유다 도마(Didymus Judas Thomas)가 저자라고 되어 있다.[194] 그러나 그 내용이 영지주의적인 것으로 보아 도마(Thomas)가 직접 쓴 것이 아니라 2세기 영지주의자들에 의해 쓰여진 것이다. 베드로가 로마에서 그랬듯이 도마는 시리아 지역의 믿음의 대표격이었다. 따라서 도마복음은 시리아에서 지어졌을 것으로 추정된다. 그와 관련하여 니콜라스 페린(Nicholas Perrin)은 도마복음이 타티안(Tatianos)의 디아테사론(사복음서공관, 四福音書共觀, Diatessaron)에 근거하고 있다고 주장하였다.[195]

4세기 초 로마제국을 통일한 콘스탄틴 황제는 기독교를 국교로 공인하면서, 기독교 지도자들에게 '하나의 하나님, 하나의 종교, 하나의 신조, 하나의 성경'으로 통일할 것을 요청했다. 이에 니케아 공의회에서 아타나시우스는 개별적으로 떠돌아다니던 기독교 문헌들 중 27권을 선별해 기독교의 경전으로 정경화하고, 자신의 신학적 판단 기준

---

193 대부분의 학자들이 도마복음이 원래 그리스어로 저작되었으며, 옥시린쿠스 파피루스(Oxyrhynchus Papirus(P. Oxy.), 그리스어 파피루스 단편들)가 전승의 원형에 더 가깝다고 가정한다. 그러나 고대 문서에 정통한 에반스는 도마복음이 원래 시리아어로 작성되었으며, 그리스어본과 콥트어본 모두가 나중에 번역되었다는 주장을 지지한다.(Craig A. Evans, *Fabricating Jesus*. 성기문 역. 『만들어진 예수』. 87).

194 "이것들은 살아계신 예수께서 말씀하시고 디듀모스 유다 도마가 기록한 비밀의 말씀들이다." (These are the secret sayings that the living Jesus spoke and Didymos Judas Thomas recorded.)* (The Gospel of Thomas Translated by Stephen Patterson and Marvin Meyer, 영문 도마복음은 스티븐 패터슨과 마빈 메이어의 번역본임.)

195 Nicholas Perrin, *Thomas and Tatin*, Academia Biblica 5 (Atlanta: Society of Biblical Literature, 2002); and Nicholas Perrin, "NHC II,2 and the Oxyrhyncus Fragments (P.Oxy 1, 654,655): Overlooked Evidence for a Syriac Gospel of Thomas," VC 58(2004):138-51.

에 따라 '이단적'이라고 여겨지는 책들을 모두 파기 처분하라는 명령을 내렸다. 이때 도마복음은 영지주의의 영향을 받았다고 판단하여 지금까지 위경(僞經)으로 인식되었다.

2. 2세기 말 영지주의가 했던 알레고리 방식으로 해석한 신약과 위경 자료들의 콜라주

도마복음의 저작 시기는 논란의 여지가 많다. 어록복음의 특성상 사복음서보다 먼저 쓰였다고 보는 이들도 있으나, 영지주의적인 내용이 담겨 있는 것으로 보아 영지주의가 유행했던 2세기 후반 이후에 편집된 것이라고도 볼 수 있다. 크로산, 페터슨, 제임스 로빈슨 등 "예수 세미나" 학자들은 도마복음이 1세기 말 이전(以前) 저작이라고 주장한다.[196] 크로산은 이를 지지하는 두 가지 근거를 든다: ㉠ 도마복음에는 표제어로 연결된 몇 개의 말씀들과는 구분되는 어떤 "특별한 구성원칙"이 없다. ㉡ 도마복음 저자의 편집으로 돌리지 않고는 설명할 수 없는 신약복음서 병행구와 다른 몇 가지 차이점이 있다. 이에 반하여 페린은 표제어와 관련하여 도마복음의 순서 전체를 설명할 수 있을 뿐만 아니라 도마복음이 어김없이 타티안의 『디아테사론』에 나타

196　John Domnic Crossan, *Four Other Gospels* (Sonoma, Calif.: Plebridge, 1992), 9-11; Stephen J. Patterson, *The Gospel of Thomas and Jesus* (Sonoma, Calif.:Polebridge, 1993), 118-20; Patterson, "Understanding the Gospel of Thomas Today," in *The Fifth Gospel*, ed. Stephen J. Patterson, James M. Robinson, and Hans Gebhard Bethge (Valley Forge, Penn.: Trinity Press International, 2000), 37-40.

난 자료의 순서와 배열에 익숙해 있다는 점을 보여주었다고 본다.[197] 이에 따라 페린은 도마복음이 간접적으로 신약복음서에 의존하고 있다는 결론을 내린다.

에반스에 의하면 "도마복음은 시리아어를 사용하는 동방교회, 즉 170년 이후에 저술된 타티안의 디아테사론을 통해 신약복음서를 알고 있던 교회에서 유래했다."[198] 에반스는 2세기 말 후대저작이라는 주장을 다음 네 가지로 설득력 있게 제시한다.[199] ㉠ 도마복음은 신약 저작들의 상당수를 알고 있다. 신약성경의 절반이상을 인용하거나 암시한다. 도마복음은 2세기 말 영지주의가 했던 알레고리 방식으로 해석한 신약과 위경 자료들의 콜라주(collage)로 평가된다. ㉡ 도마복음은 학자들이 후대의 것이라고 여기는 복음서 자료를 포함하고 있다. 도마복음에 마태복음, 누가복음, 요한복음과의 여러 병행구절이 있다는 것은 도마복음이 사복음서보다 빠른 초기의 예수전승이 아니라 사복음서의 영향을 받은 문서라는 것을 말해준다. ㉢ 도마복음은 복음서의 후대 편집을 반영하고 있다. 크로산이 주장하는 바 도마복음이 초기의 독립적 전승을 제공한다고 볼 수 없게 하는 이유는 마태복음과 누가복음이 행한 수정 편집의 특징이 도마복음에서 발견되기 때문이다.[200] 이러한 평행구절들에서 도마복음은 정경복음서의 자료

---

197 Nicholas Perrin, *Thomas and Tatin*, Academia Biblica 5; and Nicholas Perrin, "NHC II,2 and the Oxyrhyncus Fragments (P.Oxy 1, 654, 655): Overlooked Evidence for a Syriac Gospel of Thomas," *VC* 58(2004): 138-51.

198 Craig A. Evans, *Fabricating Jesus*. 성기문 역. 『만들어진 예수』. 105.

199 Craig A. Evans, *Fabricating Jesus*. 성기문 역. 『만들어진 예수』. 92-105.

200 구체적으로 마태복음 15:11=도마복음 34b, 그리고 마태복음 12:50=도마복음 99, 마태복음의

를 취한 것으로 학자들은 결론을 내리고 있다.²⁰¹ ㉣ 도마복음은 동방, 시리아의 독특한 기독교의 전승들, 즉 2세기 중반 이후에 등장한 전승들과 유사하다. 시리아어에 능통한 학자들은 도마복음의 독법들이 신약의 시리어판이나 조금 더 이른 시기에 타티안이 작성한 『디아테사론』과 일치한다고 말하고 있다.²⁰²

II. 주요 내용

도마복음은 총 114절의 예수 말씀인 어록으로 구성되어 있어 예수의 가르침만을 담고 있는 "어록복음"이다. 이 어록의 50% 분량이 공관

구제, 기도 금식의 독특한 조합(마태복음 6:1-18)이 도마복음 6(=옥시린쿠스 파피루스 P. Oxy. 654.6)과 도마복음 14에서 사용되고 있다. 도마복음은 구제, 기도, 금식 구절을 유대교에 대한 영지주의적 반감을 반영하듯이 부정적 측면에서 논의한다. 그리고 누가복음 8:17=도마복음 말씀 5-6(옥시린쿠스 파피루스 P. Oxy. 654.5); 누가복음 12:49=도마복음 10; 누가복음 10:8-9=도마복음 14; 마태복음 10:34-39, 누가복음 12:51-53=도마복음 16; 마태복음 10:37, 누가복음 14:26-27=도마복음 55와 101, 누가복음 10:2=도마복음 73-75; 악한 일꾼들 비유(마태복음 21:33-41, 마가복음 12:1-9, 누가복음 20:9-16=도마복음 65); 버려진 모퉁이돌 로기온 (마태복음 21:42, 마가복음 12:10-11, 누가복음 20:17=도마복음 66) 등이다.

201 Craig A. Evans, *Fabricating Jesus*. 성기문 역. 『만들어진 예수』. 97; Robert M. Grant, *The Secret Sayings of Jesus* (Garden City, NY: Doubleday, 1960), 113; Bertil E. Gartner, *The Theology of the Gospel According to Thomas* (New York: Harper, 1961), 26-27, 34, 42-43.

202 Samuel Hemphill, *The Diatessaron of Tatian* (London: Hodder & Stoughton, 1888); William L. Peterson, Tatian's Diatessaron, VCSup 25(Leiden: Brill, 1991); William L. Peterson, "Tatians Diatessaron," in *Ancient Christian Gospels*, by Helmut Koester (Philadelphia: Trinity Press International, 1990), 403-30. 순교자 유스틴(Justinus, A.D. 100-165)의 제자인 타티안(Tatianus, A.D. 120-185)은 172년과 185년 사이에 시리아에서 시리아로 디아테사론을 저술했다. 디아테사론은 마태복음에 크게 의존하며 순교자 유스틴이 만든 공관복음서의 초기 대조본의 영향을 받은 것으로 본다.

복음과 중복되어 있는 평행 본문으로 구성되어 있다.

1. 평행구절의 예: 눈 속에 있는 들보

씨 뿌리는 자의 비유, 잃은 양의 비유 등이다. 그 외에도 도마복음 26절과 공관복음(마태복음과 누가복음) 모두 "다른 사람의 티는 잘 보면서, 자기 속의 들보는 못 본다"는 예수의 말씀이 있다. 도마복음 26절은 다음과 같다: "형제의 눈 속에 있는 티는 보고 여러분 눈 속의 들보는 깨닫지 못하는가? 먼저 여러분 눈 속에 있는 들보를 빼면, 그 후에는 밝히 보고 여러분 형제의 눈 속에서 티를 뺄 수 있을 것이다." 마태복음에서는 형제 눈 속의 티끌을 보나 자신의 눈 속에 있는 들보를 보지 못하는 인간의 위선에 대한 예수의 가르침을 강조하고 있다: "어찌하여 형제의 눈 속에 있는 티는 보고 네 눈 속에 있는 들보는 깨닫지 못하느냐. 보라 네 눈 속에 들보가 있는데 어찌하여 형제에게 말하기를 나로 네 눈 속에 있는 티를 빼게 하라 하겠느냐. 외식하는 자여 먼저 네 눈 속에서 들보를 빼어라 그 후에야 밝히 보고 형제의 눈 속에서 티를 빼리라"(마 7:3-5). 이 두 구절은 내용에 있어서 거의 같다. 도마복음의 구절이 마태복음의 구절을 그대로 표절하고 있다. 도마복음에는 단지 "외식하는 자여"라는 말이 빠져 있고 "네" 대신 "여러분"이란 용어가 들어가 있다.

2. 생애 없는 어록집: 믿음 아닌 깨달음을 전파한 영지적 현인 예수

도마복음에 나오는 말씀들 중에는 실제적으로 약 50% 정도가 공관복음에 나오는 말씀과 평행을 이루는 말씀들이다. 그러나 도마복음이 사복음서와 다른 가장 큰 특징은 사복음서에서 많이 언급되고 있는 기적, 예언의 성취, 재림, 종말, 부활, 최후 심판, 대속 등에 대한 언급이 거의 없고, 그 대신 내 속에 빛으로 계시는 하나님을 아는 것, 즉 '깨달음'을 통해 내가 새 사람이 되고 죽음을 극복할 수 있다는 것을 계속해서 강조한다는 점이다. 이것은 사복음서와 도마복음 사이의 중요한 차이점이다.

이와 같이 역사적 예수의 생애에 대해서는 도외시한 채, 예수 가르침만을 강조하는 것은 영지주의의 가장 큰 특징이라고 할 수 있다. 도마복음에서 묘사되는 예수란 믿음이 아닌 깨달음을 전파한 영지주의자였다는 것이다. 사도 요한은 예수가 육체로 온 것을 부인하는 영마다 적그리스도의 영이라고 하였다. "이로써 너희가 하나님의 영을 알지니 곧 예수 그리스도께서 육체로 오신 것을 시인하는 영마다 하나님께 속한 것이요, 예수를 시인하지 아니하는 영마다 하나님께 속한 것이 아니니 이것이 곧 적그리스도의 영이니라 오리라 한 말을 너희가 들었거니와 지금 벌써 세상에 있느니라"(요일 4:2-3). 도마복음에는 믿음을 가르치는 역사적 예수는 존재하지 않고, 지식만을 추구하는 영지주의적 현인만 있다.

3. 이단적 내용: 내적 깨우침에 대한 가르침

1) 밀교적 경향: 내적 깨달음 강조

도마복음의 어록들은 이단적 내용이 주를 이루고 있다. 어록들의 많은 부분들은 예수가 하나님의 독생자이고 예수 믿고 구원받는다는 교리와 합치될 수 없는 내용들이다. 도마복음은 다음과 같은 말로 시작된다: "이것은 살아있는 예수께서 이르셨던 비밀의 말씀이며, 그것을 디두모라 하는 유다 도마(Didymus Judas Thomas)가 기록한 것이라"(도마복음 1절). "그리고 그가 말씀하신지라. '누구든지 이 말들의 뜻을 깨닫는 자는 죽음을 맛보지 아니하리다'"(도마복음 1절).

성경 고고학자들에게 도마복음의 발견이 충격적이었던 이유는 예수가 전한 '비밀의 말씀'이 놀라웠기 때문이다. 도마복음은 사복음서에서 주로 언급되는 기적, 예언의 성취, 재림, 종말, 부활, 최후 심판, 대속 등에 대한 내용들은 없지만, 그 대신에 내 속에 빛으로 계신 하나님을 아는 것, 이것을 깨닫는 깨달음에 대해 강조하고 있다. 도마복음 어록은 114개의 어구(단편)로 이루어져 있어 장이 아닌 절로 분류하며(따라서 시편보다 더 짧은 구절로 되어 있으며, 모두 114절이다), 예수의 가르침이라는 표현을 사용한다. 이들 중 일부는 사복음서에 나오는 구절들과 비슷하지만, 그 이외의 것은 발견되기 전에는 알려지지 않았던 것들이다. 영지주의적인 내용이 주를 이루고 있으며, 그 대표적인 구절은 3절이다.

2) 내면 지식으로 자신이 하나님 자녀임을 각성: 하나님 나라에 대한 신앙 언급 없음

"예수께서 말씀하시니라. 만약 너희 인도자들이 너희에게 말하길, '보라 아버지의 나라가 하늘에 있노라'고 한다면 공중의 새들이 너희를 앞설 것이요, 만일 그들이 너희에게 말하길, '아버지의 나라가 바다에 있노라'고 한다면 물고기들이 너희를 앞설 것이라. 차라리 그 나라는 너희 안에 있으며 또 너희 바깥에 있느니라. 너희가 자신을 안즉 알려진 바 될 것이요 너희가 살아계신 아버지의 자녀임을 깨달으리라. 그러나 만약 너희가 자신을 모른다면 빈곤 가운데 사는 것이며 또 너희는 빈곤이니라"(도마복음 3절).

특히 위의 3절 말씀 중 "너희가 자신을 안즉 알려진 바 될 것이요 너희가 살아계신 아버지의 자녀임을 깨달으리라. 그러나 만약 너희가 자신을 모른다면 빈곤 가운데 사는 것이며 또 너희는 빈곤이니라", 이 부분의 말씀은 내부로부터의 자각을 주장하는 특징적인 영지주의적인 구절이다. 지식을 의미하는 그리스오 "그노시스"(gnosis)에서 영지주의라는 말이 나왔다. 2-4세기 교부들은 비밀스러운 지식을 소유했다고 주장했던 자들을 영지주의자(gnostic)라고 불렀다. 이 구절은 표면적으로는 누가복음 17장 20-25절과 유사해 보인다. 누가복음 17장에 보면 예수께서 바리새인들에게서 하나님의 나라가 언제 오느냐는 질문을 받으시고 그들에게 이렇게 대답하셨다.

"바리새인들이 하나님의 나라가 어느 때에 임하나이까 묻거늘 예수께서 대답하여 이르시되 하나님의 나라는 볼 수 있게 임하는 것이 아니요, 또 여기 있다 저기 있다고도 못하리니 하나님의 나라는 너희 안에 있느니라. 또 제자들에게 이르시되 때가 이르리니 너희가 인자의 날 하루를 보고자 하되 보지 못하리라. 사람이 너희에게 말하되 보라 저기 있다 보라 여기 있다 하리라. 그러나 너희는 가지도 말고 따르지도 말라. 번개가 하늘 아래 이쪽에서 번쩍이어 하늘 아래 저쪽까지 비침같이 인자도 자기 날에 그러하리라. 그러나 그가 먼저 많은 고난을 받으며 이 세대에게 버린 바 되어야 할지니라"(눅 17:20-25).

그러나 본질적으로는 이 두 구절은 전혀 다른 내용을 말하고 있다. 도마복음 3절은 지식을 말하고 있는 것이다. "자신을 안즉 알려진 바

될 것"을 강조하고, "자신을 모른다면 빈곤 가운데 사는 것이며 또 너희는 빈곤"을 말한다. 즉, 도마복음은 인간 본성에 내재되어 있는 하나님과 하나님 나라를 말하고 있다. 이에 반해 누가복음은 지식이 아닌 인자에 대한 믿음 안에 임재하는 하나님 나라와 그 하나님 나라의 내재성이 아니라 초월(超越)성을 말하고 있다. 도마복음이 말하는 자신의 앎과 각성은 하나님의 자녀임, 즉 나의 신성을 아는 것이나, 누가복음이 말하는 앎은 하나님 나라의 내면성과 초월성을 동시에 가르치고 있다. 다시 말해, 도마복음은 인간 속에 하나님의 본성이 있으니 그것을 깨달을 것을 강조하는 것이고, 누가복음은 하나님 나라의 임재가 인자의 오심과 같다는 것을 말하는 것이다.

즉, 도마복음에서 말하는 하나님 나라는 인간 지식 속에 있는 것이나, 이에 반해 누가복음의 하나님 나라는 먼저 초월적이며 믿음 속에 임재하는 것으로 가르치고 있다. 도마복음은 자기를 알지 못하면 무지와 빈곤 속에 머문다고 말하나, 누가복음은 인자의 날 오기 전에 먼저 인자가 고난을 받으며 버림을 받아야 할 것을 말하고 있다. 도마복음에서 "다른 예수"는 너희 자신을 알라고 가르치나, 사복음서에서의 예수는 너희 자신을 알라고 하지 않고 나의 계명을 믿을 것을 말씀하신다.

III. 복음서의 예수(고난의 종)와는 다른 예수(내적 깨우침의 예수)

1. 비밀 말씀을 가르치는 교사나 인간을 깨달음에로 인도하는 안내자

다음은 도마복음 37-39절의 말씀이다: "제자들이 그에게 말한다. 당신이 우리에게 드러내실 때가 언제이며 우리는 언제 당신을 보겠습니까? 그는 말한다. 너희가 옷을 벗고 부끄러워하지 않고 두려워하지 않을 때가 그때다"(도마복음 37절). "예수는 말한다. 그러므로 너희는 나의 이 말 듣기를 갈망했으나 누구도 듣지 못할 것이다. 너희가 너를 찾으나 나를 찾지 못할 날이 올 것이다"(도마복음 38절). "예수는 말한다. 바리새인들과 서기관들이 지식의 열쇠를 취했다. 그들은 그것들을 감추었다. 그들은 들어가지도 않고 들어가고자 하는 자들이 들어가도록 허락하지도 않는다. 그러나 너희는 뱀처럼 지혜롭고 비둘기처럼 순진해라"(도마복음 39절).

37절의 "옷을 벗고 부끄러워하지 않고 두려워하지 않을 때"를 추구하라는 것은 영지주의적 구도의 자세이다. 38절의 "나의 이 말 듣기를 갈망했으나 누구도 듣지 못할 것이다"라는 표현도 밀교적 가르침을 드러내고 있는 것이다. 39절 "지식의 열쇠"가 드러내는 의미도 믿음이 아닌 깨달음을 추구하는 영지주의적 특성을 드러낸다.

도마복음은 예수를 그리스도와 메시아로, 즉 인류의 구원자로 이해하지 않고 비밀 말씀을 가르치는 교사나 인간을 깨달음에로 인도하는 안내자로 묘사하고 있다. 여기서 그려지는 예수는 십자가에 달려 죽으시고 부활하신 하나님의 아들이 아니라, 인간의 신적 본성을 깨닫게 해주는 교사로 나타난다. 또 구원도 인간의 본성 변화와 하나님과의 관계 회복으로 보지 않고, 인간의 신적 본성을 깨닫는 것으로 보며, 구원이 하나님의 은혜와 그리스도에 대한 믿음으로 성취되는 것이 아니라 인간 자신이 노력에 의해 성취될 수 있다고 보고 있다. 특히 예수 십자가 죽음에 대해 어떤 중요성도 부여하지 않고, 그의 죽음과 부활에 대해서는 논의조차 하지 않았다.[203]

도마복음이 정경에서 제외되고 이단적인 문서로 밀려나게 된 근본적 이유는 교회가 전통적으로 알고 있는 사도적 신앙과는 전혀 다르고, 사도적인 교회와 신학적인 연속성도 없으며, 그 기원과 출처도 의심스러운 내용을 가르치고 있기 때문이다. 특히 예수가 구원과 생명에 이르는 유일한 길이요, 구원은 그의 희생적 죽음을 통해 이뤄진다는 기독교 핵심 교리에 대해서는 침묵하는 반면, 인간 자신의 참 본성을 깨닫는 것, 즉 지식을 통해 구원에 이를 수 있다고 주장하고 있다. 즉, 믿음이 아닌 깨달음의 강조가 도마복음이 정경에 포함되지 못한 이유 가운데 하나였다. 그러므로 도마복음은 당시에 유행한 영지주의 운동가들이 만들어낸 이단적 문서로 낙인찍혀 사도적 교회에 의하여 쓰레기 문서로 폐기되었던 것이다.

---

203 목창균, '믿음' 아닌 '깨달음' 강조해 '도마복음'은 정경이 되지 못했다, 기독일보 김규진 기자 (press@cdaily.co.kr), 입력 2016. 04. 19. 07:04 | 수정 2016. 04. 19 07:04

2. '하나님 나라'를 현재적 실재로 믿는 믿음이 아니라 지식으로 추구

도마복음은 기독교에 대한 생각을 혁명적으로 바꾸어 놓고 있다. 이 구절은 깨달음, 의식의 변화, 내 속에 계신 하나님에 대한 깨달음, 내 속에 계시는 하나님을 아는 것과 이것을 깨닫는 깨우침 '내 안에 있는 하나님 나라'를 강조하고 있다. 이는 명상이요, 선(禪)이다. 도마복음은 하나님 나라를 믿음이 아니라 지식으로 추구하고 있다.[204] 이에 반해서 정경복음서는 하나님 나라를 회개와 예수에 대한 믿음으로 추구하고 있다: "예수께서 권능을 가장 많이 행하신 고을들이 회개하지 아니하므로 그 때에 책망하시되, 화 있을진저 고라신아 화 있을진저 벳새다야 너희에게 행한 모든 권능을 두로와 시돈에서 행하였더라면 그들이 벌써 베옷을 입고 재에 앉아 회개하였으리라"(마 11:20-21). 예수님은 가버나움의 백부장의 믿음을 칭찬하시고 믿음을 가진 자가 천국에 들어갈 것을 말씀하신다: "내가 진실로 너희에게 이르노니 이스라엘 중 아무에게서도 이만한 믿음을 보지 못하였노라. 또 너희에게 이르노니 동 서로부터 많은 사람이 이르러 아브라함과 이삭과 야곱과 함께 천국에 앉으려니와, 그 나라의 본 자손들은 바깥 어두운 데 쫓겨나 거기서 울며 이를 갈게 되리라"(마 8:10-12).

도마복음은 현재적 '하나님 나라'를 강조하고 있다. 도마복음은 내세적 하나님 나라보다 현재적 하나님의 통치 영역을 강조하면서, '하

---

204   Craig A. Evans, *Fabricating Jesus*. 성기문 역. 『만들어진 예수』. 92.

나님 나라'의 현재성과 그에 대한 깨달음을 강조하고 있다. 이러한 내용은 회개하고 하나님에게로 돌아와 구원을 얻으라는 선지자들과 공생애 사역을 시작하면서 '회개하라 천국이 가까웠느니라'고 설교하면서 죄의 회개와 하나님에게로 돌아감을 전파한 사복음서의 예수와 그의 제자들이 전파한 하나님 나라와는 전혀 다르다: "좁은 문으로 들어가라 멸망으로 인도하는 문은 크고 그 길이 넓어 그리로 들어가는 자가 많고, 생명으로 인도하는 문은 좁고 길이 협착하여 찾는 자가 적음이라"(마 7:13-14). "좋은 나무가 나쁜 열매를 맺을 수 없고 못된 나무가 아름다운 열매를 맺을 수 없느니라. 아름다운 열매를 맺지 아니하는 나무마다 찍혀 불에 던져지느니라.

이러므로 그들의 열매로 그들을 알리라. 나더러 주여 주여 하는 자마다 다 천국에 들어갈 것이 아니요 다만 하늘에 계신 내 아버지의 뜻대로 행하는 자라야 들어가리라"(마 7:18-21). 사복음서의 예수는 회개와 믿음을 가르치는 고난의 종의 모습을 지녔으나, 도마복음의 예수는 내적 깨우침을 가르치는 현인의 모습을 지닌 "다른 예수"다. 도마복음은 사복음서가 증언하는 회심과 믿음의 복음을 내적 깨우침의 선불교로 변질시키고 있는 것이다.

IV. 역사적 예수를 영지주의적 깨우침의 현인으로 왜곡

1. 초월의 하나님 아닌 내 안의 하나님

도마복음은 "예수가 내 안의 하나님을 발견할 것과 믿음을 넘어선 깨달음을 가르쳤다"고 왜곡한다. 내 속에 계신 하나님에 대한 깨달음을 통해 내가 새 사람이 되고 죽음을 극복할 수 있다고 가르치는 도마복음은 '참된 나'를 아는 '깨달음'을 강조한 내용으로 가득 차 있다.

도마복음이 가르치는 예수는 요한복음에 기록된 니고데모에게 하신 예수의 말씀(요 3:1-21)과 전혀 배치된다: "예수께서 대답하시되 진실로 진실로 네게 이르노니 사람이 물과 성령으로 나지 아니하면 하나님의 나라에 들어갈 수 없느니라"(요 3:5), "이는 그를 믿는 자마다 영생을 얻게 하려 하심이니라"(요 3:15). 니고데모와의 대화에서 예수는 깨달음과 지식이 아니라 거듭남과 믿음을 강조하고 있다. 인간 육신은 하나님의 일을 알 수 없기 때문에 물(회개)과 성령(생명의 영)로 중생해야 할 것을 가르치고 있다. 그리고 하나님의 독생자를 믿는 자가 영생을 얻을 것을 가르치신다.

또한 사마리아 여인과 대화(요 4:1-42)에서 하신 예수의 말씀과도 상반된다: "예수께서 대답하여 이르시되 네가 만일 하나님의 선물과 또 네게 물 좀 달라 하는 이가 누구인 줄 알았더라면 네가 그에게 구하였을 것이요 그가 생수를 네게 주었으리라"(요 4:10). 예수는 사마리아 여인에게 내면적 자아를 각성할 것을 가르치지 않으시고 그녀와 현재 대화를 하고 있는 자가 누구인지를 알기를 요청하신다. 그리고 자신이 목마르지 않는 생수를 그녀에게 주실 것을 말씀하신다: "내가 주는 물을 마시는 자는 영원히 목마르지 아니하리니 내가 주는 물은 그 속에서 영생하도록 솟아나는 샘물이 되리라"(요 4:14). "여자가 이르되 메시아 곧 그리스도라 하는 이가 오실 줄을 내가 아노니 그가 오시면 모든 것을 우리에게 알려 주시리이다. 예수께서 이르시되 네게 말하는 내가 그라 하시니라"(요 4:25-26). 사마리아 여인과의 대화에서 예수는 생수란 인간이 각성하는 데서 나오는 것이 아니라, 예수가 주시는 선물이라는 것을 가르치신다. 예수가 주시는 은혜의 생수, 성령이 인간 속에 거하게 될 때 영생하는 샘물이 된다고 가르치신다. 이 생수를 주시는 이가 다름 아닌 예수 자신임을 가르치신다. 이러한 예수의 가르치심은 인간의 깨달음과 지식이 자기의 참 모습을 알게 된다는 도마복음의 "다른 예수"의 가르침과는 전혀 다른 것이다.

2. 성육신이 없는 예수는 가현적 예수요 적그리스도

사복음서(마태, 마가, 누가, 요한복음)는 예수의 삶을 우리에게 전해주고 있다. A.D. 70년경 전후 쓰여진 마가복음은 역사적 예수의 생애에 관하여 자세히 기록하고 있다. 그러나 이보다 훨씬 후인 A.D. 150-200년경에 쓰여진 도마복음은 예수의 삶에 대한 기록이 전혀 없다. 단지 114개의 단편적인 예수의 말씀으로 이루어진 순수한 예수 어록만이 기록되어 있다. 공관복음에서 언급된 기적, 예언의 성취, 재림, 종말, 부활, 최후심판, 대속 등에 관한 내용이 도마복음에는 전혀 없다. 대신에 내 속에 빛으로 계신 하나님을 아는 것, 곧 '깨달음'을 통해 내가 새 사람이 되고 죽음을 극복할 수 있다는 내용이 주를 이루고 있다.

이처럼 역사적 예수의 삶이 없는 복음서는 복음서라고 할 수 없다. 우리는 이것을 가현적 복음서라고 한다. 나사렛 예수의 구체적인 삶의 기록이 없고, 단지 그의 말씀만을 기록하고 있으며, 그 말씀조차도 정경복음서와는 전혀 다른 내용이기 때문이다. 도마복음은 교리적으로도 역사적 예수에 대한 '믿음' 대신에 인간 내면의 '깨달음'과 신성을 강조하고 있다. 사도 요한은 예수가 육체로 오신 것을 부인하는 영마다 적그리스도의 영이라고 하였다. 이러한 기준에 따라 도마복음은 초대교회가 이단으로 간주하여 폐기한 복음서다.

3. 하나님 말씀 경청의 복음을 인간 본성 해석의 복음으로 변질시킴

요한복음은 예수가 주시는 참 빛을 통해서만 인간은 하나님을 체험할 수 있다고 보는 반면, 도마복음은 참 빛은 인간 누구나 내면적으로 가지고 있는 것으로 본다는 점에서 결정적 차이가 있다. 도마복음의 빛은 인간이 내면적으로 가지고 있어서 "하나님 나라는 너희 안에 있으며 너희 밖에 있다. 자신을 아는 자마다 이것을 발견할 것이다. 그리고 너희가 살아계신 아버지의 아들이라는 것을 자각할 것이다. 그러나 너희가 자각하지 못하면 너희는 궁핍 가운데 있을 것이며, 너희는 궁핍 자체가 될 것이다"(도마복음 3절). "이는 만물이 진리의 존재 속에 드러나 있기 때문이다. 이는 감추어진 어떤 것도 드러나지 아니하는 것이 없을 것이기 때문이다"(도마복음 6절). 이에 반해서 예수는 자신이 참 빛이라고 가르치신다: "나는 세상의 빛이니 나를 따르는 자는 어둠에 다니지 아니하고 생명의 빛을 얻으리라"(요 8:12). 인간이 빛을 가지고 있는 것이 아니라 예수 자신이 참 빛이라는 것을 강조하신다.

도마복음은 "하나님의 나라는 장소가 아니라 깨달음이다"라고 가르치고 있으나, 사복음서는 하나님 나라의 우주적 임재를 가르치고 있다. 그리고 하나님 나라는 자기본성의 깨달음이 아니라 죄의 회개와 거듭남으로 성령이 오심으로 내면에서 체험할 수 있다: "하나님의 나라는 먹는 것과 마시는 것이 아니요 오직 성령 안에 있는 의와 평강과 희락이라"(롬 14:17). 그러나 이러한 하나님 나라는 세상을 초월한 하나님의 공간적 처소를 부인하지 않는다. 요한계시록은 거룩한 성 예루살렘이 하늘로부터 내려오는 것을 보면서 다음 묵시를 기록하고 있다: "내가 들으니 보좌에서 큰 음성이 나서 이르되 보라 하나님의 장막이 사람들과 함께 있으매 하나님이 그들과 함께 계시리니 그들은 하나님의 백성이 되고 하나님은 친히 그들과 함께 계셔서, 모든 눈물을 그 눈에서 닦아 주시니 다시는 사망이 없고 애통하는 것이나 곡하는 것이나 아픈 것이 다시 있지 아니하리니 처음 것들이 다 지나갔음이러라. 보좌에 앉으신 이가 이르시되 보라 내가 만물을 새롭게 하노라"(계 21: 3-5a).

도마복음은 "금식과 구제와 기도로는 아버지 나라에 들어갈 수 없다"고 가르치나, 누가복음에는 역사적 예수는 "항상 기도하고 낙망치 말아야 될 것을 가르치고 있다"(눅 18:1-8). 도마복음은 "존재하기 이전에 존재한 자여"라고 인간 영혼의 선(先)존재를 가르치나, 복음서 어디에서도 영혼의 선재를 가르치지 않는다. 도마복음은 자신을 알고 깨달음에 관해서만 말하고 있으나, 사복음서에서 역사적 예수는 "너희가 서로 사랑하라"고 사랑의 새 계명을 주신다: "새 계명을 너희에게 주노니 서로 사랑하라 내가 너희를 사랑한 것 같이 너희도 서로 사랑하라. 너희가 서로 사랑하면 이로써 모든 사람이 너희가 내 제자인 줄 알리라"(요 13:34-35).

V. 해석학적 성찰: 이신칭의를 기준으로 하느냐, 아니면 영지주의를 기준으로 하느냐?

역사적 공교회의 전통문서를 받아들일 것인가? 아니면 영지주의적 비교(秘敎)문서를 받아들일 것인가? 이것은 역사적 예수를 이해하는 데 가장 중요한 방법론적 전제다. 해석학적 성찰에 있어서 사복음서와 사도서신들이 전해주는 이신칭의 사상으로 해석하느냐, 아니면 도마복음이 말하는 깨달음의 사상으로 해석하느냐에 따라서 복음서의 역사적 예수상은 전혀 다른 모습으로 나타난다. 도마복음이나 영지주의 복음을 따르는 자들은 초대교회 400년의 기간을 예수 왜곡의 역사라고 본다.

1. 예수 말씀의 왜곡

도마복음 1절은 다음과 같다: "그리고 그가 말했다. 누구든지 이 말씀들의 해석을 발견하는 사람은 죽음을 경험하지 않을 것이다"(And he said, "Whoever discovers the interpretation of these sayings will not taste death"). 도마복음은 말씀의 해석을 발견하는 자가 죽음을 당하지 않을 것이라고 말한다.

그러나 이 구절은 복음서에 기록된 예수의 말씀과 상당한 차이가 있다. 예수는 그의 말을 듣고 믿는 자가 죽지 않고 영생에 이를 것을 말한다. "내가 진실로 진실로 너희에게 이르노니 내 말을 듣고 또 나 보내신 이를 믿는 자는 영생을 얻었고 심판에 이르지 아니하나니 사망에서 생명으로 옮겼느니라"(요 5:24). "무릇 살아서 나를 믿는 자는 영원히 죽지 아니하리니 이것을 네가 믿느냐"(요 11:26). 영생이란 비밀스러운 지식을 소유하는 것이 아니라, 하나님과 그의 아들 예수 그리스도를 아는 것이라고 가르치신다: "영생은 곧 유일하신 참 하나님과 그가 보내신 자 예수 그리스도를 아는 것이니이다"(요 17:3).

2. 범신론적 명제를 말하고 있다.

도마복음은 인간이 바로 하나님의 아들이요, 신성을 지녔다고 말한다: "너희가 살아계신 아버지의 자녀(아이)들임을 이해할 것이다"(도마복음 3절). 도마복음은 그런데 기독교인들은 자신들이 예수와 똑같은 존재로 이해하지 못한다고 한다. 사람들은 예수를 하나님의 유일한 아들이라고 하고, 신인(神人)의 존재로 만들어 버렸고, 믿음의 대상으로 만들어 버렸다는 것이다. 예수가 "나와 아버지는 하나이다"(요 10:30), "율법에 너희를 신들이라고 하였다"라고 했다(요 10:34)는 말씀을 근거로 도마복음은 예수가 '너희 인간이 다 신이요 하나님이다'고 가르쳤다고 왜곡한다. 여기서 도마복음은 예수의 말씀을 범신론적으로 현저히 왜곡하고 있다. "너희가 신"이라는 예수의 말씀은 인간이 존재적으로 신이라는 것이 아니라 "하나님 말씀을 받은 사람," 그 속에 예수를 구주로 영접한 자가 칭의를 받은 하나님의 자녀라는 의미에서 신이라고 한 것이다.

도마복음의 가르침은 복음서의 가르침과 외견상 비슷하게 들리나 그 내용은 전혀 다른 것이다. 요한복음에 의하면 예수를 믿는 자에게 하나님의 자녀가 되는 권세가 부여된다: "영접하는 자 곧 그 이름을 믿는 자들에게는 하나님의 자녀가 되는 권세를 주셨으니"(요 1:12). 신성이란 인간이 본유적으로 소유한 것이 아니라, 하나님의 영으로 거듭난 자들에게 신성이 아니라 새 사람이 부여되는 것이다: "이는 혈통으로나 육정으로나 사람의 뜻으로 나지 아니하고 오직 하나님께로부터 난 자들이니라"(요 1:13). 인간의 신성과 예수의 신성은 근본적으로 다르다. 인간은 하나님의 형상으로 지음을 받고 예수를 믿음으로써 신성화(새 사람) 되는 것이다. 이에 반해서 예수는 본래 하나님이시다: "태초에 말씀이 계시니라 이 말씀이 하나님과 함께 계셨으니 이 말씀은 곧 하나님이시니라"(요 1:1). "그는 근본 하나님의 본체시나 하나님과 동등됨을 취할 것으로 여기지 아니하시고, 오히려 자기를 비워 종의 형체를 가지사 사람들과 같이 되셨고"(빌 2:6-7). 그는 성육신하신 하나님이시다: "말씀이 육신이 되어 우리 가운데 거하시매 우리가 그의 영광을 보니 아버지의 독생자의 영광이요 은혜와 진리가 충만하더라"(요 1:14).

인간은 그리스도 안에 있어서 물과 성령으로 거듭나게 될 때 새로운 피조물이 된다: "누구든지 그리스도 안에 있으면 새로운 피조물이라 이전 것은 지나갔으니 보라 새 것이 되었도다"(고후 5:17). 칭의 받은 인간은 성령의 능력으로 세상의 정욕을 쳐 복종시키고 신의 성품에 참여하게 된다: "이로써 그 보배롭고 지극히 큰 약속을 우리에게 주사 이 약속으로 말미암아 너희가 정욕 때문에 세상에서 썩어질 것을 피하여 신성한 성품에 참여하는 자가 되게 하려 하셨느니라"(벧후

1:4). 이에 반해서 예수는 하나님의 품속에서 출생하신 하나님의 아들이시다. "본래 하나님을 본 사람이 없으되 아버지 품속에 있는 독생하신 하나님이 나타내셨느니라"(요 1:18). 예수는 존재적으로 성부 하나님으로부터 출생하신 삼위일체 하나님의 성자이신 분이다.

3. 인간을 신적 존재로 왜곡

도마복음 84절은 다음같이 말하고 있다: "… 너희보다 먼저 존재하고 죽지도 않고 보이지도 않는 너희의 형상을 볼 때, 너희가 얼마나 그것을 감당할 수 있을 것인가!" ("… when you see your images that came into being before you and that neither die nor become visible, how much you will have to bear!"). 도마복음은 '너희 안에 놀라운 것이 있다'라고 계속 상기시켜준다. 인간의 형상에 "우리 이전에도 있었고 죽지도 않고 보이지 않는 것"이 있다고 하며, 이것은 우리가 감당하기 벅차다고 한다. "너희의 형상을 볼 때" 무엇을 볼 것인가? 그것은 "먼저 존재해 왔고 죽지도 않고 보이지도 않는" 존재요, 하나님이다. 인간은 이전에 있었던 선재적 존재요 죽지 않는 신적 존재라는 것을 의미하고 있다. 인간이 하나님의 놀라운 존재라는 것을 시사하는 말씀이다. 이러한 도마복음의 가르침은 정경복음서의 예수의 가르침과는 완전히 상반되는 내용으로서 인간을 신격화시키고 있다.

요한복음의 말씀을 살펴보자. 예수는 밤에 자기를 찾아온 니고데모에게 물과 성령으로 거듭나야만 하나님 나라에 들어갈 수 있다고 하였다: "사람이 물과 성령으로 나지 아니하면 하나님의 나라에 들어갈 수 없느니라. 육으로 난 것은 육이요 영으로 난 것은 영이니"(요

3:5-6). 예수는 육으로 난 자와 영으로 난 자를 구분하였다. 육으로 난 자는 어둠을 사랑하는 자다. 육에 속한 자는 타락하여 죄를 지으므로 하나님의 심판을 받을 수밖에 없다: "그 정죄는 이것이니 곧 빛이 세상에 왔으되 사람들이 자기 행위가 악하므로 빛보다 어둠을 더 사랑한 것이니라"(요 3:19). "아들을 믿는 자에게는 영생이 있고 아들에게 순종하지 아니하는 자는 영생을 보지 못하고 도리어 하나님의 진노가 그 위에 머물러 있느니라"(요 3:36). 그러나 영으로 난 자는 믿음으로 하나님의 아들 예수를 영접한 자이다: "영접하는 자 곧 그 이름을 믿는 자들에게는 하나님의 자녀가 되는 권세를 주셨으니, 이는 혈통으로나 육정으로나 사람의 뜻으로 나지 아니하고 오직 하나님께로부터 난 자들이니라"(요 1:12-13).

마지막으로 도마복음에서 아주 중요하게 다뤄지는 108절을 살펴보자: "누구든지 내 입으로부터 마시는 사람은 나와 같이 될 것이고, 나 자신은 그 사람이 될 것이다. 그러면 감추어진 것들이 그에게 드러날 것이다"(Whoever drinks from my mouth will become like me; I myself shall become that person, and the hidden things will be revealed to him). 이 구절에서 예수는 자신이 말하는 것을 그대로 받아들이는 사람은 예수와 같이 되고, 나 자신이 그가 된다고 한다. 그러나 요한복음은 다르게 가르치고 있다: "내가 주는 물을 마시는 자는 영원히 목마르지 아니하리니 내가 주는 물은 그 속에서 영생하도록 솟아나는 샘물이 되리라"(요 4:14). 인간이 예수가 되고 하나님이 되는 것이 아니라, 예수의 성령이 우리 속에 거하게 되실 것을 말하는 것이다.

도마복음은 예수 재림의 미래적 사건을 부인하고 모든 사람이 예수와 같이 하나님 의식을 가지게 된다고 왜곡한다. 이것이 "어려운 비밀 말씀"이라고 보지만, 이는 인간 신격화를 의도하는 것으로서 인간의 교만과 신격화를 항상 경고하고 있는 정경복음서의 가르침과 정면으로 배치되는 것이다. 사도 바울은 증언한다: "내가 내 몸을 쳐 복종하게 함은 내가 남에게 전파한 후에 자신이 도리어 버림을 당할까 두려워함이로다"(고전 9:27). 그리고 도마복음에서는 구름을 타고 재림하는 예수란 없다. 다만 내가 예수와 똑같이 '아버지와 하나 된 존재로구나' 하는 의식을 가지게 된다고 말한다. 이는 인간 존재를 신격화하는 뉴에이지 사상의 원류다. 인간이 영원한 존재가 되는 데는 인간 속의 신성의 자각과 계몽으로 되는 것이 아니라 최종의 심판 날에 최후의 나팔 소리와 함께 들려오는 하나님의 능력으로써만 이루어진다. 사도 바울은 이러한 사실을 다음과 같이 증언한다: "우리가 다 잠 잘 것이 아니요 마지막 나팔에 순식간에 홀연히 다 변화되리니, 나팔 소리가 나매 죽은 자들이 썩지 아니할 것으로 다시 살아나고 우리도 변화되리라. 이 썩을 것이 반드시 썩지 아니할 것을 입겠고 이 죽을 것이 죽지 아니함을 입으리로다"(고전 15:51b-53).

4. 믿음과 헌신의 복음을 지식과 각성의 종교로 왜곡

1) 자아를 찾으라는 말씀이 주제이다

도마복음에 "찾으라, 발견하다, 알라"라는 뜻의 말씀은 앞서 살펴본 2절, 3절, 4절 외에도 곳곳에 퍼져있다. 복음서의 말씀과 일치하는 것도 있다. 5절: "너희 앞에 있는 것을 알라⋯ "("Know what is in front of your face⋯ "). 28절: "⋯ 그들 가운데 누구도 목말라 하는 것을 보지 못했다"("⋯ and I did not find any of them thirsty"). 76절: "⋯ 변함없는 영원한 그런 보물을 찾으라."("… seek his treasure that is unfailing"). 92절: "찾으라, 그러면 발견할 것이다…"("Seek and you will find… "). 94절: "찾는 자는 발견할 것이고 두드리는 자에게 열릴 것이다…"("One who seeks will find, and for (one who knocks) it will be opened…"). 67절: "모든 것을 알되 그들 자신을 모르면 아무것도 모르는 사람이다"("Those who know all, but are lacking in themselves, are utterly lacking"). 111절: "… 자기 자신을 발견한 사람에게 세상은 중요하지 않다"("… Those who have found themselves, of them the world is not worthy"). 결국, 도마복음은 "알라, 찾으라, 두드리라, 발견하다" 등의 용어를 사용함으로써 진리를 찾고 자신을 발견하는 것의 중요성을 복음서 전체를 통해서 이야기하고 있다.

하지만 여기서 강조하고 있는 찾고, 알고, 발견해야 할 것은 하나님이 아닌, 자기 속의 진리, 자기의 진면목을 찾고, 알고, 발견해야 한다고 가르치고 있다. 이는 선불교적 가르침이며, 인간의 신성을 신격화하는 사탄의 가르침이다. 이에 반해서 복음서와 사도서신은 "회개하라", "믿으라", "새 사람이 되어라"고 가르치고 있다: "때가 찼고 하나님의 나라가 가까이 왔으니 회개하고 복음을 믿으라"(막 1:15), "영접하는 자 곧 그 이름을 믿는 자들에게는 하나님의 자녀가 되는 권세를 주셨으니"(요 1:12), "그런즉 누구든지 그리스도 안에 있으면 새로운 피조물이라 이전 것은 지나갔으니 보라 새 것이 되었도다"(고전 5:17). "오직 너희의 심령이 새롭게 되어, 하나님을 따라 의와 진리의 거룩함으로 지으심을 받은 새 사람을 입으라"(엡 4:23-24).

2) 자기 발견은 선불교 사상

도마복음의 핵심인 자아 발견은 복음서에 나타난 역사적 예수의 말씀이 아니라, 선불교 사상을 대변하고 있다. 자신의 감추어진 신성(神性)의 발견이 도마복음의 가장 중요한 특징이다. 이것은 "스스로 찾고 두드리고 발견하라"는 자신의 의지가 중요함을 말하는 것이기도 하다. 자기 스스로 찾지 않는 사람은 진리의 말씀을 아무리 전해 주어도 전혀 알아듣지 못한다. 혹, 알아들을지라도 머릿속으로만 알고, 이것과는 상관없이 세상의 잡다한 것들에 종노릇하며 살 뿐이다.

이에 반하여 신구약 성경은 철저히 인간의 부패성과 죄성을 고발하고 있다. 구약 예언자 예레미야는 인간의 마음에 대한 하나님의 말씀을 다음과 같이 대언한다: "만물보다 거짓되고 심히 부패한 것은 마음이라 누가 능히 이를 알리요마는, 나 여호와는 심장을 살피며 폐부를 시험하고 각각 그의 행위와 그의 행실대로 보응하나니"(렘 17:9-10). 인간의 마음은 신성을 지닌 것이 아니라 만물보다 거짓되고 심히 부패하지만 인간은 이를 알지를 못하나 하나님만이 이를 아셔서 인간의 심장과 폐부를 살피고 시험하시고 그 행위와 행실대로 보응하신다. 그러므로 구약 잠언의 말씀은 자기 마음을 믿는 자는 미련한 자라고 하였다: "자기의 마음을 믿는 자는 미련한 자요 지혜롭게 행하는 자는 구원을 얻을 자니라"(잠 28:26). 그러므로 바울은 구약 시편 말씀(시 14:1-3)을 인용하여 "의인은 없나니 하나도 없으며, 깨닫는 자도 없고 하나님을 찾는 자도 없고, 다 치우쳐 함께 무익하게 되고 선을 행하는 자는 없나니 하나도 없도다"(롬 3:10-12)라고 고백하였다. 바울은 에베소서에서 하나님을 모르는 이방인의 지적 허망함과 도덕적 부패를 다음과 같이 묘사하면서 그리스도인들은 이처럼 행하지 말

것을 촉구하고 있다: "너희는 이방인이 그 마음의 허망한 것으로 행함 같이 행하지 말라. 그들의 총명이 어두워지고 그들 가운데 있는 무지함과 그들의 마음이 굳어짐으로 말미암아 하나님의 생명에서 떠나 있도다. 그들이 감각 없는 자가 되어 자신을 방탕에 방임하여 모든 더러운 것을 욕심으로 행하되, 오직 너희는 그리스도를 그같이 배우지 아니하였느니라"(엡 4:17-19).

5. 역사적 종말론 부정: 현재적 종말론

도마복음은 미래적 종말 아닌 현재적 종말을 가르치고 있다. 51절: "… 언제 새 세상이 옵니까? 그들에게 말씀하셨다. '너희가 기다리는 것은 이미 왔다. 다만 너희가 그것을 알지 못하고 있을 뿐이다'" ("… and when will the new world come?" He said to them, "What you are looking forward to has come, but you don't know it"). 도마복음에서는 새 세상이 이미 와 있음을 주장한다. 인간은 자기 내면 속의 신성을 일깨워 무지에서 영지(靈智)로 나오기만 하면 된다. 도마복음에 의하면 새로운 세상은 예수의 재림으로 오는 세상이 아니다. 새 세상은 언제나 이미 도래해 있다는 것이다. 도마복음은 현재적 종말론을 말한다.

그러나 이러한 도마복음의 가르침은 사복음서에 나타난 역사적 예수의 가르침과는 본질적으로 부합되지 않는 내용들이다. 첫째, 새 세상은 인간의 내적인 신성과 더불어 와 있는 것이 아니다. 우리 인간이 있는 세상은 옛 세상이다. 인간의 근원적 저항과 불순종으로 원죄를 범함으로 창조된 낙원에서 쫓겨 나왔다: "이같이 하나님이 그 사람을 쫓아내시고 에덴동산 동쪽에 그룹들과 두루 도는 불 칼을 두어 생명나무의 길을 지키게 하시니라"(창 3:24). 우리가 사는 세상은 타락한 세상으로 경쟁과 갈등으로 이어지는 하나님의 진노가 있는 위험한 세상이나, 하나님의 은총으로 그의 심판이 종말까지 연기된 옛 에온의 세상이다.[205]

둘째, 새 세상은 예수의 오심과 더불어 왔고 오고 있는 하나님 나라다. 예수는 하나님 나라의 복음을 선포하시면서 귀신을 추방하는 자신의 사역 안에서 하나님 나라가 왔음을 알리셨다: "그러나 내가 하나님의 성령을 힘입어 귀신을 쫓아내는 것이면 하나님의 나라가 이미 너희에게 임하였느니라"(마 12:28). 예수 그리스도를 모신 그 마음속에 하나님 나라가 있다: "또 여기 있다 저기 있다고도 못하리니 하나님의 나라는 너희 안에 있느니라"(눅 17:21). 예수가 증거하신 하나님 나라는 우리 마음속에 있는 귀신이 추방되는 영적 사건으로 우리 속에 임재한다.

셋째, 하나님 나라는 예수의 다시 오심과 함께 종말론적으로 미래에 도래할 것이다. 역사적 예수는 하나님 나라가 역사의 종말에 우주적으로 임재한다는 미래적 종말론을 분명하게 가르치고 있다: "이 천국 복음이 모든 민족에게 증언되기 위하여 온 세상에 전파되리니 그제야 끝이 오리라"(마 24:14). "그 때에 인자의 징조가 하늘에서 보이겠고 그 때에 땅의 모든 족속들이 통곡하며 그들이 인자가 구름을 타고 능력과 큰 영광으로 오는 것을 보리라"(마 24:30). '천국 복음이 땅

---

[205] H. Thielicke, *Geschichte und Existenz. Grundlegung einer evangelschen Geschichtstheologie*, 1. Aufl. 1935, Gütersloh, 2 Aufl. 1964, Gerdmohn, 232; 김영한, 헬무트 틸리케, 살림, 2003, 30-37.

끝까지 전파되고 난 후'란 미래를 가리킨다. 그리고 인자가 하늘 구름을 타고 영광 속에 오는 것은 미래에 있을 그의 재림을 말한다. 도마복음은 인간의 신성 속에 있는 하나님 나라의 현재성만을 말하나, 정경복음(사복음서)은 인간 속에 하나님 나라가 있을 수 없는 하나님 나라의 초월성을 말하고 있으며, 메시아이신 예수 안에서 하나님 나라의 도래와 현재와 미래를 가르치고 있다.

6. 지상 나라를 하나님 나라와 동일시

도마복음은 하나님 임재의 일반적 통치와 구속적 통치를 구분하지 않고 하나님 나라의 보편적 임재를 말하고 있다. 도마복음 113절은 다음같이 말한다: "… 아버지의 나라는 이 땅 위에 펼쳐져 있어 사람들이 그것을 보지 못한다"("… the Father's kingdom is spread out upon the earth, and people don't see it"). 도마복음에 의하면 하나님의 나라는 마치 공기와 같다. 사람이 공기 속에서 살지만 공기를 인식하지 못하고 사는 것과 같다. 사람들은 하나님의 나라 속에서 하나님을 체험하면서 살지만, 오묘함 가운데 이루어지는 하나님의 나라와 하나님을 인식하지 못하고 살고 있을 뿐이다.

그러나 사복음서에서 역사적 예수가 가르치는 하나님 나라는 신자와 불신자를 구분하고 있고 악한 자와 불신자는 지옥 불에 들어가고, 선한 자와 믿는 자만이 천국에 들어간다고 말하면서 하나님 나라의 제한성을 말하고 있다. 예수는 산상설교에서 하나님 나라 도래의 임박성과 지옥의 심판과 형벌에 관하여 언급하고 있다: "형제에게 노하는 자마다 심판을 받게 되고 형제를 대하여 라가라 하는 자는 공회에 잡혀가게 되고 미련한 놈이라 하는 자는 지옥 불에 들어가게 되리라"(마 5:22). "만일 네 오른 눈이 너로 실족하게 하거든 빼어 내버리라 네 백체 중 하나가 없어지고 온 몸이 지옥에 던져지지 않는 것이 유익하며, 또한 만일 네 오른손이 너로 실족하게 하거든 찍어 내버리라 네 백체 중 하나가 없어지고 온 몸이 지옥에 던져지지 않는 것이 유익하니라"(마 5:29-30). "동서로부터 많은 사람이 이르러 아브라함과 이삭과 야곱과 함께 천국에 앉으려니와, 그 나라의 본 자손들은 바깥 어두운 데 쫓겨나 거기서 울며 이를 갈게 되리라"(마 8:11-12). 마태복음 24장 31-46절을 보면 종말에 선인과 악인의 구분이 있고 악인은 영벌에, 선인은 영생에 들어 갈 것을 가르치고 있다. 그리고 지극히 작은 소자에게 한 것이 곧 바로 그리스도에게 한 것이라고 가난한 이웃 사랑을 가르치고 있다: "내가 진실로 너희에게 이르노니 너희가 여기 내 형제 중에 지극히 작은 자 하나에게 한 것이 곧 내게 한 것이니라"(마 25:40). 그리고 지극히 작은 소자에게 하지 않는 것은 바로 그리스도에게 하지 않은 것이라고 말한다: "내가 진실로 너희에게 이르노니 이 지극히 작은 자 하나에게 하지 아니한 것이 곧 내게 하지 아니한 것이니라"(마 25:45). 그리고 보편구원이 아니라 제한 구원을 말하고 있다: "그들은 영벌에, 의인들은 영생에 들어가리라"(마 25:46).

영지주의는 1세기부터 4세기까지 초기 기독교에 침투하여 기독교 진리를 혼미하게 만들었다. 영지주의는 영적 깨달음을 강조하면서, 육체를 악하다고 보고 예수의 인성을 부인하였다. 영지주의는 창조주를 악한 물질세계를 만든 데미우르고스(dēmiourgos, Demiurge)라는 열등 신으로 간주하였다. 이들은 물질을 악한 것으로 보고, 영적 지식만을 가지면 천국에 들어간다고 주장하였다. 영지주의자들은 육체로는 아무리 죄를 지어도 영과는 아무런 상관없다며 윤리적으로 방탕한 생활을 하거나 또는 식물을 폐하고 성을 기피하는 극도의 금욕주의 생활을 하였다. 영지주의는 세례자 요한을 메시아라고 하고, 예수를 평가절하 하여 예수가 영지주의를 가르쳤다고 주장하였다. 영지주의는 신비주의를 중요시하여 꿈, 환상을 정당화하고 상상한 이야기를 사실처럼 위조하였다. 당시 영지주의자였던 이집트인과 헬라인들은 200년, 300년 전 인물인 예수와 제자들에 대하여 상상에 의한 허구의 소설을 썼다. 이 위조의 문서들이 도마복음, 유다복음, 막달라 마리아복음, 그리고 많은 파피루스들이다.

초대교회 시절 영지주의 문서로부터 사이비 복음서들(도마복음, 유다복음, 빌립복음, 막달라 마리아복음 등)이 나왔기 때문에 속사도 교부들은 정경화 작업을 하였다. 정경의 기준이란 사도성, 교리적 일치, 역사성이었다. 사도성이란 사도들이 쓴 문서여야 하고, 교리적 일치란 사도들의 가르침에 부합해야 하며, 역사성이란 공교회가 합당하게 여긴 문서라는 것이다. 도마복음이 정경으로 채택되지 않고 사라진 것은 이 3가지 기준에 합치하지 않는 이유 때문이었다. 이들 문서는 이미 이단 문서로 정죄된 가짜 문서이다. 이레니우스는 자신의 저서『이단에 반대하여』에서 이러한 영지주의 복음서들이 사도적 복음을 위협한다고 경고했다. 따라서 그리스도의 신성을 부인한 아리우스파로부터 삼위일체 교리를 변호하였던 아타나시우스파의 정통교회는 도마복음을 배척했던 것이다.

도마복음은 어록에 있어서 부분적으로는 공관복음과 유사한 것을 말하고 있으나, 역사적 예수의 가르침과는 전혀 다른 가르침을 말함으로써 전통적인 교회의 예수상과는 다른 선불교의 예수상을 가르치고 있다. 이는 전통교회 신자들에게 신앙적 혼란을 가져다주고 있다. 이와 더불어 유다복음도 마찬가지로 가룟 유다의 예수 배반을 정당화하면서 예수의 부활을 부정하고 있다. 빌립복음은 막달라 마리아가 12사도들보다 우월한 지식을 가진 여성 제자로 강조하는 등 사복음서의 내용을 영지주의적으로 왜곡하고 있으며, 마찬가지로 마리아복음 역시 막달라 마리아를 예수와 독대하며 예수의 특별계시를 받는 여성으로 묘사함으로써 사복음서가 기록한 헌신과 봉사의 막달라 마리아상을 영지주의적으로 왜곡하고 있다.

역사적 예수를 이해하는 데 있어서 가장 중요한 전제는 해석학적 성찰의 방법이다. 사복음서와 초대교부들이 공인한 문서를 기준으로 이해하느냐, 아니면 사복음서와 모순되는 나그함마디 문서들 같은 영지주의 문서들을 기준으로 하느냐에 따라서 역사적 예수의 모습은 전혀 다르게 나타난다. 저자는 역사적 예수를 이해하는 데 있어서 역사적 공교회가 전하는 사복음서와 사도적 전통이 전하는 문서들에 따라서 역사적이고 신앙적 성찰을 통해서 접근하고자 한다.

제2부

역사적 예수 제1, 제2, 제3
논구에 대한 비판적 성찰

제 7 장

역사적 예수에 대한 제1, 무, 제2, 제3 탐구: 방법론적 성찰

Jesus of Nazareth in Reformed Orthodox Faith

:: 제7장 역사적 예수에 대한 제1, 무, 제2, 제3 탐구: 방법론적 성찰

역사적 예수(der historische Jesus, historical Jesus)란 신화나 전설적 인물이 아닌 역사상 사실적으로 살았던 실제적 예수(real Jesus)라는 뜻이다. 역사적 예수는 바로 복음서가 증거하는 나사렛 예수다. 역사적 예수는 19세기 자유주의 신학의 산물이 아니고 신약학의 역사에서 자연스럽게 나온 중요한 학문적 용어다. 역사적 예수란 복음서가 말하는 대로 나사렛 출신의 예수가 복음을 선포하시고, 제자들을 부르시고 가르치고, 저들과 같이 생활하시다가 예루살렘에 올라가셔서 십자가에 달려 죽으시고 부활하신 실제적인 역사적인 인물인 나사렛 예수를 말한다. 저자는 이 역사적 예수가 성경이 증언하는 대로 사실이요, 진실이라고 믿는다. 이분은 허구나 가공적 인물이 아니라 실제적인 역사적 인물이라는 것이다. 이분을 기점으로 해서 세계 역사가 서기(西紀) 그리스도 이전(BC, Before Christ)과 이후(AD, Anno Domini)로 구분되는 그러한 구체적인 역사적 인물을 말하는 것이다. 그러므로 이 용어는 자유주의자들의 전용(專用)어가 아니다.

I. 역사적 예수 논구의 방법

역사적 예수란 신약학 연구에서 줄곧 사용되어 온 학문적 용어다. 자유주의자들만이 아니라 복음주의자들도 이 용어를 사용하고 있다. 심지어는 평범한 신자들은 예수를 믿는다고 할 때 역사적 예수를 믿는다고 한다. 왜냐하면 우리는 신앙의 대상으로서 예수만이 아니라 역사적 실재로서의 예수를 믿고 있기 때문이다. 그러므로 역사적 예수 용어 자체가 잘못일 수는 없다. 용어란 사용하는 자들에 의하여 그 성격이 결정된다. 칼이 명의(名醫)에게 사용될 때 그것은 암 환자를 살리는 치유의 도구가 되지만, 살인자에 의하여 사용될 때에는 사람을 죽이는 도구가 되는 것과 같다. 엄격성을 추구하는 개혁전통의 복음주의 신학은 학문적 논의를 회피해서는 안 되며 진지하게 토론에 임해야 한다. 영국 아버딘(Aberdeen) 대학교의 복음주의 신학자 하워드 마샬(I. Howard Marshall)은 『나는 역사적 예수를 믿는다』라는 제목의 저서에서,[206] 영국 맨체스터 대학교 복음주의 신학자 브루스는 『실제 예수』라는 제목의 저서에서,[207] 그리고 독일 튀빙엔 대학교의 신약학 교수 오토 베츠는 『역사적 예수의 진실』이라는 자신의 저서에서[208] 역사적 예수를 학문적으로 잘 드러내 보여주었다.

---

[206] I. Howard Marshall, *I Believe in the Historical Jesus* (London: Hodder & Stroughton; Grand Rapids: Eerdmans 1977), 47-48.

[207] F. F. Bruce, *The Real Jesus*, London, Sydney, Auckland, Toronto: Hodder & Stroughton, 1985, 27-30.

[208] Otto Betz, *Was Wissen Wir von Jesus?* Stuttgart, Berlin: Kreuz Verlag, 1967. 전경연 역, 『역사적 예수의 진실』, 한국신학출판부, 1978, 7-25.

이 역사적 예수라는 용어를 자유주의자들이 잘못된 방향을 사용함으로써 이 용어가 부정적인 선입견으로 덧씌워진 것도 사실이지만, 올바른 진리를 정립하기 위해서는 이 역사적 예수라는 용어 사용을 회피하거나 배제해서는 안 된다. 용어 사용을 피하고자 하는 것은 학문적 회의주의에 빠지는 것이기 때문이다. 자유주의자들이 사용한 "역사적 예수"는 실제 역사 안에 존재하지 않고, 비평적 재구성 안에서만 존재하는 그런 허구적으로 "만들어진 예수"(fabricated Jesus)다.[209] 우리는 이들의 왜곡되고 뒤틀린 "역사적 예수"의 개념을 학문적인 연구를 통해 다시 제자리로 돌려놓아야 한다. 그렇다고 해서 여기서 저자가 역사적 예수를 학문적으로 증명하고자 하는 것은 아니다. 단지 학문적으로 보다 타당성 있게 이해되도록 증언하고자 하는 것이다. 저자가 파악하는 역사적 예수는 살아있는 인격으로서 이미 신구약 성경을 통해서 증언되어 있으며, 2000년 기독교 역사를 통해서 믿는 신앙인들의 인격의 교통 속에서 자신을 드러내고 있는 분이다. 그분은 성경이나 교리에 갇혀 있는 분이 아니라, 그를 인격적으로 신앙하는 모든 신자들의 마음속에 말씀과 성령으로 살아계시는 구세주이다. 그분은 오늘도 성경과 교리와 다양한 사건을 통해서 우리들에게 직·간접으로 말씀하시는 인격이시다.

　19세기 계몽주의 세계관에 영향을 받은 자유주의 신학자들은 처음부터 신앙의 그리스도와 분리된, 역사적·사실적으로 실존했던 예수를 찾고자 하였다. 이들은 처음부터 신앙의 그리스도와 역사적 예

209　Craig A. Evans, *Fabricating Jesus*; 정기문 역, 『만들어진 예수』, 23-26. 27-45.

수를 분리시키고 성경을 신뢰할만한 경전으로 믿지 않았다. 이들은 초대교회의 케리그마로 고백된 그리스도를 넘어서 사실적으로 있었던 역사적 인물인 나사렛 예수를 찾고자 하였다. 이들은 19세기 실증주의적 역사과학적 전제에 사로잡힌 시각, 즉 역사적 이성의 자율성(autonomy of historical reason)을 모든 사실과 진리의 척도로 하는 그릇된 전제를 가지고 역사적 예수를 찾고자 하였다. 이러한 전제란 인과율이라는 역사적 유비(historical analogy)에 의하여 이성적 비판이 가능한 사실만을 "역사적"이라고 간주하는 계몽주의적 사고방식에서 나오는 것이다. 계몽주의적 전제(enlightenmental hypothesis)란 기적이나 이적(오병이어의 사건, 바다의 풍랑을 꾸짖어 잠잠하게 함, 변화산 사건, 물위를 걸으심 등) 등 초자연적 사건들을 역사적 사실의 범주에서 제외시키는 비판적 환원주의적 사고다. 그런 나머지 복음서에 기록된 예수의 동정녀 출생, 각종 이적, 예수의 신적 기원, 십자가 대속의 죽음과 부활, 승천, 재림 사건 등은 내재적 역사적 인과율과 유비에 들어오지 않기 때문에 "신화", "허구", "상징" 등으로 간주되었다.

II. 계몽주의 전제에 의한 논구가 가져온 실패: 제1(옛) 탐구, 무탐구, 제2(새) 탐구, 예수 세미나(제3 탐구 중 자유주의 논구)가 초래한 역사적 예수의 허구적 구성

역사적 예수에 대한 제1 탐구(The Quest of Historical Jesus)는 역사

적 인물로서의 예수와 교회가 예수를 해석하고 있는 것 사이에 근본적인 차이를 전제하는 것에서 출발하고 있다. 그리하여 제1 탐구는 역사적 예수에 대한 옛 탐구로서 역사적 예수라는 인물에 대한 탐구다. 신약성경의 배후에 놓여 있는 "역사적 예수"는 단순히 종교적 교사이며, "신앙의 그리스도"는 이 단순한 인물에 대한 초대교회 저자들의 오해였다는 것이다. 그러한 생각은 비록 영국의 17세기 이신론자들에 의해 주장되어왔지만, 18세기 후반 독일에서 계몽주의적 시대 흐름 가운데서 그들의 계몽주의적 해석이 받아들여지게 되었다. 특별히 독일의 함부르크 대학교 신학자 헤르만 사무엘 라이마루스(Hermann S. Reimarus)의 사후에 출판된 글을 통해서 이러한 일이 일어났다.

그리하여 19세기 자유주의적 역사적 예수 논구에서 복음서에 기록된 예수의 전기(傳記)가 보고하는 초역사적인 기사들은 모두 신화와 전설이나 문학적 상징으로 간주되었다. 복음서에 있는 예수의 기록 가운데 이러한 초역사적인 성격을 제거한 예수는 실증과학적 이성으로 축소된 예수였다. 이것은 더 이상 역사적 예수가 아니라 인간의 상상력에 의하여 "만들어진 예수"(fabricated Jesus)였다. 이것이 바로 19세기 자유주의자들의 역사적 예수 논구에서 재구성된 예수였다. 프랑스의 신학자 에른스트 르낭은 역사적 예수에게서 "달콤한 인간주의", 독일의 신학자 리츨은 "투철한 직업의식," 빌헬름 헤르만은 "종교의식"을 발견했다. 요한네스 바이스(Johannes Weiss)는 예수의 하나님 나라 선포가 갖는 세상 종말의 묵시록적 성격을 천명하면서 19세기 자유주의적 역사적 예수 탐구의 파산선고를 예견하였다.

20세기에 들어와 슈바이처는 역사적 예수를 "묵시록적 세계관에 사로잡힌 망상가"로 그리면서 19세기 역사적 예수 탐구에 대한 파산선고를 했다. 이들의 자유주의적 비판적 사고를 그대로 수용한 독일의 신약학자 루돌프 불트만은 『예수전』(Jesus)이라는 소저서를 내었으나 그의 예수전은 역사적 예수가 없는 예수였다. 말하자면, 불트만이 발견한 예수는 케리그마로만 치장되어 생애 내용이 전혀 안개에 쌓여 있는 불가지론에 가까운, 어떻게 살았다는 역사적 알맹이가 없는 예수였다. 불트만과 그의 학파는 "나사렛 예수 안에 하나님의 오심"(das Gekommen-sein Gottes in Jesus von Nazareth)만을 인정했고 복음서에 있는 역사적 예수 기록들은 모두 초대교회가 "종교사의 신화나 전설" 같은 것을 가져다가 치장한 것으로 보았다. 불트만에 의하면 역사적 예수가 누구인가를 밝히는 것이 아니라 케리그마 안에서 선포되는 그리스도를 인격적으로 만나는 일이 중요하다. 그는 역사적 예수에 대한 불가지론을 말하면서 지금 여기서 선포되는 케리그마 안에 예수가 현존해 있다는 실존론적 해석의 입장을 표명하였다.[210]

불트만 학파의 이러한 종교사적 논구의 부정적 영향을 극단적으로 받아 나타난 것이 바로 1999년 영국에서 출판된 프리크와 갠디의 『예수는 신화다』라는 저서였다. 여기서 이 두 학자는 "예수가 역사적 인물이 아닌 신화"라고 주장하기 이르렀다. 이 책은 '데일리 텔레그래프'(The Daily Telegraph)에 의해 '1999년의 책'으로 선정되기도 했는데, 한국에서는 2002년에 동아일보사에서 번역 출판되었으나 한국

---

210 김영한, 『바르트에서 몰트만까지』, 대한기독교서회, 개정증보판, 2003. 202.

교계의 강력한 항의에 의해 결국 폐기처분되었다. 댄 브라운의 『다빈치 코드』[211]도 미국에서 출판되어 베스트셀러가 된 책인데, 국내에서도 출판되어 역시 베스트셀러로 팔린 바 있는 비슷한 문제를 야기한 책이다. 더욱이 이들은 2세기 영지주의의 영향을 받은 영지주의 문서(도마복음, 유다복음, 빌립복음, 마리아복음 등)들을 가져다가 역사적 예수를 재구성하려다 보니 예수는 하나의 영지주의적 현인(賢人)으로 탈바꿈하게 되었다.

　제1(옛) 탐구는 합리주의적인 전제를 가지고 예수의 이야기에 접근했고, 복음서 설화의 기적적인 측면을 걸러내었다. 제1(옛) 탐구가 신약성경에 표현된 그리스도상을 의심하는 데 집중되어 있다면, 무(無) 탐구는 역사적 예수 논구에 대한 파산 선고 및 불가지론을 선언했다면, 제2(새) 탐구는 예수의 말씀에 초점을 두고, 역사적 예수와 신앙의 그리스도 사이의 연속성을 강조하는 데 관심을 가지고 있다. 제2(새) 탐구는 예수 그 자신의 선포와 예수에 대한 교회의 선포 사이의 연속성을 강조함으로써 그것을 통합하여 정리하고 있다. 제3의 탐구는 예수의 치유와 축귀에 초점을 두고서 예수의 복음사역이 지니고 있는 특징과 예수의 목표를 이해하는데 치중했다.

　그러므로 역사적 예수라는 용어는 자유주의 신학의 전유물이나 이들만의 용어가 아니라, 그리스도인이면 누구나 사용할 수 있는 신앙적이고 신학적 용어이며, 가장 친숙한 용어다. 이 용어를 사용한 신학자들이 역사적 예수에 대하여 주로 부정적인 결론을 내렸다고 하여

211　Dan Brown, *The Da Vinci Code*, Anchor Books, 2006.

이 용어를 자유주의 신학자의 것으로 넘겨주고 포기할 수는 없다. 역사적 예수란 복음주의자들에 의하면 이 용어가 말하는 그대로 실제로 있었던 예수라는 뜻이다. 예수께서는 오늘도 신앙하는 자의 마음 속에, 그리고 신앙의 공동체 안에, 그리고 기독교의 역사 가운데 그리고 역사와 우주의 운행 가운데 살아계시는 분이다. 이분이 바로 역사적 예수요 바로 신앙의 예수다. 역사적 예수와 신앙의 예수는 동일한 분인데 역사적 예수를 포기한다는 것은 우리의 신앙의 근거를 포기한다는 것이다.

III. 제1의(옛) 탐구: 라이마루스에서 바이스까지 (1778-1906) 19세기 자유주의 신학자 들에 의한 역사와 신앙의 분리

17세기 중반부터 18세기 중반까지 영국에서 지배권을 가졌던 자연신론은 합리주의 사상운동을 야기하였다. 자연신학은 신앙과 계시에 의존하지 않고 이성과 경험에만 근거하여 신론을 정립하고자 하였다. 자연신론의 등장으로 기독교의 계시적 진리, 삼위일체, 성육신, 성경, 권위, 구속행위 등이 부인되었다.[212] 롤란드(John Roland, 1670-1722)는 이적이 기독교의 본질이 아니라고 보았고, 예수를 선지자로

---

212 T. H. L. Parker, "Natural Theology," *Baker's Dictionary of Theology*, ed. E. F. Harrison, (Grand Rapids, 1960), 372.

보고 기독교의 본질이란 창조주 하나님을 믿고 이웃의 복지에 관심을 두는 실제적인 종교라고 보았다. 볼테르(François Marie Arout de Voltaire, 1694-1778)는 예수를 한 선지자로 보고 예수의 이적과 도덕적 행동은 군중들의 무지를 통해 이득을 보려고 한 사제들이 꾸며낸 것으로 보았다.[213] 비록 자연신론자였으나 볼테르는 성전을 짓고 "나는 신을 숭배하면서 죽노라"(I die adoring God)라는 말을 남겼다. 루소(Jean J. Rousseau, 1712-1778)는 예수를 소크라테스(Socrates, B.C. 470-399)에 비교했다.[214] 루소는 한때 칼빈주의자였으나 가톨릭으로 전환했으며, 이후 다시 자연신론자(Deist)가 되었다. 틴달(Matthew Tindal, 1657-1733)은 자연신론자들의 경전이라고 할 수 있는 『창조만큼 오래된 기독교』(Christianity as old as Creation)에서 조물주가 창조한 세상은 자연법에 따라 운영되고 있으며, 자연종교는 이성에 의하여 이룩된 자연법 구조에 의하여 생겨난 것이라고 하였다. 이러한 계몽주의적 자연신론적 세계관은 역사적 예수 연구에 큰 영향을 미치게 되었다.

19세기 역사적 예수 옛 탐구의 자유주의 신학자에서 20세기 새 탐구의 후기 볼트만 학파 중 우파(右派)가 형성한 신해석파에 이르는 흐름에 대한 자세한 연구와 복음주의적 평가를 한 연구서로는 박형용이 저술한 복음비평사(福音批評史):라이마루스에서 신해석파까지(성광문화사, 1985)가 있다. 박형용은 이 저서에서 라이마루스, 파울루

---

213 Charles C. Anderson, *Critical Quests of Jesus* (Eerdmans, 1969), 11.
214 Joseph Klausner, *Jesus of Nazarth*, trans. Herbert Danby (New York:Macmillan, 1925), 76.

스, 스트라우스, 부셋, 브레데, 바이스, 슈바이처, 캘러, 볼트만, 볼프만 우파인, 로빈슨, 케재만, 보름 캄, 푹스, 에벨링의 역사적 예수론을 소개하고, 비판적 해석을 하고 있다. 저자는 이 장(Ⅲ, Ⅳ)에서 그의 연구에 빚을 지고 있다.

1. 헤르만 라이마루스

1) 자연신론적 합리주의의 입장에서 복음서 비평

19세기에 들어와 "역사적 예수"를 논구한 신학자들은 역설적으로 공교회가 전해준 예수에 대한 인격적 신앙을 갖지 않은 하나의 자연종교론자들이었다. 이들은 자기들의 자연종교적인 관점에서 사복음서에 나타난 예수를 이해하고자 하였다. 그러므로 이들은 역사비평적인 관점에서 사복음서를 볼 수밖에 없었다. 19세기 독일 함부르크 대학교 동양학 교수인 자유주의 신학자 라이마루스(Hermann S. Reimarus, 1694-1768)는 처음으로 자연신론적 합리주의의 입장에서 복음서 비평을 시도한 학자였다.

계몽주의와 합리주의가 초자연적인 구원자로서 신앙의 대상인 예수를 거부하는 동안에, 예수는 단지 감화를 주는 도덕 선생 이상의 의미를 가지지 않았다. 특히 계몽주의 신학자 라이마루스는 주도적으로 합리주의적 생각으로 복음서를 해석하면서 예수에 관한 신약성경 이야기의 배후로 돌아갈 것을 제안했고, 단순히 합리주의적으로 수용할 수 있는 성도의 인간적 예수만을 제안했다. 예수의 도덕적 권위는 그가 성육신하신 하나님이라는 받아들이기 힘든 정통적 교리에 있기보다는 그의 가르침과 종교적 인격의 특징에 따라 좌우된다는

것이다

라이마루스는 "하나님을 이성적으로 섬기는 자들을 위한 변증 혹은 방어"라는 글을 썼는데 이는 자신의 자연종교론적 예수 이해를 위한 역사비평적 토대를 말한 것이다. 그는 복음서의 이적(異蹟) 사건이나 부활사건을 하나의 "선한 동기로 인한 사기(詐欺)"[215]로 해석하고자 하였다. 그는 역사상의 실재 예수(real Jesus)와 복음서에 묘사된 교리 속의 예수(Biblical Jesus) 사이에 차이가 있다고 주장했다.[216] 그는 예수의 선포를 사도들의 그리스도 신앙으로부터 분리시켰다. 라이마루스에 의하면 예수의 선포는 당시 유대 종교의 맥락 안에서만 이해될 수 있는데 그 핵심은 하나님 나라의 임박성과 부르심이었다. 예수는 지상에서 "하나님 나라"를 세우기 위하여 회개를 선포한 경건한 유대인(a pious Jew)이었다.[217] 시간이 지나자 예수는 열광적이 되어 순교를 당함으로 하나님의 간섭(干涉)을 강제하고자 하는 묵시록적 망상에 사로잡혔다. 그 왕국은 예루살렘에 중심을 둔 정치적 왕국이었다. "고난을 받고 죽는 것은 분명히 예수의 의도나 목적이 아니었다. 오히려 세상의 나라를 세우고 이스라엘을 정치적인 속박과 압제에서 구출하는 것이었다."[218] 그 왕국은 메시아가 군사력을 통해 세우게 될 왕

---

215 Hermann S. Reimarus, *Reimarus: Fragments*, reprinted, ed., Charles H. Talbert, trans. Ralph S. Fraser (Chico, Calif.: Scholars Press, 1985), 134.

216 Hermann S. *Reimarus, Reimarus: Fragments*, 1985, 64.

217 Hermann S. Reimarus, *Reimarus: Fragments*, 1985, 71.

218   Hermann S. Reimarus, *Reimarus: Fragments*, ed., Charles H. Talbert, (Philadelphia: Fortress, 1970), 150.

국이었다.[219] 라이마루스에 의하면 역사상의 예수는 무력혁명을 통해 지상에서 하나님 나라를 세우고자 했으나 체포되어 십자가에 처형당함으로써 그 희망이 무너졌다. 예수는 그를 버린 하나님에 대한 환상에서 깨어나면서 죽었다.

그러면 기독교 신앙은 어떻게 발생되었는가? 부활과 재림의 교리는 그가 죽은 후 제자들이 꾸며낸 교리다. 라이마루스에 의하면 예수가 왕이 되면 받을 것이라고 기대했던 부귀와 영화를 차지할 목적으로 제자들이 예수의 시신을 훔쳐갔다. 그리고 부활 이야기를 꾸며내어 "모든 인류를 위해 고난당하는 영적 구세주 교리"를 고안했다.[220] 라이마루스에 의하면 예수는 스스로를 정치적 메시아로 여기고 유대교를 개혁하려고 했을 뿐, 새로운 종교를 창시할 생각은 없었다는 것이다. 라이마루스에게 역사적 예수는 단지 실패한 유대의 개혁자의 한 사람에 불과했다. 다시 말하면, 예수는 로마에 저항함으로써 독립을 원하는 군중들 가운데 그의 인기가 올라갔으나 제도권 세력에 의하여 체포되어 십자가에 처형됨으로써 실패한 유대적 정치 지도자에 지나지 않는다는 것이다.

라이마루스는 생전에 그의 연구 결과에 대하여 받을 박해를 두려워하여 이 주제에 대하여 침묵하였고, 그의 원고는 그의 사후에 그의 딸이 아버지의 친구인 문학비평가 레싱(Gotthold Lessing)에게 주어 『예수와 제자들의 목적』이라는 제목으로 익명으로 출판했는데, 수년

219　Hermann S. Reimarus, *Reimarus: Fragments*, 1985, 124.
220　Hermann S. Reimarus, *Reimarus: Fragments*, 1985, 129.

이 지난 후에 라이마루스가 저자라는 사실이 밝혀졌다. 이 때를 1778년경으로 잡는다. 그리하여 역사적 예수의 옛 탐구가 시작된 것이다.[221] 그는 예수를 역사적으로 파악하기 위해서는 신화적인 여러 교리로서 예수를 볼 것이 아니라 종말론의 지평에서 청년 예수의 삶을 볼 것을 말하고 있다. 이른바 '역사적 사실로서의 예수'와 '신조로서의 예수'를 구분함으로써 거대한 "역사적 예수" 탐구의 서막(제1의 탐구 내지 옛 탐구, the first Quest or the old Quest)이 오르게 된 것이다

2) 비판적 성찰: 첫 단추가 잘못된 꿰어진, 신앙 제거한 이성에 맞춘 역사적 예수 탐구

라이마루스는 당시 자연신론이 지배한 시대에 복음서에 기록된 역사적 예수를 이성주의자들에게 변호하기 위하여 합리주의적 설명을 시도하였다. 그는 신앙의 예수와 역사의 예수를 분리시키고 사복음서가 그려내는 이적과 기적을 일으키는 역사적 예수의 신앙적 측면을 제거하고 합리적 이성이 이해하기에 적합한 예수상을 제시하고자 하였다. 그럼으로써 그는 성경적 예수를 하나의 문화적인 인물로 변환시키기에 이르렀다. 라이마루스는 제자들이 역사적 예수를 초자연적 존재로 만들었다고 주장하나 이는 복음서의 기록과 전혀 합치하지 않는다.

요한복음의 후기에서 요한의 제자들은 사도 요한이 증거한 역사적

---

221 James K. Beilby and Paul Rhodes Eddy (ed.), *The Historical Jesus, Five Views*, InterVarsity Press, 2009, 손혜숙 옮김, 『역사적 예수 논쟁: 예수의 역사성에 대한 다섯 가지 신학적 관점』, 새물결플러스, 2014, 서문, 16.

예수에 대한 기록이 참이라고 증언하고 있다: "이 일들을 증언하고 이 일들을 기록한 제자가 이 사람이라 우리는 그의 증언이 참된 줄 아노라"(요 21:24). 그런데 라이마루스는 복음서 저자들의 기록을 신빙성 있게 받아들이지 않는다. 그는 계몽주의가 전해준 의심의 해석학을 복음서 연구에 투영시켜서 정통교회가 전승해준 신앙적 그리스도를 부인하고 이성적 사유에 적합한 인간적 예수상만을 제시하였다. 이것이 처음부터 단추를 잘못 꿴 역사적 예수 탐구의 시작인 것이다. 그 이후 19세기에서 21세기까지에 걸쳐 역사적 예수의 논구는 이러한 자유주의적 세계관에서 결별되지 않는 한 항상 모습만 바뀌면서 성경적 예수상에서 멀어진 것이다.

2. 하인리히 파울루스

1) 자연신론적 세계관으로 복음서 해석

라이마루스 이후 바이스, 슈바이처에 이르기까지 자유주의 신학자들은 역사적 예수에 대한 자기이념 상을 투영시켰다. 19세기 계몽주의 사상가인 합리주의 신학자 파울루스(Heinrich Paulus, 1761-1851)는 1789년 예나(Jena)대학교의 동양어 교수로 초빙을 받아 1793년에 신학 정교수로 승진하였다. 당시 18세기 이래 널리 퍼진 자연신론적 세계관에 영향받은 파울루스는 복음서에 기록된 각종 병자들에 대한 예수의 기적적 치유, 물 위로 걸으심, 5,000명을 먹이심, 부활이라는 초자연적 사건을 인정하지 아니하고 이를 합리주의적으로 해석하였다.

파울루스는 1800-1802년 공관복음 주석을 출판했는데 자연신론(deism)에 근거하여 이적을 자연주의적으로 해석하였다. 파울루스는 그의 저서 『초기 기독교의 순수한 역사 기록의 기초로서 예수의 생애』(Das Leben Jesu Als Grundlage Einer reinen Geschichte Des Urchristentums)에서 복음서에 나오는 기적들에 대한 합리주의적 해석의 전형을 제시하였다.[222] 그는 이 저서의 서문에서 예수 생애에서 중심 주제란 이적이 아니라 예수 인격이라고 보았다: "사람의 영적 복락이 이적을 믿느냐 믿지 않느냐에 달려 있다면 종교는 얼마나 공허한 것인가? 예수에 대한 참으로 이적적인 사실은 예수 자신이다.

---

[222] Heinrich Paulus, *Das Leben Jesu als Grundlage einer Reinen Geschichte des Urchristentums*, 1828 edition, RareBooksClub.com (January 28, 2013).

참으로 인간적인 그의 성격의 순결과 거룩 자체이다."²²³ 그는 동정녀 탄생을 제외한 모든 이적들을 자연법칙으로 설명하였다. 그는 단지 예수의 처녀 탄생을 "자연적인 생산법칙"(the natural generation)으로 설명하지 않고 "마리아의 자아의식의 행위"(an act of the self-consciousness of the mother)로 임신되었다고 본다.²²⁴

라이마루스가 이적(異蹟)들에 대한 합리주의 해석을 제자들에게 돌렸으나 파울루스는 예수 자신에게 돌렸다. 이적 이야기로 쓰여진 복음서의 기적(奇蹟)이란 자연스러운 사건들을 제자들이 잘못 해석한 것일 뿐이었다는 것이다. 예컨대, 예수가 물 위를 걸으셨다는 이야기는 시각적 환영(幻影)이라고 해석한다. 실은 예수께서 호수 표면을 거닐고 있었는데 제자들은 먼 거리에서 봤을 때 마치 깊은 호수를 거닐고 있었다고 생각했다는 것이다. 그는 복음서에 나오는 이적이란 제자들이 꾸민 것이 아니라, 예수 자신이 꾸민 것으로 해석하였다. 그는 병 고치는 이적(healing miracles), 자연 이적(nature miracles), 변화산 이적(transfiguration), 부활의 이적(resurrection miracles), 예수 자신의 부활(Resurrecion of Jesus), 유다의 배반(Judas' Betrayal) 등을 모두 합리주의적으로 설명하였다.

2) 비판적 성찰: 예수를 초대교회가 만든 하나의 종교적 가식(假飾)으로 간주

파울루스에 의해 합리주의적으로 해석된 예수상은 기독교를 하나

---

223   A. Schweitzer, *The Quest of the Historical Jesus* (New York: Macmillan Company, 1968), 51에서 재인용.

224   A. Schweitzer, *The Quest of the Historical Jesus*, 51에서 재인용.

의 자연종교 내지 도덕적 종교로 전락시켰다. 이처럼 합리주의적으로 해석된 예수는 더 이상 우리의 죄와 고통과 죽음 문제를 해결해주시는 구세주가 아니며 단지 19세기 자연신론이 지배하는 사회에 적합한 하나의 합리주의적 종교의 인물로 만들어진 것이다. 파울루스는 "비판적 상상력"(critical imagination)을 동원하여 복음서에서 기적이라는 초자연적인 원인을 제거하고 합리적 설명이라는 이차적원인(the secondary cause)을 도입함으로써 복음서를 시대적 세계관에 맞는 합리주의적 예수전으로 변형시켰다. 여기에는 그가 전제하는 자연신론적 세계관이 자리 잡고 있다. 그리하여 그에게 역사적 예수는 죽음에서 부활한 하나님의 아들인 진정한 성경적 메시아가 아니라, 하나의 종교적 순결과 거룩을 지닌 평범한 인물이 되어 버린다.[225] 파울루스는 역사적 예수가 고의적으로 자신이 초자연적 존재인 것처럼 보이게 하여 제자들로 하여금 착각을 일으키게 했다고 본다. 즉, 파울루스는 역사적 예수를 거짓말쟁이 내지 사기꾼을 만들어 버린 것이다.

3. 다비드 스트라우스

1) 복음서의 예수 이적 이야기를 신화로 해석

헤겔 좌파 신학자 다비드 스트라우스(David F. Strauss, 1808-1874)는 자신의 스승이였던 헤겔 좌파 신학자인 페르디난드 바우어(Ferdinand C. Bauer, 1792-1860)의 영향을 많이 받았다. 헤겔의 단일

---

225   박형용, 『복음비평사: 라이마르스에서 신해석학파까지』, 성광문화사, 1985, 51, 56.

신론적 관념론(monistic idelaism)에 의하면 모든 역사는 역사과정에서 자신을 실현하는 정신의 역사다. 정신은 역사 안에서 변증법적 법칙 아래서 자신을 실현한다. 그러므로 역사의 특별한 사건은 정신과 동일시될 수 없다. 모든 역사적인 것은 정신의 표현으로서 상대적인 것이 된다. 그러므로 예수 자신은 역사 안에서 하나님의 유일한 계시라고 볼 수 없다. 신은 역사과정과 동일시될 수 없고 단지 모든 인간이 예수처럼 신과 같이 되는 것이 성육신의 의미라고 본다. 스트라우스는 그의 저서 『예수의 생애』(Das Leben Jesus, 1835)에서 이적 이야기들이 예수의 속임수에 의한 제자들의 착각으로 인한 것이라는 합리주의 신학자 파울루스(Heinrich Paulus, 1761-1851)의 자연주의 해석의 입장을 거부하였다. 그리고 물론 복음서의 예수가 정확하고 역사적인 그림을 제공한다는 전통적인 입장도 거부하였다. 대신에 그는 구약성경에 적용된 신화적인 해석을 복음서에 적용하였다.

스트라우스는 예수의 이적 이야기들은 현대의 개념에서 하나의 역사로 보아서는 안 된다고 주장하였다. 그는 요한복음의 신빙성을 인정하지 않았고, 공관복음도 신화라고 했다. 그것들은 당연히 종교적 신화로서 읽혀져야 한다. 스트라우스는 신약성경의 이적이란 메시아적 이념을 표현하기 위한 하나의 문학적 요소가 될 수 있다고 보았다. 따라서 그는 요한복음에 나오는 담화의 역사적 가치에 대해 심각한 의문을 가졌다.[226] 그는 복음서에서 글이나 말이나 생각을 기록한 문

---

226 D. F. Strauss, *Das Leben Jesu, 1835-6* (1 Aufl. 1835, 2.Aufl. ed. 1836, 3.Aufl.. 1838, 4. Aufl.); *The Life of Jesus Critically Examined*, eng. trans.), (Philadelphia: Fortress, 1972), 365-386.

체가 세례자 요한의 것이든, 예수의 것이든, 아니면 복음서 저자 자신의 것이든 간에 동일한 문체이며, 이것은 복음서 저자 자신의 글임을 보여준다고 보았다.

스트라우스는 라이마루스를 따라서 역사적 예수를 유대인들의 메시아 기대와 일치한 정치적 메시아로 보았다: "사실은 메시아 통치에 대한 널리 퍼진 개념은 강한 정치적 성향을 갖고 있었다는 것이다. 그래서 예수가 아무런 정의 없이 메시아의 통치를 말할 때, 유대인들은 오직 지상의 지배만 생각할 수 있었다. 그리고 예수는 그의 말에 대한 다른 해석을 가정할 수 없었을 것이기 때문에, 틀림없이 그렇게 이해되기를 원했을 것이다."[227] "따라서 예수 자신도 그가 여기에서 승인한 유대적 기대를 공유했다는 것이 공정한 추론인 것으로 보인다."[228] 스트라우스가 초판과 재판에서 구성한 정치적 메시아로서의 예수상은 당시 신약학자 바이스와 슈바이처가 발견한 묵시록적 종말의 예언자로서의 메시아상과는 거리가 있었다.

스트라우스는 1865년 『신앙의 그리스도와 역사의 예수』(Der Christus des Glaubens und der Jesus der Geschichte)라는 자신의 저서에서 복음서 안의 '역사적 사실로서의 예수'와 '초자연적이고 신화적인 예수'를 상세히 구분시켜 놓았다: "예수가 온전한 의미에서 인간일 수 있었으며, 한 사람의 인간으로서 인류 전체를 대표할 수 있다는… 환상은 기독교 신학이라는 항구에서 합리적인 과학이라고 하는 넓은

---

227   D. F. Strauss, *The Life of Jesus Critically Examined*, ed. Peter C. Hodgson, Ramsey, NJ: Sigler, 1994, 293.

228   D. F. Strauss, *The Life of Jesus Critically Examined*, 1994, 294.

바다로 나아가지 못하도록 하는 방해하는 사슬이다."229 "교리상의 이상적인 그리스도와 나사렛의 역사적 예수는 영원히 분리된다."230 스트라우스는 성육신을 헤겔 철학으로 해석하여, 예수가 인간이 신이 될 수 있는 하나의 모범이라고 보았다. 스트라우스는 예수 부활의 역사성을 부인하면서 갈릴리 가설(Galilean hypothesis)을 주장하였다. 제자들은 예수의 시신이 있는 예루살렘에서 예수 부활을 선포한 것이 아니라, 예수의 적(敵)이 없고 멀리 떨어진 갈릴리에서 예수의 부활사상을 전하게 되었는데, 기적적인 것은 예수 부활이 아니라 예수에 대한 제자들의 신앙이 되살아난 사실이라고 본다.231

스트라우스는 라이마루스와는 달리 자신의 저서를 27세에 출판하면서, 이 책에 대한 반향이 매우 커서 결국 튀빙엔 대학교 교수직에서 쫓겨나게 된다. 이후 그는 타 대학 교수직에 임명되기 위해 계속적인 노력을 했는데, 취리히 대학교 교수직 신청에서는 2번에 걸쳐 실패했고, 세 번째 신청에서 교육위원회의 투표에서 한 표 차이로 성공하여, 결국 1839년 취리히 대학교 교의학 및 교회사 교수로 임명되게 된다. 그러나 스트라우스의 취리히 대학 교수 임명에 대한 보수주의자들의 반대가 극심하였기 때문에, 시정부는 이 사안을 시민투표 (referendum)에 붙였다. 그 결과 교수 임명 반대가 압도적으로 많은

---

229   D. F. Strauss, *Der Christus des Glaubens und der Jesus der Geschichte, 1865: The Christ of Faith and the Jesus of History*, trans. S. Maclean Gilmour (Philadelphia: Fortress, 1975), 4-5.

230   D. F. Strauss, *The Christ of Faith and the Jesus of History*, 169.

231   D. F. Strauss, *The Life of Jesus Critically Examined*, (Philadelphia: Fortress, 1972), 65, 86.

수를 차지했으므로 결국 그의 교수직 임명은 취소되었다. 스위스 정부는 교수 임명 취소의 대가로 평생 연금(매년 천 프랑)을 스트라우스에게 지불해야 했다. 이제 스트라우스라는 이름은 독일 대학에서 저주로 간주되었다. 그 후로 그는 인간관계가 소원(疏遠)해져서 평생 외롭게 살아야만 했다. 그러나 그는 자신의 연구 성과에 대하여 자부심을 가졌고, 그로 인해 피해를 입은 것에 대해서는 후회하지 않았다.

2) 비판적 성찰: 사복음서의 비신화론 길을 연 자

스트라우스는 헤겔 철학의 이성주의 세계관의 영향을 받아 복음서의 모든 초자연적 사건을 합리적으로 사유하는 현대인에게 이해될 수 없는 신화(Mythos)로서 간주하면서, 20세기 비신화론 신학자 불트만의 사복음서의 비신화론의 길을 연 자다. 스트라우스는『예수의 생애』3판에서는 요한복음의 사도 요한 저작 가능성을 시사하면서, 예수의 병 고치는 이적을 인정하고, 예수가 묵시적 종말의 예언자로서의 메시아임을 인정하였다.[232] 이러한 수정은 그가 교수직의 임명과 관련하여 온건하게 수정을 가한 것으로 평가되고 있다.[233] 그러나 결국 그의 교수 임명이 실패로 돌아가자 4판에는 다시 초판의 내용으로 되돌아갔다.

스트라우스는 헤겔을 따라서 예수가 자신의 영을 하나님과 동등

---

232 D. F. Strauss, *The Life of Jesus Critically Examined*, xxxix.

233 D. F. Strauss, *The Life of Jesus Critically Examined*, 3rd. ed., xxxvi.; 박형용,『복음비평사: 라이마르스에서 신해석학파까지』, 61.

할 수 있다고 봄으로써 세상의 구원이 인간 예수에게서 성취되었다고 보았다. 이러한 견해는 역사적 예수를 하나의 절대정신의 반(antithese)의 계기로 보는 것으로 성경이 증언하는 하나님의 성육신을 부인하고 인간의 신격화를 주장하는 것이다. 그는 예수를 신인(神人, Gott-Mensch), 하나님이 인간의 몸을 입었다고 보지 않고 인신(人神, Mensch-Gott), 즉 예수는 자신의 영이 하나님과 동일시된다고 보았다. 여기에 헤겔 철학의 범재신론적 요소가 내포되어 있다.

스트라우스가 구성한 정치적 메시아로서의 예수상은 사복음서가 전승해주는 역사적 예수가 실제로 가졌던 고난의 종으로서 메시아상과는 다르다. 스트라우스는 또한 사복음서가 보여주는 묵시록적 종말의 예언자로서의 메시아상은 현대의 시대상에 맞지 않다고 거부하였다. 묵시록적 예언자로서의 예수상은 신약학자 바이스와 슈바이처에 의하여 발견되었으나, 실제로 이들은 예수가 가진 묵시록적 세계관은 신화에 의하여 채색되었다고 보았다. 그리하여 이들은 묵시록적 세계관이 합리적으로 사유하는 현대인들에게 적합하지 않다고 보았다.

4. 브루노 바우어

1) 복음서는 저자의 자기의식의 창작물: 예수의 신성과 역사적 사실을 부정

브루노 바우어(Bruno Bauer, 1809-1882)는 헤겔의 영향을 받았으며 처음에는 헤겔 우파에 속했으나 뒤에 헤겔 좌파로 전향한 신학자로서 예수의 신성(神性)과 역사적 사실을 부정했다. 바우어는 처음에는 정통 기독교의 모든 교리를 무비판적으로 변호하는 헤겔 우파(右

派)에 속하여 『사변적(思辨的) 신학을 위한 잡지』를 발행하고, 스트라우스의 『예수의 생애』를 비판하였다.[234] 그러나 그는 훗날 헤겔의 종교철학에 대하여 스트라우스보다 더 철저한 비판을 하고 성경에 대하여 자유주의적이고 진보적 해석을 가하는 헤겔 좌파(左派)로 전향하였다. 바우어는 무신론자로서 명확한 그의 입장을 표명한 『무신론자이자 반(反)그리스도인(人)인 헤겔에 대한 최후의 심판의 나팔』(1841)[235] 및 『종교와 예술에 관한 헤겔의 학설』(1842)[236], 『폭로된 기독교』(1843)[237]에서 인간의 역사적 과제로서 헤겔의 '절대정신'에 해당

---

234 Bruno Bauer, "Rezension (review): Das Leben Jesu, David Friedrich Strauss," *Jahrbücher für Wissenschaftliche Kritik*, Dec. 1835; May 1836: 스트라우스는 복음서가 이야기하는 기적이 계몽적 이성의 척도에서 가능한지에 관하여 물었으나 바우어는 더 급진적으로 나아가 기적 이야기에 의문을 갖는 것은 전적으로 불필요하다고 본다. 바우어는 기적 이야기를 복음서 저자들의 반성의 소산인 문학적 기적으로 보고자 한다. 바우어는 헤겔이 해석하는 신약 복음서 자체가 종교적인 표상과 표현을 가진 종교라는 간단한 이유에서 전체가 신화라는 사상을 그대로 따른다 ; Karl Löwith, *Von Hegel zu Nietzsche* Felix Meiner Verlag, 1995; 강학철 역, 『헤겔에서 니체로: 마르크스와 키아케고어, 19세기 사상의 혁명적 결렬』, 민음사, 2006. 432-433.

235 Bruno Bauer, *Die Posaune des Jüngsten Gerichts über Hegel, den Atheisten und Antichristen* (Leipzig, 1841), 148쪽: 바우어는 신의 은혜와 궁휼이란 사유하는 주체성으로서 자아가 자신에게 손을 내미는 일에 지나지 않는데, 종교는 그 영상(影像)을 신이라고 생각하나 철학은 그것이 허상(虛像)이라고 폭로한다고 선언하며; trans. L. Stepelevich, *The Trumpet of the Last Judgement against Hegel the Atheist and Antichrist. An Ultimatum*, (Lewiston, N.Y.: E. Mellen Press, 1989); Karl Löwith, *Von Hegel zu Nietzsche* Felix Meiner Verlag, 1995; 강학철 역, 『헤겔에서 니체로: 마르크스와 키아케고어, 19세기 사상의 혁명적 결렬』, 민음사, 2006. 143-148.

236 Bruno Bauer (anon.), *Hegels Lehre von der Religion und Kunst von dem Standpuncte des Glaubens aus Beurteilt*, (Leipzig, 1842); new ed. Aalen, (Scientia Verlag, 1967), 100쪽: 바우어는 철학과 종교는 합일할 수 없다고 선언한다. 볼테르는 프랑스식의 기지(機智)로써 성경과 신을 공격하나 헤겔은 철학적 범주를 가지고 신이란 자아의 반영(反影)이라고 주장한다고 본다. 168쪽: 바우어는 헤겔은 동양적 종교와 동시에 기독교적 계시까지도, 그것이 아직 주체의 무신론적 독립성에 도달하지 않았다는 이유로 경멸한다고 해석한다.

237 Bruno Bauer, *Das Entdeckte Christentum* (Zürich, 1843, Banned and Destroyed, into Oblivion until 1927: ed. Barnikol), 156쪽: 바우어는 역사에 있어서 실현되는 자아의식, 즉 인간 사유의 유일한 창조적인 힘이라는 명제를 기독교에 대항해서 주장한다; 164쪽: 바우어는 기

하는 '보편적 자기의식'을 획득할 것을 주장하는 동시에 기독교가 보편적 자기의식 획득의 장애임을 역설했다. 나아가 기독교와 국가의 분리, 자기의식을 획득한 비판철학과 국가의 결합을 주장했다.

바우어의 공관복음서 비판은 기독교가 역사적인 시대정신을 구현한 공관복음서 작가의 '자기의식'에 의한 창작이라고 하는 것이다. 그는 복음서를 집단적인 신화에 의한 것이라고 한 스트라우스의 『예수의 생애』(1835/36)를 한 걸음 더 전진시켜 더욱 구체적으로 인간 주체의 산물이라고 주장했다. 그의 이러한 급진적 입장으로 인해 1842년 그는 본(Bonn) 대학 교수직에서 물러나게 된다. 바우어는 복음서를 연구하는 데 있어서 두 가지 방법이 채택될 수 있다고 보았다. 하나는 역사적 방법으로서 보수적인 방법이다. 이는 유대인의 메시아 개념을 출발점으로 하여 메시아의 예언 사상이 어떻게 고정관념으로 발전되었는가를 연구하는 것이다. 다른 하나는 새로운 방법으로서 문학적 방법이다. 이는 복음 역사의 시작에서부터 연구하지 않고 복음 역사의 마지막부터 연구하는 문학적 구조를 분석하는 방법이다. 바우어는 문학적 방법을 채택하여 요한복음부터 연구하였다. 그는 요한복음은 문학작품이며 작은 부분에 이르기까지 저자의 창조적 사색을 거치지 않은 곳이 없다고 주장한다.[238] 그리하여 그는 요한복음의

독교가 인간의 자유를 종교법에 예속시킴으로써 기독교는 전적으로 세상의 불행이라고 선언하고 기독교 비판과 탈출만이 인간 자유와 해방이라고 본다. transl. Esther Ziegler, *Christianity Exposed* (Mellen Press, 2002); Karl Löwith, Von Hegel zu Nietzsche Felix Meiner Verlag, 1995;『헤겔에서 니체로: 마르크스와 키아케고어, 19세기 사상의 혁명적 결렬』, 427-436.

238 Bruno Bauer, *Kritik der Evangelischen Geschichte des Johannes* (Bremen, 1840); A. Schweitzer, *The Quest of the Historical Jesus* (New York: Macmillan Company, 1968),

역사적 신빙성을 부인한다. 그러나 바우어는 여기서 그치지 않고 한 발 더 나아가 공관복음의 역사성마저 부인하기에 이른다.

바우어는 마가복음이 다른 복음서들보다 먼저 기록되었다는 의미에서 마가복음의 우월성을 주장하지만, 마가복음까지도 순수한 문학작품으로 간주한다.[239] 그러나 마가복음에 기록된 같은 종류 기적의 사건(5,000명 먹이심: 막 6:35-44, 4,000명 먹이심: 막 8:1-10)이 두 번이나 기록된 것이 문학적 모순이라는 어려움을 느끼고, 문학적 단일성을 의심하기에 이른다. 결국 그는 마가복음은 한 저자에 의한 저작이 아니라는 결론을 도출해내고, 이에 마가복음과 원 마가복음(Ur-Markus)을 구별하면서 기적의 급식사건이 두 번 기록된 것은 후대의 삽입으로 본다.[240]

그는 복음서에 묘사된 예수의 생애는 전설(legend)이라고 하기에는 너무 생동적이어서 예수의 경험이 아니요, 교회의 경험(experience)이라고 말한다.[241] 그리고 메시아 개념은 유대교에서 온 것이 아니라 교회 경험의 종교적 표현으로서 교회 공동체가 상상으로 창안한 개념[242]이라고 주장한다. 더욱이 바우어는 주장하기를 예수는 메시아 의식을 가지지 않았으며, 그러므로 가이사랴 빌립보에서

139; 박형용, 『복음비평사: 라이마루에서 신해석학파까지』 86-91.

239   A. Schweitzer, *The Quest of the Historical Jesus*, 144.

240   Bruno Bauer, *Kritik der Evangelien und Geschichte Ihres Ursprungs*, 3 vols. (1850–51); 4th vol. *Die Theologische Erklärung der Evangelien* (Berlin, 1852); A. Schweitzer, The Quest of the Historical Jesus (New York: Macmillan Company, 1968), 140-145; 박형용, 『복음비평사: 라이마루에서 신해석학파까지』, 89.

241   Bruno Bauer, *Kritik der Evangelischen Geschichte der Synoptiker*, 2 vols. (Leipzig, 1841); A. Schweitzer, *The Quest of the Historical Jesus*, 145.

242   A. Schweitzer, *The Quest of the Historical Jesus*, 156.

예수가 제자들에게 "사람들이 나를 누구라고 하느냐?"(막 8:27)고 물었을 때 제자들 중 아무도 예수가 메시아라고 고백할 수 없었다고 한다. 이에 예수가 다시 물으니 베드로가 처음으로 예수를 메시아로 고백했는데, 그것을 비밀로 하라고 한 것은 복음서 저자가 예수의 메시아직을 공적으로 고백하는 사람이 팔레스타인에는 없었다는 것을 잘 알고 있었기 때문으로 해석한다.[243]

2) 비판적 성찰: 사복음서의 역사적 가치 부정, 순수한 문학적 작품으로 평가절하

바우어는 마가복음 등 공관복음과 요한복음의 역사적 가치를 부정하고 단지 순수한 문학적 작품으로 평가절하 하였다. 그는 복음서 해석에 있어서 자유주의자들의 전형적인 방법인 신앙과 역사를 분리시켰다. 그리고 사복음서 해석에 있어서 교회의 전통적 신앙의 관점을 제거하고 당시에 지배한 헤겔 역사철학의 변증법적 관점을 적용하였다. 그는 복음서를 문학적 작품으로 보고 이성주의적 평가를 하였다. 헤겔 역사주의의 관점 아래 역사적인 것은 상대적인 것으로 결단코 절대성을 주장할 수 없다는 것이다. 그리하여 성경이 말하는 역사적 예수 안에 나타난 하나님 계시의 유일회성이 부인되었다. 그는 예수의 메시아적 의식이나 예수가 끼친 영향에 의하여 생긴 역사적 전승을 부인하였다. 그리고 복음서에 나타난 수천 명을 먹이신 초자연적 기적들을 부인하고 이를 합리적으로 해석하였다. 그는 예수의 생애

---

243 A. Schweitzer, *The Quest of the Historical Jesus*, 143.

조차 역사성이 결여된 교회의 경험으로 간주함으로써 역사적 예수의 메시아성을 부인하고 예수의 메시아 의식은 초대교회 공동체가 만들어낸 것으로 보았다. 그리하여 바우어의 역사적 예수상은 정통교회가 가져왔던 역사적 예수상과는 너무나 멀어져 갔다.

5. 에른스트 르낭

1) 역사적 예수를 낭만적 휴머니스트로 해석

르낭(Ernest Renan, 1823-1892)은 프랑스 종교 사상가다. 그는 파리에서 신학을 공부하면서 독일의 역사비판학을 수용하여 기독교의 진리와 역사를 의심하게 된다. 그는 신학교를 떠나 개인교사로 생계를 유지하였고, 1862년 프랑스 대학(Collège de France)의 고대 언어 교수로 봉직하였다. 그는 천주교도나 개신교도도 아닌 계몽사상에 주도된 회의주의자에 불과했다. 그는 1863년 『예수의 생애』(*La Vie de Jésus*)를 출판하였는데, 이는 그가 1860년 나폴레옹 정부로부터 보조를 받아 팔레스타인 지역을 여행하면서 팔레스타인 지리에 대한 체험적 지식을 그의 저서에 반영하였다. 그의 저서는 문학적 수준으로 인해 비기독교 지식인층에 큰 인기를 모았다. 이 저서는 학문적 작품이기보다는 역사소설로 평가되었는데, 역사적인 자서전이라기보다는 전설적인 의미에서의 자서전이었다.[244]

---

244 Charles C. Anderson, *The Historical Jesus: A Continuing Quest*, (Grand Rapids: WM. B. Eerdmans Publ. Co., 1972), 23: 박형용, 『복음비평사: 라이마루스에서 신해석학파까지』, 성광문화사, 1985, 93.

르낭은 예수가 목수(木手)로서 서민 계층 출신임을 강조한다: "예수는 나사렛에서 태어났다."245 "그는 서민 계층의 출신이었다. 그의 아버지 요셉과 어머니 마리아는 노동으로 먹고 사는 장인(匠人)으로서 보잘 것 없는 환경에서 살았다."246 르낭은 역사적 예수를 갈릴리의 푸른 하늘을 즐긴 예술적인 환상에 빠져 있었던 사람으로 그렸다. 그는 예수의 자연친화적이고 순전하고 인자한 미를 강조함으로써 예수를 그리스 견유학파의 도덕 현인으로 묘사하였다. 도덕 현인으로서 천국 복음을 전하는 젊은 랍비 주위에 많은 군중들이 몰려들었다. "그 신실한 무리는 그들의 초창기에 스승의 감화를 받으면서 즐거운 그리고 방랑하는 삶을 살았다… 매 걸음마다… 흘러가는 구름에서, 발아하는 씨앗에서, 익어가는 곡식에서… 그들은 하나님의 나라가 다가오는 징후를 보았다. 그들은 곧 하나님을 보게 되고 세상의 주인이 될 것이라고 믿었다. 눈물이 기쁨으로 바뀌었다. 우주적인 위로가 이 땅에 도래한 것이다."247 그의 낭만적 재구성에서 만들어진 역사적 예수란 "순수한 경배, 사제와 외적 준행이 없는 종교, 마음의 감정에 전적으로 의존하여 하나님을 닮아가고 양심이 하늘 아버지와 직접 관계하는 종교"248를 증진한 낭만적 휴머니스트였다.

그의 저서 『예수의 생애』는 3막으로 나누어진다. 초기 갈릴리 부분은 전원적이나, 후기 예루살렘 부분은 살풍경(殺風景)으로 그려진다.

245　Ernest Renan, *Vie de Jésus*, 1863; *The Life of Jesus* (New York: Randon House, 1927), 81.
246　Ernest Renan, *The Life of Jesus* (New York: Randon House, 1927), 83.
247　Ernest Renan, *The Life of Jesus* (New York: Randon House, 1927), 185.
248　Ernest Renan, *The Life of Jesus* (London: Trübner, 1864), 87-88.

서막(序幕)은 갈릴리에서 살고 있었던 예수가 그의 추종자들과 함께 세례자 요한의 성공을 듣고 요한을 만나 그에게서 설교법과 대중에게 호소하는 기법을 배웠다.

1막은 갈릴리로의 귀환에서 시작되며, 여기서 예수는 도덕 현인으로 묘사된다. 그는 유연한 태도로 사람들을 매혹시켜 천국 복음을 믿게 만든다. 많은 남녀 군중들이 예수를 따르게 되고 "당신은 메시아"라는 고백을 듣게 되었다. 많은 여인들이 예수를 사랑하게 되었는데, 그중 가장 열성 있는 여인이 막달라 마리아였다. 젊은 랍비 예수는 순전하고 인자한 미(la beauté pure et douce)와 달콤한 사랑(the sweet love)의 사상을 설교하였다. 그의 설교는 유순하고 자연의 향기가 그윽하였다. 첫 해 말 유월절을 지키기 위해 예루살렘에 올라갔을 때 예루살렘의 랍비와 충돌하게 되었다. 그가 갈릴리로 돌아왔을 때 유대주의 신앙과 결별하고 혁명주의적 열심을 품게 되었다.

2막에서 예수는 예루살렘의 유대주의와 화해할 수 없다는 것을 깨달은 후 초월적인 혁명가로 변신한다. 자연적 방법으로 천국의 승리를 성취할 수 있다는 초기의 낭만주의자는 열광적인 순교자로 바뀐다. 축제와 잔치와 기쁨의 시기는 지나갔다. 그의 도덕적 사상과 유대주의 종말론적 희망 사이에 갈등은 뚜렷해진다. 예수는 이적을 행하는 자(a wonder-worker)가 되었다. 자신이 계시를 받을 것을 추종자들로 하여금 믿게 하였다. 그는 산 위에서 모세와 엘리야와 대화를 나눈 것으로 알려졌다. 이런 이적을 사람들이 믿게 되자 예수는 이적 행하는 자의 역할을 강요받기에 이른다. 나사로의 부활은 예수의 친구 나사로가 미리 꾸민 것이다. 이 시기에 예수는 세상의 소망을 완전히 버리고 수난과 순교에 대한 이상한 열망에 사로잡힌다. 그는 외적으로는 영웅처럼, 그러나 내적으로는 실망에 사로잡혀 예루살렘으로 향한다.

3막에서 예수의 사역은 비극적으로 끝난다. 제자들과 예수의 마음 속에 어두움이 자리 잡는다. 유다와 요한 사이의 심한 시기가 유다를 배반자로 만든다. 이로 인해서 예수는 죽는다.

2) 비판적 성찰: 역사적 회의주의 성찰

르낭은 "근본적으로 예수에게는 유대적인 것이 아무것도 없다." "더 이상 유대 개혁가가 아니라 유대교의 파괴자로 나타나며… 예수는 더 이상 유대인이 아니었다"[249]고 주장한다. 그러나 이러한 그의 예수상은 잘못된 해석이다. 르낭의 예수상은 전형적인 반유대주의(antisemitism)를 대변하고 있다. 오늘날 복음주의 신약학자들과 자유주의자 "예수 세미나" 학자들까지 예수를 경건한 유대인으로 해석하고 있다. 예수는 갈릴리에서 쉐마(Shema)를 암송하고, 안식일을 준수하며, 회당예배에 참석하고, 토라를 존중하는 경건한 유대인으로 양육된 유대 랍비였다.[250]

르낭은 예수의 신성을 전혀 인정하지 않고 사복음서의 진정성과

---

[249] Susanne Heschel, *Abraham Geiger and the Jewish Jesus* (Chicago: University of Chicago Press, 1998), 156-57. 제임스 던은 예수를 유대교와 단절시키는 시도에 대하여 반대하며 비유대인 예수 아니라 유대인 예수를 찾아야 한다고 주장한다. James Dunn, "예수를 기억하며," in: 『역사적 예수 논쟁』. 316-328.

[250] David E. Aune, " Oral Tradition & the Aphorisims of Jesus," in: *Jesus & the Oral Gospel Tradition*, ed. H. Wansbrough, JSNTA 64(Sheffield: JSOT Press, 1991), 211-265; Birger Gerhardson, "Illuminationg the Kingdom: Narrative Meshalism in the Synoptic Gospel," in: *Jesus & the Oral Gospel Tradition*, 266-309.

그가 행하신 이적과 표적을 전혀 믿지 않았다. 그럼으로써 나사로 부활사건(요 11장)을 나사로의 자작극으로 설명하였다: 나사로는 심히 아팠을 때 자신을 싸매고 무덤에 누워 있으면서 자매들을 보내어 예수를 무덤까지 오도록 하였다. 무덤에 온 예수는 옛 친구 나사로를 한 번 더 보고 싶어 큰 소리로 나사로의 이름을 불렀는데, 나사로가 무덤에서 나왔다는 것이다. 이는 예수의 사랑하는 제자 요한이 체험한 사실에 근거하여 제4 복음서(요한복음)를 쓴 사도 요한의 진정성을 신뢰하지 않을 뿐만 아니라, 그가 전승해 주는 "나는 부활이요 생명이니 나를 믿는 자는 죽어도 살겠고 무릇 살아서 나를 믿는 자는 영원히 죽지 아니하리니 이것을 네가 믿느냐"(요 10:25-26)라는 역사적 예수의 말씀을 믿지 아니하는 것이다. 이러한 르낭의 역사적 회의주의는 우리를 역사적 예수 탐구에 있어서 오리무중의 늪에 빠뜨리는 것이다.

르낭은 예수 대속의 죽음을 부인한다. 르낭은 예수가 애초에 감당할 수 없는 역할을 어리석게 맡기 시작했고 죽음만이 망신당하지 않고 모든 문제를 해결할 수 있는 유일한 길이라고 생각하여 죽었다고 주장한다. 그러나 이러한 주장은 사복음서가 일관성 있게 전해 주는 역사적 사실에 배치된다. 사복음서에 의하면 예수는 우리의 죄를 대신 짊어지고 십자가에서 죽으시고 우리의 죄를 대속하신 구세주다. 예수는 베다니에서 다가오는 자신의 죽음의 의미를 제자들에게 다음과 같이 말씀하셨다: "인자가 영광을 얻을 때가 왔도다. 내가 진실로 진실로 너희에게 이르노니 한 알의 밀이 땅에 떨어져 죽지 아니하면 한 알 그대로 있고 죽으면 많은 열매를 맺느니라"(요 12:23-24). 공관복음에 의하면 예수는 예루살렘으로 올라가시면서 제자들에게 자신의 수난과 부활에 관하여 세 번이나 예고하신다: "보라 우리가 예루살렘으로 올라가노니 인자가 대제사장들과 서기관들에게 넘겨지매 그들이 죽이기로 결의하고, 이방인들에게 넘겨 주어 그를 조롱하며 채찍질하며 십자가에 못 박게 할 것이나 제삼일에 살아나리라"(마 20:18-19; 막 10:32-34; 눅 18:31-33).

6. 빌헤름 부셋

1) 역사적 예수를 종교사의 입장에서 연구

빌헤름 부셋(Wilhelm Bousset, 1859-1907)은 종교사학파의 대표자로서 역사적 예수를 종교사의 입장에서 연구한 학자이다. 부셋에서 시작하는 종교사학파 학자들은 기독교 계시의 유일성에서 탈피하여 기독교를 거대한 근동 아시아의 종교사 흐름에서 이해하고자 하였다. 그리하여 기독교는 유대교, 스토아주의, 헬라 신비종교의 혼합주의로 파악되었다. 이들은 종교들이 가진 상징을 중요시하였다.[251] 부셋은 사복음서를 예수의 제자들이 쓴 책으로서 역사적 가치를 인정하지 않고 초대교회 공동체의 산물로 보았다.

부셋은 예수의 병 고침 이적이 특이한 것이 아니라 예수의 강한 인격을 믿는 자들의 확신이 병을 고치게 했다고 해석한다.[252] 즉, 이적들은 예수가 직접 행한 것이 아니라 제자 공동체의 예수 신앙 속에서 발

---

251 W. Bousset, *Kyrios Christos* (Göttingen: Vandenhoeck und Ruprecht, 1965), 75; *Kyrios Christos: A History of the Belief in Christ from the Beginnings of Christianity to Irenaeus*. Translated by John E. Steely. (Nashville: Abingdon Press, 1970), 117.

252 W. Bousset, *Jesus*, trans. Janet Enroe Trevelyan (New York: Putnam, 1906), 47.

생했다고 보는 것이다: "우리의 복음 전통이 예수를 절대적이고 특별한 의미의 이적 행하는 자로 변형시켰다."²⁵³ 그는 근동 아시아의 종교들에서 나타나는 신이 고난당하고 죽고 다시 사는 신화(神話)에서 예수의 죽음과 부활을 이해하고자 했다.²⁵⁴ 이러한 틀에서 그는 예수의 죽음은 단순한 일반적인 죽음이었을 뿐인데, 수난 후에 제자들의 마음속에 예수가 살아났다는 믿음이 발생했다고 해석한다. 부셋에 의하면 예수는 자신을 메시아로 생각은 했으나, 인자 칭호는 그의 생의 마지막 즈음에 사용했으며, 복음서의 인자 칭호는 예수로부터 나온 것이 아니라 초대교회 공동체의 산물이라고 한다.²⁵⁵ 그리고 '주'(Κύριος)라는 칭호는 예수 자신도, 예루살렘 초대교회도 사용하지 않았고 시리아의 안디옥 교회가 사용했다고 주장한다.²⁵⁶ 즉 '주'라는 명칭은 초대교회에서 나온 것이 아니라, 이방 종교에서 그들의 신을 부르던 명칭으로 사용되던 용어를 헬라 기독교가 역사적 예수에게 적용시켰다는 것이다.

2) 비판적 성찰: 예수의 십자가 죽음과 부활의 유일회성을 종교사의 죽은 신의 부활 신화로 해소

부셋은 종교사학파의 관점에서 역사적 예수를 논구함으로써 하나님의 아들로서의 역사적 예수의 성육신의 실재를 부정하고 그를 단지

---

253 W. Bousset, *Jesus*, 53.
254 W. Bousset, *Kyrios Christos*, 57.
255 W. Bousset, *Kyrios Christos*, 42.
256 W. Bousset, *Kyrios Christos*, 151.

종교사에 나타난 종교적 인물로 평가 절하하였다. 즉, 그는 기독교를 중동 지역의 여러 종교 중 하나로 보고 기독교 계시의 유일성과 독특성을 부인하는 것이다. 그는 예수의 십자가 죽음과 부활이 갖는 구속사적 의미를 종교사적 신화 속에서 해소시켰다. 이러한 종교사학파의 관점은 종교다원주의의 입장에서 기독교 계시의 유일성과 독특성을 거부하면서 기독교를 혼합종교로 파악하는 것이다. 그리하여 예수 그리스도의 십자가 죽음과 부활의 유일회성은 종교사의 죽은 신의 부활 신화로 해소되었다. 이는 그가 성경적 기독교의 유일성과 독특성을 무너뜨리고 역사적 예수의 유일성과 독특성을 거부하는 결과에서 초래된 것이다.

7. 빌헬름 브레데

1) 마가복음조차도 역사적 전기가 아닌 초대교회 공동체의 신앙고백으로 간주

브레데(Wilhelm Wrede, 1859-1907)는 그의 저서 『복음서의 메시아 비밀』(*Das Messiasgeheimnis in den Evangelien*, 1901)에서 홀츠만(Heinrich J. Holtzmann)이 밝힌 최초의 복음서인 마가복음조차도 역사적 전기가 아니라, 초대교회 공동체의 신앙고백이라는 주장을 폈다: "우리는 마가복음이 예수의 역사적인 생애에 관한 실제적인 관심을 가지고 있지 않다고 솔직하게 말해야 한다."[257] 브레데에 의하면 예

---

257 Gregory W. Dawes, *The Historical Jesus Quest* (Louisville: Westminster/ John Knox, 1999), 114.

수는 결코 메시아가 아니었기 때문에 그의 지상 생애 기간 중에는 메시아로 고백한 적이 없다.258 그럼에도 불구하고 "메시아 비밀"은 마가복음을 관통하는 주제인데, 이것은 마가가 예수 생애를 저술하는 과정에서 고안한 것이라고 한다.259 말하자면, 메시아 비밀은 마가가 창안한 신학적 구성이라는 것이다. 그러므로 예수의 메시아 의식 발전을 재구성하기 위하여 마가복음을 사용할 수 없다. 왜냐하면 마가복음은 초대교회의 발전하는 기독론을 반영하기 때문이다. 한마디로 말해, 그는 역사적 예수가 메시아 의식을 가졌음을 부인한 것이다.

따라서 브레데에 의하면 마가복음에서 중심이 되는 '메시아 비밀' 모티브는 예수에 대한 초대교회의 신앙적 관점을 보여주는 맹백한 증거가 된다. 예컨대, 귀신들린 자가 예수를 가리켜 '하나님의 아들'이라 부른 것은 이미 예수에 대한 초대교회의 신앙을 표현한 것이다.260 그는 예수의 메시아직에 대한 부활절 이후의 신앙이 실제로 메시야가 아닌 예수의 지상 생애에 투사되었다고 본다. 그리하여 비역사적인 "메시아 비밀 이론"이 마가복음의 전체 모양을 형성하였다고 본다. 이러한 브레데의 발상은 후기 불트만 학파에까지 영향을 미쳤다.

---

258 Ralph P. Martin, *Mark: Evangelist and Theologian* (Exeter: The Paternost Press, 1972), 93.

259 William Wrede, *Das Messiasgeheimnis in den Evangelien: Zugleich ein Beitrag zum Verständnis des Markusevangeliums*, (Göttingen: Vandenhoeck & Ruprecht, 1901); English edition, *The Messianic Secret*, trans. The Rev'd James C. G. Grieg (Cambridge: James Clarke & Co., 1971); Ralph P. Martin, Mark: *Evangleist and Theologian*, 97.

260 William Wrede, *The Messianic Secret*, (Cambridge: James Clarke & Co., 1971); James D. G. Dunn, "예수를 기억하며: 어떻게 역사적 예수 탐구는 길을 잃었는가?", 296.

2) 비판적 성찰: 예수의 메시아 의식을 부인

브레데는 최초의 복음인 마가복음을 메시아 비밀을 핵심으로 하는 신학적 구성으로 봄으로써 예수의 메시아 의식을 부인하였다. 그러나 정통적 신앙에 의하면 메시아의 비밀은 신학적 구성이 아니라 하나님의 아들이요 메시아인 예수의 인격과 사역 속에 감추어져 있다. 메시아 비밀은 역사적 예수가 가야 할 메시아의 길이었다. 이 사실은 예수를 진정으로 따르는 신앙과 헌신 없이 알 수 없는 것이다. 메시아 비밀이란 신학적 구상이 아니고 마가가 사실적으로 기록한 것이다. 그러나 이러한 브레데의 신학적 구성설로 인하여 이 후의 학자들은 더 이상 복음서를 예수의 생애와 가르침에 대한 "객관적인 보고"로서 간주할 수 없게 되었다. 그리고 복음서에서 역사적 예수에게 돌려진 전승은 진정으로 그에게서 기원했다고 당연시 할 수 없게 되었다. 이러한 옛(제1) 탐구의 복음서 예수전승에 대한 회의주의는 새(제2) 탐구를 거쳐 오늘날 "예수 세미나"의 역사적 예수 탐구를 지배하고 있는 것이다.

8. 아돌프 폰 하르낙

1) 인간 영혼의 무한한 가치 존중이라는 시대정신에 맞추어 역사적 예수를 재구성

하르낙(Adolf Harnack, 1851-1930)은 1899-1900년 베를린 대학교 신학부 겨울학기 강좌 『기독교의 본질』(*Das Wesen des Christentums*)에서 기독교는 교리나 신조의 체계가 아니라 삶의 방식이라는 것을 강조했다.[261] 그의 학문적 기본 관심은 기독교 신앙의 교의학적 외피화(Verkrustungen)를 거쳐서 본래적이며 꾸밈없는 예수의 복음을 발견하는 것이었다. 그는 역사적 기독교가 예수의 복음을 헬레니즘화시켰다고 주장하고 기독교 교리의 외피를 벗기고 역사적 예수의 복음을 발견하고자 하였다. 하르낙은 요한복음의 역사성을 부인했으며, 마태복음과 누가복음에 나오는 예수의 유아시절 이야기를 역사적인 자료가 아닌 설화로 보았다.

하르낙은 복음서에 기록된 예수의 이적 사건들을 역사과학적인 방법으로 이해하려 하고 초자연적으로 사건으로 생각하지 않았다. 따라서 이 세상에는 경이로운 사건과 설명할 수 없는 사건들이 많이 일어나고 있는데, 예수의 이적 사건도 단지 그러한 일들 중에 하나일 뿐으로 예수로 인한 이적은 발생하지 않았다고 단정한다. 중요한 것은 예수가 일으킨 초자연적인 이적이 아니라, 그가 선포한 메시지 내용에 있다며, 이적보다는 예수의 말씀에 그는 방점을 두고 있다. 또한 하르낙에 의하면 메시아 개념은 예수에게 중요한 것이 아니며, 오히려 중요한 것은 한 인간으로서 하나님을 사랑하고 동료 인간을 사랑하는 것이라고 한다.

예수의 메시지는 하나님 사랑과 인간 사랑 의식에서 발생하였다고 본다. 예수는 하나님의 부성(아버지 되심)에 중점을 둔 단순한 복음을 선포했고, 인간 영혼의 무한한 가치와 사랑의 중요성을 가르쳤다고 본다. 하르낙은 역사적 예수를 재구성하는 데 하나님 나라의 도래, 하

---

261 Adolf von Harnack, *Das Wesen des Christentums* (1900), 오흥명 역, 『기독교의 본질』, 한들출판사, 2007, 1강, 19-34.

나님의 부성, 인간 영혼의 무한한 가치, 보다 높은 의와 사랑의 계명 [262]에 초점을 맞추고자 한다: "예수에 대한 참된 신앙은 신조와 관련된 전통과 관련되지 않고 그가 행하신대로 행동하는 것과 관련된다."[263] "예수가 선포한대로의 복음은 아버지하고만 관계가 있고 아들하고는 아무런 관계가 없다."[264] "아무도 예수가 아버지 하나님을 아는 방법으로 아버지를 안 사람은 없었다. 예수는 아버지에 대한 이 지식으로 다른 사람의 이목을 집중시키고 많은 사람들에게 비교될 수 없는 봉사를 하였다."[265]

여기서 하르낙이 비평학자임에도 불구하고 다른 비평학자와 비교해 독특한 점은 예수는 자신의 하나님 아들 됨과 메시아 됨을 스스로 인식하고 있었다는 것을 인정한다는 것이다. 즉, 하르낙은 예수 자신은 스스로를 하나님 아들이라고 생각했다고 본다. 그러나 예수의 하나님 아들 됨은 본성적인 것으로부터 나온 것이 아니라 하나님을 아는 지식 때문이라고 주장한다: "하나님 아들이라는 의식은 하나님을 아버지 곧 그의 아버지로 아는 실제적인 결과에 지나지 않는다."[266] 이런 의미에서 예수는 메시아 의식을 가졌다. 하르낙에 의하면 예수가 자신을 메시아로 생각할 수 있었던 것은 자신에게 하나님 아들 의식

---

[262] Adolf von Harnack, *What is Christianity?* trans. Thomas Bailey Saunders (New York: Harper and Row Publishers, 1957), 51.

[263] Adolf von Harnack, *What is Christianity?* trans. Thomas Bailey Saunders (London: Benn, 5.edition 1958), 10.

[264] Adolf von Harnack, *What is Christianity?* 1957. 144.

[265] Adolf von Harnack, *What is Christianity?* 1957. 144.

[266] Adolf von Harnack, *What is Christianity?* 1957. 128.

이 있었기 때문이라는 것이다: "예수가 전에는 아무도 알지 못했던 방법으로 자신이 하나님을 알았다고 확신한다. 그리고 그는 이 하나님에 대한 지식을 말과 행위로 다른 사람들에게 전달하는 것과 사람들이 하나님의 자녀들이라는 지식을 다른 사람들에게 전달하는 것이 자신의 사명임을 알았다."[267]

하르낙은 예수에게서 하나님 아들이라는 확신으로부터 약속된 메시아라는 확신을 가지게 된 내적 발전(inward development)은 결코 헤아릴 수 없다고 말한다.[268] 그러나 하르낙은 예수가 자신을 메시아로 생각하게 된 계기를 몇 가지로 나누어 제시한다: ㉠ 세례자 요한으로부터 세례 받을 때, ㉡ 광야 시험 받을 때, ㉢ 세례 요한이 제자들을 보내어 "오실 그이가 당신이오니이까?"하고 질문받았을 때, ㉣ 가이사랴 빌립보에서 베드로가 그가 메시아임을 고백했을 때, ㉤ 가시면류관을 쓰고 십자가를 졌을 때, 예수는 메시아 의식을 각성하게 되었다.[269]

하르낙은 빈 무덤과 부활신앙을 구분해야 한다고 본다: "신약 자체가 한편으로는 빈 무덤과 부활 메시지와 예수의 나타나심을 증거하면서, 다른 한편으로는 부활신앙을 구분하고 있다."[270] 하르낙은 빈 무덤의 메시지가 없어도 부활신앙을 고수해야 한다고 본다. 부활신앙이란 십자가에 죽으신 예수가 죽음을 이겼다는 확신이며, 하나님은

---

267 Adolf von Harnack, *What is Christianity?* 1957. 128.
268 Adolf von Harnack, *What is Christianity?* 1957. 138.
269 Adolf von Harnack, *What is Christianity?* 1957. 139f.
270 Adolf von Harnack, *What is Christianity?* 1957. 160.

의롭고 능력 있는 분이라는 확신이라는 것이다.[271] 하르낙은 역사과학자로서 과학적으로 이해할 수 없는 예수 부활의 역사적 사실보다는 제자들의 부활신앙을 강조하였다.[272]

하르낙은 이처럼 역사적 인식과 자유로운 의식의 일치 속에서 복음을 객관적으로 인식한다는 목표를 추구하였다. 말하자면, 예수의 복음을 역사적으로 정확하게, 시대에 맞게, 그리고 당대의 과학적 사고와 조화를 이루도록 표현하는 것이었다.

2) 비판적 성찰: 예수의 복음을 도덕적인 가르침으로 해석

이러한 하르낙의 입장은 전통적 기독교를 문화적 기독교로 변질시켰고, 역사적 예수의 대속의 죽음을 부인하고 단지 시대적 흐름과 문화에 적합한 기독교로 만들었다. 그는 초대교회와 사도들이 고백한 기독교 신앙의 본질을 담고 있는 사도신경(the Apostles' Creed, das apostol ische Bekenntnis)을 부인하였고, 기독교 구원 교리의 핵심을 이루는 예수의 십자가 대속교리를 역사적 예수의 가르침과는 낯선 것으로 보고 거부하기에 이르렀다. 하르낙은 예수가 하나님의 뜻에 대한 복종을 강조한 것은 그가 많은 인간 중의 하나이지 신으로서 복음을 인간에게 제공하는 주체가 될 수 없는 증거라고 보았다. 하르낙은 역사적 예수를 단순히 오늘날 우리들에게 모범이 되는 도덕적 교사로만 인정함으로써 예수를 하나의 인간으로만 평가하였다.

---

271 Adolf von Harnack, *What is Christianity?* 1957. 161.
272 박형용, 『복음비평사: 라이마르스에서 신해석학파까지』, 성광문화사, 1985, 107.

하르낙은 대부분의 비평가와는 달리 역사적 예수의 하나님 아들 됨과 메시아 의식을 인정했다. 그럼에도 불구하고 그는 존재적 의미에서 예수가 성육신 하나님 아들이라는 것이 아니라 인간의 모범으로서 충만한 하나님 지식에 의한 하나님과의 유일한 관계를 성취했다는 아래로부터 출발하는 기독론적 사고를 했기 때문에 정통교회의 기독론에 부합하지는 못했다.

하르낙은 예수의 역사적 부활사건을 인정하기보다는 빈 무덤과 예수의 나타남에 관하여 긍정적인 입장을 개진하지 않음으로써 예수의 부활사건 이해에 있어서 예수가 죽음을 이겼다는, 제자들의 부활신앙을 강조하는 방향으로 나아갔다. 이러한 하르낙의 부활사건 설명은 제자들의 부활신앙의 근거인 예수의 역사적 부활사건 자체를 제자들의 부활신앙으로 환원시키는 심리주의적 해석으로 나아가게 하여, 이후에 불트만과 그의 학파들이 예수 부활을 제자들과 초대교회의 실존적 신앙으로 해석(케리그마 속에서의 부활)하는 계기를 마련해 주었다. 빈 무덤의 메시지가 없어도 부활신앙을 고수해야 한다는 하르낙의 주장은 기독교 신앙의 역사적 기초를 흔드는 발상이다. 빈 무덤이 있고 부활의 역사적 사실 때문에 제자들과 초대교회와 오늘날 역사적 기독교회의 부활신앙은 존속하는 것이다. 사도 바울이 증거하는 바와 같이 예수의 부활이 없으면 우리의 신앙과 부활신앙은 헛것이기 때문이다: "그리스도께서 만일 다시 살아나지 못하셨으면 우리가 전파하는 것도 헛것이요 또 너희 믿음도 헛것이며"(고전 15:14).

하르낙에 의하면 예수의 종교를 예수에 대한 종교로 대체한 자가 바울인데 바울은 예수의 단순한 도덕적 메시지를 피의 제사(bloody sacrifice)와 대속(redemption)을 요구하는 종교로 변모시켰다[273]고 한다. 이러한 하르낙의 바울 해석은 공관복음서에서 기록하고 있는 잡히시기 전날 밤 제자들에게 행하신 역사적 예수의 성만찬 메시지와 행위(마 26:17-29; 막 14:12-25; 눅 22:7-21)를 도외시하는 데서 비롯된 것이다: "또 떡을 가져 감사기도하시고 떼어 그들에게 주시며 이르시되 이것은 너희를 위하여 주는 내 몸이라 너희가 이를 행하여 나를 기념하라 하시고, 저녁 먹은 후에 잔도 그와 같이 하여 이르시되 이 잔은 내 피로 세우는 새 언약이니 곧 너희를 위하여 붓는 것이라"(눅 22:19-20). 사도 바울은 고린도교회를 향하여 이러한 예수의 가르침을 상기시키고 있는 것이다: "내가 너희에게 전한 것은 주께 받은 것이니 곧 주 예수께서 잡히시던 밤에 떡을 가지사, 축사하시고 떼어 이르시되 이것은 너희를 위하는 내 몸이니 이것을 행하여 나를 기념하라 하시고, 식후에 또한 그와 같이 잔을 가지시고 이르시되 이 잔은 내 피로 세운 새 언약이니 이것을 행하여 마실 때마다 나를 기념하라 하셨으니, 너희가 이 떡을 먹으며 이 잔을 마실 때마다 주의 죽으심을 그가 오실 때까지 전하는 것이니라"(고전 11:23-26). 바울의 증언에 의하면 성만찬이란 바울 자신이 창안해 낸 것이 아니라 역사적 예수께서 친히 제자들에게 자신의 대속의 죽음을 기념하라고 명하신 것을 집행하는 것이다. 그러므로 바울 시대에 와서 예수의 도덕과 윤리종교가 피와 대속종교가 된 것이 아니라, 예수의 죽음 자체가 처음부터 그러한 대속의 의미를 지닌 것을 구약과 사도의 서신들은 증거하고 있다.

---

273 Adolf von Harnack, *What is Christianity?* (3. edition 1904), 147. 180-181.

9. 알브레히트 리츨

1) 칸트의 정언명령 사상과 밀접하게 연결하여 예수가 선포한 하나님 나라를 해석

19세기의 대표적 자유주의 신학자요 괴팅엔 대학교 교의학 교수 리츨(Albrecht Ritschl, 1822-1889)은 1875년『기독교 개요』(Unterricht in der christlichen Religiojn)에서 "하나님과 화해된 공동체의 관점에서" "기독교에 대한 온전한 총체 관점"[274]을 제시하였다. 그는 여기서 개요를 네 가지 분야로 나누었다. 그것은 1부 하나님 나라에 관하여, 2부 그리스도를 통한 화해에 관하여, 3부 기독교적 삶에 관하여, 4부 공동체적인 하나님 경외에 관하여로 구분하였다.

리츨은 칸트(Immanuel Kant)의 가치철학의 영향을 받아 신학에서 형이상학을 배제하고 종교적 인식을 이론적 인식과 다른 가치판단으로 특징지었다. 하나님에 대한 지식은 역사적 사실에 관한 지식이 아니라 그러한 사실들 속에 인지할 수 있는 가치에 관한 지식이라는 것이다. 리츨에게 가치(value)라는 것은 단지 어떤 윤리적인 것만 아니라 실재의 주어진 사실 혹은 관점의 의미도 들어있다. 리츨은 경건주의와 신비주의를 비판하고 그리스도에서의 역사적 계시를 강조하였다. 특히 사랑의 공동체로서의 '하나님의 나라'를 지상에 실현시키는 데 기독교의 사명이 있다고 강조하고 윤리적 또는 문화적 개신교를 제창하였다.

슐라이에르마허(Friedrich D. E. Schleiermacher)로부터 시작된 경

---

274   Albrecht Ritschl, *Unterricht in der Christlichen Religiojn*, 1875; Texte zur Kirchen- und Theologiegeschichte, hg. von G. Ruhbach, Heft 3, 1966. Vorwort.

험신학 전통의 탁월한 해석자 리츨은 슐라이에르마허가 예수를 완전한 신 의식을 소유한 분으로 간주한 것을 윤리적으로 전환하여, 예수를 탁월한 도덕적 능력을 소유한 분으로 이해했다. 예수는 하나님 나라 도래를 위하여 부름을 받았고, 하나님 나라를 세상에서 하나님의 본래적 목적으로 인식했다. 리츨은 칸트의 정언명령(kategorischer Imperativ, categorical imperative) 및 이상적인 공화국 사상과 밀접하게 연결시키면서[275] 예수가 선포한 하나님 나라를 해석하였다. 예수가 선포한 하나님 나라는 영역상 윤리적인 것이었다. 하나님의 나라는 복음이 윤리적 이상을 만들어 낸다는 의미에서만 가장 높은 선, 사랑과 평화의 윤리적 공동체라고 보았다.[276]

2) 비판적 성찰: 인간 도덕성 이념에 의하여 채색된 예수상

리츨은 신약성경이 말하는 세계 종말과 더불어 다가오는 종말론을 알지 못했기 때문에 예수가 선포한 하나님 나라의 사상을 비종말론화시켰다.[277] 그는 예수가 선포한 미래적 종말론을 윤리적으로 해석함으로써 예수가 선포한 초자연적인 세계 재난으로 다가오는 임박한 종말론을 현재화시켰다. 그리하여 라이마루스에서 시작하여 파울루스, 스트라우스, 바우어, 르낭, 브레데, 하르낙, 리츨에 이르는 자유주

---

275 Benedict T. Viviano, *The Kingdom of God in History* (Wilmington, DE: Michael Glazier, 1988), 114.

276 Albrecht Ritschl, Gesammelte Aufsätze. Freiburg: Mohr, 1896; *Three Essays* (Philadelphia: Fortress, 1972), 222.

277 F. W. Kantzenbach, *Programme der Theologie. Denker, Schulen, Wirkungen von Schleiermacher bis Moltmann*. Claudius Verlag, München 1978, 109.

의 계몽신학자들은 성경적 계시에 따른 신앙적 이성이 아니라 자기들의 비판적 이성에 따른 실증학문적 관념을 가지고 역사적 예수를 재구성하고자 했다. 그리하여 이들은 실제 예수를 찾은 것이 아니라 자기들의 이념에 의하여 채색된 예수, 인간의 도덕성과 존엄성을 높이 구가한 예수상을 만들어 내었다. 이러한 리츨이 그려낸 역사적 예수상은 사복음서가 보고하고 있는 초자연적인 예수상(귀신추방 및 난치병 치유자로서의 능력적 사역자, 하나님의 아들로서의 메시아요 인자인 초월적 존재, 우리의 대속자로서의 예수상 등)을 도외시하고 있다. 그러나 인간의 도덕성과 존엄성의 모범이 되는 이러한 자유주의적 예수상은 세기의 전환기에 요한네스 바이스와 알버트 바이처가 제시한 묵시론적 예수상에 의하여 결국 산산조각이 나고 말았다.

10. 요한네스 바이스

1) 예수의 하나님 나라 선포가 갖는 세상 종말의 묵시록적 성격 천명
하이델베르그 대학 신약학자요 리츨의 사위인 바이스(Johannes Weiss, 1863-1914)는 1892년 그의 저서 『예수의 하나님 나라 선포』(Die Predigt Jesu vom Reiche Gottes)에서 예수가 선포한 하나님 나라가 세상의 종말을 가져오는 묵시록적 성격을 지닌 것을 천명하였다.[278] 그는 종교사학파에 속했으나 유대 묵시록을 연구하면서 예수의 하나님 나라 메시지는 이 세상의 종말이 임박했다는 종말론적인 것이며, 그래서 하나님 나라는 문화기독교주의자들이 주장하는 것처럼 윤리적 공동체와 동일시될 수 없다고 주장하였다. 바이스에 의하면 예수가 이해한 하나님 나라는 오직 하나님만이 가져오시는 임박한 내세적 사건[279]으로서 "압도적인 신적 폭풍"[280]으로 시작된다. 그리고 하나님 나라는 현재 임한 것이 아니라 미래로 남아있다. 그것은 절대적으로 현재적이 아니라 철저히 미래적이다. 하나님 나라는 현재의 시대를 끝낸다.

예수의 사명이란 하나님 나라를 설립하는 것이 아니었다. 그래서 예수는 그의 지상사역에서 하나님 나라를 세우려고 하지 않았다. 그는 하나님이 이 하나님의 나라를 가까운 미래에 세우시길 기다렸다.[281] 예수는 스스로 왕국 설립의 메시아로 생각하지 않았고 하나님의 초자연적 개입으로 그의 왕국을 설립하실 때를 위하여 준비시키는 사람으로 생각했다. 예수 자신은 따라서 하나님 나라를 임하게 하거나 설립할 수 없다고 보았다. 예수는 하나님 나라 설립은 오로지 하나님의 특권이라고 보았다. 이 하나님의 나라는 예수 생애 시 도래하지 않았다. 예수는 처음에는 살아서 하나님 나라 도래를 보기를 원했

---

278 Johannes Weiss, *Die Predigt Jesu vom Reiche Gottes*, 1892; *Jesus' Proclamation of the Kingdom of God* (Philadelphia: Fortress, 1971); 김영한, 『바르트에서 몰트만까지』, 2005, 477.
279 Johannes Weiss, *Jesus' Proclamation of the Kingdom of God*, 133.
280 Johannes Weiss, *Jesus' Proclamation of the Kingdom of God*, 129.
281 Johannes Weiss, *Jesus' Proclamation of the Kingdom of God*, 78.

으나 점차 이것이 불가능함을 확신하게 되었다. 그 후 예수는 자신의 죽음으로 하나님 나라 설립에 기여해야 한다고 생각했다.[282] 그리고 하나님 나라가 설립될 때 예수는 자신이 구름을 타고 다시 올 것으로 생각했다.

결론적으로 바이스는 예수가 예루살렘에서 죽어야 한다는 결단 역시 종말론적 신념으로 해석했다. 바이스는 역사적 예수의 하나님 나라에 대한 진정한 가르침이란 그의 1세기 묵시록적 세계관을 가지지 아니한 사람들에게는 적용될 수 없다고 믿었다.

바이스는 그의 연구 결과를 그의 스승이요, 장인이었던 리츨이 별세한 지 3년이 지난 1892년까지 출판하지 않았다. 하지만 그의 저서는 출판되자마자 큰 반향을 불러일으켰다. 그가 발견한 예수의 하나님 나라의 묵시록적 개념은 슈바이처의 역사적 예수 개념에 결정적인 영향을 끼치게 된다. 슈바이처는 『예수 생애 연구사』(Geschichte der Leben Jesu Forschung)에서 바이스의 저작을 다음과 같이 극구 칭찬하였다: "역사신학에서 가장 중요한 작품 중의 하나다. 지금까지 인정된 입장을 모두 부숴버리는 것 같다. 이 저서는 한 세기를 끝마치게 하고 다른 세기를 시작하게 한다."[283] 20여 년이 지난 1927년에 이르는 예수의 하나님 나라 개념이 묵시적이었다는 바이스의 해석은 폭넓게 수용되었다.[284] 1950년대 불트만은 바이스 저작을 "세기적인

---

282 Johannes Weiss, *Jesus' Proclamation of the Kingdom of God*, 129-136.
283 A. Schweitzer, *Geschichte der Leben Jesu Forschung*, (1906); A. Schweitzer, *The Quest of the Historical Jesus: A Critical Study of Its Progress from Reimarus to Wrede*, (English edition, translated by William Montgomery, 1968), 239.
284 Norman Perrin, *Jesus and the Language of the Kingdom* (Philadelphia: Fortress, 1976),

걸작"[285]이라고 평가했다.

2) 비판적 성찰: 하나님 나라의 현재성을 부인

저자의 평가에 의하면 바이스는 진리라고 믿어온 자유주의적 하나님 나라 개념을 부정하고 하나님 나라가 종교적이며 종말론적이라고 주장함으로써 역사적 예수의 복음이 지닌 초월적이고 종말론적 차원을 재발견하였다. 이것은 그가 이룬 하나의 크나큰 업적이라고 말할 수 있다. 예수의 하나님 나라는 철저히 종말론적이기 때문이다. 예수의 사랑 윤리조차도 이러한 다가오는 하나님 나라의 종말론적 도래 앞에서만 진정한 의미를 갖는다. 이러한 바이스의 종말론적 주장은 슈바이처를 거쳐서 1980년대에 시작된 제3의 논구에서 예수의 하나님 나라에 대한 종말론적 메시지 재발견에 중요한 영향을 미쳤다.

그러나 바이스는 예수와 더불어 온 하나님 나라의 현재성을 부인함으로써 하나님 나라가 그의 인격과 더불어 현재한 예수의 신성을 인정하지 아니한 한계를 지니고 있다. 마태와 누가는 하나님 나라의 현재성에 대한 거의 동일한 내용의 역사적 예수의 말씀을 우리에게 전해주고 있다: "그러나 내가 하나님의 성령을 힘입어 귀신을 쫓아내는 것이면 하나님의 나라가 이미 너희에게 임하였느니라"(마 12:28), "그러나 내가 만일 하나님의 손을 힘입어 귀신을 쫓아낸다면 하나님의 나라가 이미 너희에게 임하였느니라"(눅 11:20). 복음서에 대한 올

35.

285　R. Bultmann, *Jesus Christ and Mythology* (New York: Scribner's, 1958), 12.

바른 이해는 바이스가 말하는 하나님 나라의 초월적 미래의 성격과 아울러 예수의 귀신추방과 더불어 임재한 하나님 나라의 현재 성격을 인정하는 것이다. 이러한 하나님 나라의 현재적, 미래적 임재는 예수의 인격이 단지 예언자임을 넘어서서 하나님의 기름 부으심을 받은 메시아였기 때문에 가능한 것이다. 바이스는 예수 안에서 현재적으로 실현되고 있는 하나님 나라의 임재를 간과한 것이다.

IV. "무탐구": 슈바이처에서 불트만 학파까지 (1906-1953)

1. 알버트 슈바이처

1) 바이스의 예수의 삶과 교훈에 대한 종말론적 해석을 확대

신약학자 알버트 슈바이처(Albert Schweitzer, 1875-1965)는 1901년의 저서 『메시아-및 고난 비밀. 예수 생애 요약』(*Das Messianitäts-und Leidensgeheimnis. Eine Skizze des Lebens Jesu*)에서 지금까지 진행되어 온 자유주의 입장의 역사적 예수 연구에 강력한 비판을 가하면서 예수의 생애와 교훈을 종말론적으로 이해해야 한다고 주장하였다.[286]

---

[286] Albert Schweitzer, *Das Messianitäts-und Leidensgeheimnis. Eine Skizze des Lebens Jesu, 1901*; Albert Schweitzer, *The Mystery of the Kingdom of God*. trans. Walter Lowrie, New York: Macmillan, 1914; rpt. 1950; New York: Schocken Books, 1962; New York: Macmillan, 1968.

그는 이미 오래 전에 나온 바이스 저서의 초판이나 2판을 읽지 못하고 독자적인 연구로 비슷한 결론에 도달하였다.

슈바이처의 초기 종말론은 라이마루스의 종말론적 해석에 영향을 받았다. 그는 종말론의 뿌리를 라이마루스에게서 찾는다. 그는 라이마루스에 대해 다음과 같이 평가한다: "놀랄만한 평가다. 왜냐하면 그가 예수를 움직이게 한 사상이 본질적으로 종말론적이라는 사실을 처음부터 파악했기 때문이다."[287] 브레데가 초대교회의 산물인 "메시아 비밀"을 마가가 사용하여 마가복음을 기록했다고 주장하는 것에 반해서, 슈바이처는 메시아 비밀이 공동체의 창안이 아닌 예수 자신이 가진 실제적인 확신으로 본다. 그리고 그는 예수가 이 메시아적 확신을 가지고 종말론적으로 행동했다고 본다.[288] 슈바이처의 저서는 1901년 브레데의 역사적 예수에 대한 명저 『복음서에서 메시아 비밀』(Das Messiageheimnis in den Evangelien)과 같은 해에 출판된 것이다.

슈바이처는 1906년에 출판한 『예수 생애 연구사』에서 예수의 생애에 대한 자신의 해석이 옳음을 재확인하였다. 슈바이처는 바이스나 브레데의 입장이 일관성이 결여되고 난해한 점이 많은 반면 자신의 입장은 이런 점을 해결한다고 주장한다.[289] 슈바이처는 이 저서에서 라이마루스에서 브레데까지 지난 200년 동안에 나온 600여 편의 역사적 예수에 대한 연구들을 신학적으로 총정리하고 평가하였다: "메시아로서 공적으로 나타났고, 하나님 나라의 윤리를 설교했고, 지

287　A. Schweitzer, *The Quest of the Historical Jesus*, 1968, 22 ff.
288　Daniel P. Fuller, *Easter Faith and History* (Grand Rapids: Eerdmans, 1965), 73.
289　박형용, 『복음비평사-라이마루스에서 신해석학파까지-』, 성광문화사, 1985, 135.

상에서 하나님 왕국을 세웠고, 그의 일에 최종의 헌신을 위하여 목숨을 버린 나사렛 예수는 존재하지 않았다. 그는 합리주의에 의해 디자인 되었으며, 현대 신학에 있어서 역사적 의상을 입었다. 그는 외부로부터 파멸되지 않고 스스로 파멸되었다."[290]

슈바이처는 바이스의 종말론적 해석을 더 확대하였다. 바이스는 종말론이 역사적 예수의 하나님 나라 선포의 중심이라고 해석하였다. 슈바이처는 바이스의 착상을 따르면서 묵시록적 착상을 더욱 심화시켜 이 임박한 종말론이 예수 생애의 전 과정을 결정지었다고 해석하였다.[291] 슈바이처는 바이스가 예수의 가르침만 종말론적으로 설명했다고 말하면서 "예수의 모든 공적 사역"을 종말론적 입장에서 설명해야 한다고 주장하였다. 이에 슈바이처는 자신의 종말론을 바이스와 구별해 "철저한 종말론"(konzequente Eschatologie)이라고 부른다: "바이스는 절반쯤 와서 멈추었다. 그는 예수의 행위가 종말론적 사상에 의해 결정되어졌다는 생각 없이 예수의 생각과 교훈만 종말론적으로 해석했다."[292]

2) 묵시론적 종말 환상가인 역사적 예수

슈바이처는 종교사적 연구를 통해 그동안 자유주의 신학자들이 등한

---

290 A. Schweitzer, *The Quest of the Historical Jesus*, 2001, 478.

291 A. Schweitzer, *The Quest of the Historical Jesus*, 1968, 212; 김영한, 『바르트에서 몰트만까지』, 2005, 477.

292 A. Schweitzer, *Aus Meinem Leben und Denken*, Leipzig, Felix Meiner, 1931; *Out of My Life and Thought: An Autobiography*, Translated by C.T. Campion, New York, Henry Holt, 1933, 48.

시한 종말론적 세계 몰락에 대한 환상(幻想)을 지닌 예수를 복권시켰다. 슈바이처가 탐구해낸 역사적 예수의 모습은 후기 유대교 종말론의 영향을 받은 묵시론적 종말론적인 인물이었다. 역사적 예수는 모든 것의 종말을 기다린 1세기의 묵시록적 기대를 갖고 있었는데, 그런 종말이 오는 것을 보지 못하고 죽었지만, 종말론적 운동이 시작되었고 그 운동이 결국 초대교회가 되었다고 본다. 그는 예수를 묵시론적 유대 예언자로, 그리고 세상 종말이 그의 사역 가운데 올 것(마 10:23)이라고 기대하였던 몽상(夢想)적 선지자로 보았다. 그는 피력한다: "우리 시대에 중요하고 도움을 줄 수 있는 사람은 역사적으로 알려진 예수가 아니라 사람들 안에서 영적으로 부활한 예수라는 것이다. 역사적 예수가 아니라 그에게서 나오고 사람들의 영혼에서 새로운 영향과 통치를 위해서 애쓰는 영이 세상을 정복하는 것이다."[293]

슈바이처는 브레데의 주장과는 달리 예수는 자신이 메시아라고 믿었고, 이 믿음으로 그의 공적 사역을 행하였다고 주장했다.[294] 첫째, 예수는 세상 종말이 당시대에 임할 것으로 생각했다. 둘째, 예수 자신이 종말을 가져올 메시아라고 생각했다. 그는 예수가 가이사랴 빌립보에서 밝혀주기까지는 제자들은 그가 메시아인 것을 알아차리지 못했다고 본다.[295] 예수는 사역 초기에 하나님 나라가 이 세상에 돌발적으

---

293 A. Schweitzer, *The Quest of the Historical Jesus*, 1968, 401.

294 A. Schweitzer, *The Mystery of the Kingdom of God. The Secret of Jesus' Messiahship and Passion*, trans. Walter Lowrie, (New York: Macmillan, 1914; rpt. 1950), ix, 108-109.

295 A. Schweitzer, *The Kingdom of God and Primitive Christianity*, with Ulrich Neuenschwander, New York: Seabury Press, 1968, 108-109.

로 들어와서 역사과정을 끝낼 것으로 기대했다. 세상 종말이 올 때 자신이 메시아로서 강림할 것을 기대했다. 그 구체적인 예가 높은 산의 황홀경 체험이라고 본다: "예수와 제자들은 그때 강렬한 종말론적 기대 가운데 열광적인 상태 속에 있었다."296 예수는 하나님이 자기를 메시아로, 그 종말을 가져오는 대리자로 임명했다는 환상에 빠졌다고 주장한다.297 슈바이처는 예수가 12제자를 선교여행에 파송한 것이 이러한 해석의 중요한 근거라고 본다. 예수는 제자들을 파송할 때(마 10:16-23) 하나님 나라가 임할 것으로 기대했다. 예수의 파송사, "이 동네에서 너희를 박해하거든 저 동네로 피하라. 내가 진실로 너희에게 이르노니 이스라엘의 모든 동네를 다 다니지 못하여서 인자가 오리라"(마 10:23)가 하나님 나라 임재를 기대한 근거라고 본다. 슈바이처는 예수가 제자들이 현 시대에서는 다시 돌아올 것을 기대하지 않았다고 한다. 예수는 제자들이 이스라엘 전 도시를 다 돌아다니기 전에 인자의 강림이 있을 것을 확신했다고 한다. 인자의 강림은 "그들이 인자의 강림을 선포하기 위해서 이스라엘의 도시들을 급하게 다 돌기 전에 일어날 것"이다.298 이것이 그가 제자들에게 나타낸 하나님 나라의 비밀이다.299 그런데 제자들은 귀환했고 초자연적 우주적 재난과 함께 야기되는 세상의 종말은 오지 않았고 인자는 출현하지 않았다.

---

296 A. Schweitzer, *The Quest of the Historical Jesus*, 1968, 345.

297 A. Schweitzer, *The Kingdom of God and Primitive Christianity*, with Ulrich Neuenschwander. New York: Seabury Press. 1968. 103, 111.

298 A. Schweitzer, *The Quest of the Historical Jesus*, 1968, 327.

299 A. Schweitzer, *The Quest of the Historical Jesus*, 1968, 358f.

하나님 나라 도래에 대한 예수의 예언은 성취되지 않고 실패했다.[300] 예수는 첫 번째 실패자가 되었다.

예수는 제자 파송 시 천국 도래와 인자 출현을 대망했다가 실패하자, 이사야서 53장을 읽음으로써 그의 메시아 의식 속에 수난의 개념을 포함시켰다: "하나님께서 영광 중에 통치하도록 예정하신 자가 죄인으로 정죄 받은 다음 왕국을 설립하여야 한다. 그렇게 함으로 다른 사람들은 풀려나게 되고 자신이 그들을 위해 속죄의 사역을 감당하게 된다… 이처럼 예수는 선지자 이사야서(53장)를 읽음으로써 하나님이 예정하신 것이 선택된 자 자신을 위한 것임을 알게 된다. 그리고 어떤 형태로 자신이 저주를 받게 될 것인지를 세례 요한의 죽음을 통해서 알게 된다. 그는 마땅히 세상 권력에 의해 많은 사람들 앞에서 죄인으로 처형당해야만 한다. 그러므로 그는 온 이스라엘이 모이는 계절에 예루살렘을 향해 올라가야만 했다."[301]

예수는 세상 종말이 이루어지지 않자 실망하였으며 수난의 길을 재촉하여 예루살렘으로 올라가 십자가에 처형되어 죽었다. 예루살렘을 향한 이 여행은 승리를 위한 장례 행진이었다.[302] 그러나 이 여행은 실패의 여행이 되었다. 예수는 이러한 행동이 하나님의 간섭을 강요하고 역사의 수레바퀴를 바꾸어 놓을 수 있기를 바랐으나 하나님의 나라는 오지 않았다. 다음 인용부분은 1913년 판부터는 생략된 부분

---

300 A. Schweitzer, *The Quest of the Historical Jesus*, 1968, 359.
301 A. Schweitzer, *The Mystery of the Kingdom of God*, trans. Walter Lowrie (New York: Schocken Books, 1964), 266.
302 A. Schweitzer, *The Mystery of the Kingdom of God*, 267.

이다: "자신을 오고 있는 인자라고 생각했던 예수는 세상의 수레바퀴가 모든 일상적인 역사를 종결시킬 최후의 회전을 하게 하려고 그 수레바퀴를 붙잡았다. 수레바퀴는 돌기를 거부했고, 그는 자기를 그 위에 내던졌다. 그러자 수레바퀴가 돌면서 그를 짓이겼다. 그는 종말론적 상황을 가져오는 대신에 그것을 파괴했다. 수레바퀴는 앞으로 구른다. 그리고 자신을 인류의 영적 지도자라고 생각하고 역사를 자신의 목적으로 돌려놓을 만큼 강했던 한 사람, 그 측량할 수 없이 위대한 한 사람의 짓이겨진 몸은 여전히 그 위 매달려 있다. 그것이 그의 승리이고 그의 통치이다."[303] 마침내 예수는 실망이 가득하여 하나님의 버리심에 대한 느낌을 가지고 십자가에서 소리치며 세계 종말 환상에서 깨어나면서 비현실적인 몽상가(夢想家)로 죽었다.[304] 예수는 두 번째 실패자가 되었다.

슈바이처는 바이스의 종말론적 해석을 수용하면서 예수가 전한 메시지 전체는 철저하게 묵시론적 개념이라고 주장했다. 나사렛 예수의 인격과 메시지에 대한 이러한 철저한 종말론적 해석은 역사적 예수를 그가 살았던 시대 흐름에 아주 낯설게 묵시록적 비세계적인 인물로 묘사하여 그의 희망이나 기대가 궁극적으로 이루어진 것이 아무것도 없다고 보았다.

---

303 A. Schweitzer, *The Quest of the Historical Jesus*, 1968, 370-371.
304 F. W. Kantzenbach, *Programme der Theologie, Denker, Schulen, Wirkungen von Schleiermacher bis Moltmann*, Claudius Verlag, München, 1978, 152-163.

3) 역사적 예수 연구의 파산선언

따라서 슈바이처에 있어서 예수의 십자가 죽음은 세계 기독교인들이 매년 사순절(四旬節)에 그의 수난을 기념하는 대속의 죽음이 아니었다. 이것이 바로 슈바이처의 박사학위 논문에서 부정적으로 결론된 "역사적 예수"의 상(像)이다. 그리하여 "역사적 예수" 용어는 자유주의 신학자들에게는 전통 기독교 신자들이나 복음주의 신학자들의 이해와는 다른 의미를 갖게 되었다. 자유주의 신학자들에 의하면 "역사적 예수"라는 용어는 신약성경에 나타난 예수상은 계몽된 이성으로는 믿을 수 없기 때문에 실제 역사적으로 있었던 예수상을 찾고자 하여 신앙과는 분리된 예수에게 붙여진 용어가 되어 버린 것이다.

따라서 그가 이 책에서 내린 가장 끔찍한 결론이란 그때까지의 모든 "역사적 예수" 연구들은 본래의 역사적 예수의 참 모습이 될 수 없고, 각 저자의 시대상의 반영을 오히려 역사적 예수에 투영한 것에 지나지 않을 뿐임을 폭로한 점에 있다: "각 사람이 자신의 특징에 맞는 예수를 창조했다. 예수의 생애를 기술하는 것만큼 한 사람의 참된 자아를 잘 드러내주는 역사적인 작업은 없을 것이다."[305]

다시 말해서, 알버트 슈바이처는 그때까지의 "역사적 예수" 탐구에 대하여 일종의 파산선고를 내린 셈이다.[306] "예수의 생애에 대한 연구는 진기한 역사를 지녔다. 그의 생애에 대한 연구는 역사적 예수에 대

---

305 A. Schweitzer, *The Quest of the Historical Jesus*, 2001, 6.
306 Sang Hwa Han, "Currents in Christological Debate," *Studies in Systematic Theology*, Vol. 22(2015 Spring/Summer), ed. by STKETS(Systematic Theology Division of Korea Evangelical Theological Society), 65.

한 탐구로부터 시작했는데, 그때만 해도 우리가 예수를 발견하면 그를 교사와 구세주로서 우리의 시간 속으로 즉시 끌어들일 수 있다고 믿었다… 그러나 예수는 시간 안에 머무르지 않는다. 그는 우리의 시간을 지나서 자기 자신의 시간으로 귀환한다."[307] 슈바이처는 이후 얼마 지나지 않아 화려한 신학적 경력을 뒤로 하고 의료선교를 위해 아프리카로 훌쩍 떠나버린다. 이로써 그동안 활발하게 연구되던 역사적 예수에 대한 탐구는 막을 내리게 되었다. 학자들은 그때까지의 역사적 예수에 대한 연구를 가리켜 '역사적 예수 연구의 제1 탐구' 시대라고 일컫고 있다.

역사적 예수 탐구 운동은 슈바이처의 박사학위 논문이 대표적 실례로서 실패로 돌아갔다. 그러나 무위로 끝난 것은 아니다. 역사적 예수 탐구 운동은 슈바이처 이후 불트만과 그의 학파의 무탐구 시대를 거치고, 1950년대 후기 불트만 학파의 제2의 새 탐구 시기를 거쳐, 1980년대 이래 제3 탐구 시기에 이르고 있다. 그 가운데는 미국의 "예수 세미나" 운동의 신자유주의 논구, 샌더스로 대표되는 새 관점학파, 그리고 복음주의 진영의 논구에 이르러 역사적 예수의 진정한 모습은 점차 학문적으로도 복권되기에 이르고 있다. 본 연구서도 그러한 취지에서 집필된 것이다.

---

307   A. Schweitzer, *The Quest of the Historical Jesus*, 1968, 399.

4) 슈바이처의 입장에 대한 비판적 성찰: 공헌과 문제

(1) 공헌

① 역사적 예수의 묵시록적 삶과 비전 발견

슈바이처가 19세기 자유주의 신학자들이 간과한 역사적 예수의 묵시록적 삶과 비전을 발견한 것은 바이스에 이은 신학적 공헌이다. 슈바이처는 예수가 말한 하나님의 나라를 정의와 평등이 실현되는 세상 현실 속의 나라로 이해한 이들의 견해를 받아들이지 않았다. 그는 하나님 나라를 앞으로 오게 될 종말론적인 나라로 이해했다. 그에 의하면 역사적 예수는 19세기 자유주의 신학자들이 그려낸 것처럼 낭만주의자나 윤리적 스승이 아니라, 다가오는 임박한 하나님 나라를 선포한 묵시록적 세계관을 지닌 예언자였다: "역사적 예수는 우리 시대에 낯선 사람과 수수께끼 같은 사람이 될 것이다… 그는 우리 시대를 지나쳐서 그의 시대로 돌아갔다."[308] 하나님 나라는 리츨처럼 인간의 윤리와 도덕의 진보로 인하여 실현된 공동체로서 다가오는 것이 아니라, 오로지 하나님의 초자연적 개입으로 다가오는 묵시록적 사건이다. 이 묵시록적 차원은 19세기 자유주의자들이 시대사적인 이념을 역사적 예수 탐구에 투영시키면서 놓친 차원이다. 슈바이처가 발견한 이 묵시론적 차원은 예수가 선포한 종말론의 미래와 관련된 부분이다. 이런 의미에서 슈바이처는 그 시대의 흐름에 대결하면서 기

---

308 A. Schweitzer, *The Quest of the Historical Jesus*, 1968, 478.

독교의 종말론의 핵심, 묵시론적 차원을 발견한 공헌을 하였다.

② 종교사적 관점 제시

슈바이처는 역사적 예수를 탐구하는 데 신앙의 차원에서 복음서를 연구하지 않고 신앙과 역사를 분리시킨 레싱을 따라 종교사적 관점(the view of religionshistory)에서 연구하고자 하였다. 이러한 접근은 신앙적인 관점 내지 성령론적 접근이 아니라, 역사적 예수를 1세기의 중동의 여러 종교사의 관점에서 해석하고자 하는 것이다. 이 관점에서는 사복음서가 증언하는 역사적 예수로부터 드러나는 하나님의 계시 사건은 도외시된다. 종교사의 관점은 예수로부터 드러나는 하나님의 계시 사건이 아니라 그의 인간적인 정신을 탐구하고자 하는 것이다.[309] 그리고 유대 종교나 예수의 사역으로부터 드러나는 하나님의 독특한 계시는 도외시된다.

이러한 종교사적 관점에서 그려진 슈바이처의 예수상은 복음서의 예수상과 전혀 다르게 파악되었다. 복음서의 예수상은 하나님의 아들이요, 이 세상의 구주로서 이 세상에 하나님 나라를 현재적으로 가져오신 분이시다. 그러나 슈바이처에 의하면 예수는 하나님 나라를 강림하도록 하기 위해 노력했으나 하나님 나라는 임하지 않고 지속적으로 다가오는 미래로 남아 있었다. 예수가 임박하게 고대하던 하나님 나라는 임하지 않았다. 예수는 절망과 환멸 속에서 죽었다. 예수는 미혹된 1세기의 묵시록적 환상가였던 것이다.

309　A. Schweitzer, *The Quest of the Historical Jesus*, 1968, 401.

③ 예수 명령에 대한 신비스러운 경험 강조

슈바이처가 1913년 판에서 역사적 예수가 아닌 영적으로 부활한 예수와의 연합, "나를 따르라!"는 그의 명령에 대한 신비스러운 경험을 강조한 것은 역사적 예수 탐구에 있어서 그만이 기여한 공헌이다. 1913년 판의 바뀐 구절에서 그는 신비스러운 예수의 모습을 강조한다: "우리와 예수의 관계는 궁극적으로 신비적인 종류의 것이다. 역사적인 관찰이나 그의 중요한 의의에 대한 추리적인 생각을 사용해서 과거의 인물을 현재 살아있는 채로 이동시킬 수는 없다. 오직 공유한 열망에 대한 지식을 갖고 그와 연합할 때만, 그리고 그를 통해서 우리를 재발견할 때에만 우리는 관계를 형성할 수 있다."[310] 이 문장에서 슈바이처는 19세기 자유주의자들의 길들여진 인본주의적 예수 경험을 넘어서는 신비한 예수상을 제시하고 있다.

슈바이처는 역사적 예수 탐구의 마지막 단락에서 이러한 신비주의 요소를 더욱 분명하게 강조하고 있다. "옛날에 호숫가에서 그가 누구인지를 모르는 사람들에게 다가갔던 것처럼, 그는 알려지지 않은 자로(as one unknown) 이름도 없이 우리에게 다가온다. 그는 '나를 따르라'는 똑같은 말을 하고, 그가 우리 시대에서 성취해야만 하는 임무를 우리에게 맡긴다. 그는 명령한다. 그리고 그의 말에 귀를 기울이는 사람들-지혜롭든 어리석든-에게 그는 그들이 그를 따르면서 경험하게 될 평화, 노동, 갈등, 고통 중에 자기를 계시할 것이다. 그들이 그를 따르면서 경험하게 될 말로 표현할 수 없는 신비로서, 그리고 그들이 그

---

310   A. Schweitzer, *The Quest of the Historical Jesus*, 1968, 486.

가 누구인지를 배우게 될 말로 표현할 수 없는 신비로서 계시할 것이다."³¹¹ "예수는 우리 세상에도 중요하다. 왜냐하면 강력한 영적 힘이 그에게서 흘러나와서 우리 시대도 통과하여 흐르기 때문이다."³¹² 예수에 대한 이러한 슈바이처의 표현에서 우리는 오늘날 현대인들에게 주는 신비주의적 요소를 발견할 수 있다. 이러한 표현은 슈바이처의 역사적 예수론을 단지 자유주의적 신학의 예수론으로만 간주할 수 없게 하는 영성적 깊이가 있는 저서로 보게 하는 여지를 남겨준다.

(2) 문제점

④ 산상설교의 윤리를 임시윤리로만 보면서 종말과 윤리를 분리

역사적 예수가 세계종말을 외친 묵시론적 인물이었다는 것은 사복음서가 전해주는 역사적 예수의 여러 면들 중 한 단면만을 첨예화시키는 것이다. 19세기 자유주의 신학자들이 역사적 예수를 그 시대의 이념의 옷을 입혀 초대교회의 예수와는 다른 예수를 그려낸 것에 반하여, 슈바이처는 묵시록적 환경인 1세기의 시대적 환경에서 역사적 예수를 그려내고자 하였다. 슈바이처는 브레데 등 동시대의 자유주의자들과는 달리 공관복음서의 예수전승의 역사적 진정성을 높이 평가하면서 산상설교의 진정성을 인정하였다. 산상설교는 '합성된 연설'이 아니라 '우리에게 전해진 것은 대부분 그가 말한 그대로이다.'³¹³ 그

---

311 A. Schweitzer, *The Quest of the Historical Jesus*, 1968, 487.
312 A. Schweitzer, *The Quest of the Historical Jesus*, 1968, 479.
313 A. Schweitzer, *The Kingdom of God and Primitive Christianity*, 1968. 108-109.

런데 슈바이처는 산상설교의 윤리를 종말 전에 잠정적으로 통용되는 임시윤리(interim ethics)로만 보고 현재의 삶의 윤리로서 적극적으로 해석하지 않았다.

저자의 견해에 의하면 산상설교의 윤리적 삶은 종말론적 삶과 분리된 것이 아니다. 사복음서의 예수는 단순히 미래적 세계종말 환상을 지닌 자가 아니라 비유로 하나님 나라를 가르치고 삶의 윤리를 가르친 지혜로운 선생이었다. 사복음서의 예수는 현실적인 우리의 일상의 필요(의식주)에 대해서도 침묵하지 않으셨는데, 그 현실적인 문제에 공감하시면서 가르치시길 "그런즉 너희는 먼저 그의 나라와 그의 의를 구하라 그리하면 이 모든 것을 너희에게 더하시리라"(마 6:33)고 하셨다. 하나님 나라와 그의 의를 먼저 추구할 때 다른 현실적인 필요도 우리에게 주어질 것이라는 가르침이다.

⑤ 사복음서를 성령론적 입장에서 보지 못함

슈바이처가 예수를 종말론적 환상에 사로잡힌 열광적인 종교가라고 본 것은 사복음서를 성령론적 입장에서 보지 못한 데서 비롯된다. 슈바이처는 예수를 두 번이나 실패를 경험한 종교적 열광주의자라고 보았다. 첫 번째 실패는 제자 파송 시 하나님 나라가 임하고 자신이 메시아로 나타날 줄 알았는데 하나님 나라가 임하지 않았다. 두 번째 실패는, 자신이 예루살렘으로 올라가 수난을 받고 처형되어 죽음으로 많은 사람을 구하면 하나님 나라가 임할 줄 알았는데 역시 하나님 나라는 임하지 않았다. 슈바이처는 예수가 절망과 환멸 가운데서 죽었다고 본다. 1913년 그가 발표한 『예수에 대한 정신병리학적 평가』(*Die psychiatrische Beurteilung Jesu*)에서 기술된 예수에 대한 그의 평가[314]를 통해 볼 때 그가 과연 예수를 올바른 정신의 소유자로 인정했는지에 대해 의구심을 가지지 않을 수 없다.

이러한 슈바이처의 예수상은 사복음서가 제시하는 하나님을 아버지로 불렀고, 전적으로 하나님의 뜻만을 추구하고 하나님의 영광만을 드러내었으며, 그에게 다가오는 많은 육체적·정신적 병자들을 치유하신 의사인 예수상과는 전혀 다른 것이다. 사복음서의 예수는 자기 확신에 찬 삶을 사셨으며, 자신이 아버지의 계시를 받은 자라고 증언하였다: "내 아버지께서 모든 것을 내게 주셨으니 아버지 외에는 아들을 아는 자가 없고 아들과 또 아들의 소원대로 계시를 받는 자 외에는 아버지를 아는 자가 없느니라"(마 11:27). 그리고 대인관계에 있어서도 자신에게 오는 자들에게 마음의 쉼과 안식을 주었으며, 저들의 멍에를 가볍게 해주었다: "수고하고 무거운 짐 진 자들아 다 내게로 오라 내가 너희를 쉬게 하리라. 나는 마음이 온유하고 겸손하니 나의 멍에를 메고 내게 배우라 그리하면 너희 마음이 쉼을 얻으리니, 이는 내 멍에는 쉽고 내 짐은 가벼움이라 하시니라"(마 11:28-30). 이러한 역사적 예수의 모습에서는 슈바이처가 말하는 소위 정신질환적인 요소는 전혀 찾아볼 수 없는 것이다. 요한복음에 의하면 예수는 십자가상에서 "다 이루었다"(요 18:30)고 말씀하시고 별세하셨다. 사복음서는 예수는 실패자가 아니라 성공한 자라고 기록하고 있다. 그의 처형은 그의 실패를 말하는 것 같으나, 그의 부활을 통해 이 십자가의

---

314 A. Schweitzer, *Die Psychiatrische Beurteilung Jesu: Darstellung und Kritik*, Tübingen, J. C. B. Mohr, 1913; *The Psychiatric Study of Jesus*, Translated by Charles R. Joy, Boston: Beacon Press, 1948; 박형용, 『복음비평사』, 성광문화사, 1985, 159.

실패가 하나님의 뜻이 있는 대속의 수단이라는 것을 보여주었다.

⑥ 하나님 나라의 현재성 간과

슈바이처는 역사적 예수가 증언한 하나님 나라의 현재성을 간과하였다. 그는 역사적 예수의 인격과 메시아적 사역 안에서 하나님 나라가 현재에 이미 임재한 것임을 간과하고 하나님 나라를 미래적인 지상의 삶에 종언을 고하는 종말론적인 것으로만 해석했다. 이러한 미래적 묵시록적 차원에 반대하면서 나온 역사적 예수 해석이 영국 신약학자 다드(Charles H. Dodd)에 의해 제시된 다른 극단의 종말론, 즉 하나님 나라의 현재성을 강조한 실현된 종말론(realized eschatology)이다. 역사적 예수는 귀신을 쫓아내시면서 그의 귀신추방 사역 안에서 하나님 나라의 임재를 말씀하신다: "그러나 내가 하나님의 성령을 힘입어 귀신을 쫓아내는 것이면 하나님의 나라가 이미 너희에게 임하였느니라"(마 12:28). 이 말씀은 그의 메시아 사역 안에서 이미 하나님 나라는 지상에 현재하고 있다는 사실을 가리킨다. 예수는 하나님 나라가 미래의 어느 곳보다 지금 여기 우리의 마음속에 있다는 하나님 나라의 현재성을 말씀하셨다. "하나님 나라는 볼 수 있게 임하는 것이 아니요 또 여기 있다 저기 있다고도 못하리니 하나님 나라는 너희 안에 있느니라"(눅 17:20-21). 사복음서가 말하는 역사적 예수의 메시지로부터 우리는 현재적 종말론과 미래적 종말론을 함께 발견할 수 있다. 그러나 슈바이처는 예수가 현재적 종말론은 거부하고 미래적 종말론만을 강조하였다고 주장하며, 일면적인 해석만을 취하고 있다.

⑦ 역사적 예수에 관한 회의주의 초래

슈바이처의 19세기 역사적 연구에 대한 파탄선고는 학계에 역사적 예수에 관한 회의주의를 초래하였다. 슈바이처 이후 많은 자유주의 신약학자들은 역사적 예수를 회복하는 것은 방법론적으로 불가능하고, 신앙의 기초를 불확실한 역사적 연구에 두는 것은 신학적으로 불가능하다는 역사적 연구의 회의주의에 지배되었다.[315] 슈바이처는 뛰어난 오르간 연주자이고 서아프리카에서 의료 선교사로서 40세 이후 인류를 위한 성자 같은 생을 살고, 헌신의 삶을 보낸 업적으로 1952년 노벨 평화상을 수상할 만큼 아름다운 평판을 가졌다. 그럼에도 불구하고 역사적 예수 탐구와 관련한 신약학자로서의 결실은 그의 성실한 학자로서의 저작활동과 묵시론적 예수의 삶과 가르침을 발견한 학문적 공헌과는 정반대로 신학적 회의주의를 가져왔고, 이는 불트만과 그의 학파의 역사적 예수의 불가지론에 영향을 미쳤던 것이다.

신학 추구에 있어서 방법론적 사유는 중요하다. 그것은 하나님 말씀에 대한 성령의 조명에 겸허히 의존하는 계시의존적 사유여야 한다. 종교사적 흐름을 추적하는 역사적 이성으로 추진되는 지성적 솔직성(intellektuelle Redlichkeit)만으로는 묵시론적 예수상 내지 도덕적 교사나 현인인 예수상에 도달할 뿐이다. 이 묵시론적 세계관을 지닌 역사적 예수가 바로 메시아요, 하나님의 아들이요, 구세주라는 것을 아는 것은 인간의 역사적 탐구의 지성에서 알려지는 것이 아니라 성령의 조명을 통한 신앙 안에서 가능한 일이다. 예수는 가이사랴

---

315 E. G. David Gowler, *What are They Saying about the Historical Jesus?* Mahwah, N. J.: Paulist, 2007; 김병모 역, 『최근 역사적 예수 연구 동향』, 서울: CLC, 2009. 35.

빌립보에서 "주는 그리스도요 살아계신 하나님의 아들이시니다"(마 16:16)라고 고백하는 수제자 베드로를 칭찬하시면서 "바요나 시몬아 네가 복이 있도다 이를 네게 알게 한 이는 혈육이 아니요 하늘에 계신 내 아버지시니라"(마 16:17)고 말씀하셨다. 베드로로 하여금 예수를 메시아로 알게 한 자는 하나님의 성령이라는 것을 말씀하시는 것이다. 성령께서 제자들의 마음속에 예수의 행적을 보면서 그가 하나님의 아들이라는 것을 알게 해주시는 것이다. 성령은 말씀과 복음의 사역을 능력 있게 증거하게 하실 뿐 아니라 우리 마음속에 이 복음사역의 핵심이 바로 예수 그리스도라는 것을 증언해주신다. 성령은 기록된 말씀에 불가분적으로 연결되면서 그리스도를 증언하신다. 예수의 이 말씀은 이 맥락에서 중요하다: "너희가 성경에서 영생을 얻는 줄 생각하고 성경을 연구하거니와 이 성경이 곧 내게 대하여 증언하는 것이니라"(요 5:38).

2. 불트만과 불트만 학파(1920-1950년대)

1) 양식비평

1919년과 1921년 사이에 슈미트(Karl L. Schmidt), 디벨리우스(Martin Dibelius), 불트만 등에 의해 신약성경 양식비평 연구가 시작되었다. 특히 불트만은 그의 대표적인 저서 『공관복음 전승사』(*Die Geschichte der synoptischen Tradition*)[316]에서 양식비평을 복음서 연구의 전형으

---

316 R. Bultmann, *Die Geschichte der Synoptischen Tradition* (Göttingen: Vandenhoeck, 1921, 1931), *History of the Synoptic Tradition* (1921; 1931; 영역: Oxford: Blackwell,

로 제시하였다. 양식비평의 목적은 "복음서 뒤에 놓인 구두전승의 역사를 연구하는 것"이었다.³¹⁷ 이는 최초의 자료들에 대한 문학비평적 재구성을 의미한다. 양식비평에서는 복음서 이전의 구전 예수전승(pre-Gospel oral Jesus Tradition) 문제에 초점을 두었다. 양식비평은 회의주의적 전제를 채택하지 않고서도 사용될 수 있다.³¹⁸

불트만은 복음서의 예수전승이 일련의 층들을 반영하고 있다고 보고 그 층들을 분리하려고 했는데, 그것은 어렵고 의심스러운 작업이었다. 그는 가장 오래된 팔레스타인 공동체의 아람전승에서 파생한 요소를 살펴보려고 노력하였다. 그러나 이 전승조차도 반드시 예수에게서 유래한 것이 아니다.³¹⁹ 그는 전승 층을 하나씩 벗겨내어 약 25개의 말씀으로, 또는 약 41개의 절로 이루어지는 중심부에 도달했다. 불트만은 이 작은 양의 전승을 가지고 "예수의 가르침에 대한 인상적인 개요"를 구축한다.³²⁰

그런데 불트만은 역사적 자료로서 복음서의 신빙성에 대한 회의를 더욱 증대시킨 방법론적 전제들을 도입했다. 불트만의 전제는 복음서의 세계상이 신화적 세계상에 의해 채색된 것이라고 보는 자연과

1963), 4.

317 R. Bultmann & K. Kundsin, *Form Criticism* (1934) (New York: Harper Torchbook, 1962), 1.

318 Vincent Taylor, *The Formation of the Gospel Tradition* (London: Macmillan, 1935); G. E. Ladd, *The New Testament & Criticism* (Grand Rapids: Eerdamns); 강만우 역, 『신약과 비평』, 개혁주의신행협회, 1978, 170.

319 R. Bultmann, *Jesus and the Word* (New York: Charles Scribner's Sonds, 1934; German edition, 1926), 13.

320 James Dunn, *Jesus Remembered, vol. I, Christianity in the Making*. Grand Rapids: Eerdmans, 2003, 76.

학적 세계상이다. 그리하여 불트만은 복음서 기자들의 기적이나 이적의 보고(報告)를 모두 신화로 보았고 이러한 신화를 제거한 순수 역사적 예수의 모습을 복권시키고자 하였다. 그러한 연구의 결과에 의하면 사복음서는 초대교회 공동체의 신앙의 산물, 즉 케리그마로서 역사적 예수의 구체적인 삶에 관하여는 신뢰할만한 자료를 제공하지 않는다는 것이다.

불트만은 역사적 예수 탐구에 있어서 회의주의에 지배되었다. 그는 역사적 예수란 개념은 기독교 신앙과 삶에 적합하지 않다고 보았다. 그는 성경의 메시지를 20세기 사람들에게 소통시키려 했다. 그는 신약성경 언어를 본래적 존재(eigentliches Sein)에 대한 관심으로 해석하면서 그 언어를 비신화론화함으로써 신앙을 케리그마로서의 하나님 말씀과의 만남에서 생기하는 것으로 규정했다. 그러나 그리스도인의 신앙은 역사적 예수에 근거하지 않는다고 보았다. 그러므로 불트만에 의하면 우리의 신앙은 역사적 예수를 그리스도로 선포하는 케리그마에 대한 실존적인 반응이었다. "예수 그리스도는 바로 케리그마에서 사람들과 마주친다. 케리그마는 (예수에 대한) 역사적인 지식을 매개하지 않는다⋯ 그리고 역사적 예수를 재구성하면 안 된다⋯ 그것은 과거의 육신에 의한 그리스도일 것이다. 역사적 예수가 아니라 예수 그리스도, 즉 선포된 그리스도가 주(the Lord)이다."[321]

19세기 마르틴 캘러가 "역사적 예수"(der historische Jesus)와 "역사적으로 의미 있는 성경적 그리스도"(der geschichtlich-biblische

---

321　R. Bultmann, *Glauben und Verstehen*, Band I. Tübingen: Mohr, 1933), 208.

Christus)를 구분한 것을 따라서, 불트만은 "선포자 역사적 예수"(der historische Jesus, der Verkündiger)와 "선포된 자, 역사적으로 의미있는 그리스도"(der geschichtliche Christus, der Verkündete)를 구분했다. 캘러를 따라 불트만도 기독교 신앙의 참된 대상은 선포된 그리스도이며, 역사적 예수가 아니라고 주장했다. 여기서 불트만은 19세기 역사적 예수 탐구 학자들이 수행한 방법을 그대로 수용하면서 역사와 케리그마, 예수와 그리스도를 분리시킨다. 그는 예수의 자의식 연구란 적절한 연구가 아니라고 본다: "예수의 삶과 인격에 대해서 우리는 거의 아무것도 알지 못하기 때문이다."[322] 그러나 그는 케리그마를 통한 접근 가능성을 열면서 회의주의를 극복하고자 한다: "우리가 예수의 삶과 인격에 대해 거의 알지 못하더라도 그의 메시지에 대해서는 일관성 있는 그림을 그릴 수 있는 정도로 충분히 알고 있다."[323] 역사적 예수에 대해 우리가 알 수 있는 것은 그의 가르침에서 모을 수 있는 그의 존재 이해이다. 불트만은 슈바이처와는 달리 브레데의 견해를 따라 예수는 자신이 메시아임을 주장하지 않았다고 결론짓는다.

큄멜(Werner G. Kümmel), 콘첼만(Hans Conzelmann), 마르크센(Willi Marxen), 슈미탈스(Walter Schmithals)[324] 등으로 대표되는 불트만의 제자들은 그의 스승의 가르침을 따르면서 불트만 학파를 형성하게 된다. 이들은 그의 스승의 역사적 예수에 대한 인식론적 불가

---

322 R. Bultmann, *Jesus and the Word*, 1926, 8.
323 R. Bultmann, *Jesus and the Word*, 1926, 8.
324 Walter Schmithals, *Die Theologie Rudolf Bultmanns, Eine Einführung*, 2nd ed., 1967, J. C. B. Mohr [Paul Siebeck], Tübingen; *An Introduction to the Theology of Rudolf Bultmann*, trans. John Bowden. Minneapolis: Augsburg Publishing House. 1967.

지론을 수용하면서 복음서가 기록한 역사적 예수의 동정녀 탄생, 성육신, 광야의 기사(奇事), 변화산 사건, 이적, 부활 등은 역사적 사실이기보다는 신화적 치장으로 해석했다. 따라서 이들은 복음서의 역사성을 부정하고 케리그마(Kerygma)만을 수용했으며, 그것을 오늘날 현대인의 사고에 맞도록 실존론적으로 이해하고 비신화론화하고자 했다. 이들 불트만 학파의 실존론적 신학에서 역사적 예수의 인격(die person von Jesus)은 오리무중에 있고, 단지 예수 케리그마(das kerygma von Jesus)만이 신자들을 결단, 말하자면 선과 악 사이의 결단, 즉 하나님의 뜻이냐 우리 자신의 뜻이냐의 결단으로 부른다. 그리하여 불트만 학파는 기독교 복음과 역사적 예수의 역사성을 제거해 버리는 심각한 역사적 회의주의를 야기했다.

2) 방법론적 한계: 문자적 사고방식

제2 탐구의 방법론적 근거는 유대교와 초대교회로부터 기인하였을 가능성이 있는 모든 것을 배제하고 나면 비판적으로 검증된 최소한의 "진정한 예수전승"(authentic Jesus transmission)을 찾을 수 있다는 자신감에 있었다. 불트만은 『공관복음 전승사』에서 문자적 디폴트 세팅(default setting)에 갇혀서 예수전승 전체를 문자적 측면으로 파악하여 "일련의 층으로 구성된 것"으로 파악하였다.[325] 그가 상상한 전승과정은 각각의 층이 다른 층 위에 놓여 있다는 것이다. 이러한 이미지는 문자적 편집과정으로부터 가져온 것이다. 문자적 편집과정에

---

325 R. Bultmann, *Jesus and the Word(1926)*, trans. I. P. Smith & E. H. Lantero (New York: Scriber's Sons, 1935), 12-13.

서 각각의 연속된 판(층)은 이전 판(층)의 편집판이다. 여기서 영국의 신약학자 제임스 던이 제기한 것 같이 다음의 근본적인 질문이 제기되어야 한다: "구두전승을 문자적 편집과정으로 파악하는 것이 과연 전승적 자료를 구두로 재생하는 과정에 참으로 적합한가?"[326] 불트만은 이 질문을 제기하지 않았다. 불트만과 그의 학파는 구전자료를 가정하는 경우 전승과정이 다양하고 유동적이라는 사실을 보지 못하고 그 자료가 사실상 예수전승의 고정판이라고 보았고, 복음서 저자들은 마치 기록된 문서를 사용하듯이 사용하였을 것으로 가정하였다. 실버만(W. H. Silberman)은 다음과 같이 피력한다: "우리가 다루는 다소간의 기록된 작품들 뒤에 구두전승이 있음을 긍정하게 될 때마저도, 우리는 여전히 그러한 전승을 마치 문자적 작품인양 다룬다."[327]

불트만은 문자적 패러다임에 갇혀서 예수 최초 구두전승의 유동성과 다양성을 간과하고 최초의 구두전승이 획일적인 "순수한 형식들"이라는 관점에서 일련의 층을 벗겨내고 바닥 층에 도달하고자 하였다.[328] 즉, 일련의 편집 요소들을 제거하는 것이 본래의 판을 복원하는 것으로 간주했던 것이다.[329] 그리하여 학자들은 최초의 자료를 찾는 데 있어서 각자의 진정성 기준에 따라 진행하면서 최초의 예수전승

---

[326] James D. G. Dunn, *A New Perspective On Jesus*, 『역사적 예수에 대한 새 관점』, 103.

[327] W. H. Silberman, "'Habent Sua Fata Libelli': The Role of Wandering Themes in Some Hellenistic Jewish and Rabbinic Literature," in: *The Relationships among the Gosples*, ed. W. O. Walker [San Antonio: Trinity University Press, 1978], 195-218, 특히 215.

[328] James D. G. Dunn, *A New Perspective On Jesus*, 『역사적 예수에 대한 새 관점』, 103, 105.

[329] J. S. Kloppenborg, *The Formation of Q: Trojectories in Ancient Wisdom Collections* (Philadelphia: Fortress, 1987), 159, 197, 200, 208-209.

에 대한 서로 다른 견해에 도달하는 등 또 다른 혼란을 야기했다. 이에 따라 신앙과 역사를 분리시키는 기본적 전제는 불트만에 이르러 역사적 예수의 모습은 불가지론에 머물렀다: "정말로 우리는 지금 예수의 생애와 인격에 대하여 거의 아무것도 알 수 없다고 생각한다. 그 이유는 초기 기독교 자료들이 그의 생애와 인격에 대해 관심을 보이지 않으며, 그나마 남아있는 자료들은 단편적인 데다가 때로 전설적이고 그 외에 다른 자료가 전혀 없기 때문이다."[330]

불트만의 양식사(Formgeschichte)가 복음의 전승을 서로 연관 없이 전해진 구두전승들의 서로 연관 없는 파편조각으로 본 것은 나이브하다. 초기 양식비평학자들은 구두전승이 제자들 공동체 가운데 형성된 집단 전승[331]이라는 사실을 간과하였다. 알버트 로드(Albert B. Lord)에 의하면 "구두전승을 작성하는 사람들은 전승의 덩어리와 일련의 전승 덩어리들이란 관점에서 생각한다."[332] 공관복음 전승 자체는 이러한 전승 덩어리를 보여준다: 그 예가 예수 생애 속의 일련의 사건들(막 1:21-38), 귀신추방에 관한 가르침(막 3:23-29), 비유들(막 4:2-34), 기적 이야기들(막 4:35-5:43; 막 6:32-52), 제자도 교훈(막 8:34-37) 등이다. 제임스 던이 설명하는 바와 같이, 공관복음이 보여

---

330 R. Bultmann, *Jesus and the Word*, trans. I. P. Smith & E. H. Lantero (New York: Scriber's Sons, 1958), 8.

331 J. Assmann, *Das Kulturelle Gedächtnis: Schrift, Erinnrung und Politische Identität in Frühen Hochkulturen* (München: Beck, 1992); M. Halbwachs, *On Collecitve Memory* (Chicago: University of Chicago Press, 1992); James D. G. Dunn, *New Perspective on Jesus*, 『예수님에 관한 새 관점』, 54.

332 Albert B. Lord, "The Gospels as Oral Traditional Literature," in *The Relationships among the Gospels*, ed. W. O. Walker (San Antnio: Trinity University Press, 1978), 33-91.

주는 예수전승의 고정성과 다양성의 모습은 구(舊)양식사 학파가 갇혀 있었던 문자적 사고방식 패러다임에서 벗어나 구전적 사고방식의 패러다임으로 전환하게 될 때 비로소 제대로 설명되어질 수 있다.[333]

3. 역사적 예수에 대한 긍정적 견해

1) 발트 퀴네트

독일 엘랑엔의 보수주의적 신앙고백 운동을 주도한 루터교 신학자 발트 퀴네트(Walter Künneth)는 1933년 그의 저서 『부활의 신학』(Die Theologie der Auferstehung)에서 불트만의 역사적 예수에 대한 회의론적 견해에 대하여 중요한 비판적 통찰을 제시하였다: "철저한 역사적 상대주의는 최종적 비해명성의 고백에 만족하지 않고 모든 부활 진술이 역사적으로 지탱할 수 없음에 의하여 증언된다. 역사비판적 원리의 극단적 수행은 부활 증거에 대한 불안한 파괴를 초래한다… 예수 부활에 대한 역사적 탐구의 길의 마지막에 역사적 불확실성과 회의의 모든 짐을 가진 물음표가 있다."[334] 퀴네트에 의하면 예수의 부활은 하나님의 성령에 의한 초자연적 사건으로서 역사비판적 탐구의 대상이 될 수 없다. 예수 부활은 불확실성과 회의에 포로가 된 역사적 탐구에 의하여 증명될 수 없고 하나님의 권능에 의한 역사추월성

---

333 James D. G. Dunn, *New Perspective on Jesus*, 『예수님에 관한 새 관점』, 65: James D. G. Dunn, Jesus Remembered, 8장과 11장-18장; James D. G. Dunn, "Altering the Default Setting," in 『예수님에 관한 새 관점』, 95-143.

334 Walter Künneth, *Die Theologie der Auferstehung* (Giessen und Basel: Brunnen Verlag, 1982) 21.

(Geschichtsüberlegenheit) 내지 역사초월(Geschichtstranszendenz)에 근거한다고 피력한다.[335]

2) 오스카 쿨만

스위스 바젤의 신약학자 오스카 쿨만 역시 1945년에 출판된 그의 주저 『그리스도와 시간』(Christus und Zeit)에서 그리스도는 구속사의 중심이며, 시간의 의미는 그리스도에 의하여 충족된다고 주장했다. 1967년에 출판된 후기의 대작 『구원으로서의 역사』(Heil als Geschichte)에서 구원사 개념을 더욱더 발전시켰다. 역사적 예수는 영원에서 구약의 준비단계를 거처 신약의 성취단계에 이르는 구속선에 시간의 중심으로 연결된다. 역사적 예수는 성육신하신 분으로서 그의 복음선포와 십자가 죽으심과 부활을 통하여 구속선은 절정에 도달했으며, 승천하신 후 이제 그의 미래적 재림을 위하여 그의 교회에 다가오신 분이시다.[336] 쿨만은 "역사로서 구원"(Heil als Geschichte) 개념을 통하여 불트만 등 자유주의 신학자들의 실증주의적 검증의 개념으로서의 소위 역사(Historie)가 아니라 신앙 안에서 파악될 수 있는 카이로스적 개념으로서의 역사(Geschichte) 개념을 제시했다. 이 시간은 단지 케리그마적 의미로서의 시간을 넘어서 영원에서 창조, 타락, 이스라엘의 선택, 역사적 예수의 오심, 십자가 죽으심과 부활, 승천, 교회의 탄생, 미래의 재림, 영원으로 연결되는 실제적인 구

---

335 Walter Künneth, *Die Theologie der Auferstehung*, 25, 31.
336 김영한, 『바르트에서 몰트만까지』, 완전개정판, 2003, 291-343.

속선으로의 역사(Geschichte)를 말하고 있다.[337]

3) 맨슨, 다드

그리고 영국 신약학자 사이에도 역사적 예수를 역사적으로 추적할 수 있다는 확신이 지속되었다. 영국 학자 맨슨(T. W. Manson), 다드 등에 의하여 역사적 예수에 대한 유명한 연구서들[338]이 출간되었다. 스코틀랜드의 칼빈주의 신학자 베일리(Donald M. Baillie)는 그의 시대적으로 영향을 끼친 저서 『그리스도 안에 계셨던 하나님』(*God Was in Christ*)에서 이러한 시대적 정서를 표명하였다: "전승에 침투해서 예수의 역사적 인격성에 대한 확실한 지식에 도달하려는 모든 희망을 포기하는 자들의 패배주의에 어떤 납득할 만한 이유가 있다는 주장을 받아들일 수 없다. 확실히 그런 패배주의는 복음서 비평의 일시적인 악몽이다. 이제 우리는 역사적 예수 탐구에 있어서 보다 건전한 확신으로 깨어나고 있다."[339]

영국 신약학계 원로 신학자인 다드도 그의 저서 『기독교의 창시자』(*The Founder of Christianity*)에서 어떤 합리적 비평가라도 세 복음서가 전하는 한 분 역사적 예수의 독특한 사상과 말씀을 의심할 수 없고 단지 기껏해야 판단 유보만 할 수 있을 뿐이라고 말하고 있다: "첫

337　김영한, 『바르트에서 몰트만까지』, 완전개정판, 2003, 297.

338　T. W. Manson, *The Servant Messiah* (Cambridge: Cambridge University Press, 1966); C. H. Dodd, *Historical Tradition in the Fourth Gospel* (Cambridge: Cambridge University Press, 1963).

339　Donald Macpherson Baillie, *God Was in Christ: An Essay on the Incarnation and Atonement* (New York: Scriber's Sons, 1948), 58.

세 복음서는 일단의 말씀들을 대체로 아주 일관성 있고, 매우 앞뒤가 맞고, 게다가 아주 독특한 방식, 문체, 내용으로 전한다. 따라서 어떤 합리적인 비평가도 우리가 여기에서 한 분의 독특한 교사의 사상이 반영된 것을 발견한다는 것을 의심할 수는 없다. 그들은 기껏해야 개개의 말씀들의 역사적 진정성에 관하여 판단 유보를 할 수 있을 뿐이다."[340]

V. 제2의 탐구(1953-1970년대): 후기 불트만 학파의 역사적 예수를 찾기 위한 새로운 시도

1. 케리그마와 역사의 연속성 추구

1) 캐제만: "그러나 나는 이렇게 말한다"에서 출발

불트만의 제자인 독일 신약학자 케제만(Ernst Käsemann)은 케리그마적 그리스도(kerygmatic Christ)가 갖는 역사적 기초에 대하여 논구하기 시작했다. 불트만의 제자들이 역사적 예수에 대한 새로운 탐구를 시작하면서 다시 역사적 예수에 대한 새로운 책들이 쏟아져 나왔다. 바야흐로 후기 불트만 시대(postbultmann era)가 열린 것이다. 후기 불트만 학파의 학자들은 스승 불트만 등 전기 불트만 학파 신학자들의 역사와 케리그마를 단절시키는 방법적 사고의 잘못을 지적하면서

---

340 C. H. Dodd, *The Founder of Christianity* (London: Collins, 1971), 21-22.

케리그마와 역사의 연속성을 찾고자 하였다.

1953년에 독일 튀빙엔 대학 신약학 교수 케제만은 독일 유겐하임에서 열린 불트만의 이전 학생들이 모인 마르부르그 동창회에서 역사적 예수 새 탐구(Neue Forschung, New Quest)를 촉발시켰다. 그는 "역사적 예수의 문제"(Das Problem des historischen Jesus)라는 제목의 강연을 통해서 십자가와 부활에 기초한 예수의 높아지심이 부활 이전의 예수 속에 어떤 발판을 갖고 있었는지를 물었다. 케제만은 결론적으로 초기 기독교가 전한 케리그마는 이 역사적 인물에 의존하고 있으며 복음서에서도 그 인물을 역사적 인물로 이야기하기 때문에 우리는 케리그마 너머로 '역사적 예수에 대해 다시 물을 책임'이 있다고 주장하면서, '지상의 예수'와 '부활의 주' 사이의 연결성을 제거한다면 초대교회의 부활신앙은 그리스도의 환상설을 주장하는 가현설이나 신화일 수밖에 없다고 외쳤다. 케제만은 분명히 케리그마 안에서 최소한의 진정한 예수전승을 찾아낼 수 있을 것이라고 확신한 것이다.[341]

케제만은 19세기 옛 탐구자나 초기 불트만 학자들이 시도하는 방법론적 착상, 역사적 예수를 교회의 교리의 족쇄로부터 해방시키려는 시도는 반드시 실패할 수밖에 없다고 주장하였다. 그 이유는 우리는 오직 초기 교회의 전승과 교리를 통해서만 역사적 예수에 대해 알 수 있기 때문이다.[342] 케제만은 성경실재주의와 자유주의 사이의 중

---

341 E. Käsemann, "Das Problem des Historischen Jesus," 1954, in: *Exegetische Versuche und Besinnungen I*, Göttingen, 1960, 192 ff., 201 f.

342 E. Käsemann, "New Testament Questions of Today," in *New Testament Questions of*

도를 취하고자 한다. 복음서의 역사적 요소를 통째로 거부할 수 없다. 그는 사복음서의 역사성을 전적으로 부정하지 않는다. 예수의 역사는 오직 전승을 통해서만 접근될 수 있고, 오직 해석만을 통해서 이해될 수 있다고 본다.[343] 역사적 예수는 신약성경에서 우리에게 다가오는 데 "과거의 그로서 아니라, 그를 믿는 공동체의 주"로 다가온다.[344] 케제만은 복음서에서 우리가 만나는 예수의 생애는 대부분 어둠 속에서 더듬는 것이지만 기본적인 윤곽은 파악할 수 있다. 그러지 않으면 교회의 케리그마는 가현실적인 신화가 되고 말기 때문이다.[345]

케제만에 의하면 초대교회가 경배한 그리스도는 1세기 팔레스타인에서 살았고, 마침내 십자가에서 죽은 실제적 인물 예수에 기인한다. 그는 이 연속성을 예수의 메시지에서 발견하는데 산상설교에 나타나는 반대명제(Antithese) 곧 "그러나 나는 이렇게 말한다"로부터 출발한다. 그래서 그는 예수가 자신을 모세의 권위 위에 세우며 모세의 율법을 상대화시키고 더욱 공고화시켰다고 본다. 케제만은 여기에서 역사적 예수와 선포된 그리스도 사이의 연속성을 발견하고자 했다. 다른 학자들도 케제만의 이러한 제의에 동의하였다.

2) 보른캄: 복음서의 케리그마에서 역사적 예수 실재 발견
하이델베르그 대학의 신약학자 귄터 보른캄(Günther Bornkamm)도

Today (trans. W. J. Montague, London: SCM, 1969), 12.
343 E. Käsemann, "New Testament Questions of Today," 18.
344 E. Käsemann, "New Testament Questions of Today," 23.
345 E. Käsemann, "New Testament Questions of Today," 33-34.

새 탐구에 동의했다: "복음서와 그 전승이 역사적 예수 연구를 허용하지 않는다고 진지하게 주장할 수는 없다. 그것들은 이 노력을 허용할 뿐만 아니라 요구하기도 한다."[346] 보른캄은 케리그마의 역사성을 인정하고, 특히 케리그마가 역사적 예수와 연결성을 가졌다고 주장했다: "예수의 말씀이나 예수에 관한 이야기는 아무리 논란의 여지가 없는 진짜라 하더라도, 모두 신앙공동체의 고백을 구현하거나 최소한 간직한다."[347] "그러므로 각각의 층에서 개개의 부분 모드에서, 전승은 예수 역사의 실재와 예수 부활의 실재에 관한 증거다. 따라서 우리의 임무는 복음서의 케리그마 속에서 그 역사를 찾고 이 역사 속에서 그 케리그마를 찾는 것이다."[348] 복음서의 케리그마 속에서 예수에게는 유대교에서는 발견할 수 없는 권위가 있는데, 이런 특수성에서 예수의 역사성을 발견한다. 그는 이것을 근거로 해서 예수의 역사와 초기 공동체의 케리그마 사이에 있는 연속성, 지상의 예수와 신앙의 그리스도의 일치를 주장하였다.

따라서 보른캄은 제2 탐구의 전형이 신앙의 그리스도와 역사의 예수의 결합이라고 본다: "신앙공동체의 고백을 포함하지 않은 예수의 말씀이나 예수 이야기는 단 하나도 존재하지 않는다."[349] "전승의 어느 단계에서나, 그리고 어느 부분에서나, 그 전승은 예수 역사의 실재성

---

346   Günther Bornkamm, *Jesus von Nazareth*, Stuttgart: Kohlhammer 1956; *Jesus of Nazareth*, trans. Irene and Fraser McLuskey with James A. Robinson (London: Hodder & Stoughton, 1960), 22.

347   Günther Bornkamm, *Jesus of Nazareth*, 1960, 14.

348   Günther Bornkamm, *Jesus of Nazareth*, 1960, 21.

349   Günther Bornkamm, *Jesus of Nazareth*, 1960, 14.

에 대한 증언인 동시에 그의 부활의 실재성에 대한 증거다. 그렇다면 우리의 과제는 복음서의 케리그마에서 역사를 찾는 것이다."[350] "복음서의 기원과 수집된 전승의 기원을 추적하려 할 때 신앙을 배제한 역사적 관심에서 출발하는 것만큼 어리석은 일은 아마 없을 것이다… 오히려 이 복음서들은 예수 그리스도가 역사의 예수와 신앙의 그리스도의 결합이라는 고백을 전하고 있다."[351] 보른캄에 의하면 신앙의 그리스도는 복음서 이야기에 구석구석에 완벽히 스며들어서 역사적 연구는 부활 이후의 케리그마 속에 빠져서 역사적 진정성의 길을 찾는 데 방황하게 된다.

3) 푹스: 언어사건에서 역사적 예수 만남

마르부르그 대학의 신약학자 푹스(Ernst Fuchs)는 선포로서의 언어사건(Sprachereignis)을 분석함으로써 역사적 예수를 찾고자 하였다. 푹스에 의하면 복음서는 선포적 성격으로 기록되었다. 푹스는 다음 같이 말한다: "텍스트는 단지 케리그마적 형식을 전승하는 종이 아니라 오히려 우리를 우리 실존의 언어사건으로 주도하는 주인이다."[352] 텍스트는 해석을 통하여 "언어사건"이 된다. 푹스는 하이데거(Martin Heidegger)의 후기 사상에 근거해서 존재의 언어를 차용한다. 현대의 서구 문화와 언어는 분리되고 파편적이나, 존재의 언어는 통합하

---

350 Günther Bornkamm, *Jesus of Nazareth*, 1960, 21.
351 Günther Bornkamm, *Jesus of Nazareth*, 1960, 23.
352 E. Fuchs, *Studies of the Historical Jesus*, London 1964, 211.

고 결합한다. "언어는 존재를 사건으로 만든다."³⁵³ "선포는 모은다."
"신앙의 언어는 신앙의 모음을 언어로 가져온다"(The language of faith
brings into language the gathering of faith).³⁵⁴ 푹스는 언어의 존재론적
성격을 강조한다: "물론 언어는 인간에게 정위되고, 존재는 실존에 관
계되어 있다. 여기서 나는 불트만에 동의한다. 그러나 다른 편으로 존
재와 인간 모두가 언어에 정향되어 있다. 그러한 한 우리는 하나님과
관계한다."³⁵⁵ 푹스는 말의 책임이 이미 언어 속에 있다고 주장한다. 언
어는 사고의 축소가 아니라, 사고가 언어의 축소이다. 언어는 "선물"
이다. 여기서 푹스는 하이데거의 언어론에서 신학적인 언어론으로
넘어간다. 신앙은 바로 선포된 말씀에 의존한다. 여기서 푹스는 해석
학을 언어에 대한 신앙이론으로서 전개한다. 푹스에서 신해석학이란
"언어의 신앙이론"³⁵⁶으로 이해된다. 언어의 신앙이론이란 말씀의 선
포를 통하여 일어나는 "언어사건"에 참여하는 것이다. 따라서 예수의
선포를 우리의 실존을 조명하는 언어사건으로 경험할 때 역사적 예
수를 만나게 된다고 본다. 그는 예수가 믿음에 대한 증인이 될 수는
있지만 믿음의 대상은 결코 될 수 없다고 말한다.³⁵⁷

---

353 E. Fuchs, *Studies of the Historical Jesus*, London, 1969, 207.
354 E. Fuchs, *Studies of the Historical Jesus*, 208-9.
355 Ernst Fuchs, *Zur Frage nach dem Historischen Jesus*, 427-429.
356 Ernst Fuchs, *Hermeneutik*, 111, 101f.
357 Ernst Fuchs, "Die Frage nach dem Historischen Jesus," 1956, in: *Zur Frage nach dem Historischen Jesus, Gesammelte Aufsätze II*, Tübingen 1960, 152ff.

4) 에벨링: 말씀사건에서 역사적 예수 만남

취리히의 조직신학자였던 에벨링(Gerhard Ebeling)은 말씀사건(Wortgeschehen)에서 역사적 예수의 모습을 만나고자 하였다. 에벨링의 이러한 신해석학은 푹스와 마찬가지로 "언어의 이해가 아니라 언어를 통한 이해"를 다룬다. 즉, "이해 영역에서 일차적인 현상은 언어에 대한 이해가 아니라 언어를 통한 이해인 것이다."[358] 에벨링은 다음과 같이 말한다: "성경적 메시지를 전혀 다른 문화의 언어로 번역하는 어려운 질문과 더불어 해석학적 문제는 근본적인 중요성을 가진다."[359] 에벨링은 해석학을 "말씀사건을 장애로부터 해방시키는 사건으로 이해한다. 이것을 위하여 역사적 비판이 필요하다. 역사비판적 작업은 이해의 장애를 제거하기 위하여 필요하다: "비판이란 텍스트를 이해하는 노력에 있어서 통합의 요소이다. 성경 텍스트가 이해로 가져오도록 하기 위하여, 비판이란 텍스트의 해석학적 기능을 방해하는 모든 것에 대항하는 것이다. 비판이란 전승과정에서 유래하는 텍스트 형태에서 왜곡이든, 전통적 선입견, 해석의 부적합한 체계, 그리고 문제에 대한 부적합한 접근에서 도출되는 텍스트 이해에 있어서 왜곡이든, 또는 텍스트의 언어적 매체에 있어서 혼란이 초래되든, 성경 텍스트로서의 텍스트가 관계해야 하는 일의 왜곡이든 간에, 텍스트의 왜곡에 원리적으로 대항하는 것이다."[360] 이러한 방식으로 에벨링은

---

358 G. Ebeling, *Word and Faith*, 318; 졸고, "에벨링의 해석학적 신학", 하이데거에서 리쾨르까지, 박영사, 1987. 205-209.
359 Ebeling, *Wort und Glaube*, 12f.
360 Ebeling, *Wort und Glaube*, 451.

하나님의 말씀론을 포함하고 전(全) 신학적 입장에 대한 초점이 되는 해석학, 해석학적 신학을 정립하기에 이른다. 에벨링에 의하면 신해석학이란 "해석학적 신학"이다.[361] 즉, 그는 신학 자체가 해석학이어야 한다고 강조한다. 왜냐하면 신학이란 성경이 말하는 바를 오늘을 위한 말씀으로 번역하는 데 존재하기 때문이다.

에벨링은 예수의 신앙에서 역사적 예수와의 지속성을 찾을 수 있다고 보았다. 에벨링은 역사적 예수의 본래적 모습은 신앙의 예수요, 예수의 사역과 행위에 있어서 표현된 것은 예수의 신앙이요, 이것이 결정적인 것이라고 말한다.[362] 치유 기사에 나타나는 것처럼 신앙이란 실존에 확신을 부여하는 것으로서 아직도 아님(das Noch Nicht)으로서의 미래가 오도록 하는(das Kommen-Lasen) 신의 전능에의 참여이다.[363] 에벨링은 예수를 하나님의 구속 행위와 관련하여 말하기보다는 나의 신앙을 불러일으키는 신앙의 원천이요 근거로서 말한다. 예수는 말씀사건으로 우리에게 다가온다.[364] 개인의 실존론적 의미성에 더 역점을 둠으로써, 메시아 예수는 신앙의 원천이고 근거로서만 인정되고, 이러한 한에 있어서만 신앙의 대상으로 타당하게 된다. 신앙 증인으로서의 예수와 신앙의 대상으로서의 예수를 구분하는 점에서 신해석학파(the New Hermeneutics)로 불리는 그는 여전히 불트만의 실

---

361   김영한, 『하이데거에서 리꾀르까지』, 박영사, 1993, 162-186, 188-234.
362   Gerhard Ebeling, "Jesus und Glaube," 1958, in: *Wort und Glaube* I, Tübingen 1960, 207, 208.
363   Gerhard Ebeling, "Jesus und Glaube," 248.
364   김영한, "해석학적 신학의 평가", 『하이데거에서 리꾀르까지』, 박영사, 전정판, 2003, 220.

존론적 착상에서 벗어나지 못하고 있다.[365]

5) 로빈슨: 실존주의적 역사기록학 제안

미국 캘리포니아 주 클레어몽 대학교 신약학 교수였던 제임스 로빈슨은 1959년 『역사적 예수에 대한 새 논구』(*A New Quest of the Historical Jesus*)라는 저서[366]를 출판하였다. 그는 "우리가 나사렛 예수를 있는 그대로 이야기하면 우리는 '역사적 예수'와는 전혀 다른 것을 이야기하게 된다"라며 19세기 역사적 예수 연구의 잘못된 역사관을 논평하였다. 제임스 로빈슨은 제1 탐구의 실증주의 방법을 통한 객관화 연구 방법을 비판하면서 그 대안으로 실존주의적 역사기록학(existential historiography)을 제안하였다. 그는 이 새 탐구가 "역사와 자아에 대한 새로운 개념을 제공한다"[367]고 보았다. 그는 이 새 탐구를 통해서 역사적 예수는 실존에 대한 질문과 관련하여 의미를 지녀야 한다고 주장하였다: "역사적 예수는 케리그마가 하는 것처럼 우리를 실존적 결단과 마주 보게 한다."[368]

신해석학자로서 제임스 로빈슨은 복음서들이 선포(kerygma)로 형성된 것이라고 주장하였다. 로빈슨은 신약성경을 예수 안에서 일어난 하나님의 말씀사건에 대한 응답에 있어서 신앙의 해석학을 가르

---

365 김영한, "신해석학", in: 「한국개혁신학」, 제17권, 한국개혁신학회, 2005, 257-286.
366 James M. Robinson, *A New Quest of the Historical Jesus*. Studies in Biblical Theology. London: SCM, 1959.
367 James M. Robinson, *A New Quest of the Historical Jesus*, 66-67.
368 James M. Robinson, *A New Quest of the Historical Jesus*, 77.

치고자 하는 텍스트로 간주하였다. 그래서 신약성경은 신해석학의 텍스트가 된다. 이해의 도움으로서 해석학은 언어사건으로부터 일어난다.[369] 언어의 구원하는 사랑사건(love event)을 위한 공간은 선포되는 텍스트이다. 그리하여 주석학에서 조직신학을 거쳐 설교학에 이르는 전(全) 신학이 해석학적 원리인 설교의 텍스트로 이입된다. 여기서 예수의 말씀은 청취자들에게 본래적 실존의 가능성을 제시한다. 예수는 말씀의 영역으로 움직이고 하나님의 술어(述語)가 되고 하나님의 시간 말씀이 된다.[370] 예수는 객관적으로 살았던 메시아적 인격이 아니라 오늘날 말하는 실존적 언어로 해석될 수 있는 "연설의 언어"(word of address)로 나타난다.

2. 진정성(authenticity) 문제

후기 불트만 학파의 새 탐구는 옛 탐구의 결핍을 보완하는 그 나름대로 결실을 얻었다. ① 역사적 예수와 부활한 그리스도 사이의 간격은 케리그마로 연결되었다. 불트만이 설정한 역사적 예수와 초기 교회의 케리그마 사이의 역사적 연속성과 내용적 연속성 사이의 극한 대립을 약화시키고 케리그마로 연결하고자 했다. ② 복음서가 전하는 역사를 "일련의 사실들"로 보지 않고 사건(Geschehen)으로 보았다. 복음서의 본질이 전기적 접근을 차단하기 때문에 주로 예수의 가르

---

369 김영한, "신해석학", in: 「한국개혁신학」, 제17권, 한국개혁신학회, 2005, 257-286.
370 E. Fuchs, "The New Testament and the New Hermeneutical Problem", in: *The New Hermeneutic*, eds. Robinson & Cobb, 1964, 136.

침, 케리그마에 집중했다. ③ 초대교회의 전승이 역사적 예수에게서 시작되었다는 것을 증명해 보이고자 했다.

요아킴 예레미아스(Joachim Jeremias)는 불트만 학파의 학자들보다 훨씬 보수적인 길을 걸었으며, 노만 페린(Norman Perrin)은 예레미아스의 제자였으나 불트만 학파의 연구를 높이 평가했다.

케제만은 마태복음 5장에 담긴 반제(antithese)에 관찰되는 "들었으나… 나는 너희에게 이르노니"의 문체는 예수사역의 독특한 모습이라고 보았다.[371] 보른캄은 예수의 선포에 담긴 종말론적 성취 내의 표지 속에서 예수의 독특한 특징을 보았다.[372] 큄멜은 하나님 나라가 임박했다는 예수의 기대에서 예수의 독특성을 보았다.[373] 쉬르만(Heinz Schürmann)은 하나님 나라가 임하기를 구하는 주기도(마 6:10; 눅 11:2)에서 예수의 독특성을 보았다.[374] 제2 탐구 시기의 전형적인 것은 마태복음 12장 28절("그러나 내가 하나님의 성령을 힘입어 귀신을 쫓아내는 것이면 하나님의 나라가 이미 너희에게 임하였느니라")과 누가복음 11장 20절("그러나 내가 만일 하나님의 손을 힘입어 귀신을 쫓아낸다면 하나님의 나라가 이미 너희에게 임하였느니라")이 하나님 나라에 관한 예수 말씀의

---

371 Ernst Käsemann, "The Problem of the Historical Jesus," in *Essay on New Testament Themes* (London: SCM, 1964), 15-47.

372 Günther Bornkamm, *Jesus of Nazareth* (1956); (London: Hodder & Stoughton, 1960), 67.

373 Werner G. Kümmel, "Eschatological Expectation in the Proclamation of Jesus," in *The Future of Our Religious Past: Essays in Honour of Rudolf Bultmann*, ed. J. M. Robinson (London: SCM, 1971), 29-48.

374 Heinz Schürmann, *Gottes Reich-Jesu Geschick: Jesus Ureigner Tod im Licht Seiner Basileia-Verkündigung* (Freiburg: Herder, 1983), 135, 144.

진정성이 있는 것으로 파악되었다[375]는 것이다.

　새 탐구는 방법론적으로는 예수전승 중 어느 것이 진정한가의 여부, 즉 진정성의 문제에 집착한다. 페린은 『예수 가르침 재발견』 (Rediscovering the Teaching of Jesus)에서 진정성 기준(the criterion of authenticity)을 제시하였다.[376] 이들은 진정성을 확인하기 위하여 첫째 판단 기준으로 비유사성 기준(the criterion of dissimilarity), 둘째 판단 기준으로 일관성 기준(the criterion of coherence), 셋째 판단 기준으로 다중 증언 기준(the criterion of multiple attestation) 등을 사용하였다.[377] 비유사성 기준이란 유대교와 초대교회의 특징과 유사하지 않다고 볼 수 있는 예수의 말씀은 실제로 예수가 말씀하셨다는 것이다.[378] 그런 예수 말씀이 진짜임을 알 수 있다는 것이다. 비유사성 기준은 진정성의 근본적인 기준이다. 비유사성 기준은 일관성 기준으로 보충된다: "최초의 전승 층으로부터의 자료는 비유사성의 기준에 의해 진짜임이 검증된 자료와 일관성 있게 연결된다고 볼 수 있으면 역시 진짜라고 받아들여질 수 있다."[379] 이에 다중 증언의 기준이 추가된다: "공관복음서 뒤에 놓인 것으로 파악될 수 있는 자료 중에 모든, 또는 대부분의 자료들에 담긴 내용은 역사적 진정성을 가진다."[380] 페린은

---

[375] W. D. Davies & D. C. Allison, *Matthew*. vol. 2 (Edinburgh: Clark, 1991), 239.

[376] N. Perrin, *Rediscovering the Teaching of Jesus* (New York: Harper & Row, 1976), 11-12, 39, 43, 46.

[377] James D. G. Dunn, *A New Perspective On Jesus*, 『역사적 예수에 대한 새 관점』, 78-82.

[378] N. Perrin, *Rediscovering the Teaching of Jesus* (London: SCM, 1967), 39.

[379] N. Perrin, *Rediscovering the Teaching of Jesus*, 1967, 43.

[380] N. Perrin, *Rediscovering the Teaching of Jesus*, 1967, 45.

3가지 전승 영역(비유, 하나님 나라 가르침, 주기도)에서 "예수 가르침의 중요 면모를 어느 정도 확실히 재구성할" 수 있다고 보았다.[381] 그러나 페린은 역사적 예수는 묵시록적 인자의 미래적 도래를 절대로 예언하지 않았다고 본다.[382]

저자는 이러한 페린의 진정성 기준 제시에 상당 부분 동의할 수 있으나, 역사적 예수의 묵시론적 인자 도래 예언에 대한 진정성을 부인하는 페린의 의견에는 동의하지 않는다. 이러한 페린의 견해에는 묵시론적 세계상을 받아들이기 어려운 페린 자신의 신앙적 편견이 게재되어 있다고 보여진다.

3. 역사적 유비의 자율성 사고: 불트만의 전제에서 벗어나지 못함

후기 불트만 학파도 계몽주의적 전제를 수정하지 않고 신약성경에 나타난 기적이나 이적 등 초자연적 기사(동정녀 탄생, 십자가의 대속의 죽음, 부활, 승천, 재림 등)에 대하여 인정하기를 거부하고 역사적 유비의 자율성(autonomy) 사고에 머물러 있었다. 그리하여 신약성경이 말하는 중요한 동정녀 탄생, 부활, 승천 등이 사실이라기보다는 신화 내지 실존론적 의미성으로 간주됨으로써 역사적 예수는 여전히 이러한 전

---

[381] N. Perrin, *Rediscovering the Teaching of Jesus*, 1976, 47.

[382] N. Perrin, *Rediscovering the Teaching of Jesus*, 1976, 198. 페린에 의하면 고대 유대교에서는 묵시적 인자 개념을 찾아볼 수 없고, 공관복음서의 해당 구절은 모두 다니엘 7:13, 시편 110:1, 스가랴 12:10ff. 구절에 대한 초대교회의 고찰에서 나온 것으로 본다. 이러한 해석은 옛 탐구로 되돌아가는 것이며, 바이스와 슈바이처가 발견한 "역사적 예수 삶과 가르침의 묵시록적 차원"이라는 큰 업적을 허무는 결과라고 볼 수밖에 없다.

제가 설정한 실존론적 이념에 의하여 왜곡되게 나타났다. 후기 불트만 학파의 역사적 예수 복권은 불트만의 실존론적 협착성에서 제대로 벗어나지 못함으로 인해 연속성(continuity)의 발견이 각 학자들이 세운 진정성 기준들(criteria of authenticity)에 종속되었다. 그리하여 역사적 예수의 최초 말씀 전승 연구는 끝없는 논쟁의 수렁으로 빠져 들어갔다.[383] 비유사성 기준도 탐구자의 주관에 의한 것으로 문제를 지닌다.

비유사성 기준이란 예수 이전 유대교나 예수 이후의 초기 기독교 공동체와 달라야 한다는 가정(假定)인데 오늘날 제3 탐구 학자들은 이를 수정하고 있다. 제3 탐구의 학자들은 예수의 가르침은 유대교에서 유래하지 않을 수 없으며, 초기 기독교는 광범위하게 역사적 예수의 가르침에 토대를 두고 있다고 본다. 이에 대한 대안으로 다른 진정성 기준들이 추가된다. 요아킴 예레미아스는 아람어 형태로 거슬러 올라가는 특징적 문체 기준(the criterion of characteristic style)을 제시했다.[384] 존 마이어(John P. Meier)는 "당혹스러움의 기준"(the criterion of embarrassment)을 부각시켰다.[385] 게르드 타이센(Gerd Theissen) 과 다그마 윈터(Dagmar Winter)는 역사적 타당성 기준(the criterion of plausibility)을 제안했다.[386] 라이트는 "유사성과 비유사성의 이중 기

---

[383] James D. G. Dunn, *A New Perspective On Jesus*, 『역사적 예수에 대한 새 관점』, 82.

[384] Joachim Jeremias, *New Testament Theoloy*, vol 1, The Proclamation of Jesus (London: SCM, 1971), 1부.

[385] John P. Meier, *The Marginal Jew: Rethinking the Historical Jesus*, vol. 1 (New York: Doubleday, 1991), 168-171.

[386] Gerd Theissen & Dagmar Winter, *The Quest for the Plausible Jesus: The Question of Criteria* (Louisville: Westminster John Knox, 2002), 172-225.

준"(double criteria of similarity & dissimilarity)387, 제임스 던은 "특징적 예수 기준"(the criterion of characteristic Jesus)을 제안했다.

후기 불트만 학파가 제시한 역사적 예수 재발견에 대한 주장은 불트만이 제시한 역사적 예수의 불가지론을 극복해 보려는 교회의 신앙에 부합하는 결론이었다. 그러나 후기 불트만 학파는 역사적 예수가 사용한 기독론적 칭호(인자, 메시아, 하나님의 아들, 구주 등)들이 역사적 예수가 친히 사용한 것이 아니라 초대교회가 신앙고백으로 붙인 것이라는 불트만의 전제에서 벗어나지 못했다. 케제만도 불트만에 의지하여 예수 자신은 스스로를 메시아라고 분명하게 주장하지 않았다고 본다. 그는 예수가 "결코 그들의 주라고 요구하지도 않았고, 그들의 주도 아니었다."388고 한다.

보른캄은 "케리그마적 그리스도"(Kerygmatischer Christus)가 제2 탐구의 전형이 되었다고 본다. 즉, 부활의 메시지와 부활신앙이 예수에 관한 그들의 이해를 충격으로 변화시켜서 예수 이야기가 곧 예수 신앙고백이 되어버렸다고 보는 것이다: "예수의 생애를 기록할 위치에 있는 사람은 더 이상 아무도 없다."389 그렇지만 우리는 자료를 통해 "역사적으로 논란의 여지가 없는 주요 특성을 모으고 예수의 인격과 역사에 대한 윤곽을 제시"할 수 있다.390 예수는 결코 자신이 메시아라고 주장하지는 않았지만, "그의 메시아적 특성은 그의 말씀과 행

---

387 Nicolas Thomas Wright, *Jesus*, 131-133, 613-614.
388 E. Käsemann, "New Testament Questions of Today," 47.
389 Günther Bornkamm, *Jesus of Nazareth*, 1960, 13.
390 Günther Bornkamm, *Jesus of Nazareth*, 1960, 14, 53.

동에, 그리고 그의 역사적인 모습의 직접성에 담겨있다."[391] 그러므로 후기 불트만 학파들은 자신들의 구호와는 달리 역사적 예수의 진정한 모습을 복권하지는 못했다.

제2 탐구는 제1 탐구처럼 자신들의 이데올로기, 문화, 역사의 위치에 의해 영향 받은 예수의 모습을 투영시킨 것이다. 우리는 신앙의 그리스도가 역사적 예수를 왜곡한다는 제2 탐구가 지닌 방법론적 전제를 벗어나야 한다. 제임스 던이 제시하는 바와 같이 부활 이전에 이미 그의 메시아적 사역에서 일어난 예수의 권세 있는 가르침으로 인하여 그를 따르는 제자들에게 미친 신앙적 영향력은 구전전승을 형성하였고 부활사건 이전 역사적 예수의 가르침과 사역에 대한 역사적 실재성을 담고 있는 것이다.[392] 따라서 우리는 복음서에서 이러한 역사적 예수의 실제 모습에 접근할 수 있다. 그리고 제2 탐구는 역사적 예수에 대한 관심에도 불구하고 요세푸스, 사해사본들, 그리고 랍비 문헌들(rabbinic literatures)로부터 알려진 1세기 유대교 사회에 대해서는 무관심하였다.[393] 이에 대한 극복의 시도로서 역사적 예수를 유대교의 맥락에서 보려고 하는 제3 탐구가 1980년대에 일어나게 된다.

---

391 Günther Bornkamm, *Jesus of Nazareth*, 1960, 178.
392 James D. G. Dunn, "예수를 기억하며, 어떻게 역사적 예수 탐구가 길을 잃었는가?" in: James K. Beilby & Paul R. Eddy, *The Historical Jesus. Five Views*, InterVarsity Press, 2009, 손혜숙 역, 『역사적 예수 논쟁』, 새물결플러스, 2014, 300.
393 Sang Hwa Han, "Currents in Christological Debate", *Studies in Systematic Theology*, Vol. 22, 68.

VI. 괴팅엔 학파와 튀빙엔 학파, 조직신학자들에 의한 역사적 예수 복권의 새로운 시도

1. 괴팅엔 학파(예레미아스)와 튀빙엔 학파의 역사적 예수론

독일 괴팅엔 대학교 신학부의 신약학자들, 즉 유리우스 쉬니빈트(Julius Schniewind)와 유대계 독일 신약학자 여호야킴 예레미아스는 후기 불트만 학파의 길이 아닌 독자적인 길을 개척하였다. 예레미아스는 유대 언어에 해박한 정통가로서 유대문서에서 역사적 예수를 발견하고자 하였다. 그는 1947년의 저서 『예수의 비유』(The Parables of Jesus)에서 새 탐구 가운데서 보수적인 루터교의 경건의 길을 개척했다. 그는 역사적 예수와 부활한 그리스도 사이에 어느 정도 연속성이 있음[394]을 것을 강조했다: "예수의 비유를 읽을 때, 우리는 바로 그의 앞에 서 있다."[395] 그러나 이와 동시에 그는 비유가 어느 정도는 재해석의 과정을 거쳤다는 것을 전제하면서 불연속성을 말한다. 그는 "명확한 변화 원리"를 밝히고 그 원리를 사용하여 해석의 껍질을 제거하고 역사적 메시지의 알맹이를 드러내었다.

예레미아스는 1971년 『신약신학』(Die neue Testamentliche Theologie)에서 예수의 가르침을 살펴볼 때 "거의 무시되는 접근법"을 제공했

---

[394] Joachim Jeremias, *Die Gleichnisse Jesu*, 1947; *The Parables of Jesus* (rev. 2nd ed.: New York: Charles Scribner's Sons, 1972), 22.

[395] Joachim Jeremias, *The Parables of Jesus*, 12.

다. 그는 언어와 문체를 살피면서[396] 신적 수동태[397] 또는 운율의 모양[398] 등과 같은 아람어 유형, 문체, 예수가 선호한 단어를 찾고자 하였다. 그는 역사적 예수가 말한 "바로 그대로의 어구"(ipssisima verba)는 아니더라도 "그 자신의 말"(ipssisima vox)을 찾는 데 주력했다. "아바"(abba)라는 말은 역사적 예수가 사용한 말로서 자신과 가장 친근한 하나님과의 관계를 드러내는 말이라고 한다. 그는 영국의 신약학자 맨슨의 역사적 예수론에 영향을 받아[399] 맨슨과 마찬가지로 불트만학파의 학자들보다 더 공관복음서의 전승을 신뢰할만한 것으로 높이 평가했고, 예수 말씀의 비진정성을 주장하는 자들에게 증명해야 하는 짐을 지웠다.[400]

예레미아스는 맨슨의 "남은 자"(Remnant) 개념을 수용하면서 이를 이방 민족들에게 빛이 될 이스라엘의 남은 자를 구원함으로써 이스라엘의 회복이 일어날 것이라는 예언자 사상으로 가다듬는다.[401] 예레미아스는 예수의 "인자"(Menschensohn) 개념을 유대 묵시사상의 빛 아래서 다니엘 7장 13절에서의 인자 사용의 맥락에서 해석했다. 예수는 종말론적 인자로서 자기를 "참된 이스라엘"인 남은 자의 머리로

---

396 Joachim Jeremias, *Die Neue Testamentliche Theologie, 1971; New Testament Theology: The Proclamation of Jesus* (New York: Charles Scribner's Sons, 1971), 2-3.

397 Joachim Jeremias, *New Testament Theology*, 9-14.

398 Joachim Jeremias, *New Testament Theology*, 20-29.

399 T. W. Manson, *The Teaching of Jesus* (Cambridge: Cambridge University Press, 1967).

400 Joachim Jeremias, *New Testament Theology*, 37.

401 Joachim Jeremias, *New Testament Theology*, 258-259.

보았다.402 "예수의 전체 활동이 갖는 유일한 의의는 하나님의 종말 백성을 모으는 것이다."403 인자는 수많은 천사들에 둘러싸여서 하나님의 영광 중에 나타나고, 하나님의 오른 편에 앉아, 모든 민족을 심판하게 될 것이다. 예레미아스는 예수가 자신의 미래의 종말론적 역할과 관련해서만 인자 용어를 자신에게 적용시켰다고 본다.404

예레미아스는 주장하기를 역사적 예수는 아버지 앞에서 "하나님의 아들"이라는 권위를 가진 자였으며, 임박한 하나님 나라를 선포하였고, 예수 자신이 하늘의 "인자"로서 높아질 것을 기대했으며, 자신을 인류의 죄를 위해 희생하는 "고난의 종"으로 생각했다고 한다. 예수의 부활에서 제자들은 그의 하늘 왕좌에 취임과 종말의 도래를 의미하는 그의 재림을 기대하였다.405 이러한 예레미아스의 역사적 예수상은 성경이 전해주는 예수상과 일치한다.

후기 불트만 학파의 시도에 대하여 튀빙엔 대학교의 신약학자들, 즉, 오토 베츠, 마르틴 헹엘, 페터 스툴마허 등은 예수를 헬라적 전통에 의해서가 아니라 유대교적 전통에서 해석함으로써 예수의 역사적 실재성은 신학적으로 더욱 확고하게 되었다. 그리고 영국의 에버딘 대학의 신약학 교수 하워드 마샬도 신약 기독론의 역사적 근원은 역

---

402 Joachim Jeremias, *New Testament Theology*, 269.

403 Joachim Jeremias, *New Testament Theology*, 170.

404 Joachim Jeremias, *New Testament Theology*, 272. 복음서에서 예수는 자기를 65번이나 "인자"라고 불렀다. 이 용어는 세 가지 용도로 사용된다. ① 사람에 대한 완곡한 표현으로 공생애 중에 있는 자기를 이렇게 지칭하였다(눅 7:34; 눅 9:58; 눅 19:10). ② 그의 고난과 죽음을 예언하는 데 사용하였다(막 8:31; 막 9:12, 31; 막 10:33) ③ 그의 미래적 묵시적 역할과 관련하여 사용하였다(막 8:38; 막 13:26; 막 14:62).

405 Joachim Jeremias, *The New Testament Theology*, 272 ff.

사적 예수의 고유한 메시아적 주장에서 찾아진다고 주장하였다.

2. 조직신학자들(틸리케, 판넨베르그, 몰트만)의 역사적 예수론

독일 신학에서는 조직신학의 영역에서도 후기 불트만 학파 신약학자들이 이루지 못한 역사적 예수에 대한 복권운동이 일어났다. 그 중심에 있었던 조직신학자들이 함부르크 대학교의 성령 신학자 틸리케(Helmut Thielicke), 뮌헨 대학교 신학부의 보편사 신학자 판넨베르그(Wolfhart Pannenberg), 그리고 튀빙엔 대학교 신학부의 소망의 신학자 몰트만(Jürgen Moltmann)이다.

1) 틸리케: 하나님의 계시적인 존재인 역사적 예수

독일 함부르크 대학 신학부의 틸리케는 그의 성령론적 신학[406]에서 성령 안에서의 신앙을 통하여 역사적 예수가 메시아적 실재요, 구속하시는 하나님의 아들이라는 사실을 알 수 있다고 천명했다.[407] "역사, 그리고 예수 그리스도 안에서 우리에게 다가온 은혜(beneficia)가 기독론의 본래 주제이다."[408]

첫째, 그는 복음서가 기록한 역사적 예수의 지상적 사역에서 출발

---

406 H. Thielicke, *Der Evangelische Glaube. Grundzüge der Dogmatik, Bd III, Theologie des Geistes. Der Dritte Glaubensartikel. Die Manifestation des Heiligen Geistes im Wort, in der Kirche, in den Religionen und in den Letzten Dingen*, Tübingen, 1978.
407 김영한, 『헬무트 틸리케. 종교개혁적인 성령론적 신학』, 살림, 2005, 253-255.
408 H. Thielicke, *Der Evangelische Glaube, Bd II*, 335; 김영한, 『헬무트 틸리케』, 살림, 2005, 133.

한다. 그는 나사렛 예수의 갈릴리에서의 지상적 사역에서 나타난 나사렛 예수의 인간적 모습에서 나타난 그의 독특성을 중요시한다. 복음서가 진술하는 예수상은 "전기적인 역사적인 것과 초월적인 것, 인간적인 것과 신적인 것, 그리고 평범한 것과 전적으로 다른 것을 내포"하고 있다. 틸리케는 성령론적 착상으로 이 양자를 인격적인 신앙 안에서 결합하고자 한다. 틸리케는 복음서에 나타나는 역사적 예수에 접근하는 데 있어서 성령론적 입장을 취한다. 예수 이해에 있어서 "모든 유비에서 떨어져 나와," "전적으로 다른 자의 위엄"(die Majestät des ganz andern)을 발견한다. 이러한 그의 입장을 "유비로부터 탈출"(Ausbruch aus der Analogie)이라고 한다.[409] 우리는 그의 말씀과 사역에 놀라는 자로서, 그리고 그를 경배하는 자로서 역사적 예수를 "전적으로 다른 자"(der ganz andere)로서 만나게 된다. 틸리케는 역사적 예수의 인격에 대한 신앙에 우위를 두고 있다.[410]

둘째, 틸리케는 역사비판적 사고가 전제하는 복음을 보는 눈인 유비의 사고(das Denkden der Analogie)를 깨뜨린다. 예수의 산상설교의 메시지, 심령이 가난한 자가 천국의 백성이며, 그의 나라와 그의 의를 구하라, 원수를 사랑하고 용서하고 축복하고 기도하라는 예수의 가르침과 십자가에서 희생의 제물이 되고자 했던 예수의 삶은 인간적인 유비의 사고라는 울타리를 깨뜨린다. 역사적 예수가 그의 설교, 가르침과 사역에서 보여준 모든 것은 현대주의가 강조하는 자기 사랑

---

409 H. Thielicke, *Der Evangelische Glaube, Bd II*, 333.
410 김영한, 『헬무트 틸리케』, 130.

의 원리에서 벗어나, 이웃을 사랑하는 아가페 사랑(die Agape Liebe)이었다. 이러한 틸리케의 성령론적 관점은 역사적인 유비를 중요시하는 현대 신학이 수행하는 역사비판적 한계를 넘어서고 있다.

셋째, 역사적 예수의 인격에 나타난 그의 정체성에 주목한다. 틸리케는 역사적 예수의 지상적 사역에서 출발하면서 역사적 유비의 사고 범주를 넘어서는 설교와 가르침과 사역을 행하신 나사렛 청년, 하나님의 은총을 우리에게 가져 주고 자신을 하나님과 동일시한 그 사람의 정체가 무엇인가 질문한다. 그는 방법적인 사고의 엄밀성을 강조한다. 우리는 역사적 예수를 성찰하면서 "빛 속에서 예수의 모습이 해석되어지는, 우리와 함께 하는 하나님의 은혜의 역사"(die beneficia-Geschichte Gottes)[411]를 만난다. 우리는 산상설교에서 한편으로는 그의 백성들을 가르치는 랍비인 예수를 만난다. 예수는 동시에 "원수를 사랑하며 너희를 핍박하는 자를 위하여 기도하라"는 가르침을 통하여 "나에게 권능을 갖고 극단적인 요구를 하는 자"로 다가온다. 우리는 그를 "병든 자를 치료하고 귀신들을 쫓아내고 그의 삶과 행위에 있어서 온전하며, 하나님과의 일치 속에 있는 사람"으로 만난다.

역사적인 예수에 대한 신앙고백인 "주는 그리스도"(Kyrios Christos)라는 명제 속에는 예수의 역사적인 측면과 초자연적인 측면이 동시에 들어있다. 이러한 인간적이고 역사적인 유비를 벗어나는 역사적 예수의 설교, 가르침과 사역에서 틸리케는 역사적 예수에서 인간에게 다가온 하나님 계시의 역사를 발견한다. 복음서가 우리에게 제시하는 역사적 예수의 상은 "전기적이고 역사적인 것과 초월적인 것, 인

---

411   H. Thielicke, *Der Evangelische Glaube*, Bd II, 335.

간적인 것과 신적인 것, 그리고 정상적인 것과 전적으로 다른 것"이라는 두 가지 역설적인 차원을 지니고 있다. 틸리케는 역사적 예수의 역설적인 차원과 그의 인격 안에서 다가온 은혜를 신앙의 대상으로 수용한다. 이러한 역사적 예수는 바로 계시적인 존재다. 역사적 예수가 계시적 존재임을 알게 될 때 비로소 그가 메시아요, 그리스도요, 구속자임을 알게 된다.[412]

이러한 틸리케의 성령론적 신앙 우위의 접근은 초기 바르트(Karl Barth)와 불트만 같은 변증법적 신학자들이 역사적 예수와 관련하여 신앙의 의미를 크게 강조하지 않는 방식과 대조를 이루며, 묵시록적인 지평 속에서 보편사 종말을 선취하는 이성의 역할을 강조하는 판넨베르그의 방식과도 대조를 이룬다. 판넨베르그가 묵시록적 지평에서 예수의 부활 이전의 권능적 사역을 선취적 이성으로 파악하고자 함으로써 유비의 사고에 매어 있는데 반하여, 틸리케는 아래로부터의 역사적 예수의 사역에서 출발하나, 유비를 깨뜨리는 역사적 예수의 메시지와 가르침과 사역에 중점을 두면서 처음부터 성령론적 신앙의 시각에서 예수를 메시아라는 하나님의 계시적 존재로 보고 있다. 틸리케에 의하면 신앙의 사고만이 역사적 예수에서 드러나는 역사적인 것과 전적으로 다른 것의 분리될 수 없는 역설적인 현상을 바르게 해석할 수 있기 때문이다. 이러한 틸리케의 성령론적 사유는 저자가 본 연구서 제2권에서 구체적으로 제시하는 역사적 예수의 생애와 삶에 관한 연구의 기본이 되고 있다.

---

412 김영한, 『헬무트 틸리케』, 135.

2) 판넨베르그: 죽은 자들 중에서 부활을 통하여 역사 종말을 선취한 역사적 예수

(1) 역사적 예수의 메시아적인 권능 사역과 주장에서 출발

판넨베르그는 1959년에 "구속사건과 역사"(Heilsgeschehen und Geschichte)라는 강연을 통해 역사를 신학의 중심 개념으로 부각시켰다. 그는 "역사는 그리스도 신학의 포괄적인 지평이다. 모든 신학적 질문들과 대답들은 역사의 테두리 내에서만 의미를 가진다"고 선언하였다.[413] 그럼으로써 그는 불트만 학파의 케리그마 신학의 굴레에서 역사적 예수를 해방시키고자 하였다. 그 후에 전개된 그의 보편사 신학은 역사적 예수를 보편사의 지평에서 드러내고 있다. 그는 부활절 이전 메시아적 권능을 행한 역사적 예수로부터 출발하면서 십자가와 부활을 통해서 드러난 하나님의 권능을 현재화하는 예수의 모습을 드러내고 있다.

판넨베르그는 1964년 그의 저서 『기독론 개요』(Grundzüge der Christologie)에서 묵시론적 선취의 예수론을 전개한다. 그는 불트만 학파가 불가지론으로 간주했고, 후기 불트만 학파가 케리그마와 불가분적으로 연결된 것으로 보았던 역사적 예수에서 출발하고 있다. 그는 후기 불트만 학파가 제시한 질문, 초대교회의 그리스도 고백이 어떻게 전개되었는가에 질문하지 않고 오히려 "역사적 예수 사역과

---

[413] W. Pannenberg, "Heilsgechehen und Geschichte," 218-37, in: Kerygma und Dogma 5, 1959, 218-288, in: *Grundfragen Systematischer Theologie, Gesammelte Aufsätze*, Vandenhoeck & Ruprecht in Göttingen, 2 Aufl, 1971.

숙명의 그 당시로부터" 시작하면서 "이 사람 속에서 하나님이 계시되었다는 역사적 예수의 의미의 바른 인식을 정초"하고자 했다.[414] 판넨베르그는 선포된 그리스도의 신앙고백에서 역사적 예수를 인식하는 것이 아니라 그 반대로 예수의 역사적, 실제적 모습에서 선포된 그리스도를 이해하고자 한다: "신앙은 먼저 예수가 무엇이었던가에 관계한다. 거기서부터 비로소 우리는 예수가 오늘날 우리에게 무엇이며, 그에 대한 선포가 오늘날 어떻게 가능한가를 인식한다."[415] 판넨베르그는 더욱이 케리그마의 근거인 역사적 예수의 실재성에 대한 불가지론에 머문 불트만 학파에 이의를 제기하면서, 케리그마의 역사적 연관성을 강조한 후기 불트만 학파의 에벨링의 말을 인용한다: "케리그마가 관계하는 인격이 그의 역사성에 있어서 구체적으로 규정될 수 없다면, 예수에 대한 케리그마의 관계는 예수 자신이 우연하고 그 자체에 있어서 아무것도 말하지 않는 암호로서 부적절하게 이해되는 주장에만 존재하게 되며, 케리그마는 순수 신화가 될 것이다."[416]

판넨베르그는 이처럼 역사적 예수의 실재성을 확고하게 하면서 예수의 출현과 숙명의 그 당시 일어난 역사에 대한 지식을 통해서 예수 역사의 계시 성격을 인식하고자 한다.[417] 알타우스(Paul Althaus)나 틸리케가 말하는 신앙이 전제하는 일어난 역사에 대한 지식은 "아직도

---

414 W. Pannenberg, *Grundzüge der Christologie*, Gütersloh: Gütersloher Verlagshaus 23., Gerdmohn, 1964, 23.
415 W. Pannenberg, *Grundzüge der Christologie*, 22.
416 G. Ebeling, *Theologie und Verkündigung*, 1962, 63; Pannenbeg, *Grundzüge der Christologie*, 21.
417 김영한, 『바르트에서 몰트만까지』, (서울: 대한기독교서회, 2003), 404.

사건 속에서 드러나는 하나님의 계시에 대한 지식은 아닌 것"으로 본다. 판넨베르그는 "하나님의 계시로서 증시되는 것과는 달리 어떻게 예수의 역사가 예수에 대한 신앙을 정초해야만 하는가?"라는 질문을 던진다. 알타우스나 틸리케가 신앙을 이성적 통찰보다 우선시하는 데 반해서 판넨베르그는 역사에 대한 신앙보다는 역사에 대한 지식을 강조한다: "계시 성격이 사건들에 부가되는 것으로 다가오지 않고, 사건들 속에 내재한다면, 사건들은 신앙을 정초할 수 있다."[418] 이처럼 판넨베르그는 역사적 예수에 대한 사실 위주의 질문에 충실하고자 하며 거기에서 비로소 예수 사건의 계시적 성격을 드러내고자 한다.

(2) 구속론적 관심을 예수 인격에 대한 질문에서 분리

신앙보다는 지식의 우위를 강조하는 판넨베르그는 먼저 인간 예수에서 출발하는 역사적 예수 탐구의 길을 거치면서 그의 신성에 관하여 질문하고자 한다. 그는 구속론을 기독론에서 분리시킨다. 그는 예수의 인격에 대한 질문, 기독론적 질문은 구속론적 질문에 앞서야 하며 기독론적 질문에 앞서 구속론적 질문을 제기해서는 안 된다고 본다. 즉, 구속론은 기독론의 결론으로 도출되어야 하며, 이 순서가 바뀌어서는 안 된다는 것이다. 구속론적 관심이 먼저 제기될 때, 예수 자신의 순수한 인격이 은폐되어 버리기 때문이다: "위험은 명백히 기독론이 구속론적 관심으로부터 구성되는 것이다."[419] "예수 자신, 그의 역

---

[418] W. Pannenberg, *Grundzüge der Christologie*, 23.

[419] W. Pannenberg, *Grundzüge der Christologie*, 42.

사와 그것을 통해 구성되는 그의 인격에 이 의미성이 내재하는 한에 있어서만 예수는 우리를 향해서 의미성을 지닌다."[420] 이러한 판넨베르그의 기독론과 구속론과의 분리는 빌립보 교회를 비롯한 초대교회가 애창한 그리스도 찬가와 배치되며 바르트, 브룬너(Emil Brunner), 쿨만, 본회퍼(Dietrich Bonhoeffer), 알타우스, 틸리케 등 예수의 인격과 대속을 불가분적으로 연결하는 신학자들의 입장과도 차이를 보이는 것이다.[421]

(3) 부활사건에서 예수의 하나님과의 본질 통일성과 역사 종말을 선취

판넨베르그는 역사적 예수의 출현과 사역에서 출발하면서 지상적 사역의 메시아적 권능 주장과 사역을 중요시한다. 예수는 그의 선포에서만이 아니라 그의 모든 행동에서도 하나님 자신이 그 안에서 행위하신다는 주장을 되풀이하였다. 부활절 이전 예수의 메시아적 권능 주장은 산상설교의 "그러나 나는 너희에게 명하노니"에서 나타나며, 세리와 죄인들과 나누는 종말론적 축제에서 나타난다. 하나님의 구원의 현재가 예수의 선포와 사역 속에서 드러난다고 예수는 주장하였다: "내가 너희에게 말하노니, 누구든지 사람들 앞에서 나를 인정한다면, 인자도 하나님의 천사 앞에서 그를 인정할 것이다"(마 10:32; 막 8:38; 눅 9:26). 이 구절은 각 사람이 현재 예수와 갖는 관계는 그가 미래의 심판 속에서 설 수 있느냐, 없느냐의 기준이 된다는 것을 말해준

---

420 W. Pannenberg, *Grundzüge der Christologie*, 42.
421 김영한, "쿨만의 구속사 신학과 판넨베르그의 보편사 신학," 「신학사상」, 1980, 가을, 겨울호; 김영한, 『바르트에서 몰트만까지』, 408.

다.[422]

판넨베르그는 이러한 부활절 이전 예수의 메시아적 권능 주장은 지상사역에서 어느 정도 확증되었으나 완전하지 못했고, 부활절 이후에야 비로소 온전히 확증되었다고 본다. 예수가 죽은 자 가운데서 다시 살아나심으로서 비로소 그가 하나님과의 통일성 속에 있다는 것이 확증되었다: "예수와 하나님과의 통일은 그의 부활절 이전의 출현 속에 함축된 주장을 통해서는 정초되지 않고, 죽은 자들 중에서 그의 부활을 통해서 비로소 정초된다."[423]

판넨베르그에 의하면 초대교회가 가진 전통사적인 지평은 후기 유대교에서 전승된 죽은 자들의 부활의 기대였다. 예수 부활은 이 후기 유대교의 죽은 자들의 일반적인 부활의 지평 속에서 비로소 그 의미를 지닌다고 본다. 그는 예수의 부활사건에 직접적으로 내재하는 의미를 다음 네 가지로 조명하였다.[424] 첫째, 예수가 부활했으면 "세계의 종말이 도래했다." 둘째, 예수 부활은 유대인에게는 하나님 자신이 예수의 부활절 이전의 사역을 확증했다는 것을 의미한다. 셋째, 예수는 부활을 통해서 천상의 존재인 인자(Menschensohn)로 이해된다. 넷째, 예수는 부활을 통해서 하나님의 종말론적인 최종적 계시자로 이해된다. 부활사건은 예수로 하여금 하나님의 종말론적 선포자요, 계시자가 되도록 한다. 그리고 예수는 그의 신성을 인정받기에 이른다: "예수가 죽은 자들 중에 부활하여 하나님으로까지 고양되어 세계종

---

422 W. Pannenberg, *Grundzüge der Christologie*, 55.
423 W. Pannenberg, *Grundzüge der Christologie*, 47.
424 김영한, 『바르트에서 몰트만까지』, 410-411.

말이 도래했다면 예수 안에서 하나님은 최종적으로 계시된다."[425]

바르트 이래로 부활의 역사적 사건을 의문시한 신정통주의 신학의 분위기가 강한 유럽신학의 분위기에서 판넨베르그가 역사적 예수의 부활사건을 원역사적 사건(바르트)이나 실존적 사건(불트만)이 아닌 역사적 사건으로 간주한 것은 역사적 인식을 강조한 그의 보편사 신학적 사고에 기인해 있다. 판넨베르그는 예수 부활을 기독교 소망의 근거로 보고 역사적 예수의 부활을 구체적인 사건으로 규정해 희망의 신학을 전개한 몰트만과 더불어 1960년대 유럽신학을 새로운 지평으로 이끌었다고 볼 수 있다.

3) 몰트만: 부활사건으로써 역사 변혁의 근거를 제시하는 역사적 예수

몰트만은 1965년 "희망의 신학"(Die Theologie der Hoffnung)을 통해 불트만의 비역사적인 실존론적 종말론을 비판하고, 구체적인 역사적 종말론, 미래적 종말론, 그리고 희망의 종말론을 활성화시켰다.[426] 따라서 1960년대 이후의 독일의 현대 신학의 흐름은 역사와 희망의 종말론으로 귀결되어진다. 예수의 십자가 사건과 부활사건은 다시 현대 신학의 중요한 주제로 부상한다.[427]

몰트만은 그의 희망 사고의 준동하는 힘을 역사적 예수의 부활사건에서 찾는다. 그의 소망의 사고는 예수 그리스도와 그의 미래에 대

---

425 W. Pannenberg, *Grundzüge der Christologie*, 64.
426 J. Moltmann, *Theologie der Hoffnung. Untersuchungen zur Begründung und zu den Konsequenzen einer Christlichen Eschatologie* 1964, 전경연 · 박봉랑 역, 『희망의 신학』, 현대사상사, 1973, 13-19.
427 김영한, 『바르트에서 몰트만까지』, 제 6장과 7장, 387-393, 490-499.

한 신약적 증언에 뿌리를 박고 있다. 몰트만은 교의학자로서 역사적 예수 안에서 하나님의 메시아적 도래를 수용한다. 그는 역사적 예수 사건을 의미 있는 종말적인 관점에서 파악하고자 한다: "나사렛 예수라는 역사적 칭호는 그를 그의 과거와 연결하며, 종말론적인 그리스도의 칭호는 그를 그의 미래와 연결시킨다."[428] 그는 예수의 탄생을 십자가 빛 안에서, 그의 말씀과 그가 행한 기적은 부활하신 구주로서의 높아지심의 빛 속에서, 그의 십자가 길은 십자가 구속의 의미의 빛 속에서, 그리고 그의 십자가 사건은 부활의 빛 속에서 파악하고자 한다.

특히 예수 부활사건은 "예수에게 사적으로 고립된 확증의 기적이 아니라, 죽은 자들의 일반적인 부활의 시작, 다시 말하면 역사의 한 가운데서 역사종말의 시작으로서 파악한다."[429] 따라서 몰트만은 역사적 예수를 단순히 과거에 있었던 하나님의 오심으로서 아니라 다가오는 하나님의 약속과 소망의 빛 속에서 이해하고자 한다. 예수의 십자가에 달리심은 "종말론적 심판 사건"으로, 그의 부활은 "영광의 종말론적 나라의 감추어진 선취"로 파악하고자 한다. 몰트만은 예수 그리스도의 부활 속에서 죽음까지도 포함하는 포괄적인 미래 지평, 새 창조에의 희망을 발견한다.

몰트만은 역사적 예수의 부활사건을 "진리의 약속된 미래의 묵시"로서 하나님의 계시사건으로 규정하면서 그것이 갖는 약속의 성격을 다음 다섯 가지로 특징지운다. 첫째, 예수는 부활절 현현에 있어서

---

428 J. Moltmann, "III. Men Theologicher Weg," in: *In der Geschichte des Dreieinigen Gottes*, 151.
429 J. Moltmann, "III. Men Theologicher Weg," 149.

"그가 실제로 있게 될 그러한 자"로서 지각된다. 둘째, 예수의 부활사건은 근본적으로 종말론적인 약속의 성격을 지닌다. "약속은 아직도 있지 아니한 진리의 미래에서 오는 현실을 선포한다."[430] "계시는 약속으로 인식되며, 희망 속에서 파악되며, 따라서 보냄에 의해서, 희망의 책임에 의해서, 그리고 현실의 모순 속에서 고난을 수납하고 약속된 미래 속으로 나아감으로써 충족되는 역사의 작업 공간을 열어놓는다."[431] 셋째, 그리스도의 미래의 계시는 "감추어져 있고," "미완결인 채로 있다." 넷째, 약속의 사건에 있어서 하나님의 계시는 보냄이 만드는 역사적 과정과 연관된다. "역사의식은 보냄 의식이며, 역사에 관한 지식은 변혁의 지식이다."[432] 다섯째, 예수의 부활이라는 약속사건과 종말론적 의미는 기억과 기대 속에서 역사를 향한 의미를 연다. 이처럼 몰트만은 역사적 예수의 부활에서 출발하면서 이것을 약속사건으로 보고 세계를 하나님과 미래를 향해 열려있는 역사로서 증명하려고 한다.[433]

반면, 이와는 대조적으로 1980년대 미국에서 일어난 "예수 세미나" 운동은 역사적 예수에 대한 인격적 신앙 없이 영지주의 문서를 중요시하는 자유주의 신학자들에 의해 추구되었다. 그리하여 전통적인 기독교의 역사적 예수상과는 전적으로 모순되는 반체제적인 현인(賢人) 모습의 역사적 예수상이 재구성됨으로써 역사적 예수 논구에 대

---

430 J. Moltmann, *Theologie der Hoffnung*. 75.
431 J. Moltmann, *Theologie der Hoffnung*. 76.
432 J. Moltmann, *Theologie der Hoffnung*. 79.
433 김영한, 『바르트에서 몰트만까지』, 485.

한 회의주의를 심화시켰다. 이것은 역사적 예수 연구를 슈바이처가 파산선고한 19세기 자유주의적 연구로 되돌리는 일이었다.

VII. 제3의 탐구(1980 – 현재)

1. 제3 탐구의 특징: 유대인으로서 역사적 예수

옛 탐구, 무탐구(no quest), 새 탐구가 각기 독일을 중심으로 하여 출발했다면, 제3의 탐구는 영미권을 중심으로 발전하였다. 새 탐구가 유대교와의 차별성에 근거하여 역사적 예수의 정체성에 대한 편협성으로 진행된 것과는 완전히 다른 접근으로 1980년대 역사적 예수에 대한 제3의 탐구가 시작되었다.

1960년대에 이미 예루살렘 히브리 대학의 초대 기독교와 제2성전 유대교 교수인 정통 유대인 학자 데이비드 플루서(David Flusser)는 그의 저서인 『예수전』(Jesus, 1968)에서 예수를 율법과 유대 전통에 충실한 모범적 유대인으로 그려내었다. 그는 예수의 가르침에서 나타나는 중요한 사상은 사람의 계명, 보복의 금지, 하나님 나라에 대한 대망 등인데 이러한 사상은 모두 유대인의 전통 안에 있다고 해석했다.[434]

---

[434] David Flusser, *Jesus*, 1968, second ed. augmented (Jerusalem: Magnes Press, Hebrew University of Jerusalem, 1998); [이윤재의 '영성의 발자취'] (3) 이스라엘 예시바 학교에서,

1973년 옥스퍼드 대학교의 유대학 교수 게자 베르메스(Geza Vermes)는 예수의 기독론적 칭호를 유대교의 틀 안에서 해석하였다. 인자(Son of Man)란 유대교 전통 안에서 그저 한 사람 혹은 1인칭 단수(나)를 뜻하는 말이다. 그는 예수를 갈릴리에서 병들고 귀신들린 민중들 가운데 치유와 축귀의 기적을 행하고 지혜의 말씀을 전한 갈릴리의 카리스마적 지도자 유형으로 해석하였다. 타이센도 마찬가지로 역사적 예수를 종말론적 예언자로 보았다.

제3 탐구의 출범은 1985년 샌더스의 획기적인 저서 『예수와 유대교』(Jesus and Judaism)의 출간과 동시에 "예수 세미나"가 출범하였기 때문에 1980년대를 공식적인 출범시기로 잡는 것이 무난하다.[435] "제3의 탐구"라는 용어는 옥스퍼드의 라이트가 1982년에 쓴 논문 "제3의 탐구를 향하여?"(Toward a Third Quest? Jesus Then and Now)[436]에서 처음 사용되었고, 이 용어는 오늘날까지 사용되고 있다. 그 후로 30여 년 동안에 역사적 예수에 대한 학자들의 연구가 홍수처럼 쏟아져 나왔다.

제3 탐구에 속하는 대표적인 학자들은 새 관점 학파의 샌더스, 제임스 던, 라이트, "예수 세미나"의 크로산, 마르커스 보그(Marcus Borg), 로버트 펑크, 사회학적 접근의 게자 베르메스, 게르드 타이센, 복음주의 진영의 존슨, 대럴 복 등 다양한 그룹의 인물들이 있다.

국민일보 입력 2012. 01. 18. 17:36.

435 E. G. David Gowler, *What are They Saying about the Historical Jesus?* (Mahwah, N. J.: Paulist, 2007); 김병모 역, 『최근 역사적 예수의 연구동향』, CLC, 2009, 27.

436 N. T. Wright, "Toward a Third Quest? Jesus Then and Now." ARC (Montreal Quebee) 10 (1982): 20-27.

2. 제3 탐구의 공통 요소와 방법론적 특징

제3 탐구 학자들 가운데 찾아볼 수 있는 공통 요소는 다음 7가지로 지적될 수 있다.[437]

㉠ 예수를 유대교에서 떼어 놓기보다는 유대교 안에 놓는다. 역사적 예수를 유대교와 다른 인물로 보려는 새 탐구의 전제와는 다르다. 예수와 유대교 사이의 연속성을 차단하려는 제2 탐구의 경향을 차단하였다. 역사적 예수와 케리그마적 그리스도 사이에 더 큰 신학적 연속성이 있다고 본다. ㉡ 사회학적 관심이 신학적 관심을 대체한다. 예수의 출현과 사역에는 1세기 유대사회의 메시아를 기대한 종말론적 사회상이 반영되어 있다. 모든 문화권 형성에 지배적인 역할을 하는 카리스마적 인물을 초대 기독교에도 적용하고자 하였다. ㉢ 많은 학자들이 비정경적인 자료를 사용한다.[438] 특히 "예수 세미나" 학자들은 나그함마디 문서를 복권시킨다. ㉣ 단지 개개의 말씀의 진정성에 대해서 논의하는 것보다 더 폭넓은 질문에 관심을 기울인다. ㉤ 비유사성의 원칙 등 제2 탐구의 방법을 종종 비판한다. ㉥ 유대인 예수를 보다 넓은 1세기 로마제국과 지중해 문화권 상황에 놓는다. ㉦ 많은 학자들이 다학문적 접근 방법을 사용한다.[439]

437　E. G. David Gowler, *What are They Saying about the Historical Jesus?*; 김병모 역, 『최근 역사적 예수의 연구동향』, 53.; 조태인, "제6장 역사적 예수," in: 『신약성서개론: 한국인을 위한 최신 연구』, 대한기독교서회, 2014, 168-171.

438　Gerd Theissen & Annette Merz, *The Historical Jesus: A Comprehensive Guide* (trans. John Bowden: Minneapolis: Fortress, 1996), 10-11.

439　William R. Telford, "Major Trends and Interpretive Issues in the Study of Jesus," in *Studying the Historcal Jesus* (ed. Bruce Chilton and C. A. Evans; Leiden: Brill, 1994),

제3 탐구는 방법론에 있어서 2가지 특징을 갖는다. ㉠ 제2 탐구에 주도적 지침이 되었던 비유사성의 원칙이 상당 부분 포기되었다. 그리하여 유대교의 맥락에서 그럴 듯한 것, 그리고 초대 기독교 시작을 납득하게 하는 것이 역사적으로 간주된다. 역사적 예수에 대한 진정성의 기준으로 당시 유대교 안에서 예수의 동시대적 맥락에다 일차적인 초점을 두는 것이다. 이러한 관점은 제2 탐구(새 탐구)가 예수와 유대교와의 연속성을 배제하려는 비유사성의 접근과는 전혀 다른 관점이다. ㉡ 역사적 예수를 종말론적 세계상을 지닌 예언자로 보고자 한다. 비묵시론적 예수상을 옹호하고자 하는 "예수 세미나" 학자들의 자유주의적 연구를 제외하고는 제3의 탐구는 옛 탐구의 학자 슈바이처의 철저한 종말론의 복권이라 할 수 있다. 그래서 역사적 예수는 초대 유대교 사회에서 묵시록적 세계 갱신 사상을 지닌 사회변혁의 예언자로 나타난다. 샌더스와 타이센 등은 주장하기를 예수는 유대교의 갱신을 시도한 사회변혁가로 해석한다. 토라(Thora)와 세상의 종말을 강조함으로써 역사적 예수는 과격한 신정(神政)정치를 선포하고 그것을 실현하고자 하였다.

그러나 제3 탐구 학자들 가운데 "예수 세미나" 학자들은 Q자료, 도마복음, 베드로복음 등 새 텍스트 자료에 연구를 집중하였다. 1945년 발견된 나그함마디 문서, 다른 위경 복음서들과 도마복음 전 텍스트를 포함하는 영지주의 문서들의 발견과 함께 예수에 대한 영지주의 묘사가 주도적이 되었다. 그리하여 다시 방법론적으로 옛 탐구와 새

57-58.

탐구가 시도한 탐구자들의 상상력이 투영한 "제조된 예수상", 예컨대, 신비종교의 현인으로서 예수상이 등장하였다. 저자는 "예수 세미나" 학자들의 이러한 입장은 근본에 있어서는 옛 탐구와 새 탐구의 입장과 다를 바 없다고 생각한다. 이들은 자신들이 투영한 역사적 예수상을 다시 그려놓고 있는 것이다.

제 8 장

역사적 예수에 대한 제3 관점의 탐구
: 방법론적 성찰
- 샌더스, 던, 라이트 등의 제3의 관점 -

Jesus of Nazareth in Reformed Orthodox Faith

:: 제8장 역사적 예수에 대한 제3 관점의 탐구: 방법론적 성찰
- 샌더스, 던, 라이트 등의 제3의 관점 -

샌더스, 던, 라이트 등은 바울의 칭의론을 새롭게 해석(루터를 비롯한 정통 종교개혁자들이 강조한 율법이 아닌 믿음으로 얻는 구원론보다는 교회론적 의미와 이방 선교를 위한 선교론적 의미를 부각시킴)하는 학자들로서 일반적으로 "새 관점의 학파"(school of new perspective)라고 분류되기도 한다. 저자는 칭의에 대한 이들의 새로운 관점에 반해 정통적 복음주의 해석을 지지한 존 파이퍼(John Piper)의 견해440와 한국개혁신학회의 견해441를 따른다. 이들 새 관점 학파의 학자들은 도마복음 등 외경의 가치를 정경적 복음의 가치보다 더 우위에 두는 "예수 세미나" 학자들과는 달리 역사적 예수에 대한 정경적 기록에 더 높은 가치를

---

440 J. Piper, *The Future of Justification*, 『칭의 논쟁: 칭의 교리의 미래는 어떻게 될 것인가?』 (부흥과 개혁사, 2009), 14, 41; N. T. Wright, *What saint Paul Really Said* (Minneapolis: Fortress, 2005)『칭의를 말하다』, (에클레시아북스, 2011), 35-36.

441 김영한, 최갑종, 권연경, 김병훈, 이은선, (특집), "바울에 대한 새 관점적 접근과 개혁신학," 한국개혁신학 제28권, 2010, 7-224.

부여하고 있다.

    이들은 역사적 예수 탐구에 있어서 유대교의 맥락을 예수 이해의 출발점으로 삼는다. 1947년 쿰란 동굴에서 아랍족에 속한 베두인 사람들에 의해 발견된 사해사본의 발견은 예수를 유대교 맥락에서 이해하는 중대한 자극제가 되었다. 그것은 예수가 유대인이라는 사실과 1세기 유대교에 대한 우리의 점증하는 지식을 고려할 때 적절한 출발점이라고 볼 수 있다. 결국 사해사본의 발견으로 인해 연구자들 사이에서는 복음서의 예수가 만들어진 예수가 아니라 그와 동행했던 자들에 의해 "기억된 예수"(Jesus Remembered)[442]라는 인식에 이르게 된다. 예수와 3년 동안 동행하여 예수에 대한 직접적 체험을 가진 제자들(행 1:21-22)은 예수 인격과 사역에 관한 구두전승의 첫 전파자로서 "말씀의 목격자요 증인(눅 1:2)들이었다. 찰스워스[443]는 고고학적 발견과 접목하면서 이러한 출발점을 적극적으로 옹호했다.[444] "예수 세미나"의 주도적 학자인 펑크는 제3의 탐구를 다음과 같이 특징지우고 있다: "정말로 제3의 탐구자들은 우선적으로 교리적인 기독교와 정경의 복음서를 위해서 제기된 주장을 뒷받침하기 위한 역사적 증거를 찾는 연구를 하고 있다. 달리 표현한다면, 제3의 연구는 변증적

---

442 Darrell L. Bock, "역사적 예수. 복음주의 관점," in: 『역사적 예수 논쟁』. 예수의 역사성에 대한 다섯 가지 신학적 관점, 손혜숙 옮김, 새물결플러스, 2014, 369.

443 James. H. Charlesworth, *Jesus within Judaism: New Light from Exciting Archaeological Discoveries* (New York: Doubleday, 1988).

444 James H. Charlesworth, *The Historical Jesus: An Essential Guide* (Nashville: Abingdon, 2008).

일이다."⁴⁴⁵

I. 샌더스의 탐구

1. 언약적 율법주의

샌더스는 그의 저서 『바울과 팔레스타인 유대교』(Paul and Palestinian Judaism)에서 1세기 유대교 전문가로서 1세기의 유대교를 "언약적 율법주의"(covenantal nomism)로 정의하면서, 유대교인들은 그것으로 하나님과의 언약 속에 들어 있으며, 구원의 길에 들어갔다고 본다. 언약적 율법주의는 주전 1세기 초부터 주후 2세기 말까지 유대문학에 일관되게 나오고 주후 70년 전의 팔레스타인에 편만했다고 주장한다.⁴⁴⁶ 언약적 율법주의는 하나님이 이스라엘과 맺은 언약에 신실하다는 것을 전제로 하며, 동시에 언약의 선민 이스라엘은 감사와 믿음으로 응답하고 하나님의 율법에 순종함으로써 하나님이 그의 백성에게 의와 영생을 주실 것이라는 기대를 전제로 한다.⁴⁴⁷ 샌더스는 언약적 율법주의를 모든 유대교 분파의 공통분모로 여긴다.

샌더스는 1세기 유대인들은 하나님의 선물로서 선택된 백성으로

---

445 Robert W. Funk, *Honest to Jesus* (New York: HarperCollins, 1996), 65.
446 E. P. Sanders, *Jesus and Judaism* (Philadelphia: Fortress, 1985), 426-428.
447 E. P. Sanders, *Jesus and Judaism* (Philadelphia: Fortress, 1985), 336.

언약에 들어갔으며(Getting in), 언약에 머물기(Staying in) 위하여 율법을 지킨 것이다. 이방인들도 예수를 믿음으로 말미암아 유대교의 율법을 지킬 필요 없이 신자 유대인과 함께 아브라함의 후손, 즉 하나님 백성의 공동체의 일원이 된다는 것이다. 1세기의 칭의 교리는 "들어감"(Getting in)에 관한 것이 아니라 "머무름"(Staying in)에 관한 것이며, 따라서 구원론적 의미가 아니라 교회론과 이방 선교를 위한 선교론적 의미에 관한 것이었다. 1세기의 유대교는 의와 구원이 율법을 지켜서가 아니라 하나님의 은혜에서 오는 것으로 보았다.

2. 유대교 속의 예수

샌더스는 제1 탐구, 무탐구, 제2 탐구의 학자들과는 달리 역사적 예수를 1세기 유대교의 맥락 속에서 해석하였으며, 이와 동시에 자유주의적 학자들의 역사적 예수와도 다른 견해를 보이면서 이들이 놓친 역사적 예수의 구체적인 모습을 다시 복권시켰다. 샌더스는 그의 저서 『예수와 유대교』에서 제3 탐구 학자들이 공통적으로 수용하고 있는 예수가 유대인이라는 점을 진지하게 받아들이고 있다. 그는 이 저서에서 유대인으로서의 예수의 회복을 연구의 지표로 삼았다.[448] 그는 역사적 예수 탐구에 있어서 예수의 말씀을 재구성하는 것은 중요한

---

448 E. P. Sanders, *Jesus and Judaism*, 3-22; idem, "Jesus, Ancient Judaism and Modern Christianity: The Quest Continues," in *Jesus, Judaism, and Christian Anti-Judaism: Reading the New Testament after the Holocaust*, ed. Paula Fredriksen and Adela Reinhartz (Louisville: Westminster John Knox, 2002), 31-35; idem, *Judaism and Belief*, 63 BCE-66 CE (Philadelphia: Trinity Press International, 1992).

사항이기는 하나, 아직까지는 "예수에 대한 설득력 있는 역사적 묘사"를 얻지 못했다고 본다. 따라서 그는 예수에 대한 사실들(facts)을 갖고 시작함으로써 전승의 진정성과 비진정성의 논의를 피해간다.[449]

샌더스는 자신이 모든 해답을 가지고 있는 것은 아니라는 겸허한 태도를 보이면서 역사적 예수에 관하여 ㉠ 확실한 요소로부터, ㉡ 아주 개연성이 높은 요소, ㉢ 개연성이 있는 요소, ㉣ 가능한 요소, ㉤ 상상할 수 있는 요소, ㉥ 믿을 수 없는 요소에까지 이르는 그의 평가를 제공한다.[450]

㉠ 확실한 요소: 예수는 유대 회복 종말론의 세계관을 공유했다. 예수는 하나님 나라를 선포했다. 그는 악한 자들에게도 하나님 나라를 약속했다. 그는 율법(안식일 규정과 음식 규정 등)을 드러내놓고 반대하지 않았다. 그와 제자들은 하나님 나라가 무력으로 세워질 것으로 생각하지 않았다. 그들은 종말론적 기적을 기대했다.

샌더스는 예수가 미래의 임박한 하나님 나라를 기대했다는 것은 확실하다고 본다. 즉, 그는 예수가 종말이 가까이 왔음을 믿었으며, 그러므로 예루살렘 성전은 무너지고 하늘로부터 오는 새롭고 완벽한 성전이 곧 세워질 것을 기다렸을 것으로 본다.[451] 샌더스는 "예수가 성전에서 무엇인가를 하고 성전 멸망에 대해 무엇인가를 말했다

---

449 E. P. Sanders, *Jesus and Judaism*, 7, 13.
450 E. G. David Gowler, What are They Saying about the Historical Jesus? Mahwah, N. J.: Paulist, 2007; 김병오 역, 『최근 역사적 예수 연구 동향』, 서울: CLC, 2009, 98-99.
451 E. P. Sanders, *Jesus and Judaism*, 71. 75.

는 것은 이에 대한 상당히 개연성이 있다"[452]고 주장한다. 샌더스는 여기서 유다 12지파의 회복 소망을 가리키는 회복 종말론(restoration eschatology)을 주장한다.[453] 샌더스는 이 가정을 실증하기 위하여 새로운 성전을 포함하는 이스라엘의 회복 사상이 1세기 유대교 여러 분파에 있었다는 것을 보여주려고 한다. 샌더스는 예수 죽음 후에 일어난 "동등하게 확실한 사실들"로는 다음 항목을 든다: 제자들이 처음에는 도망갔다. 제자들은 예수가 죽은 후에 그를 보았다(그 의미는 불분명하다). 제자들은 예수가 하나님 나라를 세우기 위해 돌아올 것을 믿었다. 제자들은 그를 기다리는 공동체를 만들었고 사람들로 하여금 예수를 하나님의 메시아로 믿게 하려고 노력했다.[454]

ⓛ 아주 개연성이 높은 요소: 예수가 기대했던 하나님 나라는 지도자들, 12지파들, 기능하는 성전 등 몇 가지에서 이 세상과 유사하다고 보았다. 제자들은 예수를 왕이라고 생각했다. 예수는 그 역할을 암묵적으로 혹은 공공연히 수용하였다.

ⓒ 개연성이 있는 요소: 예수는 자기 메시지를 받아들인 악한 자들은 관례적인 속죄를 행하지 않더라도 하나님 나라에 동참한다고 가르쳤다. 예수는 심판과 대중적 회개 같은 하나님 나라의 민족적인 성격을 강조하지 않았다. 이 일은 세례자 요한이 이루었기 때문이다. 그는 세례자 요한의 사역을 인정했다. 예수는 다양한 방식으로 하나님 나라 선포하였고 이 용어를 다양한 방식으로, 그리고 다중의 뉘앙스

---

452   E. P. Sanders, *Jesus and Judaism*, 73.
453   E. P. Sanders, *Jesus and Judaism*, 103, 376.
454   E. P. Sanders, *The Historical Figure of Jesus* (London: Penguin, 1993), 11.

를 가지고 사용하였다.

ⓔ 가능한 요소: 예수는 하나님 나라에 관하여 소묵시록(막 13장)의 환상적 방식, 또는 각 사람이 들어가는 현재적 실재로 언급했을 수 있다.

ⓜ 상상할 수 있는 요소: 예수는 하나님 나라가 예수의 권세와 능력의 말씀과 행동 가운데 현존한다고 생각했을 수 있다. 예수는 자신의 죽음에 순교적 의미를 부여했을 수 있다. 예수는 자신을 우주적인 인자와 동일시하고 그런 방식으로 왕권 획득을 생각했을 수 있다.

ⓗ 믿을 수 없는 요소: 예수는 사랑, 자비, 은혜, 회개, 사죄를 믿는 당시 보기 드문 유대인들 가운데 하나였다. 일반적으로 유대인들은 그리고 특수하게 바리새인들이 그런 것을 믿는 사람들을 죽였을 것이다. 예수 사역으로 인해 유대교 전통은 무너지고, 종교로서의 유대교는 멸망했다.[455]

저자의 관점에 의하면 이러한 범주화 방식은 비록 형태, 방법, 내용과 결과에는 중요한 차이를 보이지만 "예수 세미나"가 시도한 예수 말씀과 행동을 네 등급으로 분류하는 방식과 놀라울 정도로 유사하다. 복음서의 기록을 이렇게 여섯 가지 등급으로 분류하는 것은 초대교회 공동체가 신앙으로 받아들인 예수전승을 일반 역사적 이성의 잣대에 놓는 것으로 과연 이것이 바른 길인가 하는 것이다. 저자는 성경적 실재론(Biblical realism)에 따라서 복음서 기록자들이 쓴 것을 모두 진정성이 있는 것으로 받아들이고 성령의 인도하심 안에서 그것

455　E. G. David Gowler, 『최근 역사적 예수 연구 동향』, 99.

이 오늘날 우리들에게 주는 의미를 성찰하는 것이 역사적 예수를 이해하는 바른 길이라고 본다. 이것이 바로 교회가 계승해준 정통신앙의 관점에서 복음서를 읽고 이해하는 것이다. 이러한 해석학적 실재론(hermeneutic realism)이 교회의 신앙에 도움이 되고 역사적 예수를 바르게 이해하는 데 보탬이 된다고 판단된다.

3. 역사적 예수의 재구성: 여덟 가지 사실, 예수의 가르침과 사역

1) 여덟 가지 "거의 논란의 여지없는 사실들"

샌더스의 역사적 예수는 주로 공관복음서의 예수를 반영하고 있다. 샌더스가 비정경 본문들은 사용하지 않는 것은 정통 기독교의 입장에 서 있는 학자들에게는 환영할 일이나 요한복음의 대부분은 무시하고 있는 것에는 균형 잡힌 태도가 아니라고 본다. 그럼에도 불구하고 샌더스가 역사적 예수에 관한 사실을 가지고 논의를 시작한 것은 그의 독특한 입장이라고 보아진다.[456]

샌더스는 역사적 예수를 유대교적 갱신의 전통 속에 서 있는 종말론적 예언자로 보았다. 그는 역사적 예수를 탐구하는 학자들 대부분이 말씀의 전통에서 출발하는 것과는 달리 거의 논란의 여지없는 "여덟 가지 사실"에서 시작하였다. 샌더스가 그의 역사적 예수에 관해 주장을 하는 다음 "여덟 가지 사실"은 "거의 논란의 여지없는 사실들"이

---

456 E. G. David Gowler, *What are They Saying about the Historical Jesus?* 『최근 역사적 예수 연구 동향』, 106.

다.⁴⁵⁷ ㉠ 예수는 세례자 요한에게 세례를 받았다. ㉡ 예수는 설교하고 병을 고치는 갈릴리 사람이었다. ㉢ 예수는 제자들을 불렀고 12명의 제자들과 함께 사역했다. ㉣ 예수는 자기 사역을 이스라엘에만 한정했다. ㉤ 예수는 성전에 대한 논쟁에 관여했다. ㉥ 예수는 로마 당국자에 의해 예루살렘 밖에서 십자가에 처형되었다. ㉦ 예수 죽음 이후에 예수 추종자들은 증명이 가능한 운동으로 지속적으로 존재했다. ㉧ 예수 제자들의 새로운 운동은 일부 유대인들에 의해 박해를 당하였다.

2) 예수의 역사적 배경, 그리고 예수 사역의 배경

샌더스에 의하면 나사렛 예수의 역사적 배경이란 예수가 세례자 요한에게서 세례를 받았고, 유대인들이 지금 다가오는 하나님의 진리와 구원의 빛 가운데서 회개할 때라는 데 동의했다.⁴⁵⁸ 예수는 제자들에게 하나님이 곧 세상에 결정적인 변화를 가져올 것이라고 가르쳤다. 샌더스는 역사적 예수를 "1세기의 이성적인 환상가"(visionary)로 규정하며 기괴한 사람은 아니었다고 본다. 그리하여 그가 죽은 후 초기 기독교회에 하나님의 임박한 행위에 대한 기대(살전 4:13-17)가 발견되었다고 합리적으로 설명한다.

샌더스는 예수 사역의 배경을 설명한다: 예수 사역의 중심지는 갈릴리 바다 북쪽 해변 어업 마을 가버나움이었다. 예수는 가버나움, 베

---

457 E. P. Sanders, *Jesus and Judaism*, 11.
458 E. P. Sanders, *Jesus and Judaism*, 94.

세다, 고라신 지역의 어부들, 수공업자들, 상인들, 농부들 가운데서 사역했다.[459] 예수는 제자들과 함께 이 마을 저 마을로 돌아다녔다. 이들에게 식사와 소박한 잠자리를 기꺼이 제공하는 후원자들이 있었다. 여자들을 포함한 이들 추종자들 때문에 예수와 제자들은 편안히 먹고 잘 수 있었다. 그러나 이들은 아마도 가난한 삶을 살았고, 최소한의 재정적인 자원을 갖고 있던 노숙자였을 것이다.[460] 예수는 12제자들을 불렀는데, 샌더스는 제자를 부른 예수의 행위를 두고 예수가 이스라엘 나라가 하나님의 종말론적 개입에 의해서 회복되기를 바랐다는 증거라고 해석한다.

예수는 불치병 치료와 귀신추방으로 명성을 얻었다. 예수는 이러한 기적을 새 시대가 도래했고, 예언자들의 소망이 성취되는 종말론적 배경에서 보았다.[461] 예수는 하나님이 아주 가까운 미래에 인자를 보냄으로써 이스라엘 역사에 극적으로 개입하실 것으로 생각했다. 샌더스는 이 임박한 하나님 나라의 종말론적 도래에 대한 예수의 말씀들은 "가장 확실하게 확인된 전승"이라고 본다.[462] 샌더스는 예수가 이러한 종말론적 개입에 의한 미래적 사회의 변화를 기대했다고 보기 때문에 예수를 사회개혁가로 보는 입장에는 동의하지 않는다.[463] 저자는 예수의 모든 메시지가 임박한 종말에 대한 기대에서 비롯되

---

459 E. P. Sanders, *The Historical Figure of Jesus* (London: Penguin, 1993), 103.
460 E. P. Sanders, *The Historical Figure of Jesus*, 109-111.
461 E. P. Sanders, *The Historical Figure of Jesus*, 168.
462 E. P. Sanders, *The Historical Figure of Jesus*, 182.
463 E. P. Sanders, *The Historical Figure of Jesus*, 188.

었고 사회개혁에 일차적인 관심을 갖지 않았다는 샌더스의 입장에는 동의한다.

3) 예수의 가르침

샌더스에 의하면 역사적 예수는 이스라엘의 종말론적 회복을 추구한 유대 예언자로서 이방인들도 다가오는 하나님 나라에 참여할 것을 기대했던 종말론적 설교자였다.[464] 예수의 가르침의 특징은 인간의 약함에 대한 연민이다. 그의 윤리적 가르침은 거의 이웃과 이방인을 의롭게, 그리고 사랑과 동정과 공감으로 대하라는 것이다. 하나님은 자비롭고 관대한 신이시다. 예수는 사회적으로 소외된 죄인들이 포함된 이웃 사람들에게 친절하고 부드러운 태도로 대함으로써 하나님의 자비로움을 가르쳤다.[465] 샌더스는 예수의 메시지는 급진적이었다고 해석한다. 예수는 사회적으로 지탄받는 세리들과 죄인들과 사귄다고 비난을 받았다. 그리고 샌더스는 예수는 악한 자들도 율법이 요구하는 방식으로 회개하지 않더라도 하나님 나라에 들어간다고 가르쳤다고 본다. 이런 의미에서 샌더스는 예수의 가르침은 급진적이었다고 해석한다. 예수는 하나님이 율법을 통해서가 아니라 자기를 통해서 직접적으로 행동하시고, 이스라엘의 잃은 양을 찾아가고 있다고 주장하였다.[466] 샌더스는 예수가 메시아 칭호를 주장하지 않았으나 실제 주장은 더 높은 것이었다고 본다. 샌더스는 예수를 그의 사역과 다

---

464 E. P. Sanders, *The Historical Figure of Jesus*, 192.
465 E. P. Sanders, *The Historical Figure of Jesus*, 204.
466 E. P. Sanders, *The Historical Figure of Jesus*, 236-237.

가오는 하나님 나라에서 하나님을 대리하는 하나님의 대리자로 보았다.[467] 이런 맥락에서 보면 샌더스는 "예수 세미나" 학자들이 놓친 역사적 예수의 종말론적 가르침을 다시 발견하였다고 볼 수 있다.

4) 예수의 최후 주간

샌더스는 역사적 예수의 마지막 주간을 재구성한다. 예수는 나귀를 타고 예루살렘에 입성했다. 샌더스는 예수가 스가랴의 예언을 성취하려고 결심하고 암묵적으로 자신을 왕으로 선언하였던 것 같다고 가정하며, 예수 추종자들은 예수의 행동을 이해했고 다가오는 하나님 나라를 환호했다고 해석한다. 성전에서의 예수의 정화 행동과 성전을 공격하는 그의 말씀은 유대인들의 강한 분노를 일으켰다. 예수는 하나님이 성전을 파괴하고 새로운 시대를 열어 이스라엘 12지파들을 다시 모으고 완전한 새 성전을 지으실 것으로 생각했다.[468] 예수는 제자들과 함께 최후의 만찬을 하였다. 이에 대하여 샌더스는 식사는 상징적인 미래의 왕국을 가리킨다고 해석한다.

예수는 자신이 체포될 것을 알고, 기도하고 당국의 반응을 기다리기 위하여, 그리고 아마도 하나님의 개입을 기다리기 위하여 감람산으로 갔다. 예수는 죽지 않으려 했으나 하나님에게 맡겼다. 샌더스는 성전 정화 행위가 예수의 체포와 죽음의 직접적인 원인이었다고 해석한다. 가야바는 빌라도에게 예수를 처형하라고 고발했고, 빌라도는

---

467   E. P. Sanders, *The Historical Figure of Jesus*, 247.
468   E. P. Sanders, *The Historical Figure of Jesus*, 261.

예수가 스스로 유대인의 왕이라고 말하는 것을 듣고 그를 십자가 처형에 넘겼다: "그(저자 주: 예수)는 성전 뜰에서 장사하는 것이 싫었기 때문에 성전 제사 행위에 간섭하였다. 그는 모반자나 폭동을 일으키는 자로 처형을 당했다."[469] 예수는 비교적 짧은 고통을 겪은 후에 죽었고 그의 몇몇 추종자들이 그를 장사(葬事)지냈다. 이상의 샌더스가 재구성한 예수의 최후 주간의 내용은 거의 복음서의 내용과 일치한다. 문제는 그가 그 사실을 어떻게 해석하는냐에 따라 그 사실의 의미가 달라진다.

정통신앙의 입장에서 보면 세속적 자유주의자로서 샌더스에게 있어서 인류 속죄를 위하여 십자가를 지시는 예수의 모습은 전혀 나타나지 않는다. 샌더스에 의하면 역사적 예수는 하나님 나라의 종말론적 도래를 기다린 유대인이었고, 성전 정화 행동으로 인하여 종교 권력자들에 의해 처형된 자였다. 샌더스는 처형된 예수의 부활사건에 관하여는 언급하지 않는다. 부활사건에 관한 침묵은 역사적 예수에게 일어난 핵심적인 사실을 놓치는 것이다. 여기서 역사적 예수에게 있었던 8가지 사실을 인정함에도 불구하고, 세속적 자유주의적 개신교인인 샌더스의 역사적 논구의 한계가 발견된다.

---

[469] 최갑종 편역, "예수와 유대교," 167, in: 『최근의 예수 연구』(Meier, Sanders, Charlesworth, Dunn, Catchpole, O'Neill, 안병무, 정현경, 김세윤, 서울: CLC, 1994, 53-168.

4. 1세기 유대교는 율법 종교가 아니다: 바울의 이신칭의 구원론에 대한 문제 제기

샌더스는 자유주의 개신교보다는 언약적 율법주의를 강조한다. 샌더스가 1세기 유대교를 해석한 언약적 율법주의는 역사적 예수와 사도 바울에 따라서 역사적 기독교가 파악한 1세기 유대교를 다르게 파악하면서 전통적 기독교의 구원론 이해에 논쟁을 유발시켰다. 1세기의 유대교는 율법 종교(legalist religion)가 아니라 언약적 율법주의(covenantal nomism)라는 것이다. 따라서 1세기의 유대주의는 율법의 행위를 부정하는 바울의 이신칭의 논쟁과는 아무런 상관이 없다는 것이다. 이들은 바울에게서 "의로움의 전가"와 "유효한 칭의"를 구별하는 것은 옳지 않다고 주장하면서 종교개혁적 칭의론에 이의를 제기한다.

저자는 "새 관점의 바울 해석"을 로마서나 갈라디아서에 명료하게 나타난 바울의 이신칭의의 구원론 의도[470]를 "언약적 유대주의"라는 신인협력적 율법주의로 왜곡한 것[471]으로 간주하고, 현대판 유대주의적 기독교요, 반(半)펠라기우스주의라고 규정한다.[472] 엘리슨(Dale C.

---

470 Seyoon Kim, *Paul and the New Perspective: Second Thoughts on the Origin of Paul's Gospel* (Grand Rapids: Eerdmans, 2002), 84.
471 C. F. D. Moule, "Jesus, Judaism, and Paul," in *Tradition and Interpretation in the New Testament*, ed. Gerald F. Hawthorne & Otto Betz (Tübingen: J. C. B. Mohr, 1987), 48-49; T. Laato, *Paul and Judaism: An Anthropological Approach* (Atlanta: Scholars Press, 1995), 60.
472 김영한, "현대판 유대주의 기독교의 구원론에 대한 비판적 성찰-종교개혁적 구원론의 관점에서"-한국개혁신학 28권, 2010, 7-37; 최갑종, "바울에 대한 '새 관점', 무엇이 문제인가?" 한국개혁신학 28권, 2010, 38-103.

Allison)은 샌더스처럼 예수를 이스라엘의 종말론적 회복을 주요 목표로 삼았던 유대 예언자로 봄과 동시에, 샌더스의 견해를 넘어서서 예수를 "천년왕국적 금욕주의자"(a millenarian ascetic)로 묘사한다. 그리고 엘리슨은 샌더스와는 달리 예수가 언약적 율법주의를 거부했고, 그 대신 회개를 요구했다고 주장한다.[473]

5. 비판적 성찰

1) 샌더스의 공헌: 제1, 무(無), 제 2탐구와 "예수 세미나"가 놓친 종말론적 하나님 나라를 선포한 예수상을 주제화

샌더스의 저서 『예수와 유대교』는 1980년대 최고의 종교서적으로서 루이빌 그로마이어 종교분야의 상(the Louville Grawemeyer Award in Religion, 1990)을 받았다. 더욱이 「런던 특파원」(The London Correspondent)지(誌)에서도 이 저서를 1980년대에 저술된 종교 역사에 대한 가장 중요한 두 책 중의 하나라고 언급했다. 『예수라는 역사적 인물』(The Historical Figure of Jesus)도 신문과 대중 매체의 보도거리가 된 "예수 세미나"의 비종말론적 예수상에 대하여 학구적인 연구서로서 종말론적 예수상을 명료히 부각하였다.[474] 이는 19세기 자유주의자들의 윤리적 예수상에 대하여 종말론적 예수상을 주제화한

---

473 Dale C. Allison, Jr., "Jesus and the Covenant: A Response to E. O. Sanders," *Journal for the Study of the New Testament* 29 (1987): 57-78.

474 E. G. David Gowler, *What are They Saying about the Historical Jesus?* 『최근 역사적 예수 연구 동향』, 105.

바이스와 슈바이처의 공헌에 비견할만하다고 할 수 있다.

2) 역사와 신앙의 분리는 복음서의 예수상과는 다른 모습을 그린다.

샌더스는 자유주의적 신학자로서 역사적 예수 탐구를 신앙이나 신학의 통제로부터 철저히 벗어나고자 한다. "나는 자유주의적이고 현대적이고 세속화된 개신교인이다. 나는 저(低)기독론(low Christology)과 사회복음(Social Gospel)이 지배하는 교회에서 자랐다. 나는 종교적인 전통이 가리키는 것들을 자랑스럽게 생각한다. 하지만 나는 예수가 그것을 세우기 위해서 왔다거나 그 원칙들을 위해서 죽었다고 생각할 정도로 대담하지는 않다."[475] 그는 역사적 예수의 사실적 재구성이 기독교 신앙과 삶에 적절하지 않다는 결론에 도달했다. 왜냐하면 그가 피력해 왔듯이 그는 오랫동안 "역사와 석의를 신학의 통제로부터 해방시키려는 노력"에 몰두해온 결과 "신학적인 헌신에 의해서 미리 결정된" 결론에 도달하기를 원치 않기 때문이다.[476] 그는 신학적 문제를 과감하게 파고들지 않는다. 그의 역사적 예수에 대한 규명 방법은 신앙과 헌신을 탐구로부터 철저히 배제하고자 하는 "예수 세미나"의 그것과 매우 닮아 있다. 그는 역사적 예수를 재구성하는 데 있어서 "예수 세미나" 학자들의 방식과 놀라울 정도로 유사한 면을 보인다. 예수 세미나 학자들은 역사적 예수의 말씀과 행동을 네 등급으로 분류하고 있으며, 이에 대해 샌더스는 여섯 등급으로 분류하고 있다.

---

[475] E. P. Sanders, *Jesus and Judaism*, 334.
[476] E. P. Sanders, *Jesus and Judaism*, 334.

샌더스는 신학자가 아니라 역사가로서 복음서를 역사비판적 이성으로 다루고자 한다. 샌더스는 자신을 역사가로 자처하면서 복음서에서 고상한 부분 또는 다른 사람들에게 영감을 주는 부분만을 선택할 수 없다고 한다. 왜냐하면 역사가들은 무엇이 옳다고 증명할 수 있는지, 무엇이 그르다고 증명할 수 있는지, 이 둘 사이에는 무엇이 있는지를 결정하려고 노력하기 때문이라고 한다.[477] 신앙을 배제하고 역사적 사실 자체에 접근하고자 하는 이러한 샌더스의 입장은 역사적 예수를 복음서가 전해주고 역사적 교회가 전해주는 구속주(救贖主)로서의 인물과는 거리가 있는 것으로 하나의 종교적 인물, 메시아가 아닌 유대교적인 하나님 나라를 설교하고, 병을 고친 유대교 선생[478]으로만 그리고 있는 것이다.

3) 예수가 하나님 나라 들어감과 관련해서 회개를 요구하지 않았다는 해석은 복음서 전통을 비껴가고 있는 것이다.

샌더스는 예수가 죄인들의 회개 선포를 요구하지 않았다고 본다. 그는 예수는 개인적으로는 회개를 믿었으나 다가오는 종말과 관련하여 민족적인 회개를 요구하는 전승은 확실하지 않다고 했다.[479] 샌더스에 의하면 예수는 자기들의 죄를 자백하고 회개하기를 거절하고 하나님의 율법을 무시한 죄인들을 하나님 나라에 포함시켰으며,[480] 죄인들에

---

477 E. P. Sanders, *Jesus and Judaism*, 8.
478 E. P. Sanders, *Jesus and Judaism*, 5.
479 E. P. Sanders, *Jesus and Judaism*, 110.
480 E. P. Sanders, *Jesus and Judaism*, 174.

게 회개(손해 배상, 희생, 그리고 율법에 대한 순종)을 요구하지도 않으셨다고 한다.[481] 예수는 자신을 받아들이는 죄인들에게 하나님 나라 참여가 보장된다고 가르침으로써 대부분 동료 유대인들의 비위를 거스렸다. 이러한 샌더스의 견해는 복음서에 나타난 역사적 예수의 가르침과 행동에 전혀 부합하지 않는다. 저자를 비롯한 복음주의 학자들의 관점에서 보면 예수의 메시지 가운데 가장 중요한 것 중에 하나가 최후심판 때 형벌을 모면하기 위해서는 회개해야 한다는 것이다. 마가는 갈릴리에서 예수 복음사역의 첫 메시지가 하나님 나라와 회개의 메시지였다고 증언한다: "때가 찼고 하나님의 나라가 가까이 왔으니 회개하고 복음을 믿으라"(막 1:15).

다음은 개별적 회개에 대한 예수의 언급이다: 예수 사역 당시 백성의 감정을 자극하는 두 가지 사건이 일어났다. 하나는 갈릴리 순례자들이 예루살렘 성전에서 희생제물을 바치려 할 때, 혹은 바쳤을 때 총독 빌라도가 그들 가운데 일부를 학살한 사건이다. 다른 하나는 실로암 연못 근처에 있는 성벽의 망대가 무너진 사건이다. 당시에 유행한 바리새파의 인과응보 사상에 따르면 이 두 사건들은 어떤 특별한 죄로 말미암아 초래된 벌이라고 생각했다. 그러나 예수는 죽은 사람들이 그렇지 아니한 사람들보다 죄가 더 많은 것은 아니라고 가르쳤다. 예수는 죽은 자들에게 일어난 일은 회개하지 않으면 이와 같은 일이 모든 사람들에게 일어날 것을 교훈하셨다: "너희는 이 갈릴리 사람들이 이같이 해 받으므로 다른 모든 갈릴리 사람보다 죄가 더 있는 줄

---

481 E. P. Sanders, *Jesus and Judaism*, 206.

아느냐. 너희에게 이르노니 아니라 너희도 만일 회개하지 아니하면 다 이와 같이 망하리라"(눅 13:2-3). 예수는 다시 말씀하신다: "또 실로암에서 망대가 무너져 치어 죽은 열여덟 사람이 예루살렘에 거한 다른 모든 사람보다 죄가 더 있는 줄 아느냐. 너희에게 이르노니 아니라 너희도 만일 회개하지 아니하면 다 이와 같이 망하리라"(눅 13: 4-5).

다음은 집단적 회개에 관한 예수의 언급이다. 예수는 자신이 사역을 많이 했던 고라신과 벳세다가 복음을 받아들이지 않자 이 도시들에 대하여 심판을 명하신다. 예수는 이 도시와 비교하면서 전형적으로 이방적이며, 속담에 오르내릴 정도로 죄 많은 도시들(두로, 겔 26-28장; 소돔, 창 18:20)이 예수의 행하신 일들을 보았다면 회개했을 것이라고 말한다: "예수께서 권능을 가장 많이 행하신 고을들이 회개하지 아니하므로 그 때에 책망하시되, 화 있을진저 고라신아 화 있을진저 벳새다야 너희에게 행한 모든 권능을 두로와 시돈에서 행하였더라면 그들이 벌써 베옷을 입고 재에 앉아 회개하였으리라. 내가 너희에게 이르노니 심판 날에 두로와 시돈이 너희보다 견디기 쉬우리라"(마 11: 20-22).

부자와 나사로의 비유에서도 예수는 모세와 예언자들의 설교를 통하여 회개해야만 천국에 들어갈 수 있음을 가르치고 있다: "이르되 그렇지 아니하니이다 아버지 아브라함이여 만일 죽은 자에게서 그들에게 가는 자가 있으면 회개하리이다. 이르되 모세와 선지자들에게 듣지 아니하면 비록 죽은 자 가운데서 살아나는 자가 있을지라도 권함을 받지 아니하리라 하였다 하시니라"(눅 16:31). 예수를 만난 세리장 삭개오는 회개의 표시로서 소유의 절반을 가난한 자들에게 주겠다는 회개와 이에 상응하는 행실을 보여준다: "삭개오가 서서 주께 여짜오

되 주어 보시옵소서 내 소유의 절반을 가난한 자들에게 주겠사오며 만일 누구의 것을 속여 빼앗은 일이 있으면 네 갑절이나 갚겠나이다"(눅 19:8). 그러므로 예수가 하나님 나라에 들어가는 조건으로 회개를 요구하지 않았다는 샌더스의 해석은 복음서의 증거에 일치하지 않는 자신의 자유로운 종교적 관점에서 나온 자유주의적 해석이다.

4) 역사적 예수의 복음 핵심(사랑과 용서의 복음)을 제대로 파악하지 못함

복음서가 제시하는 다음 세 가지 명료한 사실(예수는 사랑, 자비, 은혜, 회개, 사죄를 믿는 당시 보기 드문 유대인, 바리새인들이 그런 유대인을 죽였음, 예수 사역으로 인해 유대교 전통은 무너지고 종교로서의 유대교는 멸망)에 대해 샌더스가 믿을 수 없는 것으로 결론내린 것은 복음서가 증거하고 있는 바와 전혀 부합되지 않는 것이다.

㉠ 샌더스는 예수가 사랑, 자비, 은혜, 회개, 사죄를 믿는 당시 보기 드문 유대인이라는 사실을 믿을 수 없다고 한다. 그러나 저자의 견해에 의하면 사랑과 용서의 가르침은 예수의 산상설교의 핵심을 이루고 있는 것이다. 산상설교의 핵심은 원수를 사랑하라는 예수의 가르침이다: "… 나는 너희에게 이르노니 너희 원수를 사랑하며 너희를 박해하는 자를 위하여 기도하라… 너희가 너희를 사랑하는 자를 사랑하면 무슨 상이 있으리요 세리도 이같이 아니하느냐…"(마 5:43-48). 예수는 사랑의 새 계명을 주셨다: "내 계명은 곧 내가 너희를 사랑한 것 같이 너희도 서로 사랑하라 하는 이것이니라"(요 15:12).

샌더스는 성전 파괴의 위협과 죄인들도 하나님 나라에 들어간다는 그의 설교로 인해 유대인들과 대립과 갈등을 빚게 되었다는 그의 주장에서도 두 가지 사실을 빠뜨리고 있다. 즉, 예수와 유대인들과의 갈등의 원인은 샌더스의 주장과는 달리 예수가 안식일을 범한 일과 예수 자신이 하나님과 동등시함에서 비롯된 것이다: "유대인들이 이로 말미암아 더욱 예수를 죽이고자 하니 이는 안식일을 범할 뿐만 아니라 하나님을 자기의 친 아버지라 하여 자기를 하나님과 동등으로 삼으심이러라"(요 5:18). 샌더스가 유대인과의 갈등의 가장 핵심적인 사유를 빠뜨리고 있는 것은 그가 요한복음을 경시하기 때문이다.

ⓒ 바리새인들은 선량한 유대인을 죽이지 않는다는 것이다. 그러므로 바리새인들에 의한 예수의 처형은 믿을 수 없다는 것이다. 샌더스는 복음서가 바리새인들을 위선적 율법주의자로 묘사하는 것은 초대교회에 적합하도록 예수의 메시지를 길들인 것으로 해석한다.[482]

그러나 샌더스는 바리새인들이 예수를 죽이고 몇 차례나 살인 모의를 하는 복음서의 기록을 외면하고 있다. 요한의 증언에 의하면 베데스다 연못가에서 38년 된 병자(앉은뱅이)을 안식일에 고치신 일에 대하여 유대인들이 예수를 핍박하자 예수는 "내 아버지께서 이제까지 일하시니 나도 일한다"(요 5:17)고 말씀하신다. 이에 분개한 유대인들은 예수에 대해 안식일을 범하고 자신 스스로도 하나님을 아버지라 하며 하나님과 동등하고자 하는 신성모독의 죄를 범했다는 죄목으로 죽이고자 한다: "유대인들이 이로 말미암아 더욱 예수를 죽이고자 하니 이는 안식일을 범할 뿐만 아니라 하나님을 자기의 친아버지라 하여 자기를 하나님과 동등으로 삼으심이러라"(요 5:18).

예수께서 죽은 나사로를 살리자 대제사장들과 바리새인들이 산헤

---

482 E. P. Sanders, *Jesus and Judaism*, 279.

드린 공의회에 모여서 공적으로 예수를 죽이기로 결정한다: "이 날부터는 그들이 예수를 죽이려고 모의하니라"(요 11:53). 그리고 바리새인들은 예수를 체포할 것을 공개적으로 명령하였다: "이는 대제사장들과 바리새인들이 누구든지 예수 있는 곳을 알거든 신고하여 잡게 하라 명령하였음이러라"(요 11:57). 그리고 로마 군대와 대제사장들과 바리새인들이 수하들을 보내어 겟세마네 동산에 있는 예수를 체포하고 예수를 대제사장 가야바에게 끌고 간다(요 18:3, 12-13). 가야바는 예수를 빌라도에 넘겨준다(요 18:28).

그러나 총독 빌라도가 예수에게 죽을 만한 죄가 없다는 것을 알고 풀어주려고 하나 대제사장들과 유대인들이 예수를 처형하라고 빌라도를 압박하기에 이른다: "대제사장들과 아랫사람들이 예수를 보고 소리 질러 이르되 십자가에 못 박으소서 십자가에 못 박으소서 하는지라 빌라도가 이르되 너희가 친히 데려다가 십자가에 못 박으라 나는 그에게서 죄를 찾지 못하였노라"(요 19:6). 예수를 석방하려는 빌라도에 대하여 유대인들은 다음과 같이 협박한다: "이 사람을 놓으면 가이사의 충신이 아니니이다 무릇 자기를 왕이라 하는 자는 가이사를 반역하는 것이니이다"(요 19:12). 대제사장들도 빌라도를 협박하니 빌라도는 하는 수 없이 예수에게 십자가 처형의 언도를 내린다: "그들이 소리 지르되 없이 하소서 없이 하소서 그를 십자가에 못 박게 하소서 빌라도가 이르되 내가 너희 왕을 십자가에 못 박으랴 대제사장들이 대답하되 가이사 외에는 우리에게 왕이 없나이다 하니, 이에 예수를 십자가에 못 박도록 그들에게 넘겨 주니라"(요 19:15-16). 이상의 요한의 증언을 통해서 볼 때, 바리새인이 예수를 처형하지 않았다는 샌더스의 주장은 전혀 복음서의 기록과는 부합하지 않음으로 설득력 없다.

ⓒ 예수의 사역에 의해서 유대교 전통이 무너지고 종교로서의 유대교는 멸망했다는 그의 주장 역시 사실이 아니다. 언약적 율법주의를 강조하는 샌더스는 오순절 성령강림으로 인해 예루살렘에서 기독교가 탄생했으며 율법 중심의 유대교가 무너지고 은혜와 사랑의 기독교가 출현한 것을 부정하고 있는 것으로 보인다. 물론 기독교의 출현은 유대교의 붕괴를 말하지 않는다. 율법 종교인 유대교는 사랑의 종교인 기독교로 대체(代替)되게 된 것이다. 초대교회는 구약을 버리지 않고 오히려 신약을 구약의 약속의 관점에서 읽고자 하였다.

5) 예수의 부활을 언급하지 않고 있다.

예수의 부활에 관하여 샌더스는 역사적 회의주의 입장을 펴고 있다: "내 판단에는 예수의 추종자들이 부활을 경험했다는 것은 사실이다. 그러나 그 경험을 불러일으킨 실재가 무엇이었는지 나는 모른다."[483] 그는 추종자들의 부활 경험을 인정하면서도, 이들이 믿고 경험한 부활 경험의 실재가 무엇인지는 모른다고 말한다. 샌더스는 예수의 죽음 후에 추종자들의 공동체가 예상할 수 없는 방식으로 발전하여 기독교 공동체가 되었다고만 말한다: "그는 죽었다. 그의 추종자들은 그의 고유한 입장의 논리를 바꾼 상황에서 지속함으로써, 예수의 시대에는 예상할 수 없던 방식으로 발전적인 단계로 – 그 하나는 그것의 고유한 역사적인 배경에서 설명될 수 있다 – 성장하고 계속 변모할

---

483   E. P. Sanders, *The Historical Figure of Jesus*, 280.

운동을 만들어내었다."[484] 여기서 샌더스는 제자들의 부활 경험을 가능케 한 실재에 관해서는 침묵하고 있으며, 스승이 십자가에서 불명예스럽게 죽은 후에 부활한 예수에 대한 증인으로서 순교에 이르기까지 헌신하면서 기독교 공동체를 설립하게 된 영적 실재와 사건, 즉 부활에 관해서는 언급하지 않고 있다. 즉, 샌더스는 제자들의 부활 경험은 언급하나 부활사건 자체에 관해서는 언급을 유보한다. 샌더스의 이러한 태도는 결국 복음서의 핵심적 사건을 놓쳐 버리는 해석학적 오류에 빠지게 만들었다.

우리는 이즈음에 샌더스에게 이러한 질문을 던질 수 있다. 신약학자 샌더스는 역사가로서는 말할 수 있으나 신학자로서는 어떤 말도 할 수 없는가이다. 그는 단지 세속 역사가가 아니라 하나님의 말씀을 공부한 신약학 전공자이다. 이러한 자신에 대한 정체성 확인이 선행되어야 하리라 본다. 신약학자로서 예수의 부활을 인정하지 않는 것은 역사적 예수의 메시아 정체성과 그의 십자가 대속 죽음과 부활을 통해 실현되는 하나님 나라의 핵심을 놓치게 되는 중대한 문제에 직면하게 되기 때문이다. 마태복음의 저자 마태는 역사적 예수가 가이사랴 빌립보(마 16:21)와 높은 산에서 영광스러운 변화 체험 이후에 갈릴리 모임(마 17:23)에서 그의 십자가 수난과 부활을 미리 예언했다고 기록하고 있다.

---

484 E. P. Sanders, *Jesus and Judaism*, 340.

6) 예수의 종말론은 유대 종말론을 넘어서서 기독론적 종말론을 예시

샌더스가 제시한 유대 회복 신학(Jewish restoration theology)은 당시 1세기 유대인들의 정치 사회적 이데올로기를 설명한 것에 불과한 것으로서 예수의 종말론적 선포의 주제는 아니다. 샌더스는 자신을 일컬어 자유주의적 개신교도라고 칭하나, 그는 기독교적 입장에서보다는 오히려 유대교적 입장에서 복음서를 읽으며, 역사적 예수도 이러한 유대적인 종말론의 지평에서 재구성하려고 한다. 그러나 역사적 예수는 하나님 나라 종말 메시지에서 한편으로는 다니엘서의 인자의 종말론을 인용하고 있으며, 이 묵시록적 인자가 자신임을 말하고 있다. 그것은 가이사랴 빌립보에서 행한 베드로의 예수에 대한 메시아 신앙고백, 즉 "주는 그리스도시요 살아 계신 하나님의 아들이시니이다"(마 16:16)에 대한 예수의 대답에서 드러난다: "바요나 시몬아 네가 복이 있도다 이를 네게 알게 한 이는 혈육이 아니요 하늘에 계신 내 아버지시니라"(마 16:17). 그리고 예수는 자신의 메시아 수난과 부활을 예언하고 있다: "이 때로부터 예수 그리스도께서 자기가 예루살렘에 올라가 장로들과 대제사장들과 서기관들에게 많은 고난을 받고 죽임을 당하고 제삼일에 살아나야 할 것을 제자들에게 비로소 나타내시니"(마 16:21).

예수는 종말론적 심판을 비유하는 악한 포도원 소작인의 비유(마 21:33-40)에서 포도원 주인의 아들을 자신과 동일시하고, 왕실 혼인 잔치의 비유(마 22: 2-14)에서 예복을 자신에 대한 믿음과 동일시하고 있다. 그리고 예수는 종말과 세계 심판의 말씀(마 24-25장)에서 묵시록적으로 하늘에서 내려오는 인자와 자신을 동일시하고 있다. 산헤드린 공회에서 대제사장에 의해 심문 당하실 때 예수는 메시아이며 인자된 자신의 정체성에 대하여 결정적으로 말씀하고 계신다. 마태는 이러한 정황을 다음과 같이 기록하고 있다: "예수께서 침묵하시거늘 대제사장이 이르되 내가 너로 살아 계신 하나님께 맹세하게 하노니 네가 하나님의 아들 그리스도인지 우리에게 말하라. 예수께서 이르시되 네가 말하였느니라 그러나 내가 너희에게 이르노니 이 후에 인자가 권능의 우편에 앉아 있는 것과 하늘 구름을 타고 오는 것을 너희가 보리라 하시니"(마 26:63-4). 마태는 역사적 예수가 분명히 자신이 묵시록적 인자요, 메시아요, 유대인의 왕이었다는 것을 증거하고 있다는 것을 상세히 기술하고 있다.

II. 제임스 던의 탐구

제임스 던은 제1 탐구, 무탐구, 제2 탐구와 제3 탐구의 자유주의 그룹인 "예수 세미나"가 가진 세 가지 왜곡된 전제를 지적한다.[485] 그는 지금까지의 역사적 예수 연구가 예수가 제자들에게 일으킨 신앙의 영향을 간과함으로써 실패했다[486]고 천명하고 있다.

---

485 James D. G. Dunn, "예수를 기억하며: 어떻게 역사적 예수 탐구는 길을 잃었는가?" in: 『역사적 예수 논쟁』. 역사적 예수에 대한 다섯 가지 신학적 관점, 제임스 베일비, 폴 로즈 에디(편집), 손혜숙 옮김, 새물결플러스 2014, 293-328.
486 James D. G. Dunn, New Perspective on Jesus, 『예수님에 관한 새 관점』, 21.

1. 제1, 무, 제2, "예수 세미나" 탐구의 세 가지 왜곡된 전제

역사적 예수에 대한 자유주의적 탐구가 가진 세 가지 왜곡된 전제는 다음과 같다.

1) 신앙의 그리스도는 역사적 예수의 왜곡이다.

첫째, 진정한 예수는 신앙과 교리의 층위들로 가려져 있다는 전제다. 즉, 이들은 신앙의 그리스도는 역사적 예수의 왜곡이라는 그릇된 전제를 깔고 있다. 스트라우스, 브레데 등 19세기 자유주의자들로부터 제3 탐구의 펑크를 비롯한 "예수 세미나" 학자들에 이르기까지 역사 비판학자들은 역사적 예수를 역사적 기독교의 신앙고백의 굴레에서 해방시키고자 하였다.[487] 따라서 이들은 역사적 예수를 복원시키는 방법으로 초기 기독교 신앙을 연상시키는 것은 그 어떤 것이든 버리는 데 주력했다.[488] 이로써 이들은 탐구자의 세계관과 가치관을 역사적 예수상에 투영시켜 그들만의 역사적 예수를 만들어내었던 것이다.[489]

2) 구두전승과 문서전승은 동일한 방식으로 전달되었다.

둘째, 제1, 무, 제2, 제3의 "예수 세미나" 탐구는 구두전승과 문서전승

---

[487] R. W. Funk, *Honest to Jesus* (San Francisco: Harper San Francisco, 1996), 300.

[488] R. W. Funk and Roy W. Hoover, eds., *The Five Gospels: The Search for the Authentic Words of Jesus* (New York: Macmillan, 1993); James D. G. Dunn, "예수를 기억하며: 어떻게 역사적 예수 탐구는 길을 잃었는가?" in: 『역사적 예수 논쟁』, 298.

[489] James D. G. Dunn, *Jesus Remembered, vol. 1. Christianity in the Making* (Grand Rapids: Eerdmans, 2003), 959; James D. G. Dunn, "예수를 기억하며: 어떻게 역사적 예수 탐구는 길을 잃었는가?", 298.

이 동일한 방식으로 전달되었다는 잘못된 가정에서 출발한다.[490] 이는 예수전승의 역사를 복사와 편집이라는 문학적 의존의 틀 속에서 생각하는 것이다. 그리하여 구두전승이 문서적으로 편집될 때 구두전승은 파괴된다고 본다. 이들의 이러한 발상은 구전(口傳) 사회의 실재가 어떠했는지에 대한 무지에서 나온 것으로, 이들의 연구는 구전 사회 내에서 전승화 과정의 특성에 따라 사고를 진전시키는 데 실패했다.[491]

그러나 이는 고대 세계의 전승관습을 현대의 선입견으로 파악하는 데서 비롯된다. 고대 세계에서는 가르침이나 이야기를 자신의 마음속에 견고히 새기고 스승의 살아있는 음성을 간직하는 것을 기록보다 훨씬 선호했다는 사실을 간과한 것이다. 1세기 팔레스타인은 글자문화라기보다는 구전문화였다. 예수 시대 팔레스타인에서는 글을 읽고 쓸 줄 아는 사람들이 10% 미만이었다. 구전 사회에서 예수전승이 처음부터 문자적 형태를 지녔다고 보는 것은 불합리하다. 예수전승은 제자들에게 끼친 예수의 가르침과 사역의 영향을 구전으로 반영하며, 공동체의 정체성을 형성하는 데 중요한 역할을 했다고 보는 것이 바람직하다.[492]

예수전승은 구전적 전승으로서 살아있는 전승이었다. 그것은 초기 양식사연구 학자들이 간주했던 것처럼 기록된 형태의 고정된 거룩한 유물로 지니고 다녔던 것이 아니다. 즉, 이것들은 지니기보다는

490　James D. G. Dunn, "예수를 기억하며: 어떻게 역사적 예수 탐구는 길을 잃었는가?" 306.
491　James D. G. Dunn, *New Perspective on Jesus*, 『예수님에 관한 새 관점』, 47.
492　James D. G. Dunn, *New Perspective on Jesus*, 『예수님에 관한 새 관점』, 120.

사용되었고, 보존되기보다는 공연되었고, 읽기보다는 들려졌다.[493] 구두전승이 문서로 기록될 때는 "유동성(variability)이 고정성을 압도하고, 다양성이 연속성을 압도한 것"으로 파악될 수 있다.[494] 구두전승의 원리는 전승의 유동성, 즉 "동일한 것 속의 변화"로서 최초의 기독교 공동체에 들려지고 오늘날에도 지속적으로 들려지고 반응되는 것이다.[495] 여기서 예수전승의 진정성은 단일 원본이라는 형식이 아니라 다양한 형태를 지니는 것으로 이해될 수 있다. 이러한 방식으로 던은 공관복음에서 나타난 예수 말씀과 사역에 대한 다양성을 해결하고자 한다. 저자는 이러한 던이 제안하는 발상의 전환에 동의한다. 구두전승이 단일 원본이 아니라 다양한 유동성으로 보는 것은 예수의 초기 전승을 제대로 파악하는 데 획기적인 공헌을 하는 것으로 파악된다.

3) 역사적 예수는 신앙의 그리스도와 달라야 한다.

셋째, 역사적 예수 탐구가 그의 주변 환경과 구별된다거나 다른 예수를 찾아야한다는 것은 왜곡된 전제다. 제1, 무, 제2, 제3("예수 세미나") 탐구 학자들은 역사적 예수는 신앙의 그리스도와 달라야 한다는 이러한 그릇된 전제 위에 역사적 예수에 대한 탐구를 진행함으로써 결국은 왜곡된 결과물을 도출해내고 있다.

㉠ 자유주의 탐구자들은 예수가 자기가 속한 유대 현인들과 달라야 진정한 예수의 음성을 듣는다고 보는 왜곡된 전제를 지니고 있

493　James D. G. Dunn, *New Perspective on Jesus*, 『예수님에 관한 새 관점』, 143.
494　James D. G. Dunn, *New Perspective on Jesus*, 『예수님에 관한 새 관점』, 136.
495　James D. G. Dunn, *New Perspective on Jesus*, 『예수님에 관한 새 관점』, 143.

다.⁴⁹⁶ 그 예에 해당하는 것이 르낭이 예수를 유대교의 개혁가가 아니라 유대교의 파괴자로 파악한다든지,⁴⁹⁷ 또한 리츨이 예수를 반유대적 성향의 인물로 본 것⁴⁹⁸과 더불어 "예수 세미나" 학자들이 예수를 유대 묵시사상가가 아니라 그리스 견유학파로 연결하려는 시도 등이다.⁴⁹⁹

ⓒ 역사적 예수는 유대교와 다른 모습의 예수라는 것이다. 그리하여 제2 탐구 시기에는 유대교에 기원을 두지 않는 것만을 예수에게 돌리려는 비유사성의 기준이 통용된 것이다. 예컨대, 퇴트(Heinz E. Tödt)와 한(Ferdinand Hahn)이 말하는, 누가복음 12장 8-9절 말씀("내가 또한 너희에게 말하노니 누구든지 사람 앞에서 나를 시인하면 인자도 하나님의 사자들 앞에서 그를 시인할 것이요, 사람 앞에서 나를 부인하는 자는 하나님의 사자들 앞에서 부인을 당하리라")이 인자에 관한 말씀 중 가장 확고하다는 주장,⁵⁰⁰ 큄멜이 말하는, 마가복음 9장 1절 말씀("내가 진실로 너희에게 이르

---

496 수산나 헤셸(Susannah Heschel)은 제1 탐구와 제2 탐구 시기의 자유주의자들은 예수와 그의 모태가 되는 유대교 사이의 연속성을 무시하거나 격하시킴으로써 반유대주의적 경향을 반영했다고 지적한다. 이들은 "1세기 유대교를 가능한 한 부정적인 모습으로" 채색했으며, "예수를 유대 환경과 첨예하게 대립하는 독특한 종교적 인물로서 높이고자" 했다고 밝혔다. (Susannah Heschel, *Abraham Geiger and the Jewish Jesus* (Chicago: University of Chicago Press, 1998), 9, 21; H. Moxnes, "Jesus the Jew: Dilemmas of Interpretations," in *Fair Play: Diversity and Conflicts in Early Christianity*, ed. I. Dunderberg et al., H. Räisänen FS (Leiden: Brill, 2002), 83-103.

497 르낭에 의하면 "근본적으로 예수에게는 유대적인 것은 아무것도 없다." 예루살렘을 방문한 예수는 "더 이상 유대 개혁가로서가 아니라 유대교의 파괴자로 나타나며… 예수는 더 이상 유대인이 아니었다."(Susannah Heschel, *Abraham Geiger and the Jewish Jesus*, 156-157.

498 Susannah Heschel, *Abraham Geiger and the Jewish Jesus*, 123.

499 John Dominic Crossan, *The Historical Jesus: The Life of a Mediterranean Jewish Peasant* (San Francisco: HarperSanFrancisco, 1991); James D. G. Dunn, "예수를 기억하며: 어떻게 역사적 예수 탐구는 길을 잃었는가?", 318.

500 Heinz E. Tödt, *Der Menschensohn in der Synoptischen Überlieferung*. Dr. Theol. diss., Heidelberg, 1956. Gütersloh: Gerd Mohn, 1959. Translated into English in 1965 as *The Son of Man in the Synoptic Tradition*, translated by D. M. Barton. London: SCM,

노니 여기 서 있는 사람 중에는 죽기 전에 하나님의 나라가 권능으로 임하는 것을 볼 자들도 있느니라")이 하나님 나라 임박에 관한 예수의 메시지라는 주장,[501] 쉬르만(Heinz Schürmannm)이 말하는, 마태복음 6장 10절과 누가복음 11장 2절의 "나라가 임하시오며"라는 주님의 기도가 하나님 나라 도래를 전파한 역사적 예수의 가장 확실하고 진정성 있는 메시지라는 주장[502]이다. 이러한 주장들은 예수전승에 깊이 자리 잡은 하나님 나라와 인자사상을 드러내는 것으로 옳은 것이다. 그러나 이러한 주장에도 불구하고 후기 불트만 학파가 전제하고 있는 비유사성 원칙이라는 탐구 기조를 바꾸지는 못했다.[503] 후기 불트만 학파는 복음서의 예수 어록 가운데서도 자신들의 신학적 취향에 맞는 부분만이 진정성 있는 것으로 인정함으로써 여전히 역사적 예수의 확고한 기반을 의심하는 회의주의 수렁에서 빠져 나오지 못했다.[504]

2. 역사적 예수 탐구에 대한 세 가지 새로운 제안

제임스 던은 위의 3가지 반대에 대한 대안으로 역사적 예수 탐구를

42, 55-60; Ferdinand Hahn, *Christologische Hoheitstitel: Ihre Geschichte im Frühen Christentum* (Göttingen: Vandenhoeck und Ruprecht, 1963, 1995), 24-26, 32-42, 457-58.

501 Werner G. Kümmel, "Eschatological Expectation in the Proclamation of Jesus," in *The Future of Our Religious Past*, ed. James M. Robinson, Rudolf Bultmann, trans. Charles E. Carlston and Robert P. Scharlemann (London: SCM Press, 1971), 29-48.

502 Heinz Schürmann, *Gottes Reich_Jesu Geschick. Jesu Ureigener Tod im Licht Seiner Basileia-Verkündigung* (Freiburg: Herder, 1983), 135, 144.

503 James D. G. Dunn, "예수를 기억하며: 어떻게 역사적 예수 탐구는 길을 잃었는가?" 319-321.

504 E. P. Sanders, *Jesus and Judaism*, 131.

위한 세 가지 새로운 방법적 착상을 제안하고 있다. 저자는 이러한 던의 방법론적 성찰에 동의하는 바이다.

1) 역사적 예수 탐구는 예수 신앙과 불가분의 관계

첫째, 역사적 예수의 탐구는 예수 신앙과 불가분의 관계에 있다. 던은 다음과 같이 피력한다: "역사적 예수 탐구는 예수가 사역의 시초부터 신앙을 불러일으켰다는 것과, 이 신앙이 예수가 행한 사역의 역사적 실재성과 영향력을 보여주는 가장 확실한 지표라는 사실을 인정하는 데서 시작해야 한다."[505] 12제자들은 예수의 권위 있는 메시아적 말씀과 사역을 보고 신앙을 가졌다. 이들은 자신들의 인생이 변화되는 체험을 하였고, 자기 생업을 버리고 예수를 따랐다. 제자들의 최초의 신앙은 예수의 인격을 이해하는 데 전혀 장애가 되지 않고 오히려 예수를 아는 데 결정적인 역할을 하였다.

던은 독일학자 하인츠 쉬르만의 잊혀진 논문 "로기온 전통의 부활 이전의 시작들: 예수 생애에 대한 양식사적인 접근의 시도"(*Die voröstlichen Anfänge der Logientradition: Versuch eines Formgeschichtlichen Zugangs zum Leben Jesu*)[506]를 인용하고 있다. 쉬르만은 예수의 산상설교(마 5-7장), 이와 유사한 자료인 평지설교(눅 6:17-49) 등의 문서화된 기록(팔복설교, 원수를 사랑하고 보복하지 말라는

---

505 James D. G. Dunn, "예수를 기억하며: 어떻게 역사적 예수 탐구는 길을 잃었는가?" 299.

506 Heinz Schürmann, "Die Voröstlichen Anfänge der Logientradition: Versuch eines Formgeschichtlichen Zugangs zum Leben Jesu", in *Der Historische Jesus und der Kerygmatische Christus*, ed. H. Ristow and K. Matthiae (Berlin: Evangelische, 1961), 342-70.

권면, 구하는 자에게 주라는 권면, 타인을 심판하는 자에 대한 경고, 타인 눈의 티끌을 보면서 자기 눈의 들보를 보지 못하는 자 교훈, 열매로 평가되는 나무, 슬기로운 자와 어리석은 자 비유 등)을 보면 그 이야기의 형식과 내용에는 부활 이후의 신앙에서 기원했고 형성되었다는 표지가 없다. 이러한 것들은 부활신앙이 태동하기 전에 이미 내용과 형태를 갖추어서 여전히 지속되어온 자료들이다.[507]

던에 의하면 Q문서로 분류된 전승, 예컨대, 백부장의 종 이야기(마 8:5-13; 눅 7:1-10)와 고라신과 벳세다에 대한 경고(마 11:21-24; 눅 10:13-15) 등은 갈릴리 지역과 관련되며, 전형적인 농경문화(일일 채무, 날품팔이 노동자, 부채 농장주 관습 등)를 암시하며, 수난 내러티브를 몰랐거나 심지어 십자가 처형에서 절정에 이르는 가르침에 반대하는 갈릴리 공동체나 교회를 시사한다.[508] Q자료는 갈릴리에서 출현하였고 예수가 예루살렘에 올라가 죽기 전에 갈릴리에서 항구적인 형태를 갖추었다. 이러한 던의 제안은 예수가 예루살렘에 올라가기 전에는 줄곧 갈릴리에서 사역을 한 점으로 미루어 매우 설득력이 있다.

2) 예수전승의 구전 단계를 심각하게 다루어야 한다

둘째, 예수전승의 역사에서 구전 단계를 심각하게 다루어야 하며, 구전 단계를 파악하는 것은 사실상 가능하다.[509] 1세기 팔레스타인 사회

---

507 James D. G. Dunn, "예수를 기억하며: 어떻게 역사적 예수 탐구는 길을 잃었는가?" 301.
508 James D. G. Dunn, "예수를 기억하며: 어떻게 역사적 예수 탐구는 길을 잃었는가?" 301; J. Kloppenborg Verbin, *Excavating Q: The History and Setting of the Sayings Gospel* (Minneapolis: Fortress Press, 2000), chaps. 4 & 5.
509 James D. G. Dunn, "예수를 기억하며: 어떻게 역사적 예수 탐구는 길을 잃었는가?" 309.

는 글자문화가 아니라 구전문화가 지배했다. 1세기에 글을 읽고 쓸 줄 아는 사람이 10% 미만이었다.[510] 그러므로 예수전승의 가장 초기 전달은 구두로 이루어졌다는 견해가 압도적이다. 문자전승이 나타나기 전 구두전승의 시기는 A.D. 30-50년으로 약 20여 년간 지속되었다고 본다.[511] 던은 중동 한 촌락의 구두문화 체험[512]으로부터 구전 공동체의 구두전승의 다섯 가지 특징을 유추한다.

㉠ 구두전승은 듣는 사건으로서 편집 가능한 본문 읽기와는 다르다. 구두전승은 공연과 동시에 사라지는 사건이다. 그것은 기록된 본문 같은 유물이 아니다. 서신을 낭독하는 것은 그 자체로 공연의 특징을 가진다.[513] 구두전승은 2차적 구전성(second orality) 현상을 포함한다. 기록된 본문이 본문의 구두 공연을 통해서만 알려지는 경우가 있다.

㉡ 구두전승에는 공동체적 차원이 존재하나 문서전승은 독자가 우선적이다. 제자들의 공동체는 예수의 가르침과 사역에 대한 공유된 기억과 제자도에 대한 공유된 경험이 중요했다. 전승은 공동체의 소유로서 어느 개인이 마음대로 정정하거나 발전시킬 수 있는 것이 아니었다. 이 사회는 자연스럽게 공연을 통해 공동체를 규정하는 전승

510　Catherine Hezser, *Jewish Literature in Roman Palestine* (Tübingen: Mohr Siebeck, 2001).

511　James D. G. Dunn, *New Perspective on Jesus*, 『예수님에 관한 새 관점』, 52.

512　Kenneth E. Bailey, "Informal Controlled Oral Tradition and the Synoptic Gospels," *Asia Journal of Theology* 5 (1991): 34-54; idem, "Middle Eastern Oral Tradition and the Sypotic Gospels," *Expository Times* 106 (1995): 363-67.

513　W. Dabourne, *Purpose and Cause in Pauline Exegesis*, SNTSMS 104 (Cambridge: Cabridge University Press, 1999), 8장; P. J. Achtmeier, "Omne Verbum Sanat: The New Testament and the Oral Environment of Late Western Antiquity", *Journal of Biblical Literature 109* (1990), 3-27.

의 역할을 유지하는 데 관심을 가졌다. 1920년대 양식비평 선구자들은 문자적 사고방식에 갇혀서 구두전승의 공동체적 성격을 간과하였다.[514] 던은 불트만과 케제만의 잘못에서 벗어나야 할 것을 제안한다: "초기 예수전승의 구전적이고 공동체적인 특징을 인식해야 한다. 또한 전승이 순수한 양식으로부터 복잡한 양식으로, 단순한 형태로부터 정교한 형태로 발전했다는 부당한 도식적 개념에 의해 야기된 혼동으로부터 벗어나야 한다."[515]

ⓒ 구전 공동체는 공동체의 전승을 보존할 특별한 개인(사도, 장로나 교사, 음유시인)을 지명하였다. 초기 기독교 공동체에서는 교사들(행 13:1; 롬 12:7; 고전 12:28-29; 갈 6:6; 약 3:1)의 책임이란 제자들의 모임에서 예수전승을 되풀이하고 시연(試演)하는 것이었다.[516] 이들이 보전한 전승들은 양식사 학파가 생각한 것처럼 완전히 조각난 파편들로 구성되었고 각각의 파편들이 가진 형태들은 통일성 없이 무작위로 보존되었다고 생각할 필요가 없다. 구두전승을 사용하는 공동체는 전승 덩어리 관점에서 다루었다. 그러므로 공관복음 전승 자체는 전승 덩어리를 보여준다.[517] 그 예가 예수의 비유들(막 4:2-34), 기적 이야기들(막 4:35-5:43; 막 6:32-52), 축귀에 관한 예수의 가르침(막 3:23-39), 제자도에 관한 가르침(막 8:34-37), 예수 생애에 발생한 일

---

514 James D. G. Dunn, "On History, Memory and Eyewitness", *JSNT* 26 (2004): 473-87.
515 James D. G. Dunn, *New Perspective on Jesus*, 『예수님에 관한 새 관점』, 117.
516 Richard Bauckham, *Jesus and The Eyewitnesses: The Gospels as Eyewitness Testimony* (Grand Rapids: Eerdmans, 2006); James D. G. Dunn, "예수를 기억하며: 어떻게 역사적 예수 탐구는 길을 잃었는가?", 326.
517 James D. G. Dunn, *New Perspective on Jesus*, 『예수님에 관한 새 관점』, 113.

련의 사건들(막 1:21-38), 지복(至福)(마 5:3,6,11,12; 눅 6:20b-23), 축귀에 관한 예수의 가르침(마 12:24-45), 제자 파송(마 9:37-10:1, 7-16; 막 6:7-13; 눅 9:1-6; 10:1-12) 등이다.[518] 예수의 말씀과 사역 이야기가 제자 집단에게 가치 있게 여겨지기 시작하자마자 유사한 전승들이 덩어리로 뭉쳐지는 것이 전승 초기부터의 패턴라고 볼 수 있다.

ⓔ 예수전승은 처음부터 다양한 전승이었다. 오늘날 기록된 문서의 다양성은 전승 수행의 특징이라 할 수 있는 다양성과 본질적으로 같다. 구두전승은 전해져야 할 이야기를 담고 있으며 이것들은 다양한 공연들을 통해서 전해지고 보관된다. 구두전승은 구두 기억(oral memory)이다.[519] 구두전승의 주된 기능은 과거로부터 전해온 것 중에서 중요한 것을 보존하고 상기하는 것이다. 전승은 정도의 차이는 있으나 과거로부터 연속성을 유지하려는 관심을 구현한다. "다양성과 고정성, 보수성과 창조성, 순간성과 예측 불가능성이 모두 구두전승이 전수되는 패턴의 특징이다."[520] 구두전승의 원리는 "동일한 것 속에서의 변이"(variation within the same)다.

ⓕ 구두전승의 특징이란 기록된 문서의 원판(original edition)에 상당하는 원본(original version)이 없다는 것이다. 구두전승에서는 각각의 구술(口述) 공연이 "원판"이다. "각각의 공연은 '유일한 원판'은 아

---

518 James D. G. Dunn, *New Perspective on Jesus*, 『예수님에 관한 새 관점』, 114.
519 James D. G. Dunn, *New Perspective on Jesus*, 『예수님에 관한 새 관점』, 116.
520 E. A. Havelock, Preface to Plato (Cambridge, MA: Harvard University Press, 1963), 92, 147, 184; W. H. Kelber, *The Oral and the Written Gospel* (Philadelphia: Fortress, 1983: 2. edition, Bloomington: Indiana University Press, 1996), 33, 54; James D. G. Dunn, *New Perspective on Jesus*, 『예수님에 관한 새 관점』, 116.

니라 하더라도 하나의 원판이다. 노래의 '유일한 원판'이라는 우리의 개념은 구두전승의 경우에는 그저 무의미할 뿐이다."[521] "정확한 본문이란 없다. 한 판이 다른 것보다 더욱 '참되다'는 생각도 없다. 각각의 공연은 독특하며 원래적인 창작으로서 그 자체의 가치를 가진다."[522] "각각의 구전 공연은 환원할 수 없는 독특한 창조이므로", 만일 예수께서 한 번 이상 말씀하셨다면 "원판"이란 없다.[523] 예수의 산상설교나 실제 일어난 물 위를 걷는 사건은 제자들에나 목격자들에게 다양한 방식으로 해석되었을 것이다. 이는 일어난 사건에 대한 단일 형태의 원본이란 존재하지 않는다는 것을 말해준다. 따라서 예수전승에 대한 초기 양식사 논구가 진정성 있는 역사적인 단일 원본을 추적하는 것이라면 이것은 잘못된 방향 설정이라는 것이다.[524]

3) 비유대인 아닌 유대인 예수를 찾아야 한다.

셋째, 비유대인이 아닌 유대인 예수를 찾아야 한다. 이는 예수 가르침과 사역이 당시 유대교와 완전 일치했다는 것을 의미하는 것이 아니라 예수가 유대교 안에서 태어났고 토라를 읽고 유대 문화 속에 자라고 형성된 것을 인정한다는 것이다. 예수는 갈릴리에서 쉐마를 암

---

521   A. B. Lord, *The Singer of Tales* (Cambridge, MA: Harvard University Press, 1978), 100-101.

522   R. Finnegan, *Oral Poetry: Its nature, Significance and Social Context* (Cambridge: Cambridge University Press, 1977), 65.

523   W. H. Kelber, *The Oral and the Written Gospel* (Philadelphia: Fortress, 1983: 2. edition, Bloomington: Indiana University Press, 1996), 29, 59, 62.

524   James D. G. Dunn, "예수를 기억하며: 어떻게 역사적 예수 탐구는 길을 잃었는가?" 315.

송하고, 안식일을 준수하며, 회당 예배에 참가하고, 토라(Torah)를 존중했던 경건한 유대인으로 양육되었다. 동시에 예수가 바리새인들과 논쟁하고 유대 지도자들에 의하여 신성모독으로 십자가에 처형된 사실 등은 예수와 이들과의 차이점을 인정하는 것이다.

던은 켁(Leander E. Keck)이 제언하는 것처럼 독특한 예수(distinctive Jesus)보다는 특징적인 예수(characteristic Jesus)를 찾는 것이 유익한 방식이라고 제안한다.[525] 그는 주장하기를 독특한 양식들(distinctive forms)은 예수전승에서의 큰 영향력을 지닌 사도나 교사가 전승을 수행하는 방식을 반영하는 것인 반면, 특징적 양식들(characteristic forms)은 다양한 갈래의 전승에 나타나는 모티브, 강조점, 문체상의 특징을 반영한다고 한다.

㉠ 예수는 비유(parable)을 말하는 자(parabolist)였고, 경구(aphorism), 격언(meshalim)을 말하는 지혜의 교사[526]였다.

㉡ "아멘"이나 "인자" 같은 용어는 역사적 예수 자신에게서 나온 것이다.[527] 던은 예수 자신이 다니엘 7장 13-14절("내가 또 밤 환상 중에 보니 인자 같은 이가 하늘 구름을 타고 와서 옛적부터 항상 계신 이에게 나아가 그 앞으로 인도되매, 그에게 권세와 영광과 나라를 주고 모든 백성과 나라들과 다른 언어를 말하는 모든 자들이 그를 섬기게 하였으니 그의 권세는 소멸되지 아니하는 영

---

525 Leander E. Keck, *A Future for the Historical Jesus* (Nashville: Abingdon, 1971), 33.

526 David E. Aune, "Oral Tradition and the Aphorisms of Jesus," 그리고 Birger Gerhardsson, "Illuminating the Kingdom: Narrative Meshalim in the Synoptic Gospel", in *Jesus and the Oral Tradition*, ed. H. Wansbrough, JSNTA 64 (Sheffield: JSOT Press, 1991), 211-65, 266-309; David E. Aune, *The Reliability of the Gospel Tradition* (Peabody, Mass.: Hendrickson, 2001).

527 Joachim Jeremias, *The Prayers of Jesus* (London: SCM Press, 1967), 112-125.

원한 권세요 그의 나라는 멸망하지 아니할 것이니라")을 인용했다고 본다.[528]

ⓒ 하나님 나라 메시지는 예수 자신 설교의 특징이다.[529]

ⓔ 예수는 축귀사역자였다. 축귀사역자와 "기이한 일을 행하는 자"로서의 예수 사역은 복음서(마 12:22-30; 막 1:32-34, 39; 3:10-11, 22-23; 9:38; 눅 11:14-15, 17-23)뿐만 아니라 비기독교 자료,[530] 그리고 교부들 자료들[531]에서도 입증된다.

ⓜ 예수는 주로 갈릴리 지역에서 사역했으며, 이러한 특징이 그의 비유와 윤리적 교훈의 상세한 내용에 반영되어 있다. 요한복음은 예수가 예루살렘과 더 많은 접촉을 가졌다는 것을 시사하기는 하지만, 공관복음서가 갈릴리를 예수 사역의 주된 장소로 기록한 것은 갈릴리에 예수전승을 보존한 갈릴리 공동체가 있었기 때문이다.[532]

ⓗ 주기도와 최후만찬 메시지도 예수의 전형이다. 주기도나 최후만찬 전승 이해에서도 양식사 학자들이 기록문학적 사고방식에 갇혀서 기록된 문서의 형태를 접하기 전에는 그 말씀들을 알지 못했다고 가정하는 것은 구두전승과 문서적 전승의 생동적 관계를 제대로 이해하지 못하는 것이다.[533] 둘은 대립관계가 아니라 공생관계다.

---

528 James D. G. Dunn, *Jesus Remembered*, vol. 1, *Christianity in the Making* (Grand Rapids: Eerdmans, 2003), 163-5, 특히 735-39.

529 James D. G. Dunn, *Jesus Remembered*, chap. 12. 4-6.

530 Josephus, *Jewish Antiquities*, 18:63;

531 Origen, *Contra Celsum* 1.25; *Papyri Graecae Magicae* 4.1233, 3020.

532 Ron Cameron and Merrill P. Miller, eds., *Redescribing Christian Origins* (Atlanta: SBL Press, 2004); James D. G. Dunn, "예수를 기억하며: 어떻게 역사적 예수 탐구는 길을 잃었는가?", 325.

533 James D. G. Dunn, "예수를 기억하며: 어떻게 역사적 예수 탐구는 길을 잃었는가?" 328.

던은 예수전승에 관하여 그것이 오늘날 믿음의 눈을 가진 자들에게 여전히 살아있는 전승으로 체험될 수 있다는 낙관론을 결론적으로 피력하고 있다: "예수전승을 여전히 살아있는 전승으로 체험하는 자들이야 말로 전승화 과정의 초기 단계를 이해하는 데 가장 적절한 위치를 점하고 있음을 시사한다." "복음서의 말씀을 가장 효과적으로 듣기 위해서는 신앙의 귀를 가져야 한다." "예수전승의 생생한 특징은 예수에 대한 기억을 공유하고 그 기억에 의존하여 살아가고자 함으로써 결과적으로 초기 공동체와 노선을 같이 하는 자들에 의해 가장 잘 경험될 것을 시사한다."[534] 이러한 던의 역사적 예수의 새 관점은 제1, 무, 제2 탐구, "예수 세미나" 논구에 의하여 파산된 역사적 예수를 학문적으로도 복권시키는 훌륭한 시도라고 평가된다.

4) 던의 바울신학의 새 관점에 대한 저자의 유보

저자는 이상의 역사적 예수에 대한 던의 성찰(省察)에 동의한다. 던의 새로운 통찰은 제1 탐구, 무탐구, 제2 탐구자들이 간과한 중요한 측면, 즉 신앙과 사실, 케리그마와 역사가 분리되는 것이 아니라 불가분적으로 연결되어 있다는 저자의 입장과 일치한다. 그럼에도 불구하고 저자는 던이 취하는 바울신학에 대한 새 관점에 대하여는 동의하지 않는다. 던이 샌더스가 제안한 언약적 율법주의를 수용하여 이를 1세기의 유대교의 주류적인 경향으로 보고 당시에 지배적인 율법주의의 경향을 등한히 하여 바울의 이신칭의 사상을 부차적인 것으로

---

534 James D. G. Dunn, "예수를 기억하며: 어떻게 역사적 예수 탐구는 길을 잃었는가?" 328.

보고 바울의 율법 비판이 구원론적 관점이 아니라 이방인들을 분리시키고 차별하게 하는 유대인들의 민족적 특권과 정체성의 표지들인 모세의 율법, 할례, 안식일 절기, 음식법 등과 이들에 근거를 둔 민족적 의를 비판하는 교회론적이고 선교론적 측면이라는 해석, 그리고 이신칭의라는 현재적인 칭의와 종말론적인 칭의라는 미래적 칭의를 분리시키고 믿음에 의한 칭의라는 단회적인 칭의로 끝나는 것이 아니라 행위에 의한 종말론적 칭의로 이어진다는 주장 등은 바울서신과 복음서를 행위 구원을 주장하는 유대교와 혼합시키는 세미펠리기안주의(semipelagianism)의 위험성을 내포하고 있다.[535] 칭의는 현재(이신칭의)와 미래(이행칭의)의 두 단계로 분리시킬 수 없다.[536] 현재 주어지는 믿음에 의한 칭의는 미래에 선행에 의해 주어지는 종말론적 최종적인 칭의(구원)을 배제하지 않는다. 미래의 칭의는 현재의 칭의와 다른 것이 아니며, 그것의 완성이며 재확인이다.[537]

---

[535] 김영한, "현대판 유대주의 기독교의 구원론에 대한 비판적 성찰," 7-32; 최갑종, "바울에 대한 '새 관점', 무엇이 문제인가?", 38-98, 한국개혁신학회 논문집 제 28권, 주제: 바울에 대한 새 관점적 접근과 개혁신학, 2010.

[536] P. Stuhlmacher, *Revisiting Paul's Doctrine of Justification: A Challenge to the New Perspective* (Downers Grover: Intervarsity, 2001), 68-69.

[537] [김영한 칼럼], "종교개혁적 칭의론에 대한 역동적 이해: 성화 없는 칭의는 죄인의 칭의 아닌 죄의 칭의" (I), 입력: 2016. 05. 11. 07:27; "성화 없는 칭의는 죄인의 칭의 아닌 죄의 칭의" (II), 입력: 2016. 05. 23. 11:09; "성화 없는 칭의는 죄인의 칭의 아닌 죄의 칭의" (III), 입력: 2016. 06. 09 14:11 크리스천 투데이.

III. 라이트의 탐구

1. 역사적 회의주의 극복

라이트는 그의 저서 『예수의 도전』(The Challenge of Jesus)에서 "예수 세미나"에서 반복되는 브레데 유형의 역사적 예수에 대한 회의주의를 비판하면서 사해사본이나 1세기 고고학적 발견 등의 연구를 통하여 1세기 역사적 예수의 모습에 접근하고자 한다.[538] 역사적 예수의 새 탐구는 1960년대와 70년대 후기 불트만 학파의 새 탐구(New quest)가 시도한 것과 같은 진정한 예수의 말씀을 찾는다는 미명하에 진정하다고 가정된 서로 독립된 예수의 말씀을 이리저리 모아서 조합하는 식의 탐구 방식에 반대해 나온 학파이다.[539]

라이트는 1978년 출판된 벤 마이어(Ben Meyer)의 『예수의 목표』(The Aims of Jesus)[540]와 1986년 샌더스의 『예수와 유대교』[541]에 의해 깊은 영향을 받았다. 벤 마이어와 샌더스가 제시하는 새 논구란 제2 탐구가 가진 철학적 방법과 가설을 부정하고 1세기 유대교의 묵시록

---

538 N. T. Wright, *The Challenge of Jesus*, SPCK, 2000; 이진섭, 박대영 역, 『Jesus 코드』, 역사적 예수의 도전, 성서 유니온 선교회, 2006, 30-31.

539 N. T. Wright, 『Jesus 코드』, 32.

540 Ben Meyer, *The Aims of Jesus* (Philadelphia: Fortress, 1978; London: SCM Press, 1979), 19쪽: 마이어는 유대교의 묵시적 종말론을 가진 예수에 관해 관심을 가졌다; N. T. Wright, 『Jesus 코드』, 31-32.

541 E. P. Sanders, *Jesus and Judaism* (London and Philadelphia: SCM Press and Fortress, 1985), 4, 8쪽: 샌더스는 하나님 나라의 도래를 기대한 역사적 인물로서의 예수에 관심을 가졌다.; N. T. Wright, 『Jesus 코드』, 31-32.

적 종말론을 사용하는 예수 역사 기술학(Jesus-historiography)이라는 새로운 방법542이 사용되었다. 그리하여 라이트는 1980년대 "제3의 탐구"(third quest)를 목격하게 되었고 이러한 새로운 탐구에 동참하게 되었다. 라이트는 역사적 논구에서 본질적인 것은 "목적, 의도, 동기에 대한 연구"라고 주장한다. 그는 역사적 질문을 두려워하지 말고 "추상적인 교리에 주로 집착하기보다는" "역사적인 자취를 따라가는 데 도움이 되는 정경적인 본문이나 비정경적인 본문 모두를 읽는 것에 개방되어 있어야 한다"고 주장한다.543

라이트의 역사적 탐구적 태도는 성경을 그대로 전적으로 믿으려는 보수주의(conservatism)는 아니다. 그에게 보수주의란 예수를 성육신 하신 하나님 아들로 여기는 신화를 가지고 있는 태도를 말한다.544 이런 태도는 "예수에 대한 판타지를 만드는 것"545이라고 본다. 이러한 태도는 예수를 그가 속한 상황 속에서 보지 않고 어느 시대에 일어나도 같은 것으로 여기는 태도다. 이러한 태도는 안일한 시대착오주의(easy-going anachronism)이다.546

그는 역시 현대주의적 회의주의를 비판한다. 이 회의주의는 인간 이성으로 모든 것을 재단하려고 하여 성경적 기적과 표적을 모조리 비판한다. 라이트는 보수주의와 회의주의가 모두 온전하고 철저한

---

542 N. T. Wright, 『Jesus 코드』, 31.
543 N. T. Wright, 『Jesus 코드』, 34.
544 N. T. Wright, *Simply Jesus* (San Francisco: HarperCollins, and London: SPCK, 2011), 18.
545 N. T. Wright, *Simply Jesus*, 21.
546 N. T. Wright, *Simply Jesus*, 22.

역사적 검증과 신학적 검증을 통과할 수 없다고 본다.[547]

라이트는 예수전승의 신뢰성에 확신을 보이면서 "유사성과 비유사성의 이중 기준"을 사용한다. 그는 예수전승의 어떤 것이 1세기 유대교 내에서 신뢰할만하다고 보일 때 "우리가 진정한 예수의 역사와 접촉하고 있을 가능성이 높다"고 본다. 그 예로서 예수 자신의 가족에 대한 예수의 충격적인 태도와 그의 포용적인 식탁교제 등을 들 수 있다. 이와 더불어 라이트는 구전전승은 공동체를 통하여 형성되어 전달되기 때문에 본래의 사건에 대한 심각한 개작은 생겨날 수 없다고 본다. 그러므로 그는 예수전승에 대한 증명의 짐을 진정성(authenticity)을 주장하는 자로부터 비진정성(inauthenticity)을 주장하는 자들에게로 옮겨 버린다.

2. 역사적 정통주의 예수상

라이트는 신앙과 역사를 불가분적으로 연결시킨다: "예수와 복음서에 대한 진지한 연구는 예배 공동체라는 배경 안에서 가장 잘 이루어진다."[548] 제3 탐구에서 라이트는 예수의 목적이라는 개념을 철저히 옹호하였고 예수의 메시아적 자의식을 강조하였다.[549] 1세기 유대인들은 자신들을 거룩한 땅에서 성전 중심으로 사는, 그러나 "여전히 유

547　N. T. Wright, *Simply Jesus*, 20.
548　N. T. Wright, *Who Was Jesus?* (Grand Rapids: Eerdmans, 1992), ix.
549　N. T. Wright, *The New Testament and the People of God*, 111.

배 중에 있는"550 하나님의 선민으로 보았다. 라이트는 복음서의 예수 이야기를 이스라엘 역사의 축소된 형태로 본다. 이스라엘 이야기의 유형이 예수 이야기인 것이다.

라이트는 저서『예수와 하나님의 승리』(Jesus and Victory of God)에서 예수를 이스라엘에 오래 약속된 하나님 왕국이 그의 사역을 통하여 오는 것을 믿었던 종말론적 묵시적 메시지를 선포하는 1세기 유대 선지자로 간주한다. 예수는 자신을 유배에서 돌아오는 이스라엘의 초점으로, 토라의 참 해석자, 새로운, 회복된 성전의 건축자, 지혜의 참된 대변자로 보았다. 라이트에 의하면 젊은 선지자 예수는 야웨 하나님이 심판자요, 구속자로서 시온으로 오시는 자로 증언했으며, 눈물을 흘리면서 예루살렘으로 들어가서 성전 파괴를 상징화하였고, 유월절을 축하하였다. 예수는 하나님의 약속과 언약을 성취하는 자신의 메시아 사명을 의식했다고 확신한다. 하나님의 나라는 그의 사역 안에서, 그리고 그의 사역을 통해서 오고 있으며, 그의 수난을 통해서 실현되는 것으로 믿었다. 라이트는 예수의 종말론적 예언은 A.D. 70년에 일어난 예루살렘의 멸망에서 실제로 성취되었다고 본다.551 이러한 라이트의 예수상은 복음서 기록과 역사적 정통교회의 예수상에 일치하고 있다. 그 이유는 그의 연구의 출처(source)를 외경

550　라이트가 1세기의 유대인들을 "유배에서의 귀환"이라는 거대 담론의 배경에서 해석하고 '유대인들이 여전히 유배 가운데 있다'고 보고, 예수가 자기를 '유배에서 돌아오는 이스라엘의 초점'으로 해석하는 부분은 설득력이 약한 것으로 보인다. 제임스 던은 라이트의 고정관념(ideé fixe)으로 본다. James D. G. Dunn, *Jesus Remembered*, 472-477.

551　N. T. Wright, *Jesus and Victory of God*, chapter 8. (London: SPCK, 1996), 253.

이 아닌 정경에 두고 있기 때문이다.[552]

라이트는 역사적 예수라는 질문에 풍성한 정통주의를 추구하고 있다: "나는 진정한 예수에 대해 질문을 할수록, 개인으로서나 목사로서 스스로 더 많은 도전을 받는다. 이것은 내가 발견한 것이 전통적인 정통주의를 무너뜨리기 때문이 아니다. 오히려 내가 발견한 풍성하고 충만한 정통주의가… 회중들에게 도전을 주기 때문이다. 이 도전들은 아주 강렬하기 때문이다. 왜냐하면 그것은 복음의 도전이요, 하나님 나라의 도전이기 때문이다."[553] 벤 마이어[554]에 영감 받은 라이트의 비평적 실재주의(critical realism)는 예수 세미나의 정통교회 교리에 대한 도전과는 정반대로 역사적 예수를 팔레스타인 유대교라는 배경에 놓고 1세기의 역사적 예수와 21세기의 정통주의까지 다리를 놓는다.[555]

3. 역사적 예수의 메시아 됨과 메시야 사역 인정

라이트는 『예수의 도전』에서 말한다: "복음서들은 우리들로 하여금 예수께서 그의 생애 기간 동안 메시아적으로 행동하시고 말씀하셨다는 것을 받아들이도록 격려한다."[556] 예수는 "이스라엘의 운명을 자신

---

552 N. T. Wright, *Jesus and Victory of God*, 1996, 84-85.
553 N. T. Wright, 『Jesus 코드』, 35.
554 Ben F. Meyer, *Critical Realism and the New Testament* (Princeton Theologcal Monographs 17).
555 N. T. Wright, *Jesus and Victory of God*, 9-10, 16, 94, 104, 137, 186, 197, 263.
556 N. T. Wright, *The Challenge of Jesus*, 137.

이 취하여 그것을 그 초점으로 이끌어 가신 메시아"였다.[557] 라이트는 예수가 이 세상의 빛이 되어야 했던 이사야가 예언한 야웨의 종인 고난의 종의 사명을 자신이 이루고자 인식한 분으로 본다.[558]

라이트는 예수의 메시아 됨의 분명한 증거로서 성전 정화 행동을 들고 있다: "이것(저자 주(註): 성전 정화 행동)은 개혁을 위한 시도가 아니라 심판을 상징하는 행동으로 보아야 한다."[559] "그렇다면 누가 성전에 대해 심판을 선언할 권한이 있었을까? 하나님을 위하여 일하는 왕이란 것이 그 대답이다."[560] 메시아적 성전 정화 행동은 세 가지의 언어로 구성되어 있다고 본다. 라이트는 성전 정화 행동은 그의 왕권에 대한 수수께끼이며 이것이 지닌 3가지 의미를 해명한다.

첫째, 권위 질문이다. 예수는 자신이 행하는 성전 정화의 권위 출처에 대한 질문을 받고 그는 세례자 요한을 마지막 위대한 선지자, 즉 오기로 한 엘리야라고 말하신다. 그런데 만일 세례자 요한이 엘리야라면 자신은 적어도 메시아라고 함축적으로 말하고 있다(막 11:27-33; 마 21:23-27; 눅 20:1-8). 그리고 예수는 주인의 아들을 거절한 악한 포도원 농부들 비유를 들면서 이들이 심판을 자초한 것이라고 말한다. 이처럼 라이트는 권위질문의 대답과 악한 농부들의 비유에서 마찬가지로 "자신의 메시지를 거절했던 그 도시와 성전에 심판을 선포

---

557 N. T. Wright, *The Challenge of Jesus*, 89, 163.
558 N. T. Wright, *The Challenge of Jesus*, 90, 177.
559 『Jesus 코드』, 91.
560 『Jesus 코드』, 91.

했다"⁵⁶¹고 해석한다.

둘째, 비유적 표현이다. 예수는 자신이 아들이요, 모퉁이 돌이라는 비유를 통해서 자신이 메시아임을 드러내고 있다. 예수는 시편 118편을 인용하면서 "건축자들의 버린 돌이 모퉁이의 머리돌이 되었다"(막 12:10)고 말씀하신다. 인용된 시편의 성전은 제사를 지내고 순례하는 곳이다. 그러나 예수는 자신이 "종말론적 성전"을 짓는다고 주장한다. 그리고 다니엘 2장의 환상에서는 산에서 잘라져 나온 돌이 신상(神像)을 부수고 온 세상을 덮어 왕국을 이룬다. 예수는 이 산돌이 메시아적 돌이라고 해석한다(막 12:10). 건축자들은 이 돌을 거절했으나 이 돌은 건물의 모퉁이 돌이 된다. 예수는 이 비유를 통하여 이들의 성전이 멸망당하고 인자(人子)의 왕국이 세워질 것을 비유적으로 말하고 있다.

셋째, 다윗 자손에 관한 물음: "어찌하여 서기관들이 그리스도를 다윗의 자손이라 하느냐"(막 12:35b)이다. 예수는 이 물음으로 자신이 다윗 계열의 메시아임을 강조하고 있다. 시편 110편의 인용이란 '메시아는 다윗의 주인데 어떻게 메시아가 다윗의 자손이 될 수 있는가' 이다(막 12:35-37). 라이트는 이 구절은 예수가 다윗 계열의 메시아권을 부인하는 것이 아니라 오히려 그가 다윗 계열의 메시아됨을 재정의한 것을 해석한다.⁵⁶²

라이트는 『예수와 하나님의 승리』에서도 예수의 메시아적 자의의

---

561 『Jesus 코드』, 92.
562 『Jesus 코드』, 93.

식을 확신한다: 예수는 "자신이 이스라엘의 갱신과 구원 운동을 이끌도록 부름을 받았다고 믿었다."563 이처럼 라이트는 예수 자신이 스스로를 메시아라고 생각할뿐만 아니라 "그를 통하여 온 세상의 하나님이신 여호와가 이스라엘과 세상을 구원할 메시아"564라는 자아의식을 가진 분으로 본다.

4. 이신칭의 가르침 해석에 대한 교회론적이고 선교론적 해석

저자는 이상의 라이트의 역사적 예수의 재구성을 높게 평가한다. 그럼에도 불구하고 저자는 바울 서신들, 즉 로마서와 갈라디아서 등에 나타난 바울신학의 이신칭의 가르침을 해석함에 있어서 라이트가 역사적 예수에 신앙에 근거한 1세기 초대교회의 구원관인 이신칭의 가르침에 대한 전통적인 구원론적 관점을 부인하고 교회론적이고 선교론적 주제를 핵심적인 것으로 보는 새 관점에 동의하지 않는다.565 갈라디아서 2장 16절, 3-4장과 로마서 4장, 그리고 사도행전 15장을 통해서 우리가 확인할 수 있는 것은 초대 기독교 공동체의 중요한 이슈는 예수가 누구인가라는 기독론적 문제가 아니었다. 예수가 하나님의 아들이자 메시아이며, 구원자라는 기독론적 질문은 유대인 기독교인과 이방인 기독교인들에게는 이의가 없는 사실이었다. 단지 유대인과 이방인이 어떤 방식으로 구원을 얻는가? 율법의 행위인

---

563 N. T. Wright, *Jesus and Victory of God*, 200.
564 N. T. Wright, *Jesus and Victory of God*, 596.
565 최갑종, "바울에 대한 '새 관점', 무엇이 문제인가?" 한국개혁신학 28권, 2010, 60-98.

가, 아니면 예수 그리스도에 대한 믿음인가 하는 구원론적 문제가 가장 중요한 논의의 문제였다. 초대 기독교 공동체의 핵심적인 가르침에 있어서 예수 그리스도는 의의 근거요, 믿음은 의롭게 되는 방편(롬 3:21-23)으로 이해되었다.566 역사적 예수에 대해서는 정통신앙의 입장을 변호하면서도 바울신학에 있어서는 역사적 교회의 바울 해석을 종교개혁자들이 핵심으로 본 구원론적 관점이 아니라 교회론적이고 선교론적 관점으로 해석하는 라이트의 착상은 개혁정통 신앙에 철저하지 못하다고 평가된다.

---

566 최갑종, "바울에 대한 '새 관점', 무엇이 문제인가?" 83-85.

제 9 장

"예수 세미나"의 역사적 예수 탐구: 방법론적 성찰

- 1980년대의 "예수 세미나" 학자들의 상상력에 의한 접근:
탐구자의 상상력에 의해 '만들어진 예수'(fabricated Jesus) -

Jesus of Nazareth in Reformed-Orthodox Faith

:: 제9장 "예수 세미나"의 역사적 예수 탐구: 방법론적 성찰
– 1980년대의 "예수 세미나" 학자들의 상상력에 의한 접근:
탐구자의 상상력에 의해 "만들어진 예수"(fabricated Jesus) –

I. 이데올로기 편향적 연구

"예수 세미나"는 제3 탐구 운동의 극단 그룹으로 특징지어진다. "예수 세미나"는 미국 캘리포니아주의 산타 로사에 있는 "웨스타 연구소"(The Westar Institute)의 후원을 받아 1985년 펑크에 의해 창설되었고, 창설 첫 해부터 펑크와 로마 가톨릭 사제인 크로산이 공동의장으로 운영되어 왔다. "예수 세미나"는 첫 해에는 마커스 보그(Marcus J. Borg)를 비롯한 약 30명으로 구성된 신약학자들로 시작했으나, 이후 200여 명에 달하는 연구 모임으로 발전했으며, 성경 비평학(biblical criticism) 분야에서 활발히 연구하는 그룹 중 하나이다.

이들은 펑크의 소집으로 수년에 걸쳐 일 년에 두 번씩 모여, 예수에게 돌려진 말씀과 행동의 목록을 작성하고 어떤 전승이 실제로 역사적 예수에게서 유래했는지를 색 구슬 투표로 결정했다. 이들은 네 개의 색 구슬(빨간색: 믿을만함, 분홍색: 개연성 있음, 회색: 믿을 만하지 않음,

검정색: 개연성 없음)로 예수의 말씀과 행위에 대한 투표로 자신의 견해를 표시하게 되면, 사복음서의 내용이 구슬을 가장 많이 받은 색깔대로 분류된다. 그런데 이들 학자들의 연구의 결과는 예수의 말씀이나 예수의 행위 모두 빨강색보다는 다른 색으로 도배되어 나타난다. 예수의 것으로 전해진 말씀과 사역 중 단지 약 20%만이 역사적으로 개연성이 있다는 결론이 나왔다.[567]

이러한 "예수 세미나" 학자들의 탐구는 보른캄에서 보는 바와 같이 제2 탐구 시기의 학자들이 신앙의 그리스도와 역사의 예수의 연결을 긍정적인 시각에서 보고 역사적 예수의 실재성을 복구하려는 교회 친화적인 태도를 가진 것과는 다르다. 이들은 브레데와 불트만의 과격한 회의주의와 결합하여 자유주의의 탐구로 회귀하려는 것이다.

성경 기록의 진정성 결정을 학자들이 투표로 결정한다는 것은 하나님의 영감으로 기록된 복음서의 진정성을 인본주의적으로 평가하려는 바람직하지 않은 시도로 간주된다. 베드로는 이러한 일들에 대하여 사전에 경고하고 있다: "먼저 알 것은 성경의 모든 예언은 사사로이 풀 것이 아니니, 예언은 언제든지 사람의 뜻으로 낸 것이 아니요 오직 성령의 감동하심을 받은 사람들이 하나님께 받아 말한 것임이라"(벧후 1:20-21). 기독교는 성령의 종교로서 성령이 영감을 통해서 기록하도록 한 복음서 기록들은 도마복음을 위시한 비경전들에 영향을 미친 미혹의 영의 기록들과도 분명히 구별되어야 한다.

"예수 세미나"의 연구 방법은 다음 몇 가지 경향성 내지 합의점을

---

567 W. Barnes Tatum, *In Quest of Jesus* (rev. & ext. edition, Nashville: Abingdon, 1999), 103-4.

보이고 있다. 첫째, 층위학적 방법(stratigraphy)이다. 다양한 예수전승 가운데 가장 초기의 전승 층을 탐구한다. 구전(口傳) 단계의 예수전승과 복음서 사이에 중간 단계, 즉 마가복음 이전의 Q복음 등이 있다고 가정한다. 이는 예수 말씀들을 수집해 놓은 어록 형태다. 이는 어록복음(saying gospel) 형식이다. 둘째, 비경전적(때로는 이단적) 자료들에 대한 개방성이다. 도마복음, 미지복음서 단편(에거튼복음), 베드로복음(아크미론 단편), 히브리복음, 어록복음 Q, 십자가복음(the Cross Gospel) 등 최초의 층위의 비경전 자료를 정경복음서(마태, 마가, 누가, 요한복음)보다 더 중요시한다. 여기서 "예수 세미나"의 방법은 이단적으로 흘러가는 위험성을 내포하고 있다. 셋째, 전승의 가장 이른 층위에 지혜의 말씀들이 있다. 비종말론적 예수, 말하자면 전복적 지혜(subversive wisdom)의 교사(현인) 예수를 인정한다. 넷째, 1세기 갈릴리의 사회적 맥락을 중요시한다. 이는 모든 것을 제의적 정결과 거룩성을 기준으로 규정하는 사회적 구조화이다. 다섯째, 식탁교제와 치유 등 예수 사역에 관련된 생동력 있는 사회적 측면을 중요시한다. 이러한 예수의 사역은 사회적 강자들(정결한 사람, 부자, 남성들 등)보다는 사회적 약자들(부정한 사람, 가난한 자, 여성들)에게 위로와 희망이 되었다.[568]

"예수 세미나" 학자들이 예수전승의 가장 초기의 역사를 다룰 때 전승의 원판을 복원하려는 시도[569]는 예수전승의 특징을 완전히 잘못

---

568 조태연, "제6장 역사적 예수," in 신약성서개론: 『한국인을 위한 최신 연구』, 대한기독교서회, 2014, 170-171.
569 Robert W. Funk and Roy W. Hoover (eds.), *The Five Gospels: The Search for the*

판단하는 것이다. 구두전승의 경우에는 처음부터 여러 본(本)이 있음과 공연상의 변이(變異)가 전승의 본질이며 심지어 결정적이다.[570] 던이 말하는 것처럼 예수 말씀 전승은 말씀 자체가 아니라 말씀 전승의 여러 본(本)이 있을 수 있다.[571] 청중들 중에 다른 사람은 그 말씀을 약간 다르게 듣고 애초부터 다른 판의 전승을 만들어 전했을 수 있다. "예수 세미나"는 예수전승의 가장 초기의 전승 층을 복원하려는 시도에 있어서 불트만의 양식사의 가설을 따르고 있다. 그런데 이 가설은 "순수한 양식"(pure form)이라는 원판(original version)이 존재한다는 잘못된 판단에서 나온 발상이다.[572]

1. 펑크의 접근: "떠돌이 현인" 예수

"예수 세미나" 창설자 펑크는 역사적 예수 연구란 후기의 초대 기독교인들이 믿었던 종말론적 선지자로 그려진 신화적 그리스도(mythic Christ)로부터 갈릴리의 현인을 해방시키는 노력이요, 그리고 예수에 관한 종교(the religion about Jesus)로부터 예수의 종교(the religion of

---

Authentic Words of Jesus. New York: Macmillan, 1993; Robert W. Funk, The Acts of Jesus: The Search for the Authentic Deeds of Jesus, Harper San Francisco: Harper / Folebridge, 1998; James D. G. Dunn, New Perspective on Jesus, 『예수님에 관한 새 관점』, 63.

570 A. Dundes, Holy Writ as Oral Lit: The Bible as Folklore (Lanham, MD: Rowman & Littlefield, 1999, 18-19. 던디에 의하면 "민속의 가장 두드러진 두 가지 특징은 '여러 가지 판들이 존재한다는 점'과 '변이가 있다'는 점"이다.
571 James D. G. Dunn, New Perspective on Jesus, 『예수님에 관한 새 관점』, 62-63.
572 James D. G. Dunn, "Altering the Default Setting", in 『예수님에 관한 새 관점』, 95-143.

Jesus)를 구분시키는 노력이라고 규정한다. 펑크는 1996년에 출간한 『예수에게 솔직히』(Honest to Jesus)라는 저서를 통해 역사적 예수를 신앙과 교리의 그리스도라는 감옥으로부터 해방시키고자 한다: 역사적 예수 연구의 변함없는 목적은 "예수를 그분이 감금된 성경의… 감옥으로부터 해방시키는 것이다… 실제 예수의 적나라한 모습은 창백하고 핏기 없는 전통적 예수의 모습 속에서 고난당하고 있다."573

펑크는 예수전승들을 사용한 공동체들에게 돌릴 수 있는 것을 벗겨내기 위하여 "예수 세미나"가 분류한 100여 개의 '진정한' 말씀과 행위에 집중하였다. 그것은 16개의 비유와 80개의 아포리즘과 그리고 5개의 비유다. 펑크는 이들로부터 예수의 수사학을 찾으려고 한다. 벗겨내야 하는 것들은 구약성경의 사용이나 반영, 격언적이거나 비유적이지 않은 말씀이나 예리한 논박이 아닌 말씀, 세례의 실행이나 초기 교회의 사역 환경에 관해 암시를 주는 것, 이스라엘 내지 유대의 공동적 민간전승의 맛이 나거나 기독교 현인(賢人)에 의해 이야기될 수 있을 법한 말씀, 특히 묵시적 특징을 지니거나 바울의 십자가 신학 같은 것을 암시하는 것 등이다. 이런 것들은 신앙의 냄새가 나는 것으로 모두 벗겨내야 한다고 주장한다.574

또한 펑크는 성전이나 율법 등 성스러운 전통보다는 예수의 수사학에 집중한다. 그는 예수의 여행, 식탁교제, 죄인 및 세리들과의 사

573　Robert W. Funk, *Honest to Jesus: Jesus for a New Millennium*, New York: HarperCollins, 1996, 300.

574　James D. G. Dunn, *Jesus Remembered*, 959; James Dunn, *New Perspective on Jesus*, 『예수님에 관한 새 관점』, 28.

권, 그리고 사회적 일탈 등을 분석함으로써 예수를 상식을 뒤엎고 기존 상징체계에 도전하는 현인으로 그린다. 펑크는 예수의 두 비유(선한 사마리아인, 탕자와 큰 아들)를 풀이함으로써 예수의 그러한 수사학적 특성을 입증해 보이고자 했다.

펑크는 1998년에 쓴 글『근본적 개혁을 위하여: 21개의 명제』(The Coming Radical Reformation: Twenty-one Theses)에서 자신 스스로를 "강력한 새로운 종교개혁"을 부르짖는 새로운 마르틴 루터라고 생각하는 인식하에 전통 기독교를 부정하는 새로운 인본주의 주장을 하였다:[575] "예수를 제자리에 갖다 놓아야 한다. 예수는 더 이상 신이 아니다. 예수를 신격화하는 것은 인격적 신을 떠올리는 구태의연한 유신론에 불과한 것이다." "예수는 자신을 그리스도라고 주장하지 않았다." "초기 기독교인들이 말하는 구세주는 고대 신화 속에서 빌려 만든 그들의 바람이다. 예수가 신의 아들로 세상에 와서 권능으로 인간의 죄를 사하고 죽은 자 가운데서 살아나며 하늘로 되돌아갔다는 것, 세상 끝나는 날 산자와 죽은 자를 심판하러 온다는 것 등도 모두 사실이 아니다. 좀 더 현실적인 '살아있는' 예수에 대한 '이미지'를 찾아야 한다."[576]

이처럼 펑크에 의하면 "예수가 그리스도이다"라는 교리는 예수의 의도와 무관하게 그에게 덧붙여진 것이며, 예수를 종교시장에 팔기 위한 초대 기독교인들의 마케팅 전략의 결과라고 한다. 예수 상품화

---

[575] Robert W. Funk, *Honest to Jesus: Jesus for a New Millennium*, 1996, 21.
[576] http://www.westarinstitute.org/Periodicals/4R_Articles/Funk_Theses/funk_theses.htm

의 최종단계는 니케아 공의회에서 칼케돈 공의회에 이르기까지 발전된 기독론이라고 한다. 펑크는 Q자료의 가장 초기 전승은 종말론적 자료를 포함하지 않았고 "거의 세속적인 현인으로 활동하는" 예수를 보여준다고 생각한다.577 펑크는 Q와 도마복음이 "마가복음보다 10-20년 정도 빠른" 독립적인 증거라고 본다.578 그리하여 성경이 제시하는 종말론적 예언자 예수상은 예수에 기원을 둔 것이 아니라 부활절 이후 몇 10년이 지나서 만들어진 예수 추종자들의 창작물이며 상품이라고 한다.579 펑크는 주장하기를, 마가가 수난 이야기를 만들었고, 다른 수난 이야기는 직간접적으로 마가복음에 의존한다고 한다.580 예수의 죽음 이후 어느 시점에 제자들에 의해 공동체를 형성되고 조직화되어 하나의 운동이 되었으며,581 그러한 과정 중에 예수의 말씀은 길들여지고 예수는 메시아로 '상품화'(marketed)되어 갈릴리

---

577 Robert W. Funk, *Honest to Jesus: Jesus for a New Millennium*, 1996, 135.

578 Robert W. Funk, *Honest to Jesus: Jesus for a New Millennium*, 137-138. 펑크의 이러한 주장은 Q의 존재란 하나의 가정에 불과하다고 보아 그 존재 자체를 의문시하고[John Kloppenborg, "Discursive Practices in the Sayings Gospel Q and the Quest of the Historical Jesus", in The *Sayings Source Q and the Historical Jesus* (ed. A. Lindemann; Leuven: Leuven University Press, 2001), 161], 그리고 Q에서 전승의 층을 발견하는 능력을 의문시하고, 그리고 정경복음에 대한 도마복음의 독립성을 의문시하는 학자들에게는 납득되기 어렵다. (E. G. David Gowler, 『최근 역사적 예수 연구 동향』, 67-68). 펑크의 주장에 대하여 쾌스터는 "Q의 이 초기 단계를 정말로 비종말론적으로 정의할 수 있는지 의심스럽다. 그런 관찰에서 역사적 예수의 설교는 종말론과 아무런 관련이 없었다는 결론을 끌어 낼 수 있는지는 더욱 의심스럽다"고 지적한다. [Helmut Koester, "Jesus the Victim," *Journal of Biblical Literature* 111 (1992): 7]. 클로펜보그도 '어떤 말씀의 궁극적인 전승사적 기원에 대해서 어떤 것을 암시하려고' Q의 층들(layers)을 사용하면 안 된다고 경고했다. 즉, 두 번째 층에 있는 어떤 말씀이 '가장 이른 층'에 있는 어떤 말씀보다 '더 오래되었을' 수도 있다고 지적한다. John Kloppenborg, *The Formation of Q* (Philadelphia: Fortress, 1987), 244-245.

579 김진호 편, 『예수 르네상스』, 한국 신학연구서, 1996, 97.

580 Robert W. Funk, *Honest to Jesus: Jesus for a New Millennium*, 240.

581 Robert W. Funk, *Honest to Jesus: Jesus for a New Millennium*, 223.

현인은 신화적 그리스도로 점차 대체되었다고 본다.[582]

펑크가 발견한 역사적 예수는 도덕주의자나 종말론적 예언자가 아니었다. 예수의 사회적 신분은 "농부"이자, 동시에 "재담가", "지혜귀족", "시인"이었다고 본다. 그는 예수를 "갈릴리의 겸손한 현인", "떠돌이 현인"(vagabond sage)으로 그린다. 펑크는 기독교 이후 시대의 도래와 더불어 유럽 세계의 식민주의와 제국주의도 끝난 것으로 보고, 세상 모든 사람들을 서유럽 기독교의 관점으로 개종시키고자 의도했던 선교 시대가 끝났다고 본다. 그러므로 펑크는 이제는 예수를 석가 · 노자 · 공자 · 간디, 그 밖의 다른 종교 인물들과 나란히 두어야 한다고 주장한다.[583]

이러한 펑크의 탐구에는 역사적 예수가 신앙의 그리스도와는 다르다는 그의 학문적 선입견이 전제되어 있다. 펑크의 탐구는 신앙의 그리스도가 역사적 예수의 가르침을 받고 신앙적 영향을 받아 생업과 가족까지 버리고 예수를 따른 제자들과 공동체의 최초의 전승에 기인하고 있음을 도외시하고 있다. 이에 대해 던은 다음과 같이 펑크를 비롯한 예수 세미나 학자들에 대해 올바른 비판을 하고 있다: "우리는 현실적으로 복음서의 예수전승을 통해 접하는 예수와 다른 또 하나의 예수(a Jesus)를 발견할 것이라고 기대할 수 없다… 우리가 분명하게 아는 것이라고는 예수가 그의 제자들에게 어떤 영향을 미쳤는가 하는 것뿐이다. 만일 우리가 이 전승에 대한 비판적 분석의 일환

---

582 Robert W. Funk, *Honest to Jesus: Jesus for a New Millennium*, 254.
583 Robert W. Funk, 『예수에게 솔직히』 (서울: 한국기독교연구소, 1999), 115.

으로 그 전승에서 신앙적인 요소를 모두 제거한다면, 우리는 무기력감과 실패를 맛볼 수밖에 없을 것이다. 만일 우리가 신앙과 무관한 예수, 혹은 다른 방식으로 신앙을 불러일으키는 예수를 발견하려 한다면 우리는 도깨비불을 쫓아가는 것이다."[584]

2. 크로산의 접근: "유대 견유학파 현인"

이와 같이 "예수 세미나" 학자들이 발견한 역사적 예수는 사회적으로 소외된 자들과 함께 한 떠돌이 설교자였고, 견유학파의 현인(Sage)[585]이었다. 크로산은 역사적 예수를 사회·정치적 정황 속에서 설정하고 있는데, 이 점에 있어서는 대부분의 학자들이 일정부분 공유하고 있는 부분이다. 크로산에 의하면 예수는 "'로마제국' 치하의 유대교에 속한 갈릴리의 '유대인'"[586]으로서, 소작농(小作農)을 주된 청중으로 하는 한 농민으로 "유대 견유학파 현인"이었다.[587] 크로산은 예수와 제자들이 "아우그스투스적 여피들(yuppies)의 세상에 사는 히피들

---

584 James D. G. Dunn, "예수를 기억하며, 어떻게 역사적 예수 탐구가 길을 잃었는가?" 303.
585 견유학파(Cynics, 犬儒學派, Zyniker)는 그리스 철학의 한 유파로 디오게네스(Diogenes)가 창설했으며 그 명칭은 그 학파의 '개와 같은 생활' 때문이라고 설명되기도 한다. 퀴닉스 학파라고도 한다. 행복은 유덕한 생활에 있으며 유덕한 생활이란 외적 조건에 좌우되지 않는 생활이며, 이것은 강인한 의지로 욕망을 억제하는 것에 의하여 달성될 수 있다는 것이 이 학파의 가르침이다. 시니시즘(cynicism)이라는 말은 이 학파의 가르침을 의미하는 것이 아니라 일반적으로, 세론(世論), 습속(習俗), 통상적인 도덕 등을 무시하는 생활 태도를 의미한다. (철학사전, 2009., 중원문화).
586 John Dominic Crossan, "예수와 공동 종말론의 도전", *The Historical Jesus. Five Views.*, Beilby, James K/ Eddy, Paul Rhodes (ed.), InterVarsity Press, 2009, 손혜숙 역. 역사적 예수 논쟁』. 새물결플러스, 2014, 153-193.
587 John Dominic Crossan, *The Historical Jesus*, 421.

(hippies)"이었을 것으로 본다. "견유"(犬儒, cynic)란 단어는 "개와 유사한"이라는 의미의 헬라어에서 비롯되었는데, 견유학자들이 누더기를 걸친 남루한 모습으로 다녔기 때문에 이러한 명칭을 얻게 되었다. 이들은 망토, 가방, 지팡이를 갖고 다녔으며 보통 맨발로 생활하였다. 크로산은 예수를 영향력 있는 마술적 치유를 행한 마술사로, 그리고 개방적이고 자유분방한 식탁교제를 통하여 물질적·정신적 평등주의를 구현한 자로 그린다.

크로산은 예수를 당시의 로마제국에 저항한 반제국주의적 인물로 철저히 왜곡시키고 있다. 그는 예수가 세례자 요한이 당한 일을 보면서 깨달음을 얻고 자신의 종말론적 프로그램을 바꾸었다고 해석한다: "요한은 죽임을 당했고 하나님은 여전히 오지 않았다." "예수는 그것을 지켜보면서 교훈을 얻어 하나님에 대한 자신의 비전을 바꾸었다."[588] "우리가 하나님을 기다리는 것이 아니라 하나님이 우리를 기다리신다"는 것이다. "임재하는 하나님 나라는 상호 협력적이고 참여적인 종말(collaborative and participatory eschaton)이라는 것이다."[589] 크로산은 하나님이 세례자 요한을 석방하거나 의인의 원수에 대해 보복하지 않은 것에 근거해 예수는 하나님의 비폭력성을 알게 되었고, 이로 인해 비폭력 사상을 가지게 되었다고 본다. 더 나아가 그는 이미 옛 탐구자 슈바이처가 주장한[590] 것과 유사한 이론을 펼치기도 하는

---

588 John Dominic Crossan, "예수와 공동 종말론의 도전", 179.
589 John Dominic Crossan, "예수와 공동 종말론의 도전", 182-183.
590 Albert Schweitzer, *The Mystery of the Kingdom of God. The Secret of Jesus' Messiahship and Passion*, trans. Walter Lowrie (New York: Schocken Books, 1962), 219-36.

데, 세례자 요한이 죽은 후에도 대환란의 조짐이 보이지 않자, 예수는 하나님 나라는 이미 임했지만 오직 공동협력을 통해서만 현존한다고 선포했다고 한다. 예수가 선포한 급진적 윤리란 이미 임재한 것에 대한 긍정적인 참여이다.[591] 그는 예수 종말론의 패러다임 변화를 다음과 같이 설명한다: "예수가 도입한 돌발적인 변화는 하나님의 종말론적 도래의 성격을 순간으로부터 과정으로, 시간을 배제한 즉각성으로부터 시간 내에서의 연속성으로 바꾸었다."[592] 공동 종말론의 프로그램은 비폭력적이고, 치유되고, 공동식사를 나누는 공동체적인 프로그램이다. 이렇게 크로산은 자신의 상상력을 투영한 자유주의적 예수상을 만들어냄으로써 19세기 옛 자유주의로 퇴각하고 있다

덧붙여서 예수가 견유학파의 현인이라는 펑크와 크로산의 주장은 대부분의 학자들[593]에 의해 그 모호성으로 인해 비판받고 있다. 그 가운데서도 탁월한 언어학적 지식으로 고대 문서에 정통한 복음주의 신약학자 에반스는 이들의 왜곡되고 뒤틀린 관점에서 나온 잘못된 주장에 대해 다음과 같이 조목조목 반박하고 있다.

첫째, 1세기 초에 갈릴리 지역(나사렛, 세포리스, 디베랴)에 견유학자들이 있었다는 고고학적·문헌학적 증거는 없다.[594] A.D. 70년 이전

591　John Dominic Crossan, "예수와 공동 종말론의 도전", 190.
592　John Dominic Crossan, "예수와 공동 종말론의 도전," 190.
593　David E. Aune, "Jesus and Cynics in the First-Century Palestine: Some Critical Considerations," in *Hillel and Jesus*, ed. James H. Charlesworth and Loren L. Johns(Minneapolis: Fortress, 1997), 176-92; Hans Dieter Betz, "Jesus and the Cynics: Survey and Analysis of a Hypothesis," JR 74(1994); 453-75.
594　Craig A. Evans, *Fabricating Jesus*. 성기문 역, 『만들어진 예수』, 164.

세포리스에는 이방인들이 사용한 돼지 뼈, 로마 황제 형상이 있는 동전, 이교도의 유상과 형상, 이교도의 건물들(극장, 신당, 검투장, 성상들)이 고고학적 발굴에서 발견되지 않았다.[595] 이러한 사실은 예수가 이러한 헬라적 사상과 세계관의 영향을 받지 않았다는 것을 말해준다.

둘째, 예수의 가르침은 견유학파의 가르침보다는 유대교의 가르침과 쿰란 공동체의 가르침과 유사성을 발견할 수 있다. 예수는 바리새적 유전과 율법해석은 거부했으나 모세의 율법을 존중하고(막 12:29-31), 성전과 제단에 대해서도 그 존재 가치를 인정했다(마 5:23-24). 예수의 가르침과 에세네파의 가르침 사이의 의미심장한 유사성이 존재하는 것도 예수가 헬라적 견유학파의 영향을 받았다는 주장을 반박하는 근거가 된다.[596]

셋째, 예수의 하나님 중심의 세계관과 윤리와 견유학파의 자연주의적 세계관과 윤리는 본질적으로 다르다. 예수는 제자들에게 견유학파처럼 행복을 추구하고 자연을 따라 살라고 하지 않았다. 그는 제자들에게 하나님의 선하심과 돌보심을 믿으며 살도록 요청했다. 무엇보다 하나님 나라와 그의 의를 추구하며 살라고 가르쳤다(마 6:33). 견유학파 사람들은 길거리에서 방뇨하고 배변하고 성행위를 하는 등 사회적 관습과 예의를 경멸한 자들이었으며,[597] 거칠고 무례한 자들로서 사람들에게 관심을 두지 않았다. 이들은 "자신들이 만드는 소음이

---

595 Craig A. Evans, *Fabricating Jesus*, 성기문 역, 『만들어진 예수』, 152.
596 Craig A. Evans, *Fabricating Jesus*, 성기문 역, 『만들어진 예수』, 157.
597 키케로의 『의무에 대하여』, 1. 128; 디오게네스 라에르티우스의 『탁월한 철학자들의 생애』, 6.69; 에픽테투스의 『담화』, 2.20.10.

나와 무슨 관계가 있는가?"라고 말할 정도였다.[598]

그러나 이들과는 달리 예수는 간음하다 현장에 잡힌 여인을 용서하시면서 "나도 너를 정죄하지 아니하노니 가서 다시는 죄를 범치 말라"(요 8:11)고 가르쳤으며, 원만한 대인관계의 황금률(Golden Rule)을 가르치셨다: "무엇이든지 남에게 대접을 받고자 하는 대로 너희도 남을 대접하라 이것이 율법이요 선지자니라"(마 7:12; 눅 6:31).

3. 보그의 접근: "사회 예언가", "전복적 지혜 교사" 예수

마커스 보그는 1987년에 발표한 그의 저서 『예수: 새로운 비전』(Jesus: A New Vison)에서 일찍이 비종말론적 예수를 옹호하면서 예수를 "유대교의 은사적인 흐름 안에 있는 성령 충만한 사람", "치료자요 귀신추방자"로 묘사한다.[599] 이에 그치지 않고 그는 한 발 더 나아가 자신의 논문 "예수: 스케치"에서는 예수를 "무아지경에 빠진 사람", "유대 신비주의자"라고까지 일컫고 있다.[600]

보그가 묘사하는 역사적 예수는 다음 두 가지로 특징화된다.

첫째, 비종말적 사회 예언가로서의 예수다. 하나님 나라라는 용어는 "분명히 진정한 예수어록"에서는 절대로 미래적이고 시간적으로 파악되는 나라를 가리키지 않는다고 주장한다: "하나님 나라를 세상

---

598 Seneca, *Moral Epistle*, 91.19.
599 M. Borg, *Jesus: A New Vison* (San Francisco: Harper & Row, 1987), 61, 67.
600 M. Borg, "Jesus: A Sketch," in *Profiles of Jesus* (ed. Roy W. Hoover; Santa Rosa, CA: Polebridge, 2002), 130-133.

의 임박한 종말로 생각할 이유가 없다."[601] "임박한 종말론은 예수전승을 읽는 해석학적 배경이 될 수 없다."[602] 보그에 의하면 예수는 유대 지배계층의 이데올로기였던 정결체계(purity system)와 차별적 사회 경계(social boundaries)에 저항한 사회 예언가다. 예수는 이러한 정결체계를 비판하고 그 대신 "인자"(사람의 아들)를 강조하였다. 그러면서 그는 "인자"란 역사에 종언을 가져오는 종말론적 인물이기 때문에 역사적 진정성을 인정할 수 없다고 본다. 그는 예수를 종말론적 인물이라 아니라 비종말적 사회 예언가로 보고 있는 것이다.

둘째, 카리스마적 치유자와 전복적 지혜 교사로서의 예수다. 예수는 또한 초월적 영과 접촉하는 성(聖)의 매개자, 그리고 세상의 통념과 지혜를 깨뜨리는 "전복적 지혜자"였다. 보그는 이에 대해 다음과 같이 설명한다: "예수는 영적 사람이었고 도전적인 현인이었고, 사회적 예언자였고, 운동의 창시자였다. 그는 추종자들과 청중을 그 자신이 알았던 동일한 성령을 가지고 변화시키는 관계 속으로, 그리고 자비를 중심 가치로 삼는 사회적 전망을 가진 공동체 속으로 초대했다."[603] 보그는 이러한 초월적 영과의 경험적 접촉은 역사적 예수의 핵심으로 진정성을 갖는다고 본다. 그리고 세상의 통속적 관념을 깨뜨리고 세상의 지혜를 전복시키고 새로운 대안을 제시하는 지혜자로 본다.

공립대학과 교회(그의 아내도 감독교회의 사제이다)에서 봉직하고 있

---

601 M. Borg, "A Temprate Case for a Non-Eschatological Jesus", in *Jesus Contemporary Scholarship*, (Harrisburg, PA: Trinity Press, 1994), 54.
602 M. Borg, "Jesus and Eschatology: Current Reflections", in *Jesus Contemporary Scholarship*, (Harrisburg, PA: Trinity Press, 1994), 88.
603 Marcus Borg, *Meeting Again for the First Time* (San Francisco: Harper 1994), 119.

는 "세속적인 예수 학자"로서 자신의 정체성을 드러내는 보그가 재구성하는 "사회 예언가", "전복적 지혜교사"로서의 예수는 정통 기독교가 전하는 역사적 예수의 핵심을 비켜가고 있다. 이는 보그가 복음서보다는 비정경의 예수 어록을 중시하는 데서 비롯되는 것이다. 보그는 그가 투영하는 동정, 포용, 인정, 사랑, 평화로 이루어지는 대안적인 사회 공동체를 지향하는 사회 갱신가[604]로서의 예수를 부각시키기 위하여 복음서가 말하는 다가오는 하나님 나라의 종말론적 메시지를 전하는 예언자로서의 예수의 모습을 간과하고 있다. 따라서 역사적 예수가 지니고 있는 인자와 메시아적 성격을 배제시킴으로써 우리 죄를 대속하신 구속자로서의 예수의 모습을 전적으로 탈락시키고 있다.

II. "예수 세미나"의 방법론적 문제: 경전과 비경전 경계를 허묾

1. 도마복음을 사복음서에 추가하여 오복음서 제시

"예수 세미나" 학자들은 예수 말씀의 진정성 여부에 대한 연구를 통해 1945년 이집트에서 발견된 기독교 문헌, 도마복음이 포함된 새로운

604　M. Borg, *Jesus: A New Vison*, 142.

신약성경을 만들었다. 그 결과로 1993년에는 『오복음서』[605]라는 책이 출간되기에 이른다. 이후에도 예수의 행적에 대한 같은 방식의 연구를 통해 『예수의 행적』[606]이 출간되었다.

"예수 세미나" 학자들은 초대교회가 영지주의 이단의 문서라고 폐기한 도마복음을 복음서 중 하나로 격상시켰는데, 그 이유는 도마복음과 사복음서(마태, 누가, 요한, 마가복음)가 일정부분 서로 비슷한 부분들이 있기 때문이다. 예건대, 누가복음의 겨자씨 비유설교는 도마복음과 Q문서(예수 어록)에도 등장한다. 이들은 정통교회가 전해준 정경 결정의 선을 넘어서 자신들이 정한 기준으로 인위적인 정경을 다시 설정함으로써 "오복음서"를 만들어 놓았다. 이는 사도 요한이 요한계시록에 기록한 말씀인 첨가하지도 빼지도 말라는 정경적 계시에서 이탈하는 것이다: "내가 이 두루마리의 예언의 말씀을 듣는 모든 사람에게 증언하노니 만일 누구든지 이것들 외에 더하면 하나님이 이 두루마리에 기록된 재앙들을 그에게 더하실 것이요, 만일 누구든지 이 두루마리의 예언의 말씀에서 제하여 버리면 하나님이 이 두루마리에 기록된 생명나무와 및 거룩한 성에 참여함을 제하여 버리시리라"(계 22:18-19). 이 구절은 일차적으로는 요한이 쓴 계시록이 구약성경의 예언자들의 문서와 마찬가지로 하나님의 영의 감동으로 된 예언을 내포하고 있음으로 그 예언의 구성 내용을 가감해서는 안 된다는

---

[605] Robert W. Funk & Hoover, *The Five Gospels: The Search for the Authentic Words of Jesus* (Sonoma: Polebridge; New York: Macmilan, 1993. xiii, 27, 36, 101.

[606] Robert W. Funk & the Jesus Seminar, *The Acts of Jesus: The Search for the Authentic Deeds of Jesus*, (San Francisco: HarperSanFrancisco. 1998), 34: "예수가 말 수가 적은 현자와 다르게 묘사된 이야기들은 역사적이지 않을 가능성이 높다", 36, 104-5, 566.

경고를 하고 있다. 그러나 정경(正經) 제정이 완결 이후에는 구약 정경 39권과 신약 정경 27권 총 66권의 정경적 계시를 넘어선 다른 경전을 첨가하지 말라는 경고로 해석될 수 있다.

어거스틴은 『고백록』 제13권에서 창세기 1장 20절(땅의 생명체와 하늘의 새들을 창조 명령)을 다음과 같이 은유적으로 해석한다: "또한 당신의 종들의 말씀(소리)은 땅 위를 나는 새들처럼 궁창과 같은 성경의 권위를 가지고 하늘을 날아다녔으니 그들은 어디로 가든지 자신들을 성경의 권위 밑에 두었던 것입니다."[607] 어거스틴은 플라톤주의자들의 책들과 성경의 차이를 지식의 교만과 사랑의 겸손에 이르게 하는 책으로 구별하고 있다: "나는 사실상 벌을 충분히 받았음에도 불구하고 지혜로운 자로 나타내 보이기 원하여 나의 무지를 슬퍼하기보다는 오히려 지식의 교만으로 부풀어 있었습니다. 겸손의 기반이 되시는 예수 그리스도 위에 세워진 사람이 나에게 있었습니까? 혹시 언제 그런 책들(플라톤주의자들의 책들)이 나에게 이런 사랑을 가르친 일이 있었습니까?… 또한 내가 성경으로 정화되고 내 상처가 당신의 손으로 고침을 받은 후 나로 하여금 교만과 고백의 차이… 를 식별하도록 하기 위함이었습니다."[608] "혹시 당신의 책(성경) 속에 애매한 점이 있다고 할지라도 그것에 대하여 조금이라도 의심을 품는 것은 옳지 않습니다. 그 대신 우리는 우리의 이성을 권위에 복종시켜서 우리가 아직 이해를 못한다 할지라도 그것을 옳고 참된 말씀임을 확실히 믿어

607　Augustine, *Confessiones* XIII. 20. 26.
608　Augustine, *Confessiones* VII. 20. 26.

야 할 것입니다."[609] 어거스틴이 피력하는 바와 같이 창세기 기록에 대한 성찰, 그리고 역사적 예수에 대한 우리의 성찰은 일차적으로 사복음서, 사도 서신들, 사도행전, 그리고 구약 정경의 증거에 기초해야 한다. 그래야만 초대교회 이후에 2000년 동안 역사적 정통교회를 통해서 전승된 역사적 예수에 대한 바른 모습을 갖게 되는 것이다.

"예수 세미나" 학자의 대다수가 자유주의 신학을 선호하는 하버드, 클래어몬트, 밴더빌트 대학 출신이라는 점도 비판을 받고 있다. 미국의 복음주의 신약학자 에반스가 지적하는 바와 같이 이들은 헬라-로마시대의 영지주의 문서에는 많은 지식과 관심을 가지면서도 기독교의 모태인 유대교 전통과 문서에 대해서는 거의 관심을 가지고 있지 않다. 그리고 이들은 구약의 중요성도 인지하지 않고 그들의 상상력에 입각한 연구결과를 주로 미디어, 즉 미국 ABC 방송사의 "예수를 찾아서"(The Search for Jesus)를 통해서 발표함으로써 엄격한 학문보다는 저널리스트의 측면이 강한 면을 보이고 있다.[610]

2. 임의적인 예수 말씀 평가의 당혹스러운 결과: 종말론적 예언자로서의 예수 메시지 완전 배제

"예수 세미나" 학자들은 예수전승의 1,500여 개의 역본과 500여 개 항목 가운데 어느 것이 예수께로 소급되는지 결정하는 작업을 하였

609　Augustine, *Confessiones* XIII. 23. 33.
610　Craig A. Evans, *Fabricating Jesus*. 성기문 역, 『만들어진 예수』, 19-20. 23-26.

다. 그러나 그들이 작업한 결과라고 내놓은 연구 결과물은 정통교회 그리스도인들이 받아들이기에는 매우 당혹스러운 것이었다. 복음서 예수전승 가운데 단지 18%만이 그 진정성을 인정받았고, 나머지 82%는 그 진정성이 부인되었기 때문이다. 요한복음의 역사성이 전적으로 부인되었으며, 정경적 복음서 가운데 예수의 자기 선언, 예수의 메시아 의식을 표현하는 말씀들, 인자의 도래에 관한 말씀과 최후의 악인 심판과 의로운 자의 구원에 관한 모든 종말론적 말씀들은 전적으로 비진정성인 것으로 간주되어 기각되고 말았다.[611]

반면에 영지주의 문서로서 초대교회가 이단으로 폐기한 문서인 도마복음이 정경복음과 동일한 것으로 격상됨으로써 경전의 범위가 무너지는 결과를 낳고 말았다.[612] 이단적 계시가 정경적 계시와 동일하게 진정성 있는 것으로 취급되게 된 것이다. 이와 더불어 "예수 세미나"는 위에서 제시한 도마복음뿐만 아니라, 그 외에도 에거튼복음, 히브리복음, 어록복음 Q, 십자가복음 등 각종 위경들을 공교회의 문서와 동일한 등급에 올려놓았다.

또한 하나님 나라의 말씀(Kingdom sayings)이 현재적 실재로 표현된 경우에 한하여 진정성으로 평가되었다. 이는 예수가 하나님 나라

---

611 놀랍게도 "예수 세미나"에서 97%나 되는 연구원들이 예수는 세상이 곧 끝날 것이라고 기대하지 않았다는 데에 투표했고, 92%의 연구원들은 예수는 자신을 메시아로 여기지 않았다는 데 투표했다. [Robert Funk, "The Emerging Jesus," *The Fourth R* 2:6 (1989), 11-15].

612 겨자씨 비유(도마복음 20), 큰 잔치 비유(도마복음 64), 악한 포도원 농부 비유(도마복음 55)는 공관복음의 그것보다 진정한 것으로 평가되었다. 그리고 빈 항아리 비유(도마복음 97), 암살 비유(도마복음 98), 하나님 나라 비유(도마복음 113)는 공관복음에 없는 것으로서 진정성이 있는 것으로 평가되었다. 이로써 영지주의 복음과 정경복음의 경계가 무너지고 영지주의적 이단적 사상이 정통복음서 계시와 혼동되게 되었다.

를 현재적 실재로 파악했다는 가설이다. 예수의 말씀 전승 가운데서는 비유와 아포리즘은 진정성 있는 것으로 평가되었다. 이는 예수전승에 지혜의 요소가 있다는 가설이다.

이러한 정경 편집 방식은 신비주의자들이 영적 계시를 받아 새로운 계시를 첨가하는 것과는 달리 매우 인본주의적 방식이다. 이는 역사적 기독교의 전통을 훼손하는 중대한 이탈이요, 이단적 행위라고 말하지 않을 수 없다.

이제 역사적 예수는 이들의 손에 들린 도마복음에 의해 다시 복권되었다. 도마복음에 의해 복권된 역사적 예수는 비종말론적 지혜자이며, 전복적 지혜를 가르친 견유학파의 현인(Cynic-sage)이었다.[613] "예수 세미나"는 하나님의 나라(kingdom of God)를 하나님의 제국(God's empire)으로 번역했다. 그리고 97%의 "예수 세미나" 연구원들이 예수는 이 제국이 자신의 말씀과 행동에 현존한다고 선포했다는 데에 동의했다.[614] 결국 종말론적 예언자로서 다가오는 하나님 나라와 구속의 메시아로서의 역사적 예수의 모습은 전혀 다른 모습으로 변질되고 만 것이다.

도마복음이 사복음서와 결정적으로 다른 것은 이들 위경 복음에는 예수의 복음의 핵심인 십자가 수난과 부활과 빈 무덤 및 현현의 이야기가 없으며, "인자", "주", "그리스도", "다윗의 자손" 등의 칭호와 묵시적 말씀이 없으며, 제자들에 관한 언급도 없고, 사도적 전통이 나타나

---

613 E. G. David Gowler, 『최근 역사적 예수 연구 동향』, 61.
614 E. G. David Gowler, 『최근 역사적 예수 연구 동향』, 62.

있지 않다는 것이다.615 이는 사도적 복음의 핵심이 빠진 것으로, 도마복음은 예수를 인간이 신적 존재임을 자각하라고 가르치는 영지주의 교사로 왜곡하고 있는 것이다. 그러므로 초대교회는 도마복음을 비롯한 위경을 이단적인 것으로 폐기한 것이다.

"예수 세미나" 학자들이 재구성한 역사적 예수의 다양한 모습은 사복음서가 한결같이 증언하고 있는, 성부 하나님을 증언하시고, 임박한 하나님 나라의 복음을 선포하시며, 십자가를 지고 죽으시고 부활하셔서 죄인을 대속한 구세주의 모습과는 전혀 다른 예수의 모습을 그리고 있다. "예수 세미나"가 재구성한 예수는 진정한 역사적 예수가 아니라 논구자의 상상력에 따라서 제조된(fabricated) 허구적 예수일 뿐이다.

이들의 예수 탐구는 브레데와 불트만의 과격한 회의주의와 결합하여 19세기 자유주의적 탐구로 회귀하고자 한다. 이들의 방법론적 전제가 바로 역사적 예수를 신앙의 올무라는 감옥으로부터 해방시키는 것에 있기 때문이다.616 이들은 이 일을 위해서 초기 기독교 신앙을 연상시키는 것이라면 무엇이든지 제거해 버리고 있다.617 던이 예리하게 지적하는 바와 같이 "예수 세미나" 학자들이 바라는 결과는 자신들의

---

615 조태연, 제6장 역사적 예수, in 『신약성서 개론: 한국인을 위한 최신 연구』, 대한기독교서회, 2014. 178-9.

616 Robert W. Funk, *Honest to Jesus*, 300.

617 Robert W. Funk and Roy W. Hoover, eds., *The Five Gospels: The Search for the Authentic Words of Jesus* (New York: Macmillianm 1993), 33-37, 101; James D. G. Dunn, "예수를 기억하며, 어떻게 역사적 예수 탐구가 길을 잃었는가?," in: 『역사적 예수 논쟁』, 298; Luke Timothy Johnson, "인간 예수 배우기. 역사비평과 문학비평," in: 『역사적 예수 논쟁』, 229.

가치관과 선입견에 부합하는 예수를 만드는 것이다.[618]

이러한 연구자들의 전제에 의한 "예수 세미나"의 연구결과는 예수의 처녀 탄생, 메시아 되심, 기적적 치유, 십자가 대속, 육체적 부활, 빈 무덤, 재림을 부정하는 등[619] 기존의 기독교적 전통을 송두리째 거부하기 때문에 기독교 신앙의 근간을 흔드는 결과를 가져왔다. "예수 세미나"를 주도하는 학자들은 예수가 그리스도라는 사실을 부정하였다. 예수는 치료자였으나 단지 심신(心身)이 서로 관련된 병(psychosomatic malady)만 고쳤을 뿐이고 어떤 초자연적인 기적도 행하지 않았으며, 자신을 메시아라 주장하지도 않았고, 공적인 불법(public nuisance)을 저질러 처형당했으며, 시신은 썩었고, 다시 살아나지도 않았으며, 빈 무덤도 없었다고 한다.[620] 이들은 이러한 비기독교적 확신을 토대로 종교 간의 대화를 권장함으로써, 전통 기독교계와 신학계 안에 논쟁의 폭풍을 불러일으켰다.[621]

3. 존 마이어의 접근: "예수 세미나의 이데올로기 편향적 탐구" 극복 시도

미국 노트르담 대학교 신약학 교수요 천주교 신부인 존 마이어는 그

618　James D. G. Dunn, *Jesus Remembered*; James D. G. Dunn, "예수를 기억하며, 어떻게 역사적 예수 탐구가 길을 잃었는가?", 298.

619　Robert W. Funk and the Jesus Seminar, *The Acts of Jesus: The Search for the Authentic Deeds of Jesus* (New York: HarperCollins, 1998), 462, 533.

620　Robert W. Funk and the Jesus Seminar, *The Acts of Jesus*, 462, 533.

621　E. G. David Gowler, 『최근 역사적 예수 연구 동향』, 64.

의 저서 『변두리 유대인: 역사적 예수 재고(再考)』(A Marginal Jew: Rethinking the Historical Jesus)[622]에서 "예수 세미나"의 이데올로기적 편견에 입각한 탐구를 비판하면서 역사적 예수를 찾기 위한 자신의 중요한 기준을 제안하였다:

㉠ 당혹성의 기준(The criterion of embarrassment). 초대교회에 당혹감이나 어려움을 초래하는 것은 역사적 예수의 말씀과 행위일 개연성이 높은 것이다.

㉡ 비유사성의 기준(The criterion of dissimilarity). 유대교의 신앙과 구별되고 초대교회의 관행으로부터 파생될 수 없는 것은 예수의 것일 개연성이 높다.

㉢ 다중증언의 기준(The criterion of multiple attestation). 한 자료만이 아닌 여러 자료에 나오는 말씀과 행위는 예수에 귀속될 개연성이 높다.

㉣ 거부와 처형의 기준(The criterion of rejection and execution). 유대인의 왕이라는 주장으로 정죄를 받고 처형에 이르게 된 예수의 행위는 역사적 개연성이 높다.[623]

존 마이어가 발견한 예수는 한편으로는 유대교의 틀 안에서 성장하고 율법을 성실히 준수한 할라카적 유대인(halakic Jew)이었으며, 다른 한편으로는 예수는 의식적으로 선지자 엘리야를 모방하면서 하

622　John P. Meier, *A Marginal Jew: Rethinking the Historical Jesus*, vol. I: *The Roots of the Problem and the Person*, New York: Doubleday, 1991, vol. 2: *Mentor, Message and Miracles*, New York: Doubleday, 1994, vol. 3: *Companions and Competitors*, New York: Doubleday, 2001, vol. 4: *Law and Love*, New York: Doubleday, 2009.

623　John P. Meier, *A Marginal Jew*, 168–77.

나님 나라를 선포한 종말론적 선지자였다. 마이어는 다가오는 하나님 나라의 조명 아래 율법을 새롭게 해석하는 할라카적 예수가 역사적 예수의 진실에 가깝다고 주장한다.[624] 역사적 예수는 하나님 나라를 선포하고 하나님의 전령으로써 엘리야가 행했던 이적을 행하는 카리스마적 선지자의 모습을 지닌 "변두리 유대인"(a marginal Jew)이었다. "종말론적 예언자", "세례자", "축귀사", "기적 행하는 자", "치유자", "율법을 가르치는 랍비" 등의 모습이 변두리 유대인으로서 역사적 예수라는 인물 안에 혼합되어 있다고 본다. 역사적 예수의 선포와 행위는 그 당시 유대주의의 주류에는 속하지 않았다. 역사적 예수는 그의 사회의 변두리에서 살고, 사역하고 십자가에 처형되어 죽었다.

존 마이어는 이 이상한 변두리 유대인이요, 종말론적 선지자요, 이적 행하는 자가 현대 역사적 예수 연구 방법의 대상인 예수라고 본다.[625] 그러나 실제 예수(real Jesus)는 만날 수 없다고 한다. 예수에 대한 대부분의 자료가 시간이라는 모래 속으로 사라져 상실되어 버렸기 때문이다. 그는 이렇게 경고한다: "역사적 예수는 실제 예수가 아니며, 그에게로 향하는 쉬운 길도 아니기 때문이다. 우리는 실제 예수를 만날 수 없으며, 또 앞으로도 결코 만날 수 없을 것이다. 이것은 사실이다. 그 이유는 예수가 존재하지 않았기 때문이 아니라 - 그는 확실히 존재하셨다 - 오히려 남아있는 자료들이 예수가 공적인 사역에서 하신 말씀이나 행동의 전부 혹은 대부분을 기록하지 않았거나 결

---

624 John P. Meier, *A Marginal Jew*, 2009.
625 John P. Meier, *A Marginal Jew*, 25.

코 기록하려 의도하지 않았기 때문이다."⁶²⁶

존 마이어는 "예수 세미나"에 동의하지 않는 것과는 별도로 역사의 예수와 신앙의 대상인 예수 간에 조심스런 구분(a careful distinction between Jesus of history and Jesus the object of our faith)을 한다. 둘 사이에는 확실히 연결이 있다. 그러나 역사는 우리가 신앙을 통하여 아는 것을 측정할 수 없다고 말한다. 역사적 예수에 대한 마이어의 연구는 예수는 신약성경이 말하는 대로 실제 역사적 모습(the real historical figure)이라고 보는 그리스도인들에게 생소하지 않은 그림을 그린다. 그는 신약성경이 현대 역사책이 아니라고 보기 때문이다.

가톨릭 신부요 학자로서 존 마이어의 역사적 예수 탐구는 "예수 세미나"가 재구성한 이데올로기적 예수를 많이 극복하고 복음서가 말해주고 교회가 믿는 역사적 예수의 모습을 개연적으로 많이 복권시킨 것으로 보인다. 그는 도마복음을 사복음서보다 더 신뢰한 크로산과는 달리 도마복음 등 정경 밖의 복음서들을 부차적으로 간주했다: "일부 학자들과는 반대로 나는⋯ 정경에 없는 예수의 말씀, 위경 복음서⋯ (특히 도마복음)이 신약과 무관한, 믿을만한 새로운 정보나 진정한 어록을 제공한다고 생각하지 않는다. 우리가 이 후대의 문서들에서 발견하는 것은 오히려⋯ 통속적인 신앙과 전설을 반영해 상상의 나래를 펼치는 기독교인들과 마술적 사고체계를 발전시켰던 영지주의적 기독교인들이다."⁶²⁷

---

626 John P. Meier, *A Marginal Jew*, 22.
627 John P. Meier, *A Marginal Jew*, 140-41.

그럼에도 불구하고 마이어 역시 신앙과 역사를 분리하고 오로지 역사적 비평의 관점에서 복음서의 예수를 재구성하고자 했다. 그리하여 그는 역사적 예수의 정체성의 핵이라고 볼 수 있는 부활사건에 대하여는 이는 시공간적 영역의 사건이 아니라고 다루지 않았다. 이는 그가 여전히 역사기록학의 입장에서 시공간에 일어난 사건에 관한 것만 인정하는 실증주의적 사유에 치중하며, 신학적 사유를 충분히 하지 않고 있다는 것을 나타낸다. 그는 신앙과 역사를 이분법적으로 취급하는 불트만 류(類)의 변증법적 사유에서 완전히 벗어나지 못한 한계를 지니고 있다. 그리하여 복음서가 증언하는 "인자", "하나님의 아들", "메시아", "대속자"로서 역사적 예수가 가진 초자연적 계시적 성격에 대해서는 간과하고 있다. 이는 그가 역사적 예수의 자료로서 복음서에 일차적으로 의존하지 않고 경전과 비경전의 경계를 허물어뜨림으로써 이단적인 자료인 도마복음 등을 정경 자료와 같이 취급하는 것도 실증주의적 사유에서 벗어나지 못한 것으로 정통교회의 신학적 사유에 충실하지 않은 것에서 기인하는 것으로 보인다.

III. 지라르 학파의 "예수 세미나" 비판: 복음서에 대한 미메시스적 독법

르네 지라르 연구가인 소장 기독교철학자 정일권은 그의 저서 『십자가의 인류학』에서 지라르의 근본인류학적 이론인 미메시스(모방) 이론(la théorie mimétique)을 잘 소개하고 있다. '모방 이론'은 지라르[628]를 독창적인 사상가로 만들었다. 지라르에 따르면 인간은 타자가 원하는 것을 끊임없이 모방하는 존재다. 인류 역사에서 갈등과 폭력이 일어나는 것도 인간에게 있는 모방 욕망 때문이다. 폭력은 모방 욕망을 따라 계속해서 확대되고 사회를 붕괴 위험에 처하게 한다. 이를 방지하기 위해 인간들이 폭력의 욕구를 돌릴 희생양을 찾는다는 것이다. 예수가 십자가에 달린 것도 이런 이유에서다. 정일권은 그의 저서에서 웨스타 연구소의 "예수 세미나"에 참여했다가 실망하고, 지라르의 미메시스 이론을 통하여 복음서 해석의 새로운 독법을 발견한 지라르 학자들을 소개하고 있다.[629] 지라르 학자들은 "예수 세미나"의 방법론적 한계를 밝히고 역사적 예수에 대한 새로운 이해 방법으로서

---

[628] 르네 지라르는 지난 2015년 11월 4일 92세의 일기로 별세했다. 그는 철학자이자 인류학자이며, 동시에 정통 기독교 신앙인이었으며 '인문학의 새로운 다윈'으로 불렸다. 그는 20세기 기독교를 변증적으로 가장 잘 소개할 수 있는 이론적 토대를 마련했다는 평가를 받았다. 그는 20세기, 프랑스 철학계에서 배제되었던 유대-기독교 문서들을 인문학적인 시각에서 분석했다. 여러 저작에서 그는 유일신을 믿는 종교인 기독교야말로 모방이 낳는 폭력의 악순환을 극복할 수 있는 유일한 해답이라 주장했다. 지라르는 프랑스에서 태어났지만 미국에서 더 오래 생활하고 더 크게 인정받았다. 그는 1923년 아비뇽에서 태어나 가톨릭 신자인 어머니와 급진적 사회주의자였던 아버지 밑에서 자랐다. 1940년 고등학교를 졸업한 지라르는 인문학을 가르치는 그랑제콜(고등교육기관)로는 최고인 고등사범학교(Ecole Normale Supérieure)에 입학하기 위한 준비 과정이 들어갔다. 하지만 지라르는 이 과정을 끝까지 마치지 않고 아버지의 권유대로 고등문서학교(Ecole des Chartes)에 들어가 파리에서 생활했다. 지라르는 1947년 미국으로 옮겨 간 이후 듀크 대학교와 존스홉킨스 대학교를 거쳐, 스탠포드 대학교에서 많은 시간을 보냈다. 2005년에는 프랑스에서 가장 권위 있고 명예로운 학술기관 아카데미프랑세즈(Académie Française)의 종신회원으로 선발되기도 했다. 종교인류학이라는 독창적인 연구 세계를 인정받은 결과였다. 그는 종교인류학자로서 포스트모더니즘 시대에 유대-기독교 문서에 대한 인류학적 분석이라는 새로운 연구 분야를 개척하여 인류학으로 예수의 십자가 사건을 "희생양 메커니즘의 종언"으로 해석해 정통 기독교 교리를 변호한 사상가였다.

[629] 정일권, 『십자가의 인류학. 미메시스 이론과 르네 지라르』, 대장간, 2015. 특히, 154-165. 이 부분은 기본적으로 정일권이 그의 저서(2장, 3장, 4장, 6장 등)에서 소개한 지라르 학자들의 미메시스 이론 개진(開陳)에 의존하고 있다.

지라르의 미메시스적 독법을 제시하고 있다.

1. 베일리와 윌리엄스의 "예수 세미나" 비판

프랑스 출신으로 미국 문학평론가이며 종교인류학자인 지라르의 미메시스 이론은 1990년대 초 유럽, 북미, 그리고 세계 각 지역에서 중대한 영향을 주었다. 개신교 신약학자들인 길 베일리(Gil Bailie), 윌리엄스(James G. Williams), 해머턴-켈리(Robert Gerald Hamerton-Kelly) 등은 1985년 펑크에 의해 창설되고 크로산에 의해 공동 운영된 "예수 세미나"에 참여한 이후 환멸을 느끼던 터에 지라르의 저서 『폭력과 성스러움』(la Violence et le Sacré)[630]을 접하고는 큰 충격을 받고 매료되어 지라르 학파의 핵심 멤버가 되었다.[631] 이들은 지라르로부터 가르침을 받은 학자들과 함께 1990년에 국제 지라르 학회인 "폭력과 종교에 관한 학술대회"를 설립했다.[632]

지라르 사유의 기초를 제공한 근본 착상은 인간 욕망은 모방적

---

630 René Girard, *la Violence et le Sacré* (Paris: Grasset, 1972); 김진식 · 박무호 옮김, 『폭력과 성스러움』, 민음사, 1997. 제3장 외디푸스와 희생양, 105-135.

631 Gil Bailie, "On Paper and in Person," in *For René Girard: Essays in Friendship and in Truth (Studies in Violence, Mimesis and Culture Series)*, eds. Sandor Gørgen Gørgensen, Tom Ryba and James G. Williams (East Lansing: Michigan State University Press, 2009), 179-181.

632 Vem Neufeld Redekop and Thomas Ryba, "Introduction: Ren   Girard and the Problem of Creativity," in *René eligion, 1990-2010 (Beiträge Girard and Creative Mimesis*, eds. Vem Neufeld Redekop and Thomas Ryba (Lexington Books, 2014), 7.

(mimetic)이며, 우리의 모든 욕망은 타자로부터 빌려왔다는 것이다. 모든 갈등은 모방 욕구(모방 경쟁, mimetic rivalry)에서 발생하며, 희생양 메커니즘(the scapegoat mechanism)은 제의의 기원(the origin of sacrifice)이며, 인간 문화의 원천(the foundation of human culture)이며, 종교는 모방 경쟁으로부터 올 수 있는 폭력을 규제하기 위하여 인간 진화에서 필요하며, 성경은 이러한 관념을 드러내고 희생양 메커니즘을 거부한다는 것이다.

개신교 신약학자 길 베일리는 "예수 세미나" 학자들이 "자유주의적이고 단호하게 회의적(懷疑的)으로 치우쳤으며" "신학자들과 교회로부터 복음을 탈취해서 이런저런 분류체계로 분해시키며 근대주의자들 혹은 포스트모더니스트들의 편견들을 확증하는" "진부한 방법론들을 사용"하고 있다고 비판한다. 그는 계속해서 "예수 세미나" 학자들의 연구방법론에 대한 자신의 의견을 밝히는데, 그들은 역사적 예수를 연구하는 방법론에 있어서 초대교회가 이단적 문서로 폐기한 외경 도마복음을 복음서 중 하나로 격상시켜 오복음서를 제시하는 등, 그리스-로마 시대 영지주의 문서에는 많은 지식과 관심을 가지면서도 기독교의 모태인 유대교 전통과 문서에 대해서는 거의 관심을 지니고 있지 않는 것도 심각한 방법론의 이탈임을 지적했다.

베일리는 이런 지적과 함께 "성경본문들을 논의함에 있어 지라르의 더욱 우월한 도구"에 접하면서 "예수 세미나 기획의 지성적인 평범성과 영적 공허함과 무익함"을 깨닫게 되었다고 피력한다.[633] 베일리

633　Gil Bailie, "On Paper and in Person," 181.

는 "성경 문헌들의 계시적 능력이 명확하게 다른 문헌들의 그것보다 우월하다"고 천명한 지라르의 "인류학적 이론의 해석학적 능력"을 높게 평가했다.[634]

마찬가지로 또 다른 개신교 신약학자 제임스 윌리엄스 역시 "예수 세미나"에 깊이 자리 잡은 동기가 기독교 정통주의를 약화시키고자 하는 것에 있다는 것을 고통스럽게 느꼈다고 피력한다. 그는 "예수 세미나"가 역사적 예수와 케리그마적 그리스도를 분리시키는 기본적인 전제를 설정하는데 이는 잘못된 것이라고 지적한다. 역사적 예수와 케리그마적 그리스도는 분리될 수 없다는 것이 그의 견해다. 복음서는 역사적 예수가 남겨놓은 영향력인 신앙고백(케리그마)을 반영하고 있기 때문이다. 윌리엄스는 다음과 같이 복음서를 옹호한다: "비록 우리가 예수의 정확한 말씀들을 가지고 있지 않더라도 복음서들에 계시된 예수 전통 속에는 진정성이 존재한다." "복음서를 관통하면서 비추는 어떤 지성과 영감 받은 이해력이 존재하는데, 그것의 근원은 예수 자신이다."[635]

윌리엄스는 "예수 세미나"로 인해 받은 고통을 지라르로 인해 회복하는 상황을 맞이하게 된다. 결국 그는 지라르의 연구가로 우뚝 서게 되었다. 윌리엄스는 이에 대해서 자신이 직접 지라르가 복음서에 나타난 역사적 예수에 대한 바른 이해를 제시하는 데 매료되어 지라르

---

634 Gil Bailie, "On Paper and in Person," 182-183.

635 James G. Williams, *Girardians: The Colloquium on Violence and Religion, 1990-2010* (Beiträge zur Mimetischen Theorie 32, Religion-Gewalt-Kommunikation-Weltordnung)(Münster: LIT Verlag, 2012), 3-4.

연구가가 되었다고 밝히고 있다.

윌리엄스는 자신의 지적인 여정을 다음과 같이 소개한다: 성경에 대한 역사비판적 연구는 "성경본문에 대한 해부로서 결국 성경을 시체로 만들었다." 구조주의적 성경연구도 "오직 주어진 언어와 문화의 코드 안에서만 의미를 발견할 수 있을 뿐 어떻게 이 코드가 시작되고 또 그것이 초월적 의미를 가리킬 수 있는 지는 답변할 수 없다." 문학적 성경 해석도 주어진 본문을 통합적인 전체로서 파악하고 텍스트나 내러티브를 그 자체의 언어 세계로 이해하지만, 실제적인 사람이나 사건에 대한 지시성(referentiality)과 텍스트 밖의 현실은 부정되었다. 텍스트를 존중하고 텍스트에 기초한 신학적 해석을 제공하는 신문학비평(new literary criticism)도 후기구조주의와 포스트모더니즘의 한계를 극복하는 장점이 있으나 이 접근법 역시 반지시성(antireferentiality)이라는 한계를 지니고 있다.[636] 윌리엄스는 미국 개신교가 "미국 문화에 점차 흡수되어서 더 이상의 참된 기독교 정체성"을 가지고 있지 않다고 회의적으로 생각했는데, 희생제의의 사회인류학적 연구를 수행한 『폭력과 성스러움』[637]을 비롯한 지라르의 저작들을 읽으면서 다시금 기독교의 정체성에 대한 확신을 얻게 되었다.

지라르는 『폭력과 성스러움』을 통해 1973년 프랑스 아카데미상

636　James G. Williams, "Magister Lucis: In the Light of René Girard," in *For René Girard: Essays in Friendship and in Truth (Studies in Violence, Mimesis and Culture Series)*, eds. Sandor Gørgen Gørgensen, Tom Ryba and James G. Williams (East Lansing: Michigan State University Press, 2009), 160.

637　Réne Girard, *La Violence et le Sacré*, 1972; 김진식 · 박무호 옮김, 『폭력과 성스러움』, 민음사, 1997. 제1장 희생, 9-60.

을 수상하게 되는데, 그는 여기서 인간의 욕망 구조와 '희생제의'의 의미를 밝혀냄으로써 현대 사회의 '본질적 폭력'과 그 역할을 분석했다. 지라르는 인간이 자기 의사에 따라 독창적으로 어떤 대상을 욕망한다고 믿지만, 사실은 중개자라는 '모델'이 욕망하는 것을 그대로 따르는 모방된 욕망에 불과하다고 말한다. 지라르는 질투와 원한, 부러움과 같은 감정을 일으키는 욕망 주체의 분신과도 같은 이런 욕망의 중개자를 '짝패'(double, 分身)라고 불렀다. 짝패는 나의 욕망을 촉발시키는 동력인 동시에 그 실현을 가로채는 경쟁자 또는 방해자로서 갈등을 야기한다.[638] "폭력을 수반하는 모방 욕망을 본능으로 하는 인간이 어떻게 한데 어울려 사회를 이루고 공동의 문화를 이루고 살아 갈 수 있을까?" 지라르는 이에 대한 대답을 "희생양 제의"(rite sacrificielle)라는 인류학적 메커니즘이라는 문화장치 속에서 찾는다. 전 세계에 걸쳐 나타나는 희생양 제의를 통해 인류는 짝패 갈등에서 빚어진 갈등과 폭력 모방을 예방하고 감소시켜 왔다는 것이다. 지라르는 희생제의를 '어떤 한 사회가 동물이나 인간과 같은 희생물을 바쳐서 신의 노여움을 풀고 신의 은혜를 기대하는' 의식이 아니라 그 사회 내부에 존재하는 원초적인 폭력(foundational violence)을 실제로 행한 것에 불과하다고 본다. 즉 '성스러운' 의미가 부여된 희생은 사실 집단 내부의 원초적 폭력을 소위 '희생할 만한' 어느 한 개인이나 한 집단으로 방향을 돌려버림으로써 인간 사회에 내연하고 있는 갈등과 폭력을 없애고 다시 질서와 안정을 유지하는 문화적 장치라고

---

638   Réne Girard, *La Violence et le Sacre*, 『폭력과 성스러움』, 제 6장 모방 욕망에서 무서운 짝패까지, 215-252.

해석하는 것이다.

지라르는 신화나 종교 제의, 더 나아가 모든 희생양 메커니즘에 대한 해석이 지금까지 항상 지배자의 시각이었다고 말한다. 희생시키는 집단 전체나 그 제의로 인해 커다란 이익을 보는 집단의 논리로 보면, 희생제의는 집단을 위해서 해로운 부분을 도려내는, 문자 그대로 '유익한' 제의겠지만 희생당하는 희생물의 입장에서 보면 그것은 분명히 또 다른 '폭력'일 뿐이다. 지라르는 희생양 제의의 폭력성을 발견하고 다수 집단의 논리뿐 아니라 소수인 희생물의 입장도 포괄하고 있음을 보여준다.[639] 희생제의가 지니고 있는 폭력을 폭력으로 보지 못하고 있는 기존의 종교학적 관점이 간과한 이 폭력성을 드러낸 점에서 지라르의 종교인류학적 관점은 희생제의의 또 다른 측면, 즉 희생당하는 자가 폭력을 당하는 측면을 드러냄으로써 하나의 새로운 획을 긋는 해석으로 평가받는다.

윌리엄스는 『폭력과 성스러움』의 7장에서 지라르가 프로이드(Sigmund Freud)를 비판하고 있는 것에 주목하면서 "비록 우리가 무의식적으로 행동하고 반응하긴 하지만 인간으로서 우리를 움직이는 것은 에소테릭한 무의식이 아니다." "미메시스적 희생양 이론은 타자와의 관계 속에 있는 나 자신뿐 아니라, 신적 계시에 대한 성경 증언에 대한 새로운 이해를 나에게 열어주었다"[640]고 피력한다. 윌리엄스는 계속해서 "미메시스적 욕망, 갈등, 그리고 폭력이라는 인간 조건

---

639 Réne Girard, *La Violence et le Sacre*, 『폭력과 성스러움』, 제 10장 신, 죽은 자, 성스러움 그리고 희생대체. 377-412.

640 James G. Williams, "Magister Lucis: In the Light of René Girard", 160-161.

에 대해 반응하는 특징적인 성경적 방식이 존재"하는데 그것은 "예언자적 반응"이라고 말한다. 특히 박해의 희생자들에 대한 하나님의 관심은 예언자적이다. 지라르는 성경을 고통 중에 있는 텍스트(a text in travail)로 보는데, 지라르는 이 성경텍스트가 인간 실존과 인간 조건에 대한 새로운 이해를 탄생시켰다는 것을 알게 해준다. "인간관계와 유대 기독교적 성경에 대한 이 새로운 방식이 나를 해방시키고 있다"고 윌리엄스는 피력한다. 그러면서도 윌리엄스는 지라르의 미메시스 이론이 "너무 기독교적 전통과 밀접하게 연관되어 있기 때문에" "기독교 신앙에 대한 지라르의 명료한 고백이 그에게 오점을 남겼다"고 비평한다.[641]

2. 해머턴-켈리의 미메시스적 독법: 미메시스적 현실주의

해머턴-켈리는 개신교 신약학자로서 1985년에 국제 지라르 학회의 3대 설립자 중의 한 사람이다. 그는 지라르 학파에서 가장 핵심적인 학자들 26명의 글들을 모아 출판한 『르네 지라르를 위하여. 우정과 진리 가운데 쓴 논문들』에서 역사적 예수의 십자가에 대한 미메시스적 독법(讀法)을 제시하고 있다. 그는 20여 년을 지라르와 함께하며 지속적인 교류를 행해왔는데, 그 중에 15년 동안을 미국 스탠포드 대학교에서 지라르와 함께 봉직하면서, 지라르와 지속적으로 세미나를 개최하고 많은 동료들과 방문 학자들과 열정적인 학생들을 만나는

---

641 James G. Williams, "Magister Lucis: In the Light of René Girard", 161-163.

일 등을 했다. 그는 지라르와 그 누구보다도 자주, 그리고 가까이서 교제를 나누었던 학자로서 지라르가 자신의 일반적 경험(인류학), 성경 해석(해석학), 그리고 목회적 사역(심리학과 사회학) 등에서 겪는 신앙적 여정에 엄청난 영향을 주었다고 말한다. 그는 지라르가 "가장 덜 미메시스적 사람들 중 한 사람"이며, "지라르는 자신의 가르침에 대한 좋은 모범이었고, 바로 그 이유로 해서 많은 충성스러운 지식인 그룹들이 그의 주위에 모여 들었다"고 회상한다.[642]

해머턴-켈리는 지라르의 미메시스 이론을 일종의 해석학적 이론으로 본다: "하나님께서 우리와 상호작용하시기에 성경에서 하나님으로부터 인간을 분리시키기 어렵지만, 미메시스 이론은 성경 텍스트의 신학적 차원보다는 인류학적 차원을 밝힌다." 그는 지라르에 의하면 "미메시스 이론은 하나님에 대한 이론이라기보다는 사탄에 대한 이론"이며, "하나님의 사역은 신비로운 것으로 남아있으며, 설명될 것이 아니라, 경험되어야 하는"[643] 것이라고 설명한다.

지라르가 근본인류학적 이론인 미메시스 이론이 하나님에 관한 이론이 아니라 사탄에 대한 이론이라고 밝힌 이유는 그가 창세 이후로 은폐되어온 사탄적(악마적), 그리고 폭력적 사회 메카니즘에 대한 인류학적이고 인문학적 분석을 하고 있기 때문이다.[644] 그렇다고 지라

---

642 Robert Gerald Hamerton-Kelly, "Breakout from the Belly of the Beast", in *For René Girard: Essays in Friedship and in Truth* (Studies in Violence Mimesis, and Culture Series), eds., Sandor Goodhart, Jørgen Jørgensen, Tom Ryba and James G. Williams (East Lansing: Michigan State University Press, 2009), 169-172.

643 Robert Gerald Hamerton-Kelly, "Breakout from the Belly of the Beast", 172.

644 정일권, 『십자가의 인류학: 미메시스 이론과 르네 지라르』, 대장간, 2015, 163.

르는 삼위일체 하나님의 자기 계시와 구원 역사에 대한 전통적인 신학적이고 교의학적인 논의를 사회학적-인류학적 논의로 환원시키는 것은 아니다. 오히려 그는 방법론적으로 인류학적 차원에서 논의를 전개하나 그 내용적 전개에 있어서 기독교 신앙의 신비와 삼위일체 하나님의 신비에 대하여 초월적이고 수직적으로 열려 있다. 이것이 그의 미메시스 이론의 독특성이다.

그러나 이러한 그의 인문학자로서의 탁월한 업적에도 불구하고, 지라르는 정통 기독교 신앙에 대한 헌신과 신앙고백으로 인해 포스트모던-디오니소스적 시대정신에 정위된 학계에서 소외되고 배척되는 아이러니한 현실에 맞닥뜨려야 했다.

해머턴-켈리에 의하면 미메시스 이론은 "인간 가능성의 한계를 존중하는 이론이며 그러기에 인간 조건에 대해서 솔직해질 수 있는 이론"이다. 그는 스탠포드 대학교의 채플 목사로 봉직하면서 예배 속에서 성경본문을 읽는 독법을 미메시스 이론을 통하여 새롭게 발견하게 되었다고 한다.

그러나 해머턴-켈리는 이와 대비해 "예수 세미나"에 대해서는 "'예수 세미나'의 복음서 자체의 계시적 주장을 부정하는 자기 투영적 접근은 "의도적 오독(誤讀)을 통해서 성경본문을 조직적으로 잘못 해석하게 만든다"[645]며 비판의 날을 세우고 있다. 그 구체적인 오류가 영지주의 문서인 도마복음을 사복음서와 동급의 문서로 취급하여 역사적 예수에 영지주의적 요소를 가미시킨 것이라고 지적한다.

---

645 정일권, 『십자가의 인류학: 미메시스 이론과 르네 지라르』, 164.

해머턴-켈리는 지라르의 미메시스적 독법으로 "성경 텍스트가 학문적이면서도 교훈적으로 읽힐 수 있다"는 것을 알게 되었다. 예컨대, 지라르는 "아버지, 저들을 용서하시옵소서. 저들은 자신들이 하는 것을 알지 못하나이다"(눅 23:34)라는 십자가상에서의 예수의 절규는 단순히 경건한 역사기록학의 발명이 아니라 "우리 인류 곤경에 대한 폭로"[646]라고 인류학적으로 해석할 수 있다는 점이다.

3. 지라르의 미메시스 이론이 발견한 유대: 기독교 계시의 독특성

지라르는 라이문드 슈바거의 60세 기념 논문집 『희생양들의 저주와 축복에 관하여』에 기고한 논문 "미메시스 이론과 신학"에서 미메시스 이론이 지니는 변증학적 목적과 의미에 대해서 설명한다.[647] 지라르의 미메시스 이론은 현대 인류학을 통해서 유대-기독교적 사유의 유산에 접근한다. 종교사에 나타난 수많은 신화적 신들, 디오니소스, 오시리스, 아도니스 등 이교적 신들은 집단적 광기 속에서 죽임을 당했다. 이들은 집단 광기 속 폭력의 희생양들이었다.[648] 그런데 예수 그리스도는 자신이 십자가에서 희생양이 되심으로 이러한 희생양 제사의 폭력과 기만을 폭로함으로써 비신성화하였고 이들의 신성화를 종결

---

646 Robert Gerald Hamerton-Kelly, "Breakout from the Belly of the Beast", 172-173.
647 René Girard, "Mimetische Theorie und Theologie", in: Józef Niewiadomski, Wolfgang Palaver (Hg.), *Vom Fluch und Segen der Südenböcke, Raymund Schwager zum 60. Geburstag* (Beiträge zur Mimetischen Theorie Bd. I)(Wien/ München: Thaur, 1995), 15-29.
648 정일권, 『십자가의 인류학: 미메시스 이론과 르네 지라르』, 94.

시켰다.

지라르에 의하면 19세기와 20세기의 인류학자들과 민족학자들은 "기독교에 대한 적대 입장"을 가졌다. 이들은 "유대-기독교적 유산을 신화로 전락시키고, 어둠을 통해서 빛을 설명하려고 했다. 그래서 명료성을 더하기보다는 오히려 몰이해를 가져왔다. 지라르는 자유주의적 해석 방향에 대한 방법론적 역전, 곧 유대-기독교적 해석학을 통한 신화 해석"[649]을 수행한다. 지라르에 의하면 범신론이나 다신론은 희생양 메커니즘에 의해서 끊임없이 희생양/신들을 생산하는 장치이다. 고대 사회에서는 역병(疫病), 전쟁 등 문화적 위기에 직면하여 희생양 메커니즘이 작동할 때마다 그 위기의 책임자로서 소수의 특정 집단이 희생양으로 몰리고 이들은 새로운 신들로 숭배된다. 다신교는 수많은 희생양의 초석에서 발생한다. 그 신들은 전통적인 신들처럼 마을과 마을의 경계를 구분하는 한 지역의 수호신으로 신격화된다. 이 지역 수호신의 정체는 그 지역의 공동체가 살해하고 신격화시킨 인간 희생양들이다. 그래서 언제나 마을 어귀나 경계에는 그 신들이 자리 잡고 있다.

지라르는 이방 종교 신화의 기원을 군중 현상에 본다. 군중 현상의 기만적 허상이 신화의 본질이다. 신화는 희생양을 살해하는 집단과 공동체를 정당화하고 희생양은 집단의 광란적 폭력에 의하여 희생당한다. 희생제사를 집행하는 공동체와 집단은 항상 죄가 없는 희생양에게 죄를 덮어씌운다. 희생양들의 신성화 과정은 기만하는 방식으

---

649 René Girard, "Mimetische Theorie und Theologie", 23.

로 희생양들의 유죄성을 요구한다. 그리하여 희생양과 공동체 사이의 실제 관계를 왜곡하여 기만하여 은폐한다.[650] 희생양 시스템은 너무도 완벽하게 작동되어서 그 누구도 이 시스템을 벗어날 수 없으며 어떠한 반대도 허용되지 않는다.

지라르는 희생제의적 미메시스 이론을 성경적으로도 추적한다. "아벨의 살해는 최초의 인류문화로 제시된 가인적인 문화의 기초라는 의미에서 최초의 살해다." "아벨의 살해 뒤의 문화의 발생 메커니즘"이란 인류문화의 시작점에 살해가 있었다. "최초의 살해는 왜곡된 문화적 의미들과 가치들의 무한정한 원천이었다." 희생양 메커니즘이란 모든 이전의 종교와 인류문화의 원천으로서 "상징성의 메커니즘 자체"다.[651] 그런데 성경적 계시는 희생양들의 무죄를 계시함으로 희생양들을 "탈신성화"시킨다.

유대-기독교 전통에서 희생양은 죄가 없고 집단적 폭력이 유죄로 선고된다. 이에 반하여 유대 기독교 전통은 희생양과 공동체 사이의 은폐된 왜곡된 관계를 폭로하고 교정한다. 희생양들의 진리를 폭로하여 신화적 체계 전체를 무너뜨리는 것이다.[652] 지라르에 의하면 예수 그리스도는 또 하나의 "신성화된 희생양"은 아니다. 복음서는 희생양이 된 예수의 무죄를 계시함으로써 그를 탈신성화시킨다. 예수의 십자가 처형은 민중이라는 집단적 폭력 행위를 노출한다. 예수 운동

---

650 정일권, 『십자가의 인류학: 미메시스 이론과 르네 지라르』, 95.
651 René Girard, "The Evangelical Subversion of Myth", Robert Hamerton-Kelly (ed), *Politics & Apocalyse. Studies in Violence, Mimesis, & Culture* (East Lansing, Mich.: Michigan State University Press, 2007), 32-34.
652 René Girard, "Mimetische Theorie und Theologie", 19.

에서는 제자들의 작은 소수 공동체가 종교권력과 정치권력과 야합한 군중들에 저항하였다. 예수의 십자가 처형과 부활에서 드러난 "진리의 폭발은 폭력적 만장일치의 기만에 뿌리를 두고 있는 사회적 조화를 파괴한다."[653]

이상에서 살펴본 바와 같이 자라르의 종교인류학적 미메시스 이론은 역사적 예수를 복권한다고 하면서도, 결국은 옛 해석 내지 새 해석의 지평으로 되돌아가는 "예수 세미나"의 자기욕망 투영적인 접근법의 한계를 들추어내고, 오늘날 신약학자들에게 복음서에 대한 새로운 해석의 차원을 제시해주고 있다.

653　René Girard, "Mimetische Theorie und Theologie", 20.

제10장

역사적 예수에 대한 제3 탐구
: 방법론적 성찰
-타이센, 존슨, 복의 입장-

Jesus of Nazareth in Reformed-Orthodox Faith

:: 제10장 역사적 예수에 대한 제3 탐구: 방법론적 성찰
  - 타이센, 존슨, 복의 입장 -

I. 타이센의 사회학적 접근

1. 제3의 탐구를 더 포괄적이고 연대기적인 방식으로 수행

독일 하이델베르그 대학의 신약학 교수 게르드 타이센은 역사적 예수에 대한 사회학적 접근을 통하여 그의 전 세대 불트만에 의해서 불가지론에 머물렀던 역사적 예수의 모습을 재구성하였다.[654] 타이센과

---

654 Gerd Theissen,"Wanderrradikalismus: literatursoziologische Aspekte der Überlieferung von Worten Jesu im Urchristentum," *Zeitschrift für Theologie und Kirche* 70:3(1973): 245-71쪽: 저자가 독일 유학시절(1971-1977) 젊은 신약학자 타이센은 1972년 11월 25일 본(Bonn)대학 신학부 강연에서 추종자들에게 가정(마 8:20), 가족(눅14:26), 소유(마 8:17-25) 포기를 요구한 예수의 "방랑 과격주의"를 제시하였다. 이 강연은 그 다음 해에 학술지「신학과 교회」에 실렸다. 타이센은 예수가 "묵시적이고 은사적인 기적 행위자"라고 주장하였다; idem & Annette Merz, *The Historical Jesus: A Cmprehensive Guide* (trans. John Bowden, Minneapolis: Fortress, 1998), 45쪽: 예수의 방랑 과격주의에 영향받은 자들은 예수와 함께 사회변두리에 있는 자들이었다. 이들은 가난하고 배고픈 자들이었고 세상의 임박한 종말에 동조하는 자들이었다; 281쪽: 예수는 방랑 은사자와 설교자로서 하나님 나라가 그의 설교 중심

메르츠는 제3의 탐구를 더 포괄적이고 연대기적인 방식으로 수행하였다.655

나사렛 예수에 대한 포착하기 어려우나 마음을 끄는 모습에 대한 지속적인 논구에서 타이센은 메르츠(Annette Merz)와 함께 지금까지 예수 생애에 대하여 불가지론으로 간주했던 자유주의적 탐구와는 달리 예수의 삶과 사역의 분명한 윤곽과 역사적 연대를 추정하는 데 가장 도움을 주는 자료를 제시하고 있다. 타이센은 역사적 예수 논구에서 예수에 대한 우리 지식의 자료를 포괄적으로 세부화하면서 예수와 그의 활동에 대한 역사적이고 사회학적 맥락을 조명하고자 한다. 타이센은 그런 다음 권위적 선생(a charismatic teacher), 유대적 선지

이었고, 질병치료와 귀신축출이 그의 활동의 중심을 이뤘다. 309쪽: 타이센은 "묵시적이고 은사적인 기적 행위자는 인류역사에서 예수가 유일무이하다"고 본다: 373-381쪽: 예수는 "도저히 극복할 수 없는 긴장관계"로 보이는 지혜와 종말론의 두 요소를 결합하였다. 지혜란 유대교의 토라 전통에 부합하는 사유(思惟)요 종말론이란 임박한 하나님 나라의 사상이었다. 예수의 사상은 유대교 윤리의 세 가지 자료와 정확하게 상응한다. 그것은 예언의 영으로 읽는 중심의 토라, 그 옆의 지혜와 종말론이다; idem, *The Sociology of Early Palestinian Christianity*, trans, John Bowden (Philadelphia: Fortress, 1978), 10쪽: 타이센은 예수운동의 내부구조는 세 가지 요소들(방랑 은사자들의 윤리적인 과격주의, 지역 공동체에 있는 동조자들, 인자(人子)인 방랑 은사자들)의 상호작용에 의하여 결정되었음을 분석한다; idem, "We Have Left Everything…(Mark 10:28)' in: *Social Reality and the Early Christians*, trans. M. Kohl (Minneapolis: Fortress, 1992), 60-93쪽: 예수는 방랑 설교자요 은사자로서 제자들을 방랑 은사자들로 불러 모았다. 이들 방랑 은사자들의 사회적인 상황은 역사적 예수의 사회적 상황과 같아서 도시와 시골에 사는 다양한 동조자들의 후원을 받았다. 타이센은 당시 사회의 갈등과 위기는 로마와 국내 이익 집단의 다양한 전략에 의한 정치적인 지배, 경제적인 착취, 사회적인 불안정의 산물이었다고 분석한다. 예수는 추종자들에게 가족, 소유, 가정, 안전에서의 자유라는 과격한 윤리를 요구하였다. 이 윤리의 특징이란 힘없고 박해 받고 멸시당하는 자들이 귀족적인 책임 윤리- 하나님이 힘 있는 자들에게 요구하는 관용과 권력 포기-를 보여주어야 한다는 것이다. 이러한 타이센의 사회학적 접근의 역사적 예수론은 여태까지 자유주의와 보수주의 예수론이 미처 보여주지 못했던 역사적 예수의 "변두리 유대인"이며 종말론적 예언자로서의 모습을 보여주는 데 공헌하고 있다. 특히 예수가 각종 질병의 기적적 치유자와 귀신추방자였다는 사실을 부각한 것은 주목할 만하다.

655 E. G. David Gowler, 『최근 역사적 예수의 연구 동향』, 52.

자(a Jewish prophet), 치유가(a healer), 비유 화자(a teller of parables), 윤리 선생(an ethical teacher)으로서 예수의 특성에 관해서 우리가 알 수 있는 것을 전개한다. 최종적으로 타이센은 예수의 최후만찬, 그의 폭력적 죽음, 부활절 사건, 기독론의 시작을 둘러싼 역사적 질문들에 관하여 면밀히 음미한다.

2. 예수, 묵시록적 사회변혁의 선지자

타이센과 메르츠에 의하면 예수는 "가족, 소유, 집과 안전으로부터 자유로운 극단 윤리"(radical ethic of freedom from family, possessions, home and security)를 가진 방랑자(an itinerant)였다.[656] 예수는 그의 죄를 고백하기 위하여 세례자 요한 운동에 합류한다. "다른 자들과 같이 그 역시 하나님의 임박한 심판을 기대하였다."[657] 예수는 세례자 요한이 길을 예비한 종말론적 오실 자("나보다 강한 이") 기대를 자신에게로 돌리고 스스로 카리스마적 인물이 되었다. 예수는 세례자 요한 같이 묵시록적 종말론의 전통 위에 서 있었으나, 요한의 선포한 심판보다는 은혜와 구원을 더 강조하였다.

역사적 예수는 자신의 사역에 있어서 앞에 있는 종말 시간이 하나님의 은혜에 의하여 연장되었다고 가르쳤다. 그러나 귀신추방에서 보는 바와 같이 악은 이미 정복되었음을 가르친다. 귀신추방은 악의

---

656 Gerd Theissen and Annette Merz, *The Historical Jesus: A Comprehensive Guide*, Augsburg: Fortress Press, 1998. 571.

657 Gerd Theissen and Annette Merz, *The Historical Jesus*, 569.

세력이 물러가고 새로운 세상의 동터옴의 예표였다. 예수는 곧 회복될 이스라엘을 다스리도록 12제자들을 선택한다. 가난한자, 약자, 그리고 병든 자들(the poor, weak, and sick)을 구원하시는 하나님 신앙이 예수 메시지의 중심에 있다. 타이센은 다음과 같이 피력한다: "하나님 미래 통치에 대한 그의 비전(his vision of the future rule of God)은 유대인들과 이방인들이 음식과 청결에 관한 계명에 의하여 더 이상 분리될 수 없는 큰 공동식사의 비전(vision of a great shared meal)이었다."[658] 예수가 가르친 윤리는 회개와 자비와 따름의 윤리였으며, 이것들은 모두 종말론적 윤리다. 그 중심에는 토라가 있다. 예수는 토라에 근거하여 지혜사상과 묵시사상을 결합하였다.

예수는 하나님이 새 성전을 옛 성전의 자리에 대치하실 것을 예언했으며, 의도적으로 성전 정화의 상징적 행동(the symbolic action of cleansing the temple)으로 성전의 적법성(the legitimacy of the temple)을 공격하였다. 유대의 귀족체제는 성전 비판 혐의로 그를 체포하였으나 그가 왕인 것처럼 행세한다는 정치적 범죄행위로 빌라도에게 그를 고발한다. 예수는 십자가 처형의 판결을 받게 되었으나, 그의 제자들은 모두 뿔뿔이 흩어져 도망가고 말았다. 십자가 죽음 이후에 예수는 먼저 베드로와 막달라 마리아에게 나타났고, 다음 여러 제자들에게 함께 나타나신다. 제자들은 그가 다시 사신 것을 확신하게 된다. 하나님이 최종적으로 구원하시기 위해 간섭하실 것이라는 제자들의 기대는 그들이 희망했던 것과는 다른 모습으로 충족되었다. 그들은

---

658 Gerd Theissen and Annette Merz, *The Historical Jesus*, 571.

예수의 전 생애와 그의 인격을 재해석해야만 했으며, 이제 비로소 그들은 그가 메시아였으나 기대하지 않았던 고난의 메시아(a suffering Messiah)였던 것을 인식하게 된다. 제자들은 예수가 특히 그 자신에 대한 과도하게 높은 희망과 대결했을 때, 자신에 대하여 "인자"(Son of Man)라고 말한 것을 기억했다. 예수는 "인자"라는 일반적인 용어에 메시아적 존엄(a messianic dignity)을 부여하였고, 그가 인자의 역할로 발전하게 되는 것을 희망했다. 타이센은 기독교란 유대교의 변형(a variant of Judaism)으로 발생했다고 본다: "메시아적 유대교(a messianic Judaism)는 오로지 1세기 과정에서 유대 모종교로부터 점차적으로 분리되었다."[659]

타이센의 사회학적 논구에서 주도적으로 그려낸 역사적 예수상은 묵시록적 사회변혁의 선지자로서의 모습이 부각된다. 옛 교리나 현재의 환상에 얽매이지 않고 사회학적 맥락에서 역사적 예수의 모습을 밝혀내고자 한 것은 그의 역사적 예수 논구의 공헌이다.

II. 존슨의 탐구: 내러티브 비평

미국 에모리 대학교 신약학 교수인 존슨은 현대주의적 역사비판적 탐구를 비판하면서 순수한 역사 이야기가 인간 예수의 모습을 드러

---

659   Gerd Theissen and Annette Merz, *The Historical Jesus*, 572.

내는 중요한 길이라는 것을 제시한다. 존슨의 제안은 미국 예일 대학교 신약학 교수 한스 프라이(Hans W. Frei)가 『성경 내러티브의 퇴락』(The Eclipse of Biblical Narrative)[660]에서 제안한 사상을 계승하고 있다. 프라이 사상의 핵심은 성경 내러티브의 성격에 대한 인식 회복과 그에 따른 성경 텍스트의 본래적 의미를 복권시킴으로써 현대 역사비판학의 폐해로 왜곡된 신학의 방향을 고발하고 제자리로 돌려놓는 데 있다.[661] 저자는 성경의 본래적 의미를 회복하고자 하는 내러티브 비평을 제시하는 존슨의 방법론에 상당부분 동의하기 때문에 그가 제시하는 역사기술학에 의한 역사적 예수 탐구를 비판적으로 소개하고자 한다.

1. 역사비판학 비판

존슨은 신약학 교수이지만 현대주의적 역사비판학(historical criticism)이 역사적 예수 탐구에 적절하지 않다고 표명한다: 계몽주의의 비판적 방법에 의거한 "역사적 예수 연구는 너무도 자주 진정한 의미에서의 역사적 연구가 아니라, 역사의 탈을 쓴 신학적 주장인 것으로 드러난다."[662] 그는 역사비판학을 다음 네 가지로 비판하고 있다.

첫째, 방법론에 있어서 독단적이고 자기 성찰이 없다. 역사비판학

---

660 Hans W. Frei, *The Eclipse of Biblical Narrative* (New Haven and London: Yale University, 1974), 10-12.
661 석종준, "한스 프라이의 내러티브 이론", 「한국개혁신학」 32, 2011, 288-331. 특히 293.
662 Luke T. Johnson, "인간 예수 배우기. 역사비평과 문학비평", *The Historical Jesus, Five Views*; 『역사적 예수 논쟁』, 243.

은 "방법론적으로 역사기술의 성격(목표, 가능성, 제한성)에 관해 가장 근본적이고 비판적인 질문을 생략하고, 자료(무엇보다 네 권의 복음서와 그 다음으로 바울서신)를 부주의한 방식으로 처리해왔기 때문이다."[663] 역사비판학은 "역사적이란 용어가 예수에게 적용될 때 무엇을 의미해야 하는지에 대한 성찰이 없으며, 사복음서의 문학적 관계성에 대한 기초적인 논의조차 하지 않는다."[664]

둘째, 복음서 내러티브(Gospel Narrative)를 해체한다. 그리고 역사비판학의 자료비평은 펑크, 후버와 크로산 등에서 보는 바와 같이 비판학자들[665] 자신들의 실증주의적 세계관을 투영시켜 복음서 자체의 문학적 내러티브의 의도를 살리기보다는 해체해 버린다: "자료비평에 대한 경솔하고 과도한 확신 가운데 '역사적 예수'를 재구성하려는 시도를 볼 수 있는데, 그들은 어떤 진정성 있는(authentic) 단편을 건져내기 위해 복음서 내러티브를 해체한다."[666] 자료비평(resource criticism)은 "문학작품 내에서 초기 자료를 분류해내고, 그렇게 찾아낸 가상의 초기 자료를 문학작품에 대항하는 방편으로 사용"함으로써 "그런 절차에서 도출된 결과는 너무 순환적이고 자의적이기 때문에" 적절하다고 볼 수 없다.[667]

---

663 Luke T. Johnson, "인간 예수 배우기. 역사비평과 문학비평", 229.
664 Luke T. Johnson, "인간 예수 배우기. 역사비평과 문학비평", 229.
665 Robert W. Funk & Roy W. Hoover, eds., *The Five Gospels*, 1993; John Dominic Crossan, *The Historical Jesus*, 1991; Luke T. Johnson, "인간 예수 배우기. 역사비평과 문학비평", in: 『역사적 예수 논쟁』. 229-230.
666 Luke T. Johnson, "인간 예수 배우기. 역사비평과 문학비평", 229.
667 Luke T. Johnson, "인간 예수 배우기. 역사비평과 문학비평", 231-232.

셋째, 이념적 작업의 결과를 인식하지 못한다. 역사비판학은 "단편들을 복음서 내러티브보다 더 역사적이라고 추정되는 그림으로 재구성하는 데 있어서, 이념적 성향에 근거해 작업하는 것이 어떤 결과를 가져오는지를 거의 인식하지 못하고 있다."[668] 역사비판학은 "인간 예수를 알 수 있는 방법이란 오직 역사적 재구성을 통해서 뿐이라고 주장"하며 "복음서 기사들과 나사렛 예수에 대한 신약의 모든 증언이 비판적 역사 기술 방식을 통해 수정되어야 한다"[669]고 주장한다.

넷째, 역사적 예수를 살아있는 인격이 아닌 지나간 죽은 인물로 접근한다. 역사비판학은 역사적 예수에 관하여 인격적으로 접근하지 않고 과거의 유물이나 문서적 자료와 같이 취급한다. 역사비판학은 "예수를 현재 활동하는 주체로서가 아니라 오직 과거에 죽은 인물로서만 간주해야 한다"고 주장함으로써 진정한 (역사적) 예수를 회복함으로써 예수에 대한 기독교의 주장을 불신임하고자 한다."

2. 역사기술학

존슨은 복음서 이해에 있어서 역사비판학을 비판하고 역사기술학(Historiography)을 선호한다. 역사기술학이란 예수라 불리는 복음서의 문학적 인물에 대한 완전하고 책임성 있는 접근을 시도하는 역사적 연구다. 예수는 역사적으로 질문될 수 있고 또 질문될 수 있는 기

---

668 Luke T. Johnson, "인간 예수 배우기. 역사비평과 문학비평", 229-230.
669 Luke T. Johnson, "인간 예수 배우기. 역사비평과 문학비평", 228.

원후 초기 30여 년에 걸쳐 살았던 진정한 역사적 인물이다: "2000년 전 팔레스타인이라는 시간과 공간에 살았던 인간으로서 예수는 과거의 시간과 공간에 실재한 인간과 시간을 탐구하는 분야인 역사 탐구에 합당한 대상이다."[670]

존슨은 예수를 시공간적으로 검증 가능한 영역의 인물로 탐구하고자 한 최초의 역사적 예수 탐구자인 독일의 다비드 스트라우스에 동의한다. 존슨은 적절한 역사기술 방법을 사용한다면 역사적 예수의 중요한 모습을 밝힐 수 있다고 본다. 역사기술의 방법은 역사비판적 방법과는 다르다. 역사비판학이 탐구자의 선입견을 자료들에 투영시켜 자료들을 취사선택하는 것에 반해서 역사기술학은 역사적 인물이나 사건에 관한 "모든 가능한 자료를 1·2차 자료와 직·간접 자료로 분류하기, 편파성 검사, 주어진 정보의 특이한 측면 평가하기, 마지막으로 모든 자료들을 수렴하여 주어진 사건과 인물에 관해 장점적인 결론에 도달하기"[671] 등을 수행한다. 가장 이상적인 것은 특별한 동기를 포함하는 내러티브를 구축하는 것이다.

"역사적 연구는 '역사적 예수'를 재구성하기 위하여 복음서 내러티브를 해체하는 것이 아니라, 복음서 내러티브를 보다 온전히 이해하는데 도움을 주는 것이다."[672] 존슨이 제한하는 역사기술학의 방법은 19세기 독일의 신약학자 슐라터(Adolf Schlatter)의 역사적 예수에 대

---

670 Luke T. Johnson, "인간 예수 배우기. 역사비평과 문학비평", 230-231.
671 Luke T. Johnson, "인간 예수 배우기. 역사비평과 문학비평", 231.
672 Luke T. Johnson, "인간 예수 배우기. 역사비평과 문학비평", 234-5.

한 기술학673을 계승하고 있다.

역사기술학은 구체적으로 다음같이 진행된다. 비기독교 자료인 외부 자료들이 주는 증거들[로마 역사가 수에토니우스(Suetonius)와 타키투스(Tacitus), 유대 역사가 요세푸스, 탈무드의 간접적인 논쟁]이 중요하다. 그것들은 기독교 자료들인 내부 자료들(사복음서와 사도들의 서신들)에 대해 통제 기준을 제공한다. 이 가운데 예수에 관한 복음서 내러티브(Gospel narrative)가 가장 중요한 자료들이다. 복음서 내러티브는 문학적 상호의존성(공관복음서 간의 상호의존성)과 독립성(마태, 마가, 누가복음서의 독특성과 요한복음서의 독자성)으로 구성된다. 탐구자는 복음서의 신뢰성을 유지하면서도 서로 차이가 있는 기사들(accounts)의 완전한 조화(調和)란 불가능하다. 사복음서는 서로 연관하여 다른 자료들이 제공하는 기준 내에서 읽을 때에 개연성(probability)으로 확증할 수 있는 역사적 사실로 받아질 수 있는 합일점(point of convergence)을 제공한다.

역사기술학은 이상의 자료들에 근거하여 역사가는 역사적 예수에 관하여 몇 가지 사실을 최대치의 개연성(the highest degree of probability)으로서 확증할 수 있다. ㉠ 그는 1세기에 살았던 유대인이었다. ㉡ 그는 팔레스타인에서 로마 총독 본디오 빌라도에 의해 십자가에 처형되었다. ㉢ 그의 이름에서 시작되어 그를 부활하신 주라고 부르는 운동이 25년 만에 지중해 전역으로 확산되어 수십 년간 지속되었다. ㉣ 예수에 관한 경험과 확신을 증언하기 위한 노력의 일환으

---

673 Adolf Schlatter, *Die Geschichte des Christus*, Stuttgart: Calwer Vereinsbuchhandlung, 1923. 5-8.

로 신약성경이라는 문서가 신자들에 의해 기록되었다.

역사적 예수의 사역에 관하여 다음 사항을 아주 큰 개연성(very high degree of probability)으로 확증할 수 있다. ㉠ 예수가 하나님의 통치를 설교하고 이에 대한 증거로서 치유와 축귀를 하고 비유로 가르치고 토라를 해석했다. ㉡ 유대 사회의 주변인들(병든 자, 가난한 자, 소외된 자, 세리와 창기들)의 친구가 되었고 12제자를 택했다. 다음 사항은 상당한 개연성(considerable probability)으로 확언할 수 있다. ㉢ 그가 세례 요한에게 세례를 받았고, 예루살렘에서 성전 정화라는 예언자적 행동을 하였다. ㉣ 그는 제자들과 최후의 만찬을 나누었고, 그 만찬을 임박한 죽음의 관점에서 해석했다.

3. 역사기술학의 유익과 한계

1) 유익

예수에 대한 역사기술학적 접근은 고고학적 발견과 자료가 많아질수록 역사적 예수에 대한 보다 풍부한 접근이 이루어질 수 있다. 1세기 지중해 세계의 역사적 정황을 더 많이 알면 알수록, 그리고 로마 통치 시기에 팔레스타인에 거주했던 유대인의 역사적 정황을 더 많이 알면 알수록 복음서 내러티브(Gospel Narrative)는 더 잘 이해되어진다. 역사기술학은 비기독교 자료, 요세푸스의 유대고대사와 유대전쟁사, 그리고 쿰란문서 등의 자료들을 활용한다. 역사적 이해란 이러한 자료들을 활용하여 복음서 내러티브의 의미를 풍부하게 해석한다.

역사기술학 접근에 의하면 복음서에 등장하는 예수라는 인물은 로마 통치 하의 1세기 팔레스타인에 확고히 뿌리를 내리고 있다. 예수의 말씀과 사역에 대한 전승들은 최초 복음서가 작성될 때까지 약 40년간 신앙공동체 내에서 구전으로 전달되었고, 그 전승은 팔레스타인 내에서만이 아니라 밖에서도 이루어졌다. 사복음서는 역사적 예수에 대하여 다음 사실적 요소에 대하여 일치된 견해를 보여준다: "예수는 1세기에 팔레스타인에 살았다. 유대인 남자로서 12명의 추종자를 선택했으며, 치유를 행하고 하나님의 법을 선포했으며, 비유를 통해 가르치고 토라를 해석했으며, 본디오 빌라도라는 로마 총독의 명령에 따라 십자가에서 처형되었다. 그는 세례 요한에게 세례를 받았으며 성전을 '정화했다.' 더 나아가 각각의 복음서는 토라로부터 차용한 '인자'나 '선지자'와 같은 상징을 사용함으로써 예수를 더욱더 구체적으로 제시한다. 각각의 복음서에서 예수의 성품은 아주 구체적인 묘사를 통해 그려지고 있다."[674]

2) 한계

그러나 이러한 역사기술학에도 한계가 있다. 탐구자는 역사기술학의 한계를 인정하면서 자신의 역사적 인식을 절대화하지 않고 겸허하게 사용해야 한다.[675]

첫째, 역사는 구성적이기 때문에 역사기술은 수정주의적 성격을 띨 수밖에 없다. 역사는 단순히 과거나 어떤 장소나 과거의 사건이 아니라 인간의 비판적인 분석과 창의적 상상력의 산물이다. 역사가는

---

[674] Luke T. Johnson, "인간 예수 배우기. 역사비평과 문학비평", 253.
[675] Luke T. Johnson, "인간 예수 배우기. 역사비평과 문학비평", 239-243.

단순히 역사를 발견하는 것이 아니라 역사를 구성한다. 여기에는 두 가지 요소가 있다. ㉠ 과거의 증거를 비판적으로 평가한다. ㉡ 과거 증거에 근거해 사건에 대한 이야기(narrative)를 한다. 새로운 증거가 드러나면 그에 따른 적절한 수정이 가해진다.

둘째, 역사(the historical)와 실재(the real)는 동일한 것이 아니다. 우리는 역사의 실재를 아는 데 한계를 가진다. 역사에 일어난 모든 사건이 다 자료로 남는 것이 아니다. 우리는 그 중에 특정적인 요소를 선별하여 과거를 구성하여 사건을 창조한다. 역사는 실재보다 더 많다. 실재는 역사가가 구성한 것이다.

셋째, 역사기술은 자료에 전적으로 의존하기 때문에 제한적이다. 과거의 인물이나 사건에 대한 지식은 단편적이고 부서지기 쉬운 것들이다. 수많은 자료들이 폐기되고 보존된 자료들은 이념적이고 편향적이기 때문에 언제나 부분적이다. 그러므로 역사가는 자신의 편집 기교에 대해 겸손해야 한다.

넷째, 역사적인 자료는 과거만을 묘사할 수 있을 뿐 미래를 규정할 수 없다. 역사의 교훈은 과거의 사실에 관한 것이기 때문에 현재나 미래를 향해서는 모호하고 불분명하여 규범이 될 수 없다. 역사는 과거에 대한 모범이지 현재를 위한 규범이 아니다.

4. 복음서 내러티브에 대한 문학비평: 내러티브 비평

1) 해석으로서 내러티브

복음서 내러티브에 대한 문학비평적 접근법, 즉 내러티브 비평(서사비평)은 복음서를 역사적인 관점이 아니라 문학적 관점에서 다룬다. 역사비판학이 복음서를 역사적 재구성에 있어서 제한적이고 문제가 많은 자료로 보는 데 반해서, 문학비평적 접근은 각 복음서를 문학적 통일성을 갖춘 내러티브로서 인간 예수에 대한 가치 있는 증언과 해석으로 본다.676 복음서에 대한 문학비평은 예수를 그의 사후 50년에서 70년 사이에 기록된 그에 관한 내러티브에 등장하는 문학적 인물로 그에게 다가간다. "예수가 정말 이렇게 말하고 저렇게 행동했는가?"라는 역사적 질문보다는 내러티브를 예수와 관련된 의미를 전달하는 매체로서 존중하며, 플롯, 등장인물, 주제 등 문학적 요소에 관심을 둔다.

문학비평에서는 역사적 지식이란 비판가들이 주로 관심을 기울이는 반드시 사건에 관한 것으로 순서(sequence)와 어휘 선택의 차이가 아니라, 사회적·문화적·언어적 가능성에 대한 것으로서 문학적 상상력을 풍부하게 해준다. 각 복음서의 내러티브는 각기 나름의 예수상을 가지고 있어서 다른 복음서의 내러티브가 제시하는 예수상과 완전히 일치하지 않는다. 이것은 각 복음서의 내러티브가 역사적 예수에 대하여 각각 다채로운 해석을 제공해주는 것으로 본다.677

2) 증언으로서 내러티브

존슨은 마태, 마가, 누가, 요한이 쓴 복음서 내러티브에서 공통적으로 발견하는 인간 예수의 두 가지 에토스(ethos)를 각 내러티브가 갖는

676　Luke T. Johnson, "인간 예수 배우기. 역사비평과 문학비평", 244.
677　Luke T. Johnson, "인간 예수 배우기. 역사비평과 문학비평", 245.

다양성의 수렴(convergence)을 통해 찾고자 한다.

첫째, 예수는 아버지 하나님에 대해 순종했다. 복음서에 나타난 예수의 성품은 지극히 단순하고 솔직하다. 예수의 성품은 그가 배격했던 모든 종류의 인간적인 욕심에 대한 부정으로서 묘사될 수 있다. 예수는 '자아를 알라'는 영지적 현인도 아니었고, 소유욕이나 정치적 권력의 노예도 아니었다. 또한 세례자 요한 같은 금욕주의자도 아니었고, 포퓰리즘(populism)을 추구하는 민중의 지도자도 아니었다. 그는 오로지 아버지의 뜻을 순종하면서, 아버지의 뜻에 따라 십자가의 죽음을 받아들인 자였다.

둘째, 예수는 모든 사람을 예외 없이 사랑했다. 예수는 당시 소외된 계층의 사람들의 친구가 되었고, 저들의 필요를 충족시켜주었다. 예수는 신분이나 성별에 관계없이 모든 사람들에게 다가가 그들을 어루만져 주셨다. 그는 단순한 자기 억제가 아니라 온유와 겸손으로 자신을 돌보지 않고 전적으로 자신을 내어주었다. 예수는 자신의 생명을 많은 사람들의 대속물로 내어 주었고 잡히시기 전 날 밤에 제자들과 나눈 빵과 포도주는 그들을 위하여 내어주는 자신의 피와 살이라고 설명하였다.

3) 문학비평의 네 가지 유익

존슨은 복음서에 관한 문학비평적 접근법, 즉 내러티브 비평(narrative criticism)의 유익을 다음과 같이 설명한다. 이는 저자도 동의하는 바이다.

첫째, 내러티브 비평은 문학적 지성을 가진 모든 자들에게 열려 있는 접근법이다. 이 접근법은 플롯, 등장인물, 주제와 같은 단순하고 보편적인 문학적 범주만을 다룬다. 따라서 역사비판학처럼 인간 예수에 대한 최초의 명시적 해석인 복음서 내러티브의 해체를 요구하지 않는다.[678] 오히려 복음서 내러티브를 문학적 통일성과 온전성으로 다루며 역사적 예수에 대한 의미도 문학적 다양성에서 풍부하게 드러낸다.

둘째, 내러티브 비평은 역사비판학이 수행하는 사회학적 환원보다 더 풍부하고 다채로운 예수 이해를 제공한다. 이 접근법은 인간 예수에 대한 내러티브가 제공하는 문학적 표현의 다양성을 수용하면서 순종과 사랑의 인품을 지닌 동일한 예수 인격을 드러낸다.

셋째, 내러티브 비평에서 문학적 인물로서 예수에게 접근하는 것은 역사적 간격을 넘어서서 바로 2000년 전의 역사적 예수에 접근하도록 해준다. 문학비평은 문학적 인물로서 인간 예수의 치유와 축귀 사역, 그의 비유와 경구들이 하나 같이 그것들이 주어진 시공간적인 배경에서 잘 이해되도록 한다. 내러티브 안에서는 문학적 인물은 실재적 인물로 이해되어진다.

넷째, 내러티브 비평에서 역사적 예수는 바로 복음서의 예수 외에 다른 분이 아니다: "우리가 가진 문헌 자료에서의 그리스도 상에 대한 기초를 제공하는 것은 이처럼 세심하게 연마된 문학적 인물이다."[679] 문학적 인물로서의 예수가 과연 역사적으로 살았고 어떤 영향을 끼쳤는지에 관해서는 묻지 않는다. 문학적 인물로서의 예수는 소설의

---

678   Luke T. Johnson, "인간 예수 배우기. 역사비평과 문학비평", 257.
679   Luke T. Johnson, "인간 예수 배우기. 역사비평과 문학비평", 258.

예수(fictional Jesus)와 다를 바 없다. 여기에 내러티브 비평의 한계가 있다.

4) 문학비평의 한계: 실제적 인물과 사건 지시성과 텍스트 밖의 현실 무관심

문학적 내러티브(literary narrative)가 분석하는 인물은 문학적 인물이지 실제적 인물은 아니다. 문학비평은 본문을 통합적인 전체로 파악하고 텍스트 내러티브를 그 자체의 언어 세계로 이해한다. 그리하여 존슨이 시도하는 문학적 내러티브는 실제적 인물이나 사건의 지시성(referentiality)에 대하여 무관심하고 텍스트 밖의 현실을 부정하거나 그 현실에 무관심하다. 그러므로 복음서 내러티브에서 역사적 예수를 문학적 내러티브로 이해하는 것은 역사적 사실성이나 배경에 대해서는 무관심할 수 있다. 여기서 이해되는 역사적 예수는 하나의 문학적 인물로서 예수를 하나의 소설적 인물로 이해되는 한계가 있다.

그러므로 복음서 내러티브는 역사적 배경과 역사적 실재성에 대한 질문과의 상관관계 속에서 진행되어야 한다. 복음서는 신앙으로 본 나사렛 예수의 전기(傳記)로서 『다빈치 코드』나 『예수는 신화다』, 『마리아와 결혼한 예수』 등이 주장하는 것처럼 하나의 픽션이 아니기 때문이다. 존슨은 텍스트에 기초한 신학적 해석을 수용한다는 점에서는 문학비평의 한계를 넘어서는 신문학 비평(new literary criticism)을 수용한다고 볼 수 있다. 그럼에도 불구하고 신문학비평조차도 문학비평이 갖는 반지시성(antireferentiality)의 한계를 벗어나지 못하기 때문에[680] 복음서의 사실성을 인정하는 데 한계를 지니고 있다.

이에 반해서 정경복음서에서 증언되는 역사적 예수는 문학적 인물이 아니라 인격체로서의 실제 예수이며, 우리들의 죄를 대속하시고, 생명을 주신 살아계시는 그리스도이며, 역사적으로 의미 있는 그리스도다. 복음서의 예수는 역사적으로 교회와 사회에 영향을 끼친 그리스도인 것이다. 이 예수는 그가 보내신 성령의 능력으로 그의 제자들이 초대교회를 설립하도록 한 그리스도시다. 복음서의 예수는 아씨시의 프랜시스(Francis of Assisi), 마르틴 루터(Martin Luther), 존 칼빈(Jean Calvin), 존 낙스(John Knox), 존 오웬(John Owen), 조나단 에드워즈(Jonathan Edwards), 도로시 데이(Dorothy Day), 테레사 수녀(Mother Teresa), 프란체스코 1세(Francesco I) 같은 인물을 감동시켜 그의 제자가 되도록 하셨다.

5. 문학비평과 역사비판학은 대립적이 아니라 상관관계적으로 가야 한다.

1) 성경주의에 빠지는 존슨의 내러티브 비평

존슨의 내러티브 비평(narrative criticism, 서사 비평)은 자료비평이나 역사비판학을 역사적 예수의 접근에 장애가 되는 적대적(敵對的) 절차로 본다. 자료비평(resource criticism)은 성경 저자가 사용한 문서나

---

680 James G. Williams, "Magister Lucis: In the Light of René Girard," in *For René Girard: Essays in Friedship and in Truth* (Studies in Violence Mimesis, and Culture Series), eds., Sandor Goodhart, Jørgen Jørgensen, Tom Ryba and James G. Williams (East Lansing: Michigan State University Press, 2009), 160.

구전형태의 집필 자료들을 비평하는 것으로 성경저술에 사용한 집필 자료를 분석하는 성경 해석 방법이다. 자료비평에 근거해 성경을 볼 경우, 성경본문 자체의 맥락이 해체되어 버린다는 어려움이 있다. 자료비평에 근거한 연구들은, 창세기를 비롯한 성경본문은 최소한 4개 자료가 사용된 것으로 본다.[681] 그리고 일부 특정 구절은 학자에 따라 어떤 자료에 해당하는지에 대한 견해가 다르다. 더욱이 성경의 내적 맥락은 무시된 채, 어떤 구절의 출처만을 문제 삼게 됨으로써 성경의 메시지를 산산조각 내버렸다는 지적이 있다.

성경에 대한 문학비평을 시도하는 문학비평 학자 중 일부는, 자료비평에 따른 특정 구절의 출처보다 성경 내의 문학적 맥락을 파악하는 것이 더 중요하다고 주장한다. 저자는 파괴적인 역사비판학에 대해서는 존슨의 입장에 동의한다. 그러나 존슨처럼 온건한 역사비판적 성찰조차 적대시하는 것은 역사적 사실을 도외시하고 신앙우선적인 성경주의(biblicism)에 빠질 우려가 있다. 성경주의가 비판하는 것처럼 예수전승의 구전(mündliche Überlieferung)으로 거슬러 올라가서 초기의 전승을 되찾는다는 것은 이미 지나간 역사라는 오리무중

---

[681] 모세오경의 경우 야웨문서(J문서), 엘로힘문서(E문서), 제사장문서(P문서), 신명기문서(D문서) 등은 다른 근원에서 비롯하였다고 한다. 구약성경의 원 본문인 히브리어 성경을 보면, 하나님이 '야웨'(여호와), '엘로힘'으로 다르게 지칭되고 있음을 알 수 있다. 문서설은 다른 호칭을 쓴 구절은 각기 다른 자료에서 유래한 것으로 본다. 그 자료들을 창세기에 등장하는 하나님의 호칭을 발음 그대로 알파벳으로 옮겼을 때의 머리글자를 따서, J문서(야웨문서), E문서(엘로힘 문서), P문서(제사장문서), D문서로 명명하였는데, 실제 성경학자 중에는 모세오경 저자들을 제사장 학파 등으로 구분하는 이들도 있다. 이러한 창세기의 문서설(documentary theory)은 정경의 문학적 통일성을 해체해버린다. 마찬가지로 자료비평은 복음서를 전혀 내적 연관 없는 전승 단편의 모자이크 집합으로 보는 문서 이전의 구전(Vorliteralische Mündliche Überlieferung)의 안개 속으로 들어가는 오리무중(五里霧中)의 길로 들어가기 때문에 역사적 예수에 대한 성경적 통일성, 즉 인류의 구세주를 제시하는 데 실패했다.

의 과거로 암중모색하는 것이다. 그 대안으로서 이미 문학적으로 완결된 통일성으로 주어진 사복음서의 내러티브를 분석한다는 것은 성경의 메시지를 이해하는 필요한 길임에 틀림없다.

그러나 내러티브 비평은 성경 문헌의 문학적 세계의 분석으로만 끝나서는 안 된다. 복음서 내러티브는 그 내러티브가 증언하는 역사적 실재의 영역에서 검증함으로써만 충족될 수 있기 때문이다.682 중도적으로 건설적인 역사적 비판학을 수행하는 복음주의자들의 노력을 거부해서는 안 된다고 본다. 존슨은 역사적 비판주의에 실망한 나머지, 역사적 연구 자체를 거부하는 다른 극단의 역사적 회의주의에 빠지고 있다.683 던이 지적하는 바와 같이 존슨은 내러티브 비평(narrative criticism)에만 머물고 온건한 역사비판학에 대해서는 불신하고 있다.684

2) 존슨의 문학비평의 한계: 전적인 역사적 회의주의

존슨의 문학비평은 역사적 이해와 마찬가지로 이성적으로 확정할 수

---

682 James D. G. Dunn, "존슨의 논문, '인간 예수 배우기. 역사비평과 문학비평'에 대한 논평," 276-281. 저자는 던이 피력하는 다음의 온건한 견해가 설득력 있다고 본다: "나는 공관복음서 간의 차이를 예수전승이 처음부터 사용되고 전달된 다양한 방식들에 대한 증거로 본다. '최초'의 (original) 전승만이 '진정성 있는'(authentic) 전승이라는 것은 그릇된 생각이다. 그런 생각은 우리들 대부분을 대단히 오랫동안 잘못 이끌어 왔으며, 존슨이 예수와 복음서의 기록 사이에 존재하는 전승화 과정을 완전히 무시하는 필사적인 전략을 취하게 된 것도 아마 이런 생각 때문일 것이다. 하지만 만일 이처럼 수십 년의 세월이 흘렀음에도 불구하고 예수의 인격과 그의 사역의 성격이 여전히 명확하고 일관성 있게 묘사된다면, 그리고 예수가 복음서 자료들에 남겨놓은 뚜렷한 흔적들을 볼 수 있다면(이 점에서 나는 존슨과 견해를 같이 한다), 우리는 복음서들이 기록되기 이전의 상황도 그러했으리라고 자신 있게 주장할 수 있을 것이다." (상게서, 280).
683 E. G. David Gowler, 『최근 역사적 예수 연구 동향』, 76-77.
684 James D. G. Dunn, "존슨의 논문, '인간 예수 배우기. 역사비평과 문학비평'에 대한 논평," 279.

있는 범주를 넘어서는 증언과 해석들, 예컨대, 동정녀 탄생, 하늘로부터 나는 목소리, 축귀, 치유, 변화산 사건, 부활 등, 복음서 내러티브 내에서 이성적으로 이해 불가능한 사건[685]에 관하여 그 역사적 사실성과 신학적 의미를 확증해주지 못한다. 역사적 자료로서의 복음서의 입지(立地)는 마태, 마가, 누가복음의 문학적 상호 의존성으로 인해 복잡하다. 이에 학자들은 역사적 예수의 자료로서 "공관복음서의 문제"(synoptisches Problem)을 풀려고 한다.

존슨은 이 문제를 해결하는 데 있어서 일반 다수 학자들의 견해를 수용하여 공관복음서 가운데 마가복음의 플롯에 우선권을 주면서, 마태와 누가는 세례자 요한에서 시작하여 빈 무덤에 이르는 마가복음의 줄거리를 그들 자신의 내러티브를 위한 기본 틀로 사용했다고 본다. 플롯의 차원에서 보면 마가복음과 요한복음은 가장 이질적인 두 가지 증언(예컨대, 성전 정화가 전자에서는 예수 사역의 말기에, 후자에서는 초기에 나온다. 전자에서는 사역의 중심지가 갈릴리, 그리고 축귀사역이 주된 위치, 후자에서는 유대, 그리고 몇 가지 치유사역이 등장)에 직면한다. 역사기술학을 선호하는 존슨이 이 부분에서는 역사 비판가가 되어서 공관복음과 요한복음의 어느 부분에 대해서는 역사적 진정성을 문제시하고 있다. 존슨은 요한복음에 특징적으로 나타나는 "예수가 이렇게 말씀하셨다"라는 예수 말씀 어구(語句)에 대한 그 역사적 진정성을 확증하는 것은 불가능하다고 본다. 더욱이 존슨은 마가복음의 내러티브도 역사적 보도라기보다는 신학적 구성물이라고 본다: "마가복음의

685　Luke T. Johnson, "인간 예수 배우기. 역사비평과 문학비평", 239.

내러티브를 면밀히 검토해보면 그것 역시 역사적 보도이기보다는 신학적 구성물임이 명백하다. 따라서 마가복음도 우리가 흔히 예상하듯이 연대기적으로 자료를 배열하는 것이 아니라 오히려 시험, 치유, 제자도에 관한 비유와 가르침 등으로 주제별로 묶어 놓았다."686

여기서 존슨은 문학가로서의 자신의 정체성을 더 많이 의식하고 있는 것으로 보아진다. 존슨은 마가의 내러티브를 신학적 구성으로만 봄으로써 그가 선호한 역사기술학(Historiography)의 방법에서 물러서고 있기 때문이다. 저자의 견해에 의하면 마가복음은 소위 역사비판가들이 천편일률적으로 보는바 신학적 구성물이기보다는 역사적 예수의 실제적 사역에 대한 신앙적인 해석이다. 마가는 예수 그리스도의 12제자 중의 한 사람은 아니지만, 70인 전도 대원 중의 한 명이다. 예수의 최후만찬은 그의 집에서 이루어졌고, 그의 집은 항상 초대 기독교회의 집회소였다. 바나바의 생질이었던 마가는 사도 바울과 베드로를 따라서 열성적으로 전도여행을 다녔다. 그러므로 마가복음은 단순한 마가라는 예수 제자의 신학적 구성물이 아니라 그가 밀착해서 예수의 수제자 베드로를 통하여 들었던 이야기와 그에게 주어졌던 예수전승을 기록한 책이다. 마가복음 속에는 예수의 인격과 설교와 사역이 분리될 수 없는 하나의 통일체로 구현되어 있는 것으로 보아야 한다.

---

686 Luke T. Johnson, "인간 예수 배우기. 역사비평과 문학비평", 242.

3) 지라르의 종교인류학적 창세기 해석: 내러티브 비평의 보완

프랑스의 종교인류학자인 르네 지라르는 성경 해석에 있어서 단순히 문학비평에 머물지 않고 종교인류학적 접근을 한다. 그는 내러티브 비평에 머물지 않고 문화인류학적 측면을 추가함으로써 창세기 본문이 갖는 보다 넓은 종교문화적인 세계를 드러내고 있다. 지라르는 고대 바벨론 창조신화 에누마 엘리쉬(Enuma Elish)에 비교하여 창세기의 창조 이야기의 독특성을 천명하였다. 이는 주목할 만한 학문적 성과다. 바벨론 신화에서는 마르둑(Marduk)이 주문을 걸어 티아맛(Tiamat)를 살해하고 승리한다. 마르둑은 티아맛의 시체를 둘로 나누어 하늘과 땅을 창조하고 점토에 신의 피를 섞어서 사람을 만든다. 인간은 이 폭력적 살해의 피로부터 지음을 받았다. 에누마 엘리쉬는 초석적 살해(foundational murder)로 죽임당한 희생양의 잘린 시체로부터 우주가 창조되었다고 설명한다. 우주적 기원의 제로 점에 초석(礎石)적 살해로부터 희생당한 우주적 거인의 시체가 있다는 것이 에누마 엘리쉬의 근본적 코드다.

지라르의 종교인류학적 접근에 의한 창세기 해석은 성경 비평학자들의 종교사적 연구를 통한 창세기 해석을 능가하고 있다. 성경 비평학자들은 종교사 내지 비교종교적 접근을 통해[687] 성경의 창조 이야기가 바벨론 창조신화로부터 영향을 받았으며 둘의 기본 골격이 유사하다고 본다. 이에 반하여 지라르는 성경의 창조 이야기 해석에 있어서 문화인류학적 접근을 통하여 바벨론 창조신화에 대한 비판과 극

---

687 George Eldon Ladd, *The New Testament and Criticism*, Grand Rapids, Michigan: Eerdmans, 1965; 김만우, 역, 『신약과 비평』, 개혁주의 신행협회, 1978. 228-250.

복을 말하고 있다. 지라르에 의하면 성경의 창조 이야기는 초기 바벨론 창조 신화와 다른 이교 창조 신화들에 대하여 비판적 관점을 가지고 있다는 것이다. 성경의 창조 이야기는 주권적인 창조주 하나님이 그의 말씀으로 천지를 무(nothingness)로부터 창조함으로써 이교적 창조 신화에서 발견되는 자연의 신성화와 신들의 전쟁을 비판한다. 따라서 창조 이야기는 에누마 엘리쉬로부터 형식을 빌려온 것이 아니라는 것이다.[688]

구약성경의 창조 이야기에는 신화적인 주제들, 신들의 투쟁, 갈등, 경쟁, 그리고 최종적인 원초적 살해와 폭력에 대한 흔적이 존재하지 않는다.[689] 하나님은 말씀에 의하여 무로부터 세계를 창조하였다. 유대교는 초석적 살해를 당한 신의 시체로부터 탄생한 세계와 자연의 신성화를 거부한다. 이에 반하여 에누마 엘리쉬는 천지창조 이전 신들의 탄생과 투쟁사에 관한 이야기에서 시작되고, 우주적 위기의 책임자로 몰린 희생양들의 살해와 그 죽임당한 신들의 잘린 시체로부터 우주가 탄생되었다는 내용을 지닌다. 그로부터 모든 창조신화들은 먼저 미메시스적인 경쟁과 갈등(agon) 상태에 있는 신들의 전쟁 상태를 보여주고 희생양들에게 그 위기의 책임을 전가해서 희생양을 살해하는 것이다. 그래서 세계의 모든 희생제의들은 우주적 거인이 희생양에 대한 책임전가와 살해의 미메시스적이고 희생적인 위기를

---

[688] Conrad Hyers, *The Meaning of Creation: Genesis and Modern Science* (Atlanta: John Knox Press, 1984); 정일권, 『십자가의 인류학: 미메시스 이론과 르네 지라르』, 128.
[689] 정일권, 『십자가의 인류학: 미메시스 이론과 르네 지라르』, 128-129.

재현하는 것이다.[690]

구약성경의 창조 이야기는 반신화적인 정신을 보여주고 창조주 하나님의 자유와 주권, 그리고 세계와 자연의 탈신성화를 보여준다. 창조 이야기에 의하면 세계는 주변 근동 아시아의 창조신화에서처럼 우주적 거인, 희생양, 창조신의 몸이나 죽은 신의 시체로부터 세계가 만들어진 것이 아니다. 하나님은 말씀으로 그의 사랑과 자유와 선택 가운데서 무로부터 우주를 창조하셨다. 그러므로 반신화적 정신을 가진 창세기의 창조 이야기와 초석적 살해와 희생양 메커니즘을 은폐하고 있는 바벨론 창조신화 및 이교적인 창조신화 사이에는 급진적인 불연속성(radical discontinuity)이 존재한다. 프랑스의 해석학자 리꾀르(Paul Ricoeur)도 『악의 상징』(La symbolique du mal)에서 지라르의 에누마 엘리쉬 해석으로부터 악의 실재에 대한 사상을 수용한다.[691] 이러한 지라르의 종교인류학적 성경 해석 방법은 신구약 성경 해석에 있어서 단지 문학적 분석의 한계를 보완하고 성경적 계시의 독특성을 드러내는 포용적 · 비평적인 방법이라고 볼 수 있다.

지라르는 복음서에 나타난 예수의 십자가 죽음과 부활 해석에 있어서도 종교인류학적 개념인 희생양 메커니즘 개념을 적용하여 지금까지 종교사적 연구가 단지 예수의 희생과 죽음을 일반 종교사적인 희생제의의 하나로 상대화한 것에 반하여, 역사상에 나타난 희생양

---

690 정일권, 『십자가의 인류학: 미메시스 이론과 르네 지라르』, 130.
691 Paul Ricoeur, Symbolism of Evil, trans. Emerson Buchanan (Boston: Beacon, 1969), 175-99, 194-98; Michael Korwan, Discovering Girard (London: Darton Longman and Todd, 2004), 95.

메카니즘의 종결로 해석함으로써 예수 십자가 죽음에 대한 복음서 내러티브가 의도하는 본래의 구속사적인 유일성과 독특성을 복권시켰다.

4) 문학비평은 성령론적 해석인 신앙적 해석으로 보완되어야 함

문학비평은 예수가 그 내러티브 안에서 실재하는 역사적 인물이요, 역사적으로 실제로 살았던 인물이라는 것, 즉 인간 예수에 관해서는 확증할 수 있다. 그러나 그가 부활했다거나 그의 십자가 죽음이 인류의 구원을 위한 대속의 죽음, 그의 승천과 다시 오심, 그에게 붙여진 기독론적 칭호의 진정한 의미, 성령 안에서 신자와 교회 내에 그의 현재성을 확증해 주지는 못한다. 이것들은 예수 신성(神性)의 역할 안에서만 이루어지는 초자연적 사실이기 때문이다. 다시 말해, 문학비평의 빛으로는 기독교의 핵심, 즉 예수가 성육신 하나님의 아들인 것과 인류의 죄를 대속하신 속죄물이 되신 중보자요, 부활하신 자요 다시 오실 자, 그리고 산자와 죽은 자를 심판하시는 자이고 역사의 완성자라는 사실을 증거해주지 못한다. 이것이 문학비평의 한계다. 문학비평은 인간 예수의 역사적 존재와 그의 사역을 밝히는 데는 공헌한 바가 크다. 문학비평은 역사적 예수를 밝히는 하나의 방법이다.

그러나 문학비평은 신학적 해석으로 더 나아가야 한다. 메시아로서의 예수, 성육신하신 독생하신 하나님으로서의 예수, 하나님 아들로서의 예수, 우리의 대속자로서의 예수, 부활한 자로서의 예수, 오실 자로서의 예수, 역사의 심판자와 완성자로서의 예수, 성령 안에서 신자와 교회 안에 현재하시는 영원한 그리스도를 알기 위해서는 신학적 해석이 필요하다. 이를 위해서는 역시 복음서 내러티브에 대한 문학비평을 넘어서서 성령론적 접근이 필요하다. 이것은 성령의 역사(役事)를 통해서 형성된 믿음을 통해서만 가능하다. 사도 요한은 성령의 역할에 관한 역사적 예수의 말씀을 기록하고 있다: "진리의 성령이 오시면 그가 너희를 모든 진리 가운데로 인도하시리니 그가 스스로 말하지 않고 오직 들은 것을 말하며 장래 일을 너희에게 알리시리라. 그가 내 영광을 나타내리니 내 것을 가지고 너희에게 알리시겠음이라"(요 16:13-14). 성경을 읽고 연구할 때 진리의 성령은 신앙의 독자 가운데 오셔서 과거의 구속사건을 현재화시키며 읽는 자로 하여금 구속의 사건을 인격적 진리로 체험하도록 인도한다. 그러므로 문학비평이나 역사적 이해도 신앙적 관점, 즉 성령론적 관점에 의하여 수행되어야 한다. 역사적 예수에 대한 통전적인 이해란 문학비평과 신앙적 이해가 분리되지 않고 상관관계적으로 수행됨으로써 이루어진다.

III. 복(Bock)의 탐구: 복음주의적 접근

1. 역사적 예수의 영향력의 중요성: 진정성 기준의 한계

미국 달라스 신학교의 신약학 교수 대럴 복(Darrell L. Bock)은 역사적 예수를 신앙적으로 믿는 것과 역사적 사실을 뒷받침해주는 다양한 자료를 추적하여 가장 개연성 있는 역사적 예수를 그려내는 것은 다르다고 한다. 역사적 예수 탐구는 그가 살았던 1세기 문화, 즉 그리스-로마적 요소와 유대적 요소의 다원적인 복합성 속에서 수행되어야 한다고 본다.[692] 사해 두루마리의 발견은 예수를 유대교의 맥락에서 이해하게 하는 중대한 자극제가 되었고, 50년 전 슈바이처의 종말론적 예수상이 지닌 결핍된 부분(제2성전기 유대교에 대한 자료)을 보충해준다. 역사적 예수 탐구는 초대교회가 역사적 예수에게 덧입힌 것으로 보이는 교리적인 층위들을 벗겨냄으로써 진정한 역사적 예수를 발견하려는 계몽주의 프로젝트(the enlightenmental project)로서 시작되었다.

최근의 "제3의 탐구"라고 일컬어지는 역사적 예수 탐구가 유대교 맥락에서 예수 이해를 출발점으로 삼는 것에 대하여 예수가 유대인이라는 사실과 제2성전기(B.C. 538-A.D. 70년) 유대교에 대한 증가하는 지식을 고려할 때 복(Bock)은 이를 적절한 출발점으로 본다.[693] "제3 탐구"는 교리적인 것을 배제하여 역사가 신학과는 무관한 것으로 간주한 "제1 탐구"의 결점을 보완하면서, 동시에 "제2 탐구"의 비유사성 기준이 갖는 한계를 보완하게 되었다. 복음서 연구에서 그리스적 층위들을 발견할 수 있고 그것들을 완벽하게 잘라내어 제거할 수 있다는 주장은 설득력을 상실하게 되었다. 사해사본들의 발견으로 인해서 복음서에 있는 그리스적인 기원의 일부가 상당히 유대적인 것일 수 있는 가능성이 제기된 것이다. "제3 탐구"는 "제1 탐구"와 "제2 탐구"의 결점을 보완하고 역사적 예수를 1세기 유대교의 맥락에서[694] 예수전승

---

692   Darrell L. Bock, "역사적 예수. 복음주의 관점", in: 『역사적 예수 논쟁』, 368.
693   Darrell L. Bock, "역사적 예수. 복음주의 관점", 368.
694   찰스워스도 이러한 제3 탐구의 출발점을 적극적으로 지지했다. James Charlesworth, The

공동체에서 "기억된 예수"(Jesus Remembered)를 다시 재구성하고자 하는 것이다. 예수전승은 예수와 관련된 구두전승을 만들어낸 자들부터 기인한다. 사도행전 1장 21-22절("요한의 세례로부터 우리 가운데서 올려져 가신 날까지 주 예수께서 우리 가운데 출입하실 때에, 항상 우리와 함께 다니던 사람 중에 하나를 세워 우리와 더불어 예수께서 부활하심을 증언할 사람이 되게 하여야 하리라")에 따르면 이들은 역사적 예수에 관한 직접 체험을 갖고 전하여준 말씀의 목격자요 증인(눅 1:2)인 사도들이다.

복(Bock)은 역사적 예수의 생애와 사역을 논구함에 있어서 던이 지적한 바와 같이 예수가 끼친 영향력을 강조한다.[695] 예수는 자신에 대한 어떤 기록도 남기지 않았기 때문이다. 그러나 그로부터 감화를 받은 제자들이 그의 생애와 사역에 대하여 남긴 기록인 복음서는 예수 이야기로서 그가 남긴 영향력을 반영하고 있다.[696] 복음서는 역사적 예수가 당시 사람들에게 끼친 영향력을 알기 위해서는 그의 인격에 대한 다각적인 이해가 중요하다. 복음서는 우리들에게 예수 사역의 다양한 면을 제공하고 있기 때문이다.

역사적 사실에 대한 진정성의 기준들-복수 증언, 비유사성, 일관성, 아람어층, 당혹성, 문화적 적응성, 역사적 타당성 등-을 적용하는 역사적 연구의 결과는 그 방법적인 제한성으로 인해 역사적 예수에

    Historical Jesus: An Essential Guide (Nashville: Abingdon, 2008): Darrell L. Bock, "역사적 예수, 복음주의 관점," in:『역사적 예수 논쟁』. 369.

695 Darrell L. Bock, "역사적 예수. 복음주의 관점", in:『역사적 예수 논쟁』. 370.
696 Darrell L. Bock, "역사적 예수. 복음주의 관점", 370.

대한 온전하고 만족스러운 이해를 제시해주지 못한다.[697] 진정성의 기준을 사용하여 재구성하는 역사적 탐구는 예수의 영향력을 단편적으로만 다룸으로써 제한적으로 역사적 예수의 골격에만 접근하게 해준다. 복(Bock)은 예수의 생애에서 중심이 되는 주제와 그의 행동이 산출한 영향력이 드러나는 사건들(세례자 요한과의 관련에서 십자가와 부활)을 통하여 역사적 예수의 골격에 도달하고자 한다.

2. 일반 역사적 자료에 의한 역사적 예수 존재 입증

복(Bock)은 역사적 예수가 사실로 존재했다는 광범위한 증거를 제시한다. 1세기의 유대사가 요세푸스는 그의 『유대고대사』에서 로마 총독 빌라도의 팔레스타인 통치를 기술하는 맥락에서 역사적 예수에 관하여 언급하였다. 요세푸스는 "예수는 놀라운 일을 행하셨다"고 기적 행하는 자로 언급하고 있으며, "빌라도가 우리 지도자들이 제안한 대로 예수에게 십자가형을 언도했다"며 유대 지도자들의 고발로 촉발된 빌라도에 의한 십자가 처형을 언급하고 있다. 더욱이 요세푸스는 "그의 이름을 따라 그리스도인이라 불리는 무리가 오늘날에도 사라지지 않았다"[698]며 예수 처형 후에도 그의 추종자들이 멈추지 않았음을 기술하고 있다.

유세푸스는 책 뒷부분에서 야고보에 대해 언급하면서 "그[베스도]

---

697 Darrell L. Bock, "역사적 예수. 복음주의 관점", 372.
698 Flavius Josephus, *Jewish Antiquities*, 18:63-64.

가 산헤드린 재판관을 소집하고 그들 앞에 그리스도라 불리는 예수 형제인 야고보와 다른 이들을 데려왔다"⁶⁹⁹며 야고보를 소위 그리스도라 불리는 인물의 형제라고 언급하고 있는 것을 볼 수 있다.

2세기 초반에 나온 로마의 타키투스의 저술에는 기독교라는 미신이 빌라도에 의해 처형된 그리스도에게서 시작되었는데, 이 재앙이 유대 지역과 로마에까지 퍼졌다고 기록하고 있다: "그들(저자 주(註): 그리스도인들)은 자신들의 이름을 그리스도에게서 빌어 왔는데, 티베리우스(Tiberius)의 통치 기간에 총독 본디오 빌라도의 선고로 처형되었다. 그러자 잠시 지독한 미신이 가라앉는 듯했으나 다시 새롭게 발흥했는데, 이번에는 그 재앙의 본거지였던 유다 지역뿐만 아니라 세상의 모든 끔찍하고 수치스러운 것들이 몰려있는 로마에게까지도 퍼졌다."⁷⁰⁰

수에토니우스(Suetonius)의 저술에서도 로마에서 폭동을 일으켜 축출된 유대인들이 그리스도의 선동에 오도되었다고 기록하고 있다: "크라우디우스(Claudius)는 유대인들을 로마에서 축출했다. 왜냐하면 유대인들이 크레스투스(Chrestus)의 선동에 이끌려 끊임없이 폭동을 일으켰기 때문이다."⁷⁰¹ 후기 유대인 자료들⁷⁰² 역시 예수의 존재를 공히 증언하고 있으며 예수 운동을 반대한 자들도 예수 존재 자체를 부인했다는 증거는 없다.⁷⁰³ 이러한 복(Bock)의 사료(史料)에 의한 역사

---

699 Flavius Josephus, *Jewish Antiquities*, 20.200.
700 Tacitus, *Annals* 15.44. 이 인용 본문에 대하여 대부분의 해석가들은 크레스투스(Chrestus)는 그리스도(Christ)의 오(誤)표기로 간주한다.
701 Suetonius, *Life of Claudius* 25.4.
702 b. Sanhedrin, 43a, 107b.
703 Darrell L. Bock, "역사적 예수. 복음주의 관점", 373.

적 예수 존재 입증은 누구도 반박할 수 없는 설득력 있는 작업이다.

3. 역사적 예수의 사역의 골격을 보여주는 핵심 주제들

복(Bock)은 역사적 예수 사역의 골격을 보여주는 핵심 주제들과 메시아적 주장과 결정적 사건을 제시하고 있다. 복(Bock)에 의하면 예수는 유대적 요소와 그리스-로마적 요소가 혼합된 복잡한 문화적 정황에서 출발했으며, 예수 자신은 실천적인 유대인으로서 다가오는 하나님 나라의 도래를 선포한 유대적 · 개혁적 선지자였다. 이러한 복(Bock)의 역사적 예수에 대한 파악은 복음서에 적합한 예수의 골격을 잘 보여주고 있다.

1) 세례자 요한과의 관계

역사적 예수의 하나님 나라 사역은 먼저 하나님 나라를 선포한 세례자 요한의 사역과 관련되어 있다. 예수는 세례자 요한에게서 세례를 받았다고 마가의 예수전승(막 1:9-11), 마태의 예수전승(마 3:14-15)과 요한의 예수전승은 전하고 있다. 복(Bock)은 예수 세례 시에 예수가 세례자 요한의 지도자 권위에 복종하는 것으로 묘사되는 점으로 보아 예수가 실제로 그런 세례에 참여할 가능성이 높다고 본다. 예수에게 절대적인 권위를 부여하는 초대교회 공동체가 이런 장면을 창작해 냈을 것으로 보는 것은 상당히 당혹스럽다고 본다. 즉, 이 예수 세

례 기사는 당혹성의 기준을 충족한다고 본다.[704]

복(Bock)은 "하늘에서 나는 소리"는 제자들에게 전해진 예수 체험을 반영하는 것으로 보고 예수는 자신을 하나님으로부터 위임받은 "종-아들"(Servant-Son)로 인식하고 있었다고 본다. 예수는 시편 2편이 암시하는 메시아로 그려지고 있으며, 이것은 사도적 전승(행 10:37-38)이 확정하고 있다는 것이다. 예수는 이사야 42장의 암시를 통해서 "종"(Servant)과 동일시된다. 복(Bock)은 예수의 공생애의 출발점에 관한 다양한 전승들이 일관성을 갖는다는 사실에 비추어 볼 때, 이스라엘로 하여금 언약의 충실성으로 돌아올 것을 촉구할 필요성에 대해 예수와 세례자 요한이 일치된 견해를 가지고 있었다고 본다.

그러므로 복(Bock)은 "예수 세미나" 학자들이 예수를 오직 지혜 교사로 제한하고 예수 말씀 가운데 종말론적 메시지들을 모두 후기 공동체의 산물로 보면서 Q마저도 Q1, Q2로 나누는 견해는 역사적 개연성이 없다고 본다. 왜냐하면 종말론적 예수 증언에 관한 많은 전승 자료들이 발견되기 때문에 이것이 역사적 예수로부터 온 것이 아니라고 배제(排除)하는 것은 무리라고 본다.[705] 복(Bock)은 하나님 나라의 임박한 도래를 전파하는 역사적 예수는 "예수 세미나" 학자들이 그리는 것처럼 단지 윤리적 지혜를 가르치는 도덕 교사가 아니라고 본다. 저자는 복(Bock)의 이러한 견해가 복음서 전승에 적합하다고 평가한다. 왜냐하면 "예수 세미나" 학자들이 복음서 저자들이 증언하는

704　Darrell L. Bock, "역사적 예수. 복음주의 관점", 375.
705　Darrell L. Bock, "역사적 예수. 복음주의 관점", 375.

역사적 예수의 메시지의 본질적인 종말론적 성격을 제거(除去)하는 것은 사복음서가 증언하는 "종말론적 예언자"인 역사적 예수의 본질적인 특성을 자신들이 가지고 있는 이념적 상(지혜의 현인)으로 변질시키는 오류를 범하기 때문이다.

2) 예수 사역의 특성: 주변인들에게 다가서기

복(Bock)은 공관복음의 기록에 근거해서 역사적 예수가 사회적 주변에 있는 자들에게 다가서는 것을 주목한다. 예수가 다가간 사회적 주변인들은 사회에서 버림받은 자들(세리들, 나병환자, 가난한 자들)이다. 예수는 사회적으로 소외된 자들에 대한 관심을 가지고 이들에게까지 식탁 교제를 확장시키고, 제자들에게도 자신과 동일하게 행할 것을 촉구하였다. 이러한 사실은 예수의 사역이 당시 종교적 지배계층과는 달리 사회적으로 소외된 자들에게 열려 있었음을 보여준다. 예수는 지배계층의 비난을 살 만한 방식으로 동료들을 택했다. 마태는 증언한다: "인자는 와서 먹고 마시매 말하기를 보라 먹기를 탐하고 포도주를 즐기는 사람이요 세리와 죄인의 친구로다 하니 지혜는 그 행한 일로 인하여 옳다 함을 얻느니라"(마 11:19). 누가도 증언한다: "인자는 와서 먹고 마시매 너희 말이 보라 먹기를 탐하고 포도주를 즐기는 사람이요 세리와 죄인의 친구로다 하니"(눅 7:34), "모든 세리와 죄인들이 말씀을 들으러 가까이 나아오니, 바리새인과 서기관들이 수군거려 이르되 이 사람이 죄인을 영접하고 음식을 같이 먹는다 하더라"(눅 15:1-2). 이 일로 인하여 예수는 종교적 지배계층의 비난을 받았으나 오히려 그는 잃어버린 죄인을 찾아 구원하려 왔다는 자신의 선교적 사명을 명확히 했다: "건강한 자에게는 의사가 쓸데없고 병든 자에게라야 쓸데 있느니라 나는 의

인을 부르러 온 것이 아니요 죄인을 부르러 왔노라 하시니라"(막 2:17), "너희는 가서 내가 긍휼을 원하고 제사를 원하지 아니하노라 하신 뜻이 무엇인지 배우라 나는 의인을 부르러 온 것이 아니요 죄인을 부르러 왔노라"(마 9:13). 예수는 잃은 양을 찾은 목자 비유(눅 15:3-7), 잃은 드라크마를 찾은 여인 비유(눅 15:8-10), 잃은 아들을 되찾은 아버지 비유(눅 15:11-32)를 가르치시며 주변인들에게 다가섬을 정당화하셨다: "인자가 온 것은 잃어버린 자를 찾아 구원하려 함이니라"(눅 19:10). 이 점에서 예수의 선교 사역은 당시 유대교가 추구했던 정교한 경건생활의 모범, 즉 죄, 경건, 순결에 대한 규례와 대립을 이루었다.[706]

3) 예수 가르침의 특성: 자기 부정과 전적 헌신

복(Bock)은 공관복음에 근거하여 예수는 그의 가르침에서 많은 시간을 하나님 나라 선포와 하나님의 용서와 자비를 보여주는 데 전적으로 헌신했다고 말한다. 예수는 하나님 나라와 그 나라의 유익은 그의 인격과 메시아적 사역에서 동반된다고 증언하신다. 예수는 그의 가르침에서 하나님 나라의 제자도란 하나님의 말씀에 대한 전적인 순종과 헌신에 기인한다는 것을 강조하신다. 예수는 자기 십자가를 지고 자신을 따를 것을 가르치시면서 자신을 인자와 동일시하신다(막 8:34-9:1; 마 16:24-28; 눅 9:23-27). 예수는 인자는 머리 둘 곳이 없다고 하시면서 죽은 자들로 죽은 자를 장사하게 하고 너는 나를 따르라고 가르치신다(마 8:19-22; 눅 9:57-60): "아버지나 어머니를 나보다 더 사

---

706 Darrell L. Bock, "역사적 예수. 복음주의 관점", 376.

랑하는 자는 내게 합당하지 아니하고 아들이나 딸을 나보다 더 사랑하는 자도 내게 합당하지 아니하며, 또 자기 십자가를 지고 나를 따르지 않는 자도 내게 합당하지 아니하니라. 자기 목숨을 얻는 자는 잃을 것이요 나를 위하여 자기 목숨을 잃는 자는 얻으리라"(마 10:37-39). "무릇 내게 오는 자가 자기 부모와 처자와 형제와 자매와 더욱이 자기 목숨까지 미워하지 아니하면 능히 내 제자가 되지 못하고, 누구든지 자기 십자가를 지고 나를 따르지 않는 자도 능히 내 제자가 되지 못하리라"(눅 14:26-27). 복(Bock)은 전적 헌신을 요구하는 예수의 가르침은 비유사성 기준이 적용되는 역사적 예수의 독특성이라고 본다.[707] 예수는 사람들이 찾아가기보다는 사람들을 초청하시는 분이시다. 예수는 "귀 있는 자는 들을지어다"라는 후렴구와 변이들을 통하여 그가 가르치는 길로 들어오라는 권세 있는 특징을 드러내주고 있다.

4) 예수 사역의 주제: 하나님 나라와 하나님의 약속 성취

예수가 선포한 하나님 나라는 그 역사적 진정성에 있어서 가장 논란이 적은 주제 중 하나다.[708] 하나님 통치 사상은 구약성경과 제2성전 시기의 유대교 내에서 흔한 개념이었다.[709] 그러나 예수가 사용하신 하나님 나라는 창조에서 타락한 세상의 통치가 아니라 그가 약속하

---

707 Darrell L. Bock, "역사적 예수. 복음주의 관점", 377.
708 James D. G. Dunn, *Jesus Remembered*, 383.
709 James Charlesworth, *The Historical Jesus: An Essential Guide*, (Nashville: Abingdon, 2008), 56.

신 세상을 새롭게 하실 새롭게 동터오는 구속의 통치를 말한다.[710] 예수가 비유로 전한 하나님 나라는 작게 시작하여 결국 거대한 나라가 된다. 유대인들에게 "작게 시작해서 거대해지는 나라" 개념은 친숙한 것이 아니었다. 유대인들이 기대한 나라는 강력하고 모든 것을 포괄하는 왕국이요, 승리의 왕국이었다. 그러나 예수가 선포한 왕국은 아주 작은 것에서 시작할 것이며 그것이 자라서 모든 것을 포괄할 때까지 거의 눈에 띄지도 않을 것이다. 이 나라가 완성의 단계에 이르면 그 모습은 유대인들의 기대하는 방식으로 이루어 질 것이다.[711] 즉, 의인들은 원통함을 풀 것이며, 악인들은 심판 받을 것이며, 평화가 수립되며, 사탄이 패배함으로 질서가 회복될 것이다. 여기서 중요한 것은 다가오는 하나님 나라에서 예수의 메시아 직위이다. 예수는 단순히 예언자나 치유자를 넘어서 치유의 능력이 있으시며, 사탄을 쫓아내시고, 죄를 용서하시는 예수 자신의 인격에서 비롯되는 메시아다. 복(Bock)은 예수 인격 안에서 하나님 나라가 도래했고 하나님의 약속이 성취되었다고 본다. 복(Bock)이 예수를 메시아로 보는 것은 복음서의 증언에 부합되는 것이다.

5) 고난의 종, 메시아, 오실 인자

복(Bock)은 예수 자신이 메시아라는 사실을 민중들에게 밝히 드러내지 않았던 이유는, 그럴 경우 예수 자신이 백성을 로마에 반역하도

---

710 Darrell L. Bock, "역사적 예수. 복음주의 관점", 377; Darrell L. Bock, *Jesus According to Scripture* (Grand Rapids: Baker Academie, 2002), 565-93.

711 Darrell L. Bock, "역사적 예수. 복음주의 관점", 379.

록 선동하는 정치적 혁명가로 오해받을 여지가 있었기 때문으로 본다. 다음 세기 132 – 135년에 일어난 바르 코크바 반란(Bar Kochba revolt)이 그 예다. 그러나 복(Bock)은 예수의 메시아적 모습은 승리적이지 않은 예루살렘 입성(마 21:1-11; 막 11:1-10; 눅 19:28-40), 성전 정화 사건(마 21:12-17, 23; 막 11:15-17, 27-28; 눅 19:45-20:2; 요 2:13-22), 군중들이 예수를 임금으로 삼으려는 것(요 6:14-15), 베드로의 신앙고백 후 침묵을 요청하심(마 16:13-20; 막 6:27-30; 눅 9:18-21), 변화산에서 예수의 변모(마 17:1-13; 눅 9:28-36; 막 9:2-13) 등에서 부분적으로는 드러날 때가 있었다고 본다. 브레데는 메시아 비밀(das messianische Geheimnis)이라는 신학적 가설을 마가의 창안이라고 주장하면서 예수가 메시아임을 부인했으나, 브레데는 죽기 전에 하르낙에게 보낸 개인서신에서 메시아 비밀의 관점을 포기했다.[712]

복(Bock)은 역사적 예수가 사용한 메시아 개념은 고난의 메시아라는 것을 강조한다. 그는 예수가 자신의 소명을 고난의 종으로 이해한 것은 당혹성 기준에 근거해서 그 역사적 진정성을 인정받는다고 본다.[713] 복(Bock)은 예수가 수제자 베드로를 "사탄"이라고 꾸짖는 사건을 초대교회가 창안했다고 볼 수 없다고 본다. 복음서에 나타나는 "장차 오실 이의 수난"이라는 주제는 예수의 자기 묘사에 있어서 핵심적인 요소다. 이 주제에는 예수가 많은 사람을 위한 속죄물로 자신의 생

712　Martin Hengel & Anna Maria Schwemer, *Jesus und das Judentum* (Tübingen: Mohr Siebeck, 2007), 507-510; H. Rollmann and W. Zager, "Unveröffentlichte Briefe William Wredes zur Problematisierung des Messianischen Selbstverständnis Jesu", *Zeitschrift für Neuere Theologiegeschichte* 8 (2001): 274-322, 특히 317.

713　Darrell L. Bock, "역사적 예수. 복음주의 관점", 383.

명을 주러 왔다는 말씀이 포함된다. 복(Bock)은 이는 역사적 예수에게서 나온 것으로 그 말씀의 진정성을 인정받는다고 본다. 예수의 메시아 사명은 치유나 표적 같은 능력 증시(證示)로만 이루어지는 것이 아니라 자비와 수용과 희생을 포함하는 섬김을 통하여 이루어진다. 그러므로 많은 사람, 특히 세례자 요한까지도 "오실 분이 당신입니까?"라는 질문 속에서 당혹성 기준이 발견된다. 이에 대해 예수는 직접적 다변이 아닌 간접적인 답변을 주신다.

복(Bock)은 예수가 세 가지 태도로 그의 메시아 사역을 행했다고 해석한다.[714]

첫째, 예수는 자신의 운동이 정치적 운동으로 오도되지 않도록 조심하였다. 예수는 정치적 권력이 배제된 변화된 성품과 변화된 공동체를 통해서 변화된 사회를 만드는 일을 목표로 했다. 그것은 무력으로 이루어지지 않고 헌신된 사람과 섬김과 사랑으로 이루어진다.

둘째, 예수는 자신이 이스라엘의 모든 예언자보다 더 큰 자임을 분명히 했다.

셋째, 예수는 당시 유대인 사이에 있었던 다양한 형태의 메시아상을 재구성하고 고난의 메시아상을 자신의 메시아상으로 정립하였다. 그런 후에 그는 제자들에게 자신의 메시아상을 공개적으로 말했으나 민중들에게는 드러내지 않았다.

---

714   Darrell L. Bock, "역사적 예수. 복음주의 관점", 384.

6) 산상설교, 죄 사함, 성령의 약속

예수는 하나님 나라 시민의 삶과 윤리를 가르치신다. 이것이 그의 산상설교(마 5-7장)의 내용이다. 산상설교의 윤리는 조건 없이 용서하고, 타인의 필요를 충족시켜주며, 어떤 경우에도 분노를 품지 않고, 원수를 위해 기도하는 것이다. 이러한 삶은 하나님의 인격을 반영하는 것이다. 이러한 삶을 사는 것은 하나님의 자녀임을 입증하는 증거가 된다. 예수는 제자들에게 기도하는 법을 가르쳐주셨다. 이것이 주기도문(마 6:9-13, 눅 11:2-4)이다. 그리고 예수는 많은 기적을 행하셨다. 오늘날 자유주의자들은 이를 부인하나 고대 자료는 전혀 부인하지 않고 단지 기적을 행하는 예수의 능력 근원을 마술이나 주술이나 사탄에게로 돌리고 있다.[715] 예수는 죄의 사함을 가르치시고, 병자를 치유하셨다. 예수는 자신의 죽음을 새로운 언약 관계, 다시 말하면 속죄와 대속의 능력을 지닌 유월절 희생으로 간주하셨다.[716] 용서와 자비는 하나님 나라의 핵심 가치다. 새 시대의 약속은 성령의 약속과 연관된다. 새 시대에 발효하는 새로운 언약은 하나님이 새 마음을 창조하신다는 약속의 전승(렘 31:31-33; 겔 36:25)에서 비롯된다. 누가는 세례자 요한이 예수께서 성령으로 세례를 줄 것이라고 예언했다(눅 3:15-17)고 기록하고 있다. 예수의 다락방 강화(講話)에서 성령에 대한 약속은 제자들이 핍박 가운데서도 흔들리지 않게 해주며 복음의 증인

715　Graham Stanton, "Jesus of Nazareth: A Magician and a False Prophet Who Deceived God's People," in *Jesus of Nazareth Lord and Christ: Essay on the Historical Jesus and New Testament Christology*, ed. Joel B. Green and Max Turner (Grand Rapids: Eerdmans, 1994), 164-180.

716　Darrell L. Bock, "역사적 예수. 복음주의 관점", 388.

이 되도록 만들어 준다. 예수는 순회 설교자였다. 그는 여기저기를 옮겨 다니면서 이러한 주제로 설교했다. 예수는 동일한 가르침을 여러 곳에서 반복했기 때문에 구두전승은 다양한 모습으로 우리들에게 전해지는 것이다.

4. 예수의 메시아 주장과 결정적 사건

복(Bock)은 예수의 메시아 주장과 성전 정화 사건이 예수를 죽음으로 몰아간 결정적 사건이라고 해석한다.

1) 베드로의 메시아 고백

복(Bock)은 가이사랴 빌립보에서의 베드로의 메시아 고백 본문(마 16:13-20; 막 8:27-30; 눅 9:18-21)은 역사적 진정성이 있다고 본다. 이 사건이 있었던 가이사랴 빌립보는 로마신들의 영향으로 가득했던 도시로서 예수 시대에 이르기까지 수세기 동안 다신숭배가 시행되던 장소였다. 그러므로 비평가들이 주장하듯이 초대교회가 이러한 기사를 창안했다는 것은 모순이다. 초대교회는 이런 애매한 본문을 만들지 않았다고 본다. 특히 예수가 베드로를 사탄이라고 꾸짖는 것은 교회의 창작물이 아니라는 것을 분명히 해준다. 초대교회가 수석 사도를 그처럼 당혹스런 방식으로 묘사할 리 없기 때문이다(당혹성 기준).[717] 가이사랴 빌립보 본문은 예수가 군사적·정치적 왕이 되기를

---

717 Darrell L. Bock, "역사적 예수. 복음주의 관점", 391.

거부하는 것으로 복음서의 다른 본문들(요 6:13-14)과 일맥상통한다. 베드로는 그의 신앙고백-"주는 그리스도시요 살아계신 하나님의 아들이시니이다"(마 16:16)-을 통해 예수는 단지 선지자 가운데 한 분이 아니라 하나님의 "약속된 메시아"임을 확인한 것이다. 그러나 예수는 이 베드로의 신앙고백을 칭찬하면서도 베드로가 미처 보지 못한 메시아가 감당해야 할 섬김과 고난의 사명을 일러주면서 제자들에게 자신이 메시아라는 사실에 대해 침묵할 것을 요구하였다.

2) "승리적이지 않은" 예루살렘 입성

복(Bock)은 예수의 예루살렘 입성(마 21:1-11; 막 11:1-11, 눅 19:29-40; 요 12:12-19)이란 "승리적이지 않은" 입성이었다고 해석하면서 이에 뒷받침하는 두 가지 사실을 제시한다.

첫째, 예수는 유월절 축제 기간에 많은 순례자들 중 한 사람으로 예루살렘에 입성했다. 축제 기간에 예루살렘에 머무는 사람들의 숫자는 평소의 세 배나 되었다고 한다. 적게는 수만 명 많게는 십만 명에 이르렀을 것이다. 예수는 나귀를 타고 입성했는데 군중들은 겉옷을 펴고 종려나무 가지를 펴서 예수를 "선지자", "다윗의 자손", "주의 이름으로 오시는 이"라고 환영했다. 제자 무리들은 사도행전에 의하면 100명 남짓한 숫자였다. 소란스러운 축제 기간 중 고립된 소수의 무리가 취했던 행동에 대하여 당시 종교 지도자들 외에는 별로 관심이 없었다. 이런 상황에서 즉시 예수를 체포하는 일은 군중들을 자극하여 폭동을 일으킬 위험이 있었을 것이다.

둘째, 예수는 예루살렘 입성에서 화려하지 않은 방식으로 왕의 행동을 보였다. 예수의 행동은 솔로몬의 왕권(왕상 1:33-37)을 상기시키고, 또한 스가랴의 예언(스 9:9)처럼 장차 오실 왕에 대한 희망을 불러일으켰다. 예수가 예루살렘에 입성할 때 고대 고위 관리들이 위풍당당한 모습으로 나왔던 지도자들도 없었고 관리들이 행한 연설도 없었다. 예수를 존경하는 대중들이 그를 송축하긴 했으나, 예수의 입성 장면에는 고관대작들이 받던 화려한 환영식과 찬사는 없었다는 것이다. 그러므로 복(Bock)이 킨맨(Brent Kinman)의 견해를 빌어서 예수의 입성을 "승리적이지 않은 입성"[718](atriumphal entry into Jerusalem)이라고 특징지우는 것은 타당하다. 던도 복의 이러한 해석이 적절하다고 평가한다.[719]

복은 예수의 예루살렘 입성 이야기는 초대교회가 창작한 내용이라고 보는 비평가들의 견해에 반대한다. 초대교회는 로마를 자극하는 일에 매우 조심스러웠기 때문에 거부당할 가능성이 높은 이야기를 굳이 만들어 낼 필요가 없기 때문이다. 이 이야기는 모든 복음서에 모두 실려 있다. 그리고 여기서 예수가 취한 행동은 예루살렘 종교 권력자들의 결정적인 반대와 탄핵을 불러일으킨 배경이 되었다.

3) 성전 정화

성전 정화 사건(마 21:12-17; 막 11:15-17; 눅 19:45-48; 요 2:13-22)은 사복음서에 모두 실려 있는 것으로 예수 체포의 촉매 역할을 한 사건이었다. 초대교회는 로마 점령 하에서 선동적으로 보이지 않으려고

---

718   Darrell L. Bock, "역사적 예수. 복음주의 관점", 394; Brent Kinman, "Jesus' Royal Entry into Jerusalem", *Bulletin for Biblical Research* 15, no. 2 (2005): 223-260.

719   James D. G. Dunn, 복의 논문에 대한 논평, 『역사적 예수 논쟁』, 438-443: 특히 438.

조심했다. 그런데 이 성전 정화 사건은 선동적인 사건이 되었다. 따라서 복(Bock)에 의하면 이러한 위험스러운 사건이 사복음서에 기록되어 있다는 사실은 이 일이 실제로 일어났다는 전제가 있을 때만 가장 합리적으로 설명될 수 있다고 본다.[720]

당시 성전은 유대인들에게는 세상에서 가장 거룩한 장소로서 하나님이 임재하시는 장소였다. 성전은 매우 민감한 곳으로서 성전 서북부에는 성전을 감시하는 로마군의 안토니아 요새(要塞)가 있었고 성전의 통제권은 제사장들이 가지고 있었다. 당시 성전은 헤롯이 재건축하고 마당을 넓힌 건물이었다. 예수의 성전 정화 행동은 환전상(換錢商)들과 장사꾼들이 있던 성전 뜰 남단 주랑(柱廊) 가까이에서 발생했다. 예수가 환전상들의 탁자를 뒤엎은 것은 예언자적이고 상징적인 행위로서 종교 지도자들과 이 성전을 운영하는 방식을 책망하는 것이었다. 예수는 이러한 행동을 통해서 공식적인 종교적 권위에 도전했고 유대 종교지도자들은 예수의 행동에 대한 배후를 물었으나, 예수의 성전 정화 행동은 정당한 행동의 발로였다. 쿰란 두루마리들을 포함하여 많은 자료들의 증언에 의하면 많은 사람들이 성전제도가 타락했으며, 이에 책임이 있는 자들은 성전에서 일과를 수행하는 일반 제사장들이 아니라, 거의 전적으로 지도급 제사장 가문이라고 생각했다.[721]

복(Bock)은 이러한 예수의 성전 정화 행위를 단지 성전 정화에 머

720　Darrell L. Bock, "역사적 예수. 복음주의 관점", 395.
721　에녹1서, 모세의 유언 5:3-6:11; Darrell L. Bock, "역사적 예수. 복음주의 관점", 397.

물지 않고 종말론적 희망까지도 포함하는 예언자적 항의라고 해석한다.⁷²² 예수의 행동은 미래를 내다보면서 성전이 "만민을 위한 기도의 집"이 될 것이라고 말한 것은 종말론적 희망을 말한 것이다. 유대교 문헌에서는 종말의 시기에 성전 예배가 회복될 것이며, 여러 나라 백성들이 예배를 위하여 예루살렘으로 몰려올 기대가 기록되어 있다(사 2: 1-5; 겔 40-48장). 저자는 복(Bock)이 성전 정화 사건을 예루살렘 입성과 성만찬처럼 상징적인 메시아적 행위로 보는 것은 바른 해석이라고 평가한다.

4) 최후의 만찬

복(Bock)은 성전 정화와 마찬가지로 최후만찬(마 26:17-30; 막 14:1-2, 12-17; 눅 22:7-23; 요 18:28)도 예수전승에 깊이 뿌리를 내리고 있다고 생각한다.⁷²³ 예수가 체포되던 날 밤에 중요한 식사 자리가 있었다는 점에서는 의심의 의지가 없다. 확실히 말할 수 있는 것은 유월절 절기가 그 사건의 배경이었다는 것이다. 식사 자리에서 예수는 성만찬 제정과 자신의 수난에 관해 언급함으로써 예수의 십자가 수난은 새로운 언약을 실현시키는 도구가 되었고, 그의 죽음은 많은 사람을 위한 대리적 행동(representative action)이 되었다(마 26:28; 막 14:24; 눅 22:19, 20). 복(Bock)은 예수가 유월절을 배경으로 새로운 구원과 새 언약 의식(儀式)을 제정한 것은 자신을 종말론적 선지자(the

---

722 Darrell L. Bock, "역사적 예수. 복음주의 관점", 398.

723 Darrell L. Bock, "역사적 예수. 복음주의 관점", 399.

eschatological prophet)로 이해한 메시아적 사명에서 나온 것이었다고 해석한다.[724] 예수는 "예언자가 예루살렘 밖에서 죽을 수 없다"(마 23:37; 눅 13:33-34)고 가르쳤는데 지금 여기에서 일어나는 일이 그 주장에 상응한다. 이러한 그의 성만찬 제정 행위는 "모세 같은 지도자적 선지자"로서의 종말론적 선지자라는 그의 행동에 상응하고 있다. 성만찬을 통해서 예표된 희생제사는 새로운 언약의 출발점이 된다. 이는 예수가 자신을 단지 예언자적 인물로만 간주한 것이 아니라, 새 시대를 여는 종말론적 지도자로 여겼음을 암시한다.

5) 예수에 대한 고발 자료 모으기

예수에 대한 심문은 공식적인 유대교 재판이 아니라, 로마 총독에게 제출할 고발 자료를 모으기 위한 것이다. 죄수 처형의 권한은 총독에게 있었기 때문이다.[725] 예수에 대한 조사는 밤에 신속하게 이루어졌다. 이 조사 가운데 예수와 대제사장 사이에 벌어진 언쟁이 자리 잡고 있다. 대제사장은 예수에게 "당신이 누구냐?"고 물었다. 이에 공관복음에 기록된 예수의 대답은 시편 110장 1절("내가 네 원수들로 네 발판이 되게 하기까지 너는 내 오른쪽에 앉아 있으라", 참조 마 26:64; 막 14:62; 눅 22:69)을 상기시키며, 특히 마가복음과 누가복음에서는 다니엘 7장 13절("인자 같은 이가 하늘 구름을 타고 와서 옛적부터 항상 계신 이에게 나아가 그 앞으로 인도되매")에 대한 암시도 발견할 수 있다. 이 두 본문 때문

---

724 Darrell L. Bock, "역사적 예수. 복음주의 관점", 400.
725 Darrell L. Bock, "역사적 예수. 복음주의 관점", 401.

에 대제사장은 예수에 대해 신성모독죄를 적용했던 것이다.

예수가 "하나님 오른편 자리에 앉는다는" 구절에 호소했다는 사실은 그가 하나님의 신원(伸寃, vindication)을 예견했으며, 그가 하나님의 임재와 영광을 함께 누리며 그분의 존전으로 인도될 것을 기대했다는 것을 의미한다. 유대교 지도자들은 갈릴리 출신의 일개 랍비인 예수가 그런 높임을 받을 자격이 없다고 생각했다. 예수가 "구름타고 오는 인자" 구절에 호소한 것은 예수가 인자로서 심판을 집행하러 온다는 것을 의미하는 것이다. 이것은 역시 신적 특권에 대한 주장이며 동시에 종교 지도자들에 대한 직접적인 도전으로 간주되었다. 이러한 예수의 대답은 예수가 하나님과의 동등성을 주장하는 것이 된다.[726] 그러므로 유대 지도자들에게는 예수의 대답이 하나님의 유일한 영광에 대한 모독(blasphemy)으로 간주되었다. 예수의 대답이 신성모독으로 간주될 수 있다고 하더라도 그런 죄목으로 로마법정에서 고소할 수 있는 것은 아니었다. 예수를 로마법정에 고소할 수 있는 방법은 그가 유대 땅에서 로마의 평화(pax romana)에 위협을 가한다는 죄목(罪目)을 씌우는 것이었다.[727] 이에 따라 유대 지도자들은 예수의 발언이 로마로부터 독립된 왕권을 요구하는 것이라고 고소하였다. 이들은 이렇게 함으로써 빌라도에게 예수를 선동죄로 고소할 충분한 근거를 갖추었다고 생각했다. 빌라도는 가이사의 권익을 보호하는 대리자의 책임에서 예수 고발 사건을 다루었다. 복(Bock)의 이러한

---

[726] Darrell L. Bock, "역사적 예수. 복음주의 관점", 404.
[727] Darrell L. Bock, "역사적 예수. 복음주의 관점", 405.

해석은 복음서 기록에 부합하는 복음주의적 해석이다.

6) 빌라도의 심문과 십자가 처형

예수는 빌라도의 법정에서 십자가형을 언도받았다. 십자가 처형과 관련하여 의아한 점은 예수가 로마를 위협할 만한 군대를 거느리지 않았음에도 불구하고 왜 빌라도가 예수를 십자가에 처형했는가 하는 점이다. 유대 지방은 종교적인 열정과 반란으로 불안정한 상태에 있었다. 유대 지도자들은 이러한 시대적 상황 속에서 갈릴리 사람 예수를 빌라도에게 데려가서 그가 유대의 안정을 위협하는 자라고 고발했던 것이다. 이들의 고발내용은 예수가 백성을 선동했다는 것이다. 총독의 최우선 과제는 식민지에서 평화를 유지하고 황제의 이익을 보호하는 것이었다. 빌라도는 유대 땅에서 최초로 로마의 상징물을 담은 동전을 주조(鑄造)할 정도로 유대지역에 대한 로마의 통치권을 보여주는 데 열정을 지닌 자였다. 그러므로 빌라도는 스스로를 왕이라고 주장하면서 로마로부터 독립이라는 망령을 일깨운 것으로 간주되는 예수의 고발 건을 소홀히 다룰 수 없었다. 빌라도는 처음에는 예수를 석방하려고 했으나 유대인들의 반응이 격해지자 뒤로 물러섰다.[728] 빌라도는 결국 유대 지도자들의 요구에 영합(迎合)하기에 이른다.[729] 예수의 죄는 스스로를 유대인의 왕이라고 주장했다는 것이며, 이 주장은 유대 지방을 어지럽힐 잠재적인 가능성이 있다고 인

---

[728] Josephus, 『유대고대사』, 18: 55-59.
[729] Josephus, 『유대고대사』, 18: 63-64.

정한 점이다. 그리하여 예수의 죄목은 "유대인의 왕"이 된 것이다. 복(Bock)의 이러한 해석은 복음서의 기록에 부합하는 올바른 해석이라고 할 수 있다.

7) 하나님의 신원으로서 예수 부활

복음주의자로서 복(Bock)은 다른 비평가들이 역사적 연구 범위를 벗어난 것으로 치부하며, 그들이 다루지 않고 있는 예수의 부활 문제를 진지하게 다루었다. 복(Bock)은 이 부활이라는 주제가 두 가지 점에 있어서 중요성을 띠고 있다고 한다.

첫째, 유대인에게 심문받을 때 제기되었던 신원(伸寃)의 성취란 부활사건이다.

둘째, 예수 운동의 신학적 성찰에 촉매 역할을 한 것이 부활사건이다. 그래서 복(Bock)은 하이즈(Richard Hays)의 견해를 인용하면서 부활사건은 역사적 가치를 지니는 것으로 본다.[730] 복(Bock)은 부활사건이 지닌 특징을 역사적 차원에서 평가해 볼 때 초대교회가 고안한 것이 아니라는 것을 다음 네 가지로 주장한다.[731]

㉠ 무덤이 비었다는 사실을 처음 발견한 자들은 여인들이었다. 초대교회가 이 시나리오를 창안했다면 당시 증인의 자격이 없었던 여인들을 핵심적인 역할을 하도록 만들지 않았다는 것이다. 고린도전서 15장 3-9절에서 바울이 부활의 증인으로 여인들에 대한 언급을

---

[730] Darrell L. Bock, "역사적 예수. 복음주의 관점", 409: Richard Hays, The Moral Vison of the New Testament (San Francisco: Harper San Francisco, 1996), 165-66.

[731] Darrell L. Bock, "역사적 예수. 복음주의 관점", 410-412.

빠뜨린 이유도 이런 문화적인 배경에서 설명된다.

ⓒ 부활이란 유대교에서는 돌연변이이다. 유대교 신앙에서는 부활은 역사의 종말에서 일어나는 일이기 때문이다. 그런데 복음서에서는 예수는 역사 속에서 일으킴을 받았다. 초대교회가 어떻게 이런 돌연변이를 창안할 수 있겠는가?

ⓔ 여인들에 대한 제자들의 반응은 당혹성 기준을 반영한다. 여인들이 제자들에게 달려가 빈 무덤 이야기를 들려주었을 때 이들은 여인들이 환상에 사로잡혔다고 생각했다. 초대교회가 이 이야기를 창안했다면 미래 교회의 지도자인 제자들이 여인들에 대해서 회의적이고 불신적인 반응을 묘사하지 않고 경외감을 느끼도록 그렸을 것이다.

ⓕ 부활사건이 창작되었다면 왜 초기 교회의 지도자인 베드로와 야고보에게 예수가 나타나는 장면이 없을까? 복음서에서는 이들이 예수를 만났음에도 불구하고 이들에게 예수가 나타나는 장면이 상세하게 묘사되지 않았다. 이것 또한 당혹성 기준에 해당한다.

복(Bock)이 예수 부활사건을 역사적 차원에서 확증할 수 있다고 논증한 것은 그의 독특한 연구이다. 그리고 그는 하나님 나라의 창시자로서 예수가 선택적이고 제한적 방식으로 자신을 계시하고 있는 점을 언급한다. 이것이 바로 예수의 부활사건이다. 부활사건은 역사적 예수가 과연 누구였으며, 그의 사역의 의미와 목적이 무엇인지를 드러내준다.[732] 저자가 주장하는 바와 같이, 복(Bock)도 "역사의 예수(Jesus of History)와 신앙의 그리스도(Christ of Faith)는 불가해하게 서

---

732 Darrell L. Bock, "역사적 예수. 복음주의 관점", 413.

로 연결되어 있다."⁷³³고 결론짓고 있다.

이처럼 타이센, 샌더스, 던, 라이트, 존슨, 복(Bock) 등 성경 친화적인 제3의 관점에 입각한 역사적 예수 논구에 와서야 불트만 등 역사적 회의주의 학자들에 의하여 불가지론의 무(無)논구(no quest)에 머물었던 역사적 예수의 전기(傳記)적 윤곽은 명료히 드러나게 되었다.

---

733   Darrell L. Bock, "역사적 예수. 복음주의 관점", 413.

제11장

역사적 예수에 대한 다맥락적 탐구
: 제4의 탐구(?)
-다섯 면의 다맥락성의 총체적 접근-

Jesus of Nazareth in Reformed Orthodox Faith

:: **제11장 역사적 예수에 대한 다맥락적 탐구: 제4의 탐구(?)**
   - 다섯 면의 다맥락성의 총체적 접근 -

I. 역사적 예수에 대한 제4 탐구(?)

지금까지 앞서 살펴본 바와 같이 역사적 예수에 대한 제1 탐구, 무 탐구, 제2 탐구, 그리고 제3 탐구의 자유주의적 그룹인 "예수 세미나"는 탐구자가 가진 편향된 학문적 관점과 시대적 관점에 의해 연구 방법이 제약되면서 역사적 예수의 진정한 모습을 제대로 드러내지 못했다. 그러므로 그것의 극복으로서 역사적 예수에 대한 일면적인 접근이 아니라, 다맥락적인 접근을 시도해야 한다는 제안이 나왔다. 독일 하이델베르그 대학교의 신학부 교수인 미하엘 벨커(Michael Welker)는 최근에 나온 그의 저서 『하나님의 계시. 기독론』(Gottes Offenbarung. Christologie)734에서 기독론의 하나의 과제로서 "역사

734　Michael Welker, *Gottes Offenbarung. Christologie*, (Neukirchen Vluyn: Neukirchener Verlagsgesellschaft, 2012). 83-98.

적 예수에 대한 제4의 탐구"(Die vierte Frage nach dem historischen Jesus)로서 다맥락적 접근(multikontextueller Zugang)를 제안하고 있다. 2000년 숭실대학교의 기독교학대학원 국제학술대회로 당시 기독교학대학원장이었던 저자의 초청 이래 자주 한국을 방문한 벨커는 저자와 친밀한 관계를 유지하는 독일 신학자로서 지성적이고 비판적 신학을 추구하는 독일 신학의 풍토 속에서도 복음적이며 매우 온건한 신학적 입장을 견지하고 있는 학자이다.

저자는 벨커가 제안하는 다맥락적 접근을 반드시 "제4의 탐구"라고 불러야 할 근거는 없다고 본다. 제3 탐구 가운데서도 복음주의 탐구자들 헹엘, 베츠, 스툴마허)와 새 관점 학파 샌더스, 라이트, 던 등)는 제1, 2 탐구와 제3 탐구의 자유주의적 흐름인 "예수 세미나" 학자들의 탐구가 역사적 예수의 진정한 모습을 드러내지 못한다는 사실을 비판적으로 잘 드러내 주었기 때문이다. 그리고 제3 탐구의 복음주의자들은 그 대안으로 신앙적 전제에 입각한 방법론을 설정함으로써 이미 역사적 교회가 성경적 신앙으로 이해해온 역사적 예수의 모습을 학문적으로도 잘 드러내고 있다고 보기 때문이다.

저자는 이미 복음주의적 접근을 통하여 역사적 예수의 진정한 모습은 완벽하지는 않으나 학자들 간에 강조점이 다소 다르더라도 복음서가 증거하고 역사적 기독교의 정통신앙이 알려주는 예수상에 신앙고백적으로 일치해 있고 역사적 동시대적 분석을 통하여 보다 풍요롭고 생동적인 모습을 우리들에게 전해주고 있다고 본다. 다맥락적 접근도 이 제3의 탐구의 테두리 안에서 복음주의적 관점에 기여할 수 있다고 본다.

미국 달라스 신학교의 복음주의 신약학자 복(Bock)은 역사적 예수에 대한 다각적인(multilateral) 이해에 관하여 다음과 같이 지지를 표명한다: "예수가 끼친 영향과 그가 준 자극을 다룸에 있어서 그의 인격에 대한 다각적인 이해가 매우 중요하다. 복음서들이 우리에게 제공하는 것이 바로 그런 다양한 시각이다. 그리고 다각적인 관점이 가져다주는 인상은 한 개인의 자서전적 언어만큼이나 역사적일 수 있다."735 저자는 자신의 견해인 해석학적 실재론으로서 성령론적 입장에서 벨커가 제안하는 다맥락적 접근을 수용하면서도 그에게 있는 독일신학의 비판적 사고의 가라지를 비판적으로 정리하고 보다 성경적이고 복음적으로 적용하고자 한다.

II. 다맥락적 사고에 대한 방법론적 성찰

다맥락적 사고란 우리 삶은 다차원(多次元)을 가졌다는 삶의 다맥락성과 '우리의 인식은 관심과 필연적으로 연결되어 있다'는 인식과 관심의 연관성에서 비롯된다.

1. 삶의 다맥락성

대부분 사람들은 일상적으로 다양한 환경 속에서 상대적으로 어려

735　Darrell L. Bock, "역사적 예수. 복음주의 관점", in: 『역사적 예수 논쟁』, 370.

움 없이 움직인다. 이들은 각기 맥락에 따라서 다르게 옷 입고, 다르게 표현하며, 다르게 반응한다. 이것이 바로 삶의 다맥락성(die Multikontextualität des Lebens)이다. 우리는 삶의 다맥락성을 명료히 드러내기 위하여 디스코(disco)와 장례, 스포츠와 채용 상담 사이의 강한 대조에 노력할 필요가 없다. 우리는 우리의 일상생활 가운데서, 즉 나이가 들어감에 따라, 또는 장소와 일터의 변화 속에서 종종 개입하는 맥락의 변경을 체험하기 때문이다. 우리는 나이가 들어가면서, 우리의 사고뿐 아니라 우리의 기억과 기대의 근본 유형이 바뀌어간다. 그리고 새로운 환경과 직장 속에서 우리는 다른 사람들에 의해 각 맥락에 따라서 다르게 인지된다. 말하자면, 우리는 각 맥락 속에서는 인지하는 이들의 표상에서 다르게 나타난다. 만일 우리가 신체적으로가 아니라 단지 보도와 증언 속에서만 인지된다면 특히 그렇다.

우리가 우리 자신, 가까운 동료, 기타 여러 다른 사람 등 이러한 인간의 역사적 모습을 다맥락적으로 지각하려고 한다면, 우리는 해당하는 인물이나 상황에 대한 복잡하고도 예리한 인상(印象)을 발전시킨다. 우리는 우리 동료 인간의 생애와 개인적인 발전에 있어서 연속성과 조화를 기대한다. 우리는 적어도 성격, 신뢰성, 신뢰가치성을 기대하거나 희망한다. 그러나 우리는 동료들에 대한 우리의 기대가 빗나가게 될 때 우리는 가능한 이력서의 불연속성, 정체성 갈등, 적응 강요 등을 참작하게 된다. "다맥락적 사고(multikontextuelles Denken)는 우리의 고유한 사회·문화적, 그리고 역사적 표상 및 지각능력을 예리하게 하거나 가다듬는다. 그것은 역사적 예수에 대한 질문에도 타당하다."[736]

---

736 Michael Welker, *Gottes Offenbarung. Christologie*, 83-84.

2. 인식과 관심의 연관성

오늘날 우리에게 모든 인식, 역사적 인식은 하버마스(Jürgen Habermas)가 밝힌 바와 같이 관심 규정적이라는 특성이 있다.[737] 그러나 이 관심은 이념적으로 명료하지 않고, 학문적, 교회적인 환경에 있어서 아주 다층적이며, 의식적 · 무의식적 방식으로 가려져 있다. 그리하여 하나의 관심묶임(Interessenbindung)은 진지한 인식의 추구와 진리에 대한 질문을 배제하지 않는다. 관심묶임은 진리추구에 봉사할 수 있으며 역사적 예수 탐구의 관점에도 역시 타당하다. 학문적 탐구는 역사적 예수에 대한 지성적 독점이 될 수 없다. 학문적 탐구는 진리의 요구가 역사적 인식에 있어서 우리의 관심과 밀접히 연결되어 있다는 자기 한계를 알아야 한다.

III. 역사적 예수에 대한 총체적 접근으로서 제4 탐구

역사적 예수에 대한 제1차 탐구는 역사적 예수에 대한 자유주의적, 계몽주의적 탐구이며, 제2차 탐구는 역사적 예수의 자연과학적 확실성에 대한 비실재적 추구이며, 제3차 탐구는 종교사적, 고고학적

737　J. Habermas, "Erkenntnis und Interesse", in Merkur, H. 213, Dez. 1965: J. Habermas, *Erkenntnis und Interesse*, Frankfurt: Suhrkamp, 1968, 홍윤기 · 이정원 역, 『이성과 실천』, 종로서적, 2판 1985; 김영한, "하버마스의 정신분석적 심층해석학," in: 『하이데거에서 리쾨르까지』, 박영사, 2003, 302-310.

탐구로서 이것들은 모두 단(單)맥락적 탐구였다. 역사적 예수에 대한 제2 탐구는 수학적 자연과학적 확실성을 향한 비실재적인 노력(unrealistisches Streben)으로서 예수의 실제 역사에 접근하고자 하는 어려움에 직면하였다. 제2 탐구는 제3 탐구의 고고학적 지지자들을 아주 낮게 평가하였다. 종교사적 차원은 고고학적 발굴을 통해서 파악될 수 있다. 이러한 고고학적 영역에서의 주목할 만한 성과를 통해서 "역사적 예수에 대한 제3 탐구의 새로운 물결이 일어났다. 고고학적 발굴은 강화되었다. 그러나 저자가 『하이데거에서 리쾨르까지』에서 지적하였듯이, 나사렛 예수의 실제 역사적인 차원은 고고학적 발굴이 아니라, 공관복음서 저자들이 증언하는 복합적인 성경적 증언들과 역사적 문서들에 대한 해석학적 성찰을 통해서 재구성되어야 한다.738

기존에 행해졌던 3가지 탐구들은 역사적 예수의 성경적 모습을 제대로 보여주지 못했다. 이에 반해서 벨커에 의하면 제4차 탐구는 다맥락적 탐구로서 상징정치적 맥락, 복음서 증언의 맥락, 구약적 증언, 수용사적 맥락 등 4가지 맥락을 함께 고려하는 것이다. 즉, 제1차, 2차, 3차 탐구(예수 세미나)와는 달리 제4차 탐구는 신앙적이고 신학적 반성을 시도하는 것이다. 저자는 이러한 다맥락적 탐구를 수용하면서 성령론적 측면(제5 맥락성)을 다맥락성의 기초로서 역사적 예수에 대한 탐구에 신앙적, 신학적 접근에 활성화하고자 한다.

다맥락적으로 역사적 예수를 지각하는 것은 자연주의적 사고로서

---

738   김영한, 『하이데거에서 리쾨르까지』, 전정판, 박영사, 2003, 215-226, 297-312, 589-595.

육체를 따라서(κατὰ σάρκα, kata sarka, 고후 5:16) 그를 아는 것이 아니라 영으로(κατὰ πνεῦμα, kata pneuma) 아는 것이다. 그리고 다맥락적으로(multikontextuell) 그를 아는 것이다. 다맥락적이란 예수의 자연적 삶, 그의 가정과 갈릴리의 삶의 정황(제1 다맥락성), 신약적 저자들(제2 다맥락성), '성경이 이루어져야 한다는 일정한 구약적 전통과 기대 공간'(제3 다맥락성), 수용사(제4 다맥락성) 등 유대인들의 풍습과 생활방식, 그들의 영적 삶, 당시 유대교와의 관계, 당시 헤롯 왕가의 관계, 유대 총독 빌라도와의 관계 등 다맥락적인 관계에서 예수를 조명하는 것이 역사적 예수에 대한 종합적인 모습을 얻게 되는 길이 된다. 그리고 이러한 다맥락성의 기조에는 성령의 보이지 않는 역사가 있다는 성령론적 사고(제5 맥락성)가 필요하다.

성경적 저자들은 예수와 그의 환경에 다소간 복합적인 견해와 입장, 기억과 기대를 설정한다. 성경적 저자들은 이것들에 중점을 두고 예수에 복합적 모습을 부여한다. 이들은 예수에 대한 경력을 부여함에 있어서 다소간 어긋나긴 하지만, 그렇다고 그것이 환상의 차원에만 머물지는 않는다. 예수 사역의 맥락에 대한 가능한 관련과 텍스트 증언들과 텍스트 독자들의 맥락에 대한 가능한 관련을 구분하는 것은 또한 역사적 예수 탐구의 큰 과제이다.739 여기서 확정되어야 하는 것은 예수의 인물과 사역은 큰 손상 없이 단맥락적 모습(ein monokontextuelles Profil)으로 환원될 수 없다는 것이다.740 예수의 사

---

739 Michael Welker, *Gottes Offenbarung. Christologie*, 86.
740 Michael Welker, *Gottes Offenbarung. Christologie*, 86.

역이나 선포 어느 것도 단지 하나의 주제나 단지 하나의 공식으로 가져와 질 수 없다. 예수를 정치적으로 규정된 식탁 공동체에서 지중해의 유대 농민으로 환원하고자 하는 자, 예수를 모든 다른 자들에 앞서 구약적 하나님의 사람이나 귀신추방자의 계열에 넣는 자는 그로부터 단지 실존주의적이거나 사회정치적 메시지 또는 형이상학적 로고스 신학을 세우려는 자와 마찬가지로 일면적으로 생각하는 자들이다.[741] 우리는 어느 하나의 맥락만을 강조하지 않고 역사적 예수의 삶과 연관된 삶의 총체적 맥락에서 그의 모습을 밝히고자 한다. 개혁신학적 역사적 예수 논구는 단지 성경적으로만 사유하는데 그치지 않고 더 나아간다. 그것은 삶의 총체적 맥락이 하나님의 주권적 구속 섭리 안에 있다는 신학적 섭리에 의해 주도되기 때문이다.

IV. 역사적 예수에 대한 다맥락적 탐구

벨커는 다맥락성으로서 네 가지를 언급한다. 그것은 상징정치적 측면, 성경적 증언들, 구약적 전통, 수용사이다. 저자는 이에 하나 더, 벨커가 지나치고 있는 나사렛 예수 안에 거하신 충만한 성령을 제5 다맥락성으로 첨가하고자 한다.

---

741 Michael Welker, *Gottes Offenbarung. Christologie*, 86.

1. 제1 다맥락성(상징정치적 측면)

예수는 갈릴리와 갈릴리 경계지대, 그리고 예루살렘에서 농촌주민들과 도시 민중들 사이에서 하나님 나라 복음을 전파했다. 유대인과 이방인 사이의 긴장들은 가버나움의 백부장, 페네키아 여인과의 예수의 만남, 그리고 로마 권력가들과 예수의 관계에서 인식되어진다. 예수 사역의 중심지인 가버나움에서 예수 당시 헤롯 안티파스(Herod Antipas)와 헤롯 빌립(Herod Phillip) 사이의 경계가 있었다. 이것은 여기서도 역시 맥락의 차이를 고려하는 것을 시사한다.

이것 너머로 예수 선포에 있어서 부자와 빈자, 주인과 노예 사이의 긴장들은 다양하게 느껴질 수 있으며, 민중 가운데 경건한 사람들과 사두개인, 바리새인, 서기관 등 종교적 기능인들과 지도(指導)엘리트 사이의 종교적 차이는 작지 않다. 예수의 하나님 나라 복음은 그가 식탁 공동체를 가졌던 사람들과 그가 직·간접적으로 치유를 통하여 반응을 준 사람들에게 바르게 전달되었다. 바리새인, 서기관 등 지식적인 율법 선포자들은 예수에 대해 메시아 오심을 통한 하나님 나라 구현을 고대하는 순수한 민중들과는 다른 반응을 보였다. 이들은 예수를 율법을 범하는 자로 보았다. 나사렛 예수는 점차 전통과 성전을 지향하는 바리새인들, 서기관들, 장로들과 제사장들과의 갈등 속으로 들어갔다. 세계 강대국 로마와 이스라엘의 종교적 지도자들 사이의 상징정치적 갈등(symbolpolitische Konflikte)으로 들어감은 예수의 상징정치적 영향력을 풍요하게 더욱 증대시켰다.

역사적 예수의 삶이 지닌 제1 다맥락성(상징정치적 측면)은 성경적·외경적 증언을 통하여, 그리고 점적인(punktuelle) 고고학적 추정을 통한 접근을 통해서 드러난다. 그런데 이러한 상징정치적 다맥락성은 기존의 예수 탐구에 있어서는 충분히 고려되지 않았다. 예수 생애에 대한 많은 (제1)탐구자들은 예수에 대한 단맥락적 상(das monokontextuelle Bild Jesu)만을 추구하였다. 예컨대, 인간의 기본적인 필요를 아시는 식탁 공동체의 예수(Jesus der Tischgemeinschaft), 또는 귀신추방자와 하나님 나라 선포자 예수 등이다. 그리고 이들 제1 탐구자들은 이미 소위 예수의 "실제 역사"가 파편적이고 다색(多色)적이라는 것을 중요하게 수용하지 않았다. 그리고 실제 역사란 근사치에 있어서만 그것도 가설적으로 받아들일 수 있는 진리주장(vertretbare Wahrheitansprüche)으로만 재구성될 수 있다.

2. 제2 다맥락성(성경적 증언들)

공관복음의 증언들은 제2 다맥락성을 구성한다. 이 증언들은 다관점적으로 예수의 생애와 사역에 정위되며 신학적이고 역사적 논구를 거대한 과제로 제시한다. 복음서 저자들의 개별적인 증언들, 말하자면 복합적 증언들은 예수 생애와 사역에 대한 차이 있는 맥락들에 특권을 부여한다. 그러나 이 증언들은 예수에 대한 다양한 관점에서 보는 하나의 통일상(예수는 하나님의 아들, 구세주)을 제시해주고 있다.

　만일 우리가 기존의 단지 높은 불확실성으로써 재구성되는 성경적 저자들의 환경과 이들의 종교적, 도덕적, 정치적 독자들을 고려하려 한다면 이러한 탐구과제의 복합성(Komplexität)은 강하게 상승한다. 누구에 대하여, 어떤 관심으로 이들은 저작을 집필했던가? 가능한 독자들을 고려하면서 복합적 예수상 안으로 맥락 설정은 설명되어지는

가? 가능한 방식으로 다맥락적으로 서술된 예수상은 독자들에 대한 추정을 허용하는가? 어떤 핵심 문제들과 비전들이 예수의 인격, 생애, 사역에 대한 관계 설정에 연결하는 역할을 하는가? 이들은 어떤 맥락에서 어떤 사람들을 예수의 인격과 생애에 가까이 가져오는가?

역사적 인식을 찾아서 이러한 탐구를 수행하려면 제1 다맥락성과 제2 다맥락성 사이의 복합적 교차관계(komplexe Wechselverhältnisse)를 해명하고자 해야 한다. 진리 추구의 아주 미묘한 과정들이 여기서 인정되어진다. 이미 이 수준에서 역사적 예수에 대한 학문적·신학적 탐구에 대한 수준 높은 과제가 설정된다. 이 과제에서 중요시되는 것은 예수 생애와의 관계 설정에 있어서 희망 없는 혼란이나 단지 전설적인 덧칠(legendarische Übermalung)에서 출발할 수 없다는 것이다.[742] 성경적 저자들은 단순히 개인적인 예수 전설을 이야기하려고 하지 않는다. 무엇보다도 이들은 자연 공간의 지상적 예수 운동을 추구하지 않으며, 수학적·경험적 확실성을 가진 고고학적 관찰에 대한 의심 없는 자료를 제공하려고 하지도 않는다.[743]

3. 제3 다맥락성(구약적 전통)

제2 다맥락적 영역(신약성경적 증언들)은 단지 예수의 실제 생애의 다맥락성에 소급적으로 정위될 뿐이므로, 이것은 거대한 정경적 전통

---

742 Michael Welker, *Gottes Offenbarung. Christologie*, 85.
743 Michael Welker, *Gottes Offenbarung. Christologie*, 85.

(구약적 전통)이라는 제3 다맥락성과 연결되어야 한다. 예수는 그의 선포, 가르침, 상징적 행위들에 있어서 다양한 방식으로 구약적 전승과 관계했다. 오로지 '인자' 칭호를 일별하면서 예수가 자신에게 적용하였던 상대적으로 넓은 합의가 탐구에서 나타난다. 신약 텍스트에서 '율법과 선지자'로부터의 인용들은 구약의 전통과 긴밀한 관계에 있으며, 역사적 예수를 이해하는 데 중요한 통찰을 제공한다. 여기에는 구약의 기독론 연구가 중요한 자료로서 역사적 예수에 대한 통찰을 가져다준다.

4. 제4 다맥락성(지금까지, 그리고 현재적으로 영향을 끼치는 전 세계적 수용사)

역사적 예수에 대한 다맥락적 탐구가 주목해야 하는 제4 다맥락성이란 예수의 생애와 사역이 지각되고 각인하면서 작용하는 지금까지의 수용사와 현재적으로 미치는 전세계적 다맥락성이다. 제4 다맥락성을 일별하면서 우리는 항상 단지 의식적, 선택적, 환원적으로 유형화하면서 진행할 수 있다. 교부적 예수상, 예수에 대한 종교개혁적 관점, 로마 천주교적 가르침에 따른 역사적 예수, 해방신학의 예수, 오순절 교회의 예수, 이러한 많은 다른 맥락들 중의 각 맥락 속에서 우리는 상들, 표상들, 인식 요구들, 탐구 과제의 넓은 조화물(앙상블)을 이미 눈앞에 갖는다. 이 제4 다맥락성은 역사적 예수와 관련하여 진리 요구와 이와 연관된 4가지 다른 다맥락성에 소급 관계된다면 역사적 예수의 교회사적, 그리고 오늘날 전 세계적으로 영향을 끼치는 현재

적 타당성을 제시한다.[744]

5. 제5 다맥락성(나사렛 예수 안에 거하신 충만한 성령): 역사적 예수론은 기독론 과제의 하나

제5 다맥락성이란 나사렛 예수를 하나님을 증거한 경건한 유대적인 종교적 인물로만 보는 것을 넘어서서, 그가 성령으로 잉태된 후로 성령과의 끊임없는 교통 속에서, 그가 성령으로 충만한 메시아적 사역을 한 하나님의 아들로 인정하는 것이다. 제5 다맥락성이란 성령론적 측면이다. 이 성령론적 입장은 나사렛 예수를 이해고자 하는 4가지 다맥락성(제1, 2, 3, 4 다맥락성)의 기저에 작용한다. 이러한 관점에는 자유주의 신학자들이 해석하는 메시아 비밀, 즉 예수가 메시아적 자의식이 없었다는 주장은 그 전제부터 오류인 것이 드러나는 것이다.

따라서 벨커가 바르게 지적했듯이 여기서 놓치지 않아야 할 중요한 것은 예수 생애에 대한 역사적 탐구는 단지 기독론 과제의 하나일 뿐이라는 사실이다.[745] 역사적 예수에 대한 작업은 인간 나사렛 예수를 지나가지 않고 그에게서 말머리를 돌리지 않으며, 인간 예수를 가능한대로 파악하고자 하는 기독론에 대하여 포기할 수 없다. 역사적 예수는 사도 요한이 1세기의 영지주의자에 대하여 반박한 바와 같이 결코 가현적 인물이 아니기 때문이다: "이로써 너희가 하나님의 영을

---

744   Michael Welker, *Gottes Offenbarung. Christologie*, 87-88.
745   Michael Welker, *Gottes Offenbarung. Christologie*, 87.

알지니 곧 예수 그리스도께서 육체로 오신 것을 시인하는 영마다 하나님께 속한 것이요, 예수를 시인하지 아니하는 영마다 하나님께 속한 것이 아니니 이것이 곧 적그리스도의 영이니라 오리라 한 말을 너희가 들었거니와 지금 벌써 세상에 있느니라"(요일 4:2-3).

다맥락적으로 파악되는 예수는 자연적 인물로 간주되지 않는다. 신약성경 저자들은 바울이 증언한 바대로 역사적 예수를 더 이상 육체에 따라(κατὰ σάρκα, kata sarka, 고후 5:16) 알지 않는다. 역사적 예수는 바울이 증언한 바와 같이 영적 인물이다. 영적 인물이란 예수를 그의 신성과 하나님 아들 됨과 관련하여 아는 것이다. 복음서 증언자들은 복음서 집필 시 이미 지나간 바울 증언의 맥락에서 예수의 사역을 소급해서 바라본다. 복음서 증언자들은 반복적으로 구약 텍스트를 '성경이 성취되도록' 또는 '성경에 따라서'라는 해석학적 설명과 함께 곁들이면서 성경적 과거와 관계를 맺으며, 많은 경우 매우 자세하게 인용되어진다. 여기서 예수 생애와 사역에 대한 성경적 전승들이 실재로 그에게 적합한 과거와 미래에 관계하는 해석학적 설명이 이루어진다. 벨커는 이러한 해석학적 관계의 불확실성(Unsicherheit)을 문제로 제기하나[746] 성령론적 입장이 명백하게 될 때 이러한 회의적 여지는 극복된다. 저자는 한편으로는 벨커의 제4 탐구를 수용하지만, 다른 편으로는 벨커가 성령론적 입장을 표명하지 아니하지 않는 것을 볼 때, 그가 역사적 예수에 대한 역사적 회의주의의 안개에서 완전히 벗어났다고 보기 어렵다고 여겨진다.

---

746 Michael Welker, *Gottes Offenbarung. Christologie*, 88.

역사적 예수에 대한 질문은 오늘날 우리가 직면하고 있는 고유한 소원, 기대, 도덕적 어려움, 종교적 필요와 추세를 예수의 생애로 투영하는 것을 조심스럽게 제한해야 한다.[747] 역사적 질문은 그의 시대와 세계로부터 우리의 시간 체계를 구별만 해서는 안 된다. 역사적 질문은 또한 예수의 현재, 과거, 미래, 말하자면 예수의 사역과 가르침과 약속들을 위대한 증인들인 바울, 마가, 누가, 마태, 요한, 그리고 다른 신약 책으로부터 구분해야만 한다. 저자는 다음 벨커의 견해에 동감한다: "우리가 단순하고 성급하며 수학적으로 더 확실한 대답을 추구한다면 우리는 절망적으로 말할 수밖에 없다. '어느 누구도 예수의 생애를 쓸 처지에 있지 않다.' 이에 반하여 우리가 4면의 다맥락적 복합성을 수용한다면 외견상 풀 수 없는 문제로부터 큰 관심의 유용한 도전이 나온다."[748] 여기서 각기 다른 성경적 증언자들은 구약의 전승과 약속이 어우러져서 분명하게 다른 전통들을 되돌아 붙잡는다. 그러므로 앞으로 예수 생애에 대한 미래적 탐구는 예수 사역과 선포에 타당한 모습들을 드러내는 것을 시도해야 한다. 여기서 미래적 논구는 신약 저자들의 의도된 독자들, 즉 독자들의 직접적 미래지평을 더 분명히 규정하도록 해야 한다. 여기에 고고학적 연구가 도움이 될 수 있다.

제 5다맥락성의 탐구는 위의 4가지 다맥락성 측면에 있는 말씀으로 인간이 되신 나사렛 예수에게 항상 상관적으로 동행하신 성령의 역사를 인정하는 데서 출발한다. 즉, 제5 다맥락성이란 제1 다맥락성

747　Michael Welker, *Gottes Offenbarung. Christologie*, 88.
748　Michael Welker, *Gottes Offenbarung. Christologie*, 88.

(상징정치적 측면), 제2 다맥락성(성경적 증언들), 제3 다맥락성(구약적 전통), 제4 다맥락성(지금까지, 그리고 현재적으로 전세계적 수용사)의 기조에는 성령의 역사가 보편적으로 또는 특별하게 역사한다는 것을 믿는 것이다.

제1 다맥락성이 말하는 상징정치적 맥락에서 성령은 보편적으로 역사한다. 예컨대, 구약에서 하나님이 이방 왕 바벨론 느부갓네살과 유다를 함락시키고 중동을 지배할 때, 그리고 페르시아의 고레스를 일으켜 바벨론을 멸망시키고 이스라엘을 고토로 돌아오게 할 때, 하나님의 성령은 보편적인 영으로서 이들의 군사적, 사회적 권력관계를 주관하시고, 이들의 마음을 주관하시고, 열왕(列王)과 백성들의 마음을 주관하셨다. 성령은 보이지 않는 역사와 우주의 추동(推動)의 능력으로서 오늘날에도 전 세계적으로 인간 개인과 사회역사적 삶의 과정에 역사하며, 우주적으로 개체 생물과 지구 생태계의 모든 영역에 두루 편재(遍在)적으로 역사하신다.

제2 다맥락성(성경적 증언들)과 관련하여 성령은 신약성경 저자들에게 나사렛 예수를 메시아로 알게 하는 내적인 조명을 주는 특별한 사역을 했으며, 오늘날 독자들에게 과거 역사적 예수 당시와 오늘을 동시대적으로 연결시킨다. 틸리케가 언급했듯이, 성령은 구속의 역사를 현재화시키는 능력이다.[749] 성령은 성경적 증언을 쓴 저자들에게 구속사건을 기억나도록 영감을 주고 바르게 기록하도록 하였다. 그

---

[749] 김영한, 『헬무트 틸리케: 종교개혁적 성령론적 신학』, 살림출판사 2005, 235; H. Thielicke, *Der Evangelische Glaube. Theologie des Geistes. Bd. III, Die Manifestation des Heiligen Geistes im Wort, in der Kirche, in den Religionen und in den Letzten Dingen*, Tübingen 1978, 23.

러므로 칼빈이 말한 바와 같이 성경적 증언과 성령은 불가분적으로 연결되어 있는 것이다. 오늘날 성경 말씀을 바르게 이해하기 위해서는 성령의 영감이 필요하다.

제3 다맥락성(구약적 전통)과 관련하여 성령은 복음서 저자들이나 예수의 제자들이 구약의 약속으로서의 구속사 경륜이 나사렛 예수의 사역 안에서 어떻게 연관되는가를 조명하는 데 중요한 역할을 하였다. 구약에 일어난 구속사건은 하나님의 약속 가운데 일어난 성령의 사건으로서 이 구약은 신약에서 성취된다. 이러한 약속과 성취의 도식은 성령의 역사 가운데서 바르게 이해된다.

제4 다맥락성(지금까지의 수용사와 현재적으로 연관되는 전 세계적 다맥락성)에서도 성령은 일반 세계 역사에서 일반적인 방식(사회문화사적 방식)으로는 나사렛 예수가 하나의 종교적인 인물로 수용되도록 하였다. 그러나 특수한 방식(복음전파의 방식)으로는 서구 교회사를 통하여 나사렛 예수가 개인의 구주요 인류의 구세주로 수용되도록 하는 데는 특수한 선택적 방식으로 역사하였다. 그리고 성령은 여전히 현재적, 미래적, 주권적으로 역사하신다.

6. 역사적 예수에 대한 다맥락적 탐구의 특징

역사적 예수에 대한 다맥락적 탐구는 예수의 다맥락적 삶과 사역에 대한 더 분명한 상을 얻고자 하는 목적으로 시도되는 것이다. 예수 생애로부터 예수가 살았고 사역했던 맥락들은 구분되어진다. 여기서 중요한 것은 무수히 많은 맥락들이다. 다맥락적 탐구는(질문) 환원을 비판적으로 인정한다. 왜냐하면 갈릴리 예수 사역에 대한 일부분으로서 다맥락적 탐구의 예수상에 높은 확률성이 주어지기 때문이다. 여기서 역사적 예수에 대한 제4 탐구는 일면화시키는 환원의 위험 (die Gefahr vereinseitigender Reduktionen)에 대해 감지해야 한다.[750]

역사적 예수에 대한 다맥락적 탐구는 모든 신학적, 주석학적, 역사적 열정이 시도하는 비판적 소급질문(kritische Rückfrage)에 대하여 다음 의문을 제기한다. 역사적 예수에 대한 질문은 신학적 전문가들과 상당히 학문적으로 단련된, 그리고 머리가 무거운 신학에 대한 것이 아닌가?[751] 이에 대하여 벨커는 다음 두 가지 비판적인 대답을 제시한다.

첫째, 역사적 예수에 대한 신학적 탐구는 학문적이고 신학적인 행위로서 항상 잘 훈련받고 역사적, 주석학적인 관심이 있는 교양 있는 사람을 위한 영역이어야 한다. 한때 많은 지지를 받은 학문적 결과들과 탐구는 다수의 역사적, 정신적으로 개방된 사람들로 인해 매개되었다. 이미 역사적 예수에 대한 제1 탐구는 소설과 같은 다른 예수의 책들과는 명확히 구분된다. 제2 탐구의 역사비판적 회의(懷疑)는 서구세계의 세속화까지도 함께 촉진시키는 결과를 가져왔다. 역사적 예수에 대한 제3 탐구는 고(高)기독론을 통한 교의학적 수용과 일정한 예수상으로 그려지는 사회적, 종교사적 환원이라는 일면적인 역사적 맥락화 속으로 붕괴되는 위험 속에 있다.[752]

역사적 예수에 대한 다맥락적 탐구를 개발하려는 제안은 제3 탐구

---

750 Michael Welker, *Gottes Offenbarung. Christologie*, 89.
751 Michael Welker, *Gottes Offenbarung. Christologie*, 89.
752 Michael Welker, *Gottes Offenbarung. Christologie*, 89.

안건의 복합성과 그것의 다른 인식적 관심을 연결시키고자 한다. 이것은 제3 탐구의 성과처럼 학문적 관심을 넘어서 교회 안팎으로 인간에게 접근 가능한 성과로 나아간다.

둘째, 바른 신앙은 역사적 예수에 대한 소급 관계로 나아간다. 역사적 예수에 대한 소급 관계(Rückbezug auf den historischen Jesus)는 중요하며, 취소할 수 없다. 그러나 예수는 정확히 역사비판적으로 재구성 되지 않는다. 그러나 소급 질문은 학문과 교회 공간 안에서 예수 그리스도에 대한 유일한 접근은 아니다. 역사적 예수에 대한 소급 질문은 하나님 계시에 대한 질문으로 나아가야 한다. 신앙이 예수의 환상이나 자유롭게 구성된 그리스도 상으로 만족하지 않거나 이들에 의하여 사기당하지 않으려면[753] 역사적 예수에 대한 질문은 예수 그리스도 안에서의 하나님 계시에 대한 전환으로 나아가야 한다.[754]

저자는 이상 벨커의 두 가지 답변에 세 가지를 첨가하고자 한다. 따라서 이것은 다음의 세 번째 대답, 네 번째 대답, 그리고 다섯 번째 답이 될 것이다.

셋째, 역사적 예수에 대한 학문적 탐구는 소박한 성경적이고 교회적 탐구를 능가하지 않는다. 신학적 탐구는 지성적 신앙의 한 가지 방식이지 순수한 민중의 역사적 예수에 대한 신앙을 능가하지 않는다. 신학적 탐구는 단지 신앙적 탐구보다도 넓은 역사적 지식과 시대사적 전망을 제시한다. 이것이 신앙을 향상시키지는 않는다. 신앙은 지

---

753 Michael Welker, *Gottes Offenbarung, Christologie*, 90.

754 Michael Welker, *Gottes Offenbarung, Christologie*, 90.

식이 아니라 인격적 관계와 관련되기 때문이다. 일반 신자들은 교회적 선포와 개인적 전도를 통하여 일상적으로 성령의 역사 속에서 나사렛 예수를 구주로 받아들인 자들이다. 예수 당시에는 메시아를 기다리다가 예수의 탄생을 메시아의 탄생으로 알아보고 증거한 아셀 지파 바누엘의 딸 안나(눅 2: 36-38)와 예루살렘의 시므온(눅 2: 25-35) 등은 평신도로서 깊은 경건 속에 메시아를 고대했던 자들이다. 이들이 오히려 학자들이나 전문 종교인들보다 역사적 예수를 더 잘 안다는 것이다.

넷째, 역사적 예수에 대한 학문적 탐구는 탐구자에게 임재하는 성령의 현재화 속에서 비로소 구체화되고 역사적 예수에 대한 성경의 증언에 대한 내적 확신으로 나아간다. 그리고 탐구자는 복음서의 말씀을 현재화시키는 성령의 증언 안에서 역사적 예수와 인격적으로 만나게 되며, 칼빈이 말하는 그리스도와의 연합(unio cum Christo)을 체험한다. 안나는 "과부 된지 48년 동안 성전을 떠나지 않고 주야로 금식하면서" 성령으로 다가오시는 하나님의 지시를 받았다. 예루살렘의 시므온도 "의롭고 경건하여 이스라엘의 위로를 기다리는 가운데, 성령이 그 위에 계셨다." 그는 "주의 그리스도를 보기 전에 죽지 아니하리라는 성령의 지시를 받았고", "성령의 감동으로 성전에 들어오는" 아기 예수를 알아보았다. 그는 성령의 지시에 따라 당시 제사장이나 바리새인이나 대제사장이 보지 못하는 역사적 예수에 대한 영적 통찰을 하였던 것이다. 바른 신학적 지식은 성령의 조명 속에서 비로소 생동적 확신의 지식이 된다. 20세기의 신학자로는 독일의 틸리케, 영국의 브루스, 마르틴 존스, 미국의 칼 헨리(Carl F. Henry) 등이 역사적 예수에 대한 성령론적 이해를 가진 자들이다.

다섯째, 단순한 역사적·학문적 탐구는 결단코 역사적·실재적 예수를 완전히 천착할 수 없는 질문에 그치고 만다. 이 탐구는 이미 한계를 지닌 신학적 질문이기 때문이다. 역사적·학문적 질문으로 어느 누구도 역사적 예수에 대한 신앙을 가질 수 없다. 그것은 역사적 예수에 대한 하나의 지식만을 제공해 줄 뿐이기 때문이다. 역사적 예수에 대한 진정한 앎이란 신앙 안에서 그분을 인격적으로 만나는 것이다. 이것이 역사적 예수에 대한 제4 다맥락성 차원이 드러내는 수용사에서 나타나는 바와 같이 기독교 역사 속에서 예수를 만난 무수히 많은 개인의 회심 이야기(사도 바울, 성 어거스틴, 성 프랜시스, 성 버나드, 마르틴 루터와 존 칼빈, 존 웨슬리, 존 오웬, 조나단 에드워즈, 존 뉴턴, 틸리케, 길선주, 주기철, 손양원, 김익두, 한경직 등)로 전해지고 있다. 신앙 안에서 역사적 예수에 대한 탐구는 비로소 풍성해질 수 있는 것이다. 탐구자는 이미 인격적으로 만나 신뢰하는 자에 대하여 자발적으로 연구하게 되고 알게 되는 것이다. 하나님 면전(coram Deo), 그리스도와 함께(cum Christo), 성령 안의(in Spirito) 삶 속에서 역사적 예수에 대한 신앙과 지식은 날마다 깊어진다. 그러나 지금은 우리가 동(銅)거울을 보는 것처럼 희미하게 보나 종말의 때 그분을 가장 확실히 보고 알게 될 것이다. 사도 바울은 다음 같이 증언한다: "우리가 지금은 거울로 보는 것 같이 희미하나 그 때에는 얼굴과 얼굴을 대하여 볼 것이요 지금은 내가 부분적으로 아나 그 때에는 주께서 나를 아신 것 같이 내가 온전히 알리라"(고전 13:12).

제 12 장

아슬란의 나사렛 예수 전기: 방법론적 성찰
- 역사적 예수를 정치 혁명가로 왜곡 -

Jesus of Nazareth in Reformed-Orthodox Faith

:: 제12장 아슬란의 나사렛 예수 전기(傳記): 방법론적 성찰
– 역사적 예수를 정치 혁명가로 왜곡 –

2014년에 들어와 정치 혁명가로서의 나사렛 예수 전기(傳記)가 논픽션 형식으로 출판되어 화제가 되었다.755 미국의 출판사 아마존, 뉴욕타임스에서 1위를 휩쓸고 영국, 중국, 독일 등 25개국 이상에 수출된 화제작으로 소개되고 되면서, 다시 독립운동가, 사회혁명가로서의 나사렛 예수에 대한 논란을 일으켰다. 미국 캘리포니아 주립 리버사이드 대학교 교수 레자 아슬란(Reza Aslan)은 그의 저서『젤롯』(Zealot)756에서 예수를 로마 체제에 대항하여 반란을 일으킨 혁명가로 그리고 있다. 이란 출신의 이슬람교도인 저자가 '나사렛 예수'에 관해 연구한 작품을 발표한 것에 대해서 미국의 대표적인 보수 미디

755　[Book] "예수는 정치적 혁명가였다", 민경식 옮김,『젤롯』, 나사렛 예수의 삶과 시대, 와이즈베리 펴냄. 사학연금, Vol. 331, 2014. 06. 28.

756　Reza Aslan, *Zealot: The Life and Times of Jesus of Nazareth*, Random House Publishing Group, 2013, 민경식 옮김,『젤롯』, 와이즈베리 Wiseberry, 2014.

어인 폭스 TV가 저자를 출현시켜 왜 이슬람교도가 예수에 대해 썼느냐는 저자에 대한 공격적인 인터뷰가 방송되면서, 오히려 반 이슬람 감정에 대한 반성을 불러일으키고 종교다원주의에 대한 논쟁에 불을 붙이는 결과를 가져오고 말았다. 이 사건을 계기로 아슬란의 『젤롯』은 베스트셀러 톱에 랭크되었다.

I. 이슬람 교도 아슬란이 그려낸 역사적 예수 전기(傳記)란 빈농 출신의 정치 혁명가 일대기

1) 실증적 사건들을 문학적으로 상상력으로 치장하는 탁월한 스토리텔링 기법

아슬란은 예수의 진정한 모습을 추적하기 위해 20년간 예수를 학문적으로 연구하면서 주요 복음서를 분석하고, 당시 로마 문헌에도 널리 알려진 유대인 역사학자 요세푸스의 『유대고대사』를 중심으로 타키투스(Tacitus), 오리게네스 등이 집필한 고대 문헌들 및 존 마이어, 리처드 호슬리(Richard A. Horsley), 존 핸슨(John Hanson), 마틴 헹엘 등 저명한 학자들의 수백 건에 달하는 저작들을 근거로 예수가 그 당시 사회에 널리 퍼졌던 '젤롯'의 신념을 간직한 정치적 혁명가라고 주장한다.

아슬란에 의하면 『젤롯』은 20년 이상의 역사적 고증을 통해 완성한 예수의 전기로 교회의 틀에 갇혀 신적인 존재로만 알려진 '예수 그리스도'를 벗어나 유대의 독립과 민중을 위해 싸운 혁명가 '나사렛 예수'로서의 면모를 제시하고 있는 논픽션(non-fiction)이다. 그는 이미 1960년대 기독교 신학에서 해방신학자들이 그려놓은 예수상을 종교사회학적 맥락에서 로마 시대의 정치적 혁명가의 모습으로 다시 그려내고 있다. 예수가 대외적으로는 로마의 제국주의와 맞서 싸운 빈농 출신의 독립운동가이며, 내부적으로는 친(親)로마 보수주의자들과 싸운 사회혁명가라는 것이다.[757]

대학에서 종교학 외에도 문예창작을 가르치는 탁월한 스토리텔링 기법을 활용하여 아슬란은 전통교회가 복음서에 입각하여 믿고 신앙고백한 신약복음서의 예수에 대한 이야기를 논픽션적 혁명가상(像)으로 왜곡하고 있다. 아슬란은 대제사장의 살인으로 시작되는 1장의 첫 구절이라든지 예수의 자취를 더듬어가는 주요 에피소드에서는 종종 소설적인 기법을 끌어와 몰입도를 높인다: "자객은 군중 틈을 비집고 들어가 대제사장 요나단에게 바싹 다가갔다. 몰래 손을 내밀어 대제사장의 성스러운 예복을 움켜쥐고는, 그를 휙 잡아채 성전 경비병에게서 떼어놓았다. 그러고는 그를 꼼짝달싹 못하게 꽉 붙잡고, 순식간에 단검을 빼 그의 목을 그었다. 또 다른 종류의 희생제의인 셈이다. 대제사장의 피가 성전 바닥에 떨어지기도 전에, 대제사장이 주저앉는 것을 경비병들이 느끼기도 전에, 지금 무슨 일이 벌어지고 있는지 누군가가 눈치 채기도 전에, 자객은 군중 사이로 유유히 사라졌다. 이 자객이 '살인이다!'라는 말을 가장 먼저 외쳤다 하더라도 이상할

---

[757] 뉴욕 중앙일보, "'예수 전쟁' 부른 책 '젤롯'의 저자 레자 아슬란": 2014. 04. 15. 중앙일보 미주판 25면 기사입력: 2014. 04. 14. 17:01.

게 전혀 없었다."⁷⁵⁸ 카리스마 있는 리더로서의 예수의 캐릭터는 물론, 단도를 들고 다니며 폭력적인 혁명 활동을 벌인 시카리(sicari, 단도단)와 같은 독특한 집단이나 가야바, 안나와 같은 비열한 대제사장들의 캐릭터가 실감나게 그려져 마치 역사 소설을 읽는 듯하다.⁷⁵⁹

2) 역사실증적 자료들을 문학적 결합으로 만들어낸 정치적 혁명가 예수상

아슬란은 나사렛 예수에 대해 역사적으로 확증할 수 있는 두 가지 사실에서 출발한다. 하나는 유대 민중 운동을 일으킨 열심을 품은 예수요, 다른 하나는 그가 십자가에 처형되었다는 사실이다. 아슬란은 두 가지 사실을 유대 역사가 요세푸스의 『유대고대사』 등 역사실증학의 자료들과 결합시킨다면 정치 혁명가 예수상을 복원할 수 있다고 보았다: "결국 나사렛 예수에 대한 보도 가운데 확실하게 신뢰할 수 있는 실증적, 역사적 사건은 두 가지 뿐이다. 첫째는 예수가 기원 후 1세기 전반에 팔레스타인에서 유대 민중운동을 일으킨 유대인이었다는 사실이며, 둘째는 그러한 예수를 로마 당국이 십자가에 매달아 처형했다는 사실이다. 물론 이 두 가지 사실만으로는 2000년 전에 살았던 인물의 생애를 완벽하게 재현할 수 없다. 그러나 이 두 가지 사실을 예수가 살던 격동시대에 대한 우리의 모든 지식과 결합한다면(로마인들 덕택에 우리는 실제로 잉태한 상당한 지식을 가지고 있다), 이는 복음서의

---

758 Reza Aslan, *Zealot*, 『젤롯』, 1부 프롤로그, 45.
759 논픽션으로서 레자 아슬란의 저서 『젤롯』은 『퍼블리셔스 위클리』, 『더 뉴요커』, 『커커스 리뷰』 등 미국의 유력 미디어에서 소설처럼 속도감 있게 읽히는 매혹적인 논픽션이라는 찬사를 받고 있다. 이런 강점에 힘입어 『헝거 게임』, 『쏘우』, 『화씨 9/11』 등을 히트시킨 유력 배급사인 라이온스게이트와 영화화 계약이 성사되기도 했다.

보도에 따른 예수의 초상보다 역사적으로 훨씬 더 정확한 나사렛 예수의 초상을 그리는 데 도움을 줄 것이다. 실제로 이러한 역사적 재구성을 통해 모습을 드러낸 예수(그 시대의 모든 유대인들이 그러했듯이 1세기 팔레스타인의 종교적, 정치적 혼란에 휩싸인 열광적인 혁명가들로서의 예수)는 초기 기독교 공동체가 만들어낸 선한 목자의 이미지와는 완전히 다른 모습이다."[760]

아슬란은 계속해서 자신의 책 '저자의 글'에서 다음과 같이 말한다: "유대인 시골 청년으로서 역사상 가장 강력한 제국의 통치에 정면으로 도전한 혁명가 예수가 교회에서 배운, 역사와 단절된 비현실적인 존재로서의 예수보다 훨씬 더 실감나게 다가왔다."[761]

아슬란은 그의 20년간 계속된 탐구의 노력으로 복원된 혁명가로서의 예수의 모습은 마태복음의 말씀인 "내가 세상에 화평을 주러 온 줄로 생각하지 말라 화평이 아니요 검을 주러 왔노라"(마 10:34)에 가장 잘 나타나 있다고 첨언한다. 아슬란은 인터넷 서점 아마존과의 인터뷰에서 다음 같이 밝히고 있다: "나는 이 책이 예수가 살았던 세계의 완전한 감각을 제공하길 바란다. 그의 시대의 종교 역사적 문맥을 떼어놓고는 예수의 말씀을 진실로 이해할 수 없다. 당신이 예수를 선지자, 스승, 신의 대리자로 생각하는 것과 별개로 그가 진공 속에서 살지 않았다는 것을 기억하는 것이 중요하다. 예수는 어쨌든 의문의 여지없이 그 시대의 사람이었다. 우리 모두에게는 이것이 진실이다.

---

760 Reza Aslan, *Zealot*, 『젤롯』, 26-27.
761 Reza Aslan, *Zealot*, 『젤롯』, 17.

예수가 누구였는지, 무엇을 의미했는지를 이해하는 것은 그가 살았던 시대의 이해 하에 두는 것이 열쇠다. 이 책은 그것을 담았다. 당신을 예수의 세계 한 가운데 떨어뜨리고 설교에서 벗어나 그 문맥을 이해하는 것을 도울 것이다."[762] 저자는 아슬란의 역사적 예수 전기가 갖는 문제점을 네 가지의 큰 시각에서 비판적으로 논의하고자 한다.

II. 방법론적 오류: 신앙의 그리스도와 역사적 예수의 분리

1. 역사의 예수를 복음서의 예수와 분리

아슬란은 복음서의 예수상은 본래적 예수상이 아니라 복음서 저자들에 의해서 각색한 것으로 보았다. 그러므로 그는 신앙의 그리스도와 역사적 예수 사이를 방법론적으로 분리시키고자 한다: "불신자들이 던지는 의혹에 사복음서가 증언하는 예수의 모습과 역사적으로 실존했던 예수의 모습 사이의 괴리가 커졌다. 그러니까 신앙의 대상인 예수 그리스도와 역사적 인물, 나사렛 예수의 거리감이 커져만 갔던 것이다."[763] "성경 이야기가 문자적으로 사실이라는 억측에서 벗어나자,

---

762　아슬란의 인터넷 서점 '아마존' 인터뷰 중에서, 2014.
763　Reza Aslan, 『젤롯』, 16.

오히려 성경본문에서 더 의미 있는 진실을 깨닫게 되었다. 그것은 역동적인 역사에서 의도적으로 소외된 진실이다. 그런데 이상하게도, 역사적 예수의 삶과 그가 살았던 격동하는 세계, 또 그가 저항한 로마 제국의 잔혹한 압제에 대해 공부하면 할수록, 예수에게 더 끌렸다."[764]

이러한 방법론적 접근은 이미 19세기 자유주의적 역사적 예수상 논구와 20세기 "예수 세미나"의 영지주의적 예수상 탐구의 방법론적 접근과 다른 것이 없다. 아슬란 자신은 기독교인이 아니라 이슬람교도이다. 그는 1972년 이란에서 태어나 1979년 이란혁명 때 미국으로 건너와서 한 때 복음주의 기독교에 심취했다가 다시 가족의 종교인 이슬람교로 개종했다. 이러한 이슬람적인 시각에서 보는 역사적 예수는 복음서 저자들이 제시하는 역사적 예수의 모습을 제대로 그려내지 못한다. 그는 예수 전기(傳記)로서 교회의 틀에 갇혀 있는 신적 존재로 그려진 예수 그리스도의 종교적인 베일을 벗기고자 하며, 역사적 예수를 유대의 독립과 민중들을 위해 싸운 혁명가로서 제시하고 있다. 그는 혁명가인 나사렛 예수상을 제시함으로써 교회가 경배해온 신앙적 예수 그리스도상에 도전하고 있다.

아슬란은 미국 보수 언론 폭스 TV의 공격적인 질문에 다음과 같이 대답하였다: "나는 고대 헬라어에 능숙하고 신약학 및 4개의 학위가 있는 종교학자"로서 "앵커가 보여준 이런 편견이 없는 진실을 추구하고자 한다." 그는 이 대답으로 오히려 반 이슬람 감정에 대한 반성과 종교 다원주의에 대한 논쟁의 기회를 열었다. 이 사건을 계기로 책은

764　Reza Aslan, 『젤롯』, 17.

베스트셀러 톱에 랭크되었다.[765] 이 작품이 바로 『젤롯』이다. 그러나 역사적 예수의 진정한 모습을 탐구하는 데 고대 헬라어에 능숙하고 신약학과 중동의 종교사회학에 학위를 가졌다는 것은 하나의 외부적인 조건은 될 수 있으나 내면적이고 충분한 필수불가결한 조건은 될 수는 없다. 저자가 강조하는 것은 연구자가 역사적 예수에 대한 인격적 신앙의 관계에 있지 않으면, 복음서 저자들의 기록들은 모두 후대의 왜곡 내지 종교적 왜곡으로 보일 수밖에 없다는 것이다.

2. "젤롯"의 시각으로 교회적인 예수의 이미지를 변형

아슬란은 복음서는 나사렛 예수라는 인물의 전기가 아니라 초대교회가 만들어낸 신앙의 책이라고 본다: "하여튼 복음서는 예수의 생애를 역사적으로 입증할 수 있는 기록이 아니며, 그렇게 여겨진 적 역시 한 번도 없다. 복음서는 예수의 언행에 대한 목격담도 아니며, 살아생전 예수를 알고 있던 사람들이 기록한 것도 아니다. 그것들은 신앙에 대한 증언이다. 신앙공동체가 기록한 것으로 그들이 묘사하는 사건들이 일어난 시기보다 수십 년 후에 쓰여졌다. 간단히 말하자면, 복음서는 인간 예수기 아니라 그리스도 예수에 대해 말한다."[766]

그리하여 아슬란은 방법적으로 교회의 베일 속에 있는 신앙의 그리스도라는 베일을 벗기고 역사적 사실의 예수를 그려내고자 한다.

---

765 cafe.naver.com/sdfstptkd/2074182.
766 Reza Aslan, 『젤롯』, 24.

즉, 종교적 믿음이 아니라 실증적 사실을 바탕으로 신적 존재가 아닌 인간적 존재인 예수에 접근하고자 하는 것이다. 그는 미주 중앙일보와의 인터뷰에서 다음같이 말한다: "예수가 살았던 시대를 통해 그를 정의하고 이해하는 게 최상의 방법이라고 본다. 예수가 다윗의 왕국을 복원할 메시아였는지, 하나님의 아들인지, 하나님 그 자신인지, 그 어느 쪽이건 예수는 그의 시대의 산물이다. 당시 사람들은 메시아를 고대했으며, 수많은 사람들이 스스로를 메시아라 주장했다. 우리는 1세기 유대의 그 많은 메시아들 중에서 오로지 예수만을 기억한다."[767] 그러나 이는 방법론적으로 일면적인 것이다. 저자의 견해에 의하면 단지 시대사적 접근으로써는 예수의 실재성을 밝힐 수 있으나 예수의 내면적 세계와 그의 존재의 정체성은 드러낼 수 없기 때문이다.

신앙의 그리스도 없는 순수한 역사적 사실로서의 예수는 존재하지 않는다.[768] 그러므로 이미 19세기 독일 괴팅엔 대학교의 신학자 캘러가 결정적으로 통찰한 바와 같이 저자는 역사적 예수를 파악하는 데 있어서 신앙과 사실의 불가결한 연결을 강조하고자 한다. 이것이 바로 해석학적 실재론(hermeneutic realism)이다.[769] 해석학적 실재론이란 실재란 해석자의 관점 안에서 해석되어 존재한다는 관점이다. 이

---

[767] 뉴욕 중앙일보, "'예수 전쟁' 부른 책 '젤롯'의 저자 레자 아슬란": 2014. 04. 15 중앙일보 미주판 25면 기사입력: 2014. 04. 14 17:01.

[768] Martin Kähler, *Der Sogenannte Historische Jesus und der Geschichtlich-Biblische Christus*. Leipzig 1892. 영역본, *The so-called Historical Jesus and the Historic, Biblical Christ*. Philadelphia 1964; F. W. Kantzenbach, *Programme der Theologie. Denker, Schulen, Wirkungen von Schleiermacher bis Moltmann*, Claudius, 1978, 120-126.

[769] 김영한, "포스트모던 시대의 기독교 철학: 포스트모던 토대주의로서의 해석학적 실재론", 한국개혁신학회와 한국기독교철학회 공동학회 기조강연 자료집, 2014. 05. 24. 새문안교회, 28-46.

러한 관점에서 신약복음서 저자들(마태, 마가, 누가, 요한)의 복음서도 사실적으로 존재했던 역사적 예수로부터 신앙적 감화를 받았고, 이러한 신앙적 감화 자체가 역사적 예수를 보게 하는 중요한 신앙적 관점으로 쓰여진 것이다. 이러한 신앙적 관점을 떠난 중립적 순수 사실로서의 역사적 실재란 존재하지 않는다.

아슬란은 전통적 기독교의 예수상을 기독교인들이 허구적으로 그려낸 것이라고 하여 이를 제거하고 예수를 정치적 혁명가로 그리고 있다. 아슬란은 기독교 신자들 머릿속에 각인된 예수의 이미지를 하나하나 지우기 시작한다. 그는 교회가 가르치는 예수, 즉 절대자와 동일시되는 천상적인 존재로서 놀라운 기적을 일으켰고 온 인류를 위해 무조건적인 사랑과 평화를 가르친 선한 목자로 익숙해진 이미지, 현대인에게는 여전히 미스터리하게만 느껴지는 '예수'라는 존재가 행했다는 기적과 부활했다는 교회의 강요된 메시지 모든 것이 "꾸며낸 황당한 이야기" 내지 "완전한 날조"요 거짓이라고 본다.[770]

따라서 아슬란은 예수라는 존재 앞에 드리워 있던 기독교적 장막들을 하나하나 걷고 그의 실체를 목격하고자 한다. 그는 기독교 신약학을 전공했으나 기독교 신자가 아니라 이슬람교도로서 지금까지 기독교 전통신자들이 가져왔던 정통신앙의 예수 이미지를 변형시키고자 하는 반기독교적인 시각(an anti-Christian view)을 가지고 있다. 아슬란은 다음과 같이 피력한다: "일반적으로 예수는 원수를 사랑하고 다른 쪽 뺨마저 내어 주는 평화주의자로 묘사되는 데, 이러한 습관적 이해는 그

---

770   Reza Aslan, *Zealot*, 『젤롯』, 165, 77, 185.

당시의 정치적으로 불안한 세계에 대해 관심도 없고 알지도 못하는 비정치적인 설교자라는 예수의 초상에 뿌리를 둔다. 이러한 예수의 모습이 완전히 날조(a complete fabrication)라는 사실을 우리는 이미 살펴보았다… 분명히 예수는 무저항 비폭력주의자는 아니었다."[771]

아슬란은 역사적 예수를 오늘날 이슬람의 원리주의자와 같이 로마 지배 체제를 전복시키는 독립운동가 내지 사회혁명가로 묘사하고 있다. 그의 시도는 표면적으로는 종교적 베일을 걷어내는 학문적·실증적 접근이라고 하지만, 그의 탐구의 이면에는 잠재적으로 신적 존재인 예수를 비하하고자 하는 이슬람교도적 반기독교적 정서가 도사리고 있다. 비록 그가 이슬람 신자로서 이슬람은 예수를 선지자로 인정하면서 예수에게 좀 더 친밀하게 다가가기 위해 예수 전기를 저술했다[772]고 주장하더라도 그는 이러한 방법론적 제한성에 포로가 되어 있는 것이다.

III. 신약성경의 고유한 텍스트 세계를 인정하지 아니함

1. 실증주의적 역사 개념

아슬란은 자신의 관점에서 신약성경이 지니는 고유한 텍스트의 세계

---

771 Reza Aslan, *Zealot*, 『젤롯』, 185.
772 뉴욕 중앙일보, "'예수 전쟁' 부른 책 '젤롯'의 저자 레자 아슬란": 2014. 04. 15. 중앙일보 미주판 25면 기사입력: 2014. 04. 14. 17:01.

를 인정하지 않는다. 성경 텍스트의 세계란 2000년 기독교 역사를 통하여 기독교 신자들이 역사를 통관하면서 공동적으로 예수 그리스도의 구원의 은혜 체험을 통해 이루는 영적 공동체의 세계이다. 이는 해석학적 세계로서 복음서 저자만이 아니라 기독교인들이 시대적·공간적 제약을 넘어서서 공동적으로 신앙고백을 공유한 영적 세계를 말한다. 그런데 아슬란은 복음서 저자들이 철저히 성경적 테두리 안에 갇혀있다고 비난하고 있다. 또한 아슬란은 그의 저서 전반에 걸쳐 복음서 저자들의 이러한 집필 동기 등을 이유로 복음서가 전적으로 역사적 사실을 담고 있는 것이 아니라고 거듭 주장하며 성경에 갇힌 해석에서 벗어날 것을 촉구한다. 아슬란은 복음서 저자들이 발견한 나사렛 예수의 구속 복음사역을 인정하지 않는다. 그리고 실증적으로 관찰될 수 있는 사실만을 인정하는 실증주의적 역사개념으로 역사적 예수상을 그려내면서 복음서 저자들이 증언한 성경적 예수상을 왜곡하고 있다.

이슬란의 관점에 의하면 기본적으로 복음서는 "하나같이 윤색되었고", "완전히 꾸며낸 이야기"[773]로서 "예수의 언행에 대한 목격담도 아니고 살아생전 예수를 알고 있던 사람들이 쓴 것도 아닌" 것으로, 복음서 저자들에게 현대주의적인 비평적 관점이 결여되었다고 본다: "관찰할 수 있고 입증할 수 있는 과거의 사건을 비평적으로 분석한다는 개념의 역사는 현대사회의 소산물로 이러한 현대적 역사 개념은 복음서 기자들에게는 너무나도 생소했으며 그들에게 역사란 사실관

---

773   Reza Aslan, *Zealot*, 『젤롯』, 163, 93.

계를 확인하는 것이 아니라, 진실을 드러내는 것"[774]이었다. 따라서 아슬란은 역사적 예수 탐구에 있어서 19세기와 20세기 행해졌던 역사적 예수에 관한 자유주의적 비평학적 논구를 그대로 수용하면서 본래의 예수와 신앙의 그리스도를 극단적으로 분리시키고 있다.

2. 복음서 기록에 대한 왜곡의 세 가지 실례

아슬란은 각 복음서들 간의 모순점을 드러내면서, 그것을 하나의 논픽션처럼 자신의 상상력으로 해설함으로써 복음서 저자들이 증언한 역사적 예수의 진정한 모습을 왜곡시키고 있다. 다음의 실례를 통해서 살펴보자.

㉠ 아슬란은 누가복음에는 열두 살 된 예수가 예루살렘 성전에 서서 히브리 성경의 핵심을 두고 랍비들과 논쟁을 벌이는 장면이 나오지만, 마가복음에서 언급한 테크톤(당시 로마에서는 그리스어인 테크톤을 문맹 소농의 의미로 사용)이라는 직업, 가난한 갈릴리 시골 마을이라는 성장 환경, 유대 농민 가운데 문맹률이 97%였던 당시 사회 상황을 감안해보면 예수는 문맹일 가능성이 높다고 주장한다.

아슬란의 이러한 주장은 복음서가 전하는 사실을 전적으로 왜곡하는 것이다. 예수는 구약성경에 능통한 그 시대의 랍비였다는 것은 복음서가 증언하는 사실이다. 누가는 예수가 자기 고향 나사렛 회당에 들어가 배치된 구약성경 이사야를 펴시고 "주의 성령이 내게 임하셨

---

774   Reza Aslan, *Zealot*, 『젤롯』, 163, 93.

으니 이는 가난한 자에게 복음을 전하게 하시려고 내게 기름을 부으시고 나를 보내사 포로 된 자에게 자유를, 눈 먼 자에게 다시 보게 함을 전파하며 눌린 자를 자유롭게 하고 주의 은혜의 해를 전파하게 하려 하심이라"(사 61:1-2)는 말씀을 찾으시고 이 예언이 오늘날 성취되었다고 말씀하신다고 전한다: "이 글이 오늘 너희 귀에 응하였느니라"(눅 4:21). 이는 예수가 문맹자가 아니라 소년기 시절부터 회당에서 구약성경을 읽고 연구한 선비(rabbi)라는 사실을 말해준다.

ⓒ 아슬란은 예수를 무조건 평화론자로, 그리고 정치적 선동과는 상관없는 자로 묘사하는 성경의 보도는 의심이 가는 내용이라고 주장한다: "예수를 무조건적 평화를 가르치고 실천한 사람이라든가 당시의 정치적 동란과는 전혀 상관없는 사람으로 묘사하는 복음서의 보도를 의심하지 않을 수 없다."[775]

그러나 사복음서에 의하면 역사적 예수는 당시의 유대교의 열심당이 가졌던 급진적 메시아 민족주의(radical Messianic nationalism)에 동조하지 않으셨고, 철저히 그러한 것과 자신의 구속사적 십자가의 길을 구분하셨다. 사도 요한은 요한복음에서 오병이어의 기적 이후에 민중들이 예수를 왕으로 만들려고 했을 때 예수는 저들을 피하셨다고 기록하고 있다: "그 사람들이 예수께서 행하신 이 표적을 보고 말하되 이는 참으로 세상에 오실 그 선지자라 하더라. 그러므로 예수께서 그들이 와서 자기를 억지로 붙들어 임금으로 삼으려는 줄 아시고 다시 혼자 산으로 떠나 가시니라"(요 6:14-15).

---

775 Reza Aslan, *Zealot*, 『젤롯』, 27-28.

ⓒ 아슬란은 빌라도 총독이 예수에게서 무혐의를 확인한 것이 아니라, 그를 일반 죄수처럼 재판 없이 즉각 처형했다[776]고 주장한다. 예수의 처형 결정을 내린 로마 총독 본디오 빌라도가 복음서에서는 예수가 잘못이 없음을 알고 풀어주려고 애쓰는 인물로 그려지지만, 이 역시 로마인들을 대상으로 한 선교를 위해 그들이 껄끄러워할 부분을 미화한 것일 뿐, 문헌상의 총독 빌라도는 유대인 수십 명을 처형하는 것은 일도 아닌 잔혹한 인물로, 틀림없이 예수와 짧게 대면한 후 곧바로 형을 집행했을 것이라는 것이 아슬란의 주장이다.

3. 복음서의 기록과 전혀 상반되는 아슬란의 해석

1) 요한의 기록: 총독 빌라도는 예수가 죄가 없다는 사실을 알았다.

그러나 이러한 아슬란의 해석은 복음서에 나타난 기록과는 전혀 상반된다. 사도 요한의 기록은 단지 자기 상상 속에서 나온 소설적 글이 아니다. 그는 지금 구속사라는 하나님의 원대한 사역의 한 부분을 기록하고 있는 것이다. 그러므로 이 하나님의 구속사 속에 한 부분을 차지하고 있는 빌라도의 심문에 관한 이야기는 거짓으로 꾸며질 수 없는 것이다. 요한은 예수가 빌라도 법정에서 사형선고를 받게 된 사실조차도 우연한 일이 아니라 성경에 기록된 대로 십자가에 처형될 하나님의 아들의 사건임을 기록하고 있다. 빌라도는 예수와 짧게 대면하고 사형을 선고한 것이 아니라, 오히려 예수를 진지하게 심문한다.

---

776 Reza Aslan, *Zealot*, 『젤롯』, 235.

그리고 예수에게 "진리가 무엇이냐"고 묻기까지 한다(요 18:38a). 그리고 예수에게 죄가 없다는 사실을 알고 놓아주려 한다: "빌라도가 이르되… 다시 유대인들에게 나가서 이르되 나는 그에게서 아무 죄도 찾지 못하였노라. 유월절이면 내가 너희에게 한 사람을 놓아 주는 전례가 있으니 그러면 너희는 내가 유대인의 왕을 너희에게 놓아 주기를 원하느냐 하니"(요 18:38b-39). 그러나 민중들은 예수가 아니라 바라바를 풀어주라고 외친다: "그들이 또 소리 질러 이르되 이 사람이 아니라 바라바라 하니 바라바는 강도였더라"(요 18:40). 빌라도는 민중들의 성화(成火)에 못 이겨 하는 수 없이 예수를 죄수로 정해 군인들로 하여금 예수를 데려다가 채찍질 하게 하고(요 19:1), 가시관을 머리에 씌우고 자색 옷을 입혀(요 19:2) 유대인의 왕이라고 조롱과 함께 손으로 때리도록 한다(요 19:3).

빌라도는 죄수복을 입은 예수를 민중들 앞에 데리고 나오도록 하고 그들에게 다시 한 번 예수에게서 죄를 찾지 못했다고 말한다. 이에 대해 요한은 다음과 같이 증언한다: "빌라도가 다시 밖에 나가 말하되 보라 이 사람을 데리고 너희에게 나오나니 이는 내가 그에게서 아무 죄도 찾지 못한 것을 너희로 알게 하려 함이로라 하더라"(요 19:4). 가시관을 쓰시고 자색 옷을 입은 예수께서 대제사장과 민중들 앞에 인도되자 '예수를 십자가에 못 박으라고' 아우성치는 사람들 앞에서 빌라도는 여전히 예수에게서 죽을 죄를 찾지 못했다고 말한다: "보라 이 사람이로다 하매, 대제사장들과 그의 사주를 받는 군중들이 예수를 보고 소리 질러 이르되 십자가에 못 박으소서 십자가에 못 박으소서 하는지라 빌라도가 이르되 너희가 친히 데려다가 십자가에 못 박으라 나는 그에게서 죄를 찾지 못하였노라"(요 19:5-6).

아슬란의 해석과는 전혀 다르게 사도 요한은 빌라도가 명백히 예수에게 죄가 없다는 것을 알았고, 그래서 그를 풀어주려고 했으나 종교지도자들의 사주를 받은 민중들의 위협에 못 이겨 예수에게 십자가형을 선고했다는 역사적 진실을 증언해주고 있다.

(1) 유대인들은 비정치적 예수에게 정치적 반역자라는 누명을 씌운다.

빌라도가 예수에게 고소할 거리가 없다고 하자 유대인들은 예수가 자신을 하나님의 아들이라고 한다는 신성모독으로 고발한다: "우리에게 법이 있으니 그 법대로 하면 그가 당연히 죽을 것은 그가 자기를 하나님의 아들이라 함이니이다"(요 19:7). 이에 빌라도는 예수의 고발이 종교적인 문제라 더욱 두려워하여 예수를 다시 관정(官庭)으로 불러들여 심문하나 예수는 대답하지 아니하신다. 빌라도는 예수에게 말한다: "내가 너를 놓을 권한도 있고 십자가에 못 박을 권한도 있는 줄 알지 못하느냐"(요 19:10). 이에 예수는 "위에서 주지 아니하셨더라면 나를 해할 권한이 없었으리니 그러므로 나를 네게 넘겨 준 자의 죄는 더 크다"(요 19:11)고 답하신다. 여기서 "위에서 주지 아니하셨더라면 나를 해할 권한이 없었으리니"라는 말씀은 하나님의 우주적 통치를 언급하는 말씀이다. 이 말씀은 빌라도가 예수를 처형할 권세도 우주적 통치자인 하나님으로부터 부여받은 것을 말하고 있다. 이러한 예수의 발언은 그가 메시아요, 그의 메시아 시대는 지금(고난의 종의 시대)이 아니라 다가오는 종말(역사와 우주 심판의 시대)의 때라는 것을 언급한 것으로 볼 수 있다. 빌라도는 예수의 진술이 종교적인 것이지 황제에 대한 정치적인 모반과는 아무런 연관성이 없다는 것을 확신하고 그를 놓아주려고 애쓴다. 사도 요한은 다음과 같이 증언한다: "이러하므로 빌라도가 예수를 놓으려고 힘썼으나."

(2) "예수를 석방하면 가이사의 충신이 아니다"는 유대인들의 비난에 굴복하는 빌라도

유대인들은 '빌라도가 자칭 유대인의 왕이라고 천명하고 있는 예수를 놓아줄 경우 황제의 신실한 신하가 아니다'라는 논리를 가지고 빌라도에게 압력을 가한다: "유대인들이 소리 질러 이르되 이 사람을 놓으면 가이사의 충신이 아니니이다 무릇 자기를 왕이라 하는 자는 가이사를 반역하는 것이니이다"(요 19:12). 이 말을 들은 빌라도는 재판석에 예수를 끌고 와 재판대에 세우고 저들에게 "보라 너희 왕이로다"(요 19:14b)라고 말한다. 이에 대해 유대인들은 예수를 십자가에 처형하라고 고함을 지른다. "그들이 소리 지르되 없이 하소서 없이 하소서 그를 십자가에 못 박게 하소서"(요 19:15a). 대제사장들이 로마 황제 이외는 유대인의 왕이 없다고 말한다: "가이사 외에는 우리에게 왕이 없나이다"(요 19:15b). 결국 빌라도는 민중들의 압력에 굴복해 예수에게 십자가 처형을 언도하고 만다(요 19:16).

이상에서 보듯이 예수는 전혀 정치적 항거나 민중 반란을 의도하지 않았으나 예루살렘의 종교세력인 대제사장들이 예수가 자신을 "유대인의 왕"이라고 참칭(僭稱)했다고 고발함으로써 로마 황제에 반란을 꾀하는 인물이라는 정치적 반란의 혐의를 쓴 것이다.[777] 예수는

---

777 F. F. Bruce, *The Defense of the Gospel in the New Testament or First Century Faith*, Calvin Foundation 1959, Revised edition, InterVarsity 1977, 박종칠 역, 『신약에 나타난 복음의 변증』, 생명의 말씀사, 1982, 79-83.

자신이 유대인의 영적 왕이라는 사실을 증언했으나 유대 종교 지도자들은 이 발언을 예수가 로마 황제에 대해 반역했다는 정치적 발언으로 왜곡시키고 십자가 처형을 받도록 한 것이다.

2) 누가의 기록: 빌라도, "내가 보니 이 사람에게 죄가 없도다."

누가의 기록도 요한의 기록과 다르지 않다. 누가는 대제사장들과 그의 무리들이 예수를 고발한 내용이 내란 선동이라고 적고 있다: "무리가 다 일어나 예수를 빌라도에게 끌고 가서, 고발하여 이르되 우리가 이 사람을 보매 우리 백성을 미혹하고 가이사에게 세금 바치는 것을 금하며 자칭 왕 그리스도라 하더이다"(눅 23:1-2). 빌라도는 예수를 심문한다: "네가 유대인의 왕이냐?"(눅 23:3a). 예수는 대답하신다: "네 말이 옳도다"(눅 23:3b). 예수의 증거를 들은 빌라도는 예수가 종교적 확신에 찬 비범한 현인(賢人)으로서 열심당이 저지른 폭력을 행사하여 로마 체제에 반란을 꾀하는 죄가 없다는 것을 알고는 고발한 유대인들을 향하여 예수에게 죄가 없다고 말한다: "내가 보니 이 사람에게 죄가 없도다"(눅 23:4). 이에 대하여 대제사장들과 무리는 예수가 행한 갈릴리 지역에서의 순수한 복음전파 활동과 치유 활동을 사회정치적인 백성 선동으로 왜곡하여 고발한다: "무리가 더욱 강하게 말하되 그가 온 유대에서 가르치고 갈릴리에서부터 시작하여 여기까지 와서 백성을 소동하게 하나이다"(눅 23:5).

빌라도는 예수가 갈릴리 지역에서 활동한 것을 듣고 그 지역 관할자인 헤롯 왕에게로 인계한다. 당시 헤롯이 예루살렘에 있었으므로 헤롯이 예수를 심문하나 이미 헤롯의 인물됨을 익히 아시는 예수는 그의 질문에 일체 대답하지 아니하신다. 그리하여 헤롯은 다시 예수를 빌라도에게 돌려보낸다. 빌라도는 대제사장들과 관리들과 백성들을 불러 모아 그들에게 예수가 로마법에 저촉될 만한 죄를 짓지 않았음을 확인시키고 채찍질 한 후 석방하려 한다: "너희가 이 사람이 백성을 미혹하는 자라 하여 내게 끌고 왔도다 보라 내가 너희 앞에서 심문하였으되 너희가 고발하는 일에 대하여 이 사람에게서 죄를 찾지 못하였고, 헤롯이 또한 그렇게 하여 그를 우리에게 도로 보내었도다 보라 그가 행한 일에는 죽일 일이 없느니라. 그러므로 때려서 놓겠노라"(눅 23:14-16). 빌라도는 예수에 대해 유대인들이 주장하고 있는 "이 사람이 백성을 미혹하는 자라"는 고발에 대하여 동의하지 않았다.

백성 선동이라는 예수에게 붙은 죄목은 유대의 종교 지도자들에 대한 위협을 말하는 것이지 로마 체제에 대한 저항과는 무관하다는 것을 빌라도는 인지하였던 것이다. 그러므로 빌라도는 내심 예수를 죽이는 데까지 이르게 하는 것은 원치 않았다. 그러나 대제사장의 사주를 받은 유대인들의 아우성은 거세기만 했다: "무리가 일제히 소리 질러 이르되 이 사람을 없이하고 바라바를 우리에게 놓아 주소서"(눅 23:18). 이 장면에서 누가는 살인범인 열심당원 바라바는 로마 체제에 반란을 꾀한 자였다고 해설하고 있다: "이 바라바는 성중에서 일어난 민란과 살인으로 말미암아 옥에 갇힌 자러라"(눅 23:19). 빌라도는 민란과 살인을 저지른 열심당원 바라바를 십자가에 처형하고 예수를 놓아주려고 다시 한 번 군중들을 설득한다. 이에 다시 대제사장들과 그 무리들은 예수를 처형하라고 빌라도를 압박한다: "그들은 소리 질러 이르되 그를 십자가에 못 박게 하소서 십자가에 못 박게 하소서"(눅 23:21). 이에 빌라도는 또 한번 거듭해서 예수에게 죄가 없음을 선포하고 그를 놓아주려고 한다: "빌라도가 세 번째 말하되 이 사람이 무슨 악한 일을 하였느냐 나는 그에게서 죽일 죄를 찾지 못하였나니 때려서 놓으리라"(눅 23:22). 이에 다시 대제사장들과 무리들은 빌라도를 압박하며 '예수를 십자가에 못 박으라'고 재촉하여 빌라도를 굴복시킨다:"그들이 큰 소리로 재촉하여 십자가에 못 박기를 구하니 그들의 소리가 이긴지라"(눅 23:23).

결국, 유대인들의 거듭되는 압력에 굴복한 빌라도는 살인자 바라바는 놓아주고, 대신에 예수를 십자가에 처형하기를 결정한다: "이에 빌라도가 그들이 구하는 대로 하기를 언도하고, 그들이 요구하는 자 곧 민란과 살인으로 말미암아 옥에 갇힌 자를 놓아 주고 예수는 넘겨 주어 그들의 뜻대로 하게 하니라"(눅 23:24-25). 누가의 기록에서 우리는 예수가 로마 황제에 대항하여 반란죄를 획책하지 않았기 때문에 죽을 만한 죄가 없음을 빌라도가 알고 예수를 세 번이나 놓아주려 했음을 확인할 수 있다. 예수에게 죄가 없다는 것에 대한 빌라도의 확고한 인식은 예수가 정치적 혁명가가 아니었다는 사실을 뒷받침해주는 것이다.

3) 마태의 기록: 빌라도는 예수를 두려워하여 자신과 십자가 처형 언도 와는 무관하다고 선언

마태의 기록도 요한이나 누가의 기록과 다르지 않다. 대제사장들과 백성들이 총독 빌라도에게 예수를 데려다 자칭 그가 "유대인의 왕"이라고 하였다고 고발한다. 이에 빌라도는 예수를 심문한다. 예수는 "네가 유대인의 왕이냐"(마 27:11a)라는 빌라도의 심문에 "네 말이 옳도다"(마 27:11b)라고 대답하신다. 그 후 대제사장들과 백성들의 비난과 고발에 대하여 예수가 한마디도 대답하지 아니하시는 것을 보고 빌라도는 "크게 놀라워한다"(마 27:14). 마태는 기록하기를 빌라도는 예수가 죽을 죄를 지은 것이 아니라 유대 종교지도자들의 시기로 인해서 고발된 것을 알았다고 증언한다. "이는 그가 그들의 시기로 예수를 넘겨 준 줄 앎이더라"(마 27:18).

마태는 빌라도의 아내가 지난밤에 예수로 인해 매우 애를 태우는 꿈을 꾸었다고 기록하고 있다: "총독이 재판석에 앉았을 때에 그의 아내가 사람을 보내어 이르되 저 옳은 사람에게 아무 상관도 하지 마옵소서 오늘 꿈에 내가 그 사람으로 인하여 애를 많이 태웠나이다"(마 27:19). 빌라도는 예수를 놓아주려고 하였으나 유대 종교지도자들이 세 번이나 "십자가에 못 박혀야 하겠나이다"고 강권하므로 빌라도는 대야를 가져오라 하여 이 결정에는 자기는 무관하다고 손을 씻기까지 한다: "빌라도가 아무 성과도 없이 도리어 민란이 나려는 것을 보고 물을 가져다가 무리 앞에서 손을 씻으며 이르되 이 사람의 피에 대하여 나는 무죄하니 너희가 당하라"(마 27:24).

결국, 빌라도는 민란을 두려워하여 예수를 처형하도록 허락한다. 빌라도가 민란을 두려워하였다는 것은 예수가 예루살렘에 와서는 민중들이 그를 추종하였던 것이 아니라 입성할 때의 메시아 열기가 완전히 식고 고난의 종에 대한 실망으로 가득 찬 데서 나온 것으로 볼 수 있다. 이 사실도 예수가 민중이 열광한 민중의 해방자로 이해한 것이 아니라 민중이 싫어한 고난의 종으로 이해했다는 사실을 알려준다. "이에 바라바는 그들에게 놓아 주고 예수는 채찍질하고 십자가에 못 박히게 넘겨 주니라"(마 27:26). 또한 빌라도는 대야를 가져오도록 하여 손을 씻었다는 것은 자신이 예수에게 십자가 처형 언도를 내림에 있어서 그 만큼 깊은 내적 갈등과 양심의 가책이 있었음을 단적으로 보여주는 것이다.

　상기 기술에서 살펴보았듯이, 이러한 복음서 기자들의 일치된 증언은 예수의 심판이 예수가 로마 체제에 반란을 행한 것 때문에 받은 즉결심판이었다는 아슬란의 왜곡된 주장을 반박하는 확실한 증거가 된다.

IV. 역사적 예수를 정치 이데올로기적으로 해석

사복음서와 초대 기독교 문서 기록에 의하면 아우구스투스(Augustus) 황제가 통치하던 시절, 지금의 팔레스타인 지역은 로마의 식민지였다. 로마에서 파견된 총독은 이 지역 유대인 종교 지도자들을 인정하고 자치를 허용했다. 유대교는 유일신인 야웨에게 유대 민족만이 선택받았다고 생각하는 종교이다. 그들은 언젠가 구세주 메시아가 나타나리라 믿고 있었다. 그때 예수가 믿음, 소망, 사랑을 강조하며 기적을 통해 사람들을 감동시켰다. 차별 없는 사랑, 원수까지도 사랑하라고 가르치며 세례를 주었다. 예수 곁에는 가난한 사람과 병든 사람, 힘없고 약한 사람이 넘쳐났다. 유대교 지도자들은 기존 형식을 벗어난 행보를 보이는 예수 때문에 자신들의 종교적인 기득권을 빼앗길까 두려웠다. 그들은 예수를 메시아로 여기지 않았고, 재판을 통해 예수를 사형에 처하기로 했다. 이에 그들은 총독이었던 본디오 빌라도에게 사형을 요구했다. 예수가 자신을 유대인의 왕이라고 말하며 사람들을 선동하는 정치범이라는 이유에서였다. 이러한 복음서 기록을 아슬란은 자신의 이슬람적 시각에서 해석하면서 예수를 사회혁명가로 둔갑시키고 있다.

1. 아슬란의 왜곡: 사복음서는 로마의 지적 엘리트층을 위하여 예수의 혁명가적 흔적을 제거

아슬란에 의하면 A.D. 70년 예루살렘의 함락과 함께 예루살렘 교회의 흔적은 사라져 버렸다고 본다. 그는 예수를 메시아로 추종하던 유대인은 성전이 파괴되고 유대교가 추방되었을 때 "혁명주의적 메시아상을 유지하든지, 아니면 평화주의 메시아상을 추구하든지 하는 두 가지 선택의 길에 섰다"고 본다. A.D. 70년 이후 기독교는 예루살렘에서 지중해 지역의 그리스와 로마 도시로 옮겨가서 1세기 말이 되자 로마의 지적 엘리트층을 기독교 선교의 핵심 표적으로 삼았다. 이들을 선교하기 위하여 예수의 메시아상에서 혁명적 흔적을 제거해야 했다고 해석한다: "주요한 복음서들이 이미 기록된 1세기 말이 되자 로마(특별히 로마에 사는 지적 엘리트층)가 기독교 선교의 핵심 표적이 되었다. 이 특별한 계층의 사람들에게 접근하기 위해서 복음서 기자들은 어느 정도 창조성을 발휘할 필요가 있었다. 예수의 삶에서 혁명적 열정의 흔적을 모두 제거해야 했을 뿐만 아니라, 예수의 죽음에 대한 로마인들의 책임을 완전히 씻어주어야 했던 것이다. 이제 메시아를 죽인 사람들은 유대인들이었다."[778]

---

778   Reza Aslan, *Zealot*, 『젤롯』, 225.

아슬란은 마태, 누가, 요한복음이 증언하는 것 같이 빌라도가 예수의 재판에 깊이 관여하고 예수를 처형한 사실은 이들 저자들이 혁명가적 예수를 제거하는 가운데서 조작한 것으로 본다. 아슬란은 이들 복음서 기자들의 기사(記事)들은 본래의 정치혁명가적 예수상과는 무관한 것으로서 후대에 생긴 로마의 책임을 면하게 하고 반유대주의적 사상에 입각한 치장에 불과하다고 본다: "원래 마가의 이야기는 예수의 죽음에 대한 로마의 책임을 벗겨주려는 순전히 선교적인 목적으로 만든 것인데, 세월이 흐르면서 여기에 불합리한 왜곡이 덧붙여졌다. 이 이야기가 2000년에 걸친 반유대주의의 토대가 된 것이다."[779]

이러한 아슬란의 해석은 그 자신이 세운 "정치 혁명가" 가설(假說)에 입각하여 복음서 저자들의 기록을 심각하게 왜곡한 것으로서 사복음서 내용과는 전혀 상반된다. 마가복음의 저자 마가는 분명히 그의 복음서에서 그의 기록이 예루살렘 함락(A.D. 70년) 이전인 것을 알려주고 있다: "예수께서 성전에서 나가실 때에 제자 중 하나가 이르되 선생님이여 보소서 이 돌들이 어떠하며 이 건물들이 어떠하니이까. 예수께서 이르시되 네가 이 큰 건물들을 보느냐 돌 하나도 돌 위에 남지 않고 다 무너뜨려지리라 하시니라"(막 13:1-2). 이 구절은 성전 파괴에 대한 예수의 예언으로서 예루살렘 성전이 로마에 의해 함락되기 이전에 한 말씀인 것을 명료히 알려주는 말씀이다. 그리고 이어서 마가는 다가올 이방 군대(로마 군대)에 의한 도시 예루살렘의 파멸에

---

779   Reza Aslan, *Zealot*, 『젤롯』, 227.

관한 예수의 예언을 기록하고 있다: "멸망의 가증한 것이 서지 못할 곳에 선 것을 보거든 (읽는 자는 깨달을진저) 그 때에 유대에 있는 자들은 산으로 도망할지어다… 만일 주께서 그 날들을 감하지 아니하셨더라면 모든 육체가 구원을 얻지 못할 것이거늘 자기가 택하신 자들을 위하여 그 날들을 감하셨느니라"(막 13:14-20).[780]

마태의 증언 역시 마가의 증언을 확증해 주고 있다: "예수께서 성전에서 나와서 가실 때에 제자들이 성전 건물들을 가리켜 보이려고 나아오니, 대답하여 이르시되 너희가 이 모든 것을 보지 못하느냐 내가 진실로 너희에게 이르노니 돌 하나도 돌 위에 남지 않고 다 무너뜨려지리라"(마 24:1-2). 이 구절에서 예수는 성전 건물의 화려함 따위에 전혀 눈길을 돌리지 않으시며 예루살렘 성전의 파멸을 예언하신다. 그리고 이어서 예수는 다가올 이방 군대(로마 군대)에 의한 도시 예루살렘의 파멸에 관하여 예언하신다: "그러므로 너희가 선지자 다니엘이 말한 바 멸망의 가증한 것이 거룩한 곳에 선 것을 보거든 (읽는 자는 깨달을진저)… 그 날들을 감하지 아니하면 모든 육체가 구원을 얻지 못할 것이나 그러나 택하신 자들을 위하여 그 날들을 감하시리라"(마 24:15-22). 여기서 마태는 이미 일어난 사건을 말하지 않고 앞으로 예루살렘에 다가올 환난과 파멸에 관하여 언급했던 역사적 예수의 예언에 관하여 증언하고 있는 것이다. 우리는 이 기록에서 마태복음 역시 A.D. 70년 이전에 쓰여진 복음서라는 것을 확인할 수 있다.[781]

---

780 (막 13:1-2, 14-20)에 대한 해설, 독일성서공회판 해석관주, 1992, Deutsche Bibelgesellschaft, Stuttgart, 110, 111.

781 (마 24:1-2, 15-22)에 대한 해설, 독일성서공회판 해석관주, 58.

누가의 증언은 이를 더욱 확실하게 해준다: "어떤 사람들이 성전을 가리켜 그 아름다운 돌과 헌물로 꾸민 것을 말하매 예수께서 이르시되, 너희 보는 이것들이 날이 이르면 돌 하나도 돌 위에 남지 않고 무너뜨려지리라"(눅 21:5-6). 이 기록에서 예수는 아름다운 돌과 헌물로 꾸며진 예루살렘 성전의 예술적 가치에 대해서는 전혀 관심을 보이지 않으시며, 오히려 성전의 파괴를 예언하신다. 그리고 이어서 예루살렘의 파멸까지 예언하신다: "너희가 예루살렘이 군대들에게 에워 싸이는 것을 보거든 그 멸망이 가까운 줄을 알라… 그들이 칼날에 죽임을 당하며 모든 이방에 사로잡혀 가겠고 예루살렘은 이방인의 때가 차기까지 이방인들에게 밟히리라"(눅 21:20-24). 이 구절은 이미 일어난 예루살렘의 파괴가 아니라 장차 일어날 파괴에 대한 예언이다. 앞으로(A.D. 70년) 로마 군대에 의하여 예루살렘이 포위되고 그해 여름에 예루살렘과 성전이 점령되고 파괴될 것을 예언하고 있다.[782]

그러므로 A.D. 70년 이후에 마가복음을 비롯한 다른 복음서가 로마인들의 책임을 모면하기 위하여 쓰여졌다는 아슬란의 주장은 전혀 신빙성이 없는 완전한 조작이요, 허구인 것이다. 영국의 신약학자 브루스가 언급한 바와 같이 누가는 사도행전과 누가복음을 A.D. 60년경에 저술하여 바울의 친구요 동역자이며, 유일한 이방인 의사로서 예수의 십자가와 부활사건 후 일어난 30년간의 일들을 자세히 기록하고 있다.[783] 마가복음은 누가복음보다 더 이전에 쓰여졌기 때문에

---

782 (눅 21: 5-6, 20-24)에 대한 독일성서공회판 해석관주, 193.
783 F. F. Bruce, *The New Testament Documents, Are They Reliable?* 생명의말씀사 역, 『신약성경문헌』, 1977, 82, 95.

아슬란의 주장은 신빙성이 없는 것이다. 마가, 마태, 누가복음이 예루살렘 함락의 예언을 한 내용으로 보아 이 세 복음서는 A.D. 70년 예루살렘 함락 이전에 쓰여진 것이 분명하다고 볼 수 있다. 세 복음서는 후대 교회의 조작이 아닌 역사적 예수께서 앞으로 다가올 예루살렘의 함락을 예언하신 신빙성 있는 사실을 우리들에게 알려주고 있는 것이다.

2. 정치 혁명가적 가설을 복음서 해석에 투명, 날조

아슬란의 접근방식은 역사적 예수를 철저하게 정치 이데올기적으로 해석하고 있다. 영지주의자들의 주장처럼 그는 복음서 기자들이 역사적 예수를 왜곡했다고 보고, 이를 제거하고 혁명적인 투사(鬪士)에 적합한 자료들을 조합하여 예수를 재구성하고 있다. 아슬란에 의하면 1세기 팔레스타인 민중들은 숱한 침략과 핍박의 역사 속에서도, 과거의 예언을 실행하기 위해 메시아를 자처하는 리더를 중심으로 끊임없이 봉기했다. 예수는 그들 메시아적 리더 중에서도 단연 카리스마가 넘치고 혁명적인 리더였다고 본다. 그는 로마 권력에 의하여 십자가에 처형당했으나 그의 메시지는 종교가 되어 로마 권력을 삼켰다고 한다. 절대 굴복을 모르는 의지, 하나님의 나라가 기어코 오리라는 열정적인 신념, 이것이 젤롯(zealot)이라는 것이다. 아슬란은 젤롯이 열심당(The Zealot Party)과는 다르다고 말한다. 열심당은 예수가 죽고 난 이후 기원후 66년에 생겨난 당파라는 것이다. 예수가 살아 있는 동안 '열심'이라는 말은 특정 분파나 정치적 당파를 가리키는 말이 아니었고, 이때만 해도 '열심'은 사상이나 포부 또는 종교적 경건의 모범이었다고 본다.⁷⁸⁴ 아슬란은 예수가 그 당시 사회에 널리 퍼졌던 '젤롯'의 신념을 간직한 정치적 혁명가였다고 주장한다.

2. 두 가지 반론

저자의 견해에 의하면 나사렛 예수는 결단코 자신을 정치적 메시아나 정치 혁명가로 이해하지 않았다. 저자는 예수가 '젤롯' 신념을 가진 혁명가였다는 아슬란의 해석에 대하여 두 가지 반론을 제기하고자 한다.

1) 아슬란이 말하는 열심당의 연대는 일반 신약학자들의 연대와 빗나감

첫째, 개인 신념인 젤롯과 정치적 당파인 열심당(Zealots)을 구별하고 열심당은 예수 사후 66년에 생겨난 당파라고 보는 아슬란의 견해는 일반 신약학자들의 견해에 빗나가는 주장이다. 스위스의 신약학자 쿨만 등을 비롯한 복음주의적 신약학자들의 견해에 의하면 열심당(젤롯당)은 유대 백성의 법률과 그들 고유의 생활에 대한 열렬한 수호신들로서 헤롯 시대부터 예루살렘과 마사다 요세(要塞) 반란까지 호전적이고 광신적인 전투당이었다. 열심당이라는 이름은 원래 종교적 광신주의(religious fanatism)를 의미하였고, 주전 2세기 마카비 반란 시대에는 우상 숭배자와 우상에 대한 유대인의 관계를 규정하는 유대 율법학자 랍비의 율법을 엄격히 지지하는 사람들이었다. 이들

---

784   Reza Aslan, *Zealot*, 『젤롯』, 4장, 제4의 사상 중에서, 76-90.

은 이미 헤롯(Herot the Great, B.C. 37- B.C. 4)의 통치가 로마 권력에 동조한 반민족적 굴종 행위라고 규정하는 정치적 집단으로서 열심당의 결성을 촉진시켰다. 헤롯을 왕으로 부르도록 강요하는 어떠한 고문에도 굴복하지 않고 이에 반대했던 자들, 히스기야(Hezekiah)와 소위 강도의 무리들(robbers)이라고 지칭된 사람들이 있었는데, 이들이 사실상 열심당이었다.[785]

열심당은 당시 유대의 지배자였던 로마에 대항하여 무력으로 항거하고 로마로부터 유대를 해방하고자 전쟁을 준비했다. 열심당은 로마 군병들만이 아니라 "이들에게 동조 혐의가 있는 동족에게도 비수를 휘둘렸다. 로마에 협조한 사람들을 하나씩 암살한 후에 그들은 전 백성을 66년의 대전쟁으로 몰아넣었다."[786]

2) 아슬란의 혁명가 예수 주장은 이미 1960년대 제기되어 폐기된 해방 신학자의 견해

둘째, 역사적 예수는 정치적 혁명가가 아니라, 영적인 혁명가요, 종말론적 선포의 메시아였다. 예수가 정치적 혁명가였다는 아슬란의 주장은 전혀 새로운 주장이 아니라 서구에서 이미 18세기에 라이마루

---

[785] K. Kohler, "Zealots," in: *The Jewish Encyclopediea* (New York: Funk & Wagnalis, 1905), 76-77. Oscar Cullmann, *Jesus and The Revolutionaries*, Gareth Putnam, 1970; 고범서 역, 『예수와 혁명가들』 범화사, 1984, 부록: "열심당들은 어떠한 사람들이었는가", 76-78.

[786] André Trocmé, *Jesus et la Revolution non Violente*; 영역, *Jesus and the Nonviolent Revolution*, Wipf & Stock Publishers, 1998; 박혜련. 양명수 공역, 예수와 비폭력 혁명, (서울: 한국신학연구소, 1986), 207.

스[787]에 의해 주장되었고, 그 후에는 카우츠키(Karl Kautsky)[788]와 아이슬러(Riane Eisler)[789], 그리고 1960년대 영국의 신약학자 브랜던(S. G. F. Branden)[790]과 카르미첼(Joel Carmichael)[791] 등 해방신학과 혁명신학에 심취한 학자들에 의하여, 더불어 한국에서는 1970년대 안병무와 서남동 등을 비롯한 민중 신학자들에 의하여 주장된 이론이다.

스위스 복음주의 신학자 쿨만은 "예수가 정치적 혁명가"라거나 또한 열심당의 동조자였다는 주장은 "예수의 종말론적 선포의 테두리 안에서는 도출될 수 없다"[792]고 피력하고 있다. 이러한 입장에 대하여 미국의 신약학자 존 로빈슨(John A. T. Robinson)도 쿨만의 소책자 『예수와 혁명가들』추천사에서 쿨만의 입장에 동의한다: "나는 권위 있는 신약학자로부터 제기되는 이 입장은 예수를 정치적 혁명가로 재구성하고자 하는 최근의 무모한 시도에 반대하여 제기된 균형 잡힌 평가라고 환영한다. 예수는 참으로 혁명가였다. 그러나 정치적 혁명가는 아니었다." 같은 신약학자 쉰(Fulton I. Sheen)도 다음 같이 쿨만의 입장을 변호하고 있다: "나는 혁명가다. 그러므로 예수도 혁명가라

---

787 H. S. Reimarus, *Von dem Zwecke Jesu und Seiner Jünger, Fragmente eines Ungenanten*, vol 7, 1778. 이 저서는 너무나 급진적인 내용이어서 박해가 두려워서 생전에 출판을 못했다. 라이마루스 사후(死後)에 그의 딸이 레싱(Lessing)에게 주어 익명으로 출판케 한 저서임.
788 K. Kautsky, *Der Ursprung des Christentums*, 1908. 사회주의자였던 카우츠키는 정치혁명가의 관점에서 혁명가로서의 역사적 예수에 대한 관심을 가지고 있었다.
789 R. Eisler, *Jesous basileus ou Basileusas*, 2 vols. 1929-30.
790 S. G. F. Branden, *Jesus and Zelots*, 1967.
791 Joel Carmichael, *The Death of Jesus*, 1962.
792 O. Cullmann, 『예수와 혁명가들』, 서문. 13.

는 주장에서 출발하는 자들은 쿨만에게서 칼(swords)이 이웃보다는 자신을 가리키는 극단주의(radicalism)를 발견할 것이다."[793]

독일 튀빙엔 대학교의 신약학자 헹엘도 그의 논쟁적 저서『예수는 혁명가였는가?』(War Jesus Revolutionär?)에서 예수를 열심당 운동과 관련시키는 시도에 반대하면서 예수는 평화와 비폭력의 메시지를 전했다고 주장한다: "예수는 아가페(Agape)를 가지고 아주 다른 방법을 제시해 주는데, 그것은 바로 비폭력적인 항거와 기꺼이 고통을 감수하는 방법, 곧 낡고 야만적이며 폭력적인 방법보다 훨씬 더 '혁명적인' 명칭을 받을 만한 가치가 있는 방법이다."[794] 헹엘은 누가복음 6장 27-37절과 마태복음 5장 38-48절에 나타나는 예수의 선포에 대해 "예수의 방법은 개인의 양심에 주로 초점을 맞춰 개별적으로 호소하는 비폭력(Gewalt losigkeit)의 방법이요, 끈질긴 설득과 삶 속에서의 구체적인 도움의 방법"[795]이라고 설명한다.

미국의 진보신약학자 월터 윙크(Walter Wink)는 그의 저서『예수와 비폭력 저항: 제3의 길』(Jesus and Nonviolence: A Third Way)에서 예수는 "악에 대한 대응방법으로 수동적인 태도와 폭력 모두를 몹시 싫어하셨다"고 지적한다.[796] 예수는 주어진 환경에 순응하는 태도로, 즉

---

793 O. Cullmann,『예수와 혁명가들』, 표지 접는 면, 두 가지 추천사.

794 Martin Hengel, War Jesus Revolutionär? Calwer Hefte zur Förderung Biblischen Glaubens und Christlichen Lebens 110, (Stuttgart: Calwer-Verl., 1970); Was Jesus a Revolutionist?, 고범서 역,『예수는 혁명가였는가?』(서울: 범화사, 1983), 60.

795 Martin Hengel,『예수는 혁명가였는가?』, 56.

796 Walter Wink, Jesus and Nonviolence: A Third Way, 김준우 역,『예수와 비폭력 저항: 제3의 길』, 21세기 기독교총서 (서울: 한국기독교연구소, 2003), 31.

수동적인 위치에서 운명적인 굴레에 얽매여 사는 삶이나 폭력적이고 강압적인 억압에 대하여 투쟁하시면서 그 폭력에 대항하는 혁명가적인 삶이 아니라, 예수는 자신에게 다가오는 폭력에 대하여 적의로 공격하지 않으시고 제3의 길, 즉 평화의 길을 제시하셨다. 마태복음 18장 22절에서 예수는 잘못을 범한 형제에 대하여 용서하되 일곱 번을 일흔 번까지라도 용서하라고 가르치셨다.

V. 혁명가 예수는 복음서의 예수상과 전혀 다른, 낯선, 날조된 인물

1. 복음서 기자와 전혀 다른 인물: 정치적 혁명가로 날조

아슬란의 예수상은 복음서의 기록을 근거로 하여 역사적 예수를 사실적으로 재구성했다기보다는 논픽션적이고 문예창작적으로 자신의 종교적 상상력을 발휘하여 나사렛 예수를 복음서들이 알려주는 인물과는 전혀 다르고 낯선 인물인 정치적 혁명가로서 날조(捏造)하고 (fabricating)[797] 있다. 그리하여 역사적 예수의 실제적인 진실과는 전혀 다른 혁명가 예수를 인위적으로 만들어내고 있는 것이다.

---

797 복음주의 신약학자 에반스는 그의 저서에서 현대 자유주의 신학자들의 역사적 예수상이 진정한 실재의 참 예수상을 드러내는 것이 아니라, 자신이 상상해낸 상을 그의 연구에 투영시킨 "만들어진 예수"(fabricating Jesus)라고 지적한다. Craig Evans, *Fabicating Jeus*. 『만들어진 예수』. 275-298.

그는 사복음서가 제시하는 기독교 신앙의 대상으로서의 예수 그리스도로부터 신앙의 그리스도를 제거하고 단지 하나의 혁명적인 열정을 지닌 인간의 모습을 드려내려고 한다. 그에 의하면 예수는 예루살렘에 비해 상대적으로 시골인 갈릴리에서도 더욱 가난한 동네인 나사렛이라는 동네에서 태어난 아주 극히 평범한 인물이었다는 것이다. 그러므로 역사적 예수는 많은 기적을 행하고 병자들을 치료하고 죽음에서 살린 그리스도가 아니라 젤롯, 즉 열망을 가진 인간이었다는 사실에 주목해야 한다고 그는 말한다.

유대인으로서 유대인의 왕국을 세우려고 하는 그 젤롯, 그것이 바로 핵심이다. 나사렛 예수는 본래 하나님의 아들도, 메시아도 아니었으며, 단지 유대인 혁명가로서 유대인의 왕국 건설을 꿈꾼 자에 불과했다는 것이다. 결국, 아슬란에게 있어 역사적 인물로서의 예수는 이 땅에 유대인의 왕국을 세우기 위해 제자들을 이끌고 갈릴리를 배회하던 젤롯(열망)을 가진 인물, 예루살렘 성전 제사장들의 권위에 반발한 매혹적인 설교자, 그리고 로마의 압제에 도전하다 실패한 과격한 민족주의자였다.

아슬란은 『젤롯』의 머리글에서 다음과 같이 적고 있다: "이 책은 실존 인물로서의 예수가, 즉 기독교가 생기기 이전의 예수의 모습을 되도록 많이 찾아내기 위해 기획되었다. 바로 정치의식이 투철한 유대혁명가로서의 예수다. 그는 2000년 전 갈릴리 시골 지역에서 흙먼지를 일으키며 돌아다닌 인물이며, 하나님의 나라를 세우겠다고 추종자들을 끌어 모아 메시아 운동을 펼친 인물이다. 도발적으로 예루살렘에 입성하고 배짱 있게 성전을 공격했으나, 선동죄로 로마에 체포되어 처형당했으니, 결국 그의 활동은 실패로 끝난 셈이다."[798]

그런데 예수의 이러한 본래의 모습이 그의 사후 오랜 세월이 지난 후에 복음서 저자들에 의해 기독교에서 말하는 예수 그리스도로 날조되었으며, 또한 오랜 세월이 흐르면서 복음서가 여러 사람에 의해 각색되었다고 지적하고 있다. 따라서 그는 역사적 예수라는 인물의 역사적 실재는 인정하지만 예수가 우리를 위하여 희생과 순교를 당한 그리스도는 아니라는 것이다. 따라서 십자가란 더 이상 순교와 희생의 상징이 아니라, 단지 역사적인 사형 틀에 불과하며, 예수는 분명히 역사적으로 존재했던 사람이었지만, 그저 남보다 다른 열심을 가진 한 인물에 불과했다는 것이다.

아슬란은 복음서의 집필 목적에 대해 논하기를, 복음서는 예루살렘 함락 이후 목숨을 보전한 유대인들이 스스로를 회복할 목적으로, 그리고 로마에 사는 초기 기독교인들을 선교할 목적으로 집필된 기획된 문서라는 것이다. 그러므로 복음서 집필을 위해서는 유대 민족주의, 혁명주의 색채를 지울 필요가 있었고, 이러한 목적에 부합해야 했기에 복음서는 예수의 원래의 모습, 즉 정치적 혁명가상을 지울 수밖에 없었다는 것이 복음서에 대한 그의 논리이다. 그는 누가복음 24장 44-48절에서 부활한 예수가 말하는 모세의 율법과 선지자의 글이나 시편에 예수가 고난을 받고 제 삼일에 다시 살아날 것에 대한 어떠한 내용도 찾아볼 수 없다고 말한다.[799]

---

798   Reza Aslan, *Zealot*. 『젤롯』, 29-30.
799   Reza Aslan, *Zealot*. 『젤롯』, 258.

2. 예수상에 투영된 아슬란의 은폐한 욕망

아슬란이 제시한 혁명적 예수상에는 그의 은폐된 욕망이 투영되어 있다. 아슬란은 젊은 시절 기독교 근본주의자로서 성경 무오설과 축자영감설을 맹목적으로 믿었으나, 그것으로 강력한 권력을 행사하는 근본주의적 신앙의 성벽 앞에서 좌절을 맛보고는 다시 이슬람으로 개종하는 과정을 거쳤다. 이러한 기독교 신앙에 대한 그의 좌절은 이제 혁명가 예수의 정치실험으로 나타난 것이다.

영문학 교수 출신 목회자 이인기는 『젤롯』 서평에서 아슬란의 예수상에 내재되어 있는 이러한 "은폐된 욕망"에 대해 잘 설명해주었다. 은폐된 욕망이라고 지적할 수 있는 이유는 역사적 예수에 대하여 1960년대 해방신학자와 혁명신학자들을 통하여 "이미 알려진 정보를 새로운 언어로 포장하려고 한 시도는 20여 년간 예수를 연구한 진지한 학자에게서 예상할 수 없는 태도이기 때문에, 이러한 태도는 그가 자신의 집필 의도를 자신의 저서 속에 심어 놓았음을 암시하는 장치로 볼 수 있다."[800] 이러한 은폐된 욕망을 지적하는 이인기의 통찰은 주목할 만하다.

아슬란은 "『젤롯』을 통해 정치혁명가적 예수를 재구성한 의도가 이와 같이 기독교의 근본주의에 대한 자신의 혁명적 욕구와 그것의 좌절을 형상화하려는 것"[801]이다. 아슬란이 "자신의 저술 곳곳에서 부

---

[800] 이인기, "레자 아슬란의 『젤롯』: 은폐된 욕망 읽기", in: 「신학과 교회」, 창간호 2014 여름, 혜암연구소, 308.
[801] 이인기, "레자 아슬란의 『젤롯』: 은폐된 욕망 읽기", 308.

각시킨 난공불락의 공고한 로마제국과 지배 세력에 항변한 예수의 모습으로부터 이슬람으로부터의 개종자가 느끼는 기독교 근본주의에 의한 좌절과 혁명적 욕구를 투영한 모습을 확인할 수 있다."[802]

3. 역사적 예수의 십자가 죽으심과 부활은 구약이 예언한 사건

아슬란의 혁명가 예수상은 복음서에서 제시하고 있는 역사적 예수와는 전혀 다른 모습임은 말할 것도 없다. 아슬란이 예수가 혁명가라는 근거로 인용하고 있는 성경 구절인 마태복음 10장 34절("내가 세상에 화평을 주러 온 줄로 생각하지 말라 화평이 아니요 검을 주러 왔노라") 말씀은 예수가 사회적 갈등을 부추기고 기존 체제의 전복을 위해 하신 말씀으로 해석되어서는 안 된다. 이 구절은 복음의 전파 과정에서 나타나는 각종 영적 갈등과 가족의 갈등을 수용내지 감수해야 하는 복음적 극단주의(Gospel radicalism)를 말하는 것으로 해석되어야 한다. 예수는 당시 로마 시대에서 이미 세상의 평화가 세상의 질서를 거스르고, 세상의 이치와는 다르게 이루어짐을 지적한 것이다.[803]

아슬란의 이러한 신약성경에 대한 해석학적 오해는 그가 지식적으로는 신약학자라고는 하나, 신구약의 구속사적 체계적 연관성을 제대로 알지 못한 데서 기인한 것이다. 오순절 날 베드로는 예수의 십자가 죽으심을 예언하는 시편을 인용하였다: "내가 여호와를 항상 내 앞

---

802 이인기, "레자 아슬란의 『젤롯』: 은폐된 욕망 읽기", 309.
803 배재욱, "로마의 평화와 그리스도의 평화에 대한 관계 고찰", 한국개혁신학회 제 11차 정기학술발표회 발표 자료집, 2014. 06 14, 28-42, 특히 35.

에 모심이여 그가 나의 오른쪽에 계시므로 내가 흔들리지 아니하리로다. 이러므로 나의 마음이 기쁘고 나의 영도 즐거워하며 내 육체도 안전히 살리니, 이는 주께서 내 영혼을 스올에 버리지 아니하시며 주의 거룩한 자를 멸망시키지 않으실 것임이니이다. 주께서 생명의 길을 내게 보이시리니 주의 앞에는 충만한 기쁨이 있고 주의 오른쪽에는 영원한 즐거움이 있나이다"(시 16:8-11). 또한 베드로는 다윗의 시편 "여호와께서 내 주에게 말씀하시기를 내가 네 원수들로 네 발판이 되게 하기까지 너는 내 오른쪽에 앉아 있으라 하셨도다"(시 110:1)를 인용하면서, 다윗이 예수의 올리워지심과 승천을 예언했다고 해석하며, 하나님이 예수를 주와 그리스도가 되게 하셨다(행 2:36b)고 선포하고 있는 것을 볼 수 있다. 예수의 메시아 되심에 관하여 누가는 사도행전(행 2:25-28, 34-35)에 베드로의 오순절 설교를 기록하면서 구약의 예언과 신약의 성취를 해석학적으로 풀이하고 있는 것이다.

언약신학적인 관점에서 보면 창세기 구절, "내가 너로 여자와 원수가 되게 하고 네 후손도 여자의 후손과 원수가 되게 하리니 여자의 후손은 네 머리를 상하게 할 것이요 너는 그의 발꿈치를 상하게 할 것이니라"(창 3:15), 출애굽기 구절, "내가 그들의 형제 중에서 너와 같은 선지자 하나를 그들을 위하여 일으키고 내 말을 그 입에 두리니 내가 그에게 명령하는 것을 그가 무리에게 다 말하리라"(출 18:18), 시편의 구절들, "너는 멜기세덱의 서열을 따라 영원한 제사장이라 하셨도다 주의 오른쪽에 계신 주께서 그의 노하시는 날에 왕들을 쳐서 깨뜨리실 것이라"(시 110:4-5)와 "여호와께서 내게 이르시되 너는 내 아들이라 오늘 내가 너를 낳았도다"(시 2:7), 그리고 이사야 구절, "보라 처녀가 잉태하여 아들을 낳을 것이요 그의 이름을 임마누엘이라 하리라"

(사 7:14) 등의 성경 구절은 구약에 나타난 메시아에 대한 예언이다.

이러한 구약의 예언들이 나사렛 예수의 인격과 사역에서 성취되었음을 복음서 저자들과 사도들은 자신들의 글 곳곳에서 증언하고 있다. 히브리서 기자는 시편을 인용하면서, 이러한 메시아 예언이 하나님의 아들 예수 그리스도 안에서 성취되었음을 증언하고 있다: "옛적에 선지자들을 통하여 여러 부분과 여러 모양으로 우리 조상들에게 말씀하신 하나님이 이 모든 날 마지막에는 아들을 통하여 우리에게 말씀하셨으니 이 아들을 만유의 상속자로 세우시고 또 그로 말미암아 모든 세계를 지으셨느니라 이는 하나님의 영광의 광채시요 그 본체의 형상이시라 그의 능력의 말씀으로 만물을 붙드시며 죄를 정결하게 하는 일을 하시고 높은 곳에 계신 지극히 크신 이의 우편에 앉으셨느니라"(히 1:1-3).

예수 사후 기독교가 형성되고 교회가 설립된 이후로 그리스도이신 역사적 예수를 궤멸시키기 위한 이단들의 많은 도전이 있어왔다. 초대교회 당시에는 영지주의들의 예수상이 사도적 교회에 도전했으나 사라졌고, 19세기에 이르러서는 자유주의적 인본주의 예수상이 나타났으나 오늘날은 그 영향력이 쇠퇴하고 있으며, 20세기 말 이후로는 이전에 사라졌던 영지주의의 예수상이 다시 살아나 현대의 역사비판학의 방법과 결합하여 다시 재현되고 있다. 해방신학의 혁명가적 예수상은 1960년대에 나타났다가 사라졌으나, 2010년 오늘날에 이르러 아슬란의 저서 『젤롯』을 통하여 다시 잠깐 주목을 받고 있다.

혁명가적 예수상은 2001년 9.11 테러 이후 일어난 아프칸 전쟁과 이라크 전쟁, 그리고 이슬람 원리주의자 알카에다의 테러가 오늘날 미국인과 유럽인들의 위협이 되고 있는 시대적 상황 속에서 기독교에 대한 이슬람의 안티기독교적 공격에 민감한 사람들에게 종교적 관심을 끌 수는 있다. 그러나 이러한 예수상은 이미 1960년대 풍미했던 해방신학과 혁명신학의 예수상처럼 오늘날 9.11 테러 이후 시대에 관심을 끌고 있으나 시대적 상황이 바뀌면 사라지게 된다. 앞서 언급한 바와 같이 아슬란의 예수상은 역사적 예수에 대한 새로운 발견이 아니라, 이미 지난 것의 되풀이에 불과하다.

따라서 우리들에게 중요한 것은 시대적 유행에 따르는 것이 아니라 나사렛 예수의 역사적 사실과 진실에 충실히 머무는 것이다. 히브리서 기자는 1세기에 역사적 예수에 관하여 영감적 통찰을 제시했다: "예수 그리스도는 어제나 오늘이나 영원토록 동일하시니라"(히 13:8). 예수 그리스도는 "멜기세덱의 반차를 좇는 영원한 대제사장"(히 5:10), "하나님의 아들"(히 5:5)이요, "영원한 구원"자(히 5:9)이시다.

기독교의 진리는 역사를 통하여 증명된다. 그것은 2000년 기독교 역사가 이를 말해준다. 서구와 북미의 기독교가 쇠퇴한 것은 사실이나 역사적 예수를 "신앙의 그리스도"로 믿는 복음주의 기독교는 여전히 부흥하고 있다. 서구에서 기독교 이후 시대가 도래하자 기독교의 축(軸)이 서구와 북미와 북반구에서 아시아와 남반구로 이동하고 있다.[804] 아시아, 아프리카, 남미의 기독교에서 역사적 예수는 바로 신앙의 그리스도로서 신자들을 통하여 경배되고 선포된다.

---

[804] Asia Evangelical Alliance, "The Triune God: Creation, Church and Consummation" Statement of The Asia Church Congress Theological Consultation, Bangkok, Thailand 20 to 22 August, 2013. "삼위일체 하나님: 창조, 교회와 완성," 아시아교회대회 신학회의 성명서, 2013. 08. 20-22, 방콕, 태국, 아시아복음주의 연맹.

제13장

역사적 예수 논구의 올바른 방법론

Jesus of Nazareth in Reformed Orthodox Faith

:: 제13장 역사적 예수 논구의 올바른 방법론

I. 역사적 예수는 기독교 신앙의 근거: 역사적 회의주의의 극복

1. 역사적 예수 연구에 대한 회의주의

19세기 역사적 예수 탐구가 그려낸 많은 다양한 역사적 예수의 모습들은 탐구자들의 관점에 드러나는 복음서들 자체가 갖는 부족하고 불확실한 역사적 지식의 틈을 채우기 위해서 사용한 탐구자들의 다양한 이상(理想)들이 산출한 결과물이다. 그렇게 탐구자들의 세계관적 가설을 투영시켜 재구성한 역사적 예수를 "소위 역사적 예수"(der sogenannte historische Jesus)라고 부른다. 독일 괴팅엔 대학교의 조직신학자 마르틴 캘러는 19세기 자유주의 신학자들의 인본주의 세계관에 입각한 탐구가 역사적 교회의 신앙으로부터 괴리되는 모습을 보면서 제1 탐구 시기의 역사비판 연구에 대한 부정적 입장을 가졌다. 역사비판적 예수 탐구가 기독교 신자의 신앙과 아무런 관계가 없다고 보았던 그는 "성경적 예수는 선포된 그리스도이다"(der biblische Jesus ist der verkündigte Christus)라는 유명한 명언을 남기기도 했다. 정통교회의 예수 신앙을 옹호하는 편에 선 복음주의자로서 당연한 말일 것이다. 그러나 그의 명제는 20세기에 이르러서 불트만이나 바르트, 틸리히 등 신정통주의자들이 역사적 예수가 역사적 논구에 대하여 둔감시되거나 불가지(不可知)하다는 입장을 갖는 데 오용되기도 하였다.

21세기에 들어와서 미국 에모리 대학교 신약학자 존슨은 역사적 예수 탐구에 대한 부정적 입장을 강력하게 표명하였다: "역사적 연구는 기독교 신앙과 직접적인 상관관계가 없다."[805] 그에 의하면 역사적으로 재구성한 예수에게 기독교 신앙을 의존하는 것은 불가능하다. 역사적 논구란 언제나 불확정적이고 개정의 여지를 지니고 있기 때문이다.[806] 그는 또한 기독교 신앙의 초점은 학자들이 역사적으로 재구성한 부활 이전의 오래된 과거의 예수가 아니라, 지금 살아서 역사하고 계시는 부활하신 주님이라며, 다음과 같이 천명한다: "기독교인의 신앙은 예수라는 역사적 인물이 아니라 살아계신 주님이신 예수를 향한 것이다. 그렇다. 그들은 역사적 예수와 신앙적 예수 사이의 연속성을 주장한다. 그러나 그리스도인의 신앙은 과거의 사실을 입증함으로써가 아니라 현재 실재하는 그리스도의 능력을 통해 확증된다."[807]

---

805 Luke T. Johnson, "The Real Jesus: The Challenge of Current Scholarship and the Truth of the Gospels," in *The Historical Jesus through Catholic and Jewish Eyes*, ed. Bryan F. LeBeau et al. (Harrisburg, Penn.: Trinity Press International, 2000) 59.
806 Luke T. Johnson, "The Real Jesus", 57.
807 Luke T. Johnson, "The Real Jesus", 142-143.

여기서 존슨은 역사적 예수와 신앙의 예수 사이의 연속성에 대한 회의주의에 빠지고 있다. 오늘날 프랑크 틸만(Frank Thielman) 같은 개신교 복음주의의 일부 학자들도 역사적 연구가 "신학적으로 불필요할 뿐 아니라" 사실상 "신학적으로 무분별한 것"이라는 점을 강조한다.[808] 오늘날 독일 신약학자 게르하르드 마이어(Gerhard Maier), 리네만(Eta Linnemann), 토마스(Robert Thomas)과 파넬(David Farnell) 등 개신교 복음주의자들[809]은 역사비판적 논구에 대하여 회의적 입장을 취하고 있다.

그러나 개혁정통의 기독교 신앙은 이처럼 현재적으로 부활하신 예수에 대한 신앙을 중요시하지만, 역사적 예수에 대한 지식도 결코 소홀히 하지 않는다. 역사적 지식 그 자체가 신앙을 불러일으키는 것이 아니라, 신앙을 불러일으키는 것은 지식을 통하여 점화되는 성령의 역사다. 여기에는 성경에 적합한 역사적 탐구와 성령론적 입장(pneumatological perspective)이 중요하다. 개혁신앙은 역사적 지식이 단지 과거의 인물에 대한 지성적 논구로서만 끝나지 않고 성령의 조명 가운데서 신앙적 성찰로 이어지면서 그 역사적 지식이 현재적 신앙의 동력이 되는 것을 요청한다. 역사적 예수를 현재 나의 신앙적 삶을 총체적으로 지배하고 인도하시는 살아계시는 구세주로 인격적

---

808 Frank Thielman, "Evangelicals and the Jesus Quest: Some Problems of Historical and Theological method," *Churchman* 115 (2001): 70-71.

809 Gerhard Maier, *Das Ende der Historische-Kritischen Methode*, Wuppertal 1974, 10-19; Eta Linnemann, *Historical Criticism of the Bible: Methodology or Ideology?* (Grand Rapids: Baker, 1990); Robert Thomas & David Farnell, The Jesus Crisis: *The Inroads of Historical Criticism into Evangelical Scholarship* (Grand Rapids: Kregel, 1998).

으로 다가오게 하는 것은 성경에 입각한 신앙적 성찰, 즉 성령론적 성찰에 있다.

2. 회의주의 극복: 역사 없는 신앙은 공중누각

레안더 켁이 1971년에 출판한 저서 『역사적 예수의 미래』에서 언급한 바와 같이 역사적 예수에 대한 지식이 불가능하다면 강단 설교의 진실성은 위기에 직면하게 될 것이다.[810] 마찬가지로 케제만이 1973년 "역사적 예수의 문제"(Das Problem des historischen Jesus)라는 강연에서 언급한 것 같이 역사적 예수에 대한 지식이 불가능하다면 우리 기독교 신앙은 공중누각 위에 서게 되는 역사적 실재성 부재라는 위기에 처하게 될 것이다.

그러므로 아무리 신앙을 강조하더라도 역사적 지식을 가변적이고 개정의 여지를 지닌 불완전한 것으로 치부하면서, 캘러나 존슨처럼 역사적 지식을 지나치게 불신하는 것은 신가현주의(a new docetism)에 빠질 수 있는 위험성을 내포하고 있는 잘못된 태도이다. 기독교 신앙은 복음서를 소설이나 허구로 받아들이는 것이 아니라 신앙으로 해석된 역사로 받아들이는 것이다. 기독교 신앙은 역사적 사실에 바탕을 두고 존재하는 것이다. 역사적 기독교의 정통신앙이 역사적 예수에 대한 논구와 지식을 강조하는 것은 비록 역사적 지식이 신앙을 가져다주는 것은 아니지만, 기독교 신앙은 역사적 지식 없이는 공중

---

810   Leander Keck, *A Future for the Historical Jesus: The Place of Jesus in Preaching and Theology* (Nashville: Abingdon, 1971), 36-39.

누각에 불과한 것이 되기 때문이다.

　독일의 가톨릭 신약학자 슈나켄부르그(Rudolf Schnackenburg)는 그의 저서 『사복음서를 통해 본 예수 그리스도의 인격』(Die Person Jesu Christi im Spiegel der vier Evangelien)에서 역사적 예수 탐구의 의도는 "오늘날 학술적인 연구로 불안을 느끼는 그리스도인에게 예수 그리스도라는 인물을 구원자와 세상의 구주로 확고하게 믿을 수 있도록 돕는 데"811 있다고 피력했다. "나사렛 예수의 역사적 모습을 학문적인 노력으로, 역사비평적 방법들을 사용하여 신빙성 있게 보여준다는 것은 거의 불가능하고, 목표에 도달하기에는 역부족이다."812 그러나 그는 믿음의 관점에서 이 한계를 뛰어 넘고자 한다: "복음서는 역사적 기초를 전제하고는 있지만, 믿음의 관점에서 이 한계를 뛰어 넘었다."813 믿음의 관점에서 그가 역사적 예수에게서 발견한 것은 예수와 하나님과의 친교와 연대성이다.814 "하나님 속에 닻을 내리지 않고서는 예수라는 인물은 그저 희미한 그림자와 같고, 비현실적이며, 도무지 설명이 되지 않는 인물로 남아있을 뿐이다."815

　본 저자의 입장에서는 정통 기독교 신앙은 나사렛 예수의 실재성에 근거하기 때문에 나사렛 예수의 행적과 관련된 자료들에 대한 고고학적 발굴과 그 시대의 문헌(예컨대, 쿰란 동굴의 두루마리 문서들)의 새

811　Rudolf Schnackenburg, *Die Person Jesu Christi im Spiegel der Vier Evangelien*, Freibeurg: Herder, 1993, 6.

812　Rudolf Schnackenburg, *Die Person Jesu Christi im Spiegel der Vier Evangelien*, 348.

813　Rudolf Schnackenburg, *Die Person Jesu Christi im Spiegel der Vier Evangelien*, 353.

814　Rudolf Schnackenburg, *Die Person Jesu Christi im Spiegel der Vier Evangelien*, 353.

815　Rudolf Schnackenburg, *Die Person Jesu Christi im Spiegel der Vier Evangelien*, 354.

로운 발견에 의하여 그 역사적 지식이 풍부해질 수 있다고 긍정적으로 본다. 역사적 예수에 대한 신앙에 결정적인 것은 새로운 지식이 아니라, 그에 대한 인격적 관계를 주는 성령의 조명이다. 이 성령의 조명은 신비적으로 주어지는 것이 아니라, 항상 복음서가 제시한 말씀의 증언과 그것의 해석에 근거하는 것이다. 역사적 지식의 많고 적음에 따라 신앙이 강해지고 약해지는 것이 아니라, 오로지 정경 사복음서를 통하여 역사적 지식에 겸허하게 접근하려는 태도와 전폭적인 믿음과 신뢰를 바탕으로 복음을 수용하려는 자세에 따라 신앙은 결정된다. 여기에 사복음서의 증언에 대한 신앙적 성찰과 성령의 조명이 필요하다: "그러나 진리의 성령이 오시면 그가 너희를 모든 진리 가운데로 인도하시리니 그가 스스로 말하지 않고 오직 들은 것을 말하며 장래 일을 너희에게 알리시리라 그가 내 영광을 나타내리니 내 것을 가지고 너희에게 알리시겠음이라"(요 16:13-14).

3. 역사적 예수의 용어 정의: 역사적 예수는 학문적 도구의 대상 아닌 신앙의 대상

저자는 역사적 예수라는 용어의 정의를 비평학적으로가 아니라, 실제적 신앙과 연관시켜 사용하고자 한다. 이미 19세기에 캘러는 역사의 예수와 신앙의 그리스도를 구분하였고, 오늘날 존 마이어는 만들어진 역사적 예수와 실제로 존재했던 예수를 구분하고자 했다.[816] 저

---

816 John P. Meier, *A Marginal Jew*: vol. I, 25; idem, "The Historical Jesus: Rethinking Some Concepts," *Theological Studies* 51 (1990): 3-24.

자도 이러한 구분에 동의한다. 저자는 학문적으로 재구성된 역사적 예수와 성경이 증거하는, 역사적으로 실재하는 인물인 역사적 예수를 구분하고자 한다. 저자가 추구하는 역사적 예수는 전자가 아니라 후자이다. 전자는 현대의 역사적 예수 연구를 통해서 재구성된 학문적 산물로서의 소위 역사적 예수이며, 후자는 1세기 팔레스타인에서 33년 동안 실제적으로 살았던 나사렛 사람 예수로서 제자들에게 신앙을 일으키고 교회를 통하여 역사적으로 오늘날에도 영향을 주는 역사적 실재다.

저자가 역사적 예수라고 할 때 세속주의적 내재주의 세계관에 의해 각 학자들의 자기 취향에 맞는 세계관적 전제(worldview presuppositions)[817]를 투영시켜 산출한 "만들어진 예수"(the fabricated Jesus)가 아니라, 성경의 저자들이 역사적으로 3년간 숙식을 같이 하면서 만났고 체험했던 "기억된 예수"(Jesus Remembered)[818]를 말한다. 사도 요한의 증언에 따르면 역사적 예수는 다음과 같이 제자들이 자신에 대한 증언자가 되는 것을 말씀하고 있다: "너희도 처음부터 나와 함께 있었으므로 증언하느니라"(요 15:27).

19세기와 20세기 역사비판적 탐구 학자들은 역사적 예수 논구에 그 시대의 문화 기독교적 이념을 투영시켜 보고자 했기 때문에, 예수

---

817 N. T. Wright, *New Testament*, 31; Mark Allan Powell, "Authorial Intent and Historical Reporting: Putting Spong's Literalization Thesis to the Test," *Journal for the Study of the Historical Jesus* 1(2003), 248.

818 James D. G. Dunn, *Jesus Remembered. vol. 1, Christianity in the Making* (Grand Rapids: Eerdmans, 2003); James D. G. Dunn, "예수를 기억하며: 어떻게 역사적 예수 탐구는 길을 잃었는가?", in: 『역사적 예수 논쟁』, 293-328.

를 귀신추방자(exorcist)와 기적 사역자(work of miracles)로 받아들이지 않았다. 그러나 오늘날 21세기에 들어와서는 복음주의 학자들로부터 "예수 세미나" 학자들에 이르기까지 거의 대부분의 학자들이 예수의 동시대 사람들이 예수를 귀신추방자(exorcist)와 기적 사역자(work of miracles)로 간주했다는 점에 관해서 동의하고 있다.[819] 공관복음(마태, 마가, 누가복음)이 모두 증언하는 거라사의 귀신들린 자로부터 군대 귀신을 추방한 일화(마 8:28-34; 막 5:1-20; 눅 8:26-38)는 귀신추방자로서의 역사적 예수의 특징적인 모습을 우리들에게 보여준다.

4. 성령론적 접근: 역사적 지식의 신앙적 활성화는 성령의 역할

존 마이어가 말하는 바와 같이 어느 누구도 역사적 자료를 통하여 역사적-실제적 예수를 만날 수 없다. 실제적 예수의 대부분의 자료가 시간이라는 모래 속으로 사라져 버린 것은 사실이다. 그리하여 존 마이어를 비롯하여 그의 견해에 동의하는 학자들은 "우리는 지금 진정한 예수를 만날 수 없으며 앞으로도 결코 만날 수 없을 것이다"[820]라며 역사적 예수에 대한 탐구에 회의를 표명한다.

그러나 이러한 견해에 저자는 동의하지 않는다. 역사적-실제적 예

---

[819] Graham H. Twelftree, *Jesus the Miracle Worker: A Historical and Theological Study* (Downers Grover. Ill.: InterVarsity Press, 1999); Robert W. Funk and the Jesus Seminar, *The Acts of Jesus: The Search for the Authentic Deeds of Jesus* (San Francisco: Harper SanFrancisco, 1998), 566; J. K. Beilby/ P. R. Eddy, "역사적 예수 탐구: 서론," in: 『역사적 예수 논쟁』, 53.

[820] John P. Meier, A Marginal Jew, 1:22.

수는 객관적 자료를 통하여 알려지는 것이 아니라, 신앙을 통하여 인격적으로 아는 것이다. 인격으로 아는 것은 지식이나 정보의 양이 아니라, 신뢰에 기반을 둔 만남을 말하며, 이 신뢰는 양이 아니라 질이다. 더군다나 신인(神人)이신 역사적 예수에 대하여 우리는 지식이나 정보를 가지고 접근할 것이 아니다. 신앙을 가지고 정경 사복음서를 통하여 증거되는 그분에게 가까이 가야하는 것이다. 역사적 예수에 대한 논구는 사복음서에 대한 역사적 논구를 통하여 수행된다.

성령론적 성찰이란 신비적이고 마술적인 직관이나 계시가 아니라, 정경적 성찰을 통해서 말씀하시는 그분에 대한 인격적 논구이다. 여기에는 역사적 예수에 대해 증거하는 정경 사복음서와 그에 대한 역사적인 자료를 통한 지성적 성찰이 요청된다. 그리고 무엇보다도 정경에 대한 신뢰를 가지고 접근해야 한다. 성령은 정경의 말씀을 우리들에게 조명하는 역할을 한다. 정경을 떠나 조명하거나 계시하는 성령은 미혹의 영의 소리에 불과하다. 성령과 성경적 말씀은 불가분적으로 함께 일한다. 인격적인 만남과 앎에는 역사적-실제적 예수에 대한 지식이 필요하며, 이에 대한 신앙이 필요한 것이다. 이러한 역사적 예수의 앎이란 해석학적, 실재론적 지식에 근거한 것이다.

2016년 5월 28일(토)에 서빙고동 온누리교회 신관 5층에서 열린 한국개혁신학회 창립 20주년 기념 학술대회에 주 강사로 초빙된 미국 개혁주의적 성경학자 트렘퍼 롱맨 3세(Tremper Longman III)는 "21세기를 위한 개혁주의 해석학"(Reformed Hermeneutics for the Twenty-First Century)이란 제목의 강연에서 개혁신학의 성령론적 해석에 관하여 다음과 같이 언급하고 있다: "우리는 성경 말씀을 통해 우리에게 말씀하시는 삼위의 하나님의 목소리를 듣도록 우리를 돕기 위해서 우리 속에 거하시는 성령께 요청하면서 기도 속에서 해석해야 합니다. 씨 뿌리는 자의 비유에서 예수님은 말씀을 씨라고 합니다. 이는 성장과 변화의 잠재력입니다. 그러나 이는 마법과 같은 과정이 아니기에, 단지 읽는 것만으로 승산이 있는 것은 아닙니다. 씨를 좋은 토양에 심어야만 하는데, 이는 받아들이는 마음을 의미합니다. 기도를 통해 우리 자신을 그렇게 받아들이는 상태로 만들어야 합니다. 우리가 성경을 난도질해서는 안 되고, 성경이 우리를 해부하게 해야 하며, 우리가 성경 위에 서서는 안 되고, 성경이 우리 위에 서게 해야 합니다."[821]

지식에 신앙을 일으키는 것은 인간의 의지 결단이 아니라 성령의 조명이다. 예수는 자신을 증거하실 성령의 사역에 대하여 말씀해주셨다: "내가 아버지께로부터 너희에게 보낼 보혜사 곧 아버지께로부터 나오시는 진리의 성령이 오실 때에 그가 나를 증언하실 것이요"(요 15:26). 바울은 로마서에서 우리의 영에 대한 성령의 역할에 대하여 다음과 같이 증언하고 있다: "무릇 하나님의 영으로 인도함을 받는 사람은 곧 하나님의 아들이라. 너희는 다시 무서워하는 종의 영을 받지 아니하고 양자의 영을 받았으므로 우리가 아빠 아버지라고 부르짖느니라. 성령이 친히 우리의 영과 더불어 우리가 하나님의 자녀인 것을 증언하시나니"(롬 8:14-16). 바울은 성령이 성경이 증거하는 역사적 예수가 우리의 역사적 실재요, 그리스도인 것을 우리의 마음 속에 증

---

[821] 개혁신학자 롱맨이 말하는 '성경 해석 주요 이슈들' 한국개혁신학회 창립 20주년 기념 학술대회 강의 원고, "21세기를 위한 개혁주의 해석학" 트렘퍼 롱맨 profjkkim@gmail.com | 2016. 06. 02. 10:05:14,

거하신다고 증언한다. 여기에 성령론적 접근이 있다. 사도 요한은 그의 복음서에 예수가 하신 말씀을 다음과 같이 기록하고 있다: "내가 아버지께로부터 너희에게 보낼 보혜사 곧 아버지께로부터 나오시는 진리의 성령이 오실 때에 그가 나를 증언하실 것이요."(요 15:26).

성령론적 접근에 있어서 가장 중요한 것은 영지주의 문서들을 통해서 지식을 얻는 것이 아니라 정경적 사복음서(the Canonical four Gospels)를 일차적이고 규범적 지식의 원천으로 삼는 것이다.[822] 나그함마디 문서에 포함되어 있는 도마복음 같은 영지주의 문서를 정경적 문서와 동일한 수준으로 놓는 것은 영적 혼합을 초래하는 것으로 다른 영의 소리를 듣는 것과 다름없는 것이다.[823]

다드, 존 로빈슨, 앤더슨(Paul N. Anderson), 블룸베르그(Craig Blomberg) 등이 천명하는 바와 같이 요한복음은 공관복음과는 독립적인 자료이나, 역사적 예수에 관한 중요한 증언 자료이다.[824] 요한복음은 역사적 자료만이 아니라 성령론적 관점에 있어서 중요한 언급을 하고 있다. 나사렛 예수께서 제자들에게 성령을 보내셔서 자신에 관하여 증언하게 하실 것이라는 언약을 하시기 때문이다. 성령의 영

---

822 James H. Charlesworth, "The Historical Jesus Sources and Sketch," in *Jesus Two Thousand Years Later*, ed. James H. Charlesworth & Walter P. Weaver (Harrisburg, Penn.: Trinity Press International, 2000), 87-88.

823 James D. G. Dunn, *A New Perspective On Jesus*, 『역사적 예수에 대한 새 관점』. 40.

824 C. H. Dodd, *Historical Tradition in the Fourth Gospel* (Cambridge: Cambridge University Press, 1963); John A. T. Robinson, *The Priority of John* (London: SCM Press, 1985); Paul N. Anderson, *Fourth Gospel and the Quest for Jesus: Modern Foundations Reconsidered* (New York: T & T Clark, 2006); Craig Blomberg, *The Historical Reliability of John's Gospel: Issues and Commentary* (Downers Grover, ILL.: InterVarsity Press, 2001).

은 다른 영, 즉 영지주의의 영과는 전혀 다른 것이다.[825] 사도 요한은 요한일서에서 다시 영지주의 이단에 대하여 경고하고 있다: "사랑하는 자들아 영을 다 믿지 말고 오직 영들이 하나님께 속하였나 분별하라 많은 거짓 선지자가 세상에 나왔음이라. 이로써 너희가 하나님의 영을 알지니 곧 예수 그리스도께서 육체로 오신 것을 시인하는 영마다 하나님께 속한 것이요, 예수를 시인하지 아니하는 영마다 하나님께 속한 것이 아니니 이것이 곧 적그리스도의 영이니라 오리라 한 말을 너희가 들었거니와 지금 벌써 세상에 있느니라"(요일 4:1-3).

미국의 침례교 신학자 도날드 블레쉬(Donald G. Bloesch)는 성경의 신뢰 가능성과 성령의 신뢰 가능성을 동시에 언급한다: "우리가 성경의 신뢰 가능성에 대해서 말할 때, 우리는 성경본문에 숨겨진 의미를 신앙공동체에게 온전한 의미를 전하게 하기 위해 성령이 친히 그 눈을 열어 보게 하실 성령의 신뢰 가능성을 염두에 두지 않는가? 성령은 어느 구절에서도 완전히 새로운 의미나 질문을 결코 부과하지 않으신다. 하지만 성령은 분명히 본문을 더 넓은 상황에서, 그리고 오늘날 사람들의 존재적 상황과 관련해서 더 깊은 의미를 보도록 만드신다."[826] 성령은 초대교회 공동체와 역사적 정통교회가 2000년 동안 믿고 신앙을 유지한 본문과는 전혀 다른 새로운 의미나 질문을 부과하지 않으신다. 만일 그렇다면 그러한 영은 성령이 아닌, 미혹의 영이요 적그리스도의 영이다. 성령은 우리의 지성을 하나님 말씀의 본문을

---

825 (요 15:26-27) 해설, 관주 성경전서 독일성서공회판. 1997. 259.
826 Donald G. Bloesch, "In Defense of the Biblical Authority," *The Reformed Journal 34* (September 1984): 30.

더 넓고 깊은 차원으로 열리도록 인도하신다.

로버트 펑크와 "예수 세미나" 학자들은 도마복음을 오늘날 정경 사복음서와 대등하게 취급하여 『오복음서』(The five Gospels)를 출판하였다.[827] 그러나 방법론적 성찰에서 분명히 집고 가야할 것은 이들이 역사적 예수 탐구에 사용하는 도마복음은 나그함마디 문서에 속하는 것으로 요한복음과 요한 서신들보다 후기 문서(2세기 중반 이후에 기록된 것)[828]이며, 당시 공교회를 혼동케 하는 거짓 선지자들, 즉 영지주의자들의 작품이었다는 사실이다.

II. 역사적 예수 논구의 올바른 방법론: 역사와 신앙은 상관관계적이며, 분리되어서는 안 된다

1. 캘러의 사실적 예수와 케리그마적 그리스도와의 구분

마르틴 캘러는 1892년의 강연 『소위 역사적 예수와 역사적으로

---

827 Robert J. Miller, ed., *The Complete Gospels*, rev. ed. (San Francisco: Harper San Francisco, 1994), 301-329; Stephen J. Patterson, *The Gospel of Thomas and Jesus* (Sonoma, Calif.: Polebridge, 1993); Marvin Meyer, *The Gospel of Thomas: The Hidden Sayings of Jesus* (San Francisco: Harper San Francisco, 1992).

828 John Meier, *A Marginal Jew*, 1: 123-41; Nicholas Perrin, *Thomas and Tatian: The Relationship between the Gospel of Thomas and Diatessaron* (Boston: Brill, 2002); N. T. Wright, *New Testament*, 442-43.

의미있는 그리스도』[829](*Der sogenannte historische Jesus und der geschichtliche Christus*)에서 역사적 예수에 대한 논구에 있어서 사도와 복음서 기자의 증언은 신앙의 증언(Glaubenszeugnis)이며 전기(傳記)적이고 역사적인 상세성에 관한 관심이 전혀 없는 것으로 보았다. 그러므로 그는 신약성경이 신앙을 야기하는 책이며, 결코 자서전적 역사에 대한 만족을 주는 책은 아니라고 말한다. "성경적 그리스도는 성경에서 임의로 들추어 낸 한 조각의 그리스도나 겨우 추정되는 원복음(protoevangelium)의 그리스도가 아니다. 성경적 그리스도는 사복음서 기자들이 보고하고, 다른 신약 책들이 우리에게 설교하는 구약에서 약속된 자, 그리스도이다. 그는 필연적으로 전(全) 성경의 그리스도(der Christus der ganzen Bibel)이다."[830]

캘러는 자신이 제기한 "역사적이고 성경적 그리스도관"에 대해 다섯 가지 주장을 제기한다.[831]

㉠ 소위 역사적 예수는 현대 자서전의 표준에 따른 학문에 의해서는 풀 수 없는 문제이다. 왜냐하면 주어진 원전들이 충분치 않고, 논구하는 기술이 전혀 발전되지 않았기 때문이다.

㉡ 역사적 그리스도는 신앙된, 선포된 그리스도이고, 육신이 된 말씀이다.

829　Historie, Histosich는 사실(史實), 사실적(史實的), 그리고 Geschichte, Geschichtlich는 역사, 역사적이라고 번역한다. 전자는 그냥 연대기적이고, 후자는 의미로 다가오는 역사를 가리킨다. 의역하여 전자는 "역사적으로", 후자는 "역사적으로 의미 있는"이라고 번역한다.

830　F. W. Kantzenbach, *Programme der Theologie*, 120.

831　M, Kähler, *Der Sogenannte Historische Jesus und der Geschichtliche Christus*, 1969, 15-80.

ⓒ 성경의 그리스도 신앙은 권위적 신앙(Autoritätsglaube)이 아니다. 이 신앙은 어떤 방식으로든 성경을 통해서 매개되는 반면, 성경에 대한 신뢰를 위한 결정적인 근거가 된다.

ⓔ 역사적 예수에 대한 성경적 상은 성령의 역사를 통해 매개되는 역사적 그리스도의 복사(Abdruck)이다. 이것은 그리스도 자신에 의해서 산출된다.

ⓜ 성경적이고 역사적 그리스도는 그의 구속하는 행위에 있어서 계시되는 신앙이다.

이처럼 캘러는 소위 역사적, 사기(史記)적 내지 사실적(史實的) 예수와 선포(宣布)적 그리스도를 구분하면서 역사에 영향력을 미치는 예수는 사도들에 의해서 '십자가에 못 박힌 자', '부활한 자'로서 선포된 그리스도이며, 역사비판 탐구가 원전(原典) 뒤로 거슬러 올라가 발견해야하는 사기적(史記的) 예수가 아님을 주장한다.[832] 이러한 캘러의 주장은 역사적 예수를 찾는 데 역사실증주의적 비판적 논구가 타당하지 않다는 방법적 비적합성을 노출시키는 면에 있어서 크나큰 신학사적 공헌이라 볼 수 있겠다. 캘러는 역사적으로 실재(實在)한 예수란 복음서 저자들이 기록한 신앙의 그리스도와 동일시되는 것으로 보았다. 캘러는 이러한 "사실적 예수와 역사적으로 의미 있는 성경적 그리스도를 구분"함으로써 19세기 자유주의 신학자들의 역사적 예수 탐구 운동의 허점을 드러내었다.

던이 말하는 바와 같이 "만일 우리가 신앙과 무관한 예수, 혹은 다

---

[832] 김영한, 『현대신학의 전망』, 대한기독교서회, 1984. 105.

른 방식으로 신앙을 불러일으킨 예수를 발견하려 한다면 우리는 도깨비불을 쫓아가는 것이다."[833] "우리가 찾는 것은 전승으로부터 분리될 수 있는 객관적 사물로서, 그리고 시간의 흐름이 가져다 준 먼지(신앙)를 붓으로 떨어버리고서 찾아 낼 수 있는 '소위 역사적 예수'(the so-called historical Jesus)가 아니라, 어부와 세리를 불러 제자로 변화시켰으며, 여전히 복음서에 그 영향력을 남겨놓은 '역사적으로 의미 있는 성경적 예수'(der geschichtlich-biblische Christus, the historic Jesus)라는 것이다."[834]

2. 역사적 예수는 케리그마적 그리스도의 근거로서 결코 후자에 융합될 수 없다

그러나 저자는 이러한 캘러의 입장이 지닌 한계를 넘어서고자 한다. 캘러는 케리그마적 그리스도(der kerygmatische Christus)만 인정함으로써 케리그마의 근거인 역사적 예수(der historische Jesus)를 케리그마적 그리스도 속으로 융합시켜 버렸다. 그는 사복음서가 지닌 역사적 예수의 전기적 성격을 부인한 것이다. 그가 19세기 자유주의자들의 소위 역사적 예수와 성경적 예수를 철저히 구분한 것은 옳았다. 그러나 성경적 예수가 케리그마적 그리스도라고 함으로써 그의 역사적 실재성에 대한 전기적 성격을 부정함으로 역사적 예수 탐구의 회의

833　James D. G. Dunn, "예수를 기억하며: 어떻게 역사적 예수 탐구는 길을 잃었는가?" 303.
834　James D. G. Dunn, "예수를 기억하며: 어떻게 역사적 예수 탐구는 길을 잃었는가?" 303-4.

주의적 한계를 넘어서지 못하고 있다.

저자는 후기불트만 학파가 주장하는 바와 같이 역사적 근거 없는 케리그마적 그리스도만을 인정할 수 없다. 어느 인물에 대한 전기에 있어서 그의 업적이나 평가를 떠난 순수한 인물 자체만은 존재하지 않는다. 제1기 탐구처럼 탐구자의 이상을 투영시키면 19세기 자유주의 신학자들에게서 주장되었던 왜곡된 예수상이 나오는 것이다. 또한 제2기 탐구처럼 초대교회의 신앙이 부활사건을 계기로 케리그마로 융합된 예수가 만들어졌다고도 보지 않는다. 오히려 반대다. 역사적 예수 자신에 대한 전승은 부활 이전에도 있어 왔다.

성령의 권능에 의한 예수의 초자연적이고 메시아적인 설교와 사역은 그의 공적 활동 초기부터 이를 본 제자들과 추종자들 안에 신앙을 불러일으켰다. 추종자들은 예수의 메시아적 사역에 영향을 받아 예수의 제자들이 되었다. 이들은 이미 예수 부활 이전에 자신들의 삶을 예수의 복음사역에 헌신했다. 예수전승의 초기 형태는 부활사건 이전 제자들의 예수 신앙이다.[835] 그 구체적인 예가 던이 밝히는 바와 같이 예수 생애에서 발생한 일련의 사건들(막 1:21-38), 축귀에 관한 예수의 가르침(막 3:23-39), 예수의 비유들(막 4:2-34), 기적 이야기들(막 4:35-5:43; 6:32-52), 제자 파송(마 9:37-10:1, 7-16; 막 6:7-13; 눅 9:1-6; 10:1-12), 제자도에 관한 가르침(막 8:34-37), 지복(至福)(마 5:3, 6, 11, 12; 눅 6:20b, 21-23), 축귀에 관한 예수의 가르침(마 12:24-45) 등이

---

835 James D. G. Dunn, *A New Perspective On Jesus*, 『역사적 예수에 대한 새 관점』. CLC. 2010. 32.

다.[836] 예수의 부활 이후에 생긴 제자들의 부활신앙은 부활 이전의 신앙을 변화시켰다. 제자 신앙이 부활 신앙으로 활성화된 것이다.

그러므로 던이 주장하는 바와 같이 제자들이 가진 최초의 신앙은 역사적 예수의 실재성을 이해하는 데 전혀 방해나 장애가 되지 않는다. 오히려 예수의 사역을 알기를 원하는 자들에게 필요한 증거가 된다.[837] 제자들의 신앙이란 없었던 것을 만들어 낸 허구가 아니라, 역사적 예수의 실제적 사역에 대한 반응이었다. 제자들의 신앙은 역사적 예수의 실제 사역에 상응하고 있는 것이다. 독일의 신약학자 쉬르만과 영국의 던 등이 주장하는 바와 같이 저자는 복음서의 말씀전승이 부활 이전의 제자 그룹에게서, 그리고 예수 자신에게서 시작되었다고 본다.[838] 사복음서의 증언은 이러한 역사적 예수의 모습을 우리들에게 전해주고 있다. 이러한 관점을 성경적 실재주의(biblical realism)라고 말할 수 있다.

역사적 예수에 있어서는 복음서 저자들이 기록하고 있듯이 그의 삶과 사역(역사적 예수)과 예수에 대한 신앙적 평가(케리그마적 그리스도)는 상관관계적으로 존재하는 것이다. 삶과 사역(역사, Historie)과 신앙과 평가(케리그마, Kerygma)는 융합되는 것이 아니라, 예수의 사역에 대한 제자들의 반응(신앙)이 상관관계적으로 존재하는 것이다.

---

836 James D. G. Dunn, *New Perspective on Jesus*, 『예수님에 관한 새 관점』, 114.
837 James D. G. Dunn, "예수를 기억하며, 어떻게 역사적 예수 탐구가 길을 잃었는가?" 299-300.
838 Heinz Schürmann, "Die Voröstlichen Anfänge der Logientradition: Versuch eines Formgeschichtlichen Zugang zum Leben Jesu," in *Der Historische Jesus und der Kerygmatische Christus*, ed., H. Ristow and K. Matthiae (Berlin: Evangelische, 1961), 342-70.

그러므로 양자는 분리될 수 없으나 그렇다고 제2 탐구가 논하는 것처럼 융합되어 전혀 구분할 수 없는 것은 아니다. 역사적 예수와 그에 대한 신앙고백(케리그마적 그리스도)은 상관관계적으로 있으므로 분리될 수 없으며, 역사는 케리그마의 근거가 되는 것이다. 역사의 예수(Jesus of History)와 신앙의 그리스도(Christ of Faith)는 불가분적으로 서로 연결되어 있다.[839] 역사의 예수는 신앙의 그리스도에 융합되는 것이 아니라, 그 기초로서 존재하는 것이다.

3. 복음서 저자들의 기록은 역사적 예수에 접근하는 유일한 자료

역사적 예수가 누구인가에 대하여 가장 결정적인 해답을 줄 수 있는 자들은 2000년 후의 다양한 종교적인 전제와 시대사적인 이념을 가지고 예수를 재구성하고자 하는 학자들이 아니라, 그 시대 예수와 더불어 생활했고, 그의 가르침을 들었고, 그가 겪었던 고난과 십자가의 죽음과 부활을 목격한 그 시대의 복음서 저자들과 사도들이었다. 그리고 중요한 자료는 그 후대에 있어서 기독교 역사를 통하여 역사적 예수를 신앙 안에서 체험한 각 시대의 교회와 신자들의 간증과 신앙 체험들이다. 그러므로 우리는 초대교회가 적그리스도의 영에 의한 것이라고 거부한 영지주의의 문서들은 제외해야 하고, 유대 사가(史家) 요세푸스의 기록은 세속사적 자료로서는 수용하되 신학적 평가

---

[839] Darrell L. Bock, "역사적 예수. 복음주의 관점," in:『역사적 예수 논쟁』. 413.

와 관련해서는 복음서보다 더 신뢰해서는 안 된다.[840]

　이것이 역사적 예수에 접근하는 방법적인 핵심이다. 펑크나 크로산 등을 비롯한 "예수 세미나" 학자들은 역사적 예수를 재구성하는 데 2세기의 도마복음을 1세기의 사복음서와 같은 등급에 놓는다. 이는 사복음서의 예수상을 영지주의 예수상에 혼용시키는 것이 된다. 특히 도마복음은 영지주의 문서로서 이미 초대 기독교가 이단적인 문서로 규정하고 폐기했던 문서이다.[841] 저자는 이러한 "예수 세미나"의 방법적 사고에 전적으로 반대한다.

　역사적 예수를 알 수 있는 유일한 문서는 우리가 가진 사복음서와 신약서신들이다. 이것들이야말로 우리들에게 신앙적으로 역사적 인물인 예수에게로 나아갈 수 있게 하는 유일한 자료다. 역사적 예수라는 용어는 오늘날에도 영국의 브루스, 하워드 마샬, 제임스 던,[842] 그리고 독일의 오토 미헬(Otto Michel), 오토 베츠, 마르틴 헹엘(Martin Hengel), 페터 스툴마허(Peter Stuhlmacher), 라이너 리스너(Rainer Riesner) 등에 의해 지지되고 있다.

840　크레이그 에반스는 그의 저서 8장에서 요세푸스의 비신앙적인 세속적 편견에 대하여 언급하고 있다(Craig A. Evans, *Fabricating Jesus*, 『만들어진 예수』, 213-238).

841　Fred Lapham, *An Introduction to the New Testament Apocrypha* (London: T & T Clark, 2003), 120; Hans-Josef Klauck, *Apocryphal Gospels: An Introduction* (London: T & T Clark, 2003), 108.

842　제임스 던은 예수전승의 특징적인 강조점과 모티브의 분석에서 다음과 같은 특징적인 예수(characteristic Jesus)를 제시한다. "이스라엘을 향하여 회개를 외치고 제자들에게 믿음을 가질 것을 요구했던 갈릴리 사람 예수는 자신의 사역을 통하여 하나님의 궁극적인 통치의 축복을 경험케 했으며, 하나님을 대변하면서 그분의 권위로 말씀하셨고, 제사장의 권위에 대항하였으며, 로마인들에 의해 십자가에 처형되었다." (제임스 던, "예수를 기억하며, 어떻게 역사적 예수 탐구가 길을 잃었는가?" 326-7).

4. 사회정치적 관점과 묵시록적 관점은 균형 있게 보아야 한다.

크로산이나 아슬란이 제시하는 바와 같이 사회정치적 맥락만을 강조하는 것은 사복음서의 예수상을 이데올로기적으로 왜곡하는 것이다. 역사적 교회가 이해해온 예수의 가르침은 하나님 나라의 제자도와 개인경건에 대한 요청이다. 역사적 예수는 로마제국의 세계 정책보다는 하나님 사랑과 이웃사랑을 거듭 가르쳤다. 복음서가 전하는 예수전승은 예수가 사회정치적으로 로마에 도전하기 위하여 가장 중요한 거점인 세포리스(Sepphoris)와 디베랴(Tiberias)에 있었다거나 가이사랴(Caesarea)로 가는 대신에 예루살렘으로 올라간 것을 언급하고 있다. 예수의 복음사역은 전혀 로마에 대한 무력봉기에 호소하지 않고 세상을 초월하여 오시는 하나님 나라를 선포하고 있다.[843] 그리고 그 하나님 나라가 치유사역과 축귀사역을 통하여 영적 차원에서 현재화된다고 제시하고 있다.

예수의 가르침은 세례자 요한처럼 제자들에게 탐욕을 버리고 함께 나누라는 공동체적 삶(크로산)이 그의 주된 관심사는 아니었다. 예수는 사회정치적 왕국보다는 구름타고 오실 인자를 통해 이루실 하나님의 나라를 강조하고 있다. 묵시록적 예수는 오로지 하나님의 승인을 받고 또 선인과 악인을 선별하는 권세를 가진 자다. 묵시록적 인자에 대한 예수의 가르침은 사회혁명을 선동하거나 제국주의를 정죄하는 것이 아니라, 개인의 내면의 회개를 촉구하며 하나님의 영광을 추

---

843 Darrell L. Bock, "존 도미닉 크로산, 예수와 공동 종말론의 도전"에 대한 논평", 217.

구하지 않는 자들의 삶을 정죄한다. 역사적 예수의 가르침은 사회정치적인 해석이 강조하는 폭력적인 불의와 비폭력적인 정의의 문제를 넘어서서 사람들이 하나님과의 관계회복에서 오는 은혜를 어떻게 받을 수 있는가 하는 종말론적 구원을 핵심적으로 제시하고 있다.

5. 신앙 없는 역사적 예수 논구는 무의미

존슨은 "예수 세미나" 학자들이 추구한 역사적 예수 논구를 비판하면서도 역사적 예수라는 용어를 폐기하자고 제안하지는 않는다. 그는 "인간 예수를 역사적으로 재구성하는 것의 타당성"을 부인하지 않는다. 다만 그가 이의를 제기하는 것은 신앙과 역사를 분리시켜 성경과는 분리된 가공적 역사적 예수를 산출해내는 그들의 학문적 작업에 대한 회의주의인 것이다. 학자들이 인위적으로 재구성한 역사적 예수는 기독교 신앙의 근거가 될 수 없다는 것이다.[844] 에반스도 마찬가지로 "역사적 예수에 대한 신중하고 면밀한 연구는 충분히 가치 있는 일"이라고 인정하고 있다. 단지 그가 비판하는 것은 "예수 세미나" 학자들이 복음서 가운데서 예수는 그렇게 말하지 않았다고 주장하는 "최근의 설익은 학문과 말도 안 되는 이론들"에 대한 것이다.[845] 그러나 과거 문서들의 내용적 차이에 대한 검증 없이 단지 과거 문서들의

---

[844] Luke T. Johnson, *The Real Jesus, The Misguided Quest for the Historical Jesus and the Truth of the Traditional Gospels*, 1998, New York: Harper Collins Publisher, 손혜숙 역, 『누가 예수를 부인하는가?』. 역사적 예수에 대한 잘못된 탐구와 복음서 전승의 진리. 기독교문서선교회, 2003, 8-9.

[845] Craig A. Evans, 『만들어진 예수』, 22-23.

기록을 추적하는 역사적 방법만으로는 복음서가 증거하는 역사적 예수를 온전히 이해할 수 없다.

던은 "예수를 기억하며"란 논문에서 제1, 2, 3 탐구자들의 문서전승에만 의존한 연구방법론을 비판하면서, 예수 구두전승의 생동적 차원을 제시하며, 다음과 같은 결론을 내린다: "예수전승을 여전히 살아있는 전승으로 체험하는 자들이야말로 전승화 과정의 초기 단계를 이해하는 데 가장 적절한 위치를 점하고 있음을 시사하는 것이며, 또한 복음서의 말씀을 가장 효과적으로 듣기 위해서는 신앙의 귀를 가져야 한다는 것, 그리고 예수전승의 생생한 특징은 예수에 대한 기억을 공유하고 그 기억에 의존하여 살아가고자 함으로써 결과적으로 초기 공동체와 노선을 같이하는 자들에 의해 가장 잘 경험된 것임을 시사한다."[846]

한국복음주의 조직신학회의 여성신학자 한상화도 "현대 기독론 논쟁들의 최근 조류들"(Currents in Christological Debates)이란 그의 논문에서 지금까지 수행된 역사적 예수의 제1, 무(無), 2, 3 탐구를 비판적으로 평가하면서 방법론의 성찰을 제시하고 있다: "역사적 예수에 대한 현대적 논구는 역사적 연구에서의 역사가의 관점의 역할의 근본적 문제를 밝히고 있다. 여기서 다시 이 철학적 문제를 모색할 수 없다 하더라도 단지 모든 이론적 사유와 학문적 활동에 있어서 전제, 혹은 출발점 내지 신앙 관점의 근본적이고 결정적인 중요성을 강조하고 싶다. 그리스도의 주 되심이 그분의 지상적, 인간적 실존에 대한

---

[846] James D. G. Dunn, "예수를 기억하며: 어떻게 역사적 예수 탐구는 길을 잃었는가?" 328.

역사적 연구에 있어서조차 인정되어야 한다."[847]

하나님의 아들 예수는 역사를 초월하는 영역을 지닌다. 이 차원은 역사적 연구에 신앙이 연결될 때만 통찰될 수 있다. "예수 세미나" 학자들이 제시하는 역사적 예수 논구의 방법적 부적절성은 바로 예수에 대한 신앙 없이 교차 문화적 연구 방법으로 접근하고자 한 데 있다. 이러한 고고학적 연구 방법의 한계는 사복음서와 초대 교부들의 증언에 배치되는 도마복음 등 영지주의 문서들을 사복음서와 동일선상에 놓고 연구하도록 하는 데 있다. 이러한 방법적 부적절성이 만들어낸 예수는 성경의 제자들과 초대교회가 증언한 진정한 역사적 예수가 아니라, 성경과 초대교회에 전혀 생소한 탐구자들이 투영한 자신들의 가치관과 선입견에 부합하는 허구적 예수였다.[848]

6. 양식비평 등 역사적 비판도 성령론적 성찰 안에서 긍정적으로 사용될 수 있다.

1) 세계관 전제의 중요성

온건한 양식비평가들에 의하면 예수 말씀과 사역에 대한 구두전승이 있었고, 이 구두전승은 삶의 자리를 형성한 양식(비유, 설교, 이야기, 바리새인과의 논쟁 등)으로 전승되었으며, 복음서의 이야기는 예수 전기(傳記)의 정확성을 요구하는 것은 아니라는 것이다. 온건한 양식비평

847　Sang Hwa Han, "Currents in Christological Debate," *Studies in Systematic Theology*, Vol. 22, 71.
848　James D. G. Dunn, *Jesus Remembered. vol. 1, Christianity in the Making*, 58-65.

학자들은 실제로 예수의 삶의 대략적 줄거리가 이야기의 한 부분으로 전승되어 왔다고 받아들인다.

독일의 신약학자 쉬르만은 양식비평의 원리들을 사용하여 복음서의 어록 전승(Logientraditon)은 부활 이전에 제자 집단에서 기원하였으며, 따라서 예수 자신으로부터 기원한 것이라고 논증하였다.[849] 이 주장에 대한 증거는 마태복음의 산상설교(마 5-7장)와 그것과 평행 본문인 평지설교(눅 6:17-49) 등에서 쉽게 발견된다: 팔복설교, 원수를 사랑하라는 가르침, 정죄의 말에 대한 경고, 타인의 눈에 있는 티와 자신의 눈에 있는 대들보 교훈, 열매로 아는 나무 교훈, 현명한 자와 어리석은 자에 대한 비유 등은 이미 부활 이전에 확고하게 전승형태로 고정되어 전해 왔던 것이다.[850]

온건한 비평학자들은 다음의 역사적 개요를 인정한다: 예수의 사역이 있기 전에 세례 요한의 사역이 있었고, 예수의 사역은 세례를 받고 광야에서 유혹을 받는 것으로 시작되었으며, 갈릴리에서 사역하여 설교와 비유를 말씀하였고, 바리새인과 서기관들과의 갈등이 처음부터 일어났고, 제자들의 깨달음은 베드로의 고백으로 절정에 도달하였다(막 8:27-30). 예수는 자신의 죽음이 임박하였음을 선언하였고, 최후로 예루살렘으로 입성하여 성전을 정화하고, 제자들과 최후의 성만찬을 행하였다. 그 후 배신당하여 재판을 받고 십자가에 처형당했다. 이상의 예수의 삶의 이야기는 온건한 양식비평의 학자들에

---

849 Heinz Schürmann, "Die Voröstlichen Anfänge der Logientraditon: Versuch eines Fromgeschichtlichen Zugangs zum Leben Jesu", 342-370.

850 James D. G. Dunn, *A New Perspective On Jesus* 『역사적 예수에 대한 새 관점』, 33.

게 믿을 만한 역사로 받아들여진다.[851]

미국 풀러신학교 신약학자 래드(George Eldon Ladd)도 양식비평을 통해 복음서를 이해하는 데 우호적인 입장을 보인다. "중요한 것은 사건들의 순서나 연속성이 아니다. 오히려 예수는 누구였던가와 어떻게 해서 하나님의 아들이 처형을 당하게 되었는가 하는 것이다. 그러므로 양식비평이 설화의 본질을 이해한 것에서 상당한 진실의 가능성을 인정한다고 해서 복음서에 손해를 입히는 것은 아니다. 복음서가 이러한 주장을 뒷받침하고 있다."[852]

그러나 과격한 양식비평가들은 역사적 예수에 관한 모든 증언은 예수 자신에서 비롯되지 않고 초대교회가 덧입힌 것으로 간주한다. 이들은 비유사성의 원칙을 내세워 초대교회나 유대교와의 유사성이 없는 전승만이 역사적 예수의 사실로 돌리고자 하였다. 이러한 비유사성의 원칙은 역사적 예수의 모습을 재구성하는 데 많은 한계를 가졌고, 그리하여 1980년대부터 제3의 탐구자들에 의해 유사성의 원칙이 주장되고 있다.

결국, 양식비평(form crticism)이 문제가 아니라 그것을 수행하는 학문적인 세계적인 전제가 문제가 된다. 복음서에 대해 양식비판을 제안한 신약학자 불트만은 다른 한편으로 종교사학자였다. 그는 양식비판을 종교사적 세계관의 전제[853]에 의하여 수행함으로써 그는 복

---

851 C. H. Dodd, "The Framework of the Gospel Narrative," *Expository Times*, 43 (1932), 396ff.

852 George Eldon Ladd, *The New Testament and Criticism*, 『신약과 비평』, 196.

853 Rudolf Bultmann, *Existence and Faith* (Collins, 1964; Hodder and Stoughton, 1961), 52ff.

음서의 내러티브의 문학적 통일성과 삶의 자리(Sitz im Leben)를 신앙고백의 차원으로 받아들이지 않고 자연종교의 진화론의 관점에서 내러티브의 통일성을 해체하고 삶의 자리를 계시 신학적이 아니라 자연종교사적으로 해석했다. 그리하여 그는 복음서가 전하는 예수의 사역에서 나오는 초자연적 사건을 사실이 아니라 신화(Mythos)로 간주하였다.

불트만의 종교사 방법은 슐라터가 이해한 유대적 계시종교에 입각한 것이 아니라, 그리스적인 신비적인 구원 신화와 영지주의에 의하여 주도된 종교사였다. 이러한 불트만의 과격한 역사비판학은 궁켈(H. Gunkel), 벨하우젠(J. Wellhausen), 등과 같은 학자들에 의해서도 사용되어지는데, 이들은 종교사적 방법의 수행에 있어서 자연주의적 종교 진화론에 입각하여 역사 속에서 하나님의 계시를 인정하지 않는 계몽주의적 세계관을 반영하고 있다.[854] 불트만이 이해한 대속자 예수는 하나님의 아들이 아니라, 영지주의 신화의 구속자가 타락한 물질세계에 갇혀 있는 인간들을 빛의 세계로 되돌아가게 하기 위하여 이 세상에 온 "선재한 구속자"(präexistent Erlöser)였다.[855]

이러한 전제 속에서 불트만을 비롯한 과격한 양식비평가들은 복음서에서 예수의 삶의 테두리를 정하는 시공간적 언급이란 모두 복음서 저자들이 만들어 낸 것으로 비역사적으로 보아야 한다고 하면서, 예수의 삶 없는 예수전을 만들어내었다. 양식비판은 복음서 내러티

---

854 George Eldon Ladd, 『신약과 비평』, 249.

855 R. McL. Wilson, *The Gnostic Problem* (London: Mowbray, 1958), 217.

브에 충실해야 한다. 그리고 다음 기본적인 전제에서 출발해야 한다. 사건 발생과 사건 기록 사이에 지나간 짧은 기간, 구두전승을 보존하는 데 있어서 증언의 역할, 권위 있는 사도의 증언의 역할, 그리고 성령의 역할이다.[856]

2) 성령론적 성찰: 사건에 의미(구속사적 의미)를 부여하는 성령

헹엘은 요한복음의 역사성과 관련하여 복음서 본문 작성에 저자에게 작용하는 다섯 가지 요소를 제시하고 있다. 그것은 복음서의 구성에 임하는 저자의 신학적 의도, 그의 개인적 기억, 교회 전승, 역사적 실재 사실, 그리고 성령이다. 다섯 가지 요소 가운데 "결정적인 것은 지나간 사건들에 대한 기억이 아니라, 의미를 깨닫게 하고 진리로 이끌어 주시는 파라클리토스다."[857] 다섯 가지 요소들은 분리되어 있지 않고 서로 연결되어 있다. 즉, 개인적 기억과 역사적 실재는 연관되어 있는 것이다.

사도 요한은 자기가 눈으로 보고 손으로 만진 것을 회상하며 증거하고자 한다: "태초부터 있는 생명의 말씀에 관하여는 우리가 들은 바요 눈으로 본 바요 자세히 보고 우리의 손으로 만진 바라. 이 생명이 나타내신 바 된지라 이 영원한 생명을 우리가 보았고 증언하여 너희에게 전하노니 이는 아버지와 함께 계시다가 우리에게 나타내신 바 된 이시니라"(요일 1:1-2). 역사 속으로 들어와 실제로 나타나신 태초

---

[856] George Eldon Ladd, 『신약과 비평』, 192.
[857] Martin Hengel, *Die Johanneische Frage. Ein Lösungsversuch*, 322.

의 생명의 말씀을 직접적으로 보고 만진 자는 그분의 사랑하는 제자인 사도 요한임에 틀림없다. 요한은 기억을 통해 역사적 실재인 말씀 되신 역사적 예수를 현재화시키고 독자들에게 이를 증거한다. 이러한 개인적 기억과 역사적 실재는 교회 전승과 성령(파라클리토스)과 연관되어 있다. 개인적 기억이란 혼자의 생각에 머무는 것이 아니라, 우리라는 신앙공동체의 기억으로 연결되면서 집단적 기억이 되고 이것이 바로 예수전승이 된다. 개인 기억이 단지 개인의 생각으로 끝나지 않고, 이것이 공동체 안에서 우리의 기억이 되며, 우리의 기억은 덩어리를 이루어 우리 공동체의 집단 기억이 되며, 이렇게 되는 데는 성령의 보이지 않는 신적 인격의 조명과 인도함과 소통이 작용한다.

성령은 "진리의 영"(τὸ πνεῦμα τῆς ἀληθείας, 요 14:17)으로서 우리를 하나님의 아들이신 역사적 예수에 관한 진리를 가르치신다: "보혜사 곧 아버지께서 내 이름으로 보내실 성령 그가 너희에게 모든 것을 가르치고 내가 너희에게 말한 모든 것을 생각나게 하리라"(요 14:26). 보혜사(ὁ παράκλητος) 성령(τὸ πνεῦμα)은 우리 속에 잊혀진 기억을 재생시켜 새롭게 하시고 잠재의식 속으로 망각된 역사적 예수의 말씀과 사역을 의식의 표층으로 퍼올리시고, 기억나게 하시고, 그것이 지니는 구속의 의미를 조명하신다.

사도 요한은 여기서 기억이라는 말을 사용한다: "제자들이 성경 말씀에 주의 전을 사모하는 열심이 나를 삼키리라 한 것을 기억하더라"(요 2:17). 지금 요한의 기억에서 일어나는 것은 단지 성전 정화 사실에 그치지 않고 이 역사적 사실을 구약 시편 69:10("주의 집을 위하는 열성이 나를 삼키고 주를 비방하는 비방이 내게 미쳤나이다")과 연결시킨다. 그리고 성전 정화 사건이 갖는 의미를 드러내준다. 성령은 성전 정화 사건이 갖는 의미를 드러낸다. 성령은 하나님의 구속사역의 해석자로서 성전 정화를 구약의 시편과 연결시킨다. 성령은 단순히 감화의 영일 뿐 아니라, 공감(共感)을 주는 사랑의 영이요, 지식을 주는 지성의 영이다. 성전 정화의 의미는 유형적 성전의 시대가 마감하고 영적인 성전의 시대를 여시는 것이다. 예수는 사마리아 여인에게 말씀하신다: "아버지께 참되게 예배하는 자들은 영과 진리로 예배할 때가 오나니 곧 이 때라 아버지께서는 자기에게 이렇게 예배하는 자들을 찾으시느니라. 하나님은 영이시니 예배하는 자가 영과 진리로 예배할지니라"(요 4:23-24). 율법과 의식적 예배를 드리는 유형적 성전의 시대가 구약의 성전이었고, 사마리아 여인도 그 시대에 속했다. 예수는 이 여인에게 새로운 성전에서 하나님을 "영과 진리로"(ἐν πνεύματι καὶ ἀληθείᾳ) 섬기는 예배의 시대를 말씀하신다.

"이 성전을 헐면 내가 사흘 만에 지으리라"(요 2:19)는 예수의 말씀의 뜻을 당시에는 제자들이 듣기는 들었으나 알지 못하고 지나쳤다. 성전 정화의 신령한 의미를 알지 못했던 것이다. 당시 제자들은 예수께서 성전의 제사가 상업화되는 것을 지적하시고 정화하시는 것으로만 알았다. 예수의 말씀은 제자들의 마음 깊은 곳에 그 의미가 조명되지 못한 채 놓여 있었다. 그러나 예수 부활사건을 계기로 성령께서 오셔서 제자들에게 비로소 저들의 마음속에 깊이 놓여 있었던 예수 말씀의 의미를 조명해 주셨다: "죽은 자 가운데서 살아나신 후에야 제자들이 이 말씀하신 것을 기억하고 성경과 예수께서 하신 말씀을 믿었더라"(요 2:22). 그리하여 제자들은 이러한 성령의 조명에 의하여 신령한 성전 되시는 예수의 몸의 비밀을 알기에 이르게 된 것이다. 이것이 가르치시고, 일깨워 주시고, 해석하시는 성령의 역할이다.

예수께서 예루살렘에 입성하실 때 어린 나귀를 타고 입성한 사실에 대해 제자들은 그분의 부활 이전에는 깨닫지 못했다. 그러나 예수께서 부활하신 후에야 비로소 제자들은 메시아에 대하여 기록된 구약의 말씀과 연결하여 그 사실을 이해하게 되었다: "제자들은 처음에 이 일을 깨닫지 못하였다가 예수께서 영광을 얻으신 후에야 이것이 예수께 대하여 기록된 것임과 사람들이 예수께 이같이 한 것임이 생각났더라"(요 12:16). 제자들은 성령의 인도하심에 의하여 오랫동안 망각되어 마음속에 놓여 있었던 예수가 나귀를 타고 예루살렘 입성한 사실을 회상해 내면서 성령은 이 사실을 스가랴에 연관시켜 이해하도록 조명해 준다: "시온의 딸아 크게 기뻐할지어다 예루살렘의 딸아 즐거이 부를지어다 보라 네 왕이 네게 임하시나니 그는 공의로우시며 구원을 베푸시며 겸손하여서 나귀를 타시나니 나귀의 작은 것 곧 나귀 새끼니라"(슥 9:9).

역사적 예수의 성전 정화, 사흘 만에 새 성전 건립, 사마리아 여인과의 대화, 광야에서 5,000명을 먹이심, 나귀 새끼 타고 예루살렘 입성, 십자가에 처형되심, 죽으신지 사흘 만에 부활하심 등은 사건 그 자체로서는 제자들이 예수 생전(生前)에는 제대로 그 의미를 깨닫지 못했던 사건들이다. 그러나 제자들은 예수 부활 이후, 약속하신 성령이 오심으로 인해 그 성령의 인도하심을 통해 진리를 알게 됨으로 예수의 지상적 사역에 대한 구속사적 의미를 깨닫기에 이르게 되었고, 이를 증거하기 위하여 복음서를 집필하기에 이른 것이다.

불트만의 결정적 오류는 요한복음을 영지주의에 뿌리를 내리고 있는 것으로 규정하면서 요한복음이 구약성경과 유대교와 밀접한 연관이 있다는 것을 간과한 데 있다. 요한복음은 영지주의가 아니라 전적으로 구약성경에 기초하고 있다: "빌립이 나다나엘을 찾아 이르되 모세가 율법에 기록하였고 여러 선지자가 기록한 그이를 우리가 만났으니 요셉의 아들 나사렛 예수니라"(요 1:45). "우리가 다 그의 충만한 데서 받으니 은혜 위에 은혜러라. 율법은 모세로 말미암아 주어진 것이요 은혜와 진리는 예수 그리스도로 말미암아 온 것이라. 본래 하나님을 본 사람이 없으되 아버지 품 속에 있는 독생하신 하나님이 나타내셨느니라"(요 1:16-18). "모세를 믿었더라면 또 나를 믿었으리니 이는 그가 내게 대하여 기록하였음이라"(요 5:46). 요한복음은 유대교의 유월절을 중요시하며, 어린 양 예수의 유월절 희생을 대속의 사건으로 해석하고 있다.

제14장

해석학적 실재론으로서 성경적·성령론적 실재론

Jesus of Nazareth in Reformed-Orthodox Faith

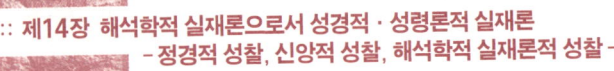

:: 제14장 해석학적 실재론으로서 성경적 · 성령론적 실재론
- 정경적 성찰, 신앙적 성찰, 해석학적 실재론적 성찰 -

I. "예수 세미나"의 잘못된 전제: 역사의 예수는 신앙의 그리스도와 분리된다.

"예수 세미나"가 행하고 있는 역사적 예수에 대한 연구는 영국의 더 르햄(Durham) 대학의 신약학자 던이 그의 저서『예수에 대한 새 관점』 (New Perspective on Jesus)에서 밝힌 것처럼, 그 방법론에 있어서 기본적 전제가 잘못되었다. 이 전제란 역사적 예수와 신앙의 예수(케리그마적 그리스도)를 분리시킨 것이다. 이것은 하이델베르그 대학교의 신약학자 보른캄이 말하는 바와 같이 양자는 분리될 수 없다.858 그렇다고 해서 역사와 케리그마가 융합되어 역사적 예수의 전승을 찾을 수 없다는 것은 아니다. 신약성경은 예수가 남겨놓은 영향(impact)을 반영하고

---

858 Günter Bornkamm, *Jesus of Nazareth*, 1960, 21.

있기 때문이다. 예수에 관한 전통과 예수 신앙은 예수의 영향이 산출한 예수에 대한 믿음과 체험이 만드는 것이기 때문에, 역사적 예수와 신앙의 예수를 분리하는 것은 역사적 예수에 대한 바른 접근의 길을 차단시킨다.[859] 역사적 예수는 신앙이나 교리에 박제되어 있지 않고 오늘도 살아 있는 인격으로 시공간을 초월하여 믿는 자들에게 새로운 영감을 주고 성경을 읽을 때 새로운 해석의 관점을 열어주시는 분이시다.

결정적인 문제는 "예수 세미나" 학자들이 성경을 신앙과 행위의 규범이나 특별한 방법으로 계시된 하나님의 말씀으로 믿지 않는다는 것이다. 이들에게 성경이란 하나님 자신과 하나님의 절대적인 의지에 관한 하나님의 권위 있는 계시가 아니라, 주관적인 종교 경험과 이에 대한 개인적인 해석을 모아놓은 문서에 불과하다. "예수 세미나"에 참여하는 학자들은 정경복음서보다 월등한 가치를 정경 외 자료들(특히, 도마복음서 등 영지주의 문서들)에 두고 있다. 크로산은 마가의 이야기는 무시하고, 로마에 대한 유대의 반란에 반대하고 로마 황제의 편에 가담하여 어용적으로 출세한 기회주의적 변절자인 유대인 역사가 요세푸스[860]에게 상당한 신뢰를 표현하고 있다.

이처럼 "예수 세미나" 학자들이 시도하는 교차 문화적 연구(cross cultural study)는 극복해야 할 과제가 많다. 이들이 우리에게 제시하는 역사적 예수는 사복음서에 의해 발견되는 신앙의 틀에서 벗어나 재구성되어진 것으로, 역사적 교회가 지녀온 정통신앙의 예수상과는

---

859 James D. G. Dunn, *A New Perspective On Jesus: What The Quest For The Historical Jesus Missed*, 2005. 121.
860 Craig A. Evans, 『만들어진 예수』, 213-216.

전혀 다른 예수상이며, 이는 역사적 예수의 바른 모습을 알리는데 전혀 도움이 되지 않고 오히려 왜곡된 예수상을 전파함으로 사람들로 하여금 바른 신앙에서 멀어지게 할 뿐이다.

자연주의 세계관에 기초해 역사비평적으로 재구성된 예수는 신자들로 하여금 핍박을 감수하고 순교하도록 동기를 부여하는 확실한 인격적 존재일 수 없다. 저자가 믿고 논구하는 역사적 예수는 교회사를 통해서 기독교 신자들이 역사적인 박해(네로 치하, 중세교회의 박해, 스탈린 치하, 중국 공산당 치하, 북한 정권 하의 박해 등) 가운데서도 기꺼이 순교할 수 있었던 그러한 확실한 인격을 지닌 인물인 나사렛 예수를 말한다. 이러한 역사적 예수에 대한 신앙이 2000년 기독교를 지탱해 온 것이다. 저자가 본 저서(제1권: 역사적 예수 논구와 방법론적 성찰, 제2권: 나사렛 예수의 생애와 가르침, 제3권: 예수 그리스도의 현재와 미래)에서 증언하고자 하는 역사적 예수는 2000년 기독교 역사를 통하여 그분에 대한 신앙을 지키기 위하여 기꺼이 순교했던 그리스도인들, 그리고 오늘날 기독교 신앙을 박해하는 북한과 이슬람권과 힌두교권 등 세계 각처에서 순교를 각오하고 신앙생활을 하는 그리스도인들이 날마다 인격적으로 대면하는 살아계시는 예수를 말하는 것이다.

II. 역사적 예수는 기독교 신앙의 근거: 학문적 회의주의에 빠져서는 안 된다.

"예수 세미나" 학자들은 역사적 예수의 이해를 위한 새로운 지평을 열려고 하였으나, 이들의 연구결과는 19세기 슈바이처의 역사적 예수 논구사 결과와 같이 실패의 역사를 되풀이하고 있다. 이들이 재구성한 "역사적 예수"는 실제의 예수가 아니라, 자기들의 학문적 방법에 의하여 주도된 "만들어진 예수"일 뿐이다. 우리는 겸허한 학문적 태도로서 진정한 역사적 예수를 찾아야 한다. 독일 하이델베르그 대학교의 신약학자 클라우스 베르거(Klaus Berger)가 2011년 펴낸 신약성경 전체에 대한 주석에서 제시한 신중하고 겸허한 견해 표명은 주의 깊게 고려해야 할 필요가 있다: "단 하나의 증언만이 있는 경우에도… 복음서 저자들이 독자들을 속이려는 것이 아니라, 역사적 사실들을 이야기하고자 한다고 생각할 필요가 있다… 의혹을 품고 이 이야기의 역사성을 부정하는 것은 역사가들의 능력을 넘어서는 일이다."[861]

진정한 역사적 예수는 오로지 복음서와 신구약 성경과 초대교회 문서들 연구를 통한 신앙적 논구 안에서만 접근될 수 있다. 우리의 신앙은 역사적 근거를 필요로 한다. 이 근거는 역사적 예수가 우리의 신앙과는 아무런 상관이 없는 이념적인 상상물인 예수가 아니라, 참으로 우리에게 다가오셔서 우리를 위로하시고 우리에게 하나님 나라의 소망과 평화를 가져다주시는 진정한 인격적 존재이기 때문이다. 역사적 예수는 실제적, 메시아적 예수요 진정한 신앙의 대상으로서의 예수다. 그는 오늘날도 설교와 성경 읽기와 개인 전도를 통해서 우리들 각자에게 영향력을 주어 우리의 삶을 변화시키는 살아계시는 분이다. 그러므로 우리는 역사적 예수라는 인격적 존재를 지칭하는 용

---

861 Klaus Berger, *Kommentar zum Neuen Testament*, Gütersloher Verlaghaus, Gütersloh 2011, 20.

어조차도 오늘날 시대사적 이념을 가지고 예수를 만들어내는 자유주의자들에게 넘겨줄 수 없다. 역사적 예수라는 용어를 폐기하거나 사용하지 않는 것은 우리의 신앙의 역사적 근거를 상실하는 것이요, 인본주의적 신학에 굴종하는 것이기 때문이다. 그렇게 되면 우리는 신앙적 회의주의에 빠질 수밖에 없으며, 동시에 학문적 회의주의에 빠질 수밖에 없는 것이다.

III. 오복음서는 역사적 예수를 이단적 영지주의의 현인으로 왜곡한다.

불트만 학파가 역사적 예수의 불가지론(무논구, no quest)을 주장한 것과는 대조적으로 제3 탐구의 급진적인 흐름인 "예수 세미나" 학자들이 편찬해 낸 저서 『오복음서: 예수의 진정한 말씀 탐색』[862]은 역사적 예수에 대해 낯선 것을 첨부하는 이단적인 시도다. 존슨은 19세기 캘러가 당시 자유주의 신학자들의 역사적 예수 탐구에 대해 했던 비난을 20세기 후반기 예수 세미나 학자들의 소위 역사적 예수 탐구라는 신자유주의적 태도에 대하여 동일하게 하고 있다.[863]

862　Robert W. Funk & Roy W. Hoover (eds.), *The Five Gospels: The Search for the Authentic Words of Jesus*, New York: Macmillan, 1993, 101.

863　James D. G. Dunn, *A New Perspective On Jesus*, 『예수님에 대한 새 관점』, 41.

1. 오복음서의 편집 의도는 역사적 교회의 정통신앙을 파괴함

오복음서 편집 의도는 역사적 교회의 정통신앙을 파괴하기 위한 것이다. 펑크는 정통교회(남부 침례교회, 루터교회 등 근본주의 기독교)의 니케아 신조가 "역사적 예수를 질식시키는 것으로" 보고, 기독교 신조를 "신학적 횡포"의 한 유형으로 규정한다.[864] "예수 세미나"가 선언한 적(敵)이란 단지 근본주의 기독교나 남침례교회의 보수적 정책만을 가리키는 것을 넘어서서 역사적 기독교 신앙고백을 받아들이는 모든 그리스도인들이라는 인상을 주고 있다.[865] 이는 역사적 기독교의 핵심인 예수 그리스도를 선(禪)불교(Zen Buddhism)의 창시자로 만드는 것으로서 기독교 신앙의 본질을 왜곡하는 신성모독이라고 단정할 수밖에 없다. 사도 바울은 갈라디아 교회 안에 나타난 율법주의자에 대하여도 다른 복음은 없다고 정죄하였다: "다른 복음은 없나니 다만 어떤 사람들이 너희를 교란하여 그리스도의 복음을 변하게 하려 함이라. 그러나 우리나 혹은 하늘로부터 온 천사라도 우리가 너희에게 전한 복음 외에 다른 복음을 전하면 저주를 받을지어다. 우리가 전에 말하였거니와 내가 지금 다시 말하노니 만일 누구든지 너희가 받은 것 외에 다른 복음을 전하면 저주를 받을지어다"(갈 1:7-9). 사도 요한은 사도적 계시 말씀에 더 붙이면 거룩한 성 천국에 들어감을 제하여 버린다고 경고하였다: "만일 누구든지 이 두루마리의 예언의 말씀에서 제

---

864 Robert W. Funk & Roy W. Hoover (eds.), *The Five Gospels*, 7-8.
865 Luke T. Johnson, *The Real Jesus*. 손혜숙 역, 『누가 예수를 부인하는가? 역사적 예수에 대한 잘못된 탐구와 복음서 전승의 진리』, 47, 51.

하여 버리면 하나님이 이 두루마리에 기록된 생명나무와 및 거룩한 성에 참여함을 제하여 버리시리라"(계 22:19).

2. 오복음서는 사복음서를 전통 파괴적으로 왜곡 번역

오복음서 편집은 영지주의 문서인 도마복음을 경전의 등급에 올려 놓음으로써 정통교회가 2000년 동안 사용한 사복음서까지 전통 파괴적으로 왜곡 수정한 것이다. 오복음서는 역사적 정통교회의 신조에 의도적으로 반하여 사복음서 내용까지 도마복음에 의존하여 왜곡 번역한 것이다. 예컨대, 오복음서는 마가복음 1장 41절의 말씀 "내가 원하노니 깨끗함을 받으라"를 "그래, 네가 깨끗해졌다"라고 번역한다. 그리하여 전통적 번역이 전하는 나병환자에 대한 예수의 치유 의도와 치유 말씀이 나병환자가 스스로 깨끗해졌다는 내용으로 왜곡된다. 산상 설교 중 팔복설교에서도 누가복음 6장 20절 "가난한 자는 복이 있나니"가 아니라 "축하한다. 너희 가난한 자여"라고 번역하여, 전통적 번역이 전하는 하나님의 복 주심에 대한 기원(祈願)이 인간적인 상황에 대한 격려로 왜곡된다. 마태복음 5장 13절에서의 말씀에서도 세상의 소금은 맛이 아니라 활력(活力)을 지닌 것으로 왜곡된다. 마가복음 2장 27-28절에서 예수는 인자(人子)가 아니라 "아담의 아들"로 왜곡되고, 안식일은 "사람을 위해 있다"가 아니라 "아담과 이브를 위하여 있다"로 왜곡된다. "예수 세미나" 학자들은 번역에 있어서 역사적 교회 신앙의 입장을 의도적으로 배제하고 고대 사회적 실제 상황에 밀접히 연결시키고자 시도하였다.[866] 그리하여 역사적 예수에 대한 신앙의 반응으로 시작된 예수전승의 언어가 신앙과는 무관한 고대 사회의 시대적 중성언어로 탈바꿈하게 되는 것이다.

3. 예수 말씀 진정성에 대한 인기투표

"예수 세미나" 학자들(Robert W. Funk & Roy W. Hoover)에 의해 편집된 오복음서는 예수 말씀에 대해 역사적 진정성 정도를 나타내는 색상 암호를 표시하였다. 편집서는 "예수는 정말로 무엇을 말했는가?"의 기치를 내걸었기 때문에 이 색상 암호를 형식적으로 발행하였다. 이 가운데 극히 일부 말씀(단지 15개의 말씀)만이 빨간 색으로 표시되었고, 약 75개의 말씀이 분홍 등급("예수가 이와 같은 어떤 것을 말했다.")을 받았다. 여기서 예수 말씀의 진정성은 30명의 학자들의 투표결과에 따라 결정된다. 빨강색의 말씀은 75% 투표를 받은 것이고, 이에 미치지 못할 때(15명이 진정성 투표하여 14명이 아니라고 투표) 분홍색으로 결정된다. 이러한 인기몰이식의 진정성 결정은 정경 채택의 역사적 과정을 전혀 도외시한 인본주의적 발상이다.

역사적 예수는 "성경은 폐하지 못한다"(요 10:35)고 가르치셨다. 예수가 여기서 말한 성경은 구약성경을 말하나 원리는 신약 정경에도 해당된다. 신약 서신이나 복음서도 인위적인 생각으로 저술한 것이 아니라, 예수의 사역과 가르침에 삶의 변화를 받고 그의 제자가 된 자

866　Luke T. Johnson, *The Real Jesus*, 『누가 예수를 부인하는가?』, 44.

들이 그들이 받은 이 신앙적 감화를 주신 그 분에 대하여 증거하기 위하여 성령으로 영감된 마음으로 저술한 것이다: "우리 중에 이루어진 사실에 대하여, 처음부터 목격자와 말씀의 일꾼 된 자들이 전하여 준 그대로 내력을 저술하려고 붓을 든 사람이 많은지라"(눅 1:1-2). 그러므로 초대교회가 이단 문서로 폐기한 문서를 정경과 같은 위치에 올려서 정경으로 사용하는 시도는 신성모독이다. 이는 하나님 말씀을 그 신적 초월성과 권위에 두는 것-"… 임한 여호와의 말씀"(렘 1:2; 겔 2:3; 호 1:1; 욘 1;1)-이 아니라 인간적인 인기투표로 결정하는 것이 된다. 이러한 방식은 인본주의로서 성경이 우리에게 주어지는 신본주의 방식-"여호와께서 말씀하시기를"(사 1:2), "예수 그리스도의 계시라"(계 1:1)-과는 다르다.

4. 영지주의 문서를 정경으로 왜곡 격상

"예수 세미나" 학자들은 초대교회에 의해 영지주의 이단 책으로 폐기된 문서를 정경의 반열 위에 올려놓았다. "예수 세미나"의 오복음서는 도마복음을 사복음서 다음에 배열하여 정경복음서에 이단문서를 섞어놓은 것이다. 말하자면, 알곡식물 가운데에 가라지를 뿌린 것과 같은 것이다. 도마복음은 1947년 나그함마디에서 발견된 여러 문서 중의 하나로서 영지주의 문서로 분류된다. 문학양식상 도마복음은 사복음서보다는 후대의 것이며 2세기 중반에 기록된 것으로 추정된다.[867]

---

867 James D. G. Dunn, *A New Perspective On Jesus*, 『예수님에 대한 새 관점』, 40; Luke T. Johnson, *The Real Jesus*, 『누가 예수를 부인하는가?』, 45.

고대 문서에 정통한 신약학자 에반스(Craig A. Evans)는 도마복음에 의존해 역사적 예수를 재구성하는 것은 왜곡된 초상화(肖像畵)를 만드는 것일 뿐이라고 비판한다: "도마복음은 시리아어를 사용하는 동방교회, 즉 170년 이후에 저술된 타티안의『디아테사론』을 통해 신약복음서를 알고 있던 교회에서 유래했으며 복음서 연구자들에게 예수의 삶과 가르침에 대한 비평적인 자료로 사용할 수 있는 초기의 독립적인 자료를 제공하지 않는다. 이 저작에 의존해 역사적 예수를 재구성하는 것은 결국 왜곡된 초상(肖像)을 낳을 뿐이다."[868]

제2 탐구의 제창자 캐제만도 신약성경을 "그[저자 주: 역사적 예수]에 대한 우리의 유일하게 참되고 원래적인 문서"라고 불렀다. 다른 대부분 신약학자들과 마찬가지로 캐제만이 비정경적인 문서들을 무시했던 것은 초기 교회가 사복음서에서만 역사적 예수에 대한 증언을 얻을 수 있기 때문이다. 이와 견해를 같이하여 저자는 초기 사도적 교회가 이미 이단적 문서로 규정하고 폐기했던 도마복음을 "예수 세미나" 학자들이 다시금 들고 나와 정경으로 격상시키려는 시도에 대해 결코 동의할 수 없다. 저자는 정통 기독교가 믿어온 신앙의 전승을 중요시하고 이러한 정통교회가 전승해준 역사적 예수를 탐구하고자 하는 것이다.

이처럼 "예수 세미나" 학자들이 정통교회의 신앙에서 벗어난 도마복음을 사복음서에 포함시켜 오복음서라고 명명하여 사복음서의 권위로 격상시킨 것은 역사적 정통교회와는 다른 신앙을 추구하는 것

868　Craig A. Evans, *Fabricating Jesus. How Modern Scholars Distort the Gospels*. 성기문 역.『만들어진 예수』. 105.

이다. 여기서 저자는 바울이 유대주의와 복음을 혼합한 갈라디아 교회의 이단자들에게 한 경고의 말씀이 "예수 세미나" 학자들의 이러한 잘못된 시도에 해당한다고 본다. 사도 바울은 다른 복음은 있을 수 없다는 것을 분명히 하면서, 이러한 다른 복음을 전하는 행위에 대하여 저주(ἀνάθεμα, anathema)를 선언하고 있다(갈 1:7-9). 바울의 말 그대로 다른 복음은 있을 수 없는 것이며, 그럼에도 불구하고 다른 복음을 전하는 자가 있다면 그는 저주를 받을 것이다. 바울은 자신과 같은 복음전파자나 하늘의 천사라도 다른 복음을 전파할 수 없다고 말한다. 바울은 자신 및 사도들까지도 그 대상에 포함시키고 있는 것이다. 그런 경우에는 저주가 임한다고 강력하게 선언하고 있다. 다른 복음 선포는 복음의 심각한 변질을 초래할 수 있는 일이기 때문이다.

5. 역사적 예수를 비종말론적 인물로 규정

"예수 세미나" 학자들은 예수는 종말론적 인물이 아니었으며 하나님 왕국에 대한 그의 이해는 비종말론적이었다고 주장한다.[869] 그러나 이러한 주장은 대부분의 제3 탐구 학자들이 공통적으로 가지고 있는 입장과도 완전히 배치되는 주장이다. 이러한 견해는 단지 "예수 세미나" 학자들의 신자유주의적 세계관이 복음서가 증거하는 예수에 투영되어 생기게 된 왜곡된 비성경적인 견해이다. "예수 세미나"의 공동 창설자인 크로산에 의하면 예수는 스승 세례자 요한이 임박한 종

---

869 Luke T. Johnson, *The Real Jesus*, 『누가 예수를 부인하는가?』, 47.

말론을 선포했으나, 하나님 나라는 오지 않고 급기야 요한이 처형되게 되자, 이를 통해 예수는 깨달음을 얻고 하나님 나라의 비전을 변경했다고 주장한다.[870] 즉, 예수는 종말론을 미래적 종말론에서 현재적 종말론으로 바꾸었다고 주장한다: "예수는 자신의 선포를 통해 하나님 나라는 임박한 것이 아니라 이미 현존하는 것이며, 여기 이 땅 위에 이미 임재해 있다고 주장했다." 예수는 지상에 "이미 임재한 왕국"(already-present kingdom)을 주장했다는 것이다.

이러한 예수 종말론에 대한 왜곡은 19세기 자유주의로 회귀하는 것이며,[871] 신약 복음서와 신약 문서 전체를 통관하는 하나님 나라의 미래적인 종말론을 완전히 도외시하는 신자유주의적 발상이다. 마태복음 24장과 25장에는 역사적 예수가 예언한 세계 종말과 세계 심판의 말씀이 이 사실을 명료히 하고 있다. 그 가운데서도 마태복음 24장 29-31절("그 날 환난 후에 즉시 해가 어두워지며 달이 빛을 내지 아니하며 별들이 하늘에서 떨어지며 하늘의 권능들이 흔들리리라. 그 때에 인자의 징조가 하늘에서 보이겠고 그 때에 땅의 모든 족속들이 통곡하며 그들이 인자가 구름을 타고 능력과 큰 영광으로 오는 것을 보리라. 그가 큰 나팔소리와 함께 천사들을 보내리니 그들이 그의 택하신 자들을 하늘 이 끝에서 저 끝까지 사방에서 모으리라"), 마가복음 13장 24-27절, 누가복음 21장 25-28절 말씀은 공동으로 다니엘서가 예언하는 바와 같이 묵시록적 세계 종말 가운데서 인자의 오심을 명백히 증언하고 있다.

---

870 John Dominic Crossan, "예수와 공동 종말론의 도전." 『역사적 예수 논쟁』, 179.
871 제임스 D. G. 던, "예수와 공동 종말론의 도전" 논평, 『역사적 예수 논쟁』, 213.

IV. 겸허한 역사비평적 탐구는 역사적 예수의 모습에 접근한다.

1. 역사적 교회 전승에 대한 열린 겸허한 논구 태도

역사적 교회가 전해주는 신약 문서들, 특히 사복음서는 예수로부터 신앙의 영향을 받아 자기 삶을 헌신하고 그를 따랐던 제자들과 그들이 형성한 제자 공동체의 최초의 증언들이다. 이 증언들은 자신들이 눈으로 보고, 귀로 듣고, 손으로 만져본 역사적 예수의 진정한 모습을 우리들에게 전해주고 있다: "태초부터 있는 생명의 말씀에 관하여는 우리가 들은 바요 눈으로 본 바요 자세히 보고 우리의 손으로 만진 바라. 이 생명이 나타내신 바 된지라 이 영원한 생명을 우리가 보았고 증언하여 너희에게 전하노니 이는 아버지와 함께 계시다가 우리에게 나타내신 바 된 이시니라. 우리가 보고 들은 바를 너희에게도 전함은 너희로 우리와 사귐이 있게 하려 함이니 우리의 사귐은 아버지와 그의 아들 예수 그리스도와 더불어 누림이라"(요일 1:1-3).

여기서 사도 요한의 증언에 의하면 "우리"라는 요한을 비롯한 예수 제자들의 신앙공동체가 있었고, 이 제자 공동체는 역사적 예수의 가르침을 전승받았다. 이들은 전승 가운데서 역사적 예수에 대한 신앙을 체험하면서 한 개인의 사적 신앙 체험을 넘어서 우리라는 신앙공동체의 전승을 이룬 것이다.

복음서는 19세기 캘러가 지적한 대로 현대적 자서전의 의미에서 역사적 예수에 대한 충분한 전기(傳記)를 쓸 만한 세세한 전기적 자료를 제공해 주는 것은 아니다. 그러나 사복음서는 우리가 역사적 예수를 믿고 구원을 얻는 데 충분한 역사적 지식을 제공해 주고 있다. 우리의 신앙은 실증적 지식을 배제하는 것은 아니지만, 이것에만 전적으로 근거하는 것이 아니기 때문이다.

역사적 예수의 재구성은 오늘날 연구자의 세계관이나 개인적인 취향을 복음서에 투영하지 않고 단지 겸허한 태도로서 역사적 교회가 우리들에게 남겨준 귀중하고 유일한 역사적 예수에 관한 증언에 대하여 열린 태도로 신뢰와 경건을 지닌 접근에서 이루어져야 한다. 특히, 19세기의 제1 탐구 학자들과 20세기 초반기에서 중반기에 이르는 무(無)탐구 학자들, 그리고 20세기 중반기 이후의 제2 탐구 학자들과 그리고 20세기 후반기의 "예수 세미나" 학자들이 가졌던 세계관적인 편견은 역사적 예수를 신앙의 그리스도와 처음부터 의도적으로 분리시키고 기독교 전통에 낯선 태도를 취하도록 하여 또 다른 실패를 초래할 수밖에 없다는 것을 알아야 한다.

2. 겸허한 역사적 탐구의 네 가지 방향

저자는 겸허한 역사적 탐구를 수행하는 데 있어서 지금까지 이루어졌던 연구 성과를 기반으로 하면서 다음 네 가지 방향을 제시하고자 한다.

1) 신앙이 동반된 역사적 연구

첫째, 신앙이 동반된 역사적 연구가 필요하다. 제자들이 예수의 말씀과 삶에 의해 변화되어 그를 따르는 것과 그에 대한 신앙이 복음서가 쓰여진 기본 동기였다. 그러므로 던이 말하는 바와 같이 역사적 예수의 영향을 받아 자기의 삶을 그에게 헌신한 최초의 제자들의 신앙을 도외시한다는 것은 복음서와는 전혀 다른 이교적 예수를 산출하는 결과에 이르는 것이다. 예수의 설교에 의하여 변화를 받아 자신들의 삶을 그에게 전적으로 헌신하고 그를 따른 제자들의 신앙을 벗겨내고 남는 핵심이란 공허한 것이며 복음서가 증언하고자 하는 본래 예수상과는 다른 것이 되고 만다.

제자들은 예수를 만나게 되자 그의 말씀과 인간 상식을 초월한 신적 행위에 압도되었다. 누가복음은 어부 베드로가 어떻게 예수를 만나서 생업을 버리고 예수를 쫓았는가를 알려준다: 예수께서 시몬의 배에서 올라서 민중들에게 하나님 나라 복음을 증거하신 후에 베드로에게 "깊은 곳에 가서 그물을 내려 고기를 잡으라"(눅 5:4)고 말씀하신다. 어부로서 바다의 지리에 밝았으나 베드로는 순종한다: "선생님 우리들이 밤이 새도록 수고하였으되 잡은 것이 없지마는 말씀에 의지하여 내가 그물을 내리리이다"(눅 5:5). 그러자 그물이 찢어질 만큼 많은 고기를 잡아 친구 배에까지 채우니 배들이 거의 잠기게 되었다. 이 사실을 보고 베드로는 거룩한 충격에 사로잡히게 되고, 이에 자신의 죄성을 발견하면서 예수의 무릎 아래 엎드려 고백한다: "주여 나를 떠나소서 나는 죄인이로소이다"(눅 5:8). 이러한 놀라운 변화는 그의 동업자 야고보와 요한에게도 임하였다. 예수는 이들을 제자로 부르신다: "무서워하지 말라 이제 후로는 네가 사람을 취하리라"(눅 5:10b). 이들은 모든 것을 버리고 예수의 제자들이 되었다.

베드로를 비롯한 어부들은 예수를 자기들의 생업의 한 가운데서 만났지만, 예수가 행하신 놀라운 기적을 보면서 독일의 마르부르그 종교학자 루돌프 오토(Rudolf Otto)가 말한 바와 같이 "전율적인 신비"(das mysterium tremendum)와 "열광케 하는 것"(das fascinosum)

이라는 두 계기로 다가오는 누미노제(das Numinose)라고 일컫는 "거룩한 것"을 체험했던 것이다.[872] 이러한 제자들의 삶에 충격을 준 것은 이들이 단지 그물이 찢어지게 만든 큰 물고기 떼를 포획했다는 사실에만 그치는 것이 아니라, 이러한 기적을 일으킨 나사렛 예수의 인격과 그의 하나님 나라 복음이었던 것이다. 제자들은 예수와의 만남에서 종교의 세계로 들어가게 된다. 종교체험에는 자기발견, 자기헌신, 경건생활, 구원의 추구가 일어난다.[873] 제자들은 "삶은 죽음을 통해서만 깨어난다"(Nur durch das Sterben bleibt das Leben wach)는 희생의 논리가 말하는 것처럼 어부로서의 평범한 자신들의 삶을 놀라울 정도로 뒤집어 놓은 사건인 "경악하게 하는 것"에 반응한 것이다. 이것은 이러한 누미노제의 주인공이신 나사렛 예수에 대한 사랑과 헌신으로 나타난 것이다. 시몬 베드로와 동료 어부들에게 예수로부터 온 영향력에 의하여 마음속에 회심이 일어났으며, 그리고 이들은 예수의 제자가 된 것이다.

제자들은 처음부터 기자들의 기사처럼 예수의 말씀을 기록하거나 인물에 대해 중립적으로 관찰하지 않았다. 시간이 지나가고 저들이 늙어가면서 이 귀한 인물과 구원 사실을 기록해야 한다는 절실한 필요성이 인식되면서 나중에서야 비로소 이 예수에 관한 일을 기록하게 되었고, 이러한 예수는 전승을 통하여 기억된 예수다. 이처럼 역사

---

[872] Rudolf Otto, *Das Heilige. Über das Irrationale in der Idee des Göttliche und Sein Verhältnis zum Rationalen*, München: C. H. Beck Verlag, 1963, 13-37; 김영한, 기독교 신앙개설, (서울: 형설출판사, 1995), 81-85.

[873] Carl Heinz Ratschow, *Von der Religion in der Gegenwart*, (Kassel: Johannes Stauda Verlag, 1972), 15.

적 예수 연구에는 중립적인 역사적 지성이 아니라, 즉 이러한 신앙적인 전기(傳記)를 쓴 저자들의 신앙적 체험에 대한 무관심한 읽기가 아니라, 공감적인 참여(empathetic participation)의 태도로써 역사적 예수에 대하여 성찰해야 하는 것이다.

2) 문자적 패러다임을 버리고 구전적 패러다임 소유하기

둘째, 논구자들은 문자적 패러다임을 버리고 구전적 패러다임을 가지는 것이 필요하다. 던이 천명하는 것처럼 역사적 예수의 최초 전승 과정은 문자적 과정이 아니라 구두적 전승과정이라는 사실을 받아들이는 것이 필요하다.[874] 불트만을 비롯하여 오늘날 "예수 세미나" 같이 극단적 역사비평학자들은 예수전승을 단지 문자적 전승의 과정으로 이해하여 전승 층을 벗기고 들어가 최초의 층을 찾아내고자 하였다. 슈미탈스는 공관복음 전승이 처음부터 문자적이었다고 주장하며, 엘리스도 초기의 구두전승 단계가 있었다는 것에 대해 의심한다.

그러나 예수 시대는 문서문화 시대가 아니라 구전문화 시대라는 것을 염두에 두어야 한다. 예수 시대 팔레스타인에서 문자사용 능력을 가진 사람은 아마도 10% 미만이었으며, 로마 통치 하의 팔레스타인에서는 아마도 3%정도가 문자를 해독할 수 있었다.[875] 고위직 관원,

---

874 Jaems D. G. Dunn, *A New Perspective On Jesus*, 『예수님에 대한 새 관점』, 65.
875 W. V. Harris, *Ancient Literacy* (Cambridge, MA: Harvard University Press, 1989); M. Bar-Ilan, "Illiteracy in the Land of Israel in the First Centires CE," in *Essays in the Social Scientific Study of Judaism and Jewish Society*, ed. S. Fishbane & S. Schoenfeld (Hoboken, NJ: Ktav, 1992), 46-61; C. Hezser, *Jewish Literacy in Roman Palestine* (Tübingen: Mohr Siebeck, 2001); James D. G. Dunn, "예수를 기억하며: 어떻게 역사적 예수 탐구는 길을 잃었는가?", in: 『역사적 예수 논쟁』, 309-310.

제사장, 서기관, 바리새인이 문자를 해독할 수 있는 10%의 상당부분을 차지한다는 것을 감안한다면 그 시대가 구두문화 시대라는 것을 추정할 수 있다. 따라서 당시 토라 지식은 대다수 사람들에게 귀로 들음을 통해서 습득되었고, 예수의 제자들 중에서도 세리 출신인 마태를 제외하고는 대다수가 기능적으로 문맹이었을 것으로 추정할 수 있다. 마태가 예수의 가르침을 기록하였을 가능성은 있다. 그러나 예수전승의 초기 전승은 글이 아니라 말로 이루어졌다는 것은 의심의 여지가 없다.[876] 그러므로 던이 지적한 대로 소위 진정성 있는 단일 원본을 추적하는 것은 잘못된 방향 설정이다.[877] 구두전승의 중요한 특징이란 문서의 초판에 해당하는 원본이 없다는 것이다. 예수전승에 다양하고 유동적 형태가 존재하는 것은 구두전승의 특징이다.[878]

3) 유대교 맥락의 특징적인 예수 찾기

셋째, 제3 탐구 학자들이 주장하는 바와 같이 유대교와 다른 독특한 예수가 아니라 유대교 맥락의 특징적인 예수를 찾아야 한다.[879] 제1 탐구와 제2 탐구 학자들은 역사적 예수를 유대교의 개혁자가 아니라, 비유대적인 인물로 상정하여 유대적 관습과 미신의 낡은 의복으로부터 순수한 종교의 영을 해방한 인물로 제시하는 자유주의 예수상의 독특성에 매몰되어 있음으로 해서 성경과 복음서와는 전혀 다른 생

876　James D. G. Dunn, *A New Perspective On Jesus*, 『예수님에 대한 새 관점』, 108.
877　James D. G. Dunn, "예수를 기억하며, 어떻게 역사적 예수 탐구가 길을 잃었는가?", 315.
878　James D. G. Dunn, "예수를 기억하며, 어떻게 역사적 예수 탐구가 길을 잃었는가?", 314.
879　James D. G. Dunn, *A New Perspective On Jesus*, 『예수님에 대한 새 관점』, 75, 76.

소한 자유주의적 예수를 만들어내고 있다.

　이에 반하여, 유대교 맥락에서 역사적 예수는 찾는 것은 갈릴리에서 자라나고 전형적인 갈릴리 유대인다움에서 출발하는 것이다. 방법론적으로 예수가 유대인이라는 전제를 가지고 출발하는 것은 불트만 학파에 의해 주로 사용되는 방법론인 벗겨내고 피하는 것으로 출발하는 것보다 우월한 방법론이다. 벗겨내고 피하는 것의 결론이 역사적 예수의 불가지론이기 때문이다.

　특징적인 예수의 추구는 제2 탐구가 추구한 것처럼 특정한 하나의 말씀에 의존하지 않고 예수에 의해 만들어진 전반적 인상을 나타낸다.[880] 이 유대교에 특징적인 예수의 모습은 ㉠ 할례를 받음, 쉐마(the Shema) 암송, 토라 존중, 회당 참석, 성전 정결, 안식일 지킴, 토라 교육받음, ㉡ 갈릴리의 호수와 주변 마을에서 사역, 바리새인과의 대화와 논쟁, 격언과 농경과 갈릴리 농경과 사회 상황(부유한 지주, 부재지주(不在地主)에 대한 분노, 재산을 관리하는 청지기의 착취, 유산에 대한 가족 불화, 빚, 일당 노동자 반영)과 관련된 비유, 모셀(mosel, 전형적 비유)과 메샬림(mesalim, 핵심을 찌르는 말씀들)으로 가르치심 ㉢ 하나님의 왕적 통치인 하나님 나라가 설교 주제 ㉣ "인자", "아멘" 용어 사용 ㉤ 귀신추방자 등[881]이다.

880　James D. G. Dunn, *A New Perspective On Jesus*, 『예수님에 대한 새 관점』, 84.
881　James D. G. Dunn, *A New Perspective On Jesus*, 『예수님에 대한 새 관점』, 85-93.

4) 성경 실재론적인 입장

넷째, 성경 실재론적인 입장은 사복음서에서 역사적 예수를 이해하는데 도움이 된다.

저자는 이미 19세기 독일의 튀빙엔 대학교의 경건주의 신학자 아돌프 쾨벨러(Adolf Köberle)가 제안한 것처럼 성경에 대한 접근에 있어서 성경적 실재론(biblischer Realismus)의 입장을 취한다.[882] 이는 성경이 우리에게 보고해주는 대로 수용하는 신앙적 입장이다. 그것은 복음서가 증거해주는 역사적 예수전승에 대해서도 복음서 저자들의 입장을 신뢰를 가지고 전적으로 수용하는 입장이다.

그러나 저자는 이러한 성경적 실재론이 비판적 해석을 도외시하는 나이브한 실재론(naive realism)의 입장이 아니라 해석학적으로 사용하고자 한다. 저자가 제안하는 해석학적인 실재론이란 모든 존재는 인간이 이해하는 한에 있어서 존재한다는 것이다. 이런 면에서는 가다머(Hans-Georg Gadamer)의 해석학적 존재론의 기본 착상을 비판적으로 수용한다. 그러므로 존재 인식에 있어서 비판적 입장을 갖는다. 즉, 성경 외에 다른 문서 연구를 배제하거나 온건한 학문적 비평을 도외시하는 것은 아니다. 역사적 예수를 이해하는 데 있어서도 이러한 해석학적 입장에서 접근한다는 것이다. 우리의 편견과 오해에 대하여, 그리고 신빙성을 결여한 역사적 문서에 대해서 비판적 입장

---

882 Adolf Köberle, *Biblischer Realismus. Beiträge zum Universalismus der Christlichen Botschaft*, R. Brockhaus Verlag Wuppertal 1972, 5-19; *The Quest for Holiness: A Biblical, Historical, and Systematic Investigation*, Translated by John C. Mattes, D. D. Ballast Press 1999, xv.; G. Müller (Hrsg.), *Rechtfertigung, Realismus, Universalismus in Biblischer Sicht. Festschrift für Adolf Köberle zum Achtzigsten Geburtstag*. Darmstadt, 1978.

을 견지한다.

영지주의 문서 등, 초기 기독교가 이단적인 것으로 간주한 문서들을 배제하고 정경 문서와 그 외 비기독교적 역사적 문서들에 대한 고고학적 연구를 수용한다. 성경에 대한 극단적인 비평을 수용하지는 않으나, 현대문학의 비평적 방법을 최대한 긍정적으로 수용하고 성경 이해에 적용하고자 하는 것이다. 그러므로 문학적 방법, 수사비평 등을 신학적 관점 아래서 긍정적으로 수용한다. 역사적 연구를 방기(放棄)하는 것이 아니라, 역사로서의 성경에 대하여 신앙의 지성을 가지고 겸손히 성경의 증언을 경청하는 것이다.[883]

성경 실재론은 우리의 신앙과 지성이 성경을 읽고 이해하는 한에 있어서 해석학적 실재론의 입장을 견지한다. 이러한 입장은 성경이 증거하는 해석의 영인 성령의 조명과 인도하심을 성경 읽기와 연구에 개방하는 것이다. 역사적 예수에 대한 해석학적 실재론이란 사복음서를 우리가 이해한 만큼 역사적 예수는 우리에게 역사적 실재로서 다가온다는 것이다. 이러한 이해는 중립적인 역사 실증적인 지식이 아니라, 신앙적 공감(fideic empathy)이 들어간 인격적인 지식을 말한다. 여기에는 역사적 예수를 베드로나 도마가 고백한 것처럼 "주", "하나님"이라는 인격적 만남을 전제하는 것이다. 베드로는 가이사랴 빌립보에서 예수에 대하여 "주는 그리스도요 하나님의 아들"이라는 인격적인 고백을 하였다: "주는 그리스도시요 살아 계신 하나님의 아

---

[883] 김영한, "성서 해석학을 위한 기독교적 현상학적 길", 2004. 12. 13. http://blog.naver.com/sosin279/8367151; in: 『기독교신앙개설: 현대지성인을 위한 기독교신앙입문』, 완전개정판, 형설출판사, 1995, 383-390.

들이시니이다"(마 16:16). 도마는 부활하신 예수가 제자들 가운데 나타났을 때 현장에 없었기 때문에 "내가 그의 손의 못 자국을 보며 내 손가락을 그 못 자국에 넣으며 내 손을 그 옆구리에 넣어 보지 않고는 믿지 아니하겠노라"(요 20:25)고 불신을 표명하였다. 예수께서 도마에게 나타나셔서 "네 손가락을 이리 내밀어 내 손을 보고 네 손을 내밀어 내 옆구리에 넣어 보라 그리하여 믿음 없는 자가 되지 말고 믿는 자가 되라"(요 20:27)고 말씀하시자 도마는 예수께 "나의 주님이시요 나의 하나님이시니이다"(요 20:28)라는 신앙고백적 말을 한다.

성경적 실재론은 해석학적 실재론으로서 성경의 저자들이 역사적 예수를 체험한 것에 대한 기록을 제자들의 체험으로서 해석학적으로 받아들이는 것이다. 여기서 역사적 예수는 제자들의 신앙적 체험으로 이해되는 한에 있어서 우리들에게 해석되고 이해되는 것이다. 그러므로 성경적 실재론을 해석학적 실재론이라고 말한다.

V. 권위 존중의 실재론

영국의 기독교 변증가 루이스(C. S. Lewis)가 그의 저서 『순전한 기독교』(Mere Christianity)에서 밝힌 성경의 권위에 입각한 실재론도 저자가 제안하는 성경적 실재론의 방향을 제시해준다. 그는 예수가 하나님의 아들이었다는 사실을 믿는 이유는 역사적 교회가 믿어 왔으며 근원적으로는 예수의 권위에 입각하기 때문이라고 말한다: "내가 예수가 하나님이었다고 (그리고 지금도 하나님이라고) 믿는 이유는 이미 설명한 바 있다. 그가 자기를 따르는 제자들에게 새 생명이 이와 같은 방식으로 전달된다고 가르친 것은 역사적 사실이니만큼 명백한 일이라고 할 수 있다. 다시 말해서 나는 그렇게 말한 예수의 권위에 입각하여 이것을 믿는다."[884] 루이스는 성경을 정경으로 믿고 성경이 증언하는 역사적 예수의 권위를 믿으며, 그래서 그의 말씀이 진리라고 믿는다. 이것이 그가 말하는 권위 존중의 실재론이다.

정통 기독교의 변증 사상가인 루이스는 일반인들이 인정하는 권위는 합리적인 것이어서 그것을 받아들이는 것은 적절하다고 본다. 그는 이에 대해 다음과 같이 피력한다: "권위라는 말에 질겁할 필요는 없다. 권위에 입각하여 어떤 것을 믿는다는 것은, 믿을 만한 사람의 말이므로 믿는다는 뜻에 지나지 않으니까. 사실 여러분이 믿고 있는 사실들의 99%는 모두 권위에 입각해서 믿는 것들이다." 루이스는 이를 그가 직접 눈으로 보지 못한 뉴욕이란 도시를 예를 들어 설명한다: "나는 뉴욕이라는 곳이 있다는 사실을 믿는다. 그러나 뉴욕을 내 눈으로 본 적은 한 번도 없다. 그런 곳이 틀림없이 존재한다는 것을 추상적인 추론을 통해서는 입증할 수 없다. 그런데도 뉴욕의 존재를 믿는 것은 신뢰할 만한 사람이 그렇게 말해주었기 때문이다."[885]

루이스는 더 나아가 과학적 사실이나 역사적 사실, 또는 수학적 진리조차도 증명하여 믿는 것이 아니라 권위에 입각하여 받아들인다고 말한다: "평범한 사람들은 권위에 입각하여 – 즉, 과학자들이 그렇게

---

[884] C. S. Lewis, *Mere Christianity*, Geofrey Bles, 1952; 장경철, 이종태 역, 『순전한 기독교』, 홍성사, (2001), 2015. 108-109.

[885] C. S. Lewis, *Mere Christianity*, 『순전한 기독교』, 109.

말하기 때문에 - 태양계와 원자와 진화와 혈액순환 따위를 믿는다. 세상의 역사적 진술들도 모두 권위에 입각해서 믿는 것이다. 우리 중에 노르만 정복 사건을 직접 본 사람은 아무도 없다. 수학에서 무언가를 증명하듯이 순전히 논리를 통해서 그 사건을 증명할 수 있는 사람도 없다." 1066년 정복왕 윌리엄(William the Conqueror)에 의한 노르만 정복(Norman Conquest)은 영국 역사의 진로에 결정적 영향을 미치게 된다. 생존한 앵글로색슨 귀족들은 윌리엄에게 자발적으로 자신들의 지위와 권력을 양도함으로써 목숨을 부지할 수 있었다. 이 사건을 계기로 영어는 고대 영어의 게르만적 성격을 많이 상실하고 로맨스어의 체취를 갖는다. 루이스에 의하면 오늘날 누구도 이러한 노르만인들의 정복 사실을 보지는 않았으나 역사적 문서와 전승이 전해주기 때문에 후예들은 그 권위를 그대로 수용한다는 것이다. 루이스에 의하면 이렇게 전통이 전해준 권위를 받아들이는 근본 이유는 이 전통을 전해준 사람들의 기록이 신실하다는 신념이 있기 때문이다: "그런데도 그런 일이 있었다고 믿는 것은 그 일을 목격한 사람들이 거기에 관한 기록을 남겼기 때문이다. 즉, 권위에 입각해서 믿는 것이다."[886]

이에 부가해서, 루이스는 종교의 권위를 받아들이지 못하는 사람들에게 다음과 같이 경고한다: "종교의 권위를 선뜻 받아들이지 못하듯이 다른 영역에서도 권위를 받아들이지 못하는 사람은 한평생 아

---

[886] C. S. Lewis, *Mere Christianity*, 『순전한 기독교』, 109.

무엇도 모르는 채 살아야 할 것이다."[887]

VI. 해석학적 실재론으로서의 성경적·성령론적 실재론

1. 해석학적 실재론은 역사적 실증주의가 아니다.

성경적·성령론적 실재론은 해석학적 용어로 표현한다면 성경에 대한 해석학적 실재론(interpretative realism)이다.[888] 우리는 역사적 예수를 이해하는 데 있어서 성령의 인도하심 안에서 성경(사복음서)을 해석하는 방식으로 성경적 실재를 만난다는 것이다. 이런 해석학적 사고는 던이 언급하는 바와 같이 역사적 자료(data)와 사실(facts)로서의 해석(interpretation)은 연결되어 있으나 구분되어야 한다[889]고 본다. 근본주의자들이 말하는 바와 같이 자료와 사실을 그대로 동일시하는 것은 역사적 이성을 포기하는 것으로서 나이브(naive)하다. 그리하여 역사적 예수에 달라붙은 흙과 후기 층들(later strata)을 벗겨내고 원시적이고 실제적인 예수의 모습을 그대로 드러내려고 한다. 이는 역사적 실증주의적 사고다. 역사적 실증주의는 예수를 하나의 역사적 유

---

887 C. S. Lewis, *Mere Christianity*, 『순전한 기독교』, 109.
888 김영한, "기독교 인식론으로서 해석학적 실재론", 「기독교철학」 제 9호, 2009년 12월, 1-19.
889 James D. G. Dunn, 대럴 복의 논문에 대한 논평, 『역사적 예수 논쟁』, 440.

물이나 골동품처럼 역사적 문서를 통하여 실증하고자 한다.

역사적 실증주의는 고고학적 발굴과 증명을 우선시하면서, 자료에 대한 해석, 즉 인격적 이해와 교감은 등한시한다. 다시 말해, 역사적 실증주의는 해석학적 측면, 즉 신앙적 측면을 도외시하고 있는 것이다. 신앙적 측면을 도외시한 역사적 문서는 우리들에게 복음서의 진정한 모습을 전달해주지 못한다. 그러므로 이러한 실증주의 사고를 극복하기 위해서는 해석학적 사고가 도입되어야 하는데, 이것은 역사적 문서에 대한 신앙적 해석의 차원의 일로 필요불가결한 일이다. 왜냐하면 성경은 한편으로는 역사적 문서이기는 하나, 다른 한편으로는 신앙적 문서이기 때문이다. 우리는 이 두 가지가 성경 저자 안에서 불가분적으로 연결되어 있다는 사실을 인정하는 것이 필요하다.

2. 해석학적 실재론은 성경에 대한 해석학적 성찰(네 가지 요소)을 핵심으로 한다.

해석학적 실재론은 성경 해석에 있어서 다음 네 가지 요소를 중요시한다.

첫째, 사복음서는 역사적 문서이다. 역사적 문서로서 사복음서는 역사적 예수에 대한 전기(傳記)적 요소를 담고 있다. 제1 논구는 역사적 예수에 대한 실제적 모습에 대하여 연구자의 다양한 이념을 투영시켜 다양한 모습을 그려내었고, 불트만 학파의 무(無)논구는 역사적 예수의 실제 모습에 대하여는 불가지론에 머물렀으며, 제2 논구는 케리그마에 파묻혀 있는 역사적 예수전승을 발견하고자 했으나 실패하고 말았다. 이어진 "예수 세미나"의 논구는 제1 논구처럼 신자유주의적 논구의 수렁에 빠져들었으나, 이에 반해서 역사적 예수에 대한 제3 논구는 역사적 예수에 대한 상당한 특징을 확보했으며, 복음주의자들은 사복음서에 나타난 초기 예수전승의 거대한 부분을 복권시켰다.

역사적 문서로서 성경은 철저히 역사적 연구의 대상이 되어야 한다. 역사주의자들은 역사적 예수를 마치 역사를 통해서 고고학적 유물처럼 다루려고 하는데, 성경을 역사적인 유물로서 다루려고 하는 것은 역사적 실증주의다. 성경은 하나님의 말씀으로 원본은 존재하지 아니하며, 다양한 사본으로 우리에게 주어져 있는 것으로서 마술적인 힘을 지닌 부적(符籍)이 아니다. 역사적 문서로서 성경은 우리의 역사적 연구 테두리 안에서 그 사실적 진리를 드러내 준다. 그리고 해석학적 실재론에서 드러나는 사실은 "굳건한 사실(hard facts)이긴 하지만 역사적 개연성(historical probability)만을 산출한다. 특정 상황 하에서 어떤 사건이 일어났을 개연성은 자료의 질과 탐구가의 관점에 따라 커질 수도 있고 작아질 수도 있다. 그리고 앞으로의 새로운 자료의 발견에서 그 사실과 개연성이 전혀 달라질 수도 있다. 성경은 역사적 문서로서 앞으로도 우리에게 새로운 역사적 자료들의 발굴로 인해 그 의미와 배경의 새로운 측면은 드러날 수 있다.

둘째, 사복음서는 역사적 예수에 대한 신앙적 문서다. 그러므로 역사적 예수 연구에는 신앙이 반드시 필요하다. 여기서 신앙이란 지식을 무시하는 소박한 맹목적 신앙이라기보다는 초월적으로 다가오는 신적 현상에 대해 열린 마음으로 경청하는 태도를 말한다. 저자는 역사주의적 한계를 극복하기 위해 해석학적 성찰을 중요시하는 해석학적 실재론(hermeneutic realism)을 제시하는 것이다. 성경은 역사로서의 성경이나 동시에 신앙으로서 성경이다. 신구약 성경에는 역사와 신앙이 서로 불가분적으로 연결되어 있다. 역사와 신앙을 연결시키는 것은 성령의 인도와 조명을 받는 신앙적 지성이다.

역사적 예수 그 자체는 하나님만이 아니다. 우리는 신앙 안에서 성경과 사복음서를 통해서 복음서 저자들이 우리에게 전승해준 역사적 예수를 만나는 것이다. 역사적 예수는 우리에게 다가오는 신앙과 역사가 결합한 방식으로 다가오는 것이다. 신앙 없는 순수한 역사란 실증주의 역사로서 존재하지 않는다. 모든 역사는 사건으로 엮어진 과정이며 이 과정은 보는 모든 사람들에게 해석되어지는 해석의 역사다. 성경은 하나님의 영의 사역 속에서 오늘도 신앙적 지성을 가진 자들에게 하나님 말씀으로 다가온다. 이것이 성령론적 해석학적 실재론이다.

셋째, 성경에 대한 바른 이해를 위해서는 성경의 저자들에게 조명한 성령의 조명이 독자들에게도 필요하다. 우리에게 필요한 것은 역사적인 자료(data)와 군건한 사실들(hard facts)에 대한 지식이 아니라, 오히려 자료의 신빙성과 그 자료들로부터 도출된 해석의 진실성에 대한 확신과 신뢰다. 이러한 주관적인 차원에서 해석의 영이신 진리의 성령의 내면적 조명과 확증은 연결되어진다.

이러한 성령론적 접근은 반드시 "순수한 의미에서 비판적 연구"를 배제하지는 않는다. 여기서 "비판적"이란 19세기 계몽주의자들이 시도하는 전통과 권위에 대한 무조건적 거부나 평가절하를 뜻하는 회의주의적 사유나 오만한 이성주의가 아니라, 역사적으로 신뢰할 만한 사실을 얻기 위하여 모든 유효한 자료들을 신중하게 좌우 맥락에 따라서 조사하고 미신적 편견과 불신앙적 억측과 혼합주의적 자료들을 배제한다는 것을 뜻한다.[890] 이러한 의미에서 해석학적 실재론은 근본주의적이나 비평주의적 자유주의를 거부하고, 성령의 인격적인 인도하심과 가르침에 경청한다. 이것이 성령론적 해석이다.

넷째, 바른 성경 읽기는 거룩한 독서(lectio divina)다. 성령론적 해석에는 기도와 묵상이 성경을 읽는 데 적용된다. 교부들이 말한 거룩한 독서[891]가 여기에 적용되는 것이다. 거룩한 독서란 해석자의 중립적·이성적 성찰 위주의 성경 읽기가 아니라, 경청하면서 말씀으로 다가오시는 하나님을 인격적으로 만나는 것이다. 이것이 바로 성령론적 해석(pneumatic interpretation)이다. 이러한 성령론적 읽기의 핵심은 성경을 단지 독서와 비평의 대상이 아닌 말씀하시는 하나님의 음성으로서 인격적으로 대면한다는 것이다. 이러한 인격

---

890 James D. G. Dunn, 대럴 복의 논문에 대한 논평, 『역사적 예수 논쟁』, 442.
891 렉시오 디비나(Lectio Divina, 거룩한 독서)란 고대 수도승들, 교부들이 행했던 특별한 수행 방법으로 이들이 하나님과의 진정한 내적 만남을 가능케 하는 중요한 수행 방식이었다. 렉시오 디비나의 네 가지 단계-독서, 묵상, 기도, 관상-는 수도자들뿐 아니라 보통 사람들의 삶에도 필요한 영적 단계인 것 같다. ① 독서(read): 성경에 모든 관심을 집중하여 주의깊게 하느님의 말씀을 읽고 듣는 단계이다. 여기에서 독서는 렉시오 디비나로 행하는 성스러운 독서를 의미한다. 성경을 머리가 아닌 순수한 마음으로 읽는 수행이다. 이런 독서는 자연스럽게 묵상과 기도로 향하며 최종적으로 하나님과의 일치로 나아가게 한다. ② 묵상(meditate): 묵상은 "씹어 분해하는" 단계이다. 영혼은 묵상을 통해 그것이 얼마나 감미로운 것인가를 추론하게 된다. 어원적으로, 라틴어 meditari(묵상하다)는 그리스어 meletan(하나님의 말씀을 내면으로 받아들인다)에서 왔다. 고대 수도자들은 내적으로 말씀을 복잡하게 숙고하는 것이 아니라 눈으로 본 것을 입술로 소리 내어 읽고 듣는 수행을 하였다. ③ 기도(pray): 말씀의 심오한 신비를 조금씩 깨닫고 우리 마음이 하나님께로 들어 올려지게 되는 단계이다. 특히, 반추기도란 것이 있는데, 이는 반추동물이 네 개의 위를 통해 음식을 여러 번 씹어 분해하는 것처럼 수도자들이 성경의 말씀을 소리내어 읽고 들으며, 그 말씀을 기억에 간직해 두었다가 일터에서, 혹은 혼자 산책을 하거나 기도할 때 그 말씀을 상기해내어 그것을 다시 천천히 되씹고 자신의 것으로 만드는 수행을 말한다. ④ 관조(觀照, contemplate): 하나님의 특별한 축복을 받는 단계이다. 전통적으로는 관상(觀想)이라고 하나 개신교에서는 이 용어를 잘 쓰지 아니함으로 저자는 이 단계를 관조(觀照)라고 부르고자 한다. 이것은 인간의 노력이나 공로로 주어지는 것이 아니라, 오직 하나님의 은총으로만 가능하다. 성령의 조명(照明)과 감동과 인도하심과 보여주심과 깨닫게 하심이 렉시오 디비나의 절정이다.

적 대면 속에서 말씀의 사건(Wortgeschehen, 에벨링) 내지 언어사건(Sprachereignis, 푹스)이 야기된다. 이 언어사건은 단지 지성적 지식만을 얻는 것에 그치지 않고, 인격적으로 다가와서 인격을 변화시키는 살아 움직이는 인격 변화의 사건(Veränderungsgeschehen)을 말한다.

그러므로 20세기의 제2 탐구학자들이 추구한 바와 같은 객관적이며 역사적인 최초의 원본으로서의 객관적 역사적 예수는 존재하지 않으며, 그것에 접근하는 것은 신화적 시도가 된다. 이러한 역사적 예수는 ㉠ 부활신앙 이후에 초대교회가 고백한 예수와는 상당히 거리가 먼 예수상이다. 초대교회가 고백한 역사적 예수는 갈릴리로부터 시작된 자신의 사역의 시작에서부터 제자들에게 신앙을 불러일으키시고 그들로 하여금 자신들의 생을 바쳐 하나님 나라에 헌신하도록 부르셨다. ㉡ 역사적 예수의 사역과 말씀에 대한 전승은 그의 십자가 죽음과 부활이 경험되기 이전에 이미 다양한 구두전승을 통하여 제

렉시오 디비나 수행을 충실히 하면, 우리도 어느 날 하나님과의 깊은 일치를 맛보는 관상의 높은 경지에 이르게 될 것이다. (James Wilhoite & Evan B. Howard, *Discovering Lectio Divina: Bringing Scripture into Ordinary Life*, IVP, 2012; 홍병룡 옮김, 『렉시오 디비나: 거룩한 독서의 모든 것』, 아바서원, 2016; 허성준, 『수도 전통에 따른 렉시오 디비나』, 분도출판사, 2011). 저자는 관조라는 용어를 사용하며 만일 관상이란 용어를 반드시 사용해야 한다면 능동적 관상보다는 수동적 관상을 추구한다. 능동적 관상은 주관적 상상력이 강조되면서 종교적 상상력으로 빠질 위험성이 있기 때문이다. 이에 반해서 수동적 관상은 말씀을 읽을 때 성령이 조명해 주는 것을 수동적으로 보는 것을 말한다. (김영한, 『영적 분별: 개혁신학의 관점에서 본 성령과 사탄에 의한 영적 현상의 공통점과 차이점, 용인: 킹덤북스』, 2014. 161-165). 부가적으로, 저자는 렉시오 디비나에 하나를 첨가하고 싶다. 그것은 삶에서의 성령의 인도하심을 쫓으면서 주신 말씀의 실천이다. ⑤ 실천(practice): 읽고 경청하여 은혜로 받은 말씀을 일상적인 삶 속에서 적용하고 실천한다. 실천이란 삶 속에서의 적용이다. 이 실천에는 노동을 통한 나눔과 순종과 섬김이 실천되어야 한다. 물질 사용에 있어서 풍요를 누리기보다는 소박함(simplicity)으로 이루어지는 청빈(honest poverty), 욕망을 날마다 말씀과 성령 안에서 승화(昇華)시키는 성결(sanctification)을 추구해야 한다. 칭의는 거룩한 삶으로 열매를 맺어야 한다. 칭의는 매일의 성화의 삶 속에서 자기 죽이기(mortification)와 자기 살리기(vivification)의 순종과 섬김의 제자직을 수행하는 것이다.

자들 사이에 널리, 그리고 지속적으로 전승되어졌다. ⓒ 그리하여 복음서는 제자들에게 끼친 역사적 예수의 신앙적 영향에 대하여 명료히 알려주고 있다.[892]

이러한 특징적 예수상은 20세기 불트만의 역사적 예수의 불가지론과 그의 제자들의 최초의 역사적 예수에 대한 원본적 증거라는 실증주의적 증명의 짐에서 역사적 예수를 해방시켜주는 것이다.

3. 복음서 내러티브는 이러한 해석학적 실재론적 성경 읽기의 구체적인 방식이다.

복음서에 대한 정통신앙에 적합한 읽기와 관련하여, 영국 성 앤드류 대학교 신약학 교수 리처드 보캄이 지적하는 바와 같이 미국 남침례교 신학대학교 신약학 교수 조나단 페닝턴(Jonathan T. Pennington)이 제안한 복음서 내러티브 읽기는 오늘날 극단적인 역사비판 방식의 성경 읽기의 오류를 극복해주는 하나의 좋은 제안이라고 볼 수 있다. 페닝턴은 복음서를 역사적 예수의 전기(傳記)로 보면서도 복음서에서 보여지는 제자 공동체가 지닌 신앙과의 밀접한 관계 속에서 읽고자 한다. 사복음서를 역사와 신학으로 읽으며, 정경 내지 신학만을 선호해서 역사를 소홀히 취급하지도 않는다. 사복음서 그 자체 관점에서 하나의 내러티브 전체로 장엄한 성경의 메타-내러티브(meta-

---

892 C. H. Dodd, *The Founder of Christianity* (London: Collins, 1971), 21-22; James D. G. Dunn, *A New Perspective On Jesus*, 『예수님에 대한 새 관점』, 92-93.

narrative)의 절정으로 읽기를 요청하는 것이다.[893]

특히, 그의 접근의 독특한 점은 복음서를 역사적이고 신학적인 것으로 간주하면서, 동시에 그리스도인의 덕과 제자도에 관한 저서로 읽고자 한다는 것이다. 페닝턴에 의하면 복음서들은 "덕목-형성적(virture-forming) 성격"[894]을 지닌다: "우리의 정경복음서들은 신학적이고, 역사적이며, 신적인 기적들의 이야기에 관한 (덕목-형성적인) 전기적인 내러티브로서 성령의 역사를 통해 하나님의 다스림을 회복시키는 분이신 예수 그리스도의 이야기를 다시 들려주고, 이 예수 그리스도의 중요성을 선호하는 내러티브들이다."[895] 복음서의 신학적이고, 증언적이며, 전기적인 성격을 확인하는 것은 역사적 예수를 이해하는 데 필수불가결하다. 복음서의 예수는 한 소설의 인물이나 신화적 인물이 아니라, 인간 역사 한 가운데 하나님의 말씀이 인간이 되셔서 인간의 신체성 안에서 인간과 더불어 사셨고 인간의 질병과 죄와 갈등과 불화를 몸소 체험한 하나님의 아들이기 때문이다: "우리에게 있는 대제사장은 우리의 연약함을 동정하지 못하실 이가 아니요 모든 일에 우리와 똑같이 시험을 받으신 이로되 죄는 없으시니라"(히 4:15).

복음서를 이러한 전기적·신학적인 증언의 책으로 읽을 때 독자인 우리들은 이 증언이 요구하는 대로 우리의 허물과 욕심과 아집과 독선에서 벗어나 그리스도의 제자가 되는 것이다. 복음서는 하나님

---

893 Richard Bauckham, "추천사 2," in Jonathan T. Pennington, *Reading The Gospel Wisely: A Narrative and Theological Introduction*, (Grand Rapids, MC.: Baker Publishing Group, 2012); 유호영 역, 『복음서 읽기』, CLC, 2015, 9.

894 Jonathan T. Pennington, *Reading The Gospel Wisely*, 『복음서 읽기』, 471-505.

895 Jonathan T. Pennington, *Reading The Gospel Wisely*, 『복음서 읽기』, 472.

의 말씀으로 우리의 심령의 허물과 죄를 지적하고 우리의 추함을 드러내는 것이다: "하나님의 말씀은 살아 있고 활력이 있어 좌우에 날선 어떤 검보다도 예리하여 혼과 영과 및 관절과 골수를 찔러 쪼개기까지 하며 또 마음의 생각과 뜻을 판단하나니, 지으신 것이 하나도 그 앞에 나타나지 않음이 없고 우리의 결산을 받으실 이의 눈 앞에 만물이 벌거벗은 것 같이 드러나느니라"(히 4:12-13).

우리는 예수를 우리의 구주요 메시아로 믿음으로써 그 안에서 새로운 존재가 되는 것이다: "그런즉 누구든지 그리스도 안에 있으면 새로운 피조물이라 이전 것은 지나갔으니 보라 새 것이 되었도다"(고후 5:17). 복음서를 하나님의 말씀으로 읽을 때 우리는 역사적 예수를 나와 우리의 구주요 메시아로 인격적으로 만나며, 새로운 인간으로 새로운 덕성과 성품으로 변화되는 것이다. 페닝턴은 이 사실을 다음과 같이 설득력 있게 설명하고 있다: "신학적(theological)이고, 증언적(testimonial)이며, 전기적(biographical)인 역사서로서의 복음서들의 성격은 어떤 주장을 천명하며 우리로 하여금 그리스도를 믿고 신뢰하고 따르도록 요청하고 있다. 복음서들의 목적은 단순히 정보(information)가 아니라, 예수 그리스도 안에서 하나님은 우리에게 누구이신가에 대한 증언, 보다 정확히 말해서 부활 이후 관점의 증언을 통한 근본적인 변화를 일으키는 것이다."[896]

저자는 이러한 페닝턴의 관점을 오늘날 역사적 예수를 접근하는데 요청되는 해석학적 성찰의 적용이라고 평가하며 여기에 성령론적 관

---

896 Jonathan T. Pennington, *Reading The Gospel Wisely*, 『복음서 읽기』, 472.

점을 첨부하고 싶다. 페닝턴이 강조하는 덕목-형성적 관점은 성령의 해석학적 조명을 통해서 독자들에게 내면적으로 주어지며, 이러한 그리스도의 덕과 제자도란 성령의 내면적이고 성화적인 역사의 결실로 이루어진다고 말하고 싶다. 덕목-형성적 관점은 날마다 그리스도를 본받는다는 점에서 오늘날과 같이 칭의만 강조되고 그리스도인들에게 요구되어야 할 성화의 부재의 시대에 다시 한 번 요청되는 성경 읽기 방법이다. 우리는 구원의 기쁨(칭의)에만 머무는 것이 아니라 날마다 하나님의 형상인 진정한 인간의 모습을 순수 보여주신 그리스도의 모습을 날마다 실천(성화)해나가야 한다.

4. 성령론적 성찰은 복음적 내러티브를 역동화시킨다.

사도 바울은 빌립보 성도들에게 그리스도의 마음을 품으라고 권면하고 있다: "너희 안에 이 마음을 품으라 곧 그리스도 예수의 마음이니"(빌 2:5). 초대교회의 그리스도 찬가(Christus Hymnus)는 역사적 예수의 삶을 요약하여 찬미하고 있다: "그는 근본 하나님의 본체시나 하나님과 동등됨을 취할 것으로 여기지 아니하시고, 오히려 자기를 비워 종의 형체를 가지사 사람들과 같이 되셨고, 사람의 모양으로 나타나사 자기를 낮추시고 죽기까지 복종하셨으니 곧 십자가에 죽으심이라. 이러므로 하나님이 그를 지극히 높여 모든 이름 위에 뛰어난 이름을 주사, 하늘에 있는 자들과 땅에 있는 자들과 땅 아래에 있는 자들로 모든 무릎을 예수의 이름에 꿇게 하시고, 모든 입으로 예수 그리스도를 주라 시인하여 하나님 아버지께 영광을 돌리게 하셨느니라"(빌 2:6-11).

성령론적 성찰은 사복음서와 사도 서신들이 증언하는 그리스도의 모습과 그의 가르침을 기도와 깊은 묵상 가운데서 성찰하면서, 성령의 조명 가운데서 우리의 인격이 날마다 변화를 받도록 결단하는 것이다. 사도 바울이 빌립보 교회 성도를 향하여 소개한, 당시 널리 애송되던 그리스도 찬가는 시대와 공간을 초월하여 오늘날에도 역사적 예수에 대한 인격적 신앙을 가진 지구촌의 모든 그리스도인들의 마음 가운데, 단지 역사적으로만이 아니라 성령의 조명 안에서 현재적으로 역사적 예수와 우리의 삶을 인격적으로 연결시켜준다.

그리스도인들이 2000년 동안 불러왔던 찬송가나 오늘날 그리스도인들 사이에서 애송되는 복음송도 그리스도 찬가처럼 지난날의 역사적 예수와 오늘날 그리스도인들을 성령의 조명 안에서 현재적으로 연결시켜준다. 해석하시는 인격적인 성령은 정경복음서를 통하여 그의 인격적 조명 안에서 2000년 전 쓰여진 사복음서와 사도 서신들을 포함하는 신구약 성경이 증거해주는 역사적 예수의 인격과 그의 가르침과 사역을 오늘날 우리들에게 현재화시키는 것이다.

성경은 소설처럼 흥미나 중립적인 지성으로 읽는 것이 아니라, 경청하는 태도와 겸허한 마음으로 자신의 내면을 성찰하는 자세로 읽어야 한다. 그리고 해석자이신 성령께서 우리를 진리로 인도해 달라는 마음으로 읽어야 한다. 이것이 중세 교부들이 성경을 읽을 때 실천한 "거룩한 읽기"(Lectio Divina)다. 거룩한 독서는 읽기, 묵상, 기도, 관조, 실천 단계를 거치면서 성령의 인도하심을 입어 하나님과 소통하면서 읽으며, 말씀을 통해서 자신의 삶을 변화시켜 새로운 삶을 살겠다는 변혁적인 태도로 읽는 것이다. 거룩한 독서는 단지 교부들에게서만이 아니라, 시대와 장소를 떠나 다양한 사람들, 즉 16세기 종교개혁자들, 17세기 독일 경건주의자들, 17세기와 18세기 영국과 미국 청교도들의 성경 읽기 방식이었으며, 오늘날 복음주의자들과 지구촌의 그리스도인들이 인격적으로 실천하는 성경 읽기 방식이라고 할 수 있다.

성경적 · 성령론적 · 실재론적 성찰은 이처럼 거룩한 독서로 수행되는 복음서 내러티브를 오늘날 역사적 예수에 대한 논구로서 실천하는 것이다. 이러한 해석학적 성찰 속에서 역사적 예수는 우리들에게 인격적인 역사적 인물로서, 동시에 성육신 하신 하나님의 아들로서 우리의 구주로서 다가오시는 것이다. 성경적 · 성령론적 · 실재론적 성찰 속에서 역사적 예수는 매일매일 행하는 거룩한 읽기로서 수행되는 복음서 내러티브에서 성령의 조명 가운데 나에게 말씀하시는 인격적 구주, 현재적인 인격으로 읽는 우리와 인격적으로 소통하는 분으로 다가온다. 이러한 방법론적 성찰 속에서 저자는 다음 제2권에서 저자가 성령론적 성찰 안에서 해석학적 실재론으로 이해한 나사렛 예수의 생애와 가르침을 제시하고자 한다.

참고문헌 (제1권_1부와 2부)

Achtmeier, P. J. "Omne Verbum sanat: The New Testament and the Oral Environment of Late Western Antiquity." *Journal of Biblical Literature 109* (1990). 3-27.

Anderson, Paul N. *Fourth Gospel and the Quest for Jesus: Modern Foundations Reconsidered.* New York: T & T Clark, 2006.

Anderson, Charles C. *The Historical Jesus: A Continuing Quest.* Grand Rapids: WM. B. Eerdmans Publ. Co., 1972.

Asia Evangelical Alliance. "The Triune God: Creation, Church and Consummation." Statement of The Asia Church Congress Theological Consultation, Bangkok, Thailand 20 to 22 August, 2013. "삼위일체 하나님: 창조, 교회와 완성." 아시아교회대회 신학회의 성명서. 2013. 8.20-22, 방콕, 태국, 아시아복음주의 연맹.

Allison, Jr., Dale C. "Jesus and the Covenant: A Response to E. O. Sanders." *Journal for the Study of the New Testament* 29 (1987): 57-78.

Aslan, Reza. *Zealot: The Life and Times of Jesus of Nazareth.* Random House Publishing Group, 2013. 민경식 옮김. 『젤롯』. 와이즈베리 Wiseberry, 2014.

Assmann, J. *Das Kulturelle Gedächtnis: Schrift, Erinnerung und Politische Identität in Frühen Hochkulturen.* München: Beck, 1992.

Aune, David E. "Oral Tradition and the Aphorisms of Jesus." in *Jesus and the Oral Tradition*, ed. H. Wansbrough, JSNTA 64, Sheffield: JSOT Press, 1991, 211-65.

_____. *The Reliability of the Gospel Tradition*. Peabody, Mass.: Hendrickson, 2001.

Baigent, Michael. *The Jesus Papers: Exposing the Greatest Cover-up in History*. San Francisco: Harper San Francisco, 2006.

Baillie, Donald Macpherson. *God Was in Christ: An Essay on the Incarnation and Atonement*. New York: Scriber's Sons, 1958.

Bailie, Gil. "On Paper and in Person." in *For René Girard: Essays in Friendship and in Truth. Studies in Violence, Mimesis and Culture Series*. eds. Sandor Gørgen Gørgensen, Tom Ryba and James G. Williams. East Lansing: Michigan State University Press, 2009.

Bailey, Kenneth E. "Informal Controlled Oral Tradition and the Synoptic Gospels." *Asia Journal of Theology* 5 (1991): 34-54.

_____. "Middle Eastern Oral Tradition and the Sypotic Gospels," *Expository Times* 106 (1995): 363-67.

Bar-Ilan, M. "Illiteracy in the Land of Israel in the First Centires CE." in *Essays in the Social Scientific Study of Judaism and Jewish Society*. ed. Fishbane, S. & Schoenfeld, S. Hoboken, NJ: Ktav, 1992.

Bauckham, Richard. *The Testimony of the Beloved Disciple: Narrative, History, and Theology in the Gospel of John*. Grand Rapids: Baker Academic, 2007.

_____. *Jesus and The Eyewitnesses: The Gospels as Eyewitness Testimony*. Grand Rapids: Eerdmans, 2006.

_____. "For Whom Were the Gospels Written." in Idem (ed.), *The Gospels for All Christians: Rethinking the Gospel Audiences*. Grand Rapids: Eerdmans, 1998.

Bauer, Bruno. *Kritik der Evangelien und Geschichte Ihres Ursprungs*, 3 vols. 1850-51; 4th vol. *Die Theologische Erklärung der Evangelien*. Berlin, 1852.

_____. *Das Entdeckte Christentum*. Zürich, 1843, Banned and

Destroyed into Oblivion until 1927: ed. Barnikol; trans. Ziegler, Esther. *Christianity Exposed*. Mellen Press, 2002.

_____. (anon.) *Hegels Lehre von der Religion und Kunst von dem Standpuncte des Glaubens aus Beurteilt*. Leipzig, 1842; new ed. Aalen. Scientia Verlag, 1967.

_____. *Kritik der Evangelischen Geschichte der Synoptiker*. 2 vols. Leipzig, 1841.

_____. *Die Posaune des Jüngsten Gerichts über Hegel, den Atheisten und Antichristen*. Leipzig, 1841; trans. Stepelevich, L. *The Trumpet of the Last Judgement against Hegel the Atheist and Antichrist. An Ultimatum*. Lewiston, N.Y.: E. Mellen Press, 1989.

_____. *Kritik der Evangelischen Geschichte des Johannes*. Bremen, 1840.

_____. "Rezension (review): Das Leben Jesu, David Friedrich Strauss." *Jahrbücher für Wissenschaftliche Kritik*. Dec. 1835; May 1836.

Berger, Klaus. *Kommentar zum Neuen Testament*, Gütersloher Verlaghaus, Gütersloh 2011.

Bettenson, Henry. *The Early Christian Fathers: A Selection from the Writings of the Fathers from St. Clement of Rome to St. Athanasius*. Oxford University Press, USA (September 15, 1969), 박경수 역.『초기 기독교 교부』. 서울: 크리스챤 다이제스트, 1997.

Betz, Otto. *Was Wissen Wir von Jesus?* Stuttgart, Berlin: Kreuz Verlag, 1967. 전경연 역.『역사적 예수의 진실』. 한국신학대출판부, 1978.

Blomberg, Craig. *The Historical Reliability of John's Gospel: Issues and Commentary*. Downers Grover, ILL.: InterVarsity Press, 2001.

Bock, Darrell L. "역사적 예수. 복음주의 관점." in: Beilby, James K / Eddy, Paul Rhodes (ed.), *The Historical Jesus. Five Views*. InterVarsity Press, 2009, 손혜숙 역.『역사적 예수 논쟁』. 새물결플러스, 2014.

_____. *Jesus According to Scripture*. Grand Rapids: Baker Academie, 2002.

Borg, Marcus. *Meeting Again for the First Time*. San Francisco: Harper

1994.

_____. "Jesus: A Sketch." in *Profiles of Jesus*. ed. Roy W. Hoover; Santa Rosa, CA: Polebridge, 2002. 130-133.

_____. "A Temprate Case for a Non-Eschatological Jesus." in *Jesus Contemporary Scholarship*. Harrisburg, PA: Trinity Press, 1994, 47-68.

_____. "Jesus and Eschatology: Current Reflections." in *Jesus Contemporary Scholarship*. Harrisburg, PA: Trinity Press, 1994.

_____. *Jesus: A New Vison*. San Francisco: Harper & Row, 1987.

Bornkamm, Günter. *Jesus von Nazareth*. Stuttgart; Kohlhammer, 1956; *Jesus of Nazareth*, trans. Irene and Frazer McLuskey with James A. Robinson. London: Hodder and Stoughton, (1960). 1965.

Bousset, Wilhem. *Kyrios Christos*. Göttigen: Vandenhoeck und Ruprecht, 1965; 영역, *Kyrios Christos: A History of the Belief in Christ from the Beginnings of Christianity to Irenaeus*. Translated by John E. Steely. Nashville: Abingdon Press, 1970.

_____. *Jesus*. trans. Janet Enroe Trevelyan. New York: Putnam, 1906.

Brown, Dan. *The Da Vinci Code*. New York: Doubleday, 2006; 안종설 역. 『다빈치 코드』. 문학수첩, 2008.

Brown, Scott G. *Mark's Other Gospel: Rethinking Morton Smith's Controversial Discovery*. Waterloo…. Religion, 2005.

Bruce, F. F. *New Testament History*. Garden City, New York: Anchor Books; 나용화 역. 『신약사』. 기독교문서선교회, 1999.

_____. *The Real Jesus*. London, Sydney, Auckland, Toronto: Hodder & Stroughton, 1985.

_____. *Jesus & Christian Origins Outside the New Testament*. Grand Rapids, MICH: Hodder & Stroughton, 1982.

_____. *The Defense of the Gospel in the New Testament or First Century Faith*. Calvin Foundation 1959, revised edition, InterVarsity 1977; 박종칠 역. 『신약에 나타난 복음의 변증』. 생명의말씀사, 1982.

_____. *The New Testament Documents. Are They Reliable?* 생명의말씀사 역, 『신약성경문헌』, 1977.

_____. *The Secret Gospel of Mark, Ethel M. Wood Lecture*. London: Athlone, 1974.

Bultmann, Rudolf Karl. *Die Geschichte der Synoptischen Tradition* (1921, 1931). *History of the Synoptic Tradition*. San Francisco: Harper, 1976.

_____. *Jesus and the Word*. trans. I. P. Smith & E. H. Lantero, New York: Scriber's Sons, 1958.

_____. *Existence and Faith*. Collins, 1964; Hodder and Stoughton, 1961.

_____. 「Kerygma and Mythos」. New York, Harper, 1961.

_____. *Jesus Christ and Mythology*. New York: Scribner's, 1958.

_____. *Das Evangelium des Johannes. Kritisch-Exegetischer Kommentar über das Neue Testament*. vol. 2, Vandenhoeck & Ruprecht, Göttingen 1941.

Burstein, Dan (ed.). *Secret of Da Vinci Code*. 곽재은, 권영주 역.『다빈치 코드의 비밀』. 최고 전문가 46인 밝히는 진실과 허구. 루비박스 출판사, 2005.

Cameron, Ron and Miller, Merrill P. eds., *Redescribing Christian Origins*. Atlanta: SBL Press, 2004.

Carson, D. A. *The Gospel according to John*. Grand Rapids: Eerdmans, 1991.

Charlesworth, James H. *The Historical Jesus: An Essential Guide*. Nashville: Abingdon, 2008.

_____. "The Historical Jesus Sources and Sketch." in *Jesus Two Thousand Years Later*. ed. James H. Charlesworth & Walter P. Weaver. Harrisburg, Penn.: Trinity Press International, 2000.

_____. *Jesus within Judaism: New Light from Existing Archaelogical Discoveries*. New York: Doubleday, 1988.

Childs, Brevard S. *Biblical Theology in Crisis*. Philadelphia: The Westminster Press; 박문재, 역. 성경신학의 위기. 크리스천 다이제스트, 1993.

Chilton, Bruce & Evans, Craig A. (ed.). Studying the Historical Jesus:

Evaluations of the State of Current Research. 1998.

Crossan, John Dominic. "예수와 공동 종말론의 도전." *The Historical Jesus. Five Views*. Beilby, James K / Eddy, Paul Rhodes (ed.). InterVarsity Press, 2009, 손혜숙 역. 『역사적 예수 논쟁』. 새물결플러스, 2014, 153-193.

_____. *Four Other Gospels*. Sonoma, Calif.: Plebridge, 1992.

_____. *The Historical Jesus: The Life of a Mediterranean Jewish Peasant*. San Francisco: HarperCollins, 1990; San Francisco: HarperSanFrancisco, 1991.

Cullmann, Oscar. *Christus und die Zeit*. Zollikon-Zürich, 1945, trans. by Flyod V. Filson, *Christ and Time. The Primitive Christian Conception of Time and History*. Philadelphia: The Westminster Press, 1949, 김근수 역. 『그리스도와 시간』. 솔로몬, 1987.

_____. *Jesus and the Revolutionaries*. 고범서 역. 『예수와 혁명가들』. 범화사, 1984.

Dabourne, W. *Purpose and Cause in Pauline Exegesis*. SNTSMS 104. Cambridge: Cabridge University Press, 1999.

Davies W. D. & Allison, D. C. *Matthew*. vol. 2. Edinburgh: Clark, 1991.

Dodd, C. H. *Historical Tradition in the Fourth Gospel*. Cambridge University Press, 1976.

_____. *The Founder of Christianity*. London: Macmillan, 1970. London: Collins, 1971,

_____. "The Framework of the Gospel Narrative." *Expository Times*, 43. 1932.

Dundes, A. Holy Writ as Oral Lit: The Bible as Folklore. Lanham, MD: Rowman & Littlefield, 1999.

Dunn, James D. G. *A New Perspective On Jesus: What The Quest For The Historical Jesus Missed*. Acadia Studies in Bible and Theology. Grand Rapids, Mich: Baker Academic, 2005; 신현우 역. 『역사적 예수에 대한 새 관점』. CLC. 2010.

_____. *Jesus Remembered. vol. I, Christianity in the Making*. Grand Rapids: Eerdmans, 2003.

_____. "예수를 기억하며, 어떻게 역사적 예수 탐구가 길을 잃었는가?" in: James K. Beilby & Paul R. Eddy, *The Historical Jesus. Five Views*. InterVarsity Press, 2009, 손혜숙 역. 『역사적 예수 논쟁』. 새물결 플러스, 2014, 293-328.

_____. "대럴 복의 논문에 대한 논평." 『역사적 예수 논쟁』. 438-443.

_____. "On History, Memory and Eyewitness." *JSNT* 26 (2004): 473-87.

_____. "The New Perspective." *Bulletin of the John Rylands University Library of Manchester* 65 (1983): 95-122.

_____. *The New Perspective on Paul*. revised edition. Grand Rapids: Eerdmans, 2008, 99-120.

Ebeling, Gerhard. "Jesus und Glaube." 1958, in: *Wort und Glaube* I. Tübingen, 1960.

Evans, Craig A. *Fabricating Jesus. How Modern Scholars Distort the Gospels*. InterVarsity Press, 2006, 성기문 역. 『만들어진 예수』. 새물결 플러스, 2011.

Finnegan, R. *Oral Poetry: Its Nature, Significance and Social Context*. Cambridge: Cambridge University Press, 1977.

Flusser, David. *Jesus*, 1968, second ed. augmented. Jerusalem: Magnes Press, Hebrew University of Jerusalem, 1998.

Foster, Richard J. *Streams of Living Water*. Harper San Francisco, 1998, 박조앤 역. 『생수의 강』. 두란노, 1999.

Frei, Hans W. *The Eclipse of Biblical Narrative*. New Haven and London: Yale University, 1974.

Freke, Timothy & Gandy, Peter. *The Jesus Mysteries*, Three Rivers Press 1999, HarperCollins, 2000, 송영조 역. 『예수는 신화다』. 동아일보사, 2002.

Fuchs, Ernst. "Die Frage nach dem Historischen Jesus." 1956, in: *Zur Frage nach dem Historischen Jesus. Gesammelte Aufsätze II*. Tübingen 1960.

Funk, Robert W. and the Jesus Seminar. *The Acts of Jesus: The Search for the Authentic Deeds of Jesus*. Harper San Francisco 1998.

_____ and Hoover, Roy W. (eds.) *The Five Gospels: The Search for the Authentic Words of Jesus*. New York: Macmillan, 1993.

_____. *Honest to Jesus: Jesus for a New Millennium*. New York: HarperCollins, 1996; 김준우 역.『예수에게 솔직히』. 서울: 한국기독교연구소, 1999.

_____. *The Acts of Jesus: The Search for the Authentic Deeds of Jesus*. Harper San Francisco: Harper /Folebridge, 1998.

_____. "The Emerging Jesus." *The Fourth R* 2:6 (1989), 11-15.

Galbiati, Enrico. *The Gospel of Jesus*, 1992; 나채훈 역.『예수 사역의 발자취』. 성지, 1994.

Gartner, Bertil E. *The Theology of the Gospel According to Thomas*. New York: Harper, 1961.

Gerhardson, Birger. "Illuminatng the Kingdom: Narrative Meshalim in the Synoptic Gospel." in *Jesus and the Oral Tradition*. ed. H. Wansbrough, JSNTA 64, Sheffield: JSOT Press, 1991, 266-309.

Girard, René. *Things Hidden since the Foundation of the World*. Research Undertaken in Collaboration with Jean-Michel Oughourlian and Guy Lefort. Standford: Standford University Press, 1987.

_____. *La Violence et le Sacré*. Paris: Grasset, 1972; 김진식 · 박무호 옮김.『폭력과 성스러움』. 민음사, 1997.

_____. "Mimetische Theorie und Theologie." in: Józef Niewiadomski, Wolfgang Palaver (Hg.), *Vom Fluch und Segen der Südenböcke, Raymund Schwager zum 60. Geburstag*. Beiträge zur Mimetischen Theorie Bd. I. Wien/München: Thaur, 1995.

_____. "Tatsachen, Nicht nur Interpretationen." in *Das Opfer-Aktuelle Kontroversen, Religions-Politischer Diskurs im Kontext der Mimetischen Theorie*. ed. Bernhard Dieckmann. Beiträge zur Mimetischen Theorie 12. Münster: Thaur, 2001.

_____. *Hiob-ein Weg aus der Gewalt*. Zürich: Benziger, 1990

_____. "The Evangelical Subversion of Myth." in: Robert Hamerton-Kelly (ed). *Politics & Apocalyse. Studies in Violence, Mimesis, &*

Culture. East Lansing, Mich.: Michigan State University Press, 2007.

_____. "Les Malédictions contre les Pharisiens et la Révélation Evangélique." in *Bulletin du Centre Prostestant d'Etudes*. 27:3 (1975), 5-29.

Gowler, E. G. David. *What are They Saying about the Historical Jesus?* Mahwah, N. J.: Paulist, 2007; 김병모 역.『최근 역사적 예수 연구 동향』. 서울: CLC, 2009.

Grant, Robert M. *The Secret Sayings of Jesus*. Garden City, NY: Doubleday, 1960.

Grenz, Stanley J. *The Moral Quest. Foundations of Christian Ethics*. Downers Grover, Ill, 1992; 신원하 옮김.『기독교 윤리학의 토대와 흐름』. IVP, 2001.

Griffith-Jones, Robin. *Da Vinci Code and the Secrets of the Temple*. Michigan: Grand Rapids, William B. Eerdmans Publishing Company, 2006.

Hahn, Ferdinand. *Christologische Hoheitstitel: Ihre Geschichte im Frühen Christentum*. Göttingen: Vandenhoeck und Ruprecht, (1963), 1995.

Halbwachs, M. *On Collective Memory*. Chicago: University of Chicago Press, 1992.

Hamerton-Kelly, Robert Gerald. "Breakout from the Belly of the Beast." in *For René Girard: Essays in Friendship and in Truth*. Studies in Violence Mimesis, and Culture Series. eds., Sandor Goodhart, Jørgen Jørgensen, Tom Ryba and James G. Williams. East Lansing: Michigan Stae University Press, 2009.

Han, Sang Hwa. "Currents in Christological Debate." *Studies in Systematic Theology*. Vol. 22(2015 Spring/ Summer). ed. by STKETS(Systematic Theology Division of Korea Evangelical Theological Society), 51-90.

Hanegraaff, Hank & Maier, Paul L. *The Da Vinci Code: Fact or Fiction?* Wheaton, IL: Tyndale House Publishers 2004.

Harris, W. V. *Ancient Literacy*. Cambridge, MA: Harvard University Press,

1989.

Havelock, E. A. Preface to Plato. Cambridge, MA: Harvard University Press, 1963.

Hendriksen, William. NT Commentary: Exposition of the Gospel According to John. Grand Rapids: Baker, 1975.

Hengel, Martin. "Eye-witness Memory and the Writing of the Gospels." in M. Bockmuehl and D. A. Hagner (eds.). The Written Gospel. Cambridge: Cambridge Univ., 2007.

_____. Die johanneische Frage. Ein Lösungsversuch. Tübingen: Mohr, 1993.

_____. War Jesus Revolutionär? Calwer Hefte zur Förderung biblischen Glaubens und Christlichen Lebens 110. Stuttgart: Calwer-Verl., 1970; Was Jesus a Revolutionist? 고범서 역.『예수는 혁명가였는가?』. 서울: 범화사, 1983.

_____. Der Sohn Gottes. Die Entstehung der Christologie und die Jüdisch-Christliche Religionsgeschichte. Tübingen: Mohr, 1975.

Heschel, Susanne. Abraham Geiger and the Jewish Jesus. Chicago: University of Chicago Press, 1998.

Hezser, Catherine. Jewish Literature in Roman Palestine. Tübingen: Mohr Siebeck, 2001.

Jacobovici, Simcha and Pellegrino, Chareles. The Jesus Family Tomb: The Discovery That Will Change History Forever. London: HarperElement, 2007.

Jeremias, Joachim. New Testament Theoloy, vol 1. The Proclamation of Jesus. London: SCM, 1971.

_____. The Prayers of Jesus. London: SCM Press, 1967.

Johnson, Luke Timothy. The Real Jesus. The Misguided Quest for the Historical Jesus and the Truth of the traditional Gospels. 1998, New York: Harper Collins Publisher, 손혜숙 역.『누가 예수를 부인하는가? 역사적 예수에 대한 잘못된 탐구와 복음서 전승의 진리』. 기독교문서선교회, 2003.

_____. "The Real Jesus: The Challenge of Current Scholarship and the Truth of the Gospels." in *The Historical Jesus through Catholic and Jewish Eyes*. ed. Bryan F. LeBeau et al. Harrisburg, Penn.: Trinity Press International, 2000.

_____. "인간 예수 배우기. 역사비평과 문학비평." in *The Historical Jesus. Five Views*. Beilby, James K./ Eddy, Paul Rhodes(ed.), 2009, InterVarsity Press, 2009; 손혜숙 역. 『역사적 예수 논쟁』. 새물결플러스, 2014. 225-258.

Josephus, Flavius. *Jewish Antiquities*. Thackeray, H. St J. (Translator), Harvard University Press 1930.

Kysar, Robert. *John The Maverick Gospel*; 나채운 역. 『요한복음서 연구-그 독자성을 중심으로』. 성지, 1996.

Kantzenbach, F. W. *Programme der Theologie. Denker, Schulen, Wirkungen von Schleiermacher bis Moltmann*. Claudius Verlag, München 1978.

Kähler, Martin. *Der Sogenannte Historische Jesus und der Geschichtlich-Biblische Christus*. Leipzig 1892. 영역본, *The so-called Historical Jesus and the Historic, Biblical Christ*. Philadelphia 1964.

Käsemann, Ernst. "Das Problem des historischen Jesus." 1954, in: *Exegetische Versuche und Besinnungen I*. Göttingen, 1960; "The Problem of the Historical Jesus." in *Essay on New Testament Themes*. London: SCM, 1964, 15-47.

Keck, Leander. *A Future for the Historical Jesus: The Place of Jesus in Preaching and Theology*. Nashville: Abingdon, 1971.

Kelber, W. H. *The Oral and the Written Gospel*. Philadelphia: Fortress, 1983: 2. edition, Bloomington: Indiana University Press, 1996.

Kersten, Holger. *Jesus Lived in India: His Unknown Life Before and After the Crucifixion*. Rockport, Mass.: Element, 1994.

Kim, Seyoon. *Paul and the New Perspective: Second Thoughts on the Origin of Paul's Gospel*. Grand Rapids: Eerdmans, 2002.

Klauck, Hans-Josef. *Apocryphal Gospels: An Introduction*. London: T & T Clark, 2003.

Kloppenborg, J. S. *The Formation of Q: Trojectories in Ancient Wisdom Collections*. Philadelphia: Fortress, 1987.

Kohler, K. "Zealots." in: *The Jewish Encyclopediea*. New York: Funk & Wagnalis, 1905.

Korwan, Michael. *Discovering Girard*. London: Darton Longman and Todd, 2004.

Köberle, Adolf. Biblischer Realismus. Beiträge zum Universalismus der Christlichen Botschaft. R. Brockhaus Verlag Wuppertal 1972.

_____. *The Quest for Holiness: A Biblical, Historical, and Systematic Investigation*. Translated by John C. Mattes, D. D. Ballast Press 1999.

Köstenberger, Andreas J. & Kellum, L. Scott (ed.). *The Cradle, the Cross, and the Crown: An Introduction to the New Testament*. 2009.

Kümmel, Werner G. "Eschatological Expectation in the Proclamation of Jesus." in *The Future of Our Religious Past*, ed. James M. Robinson, Rudolf Bultmann, trans. Charles E. Carlston and Robert P. Scharlemann. London: SCM Press, 1971, 29-48.

Künneth, Walter. *Die Theologie der Auferstehung*. Giessen und Basel: Brunnen Verlag, 1982.

Lewis, C. S. *Mere Christianity*. Geofrey Bles, 1952; Fontana Books 1955; Fount, an Imprint of HarperCollins Publishers 1977; 장경철, 이종태 역. 『순전한 기독교』. 홍성사, (2001), 2015.

Laato, T. *Paul and Judaism: An Anthropological Approach*. Atlanta: Scholars Press, 1995.

Ladd, George Eldon. *The New Testament and Criticism*. Grand Rapids, Michigan: Eerdmans, 1965; 김만우 역, 『신약과 비평』, 개혁주의 신행협회, 1978.

Lapham, Fred. *An Introduction to the New Testament Apocrypha*. London: T & T Clark, 2003.

Linnemann, Eta. *Historical Criticism of the Bible: Methodology or Ideology?* Grand Rapids: Baker, 1990.

Lord, Albert B. "The Gospels as Oral Traditional Literature." in *The*

Relationships among the Gospels. ed. W. O. Walker. San Antonio: Trinity University Press, 1978. 33-91.

_____. *The Singer of Tales.* Cambridge, MA: Harvard University Press, 1978

Lutzer, Erwin. *The Da Vinci Code Deception.* 2002. 이용복 역. 『다빈치 코드 깨기』. 규장, 2004.

Manson, T. W. *The Servant Messiah.* Cambridge: Cambridge University Press, 1966.

Marshall, I. Howard. *I Believe in the Historical Jesus.* Regent College Publishing 2001.

Maier, Gerhard. *Das Ende der Historisch-Kritischen Methode.* Wuppertal 1974.

Martin, Ralph P. *Mark: Evangelist and Theologian.* Exeter: The Paternost Press, 1972.

Meier, John P. *A Marginal Jew: Rethinking the Historical Jesus.* vol. 1: *The Roots of the Problem and the Person.* New York: Doubleday, 1991, vol. 2: *Mentor, Message and Miracles.* New York: Doubleday, 1994, vol. 3: *Companions and Competitors.* New York: Doubleday, 2001, vol. 4: *Law and Love.* New York: Doubleday, 2009.

_____. "The Historical Jesus: Rethinking Some Concepts." *Theological Studies* 51, 1990: 3-24.

Meyer, Ben. *The Aims of Jesus.* Philadelphia: Fortress, 1978; London: SCM Press, 1979.

Meyer, Marvin W. *The Gospel of Thomas: The Hidden Sayings of Jesus.* San Francisco: HarperSan Francisco, 1992.

_____. *Secret Gospels: Essay on Thomas and the Secret Gospel of Mark.* Harrisburg, Penn.: Trinity Press International, 2003.

Miller, Robert J(ed.). *The Complete Gospels.* rev. San Francisco: HarperSan Francisco, 1994.

Moltmann, J. *Theologie der Hoffnung. Untersuchungen zur Begründung und zu den Konsequenzen einer Christlichen Eschatologie.* 1964, 전경연·박봉랑 역. 『희망의 신학』. 현대사상사, 1973.

Moule, C. F. D. "Jesus, Judaism, and Paul." in *Tradition and Interpretation in the New Testament*. ed. Gerald F. Hawthorne & Otto Betz. Tübingen: J. C. B. Mohr, 1987.

Moxnes, H. "Jesus the Jew: Dilemmas of Interpretations." in *Fair Play: Diversity and Conflicts in Early Christianity*. ed. I. Dunderberg et al., H. Räisänen FS. Leiden: Brill, 2002.

Müller G. (Hrsg.) *Rechtfertigung, Realismus, Universalismus in Biblischer Sicht. Festschrift für Adolf Köberle zum Achtzigsten Geburtstag*. Darmstadt, 1978.

Nash, Ronald. *The Gospel and the Greeks: Did the New Testament Borrow from Pagan Thought?* Publisher: P & R Publishing; 2 edition, 2003.

Pagels, Elaine. *The Gnostic Gospels*. New York: Random House 1979.

Pannenberg, W. "Heilsgeschehen und Geschichte." 218-37, in: *Kerygma und Dogma 5*. 1959, 218-88. in: *Grundfragen Systematischer Theologie. Gesammelte Aufsätze*. Vandenhoeck & Ruprecht in Göttingen, 2 Aufl, 1971.

Patterson, Stephen J. "Understanding the Gospel of Thomas Today." in *The Fifth Gospel*. ed. Stephen J. Patterson, James M. Robinson, and Hans Gebhard Bethge, Valley Forge, Penn.: Trinity Press International, 2000, 37-40.

_____. *The Gospel of Thomas and Jesus*. Sonoma, Calif.: Polebridge, 1993.

Pennington, Jonathan T. *Reading The Gospel Wisely: A Narrative and Theological Introduction*. Grand Rapids, MC.: Baker Publishing Group, 2012; 유호영 역, 『복음서 읽기』. CLC, 2015.

Perrin, Nicholas. *Thomas and Tatian: The Relationship between the Gospel of Thomas and Diatessaron*. Boston: Brill, 2002.

_____. "NHC II,2 and the Oxyrhyncus Fragments (P.Oxy 1, 654,655): Overlooked Evidence for a Syriac Gospel of Thomas." *VC* 58(2004):138-51.

Perrin, Norman. *Jesus and the Language of the Kingdom*. Philadelphia:

Fortress, 1976.

_____. *Rediscovering the Teaching of Jesus*. London: SCM, 1967; New York: Harper & Row, 1976.

Picknett, Lynn & Prince, Clive. *The Templar Revelation: Secret Guardians of the True Identity of Christ*. New York: Touchstone Books, Simon & Schuster 1998.

Piper, J. *The Future of Justification*; 『칭의 논쟁: 칭의 교리의 미래는 어떻게 될 것인가?』. 부흥과 개혁사, 2009.

Possekel, Ute. *Evidence of Greek Philosophical Concepts in the Writings of Ephrem the Syrian*. 1999.

Powell, Mark Allan. "Authorial Intent and Historical Reporting: Putting Spong's Literalization Thesis to the Test." *Journal for the Study of the Historical Jesus* 1. 2003.

Price, Robert M./ Crossan, John Dominic/ Johnson, Luke Timothy/ Dunn, James D. G./ Bock, Darrell L. edited by James K. Beilby and Paul Rhodes Eddy, *The Historical Jesus. Five Views*. InterVarsity Press, 2009; 손혜숙 옮김. 『역사적 예수 논쟁: 예수의 역사성에 대한 다섯 가지 신학적 관점』. 새물결플러스, 2014.

Quesnell, Quentin. "The Mar Saba Clementine: A Question of Evidence." CBQ 37 (1975): 48-67.

Ratzinger, Joseph. *Jesus von Nazareth 1. Von der Taufe bis zur Verklärung*. Libreria Editrice Vaticana 2007; 박상례 역. 『나자렛 예수 1: 예수의 세례에서 거룩한 변모까지』. 바오르딸, 2007.

Redekop, Vem Neufeld and Ryba, Thomas. "Introduction: René Girard and the Problem of Creativity." in *René Girard and Creative Mimesis*. eds. Vem Neufeld Redekop and Thomas Ryba. Lexington Books, 2014.

Reimarus, Hermann S. *Reimarus: Fragments*. reprinted, ed., Charles H. Talbert, trans. Ralph S. Fraser, Chico. Calif.: Scholars Press, 1985; Philadelphia: Fortress, 1970.

_____. *Von dem Zwecke Jesu und Seiner Jünger. Fragmente eines Ungenanten*. vol 7, 1778.

Renan, Ernest. *Vie de Jésus*. 1863; *The Life of Jesus*. London: Trübner, 1864.

Ritschl, Albrecht. *Unterricht in der Christlichen Religion*. 1875; Texte zur Kirchen-und Theologiegeschichte. hg. von G. Ruhbach, Heft 3, 1966.

_____. Gesammelte Aufsätze. Freiburg: Mohr, 1896; *Three Essays*. Philadelphia: Fortress, 1972.

Robinson, James M. *The Priority of John*. London: SCM Press, 1985.

_____. *A New Quest of the Historical Jesus*. Studies in Biblical Theology. London: SCM, 1959.

_____. *The Sayings Gospel Q*. Leuven: Leuven University Press, 2005.

Rollmann, H. and Zager, W. "Unveröffentlichte Briefe William Wredes zur Problematisierung des Messianischen Selbstverständnis Jesu." *Zeitschrift für Neuere Theologiegeschichte* 8. 2001: 274-322.

Sanders, E. P. "Jesus, Ancient Judaism and Modern Christianity: The Quest Continues." in *Jesus, Judaism, and Christian Anti-Judaism: Reading the New Testament after the Holocaust*. ed. Paula Fredriksen and Adela Reinhartz. Louisville: Westminster John Knox, 2002.

_____. *The Historical Figure of Jesus*. London: Penguin, 1993.

_____. *Judaism and Belief*. 63 BCE-66 CE Philadelphia: Trinity Press International, 1992.

_____. *Jesus and Judaism*. London: SCM Press, 1985. Philadelphia: Fortress, 1985.

Schlatter, Adolf. *Die Geschichte des Christus*. Stuttgart: Calwer Vereinsbuchhandlung, 1923; *The History of Christ: The Foundation of the New Testament Theology*. trans. A. J. Köstenberger, Grand Rapids: Baker Books, [1923], 1997; 그리스도의 역사(상, 하). 한제호 역, 자연, 2007.

Schmithals, Walter. *Die Theologie Rudolf Bultmanns. Eine Einfürung*. 2nd ed., 1967, J. C. B. Mohr [Paul Siebeck], Tübingen; *An Introduction to the Theology of Rudolf Bultmann*. trans. John

Bowden. Minneapolis: Augsburg Publishing House, 1967.

Schnackenburg, Rudolf. *Die Person Jesu Christi im Spiegel der Vier Evangelien*. Freibeurg: Herder, 1993.

Schürmann, Heinz. *Gottes Reich-Jesu Geschick: Jesus Ureigner Tod im Licht Seiner Basileia-Verkündigung*. Freiburg: Herder, 1983.

_____. "Die Voröstlichen Anfänge der Logientradition: Versuch eines Formgeschichtlichen Zugang zum Leben Jesu." in *Der Historische Jesus und der Kerygmatische Christus*. ed., H. Ristow and K. Matthiae. Berlin: Evangelische, 1961, 342-70.

Schwager, Raimund. "Die Heutige Theologie und das Leere Grab Jesu."; http://www.uibk.ac.at/theol/leseraum/texte/54.html

Schweitzer, Albert. *Geschichte der Leben Jesu Forschung. Von Reimarus zu Wrede*. 1906, 2.Aufl. 1913; *The Quest of the Historical Jesus; A Critical Study Of Its Progress From Reimarus To Wrede*. English edition, translated by William Montgomery, A. & C. Black, London 1910; New York: Collier/Macmillan, 1968; Augusburg: Fortress Publishers, 2001 edition.

_____. *The Kingdom of God and Primitive Christianity*. with Ulrich Neuenschwander. New York: Seabury Press. 1968.

_____. *Das Messianitäts-und Leidensgeheimnis. Eine Skizze des Lebens Jesu*. 1901; *The Mystery of the Kingdom of God. The Secret of Jesus' Messiahship and Passion*. trans. Lowrie, Walter. New York: Macmillan, 1914; rpt. 1950; New York: Schocken Books, 1962.

_____. *Aus Meinem Leben und Denken*. Leipzig, Felix Meiner, 1931; *Out of My Life and Thought: An Autobiography*. Translated by C. T. Campion. New York, Henry Holt, 1933; 1949.

_____. *Die Psychiatrische Beurteilung Jesu: Darstellung und Kritik*. Tübingen, J. C. B. Mohr, 1913; *The Psychiatric Study of Jesus*. Translated by Charles R. Joy. Boston: Beacon Press, 1948.

Silberman, W. H. "'Habent Sua Fata Libelli': The Role of Wandering Themes in Some Hellenistic Jewish and Rabbinic Literature." in:

The Relationships among the Gosples. ed. W. O. Walker. San Antonio: Trinity University Press, 1978, 195-218.

Smith, Morton. *Clement of Alexandria and a Secret Gospel of Mark.* Cambridge, Mass.: Harvard University Press, 1973.

_____. *The Secret Gospel: The Discovery and Interpretation of the Secret Gospel According to Mark.* New York: Harper & Row, 1973.

Stanton, Graham. "Jesus of Nazareth: A Magician and a False Prophet Who Deceived God's People." in *Jesus of Nazareth Lord and Christ: Essay on the Historical Jesus and New Testament Christology.* ed. Joel B. Green and Max Turner. Grand Rapids: Eerdmans, 1994. 164-180.

Strauss, David F. *Das Leben Jesu.* 1835-6; *The Life of Jesus Critically Examined* (1835-36), 4th. ed. 1846, eng. trans. 1846; Philadelphia: Fortress, 1972; ed. Peter C. Hodgson, Ramsey, NJ: Sigler, 1994.

_____. *Der Christus des Glaubens und der Jesus der Geschichte.* 1865; The Christ of Faith and the Jesus of History. trans. S. Maclean Gilmour. Philadelphia: Fortress, 1975.

Stuhlmacher, Peter. *Jesus von Nazareth. Christus des Glaubens.* Stuttgart: Calwer Verlag, 1988.

_____. *Revisiting Paul's Doctrine of Justification: A Challenge to the New Perspective.* Downers Grover: Intervarsity, 2001.

_____. *Biblische Theologie des Neuen Testaments. vol. II, Von der Paulusschule bis zur Johannesoffenbarung.* Göttingen: Vandenhoeck & Ruprecht, 1999.

Stuttgarter Erkläungsbibel. Deutsche Bibelgesellschaft Stuttgart, 1992, 대한성서공회판, 해설 관주 독일성서 공회판, 1997.

Tatum, W. Barnes. *In Quest of Jesus.* rev. & ext. edition, Nashville: Abingdon, 1999.

Telford, William R. "Major Trends and Interpretive Issues in the Study of Jesus." in *Studying the Historcal Jesus.* ed. Bruce Chilton and C. A. Evans; Leiden: Brill, 1994.

Theissen, Gerd. *The Sociology of Early Palestinian Christianity.* trans,

John Bowden, Philadelphia: Fortress, 1978.

_____. "Jesus und die Symbolpolitischen Konflikte Seiner Zeit. Sozialgeschichtliche Aspekte der Jesusforschung." EvTh 57(1997). 378-400, in: *Jesus als Historische Gestalt*. 169-193.

_____. *Social Reality and the Early Christians*. trans. M. Kohl, Minneapolis: Fortress, 1992.

_____ & Winter, Dagmar. *The Quest for the Plausible Jesus: The Question of Criteria*. Louisville: Westminster John Knox, 2002.

_____ & Merz, Annette. *The Historical Jesus: A Comprehensive Guide*. Augsburg: Fortress Press, 1998.

Thielicke, Helmut. *Der Evangelische Glaube. Grundzüge der Dogmatik, Bd III*. Theologie des Geistes. Der Dritte Glaubensartikel. Die Manifestation des Heiligen Geistes im Wort, in der Kirche, in den Religionen und in den Letzten Dingen. Tübingen, 1978.

_____. *Geschichte und Existenz. Grundlegung einer Evangelschen Geschichtstheologie*. 1. Aufl. 1935, Gütersloh, Gerdmohn, 2 Aufl. 1964.

Thielman, Frank. "Evangelicals and the Jesus Quest: Some Problems of Historical and Theological Method." *Churchman* 115. 2001.

Thomas, Robert & Farnell, David. *The Jesus Crisis: The Inroads of Historical Criticism into Evangelical Scholarship*. Grand Rapids: Kregel, 1998.

Tödt, Heinz E. *Der Menschensohn in der Synoptischen Überlieferung*. Dr. Theol. diss., Heidelberg, 1956. Gütersloh: Gerd Mohn, 1959. Translated into English in 1965 as The Son of Man in the Synoptic Tradition. translated by D. M. Barton. London: SCM Press.

Trocmé, André. *Jesus et la Revolution non Violente*; 영역, *Jesus and the Nonviolent Revolution*. Wipf & Stock Publishers, 1998; 박혜련. 양명수 공역. 『예수와 비폭력 혁명』. 서울: 한국신학연구소, 1986.

Twelftree, Graham H. *Jesus the Miracle Worker: A Historical and Theological Study*. Downers Grover. Ill.: InterVarsity Press, 1999.

Van Voorst, Robert E. *Jesus outside the New Testament: an Introduction* to the Ancient Evidence. 2000.

Verbin, J. Kloppenborg. *Excavating Q: The History and Setting of the Sayings Gospel*. Minneapolis: Fortress Press, 2000.

Viviano, Benedict T. *The Kingdom of God in History*. Wilmington, DE: Michael Glazier, 1988.

von Harnack, Adolf. *Das Wesen des Christentums*. 1900; *What is Christianity?* trans. Thomas Bailey Saunders. London: Williams and Norgate, 1901; London: Benn, 5.edition 1958; Gloucester, MA: Peter Smith, 1978; 오흥명 역. 『기독교의 본질』. 한들출판사, 2007.

Weiss, Johannes. *Die Predigt Jesu vom Reiche Gottes*. 1892; *Jesus' Proclamation of the Kingdom of God*. Philadelphia: Fortress, 1971.

Welker, Michael. *Gottes Offenbarung. Christologie*. Neukirchen Vluyn: Neukirchener Verlagsgesellschaft, 2012; 오성현 역. 『하나님의 계시. 그리스도론』. 대한기독교서회, 2015.

Whiston, William. trans. *The Works of Josephus*. Complete and Unabridged, Peabody, Mss.: Hendrikson, 1987.

Wilhoite, James & Howard, Evan B. *Discovering Lectio Divina: Bringing Scripture into Ordinary Life*. IVP, 2012; 홍병룡 옮김. 『렉시오 디비나: 거룩한 독서의 모든 것』. 아바서원, 2016.

Williams, James G. "Magister Lucis: In the Light of René Girard." in *For René Girard: Essays in Friendship and in Truth* (Studies in Violence Mimesis, and Culture Series), eds., Sandor Goodhart, Jørgen Jørgensen, Tom Ryba and James G. Williams, East Lansing: Michigan State University Press, 2009.

_____. *Girardians: The Colloquium on Violence and Religion 1990-2010*. Beiträge zur Mimetischen Theorie 32. Religion-Gewalt-Kommunikatin-Weltordnung. Münster: LIT Verlag, 2012.

Wink, Walter. *Jesus and Nonviolence: A Third Way*. 김준우 역. 『예수와 비폭력 저항: 제3의 길』. 21세기 기독교총서. 서울: 한국기독교연구소, 2003.

Wrede, William. *Das Messiasgeheimnis in den Evangelien: Zugleich ein Beitrag zum Verständnis des Markusevangeliums*. Göttingen: Vandenhoeck & Ruprecht, 1901; English edition, William Wrede.

    The Messianic Secret. trans. The Rev'd James C. G. Grieg, Cambridge: James Clarke &Co., 1971.

Wright, Nicolas Thomas. *What saint Paul Really Said*. Minneapolis: Fortress, 2005.『칭의를 말하다』. 에클레시아북스, 2011.

_____. *The Challenge of Jesus*. SPCK. 2000, 이진섭, 박대영 역.『Jesus 코드』. 역사적 예수의 도전. 성서 유니온 선교회, 2006.

_____. *Jesus and the Victory of God*. Minneapolis: Fortress, 1996; London: SPCK, 1996.

_____. *Who Was Jesus?* Grand Rapids: Eerdmans, 1992.

_____. *The New Testament and the People of God*. Minneapolis: Fortress, 1992.

_____. "Toward a Third Quest? Jesus Then and Now." ARC (Montreal Quebec) 10 (1982): 20-27.

김동건. [평신도를 위한 알기 쉬운 신학강좌-2. 성경 · 진리의 기준] ④성경은 무오한가 2013.02.28. 17:45, 국민일보, 쿠키뉴스.

김득중,『요한의 신학』. 컨콜디아, 1994.

김영재.『기독교 신앙고백』. 영음사, 2011.

김영한.『영적 분별: 개혁신학의 관점에서 본 성령과 사탄에 의한 영적 현상의 공통점과 차이점. 용인: 킹덤북스』. 2014.

_____. [김영한 칼럼]. "종교개혁적 칭의론에 대한 역동적 이해: 성화 없는 칭의는 죄인의 칭의 아닌 죄의 칭의" (I). 입력: 2016.05.11. 07:27; "성화 없는 칭의는 죄인의 칭의 아닌 죄의 칭의" (II). 입력 : 2016.05.23. 11:09; "성화 없는 칭의는 죄인의 칭의 아닌 죄의 칭의" (III). 입력 : 2016.06.09 14:11 크리스천 투데이.

_____. "포스트모던 시대의 기독교 철학: 포스트모던 토대주의로서의 해석학적 실재론." 한국개혁신학회와 한국기독교철학회 공동학회 기조강연 자료집, 2014.5.24. 새문안교회, 28-46.

_____. "현대판 유대주의 기독교의 구원론에 대한 비판적 성찰-종교개혁적 구원론의 관점에서."「한국개혁신학」28권, 2010, 7-37.

_____.『쉴라이에르마허에서 리꾀르까지: 현대철학적 해석학의 흐름』. 숭실대 출판부, 2010.

_____.『헬무트 틸리케: 종교개혁적인 성령론적 신학』. 살림, 2005.

_____. "딜타이의 삶 해석학." in: 「철학논총」. 제 41집, 제 3권 새한철학회, 2005, 3-26.

_____. "성서 해석학을 위한 기독교적 현상학적 길"-2004.12.13. http://blog.naver.com/sosin279/8367151

____.『바르트에서 몰트만까지』. 개정 증보판, 대한기독교서회, 2003.

____. "신해석학." in: 한국개혁신학, 제17권, 한국개혁신학회, 2005, 257-286.

____.『기독교신앙개설: 현대지성인을 위한 기독교신앙입문』. 완전개정판, 형설출판사, 1995.

김영한, 최갑종, 권연경, 김병훈, 이은선. "(특집) 바울에 대한 새 관점적 접근과 개혁신학." 한국개혁신학 제28권, 2010, 7-224.

김중은.『옛 것과 새 것』. 영지 김중은 구약학 공부문집 제2권. 한국 성서학연구소, 2013.

김창선.『쿰란문서와 유대교』. 중요유대문헌을 중심으로 한 유대학 입문. 한국성서학연구소, 2007.

박형용.『복음비평사-라이마루스에서 신해석학까지-』. 성광문화사, 1985.

목창균. '믿음' 아닌 '깨달음' 강조해 '도마복음'은 정경이 되지 못했다. 기독일보 김규진 기자 (press@cdaily.co.kr), 입력 2016. 04. 19. 07:04 | 수정 2016. 04. 19 07:04

배재욱. "로마의 평화와 그리스도의 평화에 대한 관계 고찰." 한국개혁신학회 제11차 정기학술발표회 발표 자료집, 2014. 06. 14, 28-42.

소기천.『예수말씀복음서 Q 개론』. 서울: 대한기독교서회, 2004.

_____. "도마복음서(The Gospel of Thomas)에 관한 연구." in: 「개혁주의 이론과 실천」. 개혁주의 이론실천학회 샬롬나비행동(편), 예수말씀연구소, 2016. 177-194.

_____. "도마복음과 마태복음의 신학적인 주제 비교연구."『한국개혁신학의 진로』: 한국개혁신학회 창립 20주년 기념 특집호, 제50호(2016년 5월), 978-1000.

석종준. "한스 프라이의 내러티브 이론."「한국개혁신학」 32. 한국개혁신학회, 2011, 288-331.

심경원. "Q 공동체의 상황과 지혜 기독론."「개혁주의 이론과 실천」 2013/ 제4

호. 개혁주의이론실천신학회(샬롬나비)편, 215-242.

오성종. "요한의 영성: '영생'이신 예수 그리스도, 요 1:1-18과 14:1-6; 요일 1:1-4을 중심으로." 기독교학술원 월례포럼 자료집, 2016년 4월 1일.

예영수. 『예수를 결혼시킨 다빈치 코드』. 코리아 엠마오, 2008.

이인기. "레자 아슬란의 『젤롯』: 은폐된 욕망 읽기." in; 「신학과 교회」. 창간호 2014 여름, 혜암연구소, 297-309.

정일권. 『십자가의 인류학: 미메시스 이론과 르네 지라르』. 대전: 대장간, 2015.

조태연. "제6장 역사적 예수." in 『신약성서 개론: 한국인을 위한 최신 연구』. 대한기독교서회, 2014, 161-189.

최갑종. "바울에 대한 '새 관점', 무엇이 문제인가?" 「한국개혁신학」 28권. 2010, 38-103.

_____. 편역. "예수와 유대교." in: 『최근의 예수 연구』(Meier, Sanders, Charlesworth, Dunn, Catchpole, O'Neill, 안병무, 정현경, 김세윤), 서울: CLC, 1994, 53-168.

허성준. 『수도 전통에 따른 렉시오 디비나』. 분도출판사, 2011.

허호익. "SBS 방송 모티브 된 「예수는 신화다」에 대한 반박." 크리스천 투데이. 입력: 2008. 07. 01. 06:59.

_____. 『예수 그리스도 1』. 역사적 예수와 신앙의 그리스도 바로 보기 시리즈. 동연출판사, 2010.